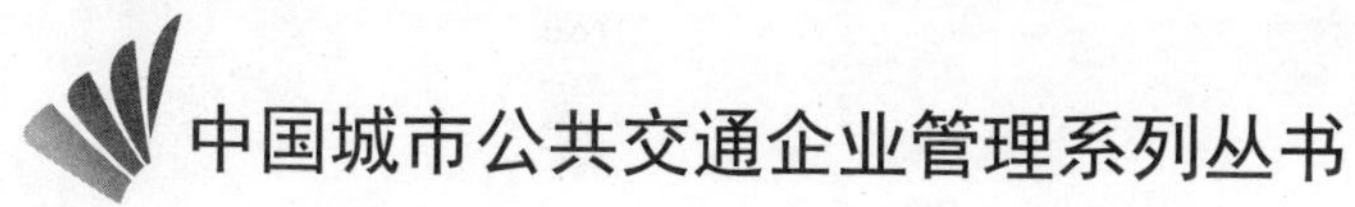

中国城市公共交通企业管理系列丛书

SAFETY TRAINING MATERIALS BASED ON POSTS FOR PRACTITIONERS OF URBAN BUS AND TROLLEY BUS PASSENGER TRANSPORTATION ENTERPRISES

城市公共汽电车客运企业从业人员岗位安全培训教材

济南市公共交通总公司◆编

人民交通出版社股份有限公司
China Communications Press Co.,Ltd.

内 容 提 要

本书主要介绍了城市公共汽电车客运行业公共安全知识、城市公共汽电车客运行业通用安全知识以及城市公共汽电车客运企业从业人员岗位安全知识。

本书是城市公共汽电车客运企业的从业人员岗前安全培训教材，也可作为城市公共汽电车客运企业从业人员安全继续教育参考用书。

图书在版编目(CIP)数据

城市公共汽电车客运企业从业人员岗位安全培训教材/济南市公共交通总公司编. —北京：人民交通出版社股份有限公司，2019.12

ISBN 978-7-114-15851-3

Ⅰ.①城… Ⅱ.①济… Ⅲ.①公共汽车—客运服务—中国—安全培训—教材 Ⅳ.①F572.7

中国版本图书馆 CIP 数据核字(2019)第 215753 号

书　　名：**城市公共汽电车客运企业从业人员岗位安全培训教材**
著 作 者：济南市公共交通总公司
责任编辑：杨丽改
责任校对：刘　芹　宋佳时　扈　婕
责任印制：张　凯
出版发行：人民交通出版社股份有限公司
地　　址：(100011)北京市朝阳区安定门外外馆斜街 3 号
网　　址：http://www.ccpress.com.cn
销售电话：(010)59757973
总 经 销：人民交通出版社股份有限公司发行部
经　　销：各地新华书店
印　　刷：中国电影出版社印刷厂
开　　本：787×1092　1/16
印　　张：47.25
字　　数：1108 千
版　　次：2019 年 12 月　第 1 版
印　　次：2019 年 12 月　第 1 次印刷
书　　号：ISBN 978-7-114-15851-3
定　　价：198.00 元
(有印刷、装订质量问题的图书由本公司负责调换)

编 委 会

编 写 组

主　　编：石　军　姜　良

执行主编：张　民　郝　勇　李　峰

副 主 编：姜　迪　王逢宝　杜元正

编写人员：张兆强　袁　艺　张　钧　田　甜　王越鹏

苗子伦　闫锡波　时小杰　范峥勤　宋艳艳

庞　璐　傅　澎　孙爱香　李　丽　张　健

王翠玲　马福明　任　凯　许恒禄　刘　畅

吴玉荣　崔浩然　赵南哲

前言

城市公共交通安全工作事关人民群众的生命财产安全，事关公共安全和社会稳定。2014年8月，公安部、交通运输部联合发布的《关于切实加强城市公共交通安保工作的通知》（公通字〔2014〕28号）提出："城市公共交通安全是城市安全的重要标志，城市公共交通安保是社会治安防控体系的重要组成部分，是反恐维稳和安全生产工作的重要内容。"城市公共汽电车点多、线长、面广，客流量大，安全风险高，尤其是2018年重庆万州"10·28"城市公交车坠江事件，造成重大人员伤亡和财产损失，产生了恶劣的社会影响。

新形势下，城市公共汽电车面临的风险防控考验、隐患排查考验、外部环境考验是长期的、复杂的、严峻的，加快推进城市公共汽电车客运企业构建风险分级管控与隐患排查治理双重预防体系，是落实党中央、国务院及山东省关于建立风险管控和隐患排查治理预防机制的重大决策部署，是实现安全管理纵深防御、关口前移、源头治理的有效手段。为进一步深入推进双重预防体系建设深入开展，全面提升从业人员各岗位安全培训水平及质量，根据山东省应急管理厅部署及工作安排，济南市公共交通总公司专门组织人员对城市公共汽电车行业双重预防体系建设的相关理论和实际操作流程与方法进行了专题研究，编写了《城市公共汽电车客运企业从业人员岗位安全培训教材》。

《城市公共汽电车客运企业从业人员岗位安全培训教材》一书的第一模块为城市公共汽电车客运行业公共安全知识，系统解读了城市公共汽电车客运企业安全相关的法律法规和标准规范，并重点对企业双重预防体系、标准体系、建设标准体系进行了具体阐述，同时对安全生产管理理论和风险管理理论也进行了介绍。第二模块为城市公共汽电车客运行业通用安全知识，分为特种设备、特种作业、设施设备、职业卫生、应急救援五个专题，结合城市公共汽电车客运企业实际，对各专题安全知识进行了系统阐述。第三模块为城市公共汽电车客运企业岗位安全知识，以双重预防体系省级标杆企业济南市公共交通总公司为例，从双重预防体系建设的角度，对选取的公共汽电车驾驶员、修理工、BRT站务员及巡检员、现场调度员、值班员、充电员、乘务员、押款车驾驶员、无轨电车线网工、无轨电车整流站检修工等20余个岗位工作中易发生的风险及隐患进行了系统分析。

《城市公共汽电车客运企业从业人员岗位安全培训教材》一书以双重预防体系建设为主要内容，以基本应知应会安全技能为重点，梳理各岗位安全风险点，依据双重预防体系行业标准，融合企业现有培训成果，编写了符合城市公共汽电车客运行业要求及本单位岗位特点的从业人员岗位安全培训教材，普及双重预防体系建设基本知识，丰富一线职工、管理人员对各岗位风险点、管控措施和应急处理等知识的储备，进一步促进企业落实安全生产培训主体责任，深化双重预防体系建设成效，全面提升企业安全生产管理水平。从教材编制思路到教材内容，本书都体现了一定的创新性、实用性和可操作性。

在本书的编写过程中，我们参考了有关专家学者的著作及相关资料，特别是在书稿的审定过程中，得到了智景安、杨丽改、宁尚根、郭翠爱、张璇璇等专家的悉心指导，在此一并致谢。

由于编写人员水平有限，在理论的阐述上，在案例的选择上，在内容的编排上，难免有不妥或疏漏的地方，敬请专家学者及广大读者批评指正！

编写组

2019 年 4 月

目录

第一模块　城市公共汽电车客运行业公共安全知识

第二模块　城市公共汽电车客运行业通用安全知识

第三模块　城市公共汽电车客运企业岗位安全知识

第一模块

城市公共汽电车客运行业公共安全知识

随着社会经济的快速发展，作为城市综合运输体系中的重要一环，我国城市公共汽电车客运行业的发展规模不断壮大，城市公共汽电车已成为公众绿色出行最基本的方式之一，在城市社会经济发展和公众日常生活中发挥着越来越重要的作用。与其他运输行业相比，城市公共汽电车客运行业开放程度更高，运营企业组织结构分散，点多、线长、面广，安全风险管理的压力巨大。为了有效保障城市公共汽电车运营安全，国务院以及公安部、交通运输部、应急管理部等管理部门在安全生产法律体系构建、安全标准规范研究方面常抓不懈，目前正在构建具有中国特色的安全生产法律体系，并新发布或修订了多项安全标准，以更好地指导城市公共汽电车客运行业的各项安全管理工作。2016 年 1 月，习近平总书记在中共中央政治局常委会会议上发表重要讲话，对安全生产工作提出了五点要求，其中第四点为："必须坚决遏制重特大事故频发势头，对易发重特大事故的行业领域采取风险分级管控、隐患排查治理双重预防性工作机制，推动安全生产关口前移，加强应急救援工作，最大限度减少人员伤亡和财产损失"❶。围绕贯彻落实习近平总书记讲话的指示精神，近两年来山东省在全社会全行业开展双重预防体系建设，其中包括城市公共汽电车客运行业。目前，安全生产双重预防体系的标准文件（包括通则、细则、实施指南）均已经发布。同时，城市公共汽电车客运企业借鉴国外先进安全生产管理理念，探索建立现代安全生产管理体系，大力推进城市公共汽电车企业的安全生产标准化，从每一个岗位做好安全生产管理工作。

第一章 法律法规

安全生产法律体系是指全部现行的、由不同的安全法律规范形成的有机联系的统一整体。按照法的地位和效力由高到低排序，安全相关法律法规主要分为 3 个层级：

一是安全相关法律，是指享有立法权的国家机关按照一定的立法程序制定和颁布的规范性文件，其地位和效力仅次于宪法，高于行政法规、地方性法规、自治法规和行政规章，如《中华人民共和国安全生产法》《中华人民共和国道路交通安全法》等。

二是安全相关法规，包括行政法规和地方性法规。其中行政法规是国家行政机关制定的规范性文件，其地位和效力低于法律，但高于地方性法规、部门规章、地方政府规章等，如《生产安全事故报告和调查处理条例》等。地方性法规是地方国家权力机关依照法定职权和程序制定和颁布的，施行于本行政区域的规范性文件，其地位和效力低于法律和行政法规，如《山东省安全生产条例》等。

三是安全相关规章，包括部门规章和地方政府规章。部门规章是指国务院的部、委员会和直属机构按照法律、行政法规或者国务院的授权制定的在全国范围内实施行政管理的规范性文件，其地位和效力低于安全法律和行政法规，如交通运输部发布的《城市公共汽车和电车客运管理规定》等。地方政府规章是最低层级的安全立法，是指有地方性法规制定权的

❶ 资料来源于人民日报海外版（2016 年 01 月 07 日，第 04 版）。

地方人民政府依照安全法律法规或者本行政区域人民代表大会及其常务委员会授权制定的在本行政区域内实施行政管理的规范性文件,如《山东省生产经营单位安全生产主体责任规定》《山东省实施消防安全责任制规定》等。

本章将从城市公交企业的角度出发,选取部分重要法律法规中关联度较大的条款,并给出学习要点提示,供读者参考。

第一节 《中华人民共和国安全生产法》

一、历史沿革

《中华人民共和国安全生产法》是为了加强安全生产工作,防止和减少生产安全事故,保障人民群众生命和财产安全,促进经济社会持续健康发展而制定的。初始版本由中华人民共和国第九届全国人民代表大会常务委员会第二十八次会议于2002年6月29日通过公布,自2002年11月1日起施行,并在2009年进行了第一次修订。2014年8月31日第十二届全国人民代表大会常务委员会第10次会议修正,以中华人民共和国主席令(第13号)形式颁布,自2014年12月1日开始实施。

二、条文选摘与学习要点提示

第三条 安全生产工作应当以人为本,坚持安全发展,坚持安全第一、预防为主、综合治理的方针,强化和落实生产经营单位的主体责任,建立生产经营单位负责、职工参与、政府监管、行业自律和社会监督的机制。

学习要点:本条款规定了安全生产工作需要遵循的方针,并强调要强化和落实生产经营单位的主体责任。

第四条 生产经营单位必须遵守本法和其他有关安全生产的法律、法规,加强安全生产管理,建立、健全安全生产责任制和安全生产规章制度,改善安全生产条件,推进安全生产标准化建设,提高安全生产水平,确保安全生产。

学习要点:本条款规定了生产经营单位在守法守规的基础上,必须建立健全安全生产责任制和安全生产规制度,并推进安全生产的标准化建设。

第五条 生产经营单位的主要负责人对本单位的安全生产工作全面负责。

学习要点:本条款强调了单位主要负责人是安全工作的第一责任者,对安全生产工作全面负责。对于城市公共汽电车客运企业来说,企业一把手,如国有企业厂长(或经理)、股份制企业董事长(或实际控制人)对本单位安全生产工作全面负责。

第六条 生产经营单位的从业人员有依法获得安全生产保障的权利,并应当依法履行安全生产方面的义务。

学习要点:本条款规定了生产经营单位从业人员安全生产方面的权利和义务。

第十三条 依法设立的为安全生产提供技术、管理服务的机构,依照法律、行政法规和执业准则,接受生产经营单位的委托为其安全生产工作提供技术、管理服务。

生产经营单位委托前款规定的机构提供安全生产技术、管理服务的,保证安全生产的责任仍由本单位负责。

学习要点:本条款规定了生产经营单位可以聘请其他符合资质的单位为其提供安全、技术方面的服务,但其安全生产责任仍然由本单位负责。

第十四条 国家实行生产安全事故责任追究制度,依照本法和有关法律、法规的规定,追究生产安全事故责任人员的法律责任。

学习要点:本条款指出国家实行生产安全事故责任追究制度,进行生产安全事故相关法律责任认定。按照事故造成的死亡人数、重伤人数(包含急性工业中毒)、直接经济损失,生产安全事故分为一般、较大、重大、特别重大四个级别,分别由县级人民政府、设区的市级人民政府、省级人民政府、国务院组织事故调查组进行调查,对相关事故责任进行界定,最终由人民政府发布处理决定。

第十八条 生产经营单位的主要负责人对本单位安全生产工作负有下列职责:

(一)建立、健全本单位安全生产责任制;

(二)组织制定本单位安全生产规章制度和操作规程;

(三)组织制定并实施本单位安全生产教育和培训计划;

(四)保证本单位安全生产投入的有效实施;

(五)督促、检查本单位的安全生产工作,及时消除生产安全事故隐患;

(六)组织制定并实施本单位的生产安全事故应急救援预案;

(七)及时、如实报告生产安全事故。

学习要点:本条款对生产经营单位主要负责人的安全职责做了规定。职责内容涵盖了安全相关的制度建设、教育培训、资金投入、隐患排查、应急救援、事故报告等方方面面,体现了主要负责人对安全生产工作要全面负责。

第十九条 生产经营单位的安全生产责任制应当明确各岗位的责任人员、责任范围和考核标准等内容。

生产经营单位应当建立相应的机制,加强对安全生产责任制落实情况的监督考核,保证安全生产责任制的落实。

学习要点:本条款提出了安全生产责任制内容和落实的总体要求。根据上述规定,城市公共汽电车运营企业应当明确企业安全生产管理机制,落实安全生产一岗双责,建立“一岗双责”实施办法,将本单位安全生产责任目标逐级分解到各部门、各岗位,明确相关责任人员、责任内容和考核奖惩要求,并且与各分支机构层层签订安全生产目标责任书,制定明确的考核目标,定期考核并公布考核结果。

第二十条 生产经营单位应当具备的安全生产条件所必需的资金投入,由生产经营单位的决策机构、主要负责人或者个人经营的投资人予以保证,并对由于安全生产所必需的资金投入不足导致的后果承担责任。

有关生产经营单位应当按照规定提取和使用安全生产费用,专门用于改善安全生产条件。安全生产费用在成本中据实列支。安全生产费用提取、使用和监督管理的具体办法由国务院财政部门会同国务院安全生产监督管理部门征求国务院有关部门意见后制定。

学习要点:本条款对生产经营单位安全生产资金保障及使用方法做了规定。确保安全生产资金投入是企业主要负责人的主要职责之一。对个人经营来说,相关投入必须由

投资人保证。安全生产费用应该按照“企业提取、政府监管、确保需要、规范使用”的原则进行财务管理,并纳入本企业年度预算。投入的安全生产资金必须严格控制在设定的范围内使用。

第二十一条 矿山、金属冶炼、建筑施工、道路运输单位和危险物品的生产、经营、储存单位,应当设置安全生产管理机构或者配备专职安全生产管理人员。

前款规定以外的其他生产经营单位,从业人员超过一百人的,应当设置安全生产管理机构或者配备专职安全生产管理人员;从业人员在一百人以下的,应当配备专职或者兼职的安全生产管理人员。

学习要点:本条款规定了企业需要设立安全生产管理机构或者配备专职安全生产管理人员的条件。按照上述规定,城市公共汽电车客运企业应当依法配备安全生产管理机构或者专职安全生产管理人员。

第二十二条 生产经营单位的安全生产管理机构以及安全生产管理人员履行下列职责:

(一)组织或者参与拟订本单位安全生产规章制度、操作规程和生产安全事故应急救援预案;

(二)组织或者参与本单位安全生产教育和培训,如实记录安全生产教育和培训情况;

(三)督促落实本单位重大危险源的安全管理措施;

(四)组织或者参与本单位应急救援演练;

(五)检查本单位的安全生产状况,及时排查生产安全事故隐患,提出改进安全生产管理的建议;

(六)制止和纠正违章指挥、强令冒险作业、违法操作规程的行为;

(七)督促落实本单位安全生产整改措施。

学习要点:本条款规定了生产经营单位的安全生产管理机构和安全生产管理人员在制度建立、教育培训、重大危险源管控、应急演练、安全检查、现场管理等方面的职责。其中第(三)项提到了对本单位重大危险源进行管控,第(五)项提到了对生产安全事故隐患进行排查,充分说明了风险分级管控和隐患排查治理工作在日常安全管理中的突出重要地位。

第二十四条 生产经营单位应当对从业人员进行安全生产教育和培训,保证从业人员具备必要的安全生产知识,熟悉有关的安全生产规章制度和安全操作规程,掌握本岗位的安全操作技能,了解事故应急处理措施,知悉自身在安全生产方面的权利和义务。未经安全生产教育和培训合格的从业人员,不得上岗作业。

生产经营单位使用被派遣劳动者的,应当将被派遣劳动者纳入本单位从业人员统一管理,对被派遣劳动者进行岗位安全操作规程和安全操作技能的教育和培训。劳务派遣单位应当对被派遣劳动者进行必要的安全生产教育和培训。

生产经营单位接收中等职业学校、高等学校学生实习的,应当对实习学生进行相应的安全生产教育和培训,提供必要的劳动防护用品。学校应当协助生产经营单位对实习学生进行安全生产教育和培训。

生产经营单位应当建立安全生产教育和培训档案,如实记录安全生产教育和培训的时间、内容、参加人员以及考核结果等情况。

学习要点:本条款规定了生产经营单位对其员工、派遣人员、实习学生在安全生产教育与培训方面的责任与义务。其中明确规定,未经安全生产教育和培训合格的从业人员,不得上岗作业。对城市客运公共汽电车客运企业来说,明确了企业是驾驶员、乘务员等从业人员进行安全培训和考核的责任主体,同时规定了企业应建立安全生产教育和培训相关档案。

第二十六条 生产经营单位采用新工艺、新技术、新材料或者使用新设备,必须了解、掌握其安全技术特性,采取有效的安全防护措施,并对从业人员进行专门的安全生产教育和培训。

学习要点:本条款规定了生产经营单位对将要启用的新的生产工艺、技术、材料、设备的安全性能要全面掌握并培训到位。城市公共汽电车行业发展迅速,许多新技术、新材料、新设备会根据生产需要投入使用,需要对其安全性能进行检测,排查其中的安全隐患。并且在这些新技术、新材料、新设备使用前,对从业人员进行安全生产培训工作。

第二十七条 生产经营单位的特种作业人员必须按照国家有关规定经专门的安全作业培训,取得相应资格,方可上岗作业。

特种作业人员的范围由国务院安全生产监督管理部门会同国务院有关部门确定。

学习要点:本条款规定了特种作业人员必须持证上岗。特种作业人员资格证是由国家有关部门统一制作发布,企业无权擅自颁发。

第三十二条 生产经营单位应当在有较大危险因素的生产经营场所和有关设施、设备上,设置明显的安全警示标志。

学习要点:本条款规定了生产经营单位安全警示标志的设置位置。城市公共汽电车运营企业应当对从业人员可能造成伤亡和物的突发性损害的各种因素设置安全警示标志,放置或悬挂在车辆、场站有关设施设备的醒目位置。

第三十三条 安全设备的设计、制造、安装、使用、检测、维修、改造和报废,应当符合国家标准或者行业标准。

生产经营单位必须对安全设备进行经常性维护、保养,并定期检测,保证正常运转。维护、保养、检测应当作好记录,并由有关人员签字

学习要点:本条款规定了安全设备的质量要求,并规定生产经营单位应对安全设备定期维护、检测,以保证其正常运转。城市公共汽电车由于平时运营过程中载荷重、运行强度大、运行时间长等因素,比一般运输车辆损耗更快。通过良好的车辆安全管理体制,确保车辆的良好状态,是保障运营安全的重要环节。

第三十七条 生产经营单位对重大危险源应当登记建档,进行定期检测、评估、监控,并制定应急预案,告知从业人员和相关人员在紧急情况下应当采取的应急措施。

生产经营单位应当按照国家有关规定将本单位重大危险源及有关安全措施、应急措施报有关地方人民政府安全生产监督管理部门和有关部门备案。

学习要点:本条款规定了生产经营单位对重大危险源应采取的管理措施,并且强调这些措施需要在有关人民政府安全生产监督管理相关部门和有关部门备案。

第三十八条 生产经营单位应当建立健全生产安全事故隐患排查治理制度,采取技术、管理措施,及时发现并消除事故隐患。事故隐患排查治理情况应当如实记录,并向从业人员通报。

县级以上地方各级人民政府负有安全生产监督管理职责的部门应当建立健全重大事故隐患督办制度,督促生产经营单位消除重大事故隐患。

学习要点:本条款规定了对安全事故隐患,生产经营单位要能通过有效的排查及时发现,并采取安全技术措施或管理措施及时消除事故隐患。城市公共汽电车运营企业应当加强公共汽电车维护修理和安全检测工作,通过组织开展安全检查和隐患排查,避免事故发生。

第四十一条 生产经营单位应当教育和督促从业人员严格执行本单位的安全生产规章制度和安全操作规程;并向从业人员如实告知作业场所和工作岗位存在的危险因素、防范措施以及事故应急措施。

学习要点:本条款明确指出了生产经营单位在保障从业人员工作安全方面有向从业人员提前告知作业场所和工作岗位面临的各项风险因素及如何防范和规避方面的义务。也明确规定了用人单位不但应该建立适合本单位的安全生产规章制度和安全操作规程,还要教育和督促从业人员对这些制度和规程的有效执行。

第四十二条 生产经营单位必须为从业人员提供符合国家标准或者行业标准的劳动防护用品,并监督、教育从业人员按照使用规则佩戴、使用。

学习要点:本条款规定了生产经营单位在员工劳保物品发放和使用过程中的管理和监督责任。城市公共汽电车客运企业应确保按规定发放质量合格的劳保用品,并通过监督和培训,让从业人员学会检查劳动防护用品的可靠性,会正确使用劳动防护品。

第四十三条 生产经营单位的安全生产管理人员应当根据本单位的生产经营特点,对安全生产状况进行经常性检查;对检查中发现的安全问题,应当立即处理;不能处理的,应当及时报告本单位有关负责人,有关负责人应当及时处理。检查及处理情况应当如实记录在案。

生产经营单位的安全生产管理人员在检查中发生重大事故隐患,依照前款规定向本单位有关负责人报告,有关负责人不及时处理的,安全生产管理人员可以向主管的负有安全生产监督管理职责的部门报告,接到报告的部门应当依法及时处理。

学习要点:本条款规定了生产经营单位中安全生产管理人员安全检查工作的基本程序,并特别指出了发现重大事故隐患的汇报流程。按照本规定,城市公共汽电车运营企业应该建立健全安全检查工作的规范程序,对本企业存在的安全隐患进行多方式、有重点、分层次的排查,发现问题及时解决(或汇报相关责任人、责任单位),真正做到防患于未然。

第四十五条 两个以上生产经营单位在同一作业区域内进行生产经营活动,可能危及对方生产安全的,应当签订安全生产管理协议,明确各自的安全生产管理职责和应当采取的安全措施,并指定专职安全生产管理人员进行安全检查与协调。

学习要点:本条款对于同区域多单位共同作业情况下的安全生产管理进行了规定。有些城市公共汽电车客运企业在场区生产管理过程中,可能会遇到多单位共同作业的情况,需要按条款要求,以签订协议的方式明确各自的安全生产责任,并派专人进行现场协调和管理。

第四十七条 生产经营单位发生生产安全事故时,单位的主要负责人应当立即组织抢救,并不得在事故调查处理期间擅离职守。

学习要点:本条款对于单位主要负责人在本单位生产安全事故发生后及调查处理过程中应该尽到的责任进行了明确规定。

第五十条 生产经营单位的从业人员有权了解其作业场所和工作岗位存在的危险因素、防范措施及事故应急措施,有权对本单位的安全生产工作提出建议。

学习要点:本条款规定了生产经营单位从业人员对其工作环境和岗位相关风险、防范和应急措施的知情权和建议权。

第五十二条 从业人员发现直接危及人身安全的紧急情况时,有权停止作业或者在采取可能的应急措施后撤离作业场所。

生产经营单位不得因从业人员在前款紧急情况下停止作业或者采取紧急撤离措施而降低其工资、福利等待遇或者解除与其订立的劳动合同。

学习要点:本条款规定了从业人员在危及人身安全的紧急情况下,可以在采取可能的应急措施后撤离作业场所。体现了安全第一,以人为本的理念。需要注意的是,这里强调了撤离必须具备的两个条件:一是留在现场确实会威胁到人身安全;二是应该在撤离前采取可能的应急措施。不满足这两个条件,是不能擅自撤离生产岗位的。

第五十九条 县级以上地方各级人民政府应当根据本行政区域内的安全生产状况,组织有关部门按照职责分工,对本行政区域内容易发生重大生产安全事故的生产经营单位进行严格检查。

安全生产监督管理部门应当按照分类分级监督管理的要求,制定安全生产年度监督检查计划,并按照年度监督检查计划进行监督检查,发现事故隐患,应当及时处理。

学习要点:本条款规定了安全生产监督管理部门对生产经营单位进行监督检查的总体要求和程序,强调了应当对生产经营单位及风险进行分类分级监督管理,制定安全生产年度监督检查计划。本规定虽然是对安全生产监督管理部门的规定,但其中也说明了生产经营单位对自身风险建立分类分级监督管理的必要性和迫切性。

第七十八条 生产经营单位应当制定本单位生产安全事故应急救援预案,与所在地县级以上地方人民政府组织制定的生产安全事故应急救援预案相衔接,并定期组织演练。

学习要点:本条款规定了生产经营单位应急救援方面的职责,包括应急预案的编写和定期组织应急演练。

第八十条 生产经营单位发生生产安全事故后,事故现场有关人员应当立即报告本单位负责人。

单位负责人接到事故报告后,应当迅速采取有效措施,组织抢救,防止事故扩大,减少人员伤亡和财产损失,并按照国家有关规定立即如实报告当地负有安全生产监督管理职责的部门,不得隐瞒不报、谎报或者迟报,不得故意破坏事故现场、毁灭有关证据。

学习要点:本条款规定了生产经营单位生产安全事故的汇报流程,各级人员不得隐瞒不报、谎报或者迟报。

第八十三条 事故调查处理应当按照科学严谨、依法依规、实事求是、注重实效的原则,及时、准确地查清事故原因,查明事故性质和责任,总结事故教训,提出整改措施,并对事故责任者提出处理意见。事故调查报告应当依法及时向社会公布。事故调查和处理的具体办法由国务院制定。

事故发生单位应当及时全面落实整改措施，负有安全生产监督管理职责的部门应当加强监督检查。

学习要点：本条款规定了事故调查处理的主要内容及各方职责。事故发生单位需要及时全面落实相关整改措施。

第九十四条 生产经营单位有下列行为之一的，责令限期改正，可以处五万元以下的罚款；逾期未改正的，责令停产停业整顿，并处五万元以上十万元以下的罚款，对其直接负责的主管人员和其他直接责任人员处一万元以上二万元以下的罚款：

（一）未按照规定设置安全生产管理机构或者配备安全生产管理人员的；

（二）危险物品的生产、经营、储存单位以及矿山、金属冶炼、建筑施工、道路运输单位的主要负责人和安全生产管理人员未按照规定经考核合格的；

（三）未按照规定对从业人员、被派遣劳动者、实习学生进行安全生产教育和培训，或者未按照规定如实告知有关的安全生产事项的；

（四）未如实记录安全生产教育和培训情况的；

（五）未将事故隐患排查治理情况如实记录或者未向从业人员通报的；

（六）未按照规定制定生产安全事故应急救援预案或者未定期组织演练的；

（七）特种作业人员未按照规定经专门的安全作业培训并取得相应资格，上岗作业的。

第九十六条 生产经营单位有下列行为之一的，责令限期改正，可以处五万元以下的罚款；逾期未改正的，处五万元以上二十万元以下的罚款，对其直接负责的主管人员和其他直接责任人员处一万元以上二万元以下的罚款；情节严重的，责令停产停业整顿；构成犯罪的，依照刑法有关规定追究刑事责任：

（一）未在有较大危险因素的生产经营场所和有关设施、设备上设置明显的安全警示标志的；

（二）安全设备的安装、使用、检测、改造和报废不符合国家标准或者行业标准的；

（三）未对安全设备进行经常性维护、保养和定期检测的；

（四）未为从业人员提供符合国家标准或者行业标准的劳动防护用品的；

（五）危险物品的容器、运输工具，以及涉及人身安全、危险性较大的海洋石油开采特种设备和矿山井下特种设备未经具有专业资质的机构检测、检验合格，取得安全使用证或者安全标志，投入使用的；

（六）使用应当淘汰的危及生产安全的工艺、设备的。

第九十八条 生产经营单位有下列行为之一的，责令限期改正，可以处十万元以下的罚款；逾期未改正的，责令停产停业整顿，并处十万元以上二十万元以下的罚款，对其直接负责的主管人员和其他直接责任人员处二万元以上五万元以下的罚款；构成犯罪的，依照刑法有关规定追究刑事责任：

（一）生产、经营、运输、储存、使用危险物品或者处置废弃危险物品，未建立专门安全管理制度、未采取可靠的安全措施的；

（二）对重大危险源未登记建档，或者未进行评估、监控，或者未制定应急预案的；

（三）进行爆破、吊装以及国务院安全生产监督管理部门会同国务院有关部门规定的其他危险作业，未安排专门人员进行现场安全管理的；

（四）未建立事故隐患排查治理制度的。

第九十九条 生产经营单位未采取措施消除事故隐患的，责令立即消除或者限期消除；生产经营单位拒不执行的，责令停产停业整顿，并处十万元以上五十万元以下的罚款，对其直接负责的主管人员和其他直接责任人员处二万元以上五万元以下的罚款。

学习要点：以上四个条款是针对生产经营单位及相关责任人常见违法行为制定的不同的处罚标准，注意区别记忆，避免违法。

第一百零九条 发生生产安全事故，对负有责任的生产经营单位除要求其依法承担相应的赔偿等责任外，由安全生产监督管理部门依照下列规定处以罚款：

（一）发生一般事故的，处二十万元以上五十万元以下的罚款；

（二）发生较大事故的，处五十万元以上一百万元以下的罚款；

（三）发生重大事故的，处一百万元以上五百万元以下的罚款；

（四）发生特别重大事故的，处五百万元以上一千万元以下的罚款；情节特别严重的，处一千万元以上二千万元以下的罚款。

学习要点：本条款规定了对安全生产事故责任单位的罚款标准。

第二节 《中华人民共和国道路交通安全法》

一、历史沿革

《中华人民共和国道路交通安全法》是为了维护道路交通秩序，预防和减少交通事故，保护人身安全，保护公民、法人和其他组织的财产安全及其他合法权益，提高道路通行效率而制定的。初始版本由2003年10月28日第十届全国人民代表大会常务委员会第五次会议通过，后于2011年4月22日第十一届全国人民代表大会常务委员会第二十次会议进行修正，以中华人民共和国主席令（第47号令）颁布。现行版本为2011年修正版本。

二、条文选摘与学习要点提示

第八条 国家对机动车实行登记制度。机动车经公安机关交通管理部门登记后，方可上道路行驶。尚未登记的机动车，需要临时上道路行驶的，应当取得临时通行牌证。

学习要点：本条款规定上路的机动车（包括公共汽电车）必须进行登记。

第十条 准予登记的机动车应当符合机动车国家安全技术标准。申请机动车登记时，应当接受对该机动车的安全技术检验。但是，经国家机动车产品主管部门依据机动车国家安全技术标准认定的企业生产的机动车型，该车型的新车在出厂时经检验符合机动车国家安全技术标准，获得检验合格证的，免予安全技术检验。

学习要点：本条款对登记机动车的安全性能提出了明确要求。

第十一条 驾驶机动车上道路行驶，应当悬挂机动车号牌，放置检验合格标志、保险标志，并随车携带机动车行驶证。

机动车号牌应当按照规定悬挂并保持清晰、完整，不得故意遮挡、污损。

任何单位和个人不得收缴、扣留机动车号牌。

学习要点:本条款对上路的机动车车辆号牌管理做了规定,同时规定驾驶员需随车携带行驶证。

第十二条 有下列情形之一的,应当办理相应的登记:

(一)机动车所有权发生转移的;

(二)机动车登记内容变更的;

(三)机动车用作抵押的;

(四)机动车报废的。

学习要点:本条款规定了机动车需要办理登记的4种情形。

第十四条 国家实行机动车强制报废制度,根据机动车的安全技术状况和不同用途,规定不同的报废标准。

应当报废的机动车必须及时办理注销登记。

达到报废标准的机动车不得上道路行驶。报废的大型客、货车及其他营运车辆应当在公安机关交通管理部门的监督下解体。

学习要点:本条款规定运营企业对本单位应当报废的车辆要及时办理注销登记,以及报废的大型客车解体的程序。

第十六条 任何单位或者个人不得有下列行为:

(一)拼装机动车或者擅自改变机动车已登记的结构、构造或者特征;

(二)改变机动车型号、发动机号、车架号或者车辆识别代号;

(三)伪造、变造或者使用伪造、变造的机动车登记证书、号牌、行驶证、检验合格标志、保险标志;

(四)使用其他机动车的登记证书、号牌、行驶证、检验合格标志、保险标志。

学习要点:本条款规定了机动车不允许改动的部件、证件、安全标志等。

第十九条 驾驶机动车,应当依法取得机动车驾驶证。

申请机动车驾驶证,应当符合国务院公安部门规定的驾驶许可条件;经考试合格后,由公安机关交通管理部门发给相应类别的机动车驾驶证。

持有境外机动车驾驶证的人,符合国务院公安部门规定的驾驶许可条件,经公安机关交通管理部门考核合格的,可以发给中国的机动车驾驶证。

驾驶人应当按照驾驶证载明的准驾车型驾驶机动车;驾驶机动车时,应当随身携带机动车驾驶证。

公安机关交通管理部门以外的任何单位或者个人,不得收缴、扣留机动车驾驶证。

学习要点:本条款规定了驾驶证的申领条件。按照本条款要求,只有符合相关条件且考试合格后,才能获得相应车型的机动车驾驶证。获得的驾驶证只能用于驾驶准驾车型。

第二十一条 驾驶人驾驶机动车上道路行驶前,应当对机动车的安全技术性能进行认真检查;不得驾驶安全设施不全或者机件不符合技术标准等具有安全隐患的机动车。

学习要点:本条款对驾驶员上路前对机动车的安全技术性能的检查义务和责任做了规定。如检查后发现存在安全问题的车辆则不能驾驶。

第二十二条 机动车驾驶人应当遵守道路交通安全法律、法规的规定,按照操作规范安全驾驶、文明驾驶。

饮酒、服用国家管制的精神药品或者麻醉药品,或者患有妨碍安全驾驶机动车的疾病,或者过度疲劳影响安全驾驶的,不得驾驶机动车。

任何人不得强迫、指使、纵容驾驶人违反道路交通安全法律、法规和机动车安全驾驶要求驾驶机动车。

学习要点:本条款规定了驾驶员进行安全驾驶、文明驾驶的权利和义务,任何人或单位都没有权利通过任何方式剥夺或破坏这种权利。本条款还列举了一些可能影响安全驾驶的因素,存在这些因素的驾驶员禁止驾驶机动车。

第三十一条 未经许可,任何单位和个人不得占用道路从事非交通活动。

学习要点:按照本条款规定,未经许可,任何单位和个人不得占用道路谋利。日常生活中,经常可见的"马路停车场"等问题,严重影响往来交通,在法律上来讲都是不被允许的。

第三十七条 道路划设专用车道的,在专用车道内,只准许规定的车辆通行,其他车辆不得进入专用车道内行驶。

学习要点:本条款规定了专用车道不允许其他车辆通行。这牵涉到路权问题。为了方便大多数人,城市公共汽电车常常设有专用车道。除了特别规定以外,公交专用车道是不允许其他车辆行驶的。

第四十二条 机动车上道路行驶,不得超过限速标志标明的最高时速。在没有限速标志的路段,应当保持安全车速。

夜间行驶或者在容易发生危险的路段行驶,以及遇有沙尘、冰雹、雨、雪、雾、结冰等气象条件时,应当降低行驶速度。

学习要点:本条款对机动车行驶速度进行了规定。还规定了在特殊路段或天气状况下应该减速慢行。城市公共汽电车作为公共运营车辆,速度方面要求更加严格,超速一直是运营企业重要的控制指标之一。

第四十三条 同车道行驶的机动车,后车应当与前车保持足以采取紧急制动措施的安全距离。有下列情形之一的,不得超车:

(一)前车正在左转弯、掉头、超车的;

(二)与对面来车有会车可能的;

(三)前车为执行紧急任务的警车、消防车、救护车、工程救险车的;

(四)行经铁路道口、交叉路口、窄桥、弯道、陡坡、隧道、人行横道、市区交通流量大的路段等没有超车条件的。

学习要点:本条款规定了机动车要与前车保证足够的安全距离,并且规定了不准超车的4种情况。

第四十四条 机动车通过交叉路口,应当按照交通信号灯、交通标志、交通标线或者交通警察的指挥通过;通过没有交通信号灯、交通标志、交通标线或者交通警察指挥的交叉路口时,应当减速慢行,并让行人和优先通行的车辆先行。

学习要点:本条款规定了机动车应按照各种交通信号规定的通行顺序以及礼让行人和优先通行车辆等道路行驶原则通过路口。

第四十五条 机动车遇有前方车辆停车排队等候或者缓慢行驶时,不得借道超车或者占用对面车道,不得穿插等候的车辆。

在车道减少的路段、路口，或者在没有交通信号灯、交通标志、交通标线或者交通警察指挥的交叉路口遇到停车排队等候或者缓慢行驶时，机动车应当依次交替通行。

学习要点：本条款规定了机动车遇到前方车辆停车排队时应当依次通行，不得超车。

第四十六条 机动车通过铁路道口时，应当按照交通信号或者管理人员的指挥通行；没有交通信号或者管理人员的，应当减速或者停车，在确认安全后通过。

学习要点：本条款规定了机动车通过铁道路口时应该遵循的规则。

第四十七条 机动车行经人行横道时，应当减速行驶；遇行人正在通过人行横道，应当停车让行。

机动车行经没有交通信号的道路时，遇行人横过道路，应当避让。

学习要点：本条款规定了机动车通过人行横道和遇行人通过人行横道的情况应该减速慢行和礼让行人。

第五十二条 机动车在道路上发生故障，需要停车排除故障时，驾驶人应当立即开启危险报警闪光灯，将机动车移至不妨碍交通的地方停放；难以移动的，应当持续开启危险报警闪光灯，并在来车方向设置警告标志等措施扩大示警距离，必要时迅速报警。

学习要点：本条款规定了机动车在道路上遇到故障时应当采取的应急措施。

第五十六条 机动车应当在规定地点停放。禁止在人行道上停放机动车；但是，依照本法第三十三条规定施划的停车泊位除外。

在道路上临时停车的，不得妨碍其他车辆和行人通行。

学习要点：本条款规定了机动车的停放位置。停放位置不得影响其他车辆和行人通行。

第六十三条 行人不得跨越、倚坐道路隔离设施，不得扒车、强行拦车或者实施妨碍道路交通安全的其他行为。

学习要点：本条款规定了行人禁止进行诸如拦车、扒车等妨害交通安全的行为。一些公共交通事故案例中出现的行人强行拦车的行为在法律上是不被允许的。

第六十六条 乘车人不得携带易燃易爆等危险物品，不得向车外抛洒物品，不得有影响驾驶人安全驾驶的行为。

学习要点：本条款规定了机动车乘车人不被允许的破坏车辆安全和影响驾驶员安全驾驶的行为。

第七十条 在道路上发生交通事故，车辆驾驶人应当立即停车，保护现场；造成人身伤亡的，车辆驾驶人应当立即抢救受伤人员，并迅速报告执勤的交通警察或者公安机关交通管理部门。因抢救受伤人员变动现场的，应当标明位置。乘车人、过往车辆驾驶人、过往行人应当予以协助。

在道路上发生交通事故，未造成人身伤亡，当事人对事实及成因无争议的，可以即行撤离现场，恢复交通，自行协商处理损害赔偿事宜；不即行撤离现场的，应当迅速报告执勤的交通警察或者公安机关交通管理部门。

在道路上发生交通事故，仅造成轻微财产损失，并且基本事实清楚的，当事人应当先撤离现场再进行协商处理。

学习要点：本条款规定了出现交通事故后，车辆驾驶人应当履行的基本义务。也说明了根据事故的不同情况而应该采取的不同措施。

第七十一条 车辆发生交通事故后逃逸的,事故现场目击人员和其他知情人员应当向公安机关交通管理部门或者交通警察举报。举报属实的,公安机关交通管理部门应当给予奖励。

学习要点:本条款规定了事故现场目击人员对事故情况的举报义务和奖励政策。

第七十三条 公安机关交通管理部门应当根据交通事故现场勘验、检查、调查情况和有关的检验、鉴定结论,及时制作交通事故认定书,作为处理交通事故的证据。交通事故认定书应当载明交通事故的基本事实、成因和当事人的责任,并送达当事人。

学习要点:本条款规定了交通事故认定书的制作单位,主要内容及作用。

第七十四条 对交通事故损害赔偿的争议,当事人可以请求公安机关交通管理部门调解,也可以直接向人民法院提起民事诉讼。

经公安机关交通管理部门调解,当事人未达成协议或者调解书生效后不履行的,当事人可以向人民法院提起民事诉讼。

学习要点:本条款规定了事故当事人有对事故相关赔偿争议申请调解和诉讼的权利。

第七十六条 机动车发生交通事故造成人身伤亡、财产损失的,由保险公司在机动车第三者责任强制保险责任限额范围内予以赔偿;不足的部分,按照下列规定承担赔偿责任:

(一)机动车之间发生交通事故的,由有过错的一方承担赔偿责任;双方都有过错的,按照各自过错的比例分担责任。

(二)机动车与非机动车驾驶人、行人之间发生交通事故,非机动车驾驶人、行人没有过错的,由机动车一方承担赔偿责任;有证据证明非机动车驾驶人、行人有过错的,根据过错程度适当减轻机动车一方的赔偿责任;机动车一方没有过错的,承担不超过百分之十的赔偿责任。

交通事故的损失是由非机动车驾驶人、行人故意碰撞机动车造成的,机动车一方不承担赔偿责任。

学习要点:本条款规定了交通事故的赔偿责任分配规定。

第三节 《中华人民共和国突发事件应对法》

一、历史沿革

《中华人民共和国突发事件应对法》是为了预防和减少突发事件的发生,控制、减轻和消除突发事件引起的严重社会危害,规范突发事件应对活动,保护人民生命财产安全,维护国家安全、公共安全、环境安全和社会秩序而制定的。本法律现行版本在2007年8月30日第十届全国人民代表大会常务委员会第二十九次会议通过,以中华人民共和国主席令(第29号令)颁布,暂未进行修订。

二、条文选摘与学习要点提示

第三条 本法所称突发事件,是指突然发生,造成或者可能造成严重社会危害,需要采取应急处置措施予以应对的自然灾害、事故灾难、公共卫生事件和社会安全事件。

按照社会危害程度、影响范围等因素，自然灾害、事故灾难、公共卫生事件分为特别重大、重大、较大和一般四级。法律、行政法规或者国务院另有规定的，从其规定。

突发事件的分级标准由国务院或者国务院确定的部门制定。

学习要点：本条款规定了突发事件的定义和范围，并对突发事件进行了分类和分级。

第四条 国家建立统一领导、综合协调、分类管理、分级负责、属地管理为主的应急管理体制。

学习要点：本条款指出了国家分类管理的原则。

第十八条 应急预案应当根据本法和其他有关法律、法规的规定，针对突发事件的性质、特点和可能造成的社会危害，具体规定突发事件应急管理工作的组织指挥体系与职责和突发事件的预防与预警机制、处置程序、应急保障措施以及事后恢复与重建措施等内容。

学习要点：本条款对应急预案应包含的内容进行了具体要求。

第二十二条 所有单位应当建立健全安全管理制度，定期检查本单位各项安全防范措施的落实情况，及时消除事故隐患；掌握并及时处理本单位存在的可能引发社会安全事件的问题，防止矛盾激化和事态扩大；对本单位可能发生的突发事件和采取安全防范措施的情况，应当按照规定及时向所在地人民政府或者人民政府有关部门报告。

学习要点：本条款指出了各单位在应急管理方面应尽的义务和责任，明确指出了不仅要建立安全管理制度，还要对本单位安全措施的落实情况进行定期检查，及时消除隐患。这也为企业建立健全安全生产风险分级管控体系和隐患排查治理体系提供了依据。

第二十三条 矿山、建筑施工单位和易燃易爆物品、危险化学品、放射性物品等危险物品的生产、经营、储运、使用单位，应当制定具体应急预案，并对生产经营场所、有危险物品的建筑物、构筑物及周边环境开展隐患排查，及时采取措施消除隐患，防止发生突发事件。

学习要点：本条款提到了危险化学品。由于业务需要，部分城市公共汽电车运营企业存在危化品运输的岗位，需要特别注意对相关的作业活动、设施设备（包括场所区域）进行安全隐患的重点排查，并制定具体应急预案。

第二十四条 公共交通工具、公共场所和其他人员密集场所的经营单位或者管理单位应当制定具体应急预案，为交通工具和有关场所配备报警装置和必要的应急救援设备、设施，注明其使用方法，并显著标明安全撤离的通道、路线，保证安全通道、出口的畅通。

有关单位应当定期检测、维护其报警装置和应急救援设备、设施，使其处于良好状态，确保正常使用。

学习要点：本条款对公共交通工具、公共场所经营单位，应配备必要的报警装置和应急救援设备，制定具体的应急预案做了明确而具体的要求，相关企业需要按照本要求建立具体的应急预案。

第四十二条 国家建立健全突发事件预警制度。

可以预警的自然灾害、事故灾难和公共卫生事件的预警级别，按照突发事件发生的紧急程度、发展态势和可能造成的危害程度分为一级、二级、三级和四级，分别用红色、橙色、黄色和蓝色标示，一级为最高级别。

预警级别的划分标准由国务院或者国务院确定的部门制定。

学习要点：该条款对突发事件预警制度进行了说明。与第三条提到的突发事件分级相似,预警也分为4个级别,并区分颜色便于识别。需要说明的是,只有部分突发事件是可以预警的,而不是全部。

第五十六条 受到自然灾害危害或者发生事故灾难、公共卫生事件的单位,应当立即组织本单位应急救援队伍和工作人员营救受害人员,疏散、撤离、安置受到威胁的人员,控制危险源,标明危险区域,封锁危险场所,并采取其他防止危害扩大的必要措施,同时向所在地县级人民政府报告;对因本单位的问题引发的或者主体是本单位人员的社会安全事件,有关单位应当按照规定上报情况,并迅速派出负责人赶赴现场开展劝解、疏导工作。

突发事件发生地的其他单位应当服从人民政府发布的决定、命令,配合人民政府采取的应急处置措施,做好本单位的应急救援工作,并积极组织人员参加所在地的应急救援和处置工作。

学习要点:本条款对发生突发事件的单位,应做出及时应对的程序进行了具体要求。

第四节 《城市公共汽车和电车客运管理规定》

一、历史沿革

《城市公共汽车和电车客运管理规定》是依据《国务院关于城市优先发展公共交通的指导意见》(国发〔2012〕64号),为规范城市公共汽车和电车客运活动,保障运营安全,提高服务质量,促进城市公共汽车和电车客运事业健康有序发展而制定的,于2017年3月1日经第3次部务会议通过,以交通运输部令(第5号)公布,暂未进行修订。

二、条文选摘与学习要点提示

第一条 为规范城市公共汽车和电车客运活动,保障运营安全,提高服务质量,促进城市公共汽车和电车客运事业健康有序发展,依据《国务院关于城市优先发展公共交通的指导意见》(国发[2012]64号),制定本规定。

学习要点:本条款规定了立法目的和依据,其中运营安全被放在突出位置。本规定中针对安全生产的主体责任、人员要求、安全应急预案编制等提出了明确要求。

第五条 城市公共汽电车客运的发展,应当遵循安全可靠、便捷高效、经济适用、节能环保的原则。

学习要点:本条明确了公共汽电车客运的发展原则。其中安全可靠作为首要原则,充分体现了城市公共汽电车客运以人民为中心的发展思想和服务理念。

第二十七条 运营企业聘用的从事城市公共汽电车客运的驾驶员、乘务员,应当具备以下条件:

(一)具有履行岗位职责的能力;

(二)身心健康,无可能危及运营安全的疾病或者病史;

(三)无吸毒或者暴力犯罪记录。

从事城市公共汽电车客运的驾驶员还应当符合以下条件:

(一)取得与准驾车型相符的机动车驾驶证且实习期满;

（二）最近连续3个记分周期内没有记满12分违规记录；

（三）无交通肇事犯罪、危险驾驶犯罪记录，无饮酒后驾驶记录。

学习要点：本条款规定了城市公共电车客运企业驾驶员和乘务员岗位的用人条件。对驾驶员这个主要岗位持证要求、扣分记录、身体状况、犯罪历史等都提出了明确要求。

第二十八条 运营企业应当按照有关规范和标准对城市公共汽电车客运驾驶员、乘务员进行有关法律法规、岗位职责、操作规程、服务规范、安全防范和应急处置等基本知识与技能的培训和考核，安排培训、考核合格人员上岗。运营企业应当将相关培训、考核情况建档备查，并报城市公共交通主管部门备案。

学习要点：本条款明确了城市公共汽电车客运企业是驾驶员、乘务员培训和考核的责任主体，同时也规定了培训和考核的具体内容。以上培训和考核的相关资料，都应该建档并在上级主管部门备案。

第二十九条 从事城市公共汽电车客运的驾驶员、乘务员，应当遵守以下规定：

（一）履行相关服务标准；

（二）按照规定的时段、线路和站点运营，不得追抢客源、滞站揽客；

（三）按照价格主管部门核准的票价收费，并执行有关优惠乘车的规定；

（四）维护城市公共汽电车场站和车厢内的正常运营秩序，播报线路名称、走向和停靠站，提示安全注意事项；

（五）为老、幼、病、残、孕乘客提供必要的帮助；

（六）发生突发事件时应当及时处置，保护乘客安全，不得先于乘客弃车逃离；

（七）遵守城市公共交通主管部门制定的其他服务规范。

学习要点：本条款规定了城市公共汽电车驾驶员和乘务员的工作职责和义务。其中第（四）款和第（六）款都涉及安全方面的义务和责任。在运营秩序维护方面：应该组织、管理和保障好车厢内秩序良好；疏导车厢通道上的乘客，做好文明乘车、安全防范的宣传；车辆进站、拐弯时提醒乘客扶好、坐好，注意乘车安全；劝阻和制止违反乘车规范的行为。在应对突发事件方面，应当采取相应的处理方式，保证乘客先行疏散。发生乘客受伤等事故时，应积极配合有关人员抢救受伤人员，保护现场。

第三十五条 发生下列情形之一的，运营企业应当按照城市公共交通主管部门的要求，按照应急预案采取应急运输措施：

（一）抢险救灾；

（二）主要客流集散点运力严重不足；

（三）举行重大公共活动；

（四）其他需要及时组织运力对人员进行疏运的突发事件。

学习要点：本条款对城市公共汽电车运营企业需要采取应急运输措施的四种情况，针对这些情形，城市公共交通主管部门和运营企业都应当制定相应的应急预案。

第三十七条 运营企业应当按照国家有关标准，定期对城市公共电车触线网、馈线网、整流站等供配电设施进行维护，保证其正常使用，并按照国家有关规定设立保护标识。

学习要点：本条款对城市公共汽电车企业相关供配电设施维护做了规定。明确了运营企业是配电设施维护的责任主体，要对其供配电设施进行定期维护。

第四十二条 进入城市公共汽电车客运场站等服务设施的单位和个人，应当遵守城市公共汽电车场站等服务设施运营管理制度。

学习要点：本条款规定了城市公共汽电车场站等服务设施必须有详细的运营管理制度，且必须要求进入场站内的所有单位和个人遵循。

第四十三条 运营企业利用城市公共汽电车客运服务设施和车辆设置广告的，应当遵守有关广告管理的法律、法规及标准。广告设置不得有覆盖站牌标识和车辆运营标识、妨碍车辆行驶安全视线等影响运营安全的情形。

学习要点：本条款对服务设施和车辆上的广告的设置标准和安全要求进行了规定。

第四十四条 运营企业是城市公共汽电车客运安全生产的责任主体。运营企业应当建立健全企业安全生产管理制度，设置安全生产管理机构或者配备专职安全生产管理人员，保障安全生产经费投入，增强突发事件防范和应急处置能力，定期开展安全检查和隐患排查，加强安全乘车和应急知识宣传。

学习要点：本条款规定了城市公共汽电车运营企业安全生产的主体责任和具体要求。一是明确了运营企业是城市公共汽电车企业安全生产的责任主体，应当履行安全生产主体责任，全面落实安全保障的各项法律法规。二是规定了落实安全生产主体责任的具体要求。首先是要求建立健全企业安全生产管理制度，包括安全生产会议制度、安全生产隐患排查及检查制度、安全生产教育培训制度、安全生产设施设备管理和检修维护制度、事故报告和应急救援制度、安全生产档案管理制度、安全生产奖惩制度、安全事故报告和调查处理制度等。其次是要求城市公共汽电车运营企业应当依法建立健全安全生产目标管理制度，明确企业安全生产管理机制，落实安全生产一岗双责，将本单位安全生产责任目标逐级分解到各部门，明确责任人员、责任内容和考核奖惩要求，并且与各分支机构签定安全生产目标责任书，定期对安全生产进行考核和公布。第三是要求保障安全生产经费投入，增强突发事件防范和应急处置能力。城市公共汽电车运营企业应当安排安全生产条件所必需的专项资金，健全安全生产资金管理制度，增强突发事件防范和应急处置能力，确保安全生产经费专款专用。第四是要求定期开展安全检查和隐患排查。城市公共汽电车企业应当加强汽电车维修和驾驶员日常安全生产管理，全面查找日常工作管理中的风险点，组织开展安全检查和隐患排查，避免事故发生。第五是加强安全乘车和应急知识宣传。城市公共汽电车运营企业作为经营单位，有责任通过车厢、广播等手段广泛宣传安全乘车和应急逃生知识，提高乘客安全防范意识。

第四十五条 运营企业应当制定城市公共汽电车客运运营安全操作规程，加强对驾驶员、乘务员等从业人员的安全管理和教育培训。驾驶员、乘务员等从业人员在运营过程中应当执行安全操作规程。

学习要点：本条款规定了城市公共汽电车运营企业应当建立从业人员岗位安全操作规程并严格执行，并需要对相关岗位人员进行安全生产教育和培训。针对城市公共汽电车客运运营关键岗位，需要建立安全操作规程，包括驾驶员行车操作规程、安全检查员操作规程、场站管理人员操作规程、车辆运输调度员操作规程等。

第四十六条 运营企业应当对城市公共汽电车客运服务设施设备建立安全生产管理制度，落实责任制，加强对设施设备的管理和维护。

学习要点:本条款是针对城市公共汽电车客运服务的停车场、维修场、站务用房、站台、站牌、加油(气)站和电动公交车充电设施等制定安全生产管理制度。城市公共汽电车运营企业应结合本单位安全管理制度,对城市公共汽电车客运服务的各工种从业人员制定安全操作规程,并定期检查管理制度和操作规程的落实情况,建立设施设备安全生产管理台账。

第四十七条 运营企业应当建立城市公共汽电车车辆安全管理制度,定期对运营车辆及附属设备进行检测、维护、更新,保证其处于良好状态。不得将存在安全隐患的车辆投入运营。

学习要点:本条款规定了城市公共汽电车企业应制定车辆安全管理和维护制度。车辆安全管理制度方面,运营企业可参照《道路运输车辆技术管理规定》、车辆维修手册、使用说明书等,结合车辆类别、车辆运行状况、行驶里程、道路条件、使用年限等因素,确定车辆维护周期,开展车辆维护作业。同时建立车辆技术档案和管理档案,及时记录车辆基本数据。维修要求方面,明确了对车辆设施设备的技术要求。整车及主要总成、安全防护装置基本技术状况可参见《公共汽电车类型划分及等级评定》(JT/T 888—2014)、《纯电动城市客车通用技术条件》(JT/T 1026—2016)、《混合动力城市客车技术条件》(JT/T 1025—2016)。《汽车维护、检测、诊断技术和防范》(GB/T 18344—2016)也规定了车辆按照相关法律法规规定配置安全锤、停车楔、警示牌等安全设备设施,按相关规定配足有效的消防设施及器材,放置合理,完好有效。

第四十八条 运营企业应当在城市公共汽电车车辆和场站醒目位置设置安全警示标志、安全疏散示意图等,并为车辆配备灭火器、安全锤等安全应急设备,保证安全应急设备处于良好状态。

学习要点:本条款规定了城市公共汽电车车辆安全警示标识和安全应急设备的要求。城市公共汽电车企业应在车辆醒目的合适位置设立可能造成人的伤害和物的突发性破坏因素的安全警示标志。在安全应急设备方面,除了要按照相关规定配齐外,还要进行经常性的维护和定期检测,保证其处于良好状态。

第四十九条 禁止携带违禁物品乘车。运营企业应当在城市公共汽电车主要站点的醒目位置公布禁止携带的违禁物品目录。有条件的,应当在城市公共汽电车车辆上张贴禁止携带违禁物品乘车的提示。

学习要点:本条款规定了企业应当在主要站点或车辆上张贴禁止携带的违禁物品的目录。携带违禁物品上车,是严重的违法行为,在《中华人民共和国刑法》《中华人民共和国合同法》和《中华人民共和国消防法》等各项法律中都有所涉及。

第五十条 运营企业应当依照规定配备安保人员和相应设备设施,加强安全检查和保卫工作。乘客应当自觉接受、配合安全检查。对于拒绝接受安全检查或者携带违禁物品的乘客,运营企业从业人员应当制止其乘车;制止无效的,及时报告公安部门处理。

学习要点:本条款规定了运营企业的安保责任。为保障城市公共汽电车企业生产经营活动安全进行,需要配备必要的物质保障和人员保障。运营企业应在人流密集的公共交通枢纽站配备安保人员,并由企业安全管理人员进行随车督导、站场安全检查等多形式的安全检查来加强安保工作。

第五十一条 城市公共交通主管部门应当会同有关部门,定期进行安全检查,督促运营企业及时采取措施消除各种安全隐患。

学习要点:本条款规定了城市公共交通主管等部门要定期对城市公共汽电车企业的生产进行安全检查。除了主管部门的定期检查外,企业也应该建立自身的安全检查制度,不断提高安全管理水平。

第五十二条 城市公共交通主管部门应当会同有关部门制定城市公共汽电车客运突发事件应急预案,报城市人民政府批准。

运营企业应当根据城市公共汽电车客运突发事件应急预案,制定本企业的应急预案,并定期演练。

发生安全事故或者影响城市公共汽电车客运运营安全的突发事件时,城市公共交通主管部门、运营企业等应按照应急预案及时采取应急处置措施。

学习要点:本条款规定了运营企业是突发事件应急预案的编制主体。运营企业应急预案体系应当包括综合应急预案、专项应急预案和现场处置应急预案,应符合《生产经营单位安全生产事故应急预案编制导则》(GB/T 29639—2013)的相关规定。运营企业还应该定期组织应急预案演练,不断完善和改进应急预案,最大限度预防突发公共事件和减少及造成的损害,保障公众的生命财产安全,维护社会安全和稳定。

第五十三条 禁止从事下列危害城市公共汽电车运营安全、扰乱乘车秩序的行为:

(一)非法拦截或者强行上下城市公共汽电车车辆;

(二)在城市公共汽电车场站及其出入口通道擅自停放非城市公共汽电车车辆、堆放杂物或者摆摊设点等;

(三)妨碍驾驶员的正常驾驶;

(四)违反规定进入公交专用道;

(五)擅自操作有警示标志的城市公共汽电车按钮、开关装置,非紧急状态下动用紧急或安全装置;

(六)妨碍乘客正常上下车;

(七)其他危害城市公共汽电车运营安全、扰乱乘车秩序的行为。

运营企业从业人员接到报告或者发现上述行为应当及时制止;制止无效的,及时报告公安部门处理。

学习要点:本条款规定了7类影响公共交通安全的行为,并明确了运营企业从业人员有对这些行为进行制止、举报的权利和义务。

第五十四条 任何单位和个人都有保护城市公共汽电车客运服务设施的义务,不得有下列行为:

(一)破坏、盗窃城市公共汽电车车辆、设施设备;

(二)擅自关闭、侵占、拆除城市公共汽电车客运服务设施或者挪作他用;

(三)损坏、覆盖电车供电设施及其保护标识,在电车架线杆、馈线安全保护范围内修建建筑物、构筑物或者堆放、悬挂物品,搭设管线、电(光)缆等;

(四)擅自覆盖、涂改、污损、毁坏或者迁移、拆除站牌;

(五)其他影响城市公共汽电车客运服务设施功能和安全的行为。

学习要点:本条款规定了5类影响城市公交客运服务设施的行为,供单位和个人遵守执行。

第六十二条 运营企业有下列行为之一的,由城市公共交通主管部门责令限期改正;逾期未改正的,处5000元以上1万元以下的罚款:

(一)未定期对城市公共汽电车车辆及其安全设施设备进行检测、维护、更新的;

(二)未在城市公共汽电车车辆和场站醒目位置设置安全警示标志、安全疏散示意图和安全应急设备的;

(三)使用不具备本规定第二十七条规定条件的人员担任驾驶员、乘务员的;

(四)未对拟担任驾驶员、乘务员的人员进行培训、考核的。

第六十三条 运营企业未制定应急预案并组织演练的,由城市公共交通主管部门责令限期改正,并处1万元以下的罚款。

发生影响运营安全的突发事件时,运营企业未按照应急预案的规定采取应急处置措施,造成严重后果的,由城市公共交通主管部门处2万元以上3万元以下的罚款。

第六十四条 城市公共汽电车客运场站和服务设施的日常管理单位未按照规定对有关场站设施进行管理和维护的,由城市公共交通主管部门责令限期改正;逾期未改正的,处1万元以下的罚款。

第六十五条 违法携带违禁物品进站乘车的,或者有本规定第五十三条危害运营安全行为的,运营企业应当报当地公安部门依法处理。

第六十六条 违反本规定第五十四条,有危害城市公共汽电车客运服务设施行为的,由城市公共交通主管部门责令改正,对损坏的设施依法赔偿,并对个人处1000元以下的罚款,对单位处5000元以下的罚款。构成犯罪的,依法追究刑事责任。

学习要点:本规定以上条款均为运营企业或个人触犯本法律相关条款需要承担的法律责任及处罚规定。

第五节 《山东省安全生产条例》

一、历史沿革

《山东省安全生产条例》是为了加强安全生产监督管理,防止和减少生产安全事故,保障人民群众生命和财产安全而制定的。初始版本由2006年3月30日,山东省第十届人民代表大会常务委员会第十九次会议通过。现行版本于2017年1月18日山东省第十二届人民代表大会常务委员会第二十五次会议通过,山东省人民代表大会常务委员会公告(第168号令)公布。

二、条文选摘与学习要点提示

第三条 安全生产工作应当以人为本,坚持安全发展、源头防范,坚持安全第一、预防为主、综合治理的方针。

安全生产工作应当以属地监管为主,并遵循管行业必须管安全、管业务必须管安全、管

生产经营必须管安全的原则。

学习要点:本条款提出了安全生产工作的方针和原则。

第十一条 生产经营单位的主要负责人依法履行安全生产工作职责,对安全生产工作全面负责,其他负责人对职责范围内的安全生产工作负责。主要负责人包括对本单位生产经营负有全面领导责任的法定代表人、实际控制人以及其他主要决策人。

学习要点:本条款明确了生产经营单位主要负责人是其安全生产的第一责任人,并对主要负责人的安全职责范围进行了规定。

第十九条 生产经营单位应当建立安全生产风险分级管控制度,定期进行安全生产风险排查,对排查出的风险点按照危险性确定风险等级,对风险点进行公告警示,并采取相应的风险管控措施,实现风险的动态管理。

学习要点:本条款要求生产经营单位建立安全生产风险分级管控制度。

第二十条 生产经营单位应当建立健全生产安全事故隐患排查治理制度。对一般事故隐患,应当立即采取措施予以消除;对重大事故隐患,应当采取有效的安全防范和监控措施,制定和落实治理方案及时予以消除,并将治理方案和治理结果向县(市、区)人民政府负有安全生产监督管理职责的部门报告。县级以上人民政府负有安全生产监督管理职责的部门应当按照管理权限,对重大事故隐患治理情况进行督办。

生产经营单位应当将事故隐患排查治理情况向从业人员通报;事故隐患排除前和排除过程中无法保证安全的,应当从危险区域内撤出人员,疏散周边可能危及的其他人员,并设置警戒标志。

学习要点:本条款具体说明了生产经营单位在事故隐患排查治理方面需要做的工作。

第二十一条 生产经营单位应当完善安全生产管理信息系统,对风险点和事故隐患进行实时监控并建立预报预警机制,利用信息技术加强安全生产能力建设。

学习要点:本条款对生产经营单位利用安全生产管理信息技术对风险点和事故隐患进行实时监控和预警的能力提出了要求。

第二十八条 生产经营单位的从业人员有权了解其作业场所和工作岗位存在的危险因素、防范措施以及事故应急措施,对本单位安全生产工作中存在的问题可以提出批评、检举、控告;发现直接危及人身安全的紧急情况时,有权停止作业或者在采取可能的应急措施后撤离作业场所。

学习要点:本条款规定了生产经营单位从业人员在工作中对其作业场所和工作岗位各种安全风险的知情权等权利。

第四十二条 违反本条例规定,生产经营单位有下列行为之一的,责令限期改正,可以处一万元以上五万元以下罚款;逾期未改正的,责令停产停业整顿,并处五万元以上十万元以下罚款,对其主要负责人、直接负责的主管人员和其他直接责任人员处一万元以上二万元以下罚款:

(一)未按照规定设置安全生产管理机构或者配备安全生产管理人员的;

(二)未按照规定设置安全总监、安全生产委员会的;

(三)高危生产经营单位的主要负责人或者安全生产管理人员,未按照有关规定经考核合格的;

(四)未按照规定提取和使用安全生产费用的;

(五)未按照规定建立落实安全生产风险分级管控制度的;

(六)未按照规定报告重大事故隐患治理方案和治理结果的;

(七)高危生产经营单位未按照规定执行单位负责人现场带班制度的。

学习要点:本条款对生产经营单位未建立安全生产管理机构、未落实安全生产分级管控制度和未按规定报告重大事故隐患治理方案和治理结果等情况应受到的处罚进行了规定。

第四十三条 生产经营单位违反本条例规定进行危险作业的,责令限期改正,可以处二万元以上十万元以下罚款;逾期未改正的,责令停产停业整顿,并处十万元以上二十万元以下罚款,对其主要负责人、直接负责的主管人员和其他直接责任人员处二万元以上五万元以下罚款。

学习要点:本条款对生产经营单位进行危险作业的情况受到的处罚进行了规定。

第六节 《山东省生产经营单位安全生产主体责任规定》

一、历史沿革

《山东省生产经营单位安全生产主体责任规定》是为了落实生产经营单位安全生产主体责任,预防和减少生产安全事故,保障人民群众生命健康和财产安全,促进经济社会持续健康发展而制定的。初始版本于2013年2月2日山东省人民政府令第260号公布,之后在2016年和2018年先后进行了两次修订。现行版本于2018年1月2日山东省政府第119次常务会议审议通过修订,以山东省人民政府令(第311号令)公布。

二、条文选摘与学习要点提示

第四条 生产经营单位是安全生产的责任主体,对本单位的安全生产承担主体责任。主体责任主要包括组织机构保障责任、规章制度保障责任、物质资金保障责任、教育培训保障责任、安全管理保障责任、事故报告和应急救援责任。

学习要点:本条款强调了生产经营单位是安全生产的责任主体,承担主体责任,并明确规定了主体责任的具体内容。

第七条 生产经营单位应当依据法律、法规、规章和国家、行业或者地方标准,制定涵盖本单位生产经营全过程和全体从业人员的安全生产管理制度和安全操作规程。

安全生产管理制度应当涵盖本单位的安全生产会议、安全生产资金投入、安全生产教育培训和特种作业人员管理、劳动防护用品管理、安全设施和设备管理、职业病防治管理、安全生产检查、危险作业管理、事故隐患排查治理、重大危险源监控管理、安全生产奖惩、事故报告、应急救援,以及法律、法规、规章规定的其他内容。

学习要点:本条款规定生产经营单位应当建立安全管理制度和安全操作规程,并且对安全生产管理制度的具体内容做了规定。

第二十一条 生产经营单位应当按照国家和省有关规定,明确本单位各岗位从业人员配备劳动防护用品的种类和型号,为从业人员无偿提供符合国家、行业或者地方标准要求的劳动防护用品,并督促、检查、教育从业人员按照使用规则佩戴和使用。购买和发放劳动防护用品的情况应当记录在案。不得以货币或者其他物品替代劳动防护用品,不得采购和使用无安全标志或者未经法定认证的特种劳动防护用品。

学习要点:本条款规定了生产经营单位劳保用品的发放规则及质量要求。

第二十二条 存在职业病危害的生产经营单位,应当按照有关规定及时申报本单位的职业病危害因素,并定期检测、评价。

对从事接触职业病危害的从业人员,生产经营单位应当按照有关规定组织上岗前、在岗期间和离岗时的职业健康检查,并将检查结果书面告知从业人员。职业健康检查费用由生产经营单位承担。

学习要点:本条款规定了生产经营单位在职业病危害防治方面应该承担的具体责任。

第二十三条 生产经营单位应当制定、及时修订和实施本单位的生产安全事故应急救援预案,并与所在地县级以上人民政府生产安全事故应急救援预案相衔接。高危生产经营单位每年至少组织1次综合或者专项应急预案演练,每半年至少组织1次现场处置方案演练;其他生产经营单位每年至少组织1次演练。

生产经营单位应当建立应急救援组织,配备相应的应急救援器材及装备。不具备单独建立专业应急救援队伍的规模较小的生产经营单位,应当与邻近建有专业救援队伍的企业或者单位签订救援协议,或者联合建立专业应急救援队伍。

学习要点:本条款对生产经营单位应急预案编制,应急预案演练及应急队伍建立等方面进行了规定。

第二十七条 生产经营单位应当建立健全安全生产隐患排查治理体系,定期组织安全检查,开展事故隐患自查自纠。对检查出的问题应当立即整改;不能立即整改的,应当采取有效的安全防范和监控措施,制定隐患治理方案,并落实整改措施、责任、资金、时限和预案;对于重大事故隐患,应当及时将治理方案和治理结果向负有安全生产监督管理职责的部门报告,并由负有安全生产监督管理职责的部门对其治理情况进行督办,督促生产经营单位消除重大事故隐患。

安全检查应当包括下列内容:

(一)安全生产管理制度健全和落实情况;

(二)设备、设施安全运行状态,危险源控制状态,安全警示标志设置情况;

(三)作业场所达到职业病防治要求情况;

(四)从业人员遵守安全生产管理制度和操作规程情况,了解作业场所、工作岗位危险因素情况,具备相应的安全生产知识和操作技能情况,特种作业人员持证上岗情况;

(五)发放配备的劳动防护用品情况,从业人员佩带和使用情况;

(六)现场生产管理、指挥人员违章指挥、强令从业人员冒险作业行为情况,以及对从业人员的违章违纪行为及时发现和制止情况;

(七)生产安全事故应急预案的制定、演练情况;

(八)其他应当检查的安全生产事项。

学习要点:本条款对生产经营企业建立健全安全生产隐患排查体系进行了具体要求,并且对安全检查的具体内容做了规定。

第二十八条 生产经营单位应当加强重大危险源管理，建立重大危险源辨识登记、安全评估、报告备案、监控整改、应急救援等工作机制，采用先进技术手段对重大危险源实施现场动态监控，定期对设施、设备进行检测、检验，设立重大危险源安全警示标志，制定应急预案并组织演练。

生产经营单位应当每半年向所在地县（市、区）或者按隶属关系向负有安全生产监督管理职责的部门报告本单位重大危险源监控及相应的安全措施、应急措施的实施情况；对新产生的重大危险源，应当及时报告并依法实施相关管理措施。

学习要点：本条款对生产经营单位的重大危险源管理做了具体要求，除了企业自身管控外，还要定期向安全生产监督管理部门报告相关事项。

第二十九条 生产经营单位应当建立安全生产风险管控机制，定期进行安全生产风险排查，对排查出的风险点按照危险性确定风险等级，并采取相应的风险管控措施，对风险点进行公告警示。

学习要点：本条款对生产经营单位建立风险分级管控机制做了规定。

第三十六条 生产经营单位未按规定建立安全生产风险管控机制，并采取风险管控措施的，由负有安全生产监督管理职责的部门责令限期改正；逾期不改正的，依照有关法律、法规规定处理。

学习要点：本条款对未按规定建立安全生产风险分级管控体系的生产经营单位的处罚措施做了规定。

第三十七条 生产经营单位未建立事故隐患排查治理制度或者未采取措施消除事故隐患的，依照《中华人民共和国安全生产法》的有关规定责令限期改正或者责令消除；拒不执行的，责令停产停业整顿，并处罚款。

学习要点：本条款对未按规定建立事故隐患排查治理体系的生产经营单位的处罚措施做了规定。

第七节 其他相关法律法规

除以上所提到的安全生产法律、法规以外，还有很多安全生产和卫生方面的法律、行政法规、部门规章、地方性法规和地方政府规章，将其中涉及城市公共汽电车企业的部分法律、法规和规章，汇总列于表 1-1-1 至表 1-1-4，供城市公共汽电车企业安全管理人员和从业人员参考。为了保证教材内容叙述的方便性，其中《中华人民共和国职业病防治法》《中华人民共和国特种设备安全法》《特种作业人员安全技术培训考核管理规定》三部法律、法规放在第二模块（通用部分安全知识）相关专题中进行阐述。

其他安全生产和卫生相关法律列表 表 1-1-1

法律名称	主席令	现行版本颁布时间	现行版本实施时间
《中华人民共和国反恐怖主义法》（2018 年修正）	第 36 号	2018 年 4 月 27 日	2018 年 4 月 27 日
《中华人民共和国消防法》（2008 年修订）	第 6 号	2008 年 10 月 28 日	2009 年 5 月 1 日
《中华人民共和国职业病防治法》（2017 年修订）	第 81 号	2017 年 11 月 4 日	2017 年 11 月 5 日
《中华人民共和国特种设备安全法》	第 4 号	2013 年 6 月 29 日	2014 年 1 月 1 日

续上表

法律名称	主席令	现行版本颁布时间	现行版本实施时间
《中华人民共和国劳动法》	第28号	1994年7月5日	1995年1月1日
《中华人民共和国工会法》(2001年修正)	第57号	2001年10月27日	2001年10月27日
《中华人民共和国劳动合同法》(2012年修正)	第73号	2012年12月28日	2013年7月1日
《中华人民共和国环境保护法》(2014年修订)	第9号	2014年4月24日	2015年1月1日

其他安全生产和卫生相关行政法规列表 表1-1-2

法规名称	国务院令	现行版本颁布时间	现行版本实施时间
《中华人民共和国道路交通安全法实施条例》	第405号	2004年4月28日	2004年5月1日
《特种设备安全监察条例》(2009年修订)	第373号	2009年1月24日	2009年5月1日
《生产安全事故报告和调查处理条例》	第493号	2007年3月28日	2007年6月1日
《安全生产许可证条例》(2014年修订)	第397号	2014年7月29日	2014年7月29日
《危险化学品安全管理条例》(2013年修正)	第645号	2013年12月7日	2013年12月7日
《中华人民共和国道路运输条例》(2019年修订)	第709号	2019年3月2日	2019年3月18日
《民用爆炸物品安全管理条例》(2014年修订)	第653号	2014年7月9日	2014年7月9日
《工伤保险条例》(2010年修订)	第586号	2010年12月8日	2011年1月1日
《突发公共卫生事件应急条例》(2010年修正)	第588号	2010年12月29日	2011年1月8日
《中华人民共和国劳动合同法实施条例》	第535号	2008年9月18日	2008年9月18日

其他安全生产与卫生相关部门规章列表 表1-1-3

规章名称	部令号	颁布时间	实施时间
《交通运输突发事件应急管理规定》	交通运输部令第9号	2011年9月22日	2012年1月1日
《道路运输从业人员管理规定》(2016年修正)	交通运输部令第52号	2016年4月21日	2016年4月21日
《道路运输车辆动态监督管理办法》(2016年修正)	交通运输部、公安部、国家安全生产监督管理总局令 第55号	2016年4月20日	2016年4月20日
《机动车强制报废管理规定》	商务部、发改委、公安部、环境保护部令 第12号	2012年8月24号	2013年5月1日
《道路运输车辆技术管理规定》	交通运输部令第1号	2016年1月22日	2016年3月1日
《机动车驾驶员培训管理规定》(2016年修正)	交通运输部令第51号	2016年4月21日	2016年4月21日
《生产安全事故应急预案管理办法》(2016年修订)	国家安全生产监督管理总局令第88号	2016年6月3日	2016年7月1日
《生产安全事故信息报告和处置办法》	国家安全生产监督管理总局令第21号	2009年6月16日	2009年7月1日

续上表

规章名称	部令号	颁布时间	实施时间
《安全生产培训管理办法》(2015年修订)	国家安全生产监督管理总局令第80号	2015年5月29日	2015年5月29日
《安全生产事故隐患排查治理暂行规定》	国家安全生产监督管理总局令 第16号	2007年12月28日	2008年2月1日
《生产经营单位安全培训规定》(2015年修正)	国家安全生产监督管理总局令 第80号	2015年5月29日	2015年7月1日
《特种作业人员安全技术培训考核管理规定》(2015年修正)	国家安全生产监督管理总局令 第80号	2015年5月29日	2015年7月1日
《机关、团体、企业、事业单位消防安全管理规定》	公安部令 第61号	2001年11月14日	2002年5月1日
《道路交通事故处理程序规定》(2017年修订)	公安部令 第146号	2017年7月22日	2018年5月1日
《气瓶安全监察规定》(2015年修订)	国家质量监督检验检疫总局令第166号	2015年8月25日	2015年8月25日

山东省安全生产与卫生相关地方性法规和地方规章列表　　表1-1-4

法规规章名称	所属类别	颁布时间	实施时间
《山东省职业病防治条例》(2004年修正)	地方性法规	2004年7月30日	2004年7月30日
《山东省消防条例》(2011年修订)	地方性法规	2011年1月14日	2011年3月1日
《济南市城市公共交通条例》	地方性法规	2013年12月3日	2014年1月1日
《山东省危险化学品安全管理办法》	省政府规章	2017年6月2日	2017年8月1日
《山东省生产安全事故报告和调查处理办法》	省政府规章	2011年6月22日	2011年8月1日
《山东省实施消防安全责任制规定》	省政府规章	2018年3月1日	2018年4月1日

第二章 标准规范

除了安全生产方面的法律法规外,交通运输行业也制定了许多安全生产标准。现行安全标准按照标准层级划分,由高到低可以分为国家标准、行业标准、地方标准、企业标准等。安全标准法律化是我国安全立法的重要发展趋势。安全标准一旦成为法律规定必须执行的技术规范,就具有了法律上的地位和效力。这些标准称为法定安全标准,或者叫强制性安全标准,将这些标准纳入安全法律体系的范畴,有助于构建完善的安全法律体系。法定安全标准包括强制性国家标准和强制性行业标准。安全生产国家标准是指国家标准化行政主管部门依照《标准化法》制定的在全国范围内适用的安全生产技术规范。安全生产行业标准是指国务院有关部门和直属机构依照《标准化法》制定的在安全生产领域内适用的安全生产技术规范。从层级上看,安全生产行业标准低于安全生产国家标准,对于同一安全生产事项的要求,行业标准可以高于国家标准,但不能与其相抵触。除此之外的标准称为推荐性标准,包括一些推荐性的国家标准、行业标准,以及地方标准、企业标准等,是通过经济手段或市场调节促使企业自愿采用的标准。本节引入五项城市公共汽电车行业安全相关标准供大家学习参考。

第一节 《企业安全生产标准化基本规范》

一、版本

GB/T 33000—2016。

二、主要内容

1. 范围

本标准规定了企业安全生产标准化管理体系建立、保持与评定的原则和一般要求,以及目标职责、制度化管理、教育培训、现场管理、安全风险管控及隐患排查治理、应急管理、事故管理和持续改进8个体系的核心技术要求。

本标准适用于工矿企业开展安全生产标准化建设工作,有关行业制修订安全生产标准化标准、评定标准,以及对标准化工作的咨询、服务、评审、科研、管理和规划等。其他企业和生产经营单位等可参照执行。

2. 术语和定义

(1)企业安全生产标准化。企业通过落实企业安全生产主体责任,通过全员全过程参与,建立并保持安全生产管理体系,全面管控生产经营活动各环节的安全生产与职业卫生工作,实现安全健康管理系统化、岗位操作行为规范化、设备设施本质安全化、作业环境器具定置化,并持续改进。

(2)安全生产绩效。根据安全生产和职业卫生目标,在安全生产、职业卫生等工作方面取得的可测量结果。

(3)企业主要负责人。有限责任公司、股份有限公司的董事长、总经理,其他生产经营单位的厂长、经理、矿长,以及对生产经营活动有决策权的实际控制人。

(4)相关方。工作场所内外与企业安全生产绩效有关或受其影响的个人或单位,如承包商、供应商等。

(5)承包商。在企业的工作场所按照双方协定的要求向企业提供服务的个人或单位。

(6)供应商。为企业提供材料、设备或设施及服务的外部个人或单位。

(7)变更管理。对机构、人员、管理、工艺、技术、设备设施、作业环境等永久性或暂时性的变化进行有计划的控制,以避免或减轻对安全生产的影响。

(8)风险。发生危险事件或有害暴露的可能性,与随之引发的人身伤害、健康损害或财产损失的严重性的组合。

(9)安全风险评估。运用定性或定量的统计分析方法对安全风险进行分析、确定其严重程度,对现有控制措施的充分性、可靠性加以考虑,以及对其是否可接受予以确定的过程。

(10)安全风险管理。根据安全风险评估的结果,确定安全风险控制的优先顺序和安全风险控制措施,以达到改善安全生产环境、减少和杜绝生产安全事故的目标。

(11)工作场所。从业人员进行职业活动,并由企业直接或间接控制的所有工作点。

(12)作业环境。从业人员进行生产经营活动的场所以及相关联的场所,对从业人员的安全、健康和工作能力,以及对设备(设施)的安全运行产生影响的所有自然因素和人为因素。

3. 一般要求

1)原则

企业开展安全生产标准化工作,应遵循“安全第一、预防为主、综合治理”的方针,落实企业主体责任。以安全风险管理、隐患排查治理、职业病危害防治为基础,以安全生产责任制为核心,建立安全生产标准化管理体系,全面提升安全生产管理水平,持续改进安全生产工作,不断提升安全生产绩效,预防和减少事故的发生,保障人身安全健康,保证生产经营活动的有序进行。

2)建立和保持

企业应采用“策划、实施、检查、改进”的“PDCA”动态循环模式,依据本标准的规定,结合企业自身特点,自主建立并保持安全生产标准化管理体系;通过自我检查、自我纠正和自我完善,构建安全生产长效机制,持续提升安全生产绩效。

3)自评和评审

企业安全生产标准化管理体系的运行情况,采用企业自评和评审单位评审的方式进行评估。

4. 核心要求

1)目标职责

(1)目标。企业应根据自身安全生产实际,制定文件化的总体和年度安全生产与职业卫生目标,并纳入企业总体生产经营目标。明确目标的制定、分解、实施、检查、考核等环节要求，并按照所属基层单位和部门在生产经营活动中所承担的职能，将目标分解为指标，确保落实。

企业应定期对安全生产与职业卫生目标、指标实施情况进行评估和考核，并结合实际及时进行调整。

(2)机构和职责。

①机构设置：企业应落实安全生产组织领导机构，成立安全生产委员会，并应按照有关规定设置安全生产和职业卫生管理机构，或配备相应的专职或兼职安全生产和职业卫生管理人员，按照有关规定配备注册安全工程师，建立健全从管理机构到基层班组的管理网络。

②主要负责人及领导层职责：

企业主要负责人全面负责安全生产和职业卫生工作，并履行相应责任和义务。

分管负责人应对各自职责范围内的安全生产和职业卫生工作负责。

各级管理人员应按照安全生产和职业卫生责任制的相关要求，履行其安全生产和职业卫生职责。

(3)全员参与。企业应建立健全安全生产和职业卫生责任制，明确各级部门和从业人员的安全生产和职业卫生职责，并对职责的适宜性、履行情况进行定期评估和监督考核。

企业应为全员参与安全生产和职业卫生工作创造必要的条件，建立激励约束机制，鼓励从业人员积极建言献策，营造自下而上、自上而下全员重视安全生产和职业卫生的良好氛围，不断改进和提升安全生产和职业卫生管理水平。

(4)安全生产投入。企业应建立安全生产投入保障制度，按照有关规定提取和使用安全生产费用，并建立使用台账。

企业应按照有关规定，为从业人员缴纳相关保险费用。企业宜投保安全生产责任保险。

(5)安全文化建设。企业应开展安全文化建设，确立本企业的安全生产和职业病危害防治理念及行为准则，并教育、引导全体人员贯彻执行。

企业开展安全文化建设活动，应符合《企业安全文化建设导则》(AQ/T 9004—2008)的规定。

(6)安全生产信息化建设。企业应根据自身实际情况，利用信息化手段加强安全生产管理工作，开展安全生产电子台账管理、重大危险源监控、职业病危害防治、应急管理、安全风险管控和隐患自查自报、安全生产预测预警等信息系统的建设。

2)制度化管理

(1)法规标准识别。企业应建立安全生产和职业卫生法律法规、标准规范的管理制度，明确主管部门，确定获取的渠道、方式，及时识别和获取适用、有效的法律法规、标准规范，建立安全生产和职业卫生法律法规、标准规范清单和文本数据库。

企业应将适用的安全生产和职业卫生法律法规、标准规范的相关要求转化为本单位的规章制度、操作规程，并及时传达给相关从业人员，确保相关要求落实到位。

(2)规章制度。企业应建立健全安全生产和职业卫生规章制度，并征求工会及从业人员意见和建议，规范安全生产和职业卫生管理工作。

企业应确保从业人员及时获取制度文本。

企业安全生产和职业卫生规章制度包括但不限于下列内容：目标管理；安全生产和职业

卫生责任制；安全生产承诺；安全生产投入；安全生产信息化；四新(新技术、新材料、新工艺、新设备设施)管理；文件、记录和档案管理；安全风险管理、隐患排查治理；职业病危害防治；教育培训；班组安全活动；特种作业人员管理；建设项目安全设施、职业病防护设施“三同时”管理；设备设施管理；施工和检维修安全管理；危险物品管理；危险作业安全管理；安全警示标志管理；安全预测预警；安全生产奖惩管理；相关方安全管理；变更管理；个体防护用品管理；应急管理；事故管理；安全生产报告；绩效评定管理。

(3)操作规程。企业应按照有关规定，结合本企业生产工艺、作业任务特点以及岗位作业安全风险与职业病防护要求，编制齐全适用的岗位安全生产和职业卫生操作规程，发放到相关岗位员工，并严格执行。

企业应确保从业人员参与岗位安全生产和职业卫生操作规程的编制和修订工作。

企业应在新技术、新材料、新工艺、新设备设施投入使用前，组织制修订相应的安全生产和职业卫生操作规程，确保其适宜性和有效性。

(4)文档管理。

①记录管理：企业应建立文件和记录管理制度，明确安全生产和职业卫生规章制度、操作规程的编制、评审、发布、使用、修订、作废以及文件和记录管理的职责、程序和要求。

企业应建立健全主要安全生产和职业卫生过程与结果的记录，并建立和保存有关记录的电子档案，支持查询和检索，便于自身管理使用和行业主管部门调取检查。

②评估：企业应每年至少评估一次安全生产和职业卫生法律法规、标准规范、规章制度、操作规程的适用性、有效性和执行情况。

③修订：企业应根据评估结果、安全检查情况、自评结果、评审情况、事故情况等，及时修订安全生产和职业卫生规章制度、操作规程。

3)教育培训

(1)教育培训管理。企业应建立健全安全教育培训制度，按照有关规定进行培训。培训大纲、内容、时间应满足有关标准的规定。

企业安全教育培训应包括安全生产和职业卫生的内容。

企业应明确安全教育培训主管部门，定期识别安全教育培训需求，制定、实施安全教育培训计划，并保证必要的安全教育培训资源。

企业应如实记录全体从业人员的安全教育和培训情况，建立安全教育培训档案和从业人员个人安全教育培训档案，并对培训效果进行评估和改进。

(2)人员教育培训。

①主要负责人和安全管理人员：企业的主要负责人和安全生产管理人员应具备与本企业所从事的生产经营活动相适应的安全生产和职业卫生知识与能力。

企业应对各级管理人员进行教育培训，确保其具备正确履行岗位安全生产和职业卫生职责的知识与能力。

法律法规要求考核其安全生产和职业卫生知识与能力的人员，应按照有关规定经考核合格。

②从业人员：企业应对从业人员进行安全生产和职业卫生教育培训，保证从业人员具备满足岗位要求的安全生产和职业卫生知识，熟悉有关的安全生产和职业卫生法律法规、规章

制度、操作规程,掌握本岗位的安全操作技能和职业危害防护技能、安全风险辨识和管控方法,了解事故现场应急处置措施,并根据实际需要,定期进行复训考核。

未经安全教育培训合格的从业人员,不应上岗作业。

煤矿、非煤矿山、危险化学品、烟花爆竹、金属冶炼等企业应对新上岗的临时工、合同工、劳务工、轮换工、协议工等进行强制性安全培训,保证其具备本岗位安全操作、自救互救以及应急处置所需的知识和技能后,方能安排上岗作业。

企业的新入厂(矿)从业人员上岗前应经过厂(矿)、车间(工段、区、队)、班组三级安全培训教育,岗前安全教育培训学时和内容应符合国家和行业的有关规定。

在新工艺、新技术、新材料、新设备设施投入使用前,企业应对有关从业人员进行专门的安全生产和职业卫生教育培训,确保其具备相应的安全操作、事故预防和应急处置能力。

从业人员在企业内部调整工作岗位或离岗一年以上重新上岗时,应重新进行车间(工段、区、队)和班组级的安全教育培训。

从事特种作业、特种设备作业的人员应按照有关规定,经专门安全作业培训,考核合格,取得相应资格后,方可上岗作业,并定期接受复审。

企业专职应急救援人员应按照有关规定,经专门应急救援培训,考核合格后,方可上岗,并定期参加复训。

其他从业人员每年应接受再培训,再培训时间和内容应符合国家和地方政府的有关规定。

③其他人员教育培训:企业应对进入企业从事服务和作业活动的承包商、供应商的从业人员和接收的中等职业学校、高等学校实习生,进行入厂(矿)安全教育培训,并保存记录。

外来人员进入作业现场前,应由作业现场所在单位对其进行安全教育培训,并保存记录。主要内容包括:外来人员入厂(矿)有关安全规定、可能接触到的危害因素、所从事作业的安全要求、作业安全风险分析及安全控制措施、职业病危害防护措施、应急知识等。

企业应对进入企业检查、参观、学习等外来人员进行安全教育,主要内容包括:安全规定、可能接触到的危险有害因素、职业病危害防护措施、应急知识等。

4)现场管理

(1)设备设施管理。

①设备设施建设:企业总平面布置应符合《工艺企业总面积总平面设计规范》(GB 50187—2012)的规定,建筑设计防火和建筑灭火器配置应分别符合《建筑设计防火规范》(GB 50016—2014)和《建筑灭火器配置设计规范》(GB 50140—2005)的规定;建设项目的安全设施和职业病防护设施应与建设项目主体工程同时设计、同时施工、同时投入生产和使用。

企业应按照有关规定进行建设项目安全生产、职业病危害评价,严格履行建设项目安全设施和职业病防护设施设计审查、施工、试运行、竣工验收等管理程序。

②设备设施验收:企业应执行设备设施采购、到货验收制度,购置、使用设计符合要求、质量合格的设备设施。设备设施安装后企业应进行验收,并对相关过程及结果进行

记录。

③设备设施运行:企业应对设备设施进行规范化管理,建立设备设施管理台账。

企业应有专人负责管理各种安全设施以及检测与监测设备,定期检查维护并做好记录。

企业应针对高温、高压和生产、使用、储存易燃、易爆、有毒、有害物质等高风险设备,以及海洋石油开采特种设备和矿山井下特种设备,建立运行、巡检、维护的专项安全管理制度,确保其始终处于安全可靠的运行状态。

安全设施和职业病防护设施不应随意拆除、挪用或弃置不用;确因检测维修拆除的,应采取临时安全措施,检测维修完毕后立即复原。

④设备设施检测维修:企业应建立设备设施检测维修管理制度,制定综合检测维修计划,加强日常检测维修和定期检测维修管理,落实"五定"原则,即定检测维修方案、定检测维修人员、定安全措施、定检测维修质量、定检测维修进度,并做好记录。

检测维修方案应包含作业安全风险分析、控制措施、应急处置措施及安全验收标准。检测维修过程中应执行安全控制措施,隔离能量和危险物质,并进行监督检查,检测维修后应进行安全确认。检测维修过程中涉及危险作业的,应按照下述作业环境和作业条件相关要求执行。

⑤检测检验:特种设备应按照有关规定,委托具有专业资质的检测、检验机构进行定期检测、检验。涉及人身安全、危险性较大的海祥石油开采特种设备和矿山井下特种设备,应取得矿用产品安全标志或相关安全使用证。

⑥设备设施拆除、报废:企业应建立设备设施报废管理制度。设备设施的报废应办理审批手续,在报废设备设施拆除前应制定方案,并在现场设置明显的报废设备设施标志。报废、拆除涉及许可作业的,应按照下述作业环境和作业条件相关要求执行,并在作业前对相关作业人员进行培训和安全技术交底。报废、拆除应按方案和许可内容组织落实。

(2)作业安全。

①作业环境和作业条件:企业应事先分析和控制生产过程及工艺、物料、设备设施、器材、通道、作业坏境等存在的安全风险。

生产现场应实行定置管理,保持作业环境整洁。

生产现场应配备相应的安全、职业病防护用品(具)及消防设施与器材,按照有关规定设置应急照明、安全通道,并确保安全通道畅通。

企业应对临近高压输电线路作业、危险场所动火作业、有(受)限空间作业、临时用电作业、爆破作业、封道作业等危险性较大的作业活动,实施作业许可管理,严将履行作业许可审批手续。作业许可应包含安全风险分析、安全及职业病危害防护措施、应急处置等内容。作业许可实行闭坏管理。

企业应对作业人员的上岗资格、条件等进行作业前的安全检查,做到特种作业人员持证上岗,并安排专人进行现场安全管理,确保作业人员遵守岗位操作规程和落实安全及职业病危害防护措施。

企业应采取可靠的安全技术措施,对设备能量和危险有害物质进行屏蔽或隔离。

两个以上作业队伍在同一作业区域内进行作业活动时,不同作业队伍相互之间应签订管理协议,明确各自的安全生产、职业卫生管理职责和采取的有效措施,并指定专人进行检查与协调。

危险化学品生产、经营、储存和使用单位的特殊作业，应符合《化学品生产单位特殊作业安全规范》(GB 30871—2014)的规定。

②作业行为：企业应依法合理进行生产作业组织和管理，加强对从业人员作业行为的安全管理，对设备设施、工艺技术以及从业人员作业行为等进行安全风险辨识，采取相应的措施，控制作业行为安全风险。

企业应监督、指导从业人员遵守安全生产和职业卫生规章制度、操作规程，杜绝违章指挥、违规作业和违反劳动纪律的“三违”行为。

企业应为从业人员配备与岗位安全风险相适应的、符合《个体防护装备选用规范》(GB/T 11651—2008)规定的个体防护装备与用品，并监督、指导从业人员按照有关规定正确佩戴、使用、维护和检查个体防护装备与用品。

③岗位达标：企业应建立班组安全活动管理制度，开展岗位达标活动，明确岗位达标的内容和要求。

从业人员应熟练掌握本岗位安全职责、安全生产和职业卫生操作规程、安全风险及管控措施、防护用品使用、自救互救及应急处置措施。

各班组应按照有关规定开展安全生产和职业卫生教育培训、安全操作技能训练、岗位作业危险预知、作业现场隐患排查、事故分析等工作，并做好记录。

④相关方：企业应建立承包商、供应商等安全管理制度，将承包商、供应商等相关方的安全生产和职业卫生纳入企业内部管理，对承包商、供应商等相关方的资格预审、选择、作业人员培训、作业过程检查监督、提供的产品与服务、绩效评估、续用或退出等进行管理。

企业应建立合格承包商、供应商等相关方的名录和档案，定期识别服务行为安全风险，并来取有效的控制措施。

企业不应将项目委托给不具备相应资质或安全生产、职业病防护条件的承包商、供应商等相关方。企业应与承包商、供应商等签订合作协议，明确规定双方的安全生产及职业病防护的责任和义务。

企业应通过供应链关系促进承包商、供应商等相关方达到安全生产标准化要求。

(3)职业健康。

①基本要求：企业应为从业人员提供符合职业卫生要求的工作环境和条件，为解除职业危害的从业人员提供个人使用的职业病防护用品，建立、健全职业卫生档案和健康监护档案。

产生职业病危害的工作场所应设置相应的职业病防护设施，并符合《工业企业设计卫生标准》(GBZ 1—2010)的规定。

企业应确保使用有毒、有害物品的作业场所与生活区、辅助生产区分开，作业场所不应住人；将有害作业与无害作业分开，高毒工作场所与其他工作场所隔离。

对可能发生急性职业危害的有毒、有害工作场所，应设置检验报警装置，制定应急预案，配置现场急救用品、设备，设置应急撤离通道和必要的泄险区，定期检查监测。

企业应组织从业人员进行上岗前、在岗期间、特殊情况应急后和离岗时的职业健康检查，将检查结果书面告知从业人员并存档。对检查结果异常的从业人员，应及时就医，并定期复查。企业不应安排未经职业健康检查的从业人员从事接触职业病危害的作业；不应安

排有职业禁忌的从业人员从事禁忌作业。从业人员的职业健康监护应符合《职业健康监护技术规范》(GBZ 188—2014)的规定。

各种防护用品、各种防护器具应定点存放在安全、便于取用的地方,建立台账,并有专人负责保管,定期校验、维护和更换。

涉及放射工作场所和放射性同位素运输、储存的企业,应配置防护设备和报警装置,为接触放射线的从业人员佩戴个人剂量计。

②职业危害告知:企业与从业人员订立劳动合同时,应将工作过程中可能产生的职业危害及其后果和防护措施如实告知从业人员,并在劳动合同中写明。

企业应按照有关规定,在醒目位置设置公告栏,公布有关职业病防治的规章制度、操作规程、职业病危害事故应急救援措施和工作场所职业病危害因素检测结果。对存在或产生职业病危害的工作场所、作业岗位、设备、设施,应在醒目位置设置警示标识和中文警示说明;使用有毒物品作业场所,应设置黄色区域警示线、警示标识和中文警示说明,高毒作业场所应设置红色区域警示线、警示标识和中文警示说明,并设置通信报警设备。高毒物品作业岗位职业病危害告知应符合《高毒物品作业岗位职业病危害告知规范》(GBZ/T 203—2007)的规定。

③职业病危害申报:企业应按照有关规定,及时、如实向所在地安全生产监督管理部门申报职业病危害项目,并及时更新信息。

④职业病危害检测与评价:企业应改善工作场所职业卫生条件,控制职业病危害因素浓(强)度不超过《工作场所有害因素职业接触限值 第1部分:化学有害因素》(GBZ 2.1—2007)、《工作场所有害因素职业接触限值 第2部分:物理因素》(GBZ 2.2—2007)规定的限值。

企业应对工作场所职业病危害因素进行日常监测,并保存监测记录。存在职业病危害的,应委托具有相应资质的职业卫生技术服务机构进行定期检测,每年至少进行一次全面的职业病危害因素检测;职业病危害严重的,应委托具有相应资质的职业卫生技术服务机构,每3年至少进行一次职业病危害现状评价。检测、评价结果存入职业卫生档案,并向安全监管部门报告,向从业人员公布。

定期检测结果中职业病危害因素浓度或强度超过职业接触限值的,企业应根据职业卫生技术服务机构提出的整改建议,结合本单位的实际情况,制定切实有效的整改方案,立即进行整改。整改落实情况应有明确的记录并存入职业卫生档案备查。

(4)警示标志。

企业应按照有关规定和工作场所的安全风险特点,在有重大危险源、较大危险因素和严重职业病危害因素的工作场所,设置明显的、符合有关规定要求的安全警示标志和职业病危害警示标识。其中,警示标志的安全色和安全标志应分别符合《安全色》(GB 2893—2008)和《安全标志及其使用导则》(GB 2894—2008)的规定,道路交通标志和标线应符合《道路交通标志和标线》(GB 5768—2009)所有部分的规定,工业管道安全标识应符合《工业管道的基本识别色、识别符号和安全标识》(GB 7231—2003)的规定,消防安全标志应符合《消防安全标志 第1部分:标志》(GB 13495.1—2015)的规定,工作场所职业病危害警示标识应符合《工业场所职业病危害警示标识》(GBZ 158—2003)的规定。安全警示标志和职业病危害警示标识应标明安全风险内容、危险程度、安全距离、防控办法、应急措施等内容,在有重大隐患的工作场所和设备设施上设置安全警示标志,标明治理责任、期限及应急措施;在有安全风险的工作岗位设置安全告知卡,告知从业人员本企业、本岗位主要危险有害因素、后果、事故预防及应急措施、报告电话等内容。

企业应定期对警示标志进行检查维护,确保其完好有效。

企业应在设备设施施工、吊装、检维修等作业现场设置警戒区域和警示标志,在检维修现场的坑、井、渠、沟、陡坡等场所设置围栏和警示标志,进行危险提示、警示,告知危险的种类、后果及应急措施等。

5)安全风险管控及隐患排查治理

(1)安全风险管理。

①安全风险辨识:企业应建立安全风险辨识管理制度,组织全员对本单位安全风险进行全面、系统的辨识。

安全风险辨识范围应覆盖本单位的所有活动及区域,并考虑正常、异常和紧急三种状态及过去、现在和将来三种时态。安全风险辨识应采用适宜的方法和程序,且与现场实际相符。

企业应对安全风险辨识资料进行统计、分析、整理和归档。

②安全风险评估:企业应建立安全风险评估管理制度,明确安全风险评估的目的、范围、频次、准则和工作程序等。

企业应选择合适的安全风险评估方法,定期对所辨识出的存在安全风险的作业活动、设备设施、物料等进行评估。在进行安全风险评估时,至少应从影响人、财产和环境三个方面的可能性和严重程度进行分析。

矿山、金属冶炼和危险物品生产、储存企业,每3年应委托具备规定资质条件的专业技术服务机构对本企业的安全生产状况进行安全评价。

③安全风险控制:企业应选择工程技术措施、管理控制措施、个体防护措施等,对安全风险进行控制。

企业应根据安全风险评估结果及生产经营状况等,确定相应的安全风险等级,对其进行分级分类管理,实施安全风险差异化动态管理,制定并落实相应的安全风险控制措施。

企业应将安全风险评估结果及所采取的控制措施告知相关从业人员,使其熟悉工作岗位和作业环境中存在的安全风险,掌握、落实应采取的控制措施。

④变更管理:企业应制定变更管理制度。变更前应对变更过程及变更后可能产生的安全风险进行分析,制定控制措施,履行审批及验收程序,并告知和培训相关从业人员。

(2)重大危险源辨识和管理。企业应建立重大危险源管理制度,全面辨识重大危险源,对确认的重大危险源制定安全管理技术措施和应急预案。

涉及危险化学品的企业应按照《危险化学品重大危险源辨识》(GB 18218—2009)的规定,进行重大危险源辨识和管理。

企业应对重大危险源进行登记建档,设置重大危险源监控系统,进行日常监控,并按照有关规定向所在地安全监管部门备案。重大危险源安全监控系统应符合《危险化学品重大危险源安全监控通用技术规范》(AQ 3035—2010)的技术规定。

含有重大危险源的企业应将监控中心(室)视频监控资料、数据监控系统状态数据和监控数据与有关监管部门监管系统联网。

(3)隐患排查治理。

①隐患排查:企业应建立隐患排查治理制度,逐渐建立并落实从主要负责人到每位从业人员的隐患排查治理和防控责任制。并按照有关规定组织开展隐患排查治理工作,及时发现并消除隐患,实行隐患闭环管理。

企业应依据有关法律法规、标准规范等,组织制定各部门、岗位、场所、设备设施的隐患排查治理标准或排查清单,明确隐患排查的时限、范围、内容和要求,并组织开展相应的培训。隐患排查的范围应包括所有与生产经营相关的场所、人员、设备设施和活动,包括承包商和供应商等相关服务范围。

企业应按照有关规定,结合安全生产的需要和特点,采用综合检查、专业检查、季节性检查、节假日检查、日常检查等不同方式进行隐患排查。对排查出的隐患,按照隐患的等级进行记录,建立隐患信息档案,并按照职责分工实施监控治理。组织有关人员对本企业可能存在的重大隐患作出认定,并按照有关规定进行管理。

企业应将相关方排查出的隐患统一纳入本企业隐患管理。

②隐患治理:企业应根据隐患排查的结果,制定隐患治理方案,对隐患及时进行治理。企业应按照责任分工立即或限期组织整改一般隐患。主要负责人应组织制定并实施重大隐患治理方案。治理方案应包括目标和任务、方法和措施、经费和物资、机构和人员、时限和要求、应急预案。

企业在隐患治理过程中,应采取相应的监控防范措施。隐患排除前或排除过程中无法保证安全的,应从危险区域内撤出作业人员,疏散可能危及的人员,设置警戒标志,暂时停产停业或停止使用相关设备、设施。

③验收与评估:隐患治理完成后,企业应按照有关规定对治理情况进行评估、验收。重大隐患治理完成后,企业应组织本企业的安全管理人员和有关技术人员进行验收或委托依法设立的为安全生产提供技术、管理服务的机构进行评估。

④信息记录、通报和报送:企业应如实记录隐患排查治理情况,至少每月进行统计分析,及时将隐患排查治理情况向从业人员通报。

企业应运用隐患自查、自改、自报信息系统,通过信息系统对隐患排查、报告、治理、销账等过程进行电子化管理和统计分析,并按照当地安全监管部门和有关部门的要求,定期或实时报送隐患排查治理情况。

(4)预测预警。企业应根据生产经营状况、安全风险管理及隐患排查治理、事故等情况,运用定量或定性的安全生产预测预警技术,建立体现企业安全生产状况及发展趋势的安全生产预测预警体系。

6)应急管理

(1)应急准备。

①应急救援组织:企业应按照有关规定建立应急管理组织机构或指定专人负责应急管理工作,建立与本企业安全生产特点相适应的专(兼)职应急救援队伍。按照有关规定可以不单独建立应急救援队伍的,应指定兼职救援人员,并与邻近专业应急救援队伍签订应急救援服务协议。

②应急预案:企业应在开展安全风险评估和应急资源调查的基础上,建立生产安全事故应急预案体系,制定符合《应急预案编制》(GB/T 29639—2013)规定的生产安全事故应急预案,针对安全风险较大的重点场所(设施)制定现场处置方案,并编制重点岗位、人员应急处置卡。

企业应按照有关规定将应急预案报当地主管部门备案,并通报应急救援队伍、周边企业等有关应急协作单位,企业应定期评估应急预案,及时根据评估结果或实际情况的变化进行修订和完善,并按照有关规定将修订的应急预案及时报当地主管部门备案。

③应急设施、装备、物资:企业应根据可能发生的事故种类特点,按照规定设置应急设施,配备应急装备,储备应急物资,建立管理台账,安排专人管理,并定期检查、维护,确保其完好、可靠。

④应急演练:企业应按照《生产安全事故应急演练指南》(AQ/T 9007—2011)的规定定期组织公司(厂、矿)、车间(工段、区、队)、班组开展生产安全事故应急演练,做到一线从业人员参与应急演练全覆盖,并按照《生产安全事故应急演练评估指南》(AQ/T 9009—2015)的规定对演练进行总结和评估,根据评估结论和演练发现的问题,修订、完善应急预案,改进应急准备工作。

⑤应急救援信息系统建设:矿山、金属冶炼等企业,生产、经营、运输、储存、使用危险物品或处置废弃危险物品的生产经营单位,应建立生产安全事故应急救援信息系统,并与所在地县级以上地方人民政府负有安全生产监督管理职责部门的安全生产应急管理信息系统互联互通。

(2)应急处置。发生事故后,企业应根据预案要求,立即启动应急响应程序,按照有关规定报告事故情况,并开展先期处置。

发出警报,在不危及人身安全时,现场人员采取阻断或隔离事故源、危险源等措施;严重危及人身安全时,迅速停止现场作业,现场人员采取必要的或可能的应急措施后撤离危险区域。

立即按照有关规定和程序报告本企业有关负责人,有关负责人应立即将事故发生的时间、地点、当前状态等简要信息向所在地县级以上地方人民政府负有安全生产监督管理职责的有关部门报告,并按照有关规定及时补报、续报有关情况;情况紧急时,事故现场有关人员可以直接向有关部门报告;对可能引发次生事故灾害的,应及时报告相关主管部门。

研判事故危害及发展趋势,将可能危及周边生命、财产、环境安全的危险性和防护措施等告知相关单位与人员;遇有重大紧急情况时,应立即封闭事故现场,通知本单位从业人员和周边人员疏散,采取转移重要物资、避免或减轻环境危害等措施。

请求周边应急救援队伍参加事故救援,维护事故现场秩序,保护事故现场证据。准备事故救援技术资料,做好向所在地人民政府及其负有安全生产监督管理职责的部门移交救援工作指挥权的各项准备。

(3)应急评估。企业应对应急准备、应急处置工作进行评估。

矿山、金属冶炼等企业,生产、经营、运输、储存、使用危险物品或处置废弃危险物品的企业,应每年进行一次应急准备评估。

完成险情或事故应急处置后,企业应主动配合有关组织开展应急处置评估。

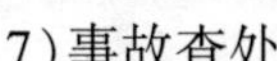

7)事故查处

(1)报告。企业应建立事故报告程序,明确事故内外部报告的责任人、时限、内容等,并教育、指导从业人员严格按照有关规定的程序报告发生的生产安全事故。

企业应妥善保护事故现场以及相关证据。

事故报告后出现新情况的,应当及时补报。

(2)调查和处理。企业应建立内部事故调查和处理制度,按照有关规定、行业标准和国际通行做法,将造成人员伤亡(轻伤、重伤、死亡等人身伤害和急性中毒)和财产损失的事故纳入事故调查和处理范畴。

企业发生事故后,应及时成立事故调查组,明确其职责与权限,进行事故调查。事故调查应查明事故发生的时间、经过、原因、波及范围、人员伤亡情况及直接经济损失等。

事故调查组应根据有关证据、资料,分析事故的直接、间接原因和事故责任,提出应吸取的教训、整改措施和处理建议,编制事故调查报告。

企业应开展事故案例警示教育活动,认真吸取事故教训,落实防范和整改措施,防止类似事故再次发生。

企业应根据事故等级,积极配合政府开展事故调查。

(3)管理。企业应建立事故档案和管理台账,将承包商、供应商等相关方在企业内部发生的事故纳入本企业事故管理。

企业应按照《企业职工伤亡事故分类》(GB 6441—1986)、《事故伤害损失工作日标准》(GB/T 15499—1995)的有关规定和国家、行业确定的事故统计指标开展事故统计分析。

8)持续改进

(1)绩效评定。企业每年至少应对安全生产标准化管理体系的运行情况进行一次自评,验证各项安全生产制度措施的适宜性、充分性和有效性,检查安全生产和职业卫生管理目标、指标的完成情况。

企业主要负责人应全面负责组织自评工作,并将自评结果向本企业所有部门、单位和从业人员通报。自评结果应形成正式文件,并作为年度安全绩效考评的重要依据。

企业应落实安全生产报告制度,定期向业绩考核等有关部门报告安全生产情况,并向社会公示。

企业发生生产安全责任死亡事故,应重新进行安全绩效评定,全面查找安全生产标准化管理体系中存在的缺陷。

(2)持续改进。企业应根据安全生产标准化管理体系的自评结果和安全生产预测预警系统所反映的趋势,以及绩效评定情况,客观分析企业安全生产标准化管理体系的运行质量,及时调整完善相关制度文件和过程管控,持续改进,不断提高安全生产绩效。

第二节 《城市公共汽电车运营安全管理规范》

一、版本

JT/T 1156—2017。

二、主要内容

1. 范围

本标准规定了城市公共汽电车运营安全管理的总体要求、基本内容、司乘人员行车安全管理、车辆安全管理、线路场站安全管理及突发事件应急处置。

本标准适用于城市公共汽电车运营安全管理工作。

2. 术语和定义

(1)城市公共汽电车:为专门解决城市和城郊运输,按照规定的线路、站点和时间运营,为城市和城郊社会公众提供出行服务的公共汽车、无轨电车。

(2)运营安全管理:为实现城市公共汽电车运营安全目标而进行的有关决策、计划、组织和控制等方面的活动。

3. 总体要求

(1)运营安全管理应坚持“安全第一、预防为主、综合治理”的方针。

(2)运营安全管理应执行国家和地方政府制定的法律、法规,建立运营安全生产标准化体系。

(3) 运营安全管理应贯穿于运营服务的全员、全方位、全过程。

4. 基本内容

(1)设置与企业规模相适应且独立运营的安全管理机构,配备专职运营安全管理人员。

(2)制定企业运营安全目标和规划,建立健全企业运营安全管理制度、规程、措施,并逐级落实到基层单位和个人。

(3)及时投入满足法律法规要求的安全运营所需资金,确保专款专用,配备和完善运营安全必要的设施和条件。

(4)组织开展安全运营法律法规和相关知识的宣传,制定并实施年度及长期的安全教育培训计划,对企业主要负责人、安全管理人员和从业人员进行定期培训,并对培训效果进行评审。

(5)定期进行安全稽查,按规定处罚事故责任人。

(6)开展安全自查自纠,制定隐患排查方案,明确排查方法。查出的隐患应分析原因并及时进行整改,对安全隐患治理效果进行跟踪,重大安全隐患应上报相关部门备案。

(7)建立突发事件应急管理工作机制,落实应急物资、装备和人员。

(8)及时处置运营安全事故,根据查清的事故原因,处理责任人员,落实整改措施,教育有关人员,并对运营事故进行分类统计。

(9)召开月度安全例会,分析运营安全形势,解决城市公共汽电车运营服务中的安全问题。

(10)建立健全运营安全管理台账和档案,档案内容齐全准确,档案保存期不少于3年。

(11)推进信息化技术的应用,积极采用安全可靠的新技术、新材料和新设备。

5. 驾乘人员行车安全管理

(1)新聘用驾驶员应取得相应车型要求的有效证件,3年内无重大行车违法记录。

(2)驾乘人员岗前应进行安全法规、岗位操作技能、安全救援措施和方法等安全培训,安

全培训不合格者不应上岗作业。驾驶员岗前安全培训时间不应少于24学时。

(3)驾驶员应事先熟悉车辆运行线路,新上岗的驾驶员应在有经验的驾驶员的指导下进行实习。经企业安全管理部门考评合格后方可独立驾车。铰接车、高速路及旅游线路驾驶员应经企业安全部门特许。

(4)驾乘人员应按照《城市公共汽电车客运服务》(GB/T 22484—2016)、《城市公共汽电车驾驶员操作规范》(JT/T 934—2014)进行安全操作,落实行车安全。

(5)驾乘人员每年应接受安全再培训,使用新技术、新材料或新设备时,应接受专项培训。

6. 车辆安全管理

(1)运营车辆安全性能应符合《机动车运行安全技术条件》(GB 7258—2017)的要求,不应对车辆随意进行改装。

(2)运营车辆配置应符合《公共汽车类型划分及等级评定》(JT/T 888—2014)、《电动公共汽车配置要求》(JT/T 1096—2016)的要求,保证灭火器材、应急锤、三角警告牌等安全设施和设备的齐全有效。

(3)运营车辆的安全出口通道应畅通,应急门、应急顶窗开启装置应有效、开启顺畅,对于车辆重点位置宜覆盖视频监控。

(4)运营车辆标志应符合《城市公共交通标志 第二部分》(GB/T 5845.2—2008)的要求,在车辆驾驶区、车门内侧、乘客门旋转立柱上、铰接护栏上和车厢内应设置警示标志,车辆外侧及车厢内设置的广告应不影响车辆的运营安全。

(5)应制定并落实车辆技术管理制度,指定专人负责车辆技术管理。

(6)应定期进行车辆安全技术状况和设施设备检查,及时排除车辆故障和安全隐患。

(7)应按照《汽车维护、检测、诊断技术规范》(GB/T 18344—2016)的要求实施车辆分级定期维护和检测,保证车辆技术状况良好。

(8)应执行车辆强制报废制度,对临近报废的车辆应加强技术监管,及时处理车辆存在的安全隐患。

7. 线路场站安全管理

(1)应绘制线路安全行车示意图,标明事故多发路段。

(2)车站内设施应符合《城市公共汽电车客运服务》(GB/T 22484—2016)中的要求,场站内的标志标线应符合《道路交通标志和标线》(GB 5768—2009)、《城市公共交通标志 第四部分》(GB/T 5845.4—2008)的规定,停车场宜安装视频监控系统。

(3)场站内通道及出入口应保持畅通,停车场出入口应设置交通警示标志和限速标志。

(4)场站内应按规定配备消防设施,且不被埋压、圈占、遮挡消火栓或占用防火间距,安全出口及消防车通道畅通。

(5)场站内设有加油站、加气站、充电设施时,应制定并执行专门的安全管理制度,定期检查设施设备的安全状况。

(6)停车场内应按施划的停车位有序停车,不应超容量停车。设置非专用停车场地时应配备安保人员和灭火器材等安全设施。

(7)应建立停车场安全值班制度和场站设施每日安全检查制度,配备昼夜值班人员。

8. 突发事件应急处置

(1)应制定突发事件应急预案,完善应急保障措施,配备与运营安全相适应的应急救援人员。

(2)突发事件应急预案应符合当地政府应急预案的要求,突发事件应急预案的编制应符合《城市公共汽电车突发事件应急预案编制规范》(JT/T 1018—2016)要求。

(3)对从业人员应进行突发事件应急管理与处置培训,从业人员应熟练掌握突发事件应急预案内容,熟悉应急职责、应急程序和应急处置方案。

(4)应定期检查应急物资和装备的有效性,对各项突发事件应急预案制定演练计划,并按《生产安全事故应急演练评估指南》(AQ/T 9009—2015)开展演练和评估,完善突发事件应急预案。

(5)自然灾害、交通事故、公共安全等突发事件发生时应及时启动突发事件应急预案,按照相关规定及时、准确、如实向有关部门报告。驾乘人员应按照突发事件应急预案和《城市公共汽电车应急处置操作规程》(JT/T 999—2015)进行处置。

第三节 《交通运输企业安全生产标准化建设基本规范 第14部分:城市公共汽电车客运企业》

一、版本

JT/T 1180.14—2018

二、主要内容

1. 范围

本部分规定了城市公共汽电车客运企业安全生产标准化的基本要求、通用要求,以及设备设施和作业安全等专业要求。

本部分适用于城市公共汽电车客运企业开展安全生产标准化建设工作以及对安全生产标准化建设的技术服务和评价工作。

2. 术语和定义

(1)城市客运:以乘客为运送对象,通过城市交通基础设施和运载工具,实施有目的的乘客空间位移的运营活动。

(2)城市公共交通:运用公共汽电车、城市轨道交通、城市客运轮渡等运载工具和有关设施,按照核定的线路、站点、时间、票价运营,为公众提供基本出行服务的城市客运方式。

(3)汽车维护:为维持汽车完好技术状况或工作能力而进行的作业。

(4)汽车检测:确定汽车技术状况或工作能力的检查。

3. 基本要求

城市公共汽电车客运企业(简称"企业")安全生产标准化建设的基本要求按《交通运输企业安全生产标准化建设基本规范 第1部分》(JT/T 1180.1—2018)的有关规定执行。

4. 通用要求

企业安全生产标准化建设的通用要求按《交通运输企业安全生产标准化建设基本规范

第1部分》(JT/T 1180.1—2018)的有关规定执行。

5. 专业要求

1)设备设施

(1)车辆。

①营运车辆应持有效的机动车行驶证。

②企业应严格执行车辆的强制报废制度,营运车辆应符合国家规定的使用年限或营运千米数。

③车辆安全性能应符合《机动车运行安全技术条件》(GB 7258—2017)的要求,定期对车辆进行年度检验。

④车辆应按照《汽车维护、检测、诊断技术规范》(GB/T 18344—2016)的要求和企业的维护制度,实施维护与检测,确保车辆技术状况良好。

⑤企业应制定并落实车辆技术管理制度,指定专人负责车辆技术管理。

⑥营运车辆维护、修理作业应在交通运输管理部门认定的或企业内部的汽车维修企业进行,应与承担维护、修理作业的汽车维修企业签订协议或合同等文件。

⑦企业应建立并妥善保管车辆技术档案,一车一档,记载及时、完整、准确、规范。

⑧企业应制定并落实车辆每日例检制度,驾驶员每日出车前应按《城市公共汽电车客运服务》(GB/T 22484—2016)规定进行车辆例行检查,确认车辆性能完好,符合运营安全要求方可投入运营。

(2)车站设施。

车站设施包括站台、站杆、站牌、站栏等。车站设施应符合《城市公共汽电车客运服务》(GB/T 22484—2016)的要求。

(3)安全设施。

①企业应指定专人负责安全设施及器材的管理,且管理规范,账、物相符,完好有效。

②车辆安全生产设施设备应齐全、完好,没有随意改动。应按照《公共汽车类型划分及等级评定》(JT/T 888—2014)的规定配备灭火器、安全锤、三角木、警示牌、车门紧急开启装置、逃生天窗等,必要时配备防滑链等安全设备。

③企业应在停车场、加油(气)站、充电站、易燃易爆品存放处、调度指挥中心、票款清点中心等安全重点部位设有视频监控设备,并保持实时监控。

④车辆应配置车载视频监控系统,并保持实时监控。

(4)特种设备。

①企业应指定专人对天然气气瓶、压力表、减压阀等压力设备和其他特种设备进行管理。建立规范的特种设备台账。

②企业应按照法规要求对特种设备进行定期检验和维护。检验应在有资质的机构进行,并取得检验合格证明。

2)作业安全

(1)现场作业管理。

①应严格执行各岗位操作规程和安全生产作业规定,严禁违章指挥、违章操作、违反劳动纪律。

②遇影响安全生产的突发事件和恶劣天气，应启动应急调度预案并作好记录。应及时向驾驶员告知极端天气及路况信息，提示驾驶员谨慎驾驶。

(2)驾驶员管理。

①驾驶员应取得相应车型要求的有效机动车驾驶证，并经培训考核合格，年龄不超过60周岁。

②驾驶员应执行《城市公共汽电车驾驶员操作规范》(JT/T 934—2014)的要求，按规定的线路和站点行车，不得擅自越站甩客、改道行驶。

③企业应对营运车辆、人员定期进行安全稽查，对稽查发现的违法违规行为应进行纠正和处理。

④企业应统计分析驾驶员交通违法信息，及时进行教育、处置。

⑤企业应对驾驶员驾驶经历、身体状况、心理素质、事故情况等进行排查，加强重点人员的管理、培训和教育。

⑥企业应制定并落实驾驶员行车安全档案管理制度，实行一人一档。

(3)安全值班。

企业应制定并落实安全生产值班制度和值班计划，以及领导带班制度，应做好值班记录。

(4)相关方管理。

对存在两个或两个以上单位共用同一设施设备或进行生产经营的作业场所，企业应明确安全生产管理职责并落实到位。安全生产管理职责可通过安全协议、上级文件实现，并落实到位。

(5)警示标志。

企业应在停车场站、加油(气)站、充电站、供电设施、车厢、维修车间等存在一定危险因素的设备设施上或作业场所中，设置明显的安全警示标志；相关场所按交通法规要求设置交通安全标志。

第四节 《城市公共汽电车突发事件应急预案编制规范》

一、版本

JT/T 1018—2016。

二、主要内容

1. 范围

本标准规定了城市公共汽电车突发事件应急预案(以下简称应急预案)的预案体系、基本要求、政府应急预案编制内容及运营企业应急预案编制内容等要求。

本标准适用于各级公共交通行业主管部门和公共汽电车运营企业应急预案的编制工作。

2. 术语和定义

(1)公共汽电车客运：以公共汽车、无轨电车为乘客运载工具沿固定线路按班次运行的

城市客运方式。

(2)突发事件:因自然灾害、人为因素或设施设备故障等突然发生,已经或可能造成公共汽电车客运服务中断、人员伤亡、财产损失、紧急转移安置等危及公共安全的紧急事件。

(3)应急预案:为有效预防和控制可能发生的事故,最大程度减少事故及其造成损害而预先制定的工作方案。

(4)应急准备:针对可能发生的突发事件,为迅速、科学、有序地开展应急行动而预先进行的思想准备、组织准备和物资准备。

(5)应急响应:针对发生的突发事件,有关组织或人员采取的应急行动。

(6)应急救援:在应急响应过程中,为最大限度地降低突发事件造成的损失或危害,防止事态扩大,而采取的紧急措施或行动。

(7)恢复运营:事故的影响得到初步控制后,为使生产、工作、生活和环境尽快恢复到正常状态而采取的措施或行动。

3. 预案体系

(1)体系构成。

应急预案体系由政府应急预案和运营企业应急预案构成。政府应急预案由国家级、省级和城市级构成。运营企业应急预案主要由综合应急预案、专项应急预案和现场处置工作方案构成,应符合《生产经营单位生产安全事故应急预案编制导则》(GB/T 29639—2013)的规定。

(2)各级预案内容侧重点。

①国家层面:

应侧重明确突发事件的应对原则、组织指挥机制、预警分级和事件分级标准、信息报告要求、分级响应及响应行动、应急保障措施等,重点规范国家层面在突发事件后的应对行动,应体现政策性和指导性。

②省级层面:

应侧重明确突发事件的组织指挥机制、信息报告要求、分级响应及响应行动、市县级政府职责等,重点规范省级层面应对行动,应体现指导性。

③城市层面:

应侧重明确突发事件的组织指挥机制、风险评估、监测预警、信息报告、应急响应、应急处置措施、队伍物资等保障及调动程序等内容,重点规范城市级层面的应对行动,应体现应急处置的主体职能。

④运营企业层面:

应侧重明确突发事件应急响应责任人、风险隐患监测、信息报告、预警响应、应急处置、人员疏散撤离的组织和路线、可调用或可请求援助的应急资源情况及如何实施等,应体现自救互救、信息报告和先期处置特点。

4. 基本要求

1)编制准备

编制应急预案应做好以下准备工作:

(1)收集相关预案编制所需的各种资料,包括相关法律法规、应急预案、技术标准、国内外突发事件应急处置案例分析、本地区社会情况与自然条件分析、本单位技术资料等;

(2)全面分析本级公共汽电车客运相关危险因素、可能发生的突发事件类型及其危害程度;

(3)排查公共汽电车客运安全隐患的种类、级别和分布情况,确定危险源,进行风险评估,并确定相应的防范措施;

(4)根据突发事件类型和危害程度,确定所有需要参与应急处置的部门和单位;

(5)政府应急预案编制前,应对与突发事件应急处置有关的本级政府部门和单位应急物资装备、应急队伍等应急能力进行评估;运营企业应急预案编制前,应对本单位应急物资装备、应急队伍等应急能力进行评估;

(6)充分借鉴国内外公共汽电车突发事件应急处置经验及教训。

2)编制原则

应急预案应涵盖公共汽电车系统运营环境需求,应急预案编制应注重系统性和可操作性,并确保与上下级政府管理部门应急预案相衔接。

3)编制过程注意事项

(1)政府应急预案应注重企业的参与,运营企业应急预案应注重本单位员工的参与;

(2)应广泛听取有关部门、单位和专家的意见,涉及其他单位职责的,应书面征求相关单位意见。必要时,应向社会公开征求意见。

4)编制格式

应急预案编制格式应符合相关要求。

5.政府应急预案编制内容

1)总则

(1)编制目的。

应简述应急预案编制的意义、作用等。

(2)编制依据。

应简述应急预案编制所依据的法律、法规、规章、有关技术规范和标准等。

(3)适用范围。

应说明本应急预案的适用区域、突发事件类型、预案启动阈值。

(4)工作原则。

国家级和省级应急预案应说明各级部门应急工作的基本要求、注意事项等,内容应简明扼要。城市级应急预案应说明参与应急处置的有关政府机构、企事业单位的工作原则,内容应简明扼要。

(5)突发事件分级。

应说明突发事件的分级依据、标准、等级。

(6)应急预案体系。

应说明应急预案体系构成及内容要求。

2)组织体系

(1)组织指挥机构。

①国家级应急预案应明确公共汽电车突发事件应急处置的国家级组织协调机构及职责。

②省级应急预案应明确公共汽电车突发事件应急处置的省级组织协调机构及职责。

③城市级应急预案应明确公共汽电车突发事件应急处置的组织指挥机构构成、职责以及成员单位分工。

(2)现场指挥机构。

①国家级和省级应急预案应明确现场指挥机构的职责要求。

②城市级应急预案应明确现场指挥机构的人员构成、工作职责、专业指挥组的分组方案等。

(3)专家组。

各级应急预案应明确本级组织指挥机构对应的专家组构成及职责。

3)监测与预警

(1)监测。

该条针对城市级应急预案,应明确监测工作的责任主体、工作内容、技术手段,以及需向上级相关部门报告的判定标准与时限要求等。

(2)预警。

①国家级和省级应急预案应明确预警机制、预警级别的制定与认定、预警信息发布的途径和时限要求等。

②市级应急预案应明确公共汽电车客运面临的风险分析和评估要求、预警信息来源及提供要求、各有关单位分级预警响应措施。

4)信息报告

应明确突发事件发生后信息报告的责任主体以及报告的流程、内容、时限、接报、续报要求等。

5)应急响应

(1)分级响应。

①国家级应急预案应明确响应分级标准、各级响应启动条件。

②省级应急预案应明确本级及以下应急主体的分级响应要求。

③城市级应急预案应明确本级相关部门和运营企业的分级响应分工、报请上级响应条件。

(2)响应措施。

①国家级和省级应急预案应明确人员救治、现场疏散、维护社会稳定、信息发布和舆论引导等方面的应急响应要求。

②城市级应急预案应明确人员救治、现场疏散、车辆调度、维护社会稳定、信息发布和舆论引导、恢复运营等方面的具体处置措施。

6)应急结束

应明确应急结束的必要条件和流程。

7)后期处置

(1)善后处置。

①国家级和省级应急预案应明确突发事件善后处置要求。

②城市级应急预案应明确突发事件善后处置的责任主体及善后工作方案。

(2)事件调查。

①国家级应急预案应明确突发事件调查组成立原则和调查内容要求。

②省级应急预案应明确本级及以下突发事件调查组成立原则和调查内容要求。

③市级应急预案应明确本级突发事件调查组构成、调查内容要求、调查方案。

(3)处置评估。

①国家级应急预案应对突发事件处置评估工作提出要求。

②省级应急预案应明确突发事件处置评估的责任主体、评估内容及要求。

③城市级应急预案应明确本级突发事件处置评估的评估内容、工作方案。

8)保障措施

(1)队伍保障。

①国家级和省级应急预案应明确城市和企业应急队伍建设要求。

②城市级应急预案应明确本级突发事件应急队伍的构成、职责分工和调用机制。

(2)物资装备保障。

①国家级和省级应急预案应提出应急物资装备保障要求。

②城市级应急预案应明确应急物资装备保障责任主体,应急物资装备的数量、种类和质量要求,以及物资储备和调动方案等。

(3)资金保障。

①国家级应急预案宜提出应急资金保障要求、使用和监管原则。

②省级应急预案应明确应急资金保障的责任主体、使用办法、监管措施。

③城市级应急预案应明确资金保障的具体来源、使用办法、监管措施。

(4)通信保障。

该条针对城市级应急预案,应明确常规通信方式中断情况下通信保障措施,确保应急期间通信联络和信息传递需要。

(5)宣传、培训和预案演练。

①国家级和省级应急预案应明确应急预案演练、宣传、培训等要求。

②城市级应急预案应明确应急预案宣传、培训、演练的组织和实施主体,宣传、培训的内容和形式,以及演练频率等。

9)附则

(1)名词解释。

应列出预案正文中出现的需要解释的名词及其定义。

(2)奖励与责任。

①国家级应急预案宜对应急处置奖励机制和责任追究机制的建立提出要求。

②省级和城市级应急预案应明确应急处置奖励和惩罚原则。

(3)预案管理与更新。

应说明应急预案的制定、审核、修订和实施主体以及修订周期的要求。

(4)预案解释。

应说明负责本预案解释的责任机构。

(5)预案实施时间。

应说明本预案的实施时间。

10)附件

(1)有关应急部门、机构或人员的联系方式 应制定应急工作参与部门、机构、人员联系

名录,并进行持续更新。

(2)规范化格式文本 应给出信息接收、处理、上报、续报等规范化格式文本。

6. 运营企业应急预案编制内容

1)综合应急预案主要内容

(1)总则。

①编制目的 应简述应急预案编制的目的、作用等。

②编制依据 应简述应急预案编制依据的法律、法规、规章、标准和规范性文件及相关应急预案等。

③适用范围 应说明应急预案适用的区域范围。

④应急预案体系 应说明企业应急预案体系的构成情况。

⑤应急工作原则 应说明企业应急工作的原则,内容宜简明扼要、明确具体。

(2)突发事件描述。

应简述公共汽电车运营中可能发生的突发事件类型、级别、发生的可能性及影响范围。

(3)应急机构及职责。

应明确企业应急组织机构、组成人员及相关职责。应急机构可根据需要设置应急工作小组,并明确小组职责。

(4)监测与预警。

①监测。应明确企业内部对公共汽电车系统设施设备运营状态进行监测的责任部门、监测手段和监测信息分析要求,以及需向上级相关部门报告的判定标准与时限要求等。

②预警。应根据突发事件预警信息的不同来源(分系统内设施设备预警信息和系统外其他部门的预警信息),明确预警信息的收集责任部门、收集方式,并根据预警信息级别或紧迫程度确定应采取的响应措施。

(5)信息报告。

应说明信息报告的责任人、报告程序、报告内容、接报和续报要求,以及相关部门接报后应立即采取的行动。

(6)应急响应。

①分级响应。应针对突发事件的类型、级别、影响范围和控制事态的能力,对应急响应进行分级,明确应急响应分级的基本原则和责任人。

②响应程序。应根据突发事件的级别和发展态势,描述应急预案启动、应急救援、扩大应急、应急物资调配等响应程序。

③处置措施。应针对可能发生的突发事件类型、级别和影响范围,明确处置原则和具体要求,制定应采取的应急处置措施和责任人。

④应急结束。应明确现场应急处置结束的条件和要求。

(7)信息发布。

应明确与新闻媒体沟通、向社会公众通报突发事件信息以及舆情监控的责任主体,程序及原则。

(8)后期处置。

突发事件后期处置应包括恢复运营、保险理赔、调查评估、总结等内容。具体要求:

①应明确突发事件的现场处理要求和运营恢复的条件，确定恢复运营的程序和责任部门；

②应明确保险理赔的负责部门和工作程序；

③应明确对突发事件的产生原因、处理情况、应急救援及事件后果等的调查和评估要求，及后续处理要求（比如修订应急预案），包括对应不同类别和等级的突发事件，负责调查评估的部门及结果上报等要求；

④应明确对突发事件处置过程中存在的问题，提出隐患整改的要求，对相关部门和人员进行奖惩。

（9）保障措施。

①应急队伍保障：应明确应急响应的人力资源，包括专业应急队伍、兼职应急队伍的组织等。

②物资装备保障：应明确企业应急物资和装备的种类、数量、性能、存放位置、应急装备的使用和定期维护与检测档案、管理责任人及其联系方式等内容。

③资金保障：应明确应急资金来源、使用范围和监督管理机制，保障企业应急资金的及时到位。

④通信与信息保障：应明确与突发事件应急工作有关的单位或人员通信联系方式和方法，并提供备用方案。建立信息通信系统及维护方案，确保信息通畅。

（10）应急预案管理。

①预案培训：应明确对企业全体员工开展的应急预案培训计划、方式和要求，使之了解相关应急预案内容，熟悉应急职责、应急程序和现场处置方案。涉及乘客的，要做好宣传教育和告知等工作。

②预案演练：应明确应急预案演练的规模、方式、频次、范围、内容、组织、评估、总结等要求。

③预案修订：应明确对应急预案修订的基本要求，并定期组织评审。

④预案备案：应明确应急预案的报备部门，并进行备案。

⑤预案发布：应明确应急预案发布时间及负责制定与解释的部门。

（11）附则。

①术语和定义。列出预案正文中出现的需要解释的名词及其定义。

②奖励与惩罚。应针对企业内相关部门或个人在突发事件应急处置工作中的表现，明确奖励和惩罚的原则和机制。

（12）附件。

①有关应急部门、机构或人员的联系方式。列出应急工作中需要联系的部门、机构或人员的多种联系方式，并进行持续更新。

②重要物资装备清单。列出应急预案涉及的重要物资和装备名称、型号、数量、存放地点、责任人及联系方式等。

③规范化格式文本。信息接收、处理、上报等规范化格式文本。

④关键的路线、标识和图纸。应包括如下内容：

a. 警报系统分布及覆盖范围；

b. 重要防护目标一览表、分布图;

c. 疏散路线、重要地点等标识;

d. 相关平面布置图纸、救援力量的分布图纸等。

⑤相关应急预案名录。应列出直接与本应急预案相关的或相衔接的应急预案名称。

⑥有关协议或备忘录。应与相关应急救援部门签订应急支援协议或备忘录。

2)专项应急预案

(1)基本要求。

企业应就自然灾害、设施设备故障、公共卫生事件、公共安全事件、火灾、道路交通事故等可能影响城市公共汽电车正常运营的突发事件制定相应的专项应急预案。

(2)主要内容。

①制定目的:应明确应急预案所针对的突发事件类型以及制定应急预案的目的。

②制定依据:应列举应急预案制修订所依据的其他技术文件。

③风险分析:应针对可能发生的某类型突发事件,分析该类突发事件发生的可能性及严重程度、影响范围等。风险分析的主要内容应包括:

a. 突发事件类型;

b. 突发事件发生的区域、地点或装置的名称;

c. 突发事件发生的可能时间、危害严重程度及其影响范围;

d. 突发事件发生前可能出现的征兆;

e. 突发事件可能引发的次生、衍生事件。

④应急机构及职责:根据突发事件类型,应明确企业应急机构总指挥、副总指挥及各成员单位或人员的具体职责。应急指挥机构可设置相应的工作小组,明确各工作小组的人员及主要负责人职责。

⑤处置原则:应明确该类突发事件应急响应中的处置原则。

⑥信息报告:信息报告应包括以下内容:

a. 确定报警系统及程序;

b. 确定现场报警方式,如电话、警报器等;

c. 确定 24 小时与相关部门的通信、联络方式;

d. 明确相互认可的通告、报警形式和内容;

e. 明确应急响应人员向外求援的方式。

⑦处置方案:应对本预案所针对的突发事件类型(比如火灾可分为车辆行驶中起火、加油站起火、停车场起火等情况),详细阐述相关工作岗位在各类突发事件发生后的处置程序和具体处置措施。

3)现场处置工作方案

(1)基本要求。

对于各个专项应急预案,企业应针对突发事件可能发生的不同地点(比如各个车站及车辆基地、区间、控制中心等),制定具体的现场处置方案,以利于应急响应的有效实施。

(2)主要内容。

①应急工作职责:应根据现场工作岗位、组织形式及人员构成,明确现场各岗位人员的

应急工作职责和分工。

②应急处置:应急处置内容主要包括:

a. 根据可能发生的突发事件及现场情况,应明确突发事件报警、各项应急措施启动、应急救援人员的引导、突发事件事态扩大以及与企业总体应急预案和专项应急预案的衔接程序;

b. 针对突发事件的类型,应明确从人员安全防护、避险、自救、互救等方面采取相应的措施,包括如何佩戴个人防护器具,如何使用抢险救援器材,以及其他救援措施;

c. 从人员救护、事态控制、灾害后果消除、恢复运营等方面制定企业所必备的和需社会资源协助的应急处置措施;

d. 应明确报警负责人、报警电话,上级管理部门、相关应急救援单位联络方式和联系人员,以及突发事件报告基本要求和内容。

③物资装备储备:应明确针对不同类型的突发事件应急需要应储备的物资与装备的数量、摆放要求,以利于应急响应时取用。

第五节 《城市公共汽电车应急处置基本操作规程》

一、版本

JT/T 999—2015(已更新第1号修改单内容)。

二、主要内容

1. 范围

本标准规定了城市公共汽电车企业和驾乘人员应急处置的基本操作规程。

本标准适用于城市公共汽电车企业和驾乘人员应急处置的基本操作。

2. 术语和定义

(1)应急预案:为有效预防和控制可能发生的事故,最大程度减少事故及其造成损害而预先制定的工作方案。

(2)应急响应:针对发生的事故,有关组织或人员采取的应急行动。

(3)应急救援:在应急响应过程中,为最大限度地降低事故造成的损失或危害,防止事故扩大,而采取的紧急措施或行动。

(4)应急演练:针对可能发生的事故情景,依据应急预案而模拟开展的应急活动。

3. 企业基本操作规程

(1)应建立突发事件应急管理的组织体系和运行机制,并保障资金、人员、物资等投入到位。

(2)应定期组织各项突发事件应急演练,应急演练的组织与实施应符合《生产安全事故应急演练指南》(AQ/T 9007—2011)的规定。

(3)应加强安全管理制度建设与实施,定期开展对驾乘人员的安全教育培训,提高驾乘人员的安全防范意识和应急处置能力。

(4)接到驾乘人员突发事件报告后,应及时启动相关的应急预案,立即赶赴现场,并做好途经运行线路的现场调度工作,同时向上级主管单位报告。

(5)应充分利用车辆监控等安全技术防范手段,辅助对事态的判断。

(6)应加强应急救援队伍建设,与社会救援力量联动,配合开展应急救援工作。

4. 驾乘人员基本操作规程

1)遇突发事件

(1)遇车辆发生伤人交通事故。

①事故发生后,应立即向“120”“122”报警,同时向公司报告。

②保护现场,维护现场秩序,防止发生次生事故。

③在距车辆20m处放置安全警告标志,帮助乘客换乘其他运营车辆,必要时留下两名以上目击证人或其联系方式。

④遇特殊情况需要移动现场时,应做好标记,采取拍照、摄像等方法记录事故现场原貌。

⑤协助医护人员做好现场处理工作,并配合交警部门开展现场勘查及事故的善后处理工作。

(2)遇乘客突发重病或死亡。

①应立即靠边停车,向“120”“110”报警,同时向单位报告。

②保护现场,不得自行移动重病或死者身体。

③在距车辆20m处放置安全警告标志,帮助乘客换乘其他运营车辆,必要时留下两名以上目击证人或其联系方式。

④协助公安机关、医护人员做好现场处理工作。

(3)遇车辆自燃。

①应立即靠边停车熄火,打开车门,迅速疏散乘客,关闭电源、燃油、燃气总开关。

②当车门开关失效时,应使用应急开关打开车门或打开逃生窗、使用安全锤等工具击碎车窗玻璃,迅速疏散乘客。紧急情况下,应积极组织动员乘客、社会公众等参与应急救援。

③向“110”“119”报警,同时向公司报告。当有人员受伤时,应立即向“120”报警。

④使用车载灭火器进行扑救,就近寻求抢险援助。

⑤在距车辆20m处放置安全警告标志,帮助乘客换乘其他运营车辆。

⑥协助公安机关、医护人员做好现场处理工作。

(4)发现易燃、易爆物品。

①严禁乘客携带易燃、易爆物品乘车。

②车内发现易燃、易爆物品时,应立即靠边停车熄火,关闭电源、燃油、燃气总开关。

③告知乘客不要吸烟,并迅速疏散乘客。

④禁止触动可疑爆炸物品,立即向“110”报警,同时向公司报告。

⑤在距车辆20m处放置安全警告标志,帮助乘客换乘其他运营车辆。

⑥使用车载灭火器做好初起火情扑救准备。

⑦配合公安机关开展现场勘查工作。

(5)遇危险化学品泄漏。

①应立即靠边停车熄火,打开车门,迅速疏散乘客,关闭电源、燃油、燃气总开关。

②向“110”“119”报警,同时向公司报告。

③在距车辆20m处放置安全警告标志,帮助乘客换乘其他运营车辆。

④保护现场,配合公安机关开展现场勘查工作。

(6)遇车载气瓶燃气泄漏。

①应立即靠边停车熄火,打开车门,迅速疏散乘客,关闭电源、燃油、燃气总开关。

②告知乘客不要吸烟或使用手机。

③应关闭车载气瓶手动阀开关。

④应立即向“119”报警,同时向公司报告。

⑤在距车辆20m处放置安全警告标志,帮助乘客换乘其他运营车辆。

⑥使用车载灭火器做好初起火情扑救准备。

2)遇治安事件

(1)遇乘客打架等治安事件。

①应立即靠边停车,在距车辆20m处放置安全警告标志,帮助乘客换乘其他运营车辆。

②对打架当事人进行劝阻;劝阻无效时,立即向“110”报警,向公司报告,听从公安机关指挥。

③当打人者强行逃逸时,应注意观察其体貌特征及逃跑方向,向公安机关提供侦破线索。

(2)遇运行线路发生人为堵塞、封路等事件。

①立即向单位报告现场情况,按照临时绕行预案,进行临时性绕行。

②听从现场交警指挥。

③向乘客做好解释工作,有条件的应帮助乘客换乘其他运营车辆。

3)遇公共安全事件

(1)遇车辆遭劫持或恐怖威胁。

①应保持冷静,坚守岗位,确保行车安全。

②与作案人员周旋,设法疏散乘客,保护自身安全。

③设法向“110”报警,向公司报告。

④尽量记清作案人员的体貌特征,协助公安机关调查。

⑤在危急情况下,应停车熄火、拔下钥匙,防止作案人员利用公交车辆制造恶性事端。

(2)遇车辆发生人为纵火。

①未起火时,应设法稳住作案人员情绪,与其周旋,组织乘客防止其纵火行为的发生。

②起火时,应立即靠边停车熄火,打开车门,迅速疏散乘客,关闭电源、燃油、燃气总开关。

③当车门开关失效时,应使用应急开关打开车门或打开逃生窗、使用安全锤等工具击碎车窗玻璃,迅速疏散乘客。紧急情况下,应积极组织动员乘客、社会公众等参与应急救援。

④应立即向“110”“119”“120”报警,同时向公司报告。

⑤使用车载灭火器扑救初起火情,就近寻求抢险援助。

⑥在距车辆20m处放置安全警告标志,帮助乘客换乘其他运营车辆,必要时留下两名以上目击证人或其联系方式。

⑦保护现场,配合公安机关侦破案件,协助医护人员抢救伤员。

(3)遇车辆发生爆炸。

①应立即靠边停车熄火,打开车门,迅速疏散乘客,关闭电源、燃油、燃气总开关。

②当车门开关失效时,应使用应急开关打开车门或打开逃生窗、使用安全锤等工具击碎车窗玻璃,迅速疏散乘客。紧急情况下,应积极组织动员乘客、社会公众等参与应急救援。

③应立即向“110”“119”“120”报警,同时向公司报告。

④协助公安消防部门扑救火灾。

⑤在距车辆20m处放置安全警告标志,帮助乘客换乘其他运营车辆,必要时留下两名以上目击证人或其联系方式。

⑥保护现场,配合公安机关侦破案件,协助医护人员抢救伤员。

(4)遇乘客威胁、袭击或抢夺转向盘事件。

①应立即靠边停车,拨打“110”电话报警,向运营公司报告。

②当事人强行逃逸时,驾驶员应注意观察其体貌特征及逃跑方向,向公安机关提供侦破线索。

③现场处置过程中,应听从公安机关指挥。

4)遇恶劣天气和自然灾害

(1)遇大雨、暴雨天气。

①当造成视线模糊、行驶困难时,应立即靠边停车,开启危险报警闪光灯,在距车辆20m处放置安全警告标志。

②向乘客做好解释工作,尽可能将车辆停在地势较高,且远离树木、牌匾、高大建筑物、高压线、变压器等的安全区域,保障乘客安全。

③应立即向“110”报警,同时向公司报告,请求救援,防止发生次生事故。

④在遇积水、路况不明的情况下,不应强行涉水通过,并将险情告知调度人员和后续车辆,绕行其他线路。

(2)遇大雪、暴雪天气。

①遇冰雪天气时,应提前准备防滑链、防滑沙等防滑物资,视雪情、路情应急使用。

②当道路不能达到安全通行条件时,应立即靠边停车,开启危险报警闪光灯,在距车辆20m处放置安全警告标志。

③向乘客做好解释工作,视情将乘客疏散至安全区域。

④应立即向“110”报警,同时向公司报告,请求救援,防止发生次生事故。

(3)遇大风、强风天气。

①遇道路不能达到安全通行条件时,应将车辆停在安全地带,开启危险报警闪光灯,在距车辆20m处放置安全警告标志。

②向乘客做好解释工作,视情将乘客疏散至安全区域。

③应立即向“110”报警,同时向公司报告,请求救援,防止发生次生事故。

(4)遇雾霾、沙尘天气。

①能见度小于200m、大于等于50m时,应开启雾灯和危险报警闪光灯,并将车速控制在20km/h以内。

②能见度小于50m时、大于等于10m时，应开启雾灯和危险报警闪光灯，并将车速控制在5km/h以内，以路边电线杆、路沿等明显物体为参照物，在规定车道内谨慎驾驶，确保行车安全。

③在能见度小于10m时，车辆应选择安全地点停运，开启雾灯和危险报警闪光灯，防止发生二次事故。

(5)遇地震。

①行车中发生地震，应安抚乘客不要惊慌，并将车辆停在远离高大建筑物和危险场所的安全区域。

②将车门打开，疏导乘客到开阔地带。

③应立即向"110"报警，并向公司报告，请求救援，防止发生二次事故。

(6)遇泥石流(塌方)。

①应立即组织乘客迅速撤离到安全区域，并将险情告知调度人员和后续车辆。

②在组织乘客脱离危险的同事，应立即向"110"报警，并向公司报告，请求救援，防止发生二次事故。

第六节　本教材涉及的城市公共汽电车行业安全相关标准规范汇总

城市公共汽电车行业相关标准规范很多，由于篇幅所限，不能一一列出，现将本教材涉及的城市公共汽电车行业安全相关标准规范列入表1-2-1，方便读者在其他相关书籍里查阅具体内容。

部分城市公共汽电车行业安全相关标准规范　表1-2-1

名　称	标　号
《安全色》	GB 2893—2008
《安全标志及其使用导则》	GB 2894—2008
《道路交通标志和标线》	GB 5768—2009
《企业职工伤亡事故分类》	GB6441—1986
《工业管道的基本识别色，识别符号和安全标识》	GB 7231—2003
《机动车运行安全技术条件》	GB 7258—2017
《消防安全标志　第1部分：标志》	GB 13495.1—2015
《危险化学品重大危险源辨识》	GB 18218—2009
《化学品生产单位特殊作业安全规范》	GB 30871—2014
《建筑设计防火规范》	GB 50016—2014
《建筑灭火器配置设计规范》	GB 50140—2005
《工业企业总平面设计规范》	GB 50187—2012
《工业企业设计卫生标准》	GBZ 1—2010
《工业场所有害因素职业接触限值》	GBZ 2—2007

续上表

名　称	标　号
《工业场所职业病危害警示标志》	GBZ 158—2003
《职业健康监护技术规范》	GBZ 188—2014
《城市公共交通标志》	GB/T 5845—2008
《个体防护装备选用规范》	GB/T 11651—2008
《事故伤害损失工作日标准》	GB/T 15499—1995
《汽车维护、检测、诊断技术规范》	GB/T 18344—2016
《城市公共汽电车客运服务》	GB/T 22484—2016
《生产经营单位生产安全事故应急预案编制导则》	GB/T 29639—2013
《企业安全生产标准化基本规范》	GB/T 33000—2016
《危险化学品重大危险源安全监控通用技术规范》	AQ 3035—2010
《企业安全文化建设导则》	AQ/T 9004—2008
《生产安全事故应急演练指南》	AQ/T 9007—2011
《生产安全事故应急演练评估指南》	AQ/T 9009—2015
《公共汽车类型划分及等级评定》	JT/T 888—2014
《城市公共汽电车驾驶员操作规范》	JT/T 934—2014
《城市公共汽电车应急处置操作规程》	JT/T 999—2015
《城市公共汽电车突发事件应急预案编制规范》	JT/T 1018—2016
《电动公共汽车配置要求》	JT/T 1096—2016
《城市公共汽电车车站设施功能要求》	JT/T 1118—2017
《交通运输企业安全生产标准化建设基本规范　第1部分:总体要求》	JT/T 1180.1—2018
《城市公共汽电车车辆专用安全设施技术要求》	JT/T 1240—2019

第三章 双重预防体系通则、细则、实施指南

为了规范山东省企业安全生产风险管理全过程,保障从业人员的职业安全与健康,降低企业安全生产风险,实现安全生产和安全发展,依据国家安全生产法律法规及标准规范,充分借鉴和吸收国际、国内风险管理相关标准、现代安全管理理念和生产经营单位的风险管理成功经验,融合职业健康安全管理体系及安全生产标准化等相关要求,在山东省安全生产监督管理局牵头下,《安全生产风险分级管控体系通则》《生产安全事故隐患排查治理体系通则》等标准先后出台,搭建起了包含通则、细则、实施指南3个层级在内的安全生产风险分级管控体系和生产安全事故隐患排查治理体系。本节将主要介绍双重预防体系的通则、细则、实施指南等6个标准文件的主要文本内容。

第一节 《安全生产风险分级管控体系通则》

一、版本

DB37/T 2882—2016。

二、主要内容

1. 范围

本标准规定了山东省内企业风险分级管控体系建设的基本要求。

本标准适用于指导山东省内各行业领域风险分级管控体系细则、实施指南的编制。

2. 术语和定义

(1)风险:生产安全事故或健康损害事件发生的可能性和严重性的组合。可能性,是指事故(事件)发生的概率。严重性,是指事故(事件)一旦发生后,将造成的人员伤害和经济损失的严重程度。风险 = 可能性 × 严重性。

(2)可接受风险:根据企业法律义务和职业健康安全方针已被企业降至可容许程度的风险。

(3)重大风险:发生事故可能性与事故后果二者结合后风险值被认定为重大的风险类型。

(4)危险源:可能导致人身伤害、健康损害和(或)财产损失的根源、状态或行为,或它们的组合。在分析生产过程中对人造成伤亡、影响人的身体健康甚至导致疾病的因素时,危险源可称为危险有害因素,分为人的因素、物的因素、环境因素和管理因素四类。

(5)风险点:风险伴随的设施、部位、场所和区域,以及在设施、部位、场所和区域实施的伴随风险的作业活动,或以上两者的组合。

(6)危险源辨识:识别危险源的存在并确定其分布和特性的过程。

(7)风险评价:对危险源导致的风险进行分析、评估、分级,对现有控制措施的充分性加以考虑,以及对风险是否可接受予以确定的过程。

(8)风险分级:通过采用科学、合理方法对危险源所伴随的风险进行定性或定量评价,根据评价结果划分等级。

(9)风险分级管控:按照风险不同级别、所需管控资源、管控能力、管控措施复杂及难易程度等因素而确定不同管控层级的风险管控方式。

(10)风险控制措施:企业为将风险降低至可接受程度,针对该风险而采取的相应控制方法和手段。

(11)风险信息:风险点名称、危险源名称、类型、所在位置、当前状态以及伴随风险大小、等级、所需管控措施、责任单位、责任人等一系列信息的综合。

(12)风险分级管控清单:企业各类风险信息的集合。

3. 基本要求

1)组织有力、制度保障

企业应建立由主要负责人牵头的风险分级管控组织机构,应建立能够保障风险分级管控体系全过程有效运行的管理制度。

2)全员参与、分级负责

企业从基层操作人员到最高管理者,应参与风险辨识、分析、评价和管控;企业应根据风险级别,确定落实管控措施责任单位的层级;风险分级管控以确保风险管控措施持续有效为工作目标。

3)自主建设、持续改进

企业应依据本行业领域同类型企业实施指南,建设符合本企业实际的风险分级管控体系。企业应自主完成风险分级管控体系的制度设计、文件编制、组织实施和持续改进,独立进行危险源辨识、风险分析、风险信息整理等相关具体工作。

4)系统规范、融合深化

企业风险分级管控体系应与企业现行安全管理体系紧密结合,应在企业安全生产标准化、职业健康安全管理体系等安全管理体系的基础上,进一步深化风险分级管控,形成一体化的安全管理体系,使风险分级管控贯彻于生产经营活动全过程。

5)注重实际、强化过程

企业应根据自身实际,强化过程管理,制定风险管控体系配套制度,确保体系建设的实效性和实用性。安全管理基础比较薄弱的小微企业,应找准关键风险点,合理确定管控层级,完善控制措施,确保重大风险得到有效管控。

6)激励约束、重在落实

企业应建立完善的风险管控目标责任考核制度,形成激励先进、约束落后的工作机制。应按照“全员、全过程、全方位”的原则,明确每一个岗位辨识分析风险、落实风险控制措施的责任,并通过评审、更新,不断完善风险分级管控体系。

4. 总体结构

1)标准层级

安全生产风险分级管控标准体系应包括通则、细则和实施指南3个层级。

2)安全生产风险分级管控体系通则

应规定本行业领域企业风险分级管控体系建设的原则要求、任务目标、基本程序和建设内容。

3)安全生产风险分级管控体系细则

应规定本行业领域风险分级管控体系建设的具体任务目标,应对确定风险点、危险源辨识、风险评价、风险分级管控等工作程序提出具体要求,应确定本行业常用的危险源辨识方法、风险评价方法,以及风险控制措施的选择与实施。

4)安全生产风险分级管控实施指南

应根据本行业领域同类型企业中的风险分级管控体系建设标杆企业的典型经验做法,制定同类型企业风险分级管控体系建设的工作方法、实施步骤,明确风险点划分、风险判定、控制措施确定和分级管控等具体原则,确定同类型企业常用的危险源辨识方法、风险评价方法和典型风险控制措施,以及相关配套制度、记录文件等,指导同类型企业开展风险分级管控体系建设。

5. 工作程序和内容

1)风险判定准则

应结合企业可接受风险实际,制定事故(事件)发生的可能性、严重性和风险度取值标准,明确风险判定准则,以便准确判定风险等级。风险等级判定应按从严从高原则。

2)风险点确定

(1)风险点划分原则。

①设施、部位、场所、区域。应遵循大小适中、便于分类、功能独立、易于管理、范围清晰的原则。如储存罐区、装卸站台、生产装置、作业场所、人员密集场所等。

②操作及作业活动。应涵盖生产经营全过程所有常规和非常规状态的作业活动。如动火、进入受限空间等特殊作业活动。

(2)风险点排查。

①风险点排查的内容。企业应组织对生产经营全过程进行风险点辨识,形成风险点名称、所在位置、可能导致事故类型、风险等级等内容的基本信息。

②风险点排查的方法。应按生产(工作)流程的阶段、场所、装置、设施、作业活动或上述几种方式的结合进行风险点排查。

3)危险源辨识

(1)危险源辨识的内容。企业应采用适用的辨识方法,对风险点内存在的危险源进行辨识,辨识应覆盖风险点内全部的设备设施和作业活动,并充分考虑不同状态和不同环境带来的影响。

(2)危险源辨识的方法。设备设施危险源辨识应采用安全检查表分析法(SCL)等方法,作业活动危险源辨识应采用作业危害分析法(JHA)等方法,对于复杂的工艺应采用危险与可操作性分析法(HAZOP)或类比法、事故树分析法等方法进行危险源辨识。

4)风险评价

(1)评价方法。企业应选择以下的评价方法对危险源所伴随的风险进行定性、定量评价并根据评价结果划分等级:

①风险矩阵分析法(LS);

②作业条件危险性分析法(LEC);

③风险程度分析法(MES);

④危险指数方法(RR);

⑤职业病危害分级法等。

(2)重大风险确定原则。以下情形为重大风险:

①违反法律、法规及国家标准中强制性条款的;

②发生过死亡、重伤、职业病、重大财产损失事故,或三次及以上轻伤、一般财产损失事故,且现在发生事故的条件依然存在的;

③涉及重大危险源的;

④具有中毒、爆炸、火灾等危险的场所,作业人员在10人以上的;

⑤经风险评价确定为最高级别风险的。

(3)风险点级别确定。按风险点各危险源评价出的最高风险级别作为该风险点的级别。

5)风险控制措施

(1)风险控制措施类别 。风险控制措施类别包括:

①工程技术措施;

②管理措施;

③培训教育措施;

④个体防护措施;

⑤应急处置措施。

(2)风险控制措施确定的要求:

①基本原则。企业在选择风险控制措施时应考虑:

——可行性;

——安全性

——可靠性;

——重点突出人的因素。

②评审。风险控制措施应在实施前针对以下内容进行评审:

——措施的可行性和有效性;

——是否使风险降低至可接受风险;

——是否产生新的危险源或危险有害因素;

——是否已选定最佳的解决方案。

(3)重大风险控制措施:

①需通过工程技术措施和(或)技术改造才能控制的风险,应制定控制该类风险的目标,并为实现目标制定方案。

②属于经常性或周期性工作中的不可接受风险,不需要通过工程技术措施,但需要制定新的文件(程序或作业文件)或修订原来的文件,文件中应明确规定对该种风险的有效控制措施,并在实践中落实这些措施。

③对于某些重大风险,可同时采取上述两项措施。

6)风险分级管控

(1)风险分级。企业选择适用的评价方法进行风险评价分级后,应确定相应原则,将同一级别或不同级别风险按照从高到低的原则划分为重大风险、较大风险、一般风险和低风险,分别用“红橙黄蓝”4 种颜色标示,实施分级管控。

(2)风险分级管控的要求。风险分级管控应遵循风险越高管控层级越高的原则,对于操作难度大、技术含量高、风险等级高、可能导致严重后果的作业活动应重点进行管控。上一级负责管控的风险,下一级必须同时负责管控,并逐级落实具体措施。风险管控层级可进行增加或合并,企业应根据风险分级管控的基本原则,结合本单位机构设置情况,合理确定各级风险的管控层级。

7)编制风险分级管控清单

企业应在每一轮风险辨识和评价后,编制包括全部风险点各类风险信息的风险分级管控清单,并按规定及时更新。

6. 文件管理

企业应完整保存体现风险管控过程的记录资料,并分类建档管理。至少应包括风险管控制度、风险点台账、危险源辨识与风险评价表,以及风险分级管控清单等内容的文件化成果;涉及重大风险时,其辨识、评价过程记录,风险控制措施及其实施和改进记录等,应单独建档管理。

7. 分级管控的效果

通过风险分级管控体系建设,企业应至少在以下方面有所改进:

(1)每一轮风险辨识和评价后,应使原有管控措施得到改进,或者通过增加新的管控措施提高安全可靠性;

(2)重大风险场所、部位的警示标识得到保持和改善;

(3)涉及重大风险部位的作业、属于重大风险的作业建立了专人监护制度;

(4)员工对所从事岗位的风险有更充分的认识,安全技能和应急处置能力进一步提高;

(5)保证风险控制措施持续有效的制度得到改进和完善,风险管控能力得到加强;

(6)根据改进的风险控制措施,完善隐患排查项目清单,使隐患排查工作更有针对性。

8. 持续改进

1)评审

企业每年至少对风险分级管控体系进行一次系统性评审或更新。企业应当根据非常规作业活动、新增功能性区域、装置或设施等适时开展危险源辨识和风险评价。

2)更新

企业应主动根据以下情况变化对风险管控的影响,及时针对变化范围开展风险分析,及时更新风险信息:

(1)法规、标准等增减、修订变化所引起风险程度的改变;

(2)发生事故后,有对事故、事件或其他信息的新认识,对相关危险源的再评价;

(3)组织机构发生重大调整;

(4)补充新辨识出的危险源评价;

(5)风险程度变化后,需要对风险控制措施的调整。

3)沟通

企业应建立不同职能和层级间的内部沟通和用于与相关方的外部风险管控沟通机制,及时有效传递风险信息,树立内外部风险管控信心,提高风险管控效果和效率。重大风险信息更新后应及时组织相关人员进行培训。

第二节 《生产安全事故隐患排查治理体系通则》

一、版本

DB37/T 2883—2016。

二、主要内容

1.范围

本标准规定了山东省内企业隐患排查治理体系建设的基本要求。

本标准适用于指导各行业领域隐患排查治理体系细则、实施指南的编制。

2.术语和定义

(1)事故隐患:企业违反安全生产、职业卫生法律、法规、规章、标准、规程和管理制度的规定,或者因其他因素在生产经营活动中存在可能导致事故发生或导致事故后果扩大的物的危险状态、人的不安全行为和管理上的缺陷。

(2)隐患排查:企业组织安全生产管理人员、工程技术人员、岗位员工以及其他相关人员依据国家法律法规、标准和企业管理制度,采取一定的方式和方法,对照风险分级管控措施的有效落实情况,对本单位的事故隐患进行排查的工作过程。

(3)隐患治理:消除或控制隐患的活动或过程。

(4)隐患信息:包括隐患名称、位置、状态描述、可能导致后果及其严重程度、治理目标、治理措施、职责划分、治理期限等信息的总称。

3. 基本要求

1)组织有力、制度保障

企业应根据实际建立由主要负责人或分管负责人牵头的组织领导机构,建立能够保障隐患排查治理体系全过程有效运行的管理制度。

2)全员参与、重在治理

从企业基层操作人员到最高管理层,都应当参与隐患排查治理;企业应当根据隐患级别,确定相应的治理责任单位和人员;隐患排查治理应当以确保隐患得到治理为工作目标。

3)系统规范、融合深化

企业应在安全标准化等安全管理体系的基础上,进一步改进隐患排查治理制度,形成一体化的安全管理体系,使隐患排查治理贯彻于生产经营活动全过程,成为企业各层级、各岗位日常工作重要的组成部分。

4)激励约束、重在落实

企业应建立隐患排查治理目标责任考核机制,形成激励先进、约束落后的鲜明导向。企业应明确每一个岗位都有排查隐患、落实治理措施的责任,同时应配套制定奖惩制度。

4. 总体结构

1)标准层级

生产安全事故隐患排查治理标准体系包括通则、细则和实施指南3个层级。

2)生产安全事故隐患排查治理体系通则

应规定企业隐患排查治理体系建立的原则要求、任务目标和基本程序。

3)生产安全事故隐患排查治理体系细则

应规范各行业领域隐患排查治理体系建立的具体任务目标和工作程序,明确隐患排查组织方式、排查内容与标准、隐患治理原则和要求。

4)生产安全事故隐患排查治理体系实施指南

应依托各行业领域同类型企业中的隐患排查治理体系建设标杆企业,制定隐患排查治理体系建设的工作方法、实施步骤,确定同类型企业常用的隐患排查项目清单、明确组织实施、隐患治理和验收的具体要求,及相关配套制度、记录文件等,指导同类型企业开展隐患排查治理体系建设。

5. 隐患分级与分类

1)分级

(1)基本要求。根据隐患整改、治理和排除的难度及其可能导致事故后果和影响范围,分为一般事故隐患和重大事故隐患。

(2)一般事故隐患。危害和整改难度较小,发现后能够立即整改排除的隐患。

(3)重大事故隐患。危害和整改难度较大,无法立即整改排除,需要全部或者局部停产停业,并经过一定时间整改治理方能排除的隐患,或者因外部因素影响致使生产经营单位自身难以排除的隐患。

以下情形为重大事故隐患:

①违反法律、法规有关规定,整改时间长或可能造成较严重危害的;

②涉及重大危险源的;

③具有中毒、爆炸、火灾等危险的场所,作业人员在10人以上的;

④危害程度和整改难度较大,一定时间得不到整改的;

⑤因外部因素影响致使生产经营单位自身难以排除的;

⑥设区的市级以上负有安全监管职责部门认定的。

2)分类

(1)基本要求。事故隐患分为基础管理类隐患和生产现场类隐患。

(2)生产现场类隐患。生产现场类隐患包括以下方面存在的问题或缺陷:

①设备设施;

②场所环境;

③从业人员操作行为;

④消防及应急设施;

⑤供配电设施;

⑥职业卫生防护设施;

⑦辅助动力系统;

⑧现场其他方面。

(3)基础管理类隐患。基础管理类隐患包括以下方面存在的问题或缺陷:

①生产经营单位资质证照;

②安全生产管理机构及人员;

③安全生产责任制;

④安全生产管理制度;

⑤教育培训;

⑥安全生产管理档案;

⑦安全生产投入;

⑧应急管理;

⑨职业卫生基础管理

⑩相关方安全管理;

⑪基础管理其他方面。

6. 工作程序和内容

1)编制排查项目清单

(1)基本要求。企业应依据确定的各类风险的全部控制措施和基础安全管理要求,编制包含全部应该排查的项目清单。隐患排查项目清单包括生产现场类隐患排查清单和基础管理类隐患排查清单。

(2)生产现场类隐患排查清单。应以各类风险点为基本单元,依据风险分级管控体系中各风险点的控制措施和标准、规程要求,编制该排查单元的排查清单。至少应包括:

①与风险点对应的设备设施和作业名称;

②排查内容;

③排查标准;

④排查方法。

(3)基础管理类隐患排查清单。应依据基础管理相关内容要求,逐项编制排查清单。至少应包括:

①基础管理名称;

②排查内容;

③排查标准;

④排查方法。

2)确定排查项目

实施隐患排查前,应根据排查类型、人员数量、时间安排和季节特点,在排查项目清单中选择确定具有针对性的具体排查项目,作为隐患排查的内容。隐患排查可分为生产现场类隐患排查或基础管理类隐患排查,两类隐患排查可同时进行。

3)组织实施

(1)排查类型。排查类型主要包括日常隐患排查、综合性隐患排查、专业性隐患排查、专项或季节性隐患排查、专家诊断性检查和企业各级负责人履职检查等。

(2)排查要求。隐患排查应做到全面覆盖、责任到人,定期排查与日常管理相结合,专业排查与综合排查相结合,一般排查与重点排查相结合。

(3)组织级别。企业应根据自身组织架构确定不同的排查组织级别和频次。排查组织级别一般包括公司级、部门级、车间级、班组级。

(4)治理建议。按照隐患排查治理要求,各相关层级的部门和单位对照隐患排查清单进行隐患排查,填写隐患排查记录。根据排查出的隐患类别,提出治理建议,一般应包含:

①针对排查出的每项隐患,明确治理责任单位和主要责任人;

②经排查评估后,提出初步整改或处置建议;

③依据隐患治理难易程度或严重程度,确定隐患治理期限。

4)隐患治理

(1)隐患治理要求。隐患治理实行分级治理、分类实施的原则。主要包括岗位纠正、班组治理、车间治理、部门治理、公司治理等。隐患治理应做到方法科学、资金到位、治理及时有效、责任到人、按时完成。能立即整改的隐患必须立即整改,无法立即整改的隐患,治理前要研究制定防范措施,落实监控责任,防止隐患发展为事故。

(2)事故隐患治理流程。事故隐患治理流程包括:通报隐患信息、下发隐患整改通知、实施隐患治理、治理情况反馈、验收等环节。隐患排查结束后,将隐患名称、存在位置、不符合状况、隐患等级、治理期限及治理措施要求等信息向从业人员进行通报。隐患排查组织部门应制发隐患整改通知书,应对隐患整改责任单位、措施建议、完成期限等提出要求。隐患存在单位在实施隐患治理前应当对隐患存在的原因进行分析,并制定可靠的治理措施。隐患整改通知制发部门应当对隐患整改效果组织验收。

(3)一般隐患治理。对于一般事故隐患,根据隐患治理的分级,由企业各级(公司、车间、部门、班组等)负责人或者有关人员负责组织整改,整改情况要安排专人进行确认。

(4)重大隐患治理。经判定或评估属于重大事故隐患的,企业应当及时组织评估,并编制事故隐患评估报告书。评估报告书应当包括事故隐患的类别、影响范围和风险程度以及对事故隐患的监控措施、治理方式、治理期限的建议等内容。企业应根据评估报告书制定重大事故隐患治理方案。治理方案应当包括下列主要内容:

①治理的目标和任务;

②采取的方法和措施;

③经费和物资的落实;

④负责治理的机构和人员;

⑤治理的时限和要求;

⑥防止整改期间发生事故的安全措施。

(5)隐患治理验收。隐患治理完成后,应根据隐患级别组织相关人员对治理情况进行验收,实现闭环管理。重大隐患治理工作结束后,企业应当组织对治理情况进行复查评估。对政府督办的重大隐患,按有关规定执行。

5)隐患排查周期

企业应根据法律、法规要求,结合企业生产工艺特点,确定综合、专业、专项、季节、日常等隐患排查类型的周期。

7. 文件管理

企业在隐患排查治理体系策划、实施及持续改进过程中,应完整保存体现隐患排查全过程的记录资料,并分类建档管理。至少应包括:

(1)隐患排查治理制度;

(2)隐患排查治理台账;

(3)隐患排查项目清单等内容的文件成果。

重大事故隐患排查、评估记录,隐患整改复查验收记录等,应单独建档管理。

8. 隐患排查的效果

通过隐患排查治理体系的建设,企业应至少在以下方面有所改进:

(1)风险控制措施全面持续有效;

(2)风险管控能力得到加强和提升;

(3)隐患排查治理制度进一步完善;

(4)各级排查责任得到进一步落实;

(5)员工隐患排查水平进一步提高;

(6)对隐患频率较高的风险重新进行评价、分级,并制定完善控制措施;

(7)生产安全事故明显减少;

(8)职业健康管理水平进一步提升。

9. 持续改进

1)评审

企业应适时和定期对隐患排查治理体系运行情况进行评审,以确保其持续适宜性、充分性和有效性。评审应包括体系改进的可能性和对体系进行修改的需求。评审每年应不少于一次,当发生更新时应及时组织评审。应保存评审记录。

2)更新

企业应主动根据以下情况对隐患排查治理体系的影响,及时更新隐患排查治理的范围、隐患等级和类别、隐患信息等内容,主要包括:

①法律法规及标准规程变化或更新;

②政府规范性文件提出新要求;

③企业组织机构及安全管理机制发生变化;

④企业生产工艺发生变化、设备设施增减、使用原辅材料变化等;

⑤企业自身提出更高要求;

⑥事故事件、紧急情况或应急预案演练结果反馈的需求;

⑦其他情形出现应当进行评审。

3)沟通

企业应建立不同职能和层级间的内部沟通和用于与相关方的外部沟通机制,及时有效传递隐患信息,提高隐患排查治理的效果和效率。企业应主动识别内部各级人员隐患排查治理相关培训需求,并纳入企业培训计划,组织相关培训。企业应不断增强从业人员的安全意识和能力,使其熟悉、掌握隐患排查的方法,消除各类隐患,有效控制岗位风险,减少和杜绝安全生产事故发生,保证安全生产。

第三节 《公路水路行业企业安全生产风险分级管控体系细则》

一、版本

DB37/T 3138—2018。

二、主要内容

1. 范围

本标准规定了公路水路行业风险分级管控体系建设的基本要求、工作程序和内容、文件管理、分级管控效果和持续改进等内容。

本标准适用于山东省内公路水路行业企业从事生产经营活动的单位(以下简称企业)安全生产风险分级管控体系的建设和实施指南的编制。公路水路行业企业风险按业务领域分为:道路运输风险、水路运输风险、港口营运风险、交通工程建设风险、交通设施养护工程风险和其他风险等六个类型。

2. 基本要求

1)成立组织机构

(1)企业应建立风险分级管控的组织领导机构,明确其组织及成员的职责、目标与任务。

(2)第一责任人应全面负责风险分级管控工作,保证人、财、物的投入;分管负责人应负责组织分管范围内的风险分级管控工作。

(3)组织成员应包括安全、生产、运营、施工、设施设备等各职能部门负责人和各类专业技术人员及岗位人员。

2)实施全员培训

企业应将风险分级管控的培训纳入年度安全培训计划,分层次、分阶段培训学习,使岗位员工掌握本企业的风险类别、危险源辨识、风险评价方法、风险评价结果、风险管控措施,并保留好培训记录。

3)编写体系文件

(1)企业应建立风险管控制度,结合实际编制风险评价作业指导书,规范指导企业体系建设。

(2)编制包括作业活动清单、设备设施清单、工作危害分析(JHA)评价记录、安全检查表(SCL)评价记录、风险分级管控清单、重大风险信息登记表等有关记录文件。

4)责任落实

企业应建立健全风险分级管控体系运行考核奖惩制度,或在企业安全生产奖惩管理制度中涵盖相关内容,明确考核奖惩的标准、频次、方式方法等,并将考核结果与员工工资、薪酬挂钩。

3. 工作程序和内容

1)风险点确定

(1)风险点划分的原则。

①设施、部位、场所、区域:

a. 风险点划分应当遵循“大小适中、便于分类、功能独立、易于管理、范围清晰”的

原则;

b.公路水路行业企业可按生产系统中的设施设备或作业场所划分。道路旅客运输企业按设备设施可分为:运输车辆、检修设备消防设备设施等;按区域或场所可划分为:停车场、车辆检修区、办公区等。

②操作及作业活动 对操作及作业活动等风险点的划分,应当涵盖生产经营全过程所有常规和非常规状态的作业活动。道路旅客运输企业操作及作业活动可划分为:运输组织、驾驶作业、车辆维修等作业活动。

(2)风险点排查。企业应按照风险点划分原则,组织开展风险点排查,形成包括风险点名称类别、所在位置、可能发生的事故类型及后果等内容的基本信息。

2)危险源辨识

(1)危险源辨识的方法。

①针对设备设施、场所的危险源辨识宜采用安全检查表法(SCL)。依据相关的标准、规范,对生产场所、设施设备等是否符合安全要求。通过检查发现其存在的风险,提出改进措施,先建立《设备设施清单》,然后根据设施设备、场所危险源辨识填写《安全检查表(SCL)评价记录》。

②在生产过程中作业活动的危险源辨识宜采用工作危害分析法(JHA)。针对每个作业活动中的每个作业步骤或作业内容,识别出与此步骤或内容有关的危险源。先建立《作业活动清单》,然后根据作业活动危险源辨识填写《工作危害分析(JHA)评价记录》。

③对于复杂的工艺可采用危险与可操作性分析法(HAZOP)、危险度评价、事故树分析法等进行危险源辨识。

④有能力的企业进行危险源辨识时可不限于以上推荐的方法。

(2)辨识依据。主要参考以下几个方面:

①安全生产相关法律法规、标准规范;

②安全生产规章制度和操作规程;

③相关事故案例;

④相关管理体系的危险源辨识结果;

⑤同类型其他单位的相关材料。

(3)危险源辨识实施。

①企业应成立专门的工作小组,先进行 JHA 或 SCL 等方法的培训,然后进行一些工作准备,包括有关安全法律法规、标准规范、事故案例等资料收集和学习,工作表格等工具的制定。

②工作小组应对全体员工进行危险源辨识方法的培训,按照各风险点确定的辨识范围组织全员有序地开展危险源辨识。

③辨识时应参考 GB/T 13861 的规定充分考虑 4 种不安全因素:人的因素(从业人员安全意识、安全与应急技能、安全行为或状态)、物的因素(生产经营基础设施、运输工具、工作场所等设施设备的安全可靠性)、环境因素(影响安全生产外部要素的可知性和应对措施)、管理因素(安全生产的管理机构、工作机制及安全生产管理制度的合规性和完备性)。

④运用工作危害分析法(JHA)对作业活动开展危险源辨识。

⑤运用安全检查表法(SCL)对场所、设备或设施等进行危险源辨识。

3)风险评价

(1)风险评价方法。

企业宜选择风险矩阵分析法(LS)、作业条件危险性分析法(LEC)等方法对风险进行定性、定量评价,根据评价结果划分风险等级。风险评价一般结合危险源辨识进行,并填写工作危害分析评价记录和安全检查表分析评价记录。

(2)风险评价准则。

①企业在对风险点和各类危险源进行风险评价时,应结合自身可接受风险实际,制定事故(事件)发生的可能性、严重性、频次、风险值的取值标准和评价级别,进行风险评价。风险判定准则的制定应充分考虑以下要求:

a.有关安全生产法律、法规、设计规范、技术标准;

b.本单位安全生产方针、目标;

c.本单位的安全管理制度、操作规程;

d.事故案例;

e.相关方的投诉。

②企业应根据实际制定本单位的标准值,以保证风险分析判定的准确性。

(3)风险评价与分级。

①企业根据确定的评价方法与风险判定准则进行风险评价,判定风险等级。

②风险等级判定应遵循从严从高的原则,将各评价级别划分为重大风险、较大风险、一般风险和低风险(较小风险)等风险级别,分别用"红橙黄蓝"4种颜色表示,其中蓝色对应四级和五级,统称为低风险或(较小风险),评价出其他级数评价级别的企业在进行风险分级划分时参照以下原则,结合自身可接受风险实际进行划分:

a.1级\红色\重大风险;

b.2级\橙色\较大风险;

c.3级\黄色\一般风险;

d.4级\蓝色\低风险(较小风险);

e.5级\蓝色\低风险(较小风险)。

(4)确定重大风险。

①以下情形为重大风险:

a.违反法律、法规及国家标准中强制性条款的;

b.发生过死亡、重伤、重大财产损失事故,且现在发生事故的条件依然存在的;

c.根据GB 18218涉及危险化学品重大危险源的;

d.具有中毒、爆炸、火灾、等危险的场所,作业人员在10人及以上的;

e.经风险评价确定为最高级别风险的。

②对排查出的重大风险应建立《重大风险统计表》。

(5)风险点级别确定。按照风险点中各危险源评价出的最高风险级别作为该风险点的级别。

4)风险控制措施的制定与实施

(1)风险控制措施制定包括工程技术措施、管理措施、教育培训措施、个体防护措施、应急处置措施等。

①工程技术措施。工程技术措施是指作业、设备设施本身固有的控制措施,通常采用的工程技术措施有:

a.消除:通过合理的设计和科学的管理,尽可能从根本上消除危险、危害因素;

b.预防:当消除危险、危害因素有困难时,可采取预防性技术措施,预防危险、危害的发生;

c.减弱:在无法消除危险、危害因素和难以预防的情况下,可采取减少危险、危害的措施;

d.隔离:在无法消除、预防、减弱危险、危害的情况下,应将人员与危险、危害因素隔开和将不能共存的物质分开;

e.警告:在易发生故障和危险性较大的地方,配置醒目的安全色、安全标志,必要时,设置声、光或声光组合报警装置。

②管理措施:

a.制定管理制度并认真落实;

b.成立安全管理组织机构并按要求配备人员;

c.制定操作规程并认真执行;

d.其他相关措施。

③教育培训措施:

a.通过开展安全培训,提高员工的安全知识和安全技能水平;

b.使员工了解风险防控的意义并掌握识别危害因素的方法;

c.使员工了解本岗位危害因素及可能导致的伤害后果,并掌握其防控措施。

④个体防护措施:

a.按规定配备使用个体防护用品;

b.当工程控制措施不能消除或减弱危险有害因素时,均应采取防护措施。

⑤应急处置措施:

a.进行危险性分析,制定应急方案、现场处置方案,储备应急物资、应急装备;

b.通过应急演练、培训等措施,提高相关人员的应急响应能力。

(2)风险控制措施的选择应考虑可行性、可靠性、先进性、安全性、经济合理性、经营运行情况及可靠的技术保证和服务。

(3)同级别的风险要结合实际采取一种或多种措施进行控制,对于评价出的不可接受风险,应制定补充建议措施并实施,直至风险可以接受。

(4)风险控制措施应在实施前针对以下内容评审:

①措施的可行性和有效性;

②是否使风险降低到可以接受的程度;

③是否产生新的风险;

④是否已选定了最佳的解决方案;

⑤是否会被应用于实际工作中。

5)风险分级管控

(1)风险分级管控的要求:

①风险分级管控应遵循风险越高管控层级越高;上一级负责管控的风险,下一级必须同时负责管控的原则,根据风险不同级别、所需管控资源、管控能力、管控措施复杂及难易程度等因素确定管控层级,并逐级落实具体措施。对于操作难度大、技术含量高、风险等级高、可能导致严重后果的作业活动应重点进行管控。

②企业应根据风险分级管控的基本原则和企业组织机构设置情况,合理确定各级风险的管控层级,一般分为公司、基层单位、班组、岗位等级别,也可结合本单位机构设置情况,对风险管控层级进行增加或合并。

a.1级\红色\重大风险,公司、基层单位、班组、岗位管控,应立即增加、调整管控措施并有效落实,将风险降低到可接受或可容许程度,相关过程应建立记录文件;如不能立即增加、调整管控措施,或管控措施不能有效落实,必须立即停止相关生产作业活动;

b.2级\橙色\较大风险,基层单位、班组、岗位管控,应制定建议改进措施进行控制管理;

c.3级\黄色\一般风险,班组、岗位管控,需要控制整改;

d.4级\蓝色\低风险(较小风险),岗位管控。

(2)重大风险的管控:

①重大风险应单独编制专项应急措施。

②重大风险确定后按年度组织专业技术人员对风险管控措施进行评估改进。

③企业应对进入重大风险影响区域的本单位从业人员组织开展安全防范、应急逃生避险和应急处置等相关培训和演练。

(3)风险告知:

①企业应建立安全风险公告制度,在主要风险点的醒目位置设置安全风险公告栏,制作岗位安全风险告知卡。对存在重大安全风险的工作场所和岗位,要设置明显警示标志,强化危险源监测和预警。

②根据风险分级管控清单将设备设施、作业活动及工艺操作过程中存在的风险及应采取的措施通过培训方式告知各岗位人员及相关方,使其掌握规避风险的措施并落实到位。

4.文件管控

企业应完整保存体现风险管控过程的记录资料,并分类建档管理。

(1)至少应包括风险管控制度、风险点登记表、危险源辨识与风险评价记录,以及风险分级管控清单、重大风险信息登记表等内容的文件化成果;

(2)涉及重大风险时,其辨识、评价过程记录,风险控制措施及其实施和改进记录等,应单独建档管理。

5.分级管控的效果

通过风险分级管控体系建设,企业应至少在以下方面有所改进:

(1)每一轮危险源辨识和风险评价后,应使原有管控措施得到改进,或者通过增加新的管控措施提高安全可靠性;

(2)完善重大风险场所、部位的警示标识;

(3)涉及重大风险部位的作业、属于重大风险的作业建立了专人监护制度;

(4)员工对所从事岗位的风险有更充分的认识,安全技能和应急处置能力进一步提高;

(5)保证风险控制措施持续有效的制度得到改进和完善,风险管控能力得到加强;

(6)根据改进的风险控制措施,完善隐患排查项目清单,使隐患排查工作更有针对性。

6. 持续改进

1)评估

(1)企业对年度风险管控体系工作至少进行一次全面评估,把风险管控工作的情况纳入安全生产考核。

(2)根据年度风险分级管控工作情况,在已有基础上,对发生变化的风险和新增风险进行识别评价和分级管控。

(3)依据风险管控的结果,对等级发生变化的风险重新评价等级,调整安全生产风险控制措施。

(4)在安全生产工作计划中,对上述持续改进工作内容提出具体要求。

2)更新

企业应主动根据以下情况的变化对风险管控的影响进行风险分析,更新风险信息:

(1)法规、标准等增减、修订变化所引起风险程度的改变;

(2)发生事故后,有对事故、事件或其他信息的新认识,对相关危险源的再评价;

(3)组织机构发生重大调整;

(4)风险程度变化后,需要对风险控制措施的调整;

(5)根据非常规作业活动、新增功能性区域、装置或设施以及其他变更情况等,适时开展危险源辨识和风险评价。

3)沟通

企业应建立不同职能和层级间的内部沟通和用于与相关方的外部风险管控沟通机制,及时有效传递风险信息,树立内外部风险管控信心,提高风险管控效果和效率。重大风险信息更新后应公示或公布并及时组织相关人员进行培训。

第四节　《公路水路行业企业生产安全隐患排查治理体系细则》

一、版本

DB37/T 3139—2018。

二、主要内容

1. 范围

本标准规定了公路水路行业企业生产安全事故隐患排查治理体系建设的术语和定义、基本要求、隐患分级和分类、工作程序和内容、文件管理、隐患排查的效果、持续改进等。

本标准适用于山东省内公路水路行业生产经营单位(以下简称企业)事故隐患排查治理体系的建设和实施指南的编制。隐患按业务领域分为道路运输隐患、水路运输隐患、港口营运隐患、交通工程建设隐患、交通设施养护工程隐患和其他隐患六个类型。

2. 基本要求

1)健全机构

(1)企业应建立隐患排查治理的组织领导机构,明确其组织及成员的职责、目标与任务。

(2)主要负责人作为本单位隐患排查治理体系建设的第一责任人,应保证隐患排查治理的人、财、物投入,分管负责人、各部门及人员应负责职责范围内的隐患排查治理工作,确保隐患得到治理。

2)完善制度

(1)企业应在安全生产风险分级管控体系、安全生产标准化等安全管理体系的基础上,完善隐患排查治理制度及相关记录文件,形成完善、高效的安全管理体系,使隐患排查治理贯穿于生产活动全过程,成为企业各层级、各专业、各岗位日常工作重要组成部分。

(2)制度应明确检查方式、频次、职责分工、检查内容、隐患处置程序和相关记录文件。

3)实施全员培训

企业应将隐患排查治理体系培训纳入年度培训计划,分层次、分阶段组织全体员工进行培训,使其掌握隐患排查治理的内容与标准、工作程序、方法等,并保留培训记录。

4)全员参与

企业各职能部门、各岗位管理人员、作业人员应按照"管业务必须管安全、管生产经营必须管安全""党政同责、一岗双责"要求和"全员、全过程"的原则,全员参与隐患排查治理活动,覆盖各项作业活动和管理活动的全过程。

5)落实责任

企业应建立健全隐患排查治理考核奖惩制度,对隐患排查治理的运行进行目标考核,并对考核结果进行奖惩。

3. 隐患分级与分类

1)隐患分级

根据隐患整改、治理和排除的难度及其可能导致事故后果和影响范围,企业生产安全事故隐患分为一般事故隐患和重大事故隐患。

(1)一般隐患。一般事故隐患,是指危害和整改难度较小,发现后能够立即整改排除的隐患。

(2)重大隐患。重大事故隐患,指危害和整改难度较大,无法立即整改排除,需要全部或者局部停产停业,并经过一定时间整改治理方能排除的隐患,或者因外部因素影响致使企业自身难以排除的隐患。

以下情形为重大事故隐患:

①违反法律法规有关规定,整改时间长、整改难度大或可能造成较严重危害的;

②涉及重大危险源且管控措施不到位的;

③因外部因素影响致使生产经营单位自身难以排除的隐患;

④存在超范围、超能力、超期限作业情况,或者危险货物作业不符合安全要求的;

⑤安全管理存在重大缺陷的;

⑥设区的市级以上负有安全监管职责的部门认定的;

⑦其他有明确规定的。

2)隐患分类

(1)基础管理类隐患。包括以下方面存在的问题和缺陷:

①企业资质证照;

②安全生产管理机构及人员;

③安全生产责任制;

④安全生产管理制度;

⑤安全操作规程;

⑥教育培训;

⑦安全生产管理档案;

⑧安全生产投入;

⑨应急管理;

⑩特种设备管理;

⑪相关方安全管理;

⑫其他管理等方面。

(2)作业现场类隐患。包括以下方面存在的问题和缺陷:

①设备设施;

②场所环境;

③从业人员操作行为;

④消防及应急设施;

⑤特种设备;

⑥供配电设施;

⑦动力系统;

⑧相关方现场作业;

⑨其他方面。

4. 工作程序和内容

1)编制排查项目清单

(1)基本要求:

①企业应依据确定的各类风险的全部控制措施和基础安全管理要求,编制隐患排查项目清单;

②隐患排查项目清单包括作业现场类和基础管理类。

(2)作业现场类隐患排查项目清单。应以各类风险点为基本单元,依据风险分级管控体系中各风险点的控制措施和标准、规程要求,至少包括:风险点名称、责任单位、风险等级、排查内容与排查标准、排查类型、排查周期、组织级别等信息。

(3)基础管理类隐患排查项目清单。应以各类基础管理为基本单元,依据有关法律、法规、技术标准、规程要求编制,至少包括:排查项目、排查内容与排查标准、排查类型、排查周期、组织级别等信息。

2)制定排查计划

企业应制定隐患排查计划,明确各类型隐患排查的排查时间、排查目的、排查要求、排查范围、组织级别及排查人员等。

3)隐患排查

(1)排查类型。排查类型主要包括日常隐患排查、综合性隐患排查、专项隐患排查等。

①日常隐患排查:指班组、岗位员工的交接班检查和班中巡回检查,以及基层单位领导和专业技术人员的日常性检查,日常隐患排查要加强对关键装置、要害部位、关键环节、重大危险源的检查和巡查。

②综合性隐患排查:是指以保障安全生产为目的,以安全责任制、各项专业管理制度和安全生产管理制度落实情况为重点,各有关专业部门共同参与的全面检查。

③专项隐患排查:是生产经营单位在一定范围、领域组织开展的排查,一般包括:

a. 根据政府及有关管理部门安全工作专项部署,开展针对性的隐患排查;

b. 根据季节性、规律性安全生产条件变化,开展针对性的隐患排查;

c. 根据新工艺、新材料、新技术、新设备投入使用对安全生产条件形成的变化,开展针对性的隐患排查;

d. 根据安全生产事故情况,开展针对性的隐患排查。

(2)排查要求。要做到全面覆盖、责任到人,定期排查与日常管理相结合,专业排查与综合排查相结合,一般排查与重点排查相结合,隐患排查工作与安全目标责任考核挂钩。

(3)组织级别。企业应根据自身组织架构确定不同的排查组织级别和频次。排查组织级别一般包括公司、基层单位、班组、岗位等级别,也可结合本单位机构设置情况进行调整。

(4)排查周期。企业应根据法律、法规要求,结合企业生产特点、企业规模大小确定各隐患排查类型的排查周期。

①日常隐患排查周期根据风险分级管控相关内容和各企业实际情况确定;

②综合性隐患排查应由公司级至少每季度组织一次;基层单位至少每月组织一次;

③专项隐患排查应由专业技术人员或相关部门至少每半年组织一次。

(5)排查组织。企业按照排查计划定期进行隐患排查,根据排查类型、人员数量、时间安排和季节特点,在隐患排查项目清单中确定具体排查项目,形成隐患排查清单。

(6)排查结果记录。企业应根据隐患排查清单进行隐患排查并记录、保存。

4)隐患治理

(1)隐患治理要求:

①隐患治理实行分级治理,分类实施。主要包括岗位纠正、班组治理、基层单位治理、公司治理等。

②隐患治理应做到并保证整改措施、责任、资金、时限和预案“五到位”;能立即整改的隐患应立即整改,无法立即整改的隐患制定整改方案,治理前要研究制定防范措施,落实管控责任,防止隐患导致事故。

(2)隐患治理流程:

①隐患治理流程包括:通报隐患信息、下发隐患整改通知、实施隐患治理、隐患整改情况

反馈、隐患整改情况验收等环节。

②企业在每次隐患排查结束后，将隐患名称、存在位置、不符合状况、隐患等级、治理期限及治理措施要求等信息向相关人员进行通报。

③隐患排查组织部门根据情况制发隐患整改通知书，对隐患整改责任单位、措施建议、完成期限等提出要求。

④隐患整改责任单位在实施隐患治理前应对隐患存在原因进行分析，并制定切实可行的治理措施。

⑤隐患整改责任单位在隐患治理结束后，应向隐患排查组织部门提交隐患整改报告。

⑥隐患排查组织部门应当对隐患整改效果组织验收。

(3)一般隐患治理：

①由企业各级负责人或者有关人员负责组织整改。

②能够现场整改的隐患应立即组织整改，整改情况要安排专人进行确认。

③难以现场整改的隐患应及时进行分析，制定整改措施并限期整改。

(4)重大隐患治理：

①企业应将重大隐患向属地负有安全生产监督管理职责的部门报告。

②企业应及时组织评估，并编制重大隐患评估报告书，评估报告书应包括隐患的类别、影响范围和风险程度以及对隐患的监控措施、治理方式、治理期限的建议等内容。

③企业应根据评估报告书制定重大隐患治理方案，治理方案应当包括下列主要内容：

a. 治理的目标和任务；

b. 采取的方法和措施；

c. 经费和物资的落实；

d. 负责治理的机构和人员；

e. 治理的时限和要求；

f. 应急处置等措施。

(5)隐患治理验收：

①隐患治理完成后，应根据隐患级别组织相关人员对治理情况进行验收，实现闭环管理。

②重大隐患整改验收通过的，企业应将验收结论向属地负有安全生产监督管理职责的部门报告，报告内容包括：

a. 重大隐患基本情况、整改方案、整改过程；

b. 验收机构或验收组基本情况；

c. 验收报告及结论。

(6)隐患排查分析评估。重大隐患整改验收完成后，企业应对重大隐患形成原因及整改工作进行分析评估，及时完善相关制度和措施，依据有关规定和制度对相关责任人进行考核，并开展有针对性的培训教育。

(7)隐患排查统计分析。企业应当根据生产经营活动特点，定期组织对本单位隐患治理情况进行统计分析，及时梳理、发现安全生产趋势性问题和规律，形成统计分析报告，改进安全生产工作。

5. 文件管理

(1)企业在隐患排查治理体系策划、实施及持续改进过程中,应完整保存体现隐患排查全过程的记录资料,并分类建档管理,至少应包括:

①隐患排查治理制度;

②隐患排查治理清单;

③隐患排查治理台账;

④其他文件成果。

(2)涉及不能立即整改重大隐患,其排查、评价记录,隐患整改复查验收记录等,应单独建档管理。

6. 隐患排查的效果

通过隐患排查治理体系的建设,企业应至少在以下方面有所改进:

(1)风险控制措施全面持续有效;

(2)风险管控能力得到加强和提升;

(3)隐患排查治理制度进一步完善;

(4)各级排查责任得到进一步落实;

(5)员工隐患排查水平进一步提高;

(6)对隐患频率较高的风险重新进行评价、分级,并制定完善控制措施;

(7)生产安全事故明显减少。

7. 持续改进

1)评估

(1)企业应适时和定期对隐患排查治理体系运行情况进行评估,以确保其持续适宜性、充分性和有效性。

(2)评估应包括体系改进的可能性和对体系进行修改的需求。

(3)评估每年应不少于一次,当发生更新时应及时组织评估并保存评估记录。

2)更新

企业应主动根据以下情况对隐患排查治理体系的影响,及时更新隐患排查治理的范围、隐患等级和类别、隐患信息等内容,主要包括:

(1)法律法规及标准规程变化或更新;

(2)政府规范性文件提出新要求;

(3)企业组织机构及安全管理机制发生变化;

(4)企业生产工艺发生变化、设备设施增减、使用原辅材料变化等;

(5)企业自身提出更高要求的;

(6)事故事件、紧急情况或应急预案演练结果反馈的需求;

(7)其他情形出现应当进行评估。

3)沟通

企业应建立不同职能和层级间的内部沟通和用于与相关方的外部隐患排查治理沟通机制,及时有效传递排查治理信息,提高隐患排查治理效果和效率。重大隐患排查治理信息更新后应公示或公布并及时组织相关人员进行培训。

第五节 《城市公共汽电车客运企业安全生产风险分级管控体系实施指南》

一、版本

DB37/T 3211—2018。

二、主要内容

1. 范围

本标准规定了城市公共汽电车客运企业安全生产风险分级管控体系建设的术语和定义、基本要求、工作程序和内容、文件管理、分级管控效果和持续改进等内容。

本标准适用于指导山东省内城市公共汽电车客运企业安全生产风险分级管控体系的建设。

2. 基本要求

1）成立组织机构

企业应逐级成立安全风险分级管控组织机构，组织机构包括领导小组和工作小组，推进落实各项工作职责、任务目标。

（1）领导小组包括以下人员：

组长：企业主要负责人。

副组长：分管负责人。

成员：各相关职能部室、各基层单位主要负责人。

（2）工作小组包括以下人员：

组长：安全负责人。

成员：相关职能部室一岗双责人员、基层单位分管负责人、安全管理人员、技术人员、营运调度人员、班组人员及其他相关人员等。

2）职责

（1）主要负责人职责。主要负责人是企业安全生产风险分级管控体系建设的第一责任人。主要职责包括：

①确定风险分级管控方针、目标、策略；

②保障风险分级管控工作所需人、财、物等资源的投入；

③定期对体系建设及实施情况进行部署、督导和考核。

（2）分管负责人职责。分管安全负责人负责企业风险分级管控体系建设的组织协调，整体推进；其他分管负责人按照一岗双责的要求对职责范围内的风险点排查、危险源辨识、风险评价和风险控制措施确定、落实的组织实施。

（3）安全生产管理机构职责：

①安全生产管理机构是企业安全生产风险分级管控的牵头部门，负责起草体系建设工作方案和体系文件；

②协调各职能部门开展体系建设；

③负责企业的组织实施、指导和监督检查；负责组织对本企业风险分级情况评审；

④负责对较大以上（含较大）风险及其控制措施的汇总、协调、监督；负责将体系建设工作纳入安全生产责任制考核。

（4）各职能部门职责。各职能部门是安全生产风险分级管控的具体负责部门，负责职责范围内的风险点排查、危险源辨识、风险评价和控制措施的审核、协调指导和监督检查。

（5）各基层单位职责：

①负责风险分级管控体系的建立与运行，负责对班组、岗位风险分级管控的监督指导；

②掌握风险的分布情况、可能后果、控制措施及可能存在的隐患；

③负责风险评估工作的开展，对危险源识别、分析、评价等工作；对作业过程中新发现的危险源及时上报，及时更新《安全生产风险分级管控清单》；

④对存在的风险因素、管控措施进行培训教育及告知。

（6）各班组、岗位职责：

①对本岗位存在的安全风险及危险源进行辨识并制定管控措施；

②各岗位应根据工作分工和岗位职责参与安全风险分级管控工作，接受安全教育培训，严格执行风险管控措施；

③对本岗位作业过程中发现新的危险源及时上报班组，班组及时上报基层单位。

3）实施全员培训

城市公共汽车客运企业应将安全生产风险分级管控培训纳入年度安全培训计划，分阶段、分层级开展培训学习，使所有岗位人员了解掌握本岗位涉及的风险类别、危险源辨识、风险评价的方法、风险评价结果、风险管控措施，并保留培训记录。

4）编写体系文件

企业应组织对安全生产风险分级管控工作进行策划，并编写体系文件，至少包括：

（1）安全生产风险分级管控体系管理制度；

（2）安全生产风险分级管控作业指导书；

（3）安全生产风险分级管控年度培训方案；

（4）作业活动清单、设施设备清单、作业活动风险分级管控清单、设施设备风险分级管控清单、重大风险点统计表、危险源统计表等有关记录文件。

5）奖惩考核

企业应建立安全生产风险分级管控体系奖惩考核制度，或在企业安全生产管理考核制度中涵盖安全风险考核内容，明确奖惩标准、频次、方式方法等，奖惩考核结果与职工薪酬挂钩。

3. 工作程序和内容

1）风险点确定

（1）风险点划分原则。风险点划分应遵循“大小适中、便于分类、功能独立、易于管理、范围清晰”的原则，按照作业活动、设施设备、固定场所、区域等单元进行划分。

①操作及作业活动。营运驾驶作业、调度作业、车辆检修、技术维护、公交车充电加油

(气)作业等各工种作业过程类。

②设施设备、固定场所、区域:

a. 公交车辆、车辆维修设备、加油(气)机、充电桩等生产设备类;

b. 公交停车场、车辆检修区、加油(气)区、充电区、办公区等固定场所类。

(2)风险点排查:

①风险点排查的内容。企业应按照风险点划分原则对风险点逐一进行排查,形成包括风险点名称、类别、区域位置、可能发生的事故类型及后果等内容的基本信息。

②风险点排查的方法。风险点排查应全员参与,自下而上,逐级审核汇总。风险点排查通过查阅档案资料、现场调研、座谈询问等方法,并结合各岗位职责和现场实际工作编制本岗位作业活动清单和设备设施清单,各职能管理部门和基层单位逐级审核、汇总、合并,形成企业作业活动清单和设备设施清单。

2)危险源辨识

(1)危险源辨识方法:

①生产过程中作业活动的危险源辨识推荐采用工作危害分析法(JHA)。

②设施设备、固定场所危险源辨识推荐采用安全检查表法(SCL)。

③企业进行危险源辨识时也可不限于以上推荐的方法。

(2)辨识依据:

①安全生产相关法律法规、标准规范;

②安全生产规章制度和操作规程;

③相关事故案例;

④相关管理体系的危险源辨识结果;

⑤行业及企业安全生产的经验,特别是城市公共汽电车客运企业有效遏制事故隐患或事故发生的安全生产实践经验。

(3)辨识范围。危险源辨识的范围应覆盖所有的作业活动、设备设施及固定场所。

(4)辨识实施。企业应按照有关安全生产的法律、法规,对企业存在的危险源进行逐一辨识。围绕人的因素、物的因素、环境的因素、管理的因素,全方位、全过程排查和预判本单位生产系统、设备设施、工作场所、操作行为、工作环境、安全管理等方面可能导致事故发生的危险源。

3)风险评价

(1)风险评价方法。企业可选择作业条件危险性分析法(LEC)、风险矩阵分析法(LS)等方法对风险进行定性、定量评价,根据评价结果按从严从高的原则判定风险等级,并填写工作危害分析评价记录、安全检查表分析评价记录。

(2)风险评价准则。企业风险值的取值标准、风险等级的准则确定应充分考虑以下风险评价准则:

①有关安全生产法律、法规;

②公交客运行业规范、技术标准;

③本单位的安全管理制度、操作规程;

④企业应根据实际制定本单位的风险评价准则。

(3)风险分级。企业进行风险评价分级后,按照以下原则,将各级别风险划分为重大风险、较大风险、一般风险和低风险,分别用"红橙黄蓝"四种颜色表示(其中蓝色对应四级和五级,统称为低风险),评价出其他级数风险等级在进行划分时参照以下原则,结合自身可接受风险实际进行划分。

①1 级\红色\重大风险:公司(集团)级管控,基层单位管控、班组和岗位管控,应立即增加(调整)管控措施并有效落实,将风险降低到可接受或可容许程度,相关过程应建立记录文件。如不能立即增加(调整)控制措施,或控制措施不能有效落实,必须立即停止相关生产作业活动;

②2 级\橙色\较大风险,基层单位、班组和岗位管控,应制定改进措施进行控制管理;

③3 级\黄色\一般风险,班组管控,需要控制整改;

④4 级\蓝色\低风险(较小风险),岗位管控;

⑤5 级\蓝色\低风险(较小风险),岗位管控。

(4)以下情形确定为重大风险:

①重大风险的判定有两种情形,一是根据 LEC 法或者 LS 法确定为最高的风险级别,即:1 级重大风险;二是根据细则,以下情形可以直接判定为重大风险:

a. 违反法律、法规及国家标准中强制性条款的;

b. 具有中毒、爆炸、火灾、加油(气)站等危险的场所,作业人员在 10 人及以上的;

c. 其他本行业规定的。

②企业应建立重大风险统计表。

4)风险管控要求、控制措施的选择与实施

(1)风险分级管控要求。风险分级管控是指按照风险不同级别、所需管控资源、管控能力、管控措施复杂及难易程度等因素而确定不同管控层级的风险管控方式。风险分级管控应遵循风险越高管控层级越高的原则。上一级负责管控的风险,下一级必须同时负责管控,并逐级落实具体措施。企业应根据风险分级管控的基本原则和企业组织机构设置情况,合理确定各级风险的管控层级。

(2)风险分级管控措施。风险控制措施包括工程技术措施、管理措施、培训教育措施、个体防护措施、应急处置措施。在选择控制措施时应充分考虑:可行性、安全性、可靠性,突出人的因素,并在风险控制措施实施前对制定的管控措施的可行性和有效性、是否使风险降低至可接受风险、是否产生新的危险源和危险有害因素、是否已选定最佳解决方案等内容进行评审。

①工程技术措施。即采用技术手段对固有的危险源进行消除、减弱控制。通常采用的技术措施:

a. 安装智能门控系统;

b. 安装行车记录仪、一键报警等信息化设备;

c. 配备酒精测试仪;

d. 其他相关措施。

②培训教育措施。通常采用的培训教育措施:

a. 国家道路交通安全和安全生产相关法律法规、安全行车知识;

b. 职业道德教育、安全观念教育、生理、心理等教育；

c. 安全操作规程教育；

d. 典型交通事故案例警示教育；

e. 应急处置知识；

f. 企业有关安全运营管理规定；

g. 其他相关措施。

③管理措施。通常采用的管理措施：制定安全管理制度、成立安全管理组织机构、制定安全操作规程、编制应急预案、考核奖惩制度。企业应结合工作实际，依据相关法律法规，健全、落实各项安全生产管理制度。

④个体防护措施。通常采用的个体防护措施：按规定佩戴防护用品等。

⑤应急处置措施。通常采用的应急措施：紧急情况分析，应急预案、现场处置方案的制定，应急物资的准备等，通过应急演练、培训等措施，提高相关人员的应急处置能力。

(3)控制措施评审。对已制定的控制措施，应组织管理人员、班组长、岗位操作人员等相关人员，在实施前针对以下内容评审：

①措施的可行性和有效性；

②是否使风险降低到可以接受的程度；

③是否产生新的风险；

④是否已选定了最佳的解决方案；

⑤是否会被应用于实际工作中。

5)风险告知

(1)建立安全风险公告制度，在主要风险点的醒目位置设置安全风险公告栏，制作岗位安全风险告知卡。对存在重大安全风险的工作场所和岗位，要设置明显警示标志，并强化危险源监测和预警。

(2)根据风险分级管控清单将设备设施、作业活动及管理活动中存在的风险及应采取的措施告知各岗位人员及相关方，使其掌握规避风险的措施并落实到位。

4. 文件管理

按规定保存体现风险分级管控过程的记录资料，并分类建档管理。至少应包括风险分级管控制度、作业活动清单、设备设施清单、工作危害分析(JHA)评价记录、安全检查表分析(SCL)评价记录、作业活动风险分级管控清单、设备设施风险分级管控清单、重大风险清单、危险源统计表等内容的文件化成果；涉及重大、较大风险时，其辨识、评价过程记录，风险控制措施及其实施和改进记录等，应单独建档管理。

5. 分级管控效果

通过风险分级管控体系建设，企业应至少在以下方面有所改进

(1)每一轮危险源辨识和风险评价后，应使原有管控措施得到改进，或者通过增加新的管控措施提高安全可靠性；

(2)完善重大风险场所、部位的警示标识；

(3)涉及重大风险部位的作业、属于重大风险的作业建立监护制度；

(4)员工对所从事岗位的风险有更充分的认识，安全技能和应急处置能力进一步提高；

(5)保证风险控制措施持续有效的制度得到改进和完善,风险管控能力得到加强;

(6)根据改进的风险控制措施,完善隐患排查项目清单,使隐患排查工作更有针对性。

6. 持续改进

1)评审

(1)每年对年度的风险预控工作进行全面评审,风险预控工作的情况纳入安全生产考核。

(2)每年根据风险预控工作的情况,在已有安全生产风险预控基础上,对发生变化的风险和新增风险进行识别评估和分级管控。

(3)依据风险管控的结果,对等级发生变化的风险重新评估等级,调整安全生产风险控制措施。

(4)在安全生产工作计划中,对上述持续改进工作内容提出具体要求。

2)动态更新

(1)主动根据以下情况变化,及时针对变化范围开展风险分析,及时更新风险信息:

①法规、标准等增减、修订变化所引起风险程度的改变;

②操作工艺或作业程序涉及的人、物、环境、管理发生变化;

③发生事故后,有对事故、事件或其他信息的新认识,对相关危险源的再评价;

④组织机构发生重大调整;

⑤根据非常规作业活动、新增功能性区域、装置或设施以及变更情况等适时开展危险源辨识和风险评价;

⑥补充新辨识出的危险源评价。

(2)及时修订风险分级管控清单,保证适用和有效。

3)沟通

建立不同职能和层级间的内部沟通和用于与相关方的外部风险管控沟通机制,及时有效传递风险信息,提高风险管控效果和效率。重大风险信息更新后应公示或公布并及时组织相关人员进行培训。

第六节　《城市公共汽电车客运企业生产安全事故隐患排查治理体系实施指南》

一、版本

DB37/T 3212—2018。

二、主要内容

1. 范围

本标准规定了城市公共汽电车客运企业生产安全事故隐患排查治理体系建设的术语和定义、基本要求、隐患分级和分类、工作流程及要求、隐患排查的效果、文件管理和持续改进等内容。

本标准适用于指导山东省内城市公共汽电车客运企业生产安全事故隐患排查治理体系的建设。

2. 基本要求

1)任务目标

城市公共汽电车客运企业应依据风险分级管控体系中各风险点的控制措施和标准规范,编制隐患排查清单,定期组织隐患排查和治理,消除事故隐患,有效防范和减少事故的发生,保证企业生产安全。

2)成立组织机构

企业应逐级成立隐患排查治理体系工作组织机构,组织机构包括领导小组和工作小组,推进落实各项工作职责、任务目标。日常办事机构设置在安全生产管理部门,从企业基层操作人员到最高管理层,都应当参与隐患排查治理。

(1)领导小组至少包括以下人员:

组长:企业主要负责人。

副组长:分管负责人。

成员:各相关职能部室、各基层单位主要负责人。

(2)工作小组包括以下人员:

组长:分管安全负责人。

成员:相关职能部室一岗双责人员、基层单位分管负责人、安全管理人员、技术人员、营运调度人员、班组人员及其他相关人员等。

3)职责

(1)主要负责人职责。主要负责人是企业隐患排查治理工作的第一责任人。主要职责包括:

①全面负责企业生产安全事故隐患排查治理体系的制定和运行,确保隐患排查治理体系的运行有效;

②明确涉及各部门、各岗位的安全职责与责任;

③保障隐患排查治理工作所需人、财、物等资源的投入;

④负责本实施指南的组织实施、指导和监督检查。

(2)分管安全负责人职责。分管安全负责人负责企业开展隐患排查治理的组织协调工作,负责对隐患排查、治理整改、控制措施和持续改进的组织管理,及时向主要负责人报告重大隐患治理情况,并对事故隐患排查治理实施过程进行监督检查。其他分管负责人按照一岗双责的要求对职责范围内的事故隐患进行排查整改、监督落实的组织实施。

(3)安全管理机构职责。安全生产管理机构是生产安全事故隐患排查治理体系的牵头管理部门,负责组织开展企业生产安全事故隐患排查治理的各项统筹协调工作;负责对各职能部门、各基层单位的隐患排查治理工作进行监督检查,编制企业生产安全事故隐患排查治理清单;对重大事故隐患的汇总、评估,监督各基层单位落实隐患整改措施,定期向企业负责人、分管负责人汇报重大事故隐患排查整改进展情况;并对事故隐患排查治理实施过程进行监督、考核等工作。

(4)各职能部门职责。各职能部门是生产安全事故隐患排查治理体系的具体负责部门,负责职责范围内的隐患排查治理、整改落实、控制措施的审核、协调指导和监督检查。

(5)各基层单位职责:

①负责本单位生产安全事故隐患排查治理体系的运行,确保隐患排查治理体系的运行有效;明确本单位班组、岗位的安全职责,确保班组、岗位全员参与隐患排查治理;掌握本单位涉及的风险分布情况、可能后果、典型控制措施及可能存在的隐患,及时向相关从业人员通报;负责组织一般事故隐患的评估、整改和验证等工作。

②组织本单位隐患排查治理工作,发现的重大事故隐患及时上报;负责对本单位排查出的隐患整改落实。

(6)各班组、岗位职责:

①各班组、岗位作业人员应全员参与隐患排查活动的实施、确保隐患排查活动涉及各区域、场所、岗位、作业活动风险得到全面控制。

②各岗位人员对作业过程进行隐患排查,及时上报发现的事故隐患。

4)全员培训

企业应将隐患排查治理体系建设培训纳入年度安全培训计划,分层次、分阶段组织全体员工进行培训,使其掌握本单位隐患排查清单、隐患排查的要求、隐患治理、隐患治理验收等工作方法及流程,并保留培训记录。

5)奖惩考核

企业应建立健全隐患排查体系,运行考核奖惩制度,或在企业安全生产奖惩管理制度中涵盖相关内容,明确考核奖惩的标准、频次、方式方法等,并将考核结果与员工工资薪酬挂钩。

3. 隐患分级与分类

1)隐患分级

(1)基本要求。根据隐患整改、治理和排除的难度及其可能导致事故后果和影响范围,分为一般事故隐患和重大事故隐患。

(2)一般事故隐患。危害和整改难度较小,发现后能够立即整改排除的隐患。

(3)重大事故隐患:

①危害和整改难度较大,无法立即整改排除,需要全部或者局部停产停业,并经过一定时间整改治理方能排除的隐患,或者因外部因素影响致使生产经营单位自身难以排除的隐患。

②以下情形为重大事故隐患:

a. 违反法律法规有关规定,整改时间长、整改难度大或可能造成较严重危害的;

b. 存在超范围、超能力、超期限作业情况,因外部因素影响致使生产经营单位自身难以排除的;

c. 因外部因素影响致使生产经营单位自身难以排查的隐患;

d. 设区的市级以上负有安全监管职责部门依法认定的;

e. 其他有明确规定的。

③以下情形可直接判定为重大事故隐患:

a. 特种作业人员未持证上岗;

b. 特种设备未进行定期检验的；

c. 按照 GB 50156 的要求，违反加油（气）站的汽油（气）设备与站外建筑物安全间距的；

d. 其他情形。

2）隐患分类

（1）基本要求。事故隐患分为生产现场类隐患和基础管理类隐患。

（2）生产现场类隐患。城市公共汽电车客运企业生产现场类隐患包括但不限于以下方面存在的问题和缺陷：营运生产、车辆检修、加油（气）、保安人员等各工种的作业行为；公交车辆、公交车辆检修设备、加油（气）设备、供配电设施等设备设施；公交停车场、车辆检修区、办公区等场所环境；公交营运车辆通行环境；消防及应急设施；现场其他方面。

（3）基础管理类隐患。城市公共汽车客运企业基础管理类隐患包括但不限于以下方面存在的问题和缺陷：生产经营单位资质证照、安全生产管理机构及人员、安全生产责任制、安全生产管理制度、安全操作规程、教育培训、安全生产管理档案、安全生产投入、应急管理、特种设备管理、相关方安全管理、基础管理等方面。

4. 工作流程及要求

1）编制排查项目清单

（1）基本要求。企业应依据确定的各类风险的全部控制措施和基础安全管理要求，编制应该排查的项目清单。隐患排查项目清单包括生产现场类隐患排查清单和基础管理类隐患排查清单。

（2）编制依据：

①国家安全生产法律法规、规章、标准及企业安全生产规章制度；

②行业事故案例和企业以往的事故情况；

③危险有害因素辨识情况；

④其他情形。

（3）评审修订。企业应定期对安全排查项目进行评审、修订和完善，并做好检查人员的培训工作。有下列情形时，应对排查项目进行修订：

①颁布实施新的安全生产法律法规、标准规范或原有适用的法律法规规范重新修订的；

②使用的设备、设施或现场作业环境等发生改变的；

③周边安全生产环境发生重大变化；

④危险有害因素辨识结果有较大变动或识别出新的危险有害因素；

⑤其他情况。

（4）生产现场类隐患排查清单。应依据风险分级管控体系中各风险点的控制措施和标准规范要求，编制该排查单元的排查清单。至少应包括：与风险点对应的设备设施和作业活动名称；排查内容包括风险分级管控清单中工程技术措施、管理措施、培训教育措施、个体防护措施、应急处置措施等各类管控措施；排查方法和周期由各组织级别根据排查类型和排查周期确定。

（5）基础管理类隐患排查清单。应依据基础管理相关内容要求，逐项编制排查清单。至少应包括：基础管理类隐患名称；排查内容包括：安全生产管理机构设置和人员配备、安全生产责任制、安全生产管理制度、安全教育培训、安全检查、应急管理；排查方法和周期由各组织级别根据排查类型和排查周期确定。

2)制定排查计划

企业应根据生产运行特点,制定隐患排查计划,明确各类型隐患排查的排查时间、排查目的、排查要求、排查范围、组织级别及排查人员等。

3)组织实施

(1)排查类型。企业应依据风险分级管控体系中各风险点的控制措施和标准规范要求为隐患排查的主要项目、内容和标准,分类组织排查,排查的主要类型包括日常隐患排查、综合性隐患排查、专业性隐患排查、专项(节假日)或季节性隐患排查等。

①日常隐患排查。由各级管理人员和岗位员工巡回检查,各级管理人员应在各自的职责范围内进行检查;岗位员工按照各自的岗位职责,进行检查。

a. 以营运作业活动为例,生产现场类排查清单包括:对公交驾驶员操作行为进行检查;对公交车辆技术状况进行检查;对公交线路运行情况进行检查;其他相关情形;

b. 以营运作业活动为例,基础管理类排查清单包括:调度作业计划是否科学合理;公交车辆是否按计划进行了定期维修;是否对公交驾驶员定期进行安全培训工作;其他相关情形。

②综合性隐患排查。综合性隐患排查由安全管理部门、各职能部门、基层单位、车队(间)、班组组织本单位人员实施。公司级由企业安委会办公室组织实施,其他相关职能部室配合。

③专业性隐患排查。专业性隐患排查,由各专业职能管理部门的负责人组织本单位、本专业人员实施。

a. 车辆管理部门负责组织车辆技术状况的检查;

b. 营运组织管理部门负责组织对运行秩序等方面的检查;

c. 公交停车场管理单位负责组织对公交停车场安全方面的检查。

④专项或季节性排查:

a. 春季针对公交驾驶员行车中易发生春困的情况、个人情绪把控情况排查;雨天安全驾驶技能培训情况等进行排查;

b. 冬季排查雾天、降雪结冰天气及极端自然灾害天气应对措施的制定情况;公交线路途经易积雪结冰路段、团雾浓雾路段的排查情况;车辆维修保养情况;排查公交驾驶员冬季应对恶劣天气等安全生产技能掌握情况等;

c. 节假日可以针对途经火车站、汽车站、景区等客流密集区的线路进行检查;做好公交驾驶员防酒驾、防疲劳驾驶的排查等;

d. 上述内容仅仅是举例说明,隐患排查还应包括其他内容。

(2)排查要求。隐患排查应做到全面覆盖、责任到人,定期排查与日常管理相结合,专业排查与综合排查相结合,一般排查与重点排查相结合,隐患排查工作与安全目标责任考核挂钩。

(3)组织级别。企业应根据自身组织架构确定不同的排查组织级别和频次。排查组织级别一般包括公司(集团)级、分公司级、车队(间)级、班组级。

(4)确定排查项目。实施隐患排查前,应根据排查类型、人员数量、时间安排和季节特点,在排查项目清单中确定具体排查项目,形成各种排查类型的隐患排查清单,由各组织级别按照排查计划定期进行隐患排查。

(5)排查周期。企业应根据法律、法规要求,合理确定公司(集团)级、分公司级、车队(间)级、班组级开展综合、专业、专项、季节、日常等隐患排查类型的周期。如:确定排查公交驾驶员违法驾驶的时间和频次;确定排查公交车辆技术状况的时间和频次;其他情形。

①当获知同类企业发生伤亡事故及险情等时,应举一反三,及时开展针对性专项检查。

②发生以下情形之一的,应及时组织进行隐患排查:

a. 颁布实施新的安全生产法律法规、标准规范或原有适用的法律法规规范重新修订的;

b. 使用的设备、设施或现场作业环境等发生重大改变的;

c. 发生事故或对事故、事件有新的认识;

d. 周边安全生产环境发生重大变化;

e. 危害因素辨识结果有较大变动或识别出新的危害因素;

f. 气象条件发生大的变化或预报可能发生大的自然灾害或突发事件的;

g. 其他情况。

(6)排查结果记录。各相关层级的组织部门和单位对照确定的排查项目清单进行隐患排查,并保留记录。

4)隐患治理

(1)隐患治理要求:

①隐患治理实行分级治理、分类实施的原则。主要包括岗位纠正、班组治理、基层单位治理、公司(集团)治理等。

②隐患治理应做到方法科学、资金到位、治理及时有效、责任到人、按时完成。能立即整改的隐患必须立即整改,无法立即整改的隐患,治理前要研究制定防范措施,落实监控责任,防止隐患发展为事故。

(2)隐患治理流程:

①隐患治理流程包括:通报隐患信息、下发隐患整改通知、实施隐患治理、治理情况反馈、验收等环节。

②隐患排查结束后,将隐患名称、存在位置、不符合状况、隐患等级、治理期限及治理措施要求等信息向相关人员进行通报。隐患排查组织单位应制发隐患整改通知书,对隐患整改责任单位、措施建议、完成期限等提出要求。隐患存在单位在实施隐患治理前应当对隐患存在的原因进行分析,并制定可靠的治理措施。隐患整改通知制发单位应当对隐患整改效果组织验收。

(3)一般隐患治理。对于一般事故隐患,根据隐患治理的分级,由企业各级负责人或者有关人员负责组织整改,整改情况要安排专人进行确认;不能立即现场整改的隐患应及时进行分析,制定整改措施并限期整改。

(4)重大隐患治理:

①经判定或评估属于重大事故隐患的,企业应及时组织评估,并编制事故隐患评估报告书,向属地负有安全生产监督管理职责部门报告。评估报告书应当包括事故隐患的类别、影响范围和风险程度以及对事故隐患的监控措施、治理方式、治理期限的建议等内容。

②企业应根据评估报告书制定重大事故隐患治理方案。治理方案应当包括下列主要内容:治理的目标和任务、采取的方法和措施、经费和物资的落实、负责治理的机构和人员、治

理的时限和要求、防止整改期间发生事故的安全措施。

(5)隐患治理验收。隐患治理完成后,应根据隐患级别组织相关人员对治理情况进行验收,实现闭环管理。重大隐患验收通过的,企业应将验收结论向属地负有安全生产监督管理职责的部门申请销号。

5. 隐患排查的效果

通过隐患排查治理体系的建设,企业应至少在以下方面有所改进:

(1)风险控制措施全面持续有效;

(2)风险管控能力得到加强和提升;

(3)隐患排查治理制度进一步完善;

(4)各级排查责任得到进一步落实;

(5)员工隐患排查水平进一步提高;

(6)对隐患频率较高的风险重新进行评价、分级,并制定完善控制措施;

(7)生产安全事故明显减少。

6. 文件管理

(1)企业在隐患排查治理体系策划、实施及持续改进过程中,应完整保存体现隐患排查全过程的记录资料,并分类建档管理。至少应包括:

①隐患排查治理制度;

②隐患排查清单;

③其他文件成果。

(2)细则增加内容,重大事故隐患排查、评估记录,隐患整改复查验收记录等,应单独建档管理。

7. 持续改进

(1)企业应定期对隐患排查治理体系运行情况进行评审。企业应基于以下因素的存在来考虑隐患排查治理体系评审频次,但每年应不少于一次。

①法律法规及标准规程变化或更新的;

②政府规范性文件提出新要求的;

③企业组织机构及安全管理机制发生变化的;

④企业自身提出更高要求的;

⑤事故事件、紧急情况或应急预案演练结果反馈的需求;

⑥其他情形出现应当进行评审的。

(2)评审的实施可结合企业安委会或安全领导机构会议进行,也可单独进行。建立职业健康安全管理体系或安全生产标准化的企业,也可结合职业健康安全管理体系的管理评审或安全生产标准化体系评审一起进行。

(3)评审结束后应当编制评审报告,企业应当根据评审报告要求对隐患排查治理体系文件进行修订、完善和优化,确保隐患排查治理效果。

第四章　其他应知应会知识

第一节　现代安全生产管理理论

一、概述

安全是人们最常用的词语之一，是人类永恒的主题。安全是使人的身心免受外界危害因素影响的存在状态(包括健康状况)及其保障条件。人类生存的必要条件是安全，而随着人类生活越来越丰富，也产生了许多威胁人类安全与健康的安全问题。正是伴随着这些安全问题的出现和解决，人们对安全及怎样实现安全才有了更深刻的认知。

在古罗马和古希腊时代，维护社会治安和救火的工作由禁卫军和值班团承担。到公元12世纪，英国颁布了《防火法令》，17世纪颁了《人身保护法》。在我国，早在公元前8世纪，周朝人所著《周易》一书中就有“水火相忌”“水在火上既济”的记载，说明了用水灭火的道理。自秦人开始兴修水利以来，其后几乎我国历朝历代都设有专门管理水利的机构。到北宋时代消防组织已相当严密。据《东京梦华录》一书记载，当时的首都汴京消防组织十分严密，消防管理机构不仅有地方政府，而且由军队担负值勤任务。

20世纪初，现代工业兴起并快速发展，重大生产事故和环境污染相继发生，造成了大量的人员伤亡和巨大的财产损失，给社会带来了极大危害，使人们不得不在一些企业设置专职安全人员，对工人进行安全教育。到了20世纪30年代，很多国家设立了安全生产管理的政府机构，发布了劳动安全卫生的法律法规，逐步建立了较完善的安全教育、管理、技术体系，呈现了现代安全生产管理雏形。

进入20世纪50年代，经济的快速增长，使人们生活水平迅速提高，创造就业机会、改进工作条件、公平分配国民生产总值等问题，引起了越来越多经济学家、管理学家和安全工程专家和政治家的注意。工人强烈要求不仅有工作机会，还要有安全与健康的工作环境。一些工业化国家，进一步加强了安全生产法律法规体系建设，在安全生产方面投入大量的资金进行科学研究，加强企业生产安全管理的制度化建设，产生了一些安全生产管理原理、事故致因理论和事故预防原理等风险管理理论，以系统安全理论为核心的现代安全管理方法、模式、思想、理论基本形成。

到20世纪末，随着现代制造业和航空航天技术的飞跃发展，人们对职业安全卫生问题的认识也发生了很大变化，安全生产成本、环境成本等成为产品成本的重要组成部分，职业安全卫生问题成为非官方贸易壁垒的利器。在这种背景下，“持续改进”“以人为本”的安全健康管理理念逐渐被企业管理者所接受，以职业安全健康管理体系为代表的企业安全生产风险管理思想开始形成，现代安全生产管理的内容更加丰富，现代安全生产管理理论、方法、模式以及相应的标准、规范更加成熟。

现代安全生产管理理论于20世纪50年代进入我国。在20世纪60~70年代,我国开始吸收并研究事故致因理论、事故预防理论和现代安全生产管理思想。20世纪80~90年代,开始研究企业安全生产风险评价、危险源辨识和监控,我国一些企业管理者尝试安全生产风险管理。在20世纪末,我国几乎与世界工业化国家同步,研究并推行了职业安全健康管理体系。进入21世纪以来,我国提出了系统化企业安全生产风险管理的理论雏形,该理论认为企业安全生产管理是风险管理,管理的内容包括:危险源辨识、风险评价、危险预警与监测管理、事故预防与风险控制管理以及应急管理,该理论将现代风险管理完全融入了安全生产管理之中。

二、安全原理原则

1. 系统原理及其相关原则

(1)系统原理。是现代管理学的一个最基本原理。它是指人们在从事管理工作时,运用系统理论、观点和方法.对管理活动进行充分的系统分析,以达到管理的优化目标,即用系统论的观点、理论和方法来认识和处理管理中出现的问题。

系统原理也是安全管理的基本原理。在企业安全生产管理中实行的目标管理、安全健康管理体系、应急救援体系等措施,均是系统原理的具体应用。以世界500强美国杜邦公司为例,其构建了行为安全系统和工艺安全系统两个体系,以对个人和集体负责的概念,树立了零伤害、零疾病、零事故的目标,在全球工业安全方面奠定了领先地位。

安全生产管理系统是生产管理的一个子系统,包括各级安全管理人员、安全防护设备与设施、安全管理规章制度、安全生产操作规范和规程以及安全生产管理信息等。安全贯穿于生产活动的方方面面,安全生产管理是全方位、全天候且涉及全体人员的管理。

(2)动态相关性原则。动态相关性是指任何企业管理系统的正常运转,不仅要受到系统本身条件的限制和制约,还要受到其他有关系统的影响和制约,并随着时间、地点以及人们的不同努力程度而发生变化。对安全管理来说,动态相关性原则的应用可以从两个方面考虑:一方面,系统要素的动态相关性是事故发生的根本原因;另一方面,为搞好安全管理,必须掌握与安全有关的所有对象要素之间的动态相关特征,充分利用相关因素的作用。

(3)整分合原则。整分合原则是指现代高效率的管理必须在整体规划下明确分工,在分工基础上进行有效的综合。运用该原则,要求企业领导在制定整体目标和进行宏观决策时,必须把安全纳入整体规划中加以考虑,安全管理必须做到明确分工、建立健全安全组织体系和安全生产责任制度,要强化安全管理部门的职能,树立其权威,以保证强有力的协调控制,实现有效综合。

(4)反馈原则。反馈原则指的是成功的高效的管理,离不开灵敏、准确、迅速的反馈。管理系统要实现目标,必须根据反馈及时了解这些变化,从而调整系统的状态,保证目标的实现。有效的安全管理,应该及时捕捉、反馈各种安全信息,及时采取行动,消除或控制不安全因素,使系统保持安全状态,达到安全生产的目标。

(5)封闭原则。封闭原则指的是在任何一个管理系统内部,管理手段、管理过程等必须构成一个连续封闭的回路,才能形成有效的管理活动。

2. 人本原理及其相关原则

(1)人本原理。在管理中必须把人的因素放在首位,体现以人为本的指导思想,这就是人本原理。以人为本有两层含义:一是一切管理活动都是以人为本展开的,人既是管理的主

体,又是管理的客体,每个人都处在一定的管理层面上,离开人就无所谓管理;二是管理活动中. 作为管理对象的要素和管理系统各环节,都是需要人掌管、运作、推动和实施。丰田公司有一句全员皆知的口号:“丰田既要造车,也要造就人”。1981 年创办丰田工业大学,提出了人的安全表现模型。另外经营管理中,提倡“尊重人格”“自主管理”、坚持 QC(质量控制)小组活动和合理化建议制度,充分调动了员工的积极性。

(2)动力原则。推动管理活动的基本力量是人,管理必须有能够激发人的工作能力的动力,这就是动力原则。动力的产生可以来自物质、精神和信息,相应就有三类基本动力:物质动力、精神动力和信息动力。

(3)能级原则。现代管理认为,单位和个人都具有一定的能量,并且可以按照能量的大小顺序排列,形成管理的能级,就像原子中电子的能级一样:在管理系统中,建立一套合理能级,根据单位和个人能量的大小安排其工作,发挥不同能级的能量,保证结构的稳定性和管理的有效性,这就是能级原则。

管理能级不是人为的假设,而是客观的存在。在运用能级原则时应该做到三点:一是能级的确定必须保证管理系统具有稳定性;二是人才的配备使用必须与能级对应;三是对不同的能级授予不同的权力和责任,给予不同的激励,使其责、权、利与能级相符。

(4)激励原则。管理中的激励就是利用某种外部诱因的刺激调动人的积极性和创造性。以科学的手段,激发人的内在潜力,使其充分发挥出积极性、主动性和创造性,这就是激励原则。人的工作动力主要来自内在动力、外在压力和吸引力。

3. 预防原理及其相关原则

(1)预防原理。安全生产管理工作应该做到预防为主,通过有效的管理和技术手段,减少和防止人的不安全行为和物的不安全状态,这就是预防原理。在可能发生人身伤害、设备或设施损坏和环境破坏的场合,事先采取措施,防止事故发生。德国拜耳公司在这方面是卓越的榜样。拜耳公司认为生产是产品生命周期最重要的环节之一,产品的生产工序除尽可能减少对环境的破坏和降低原材料的耗用外,最重要的是确保生产的高度安全。在其 150 年发展过程中,其尽可能在生产工序中“内置”安全设施,在初始阶段选择适当的方案,设计一套生产工序,使工厂中有害物质降低到最低点。同时,拜耳也非常重视应急预案的设计,确保生产过程中可能发生的问题得到迅速合理的解决。

(2)偶然损失原则。事故所产生的后果是随机的,反复发生同类事故,不一定产生相同的后果,这是事故损失的偶然性。偶然损失原则是指:不管事故是否造成了损失,为了防止事故损失的发生,唯一的办法是防止事故再次发生。这个原则强调一定要重视各类事故,尤其是险肇事故,只有将险肇事故都控制住,才能真正防止事故损失的发生。

(3)因果关系原则。事故是许多因素互为因果连续发生的最终结果。事故的因果关系决定了事故发生的必然性。从事故的因果关系中认识必然性,发现事故发生的规律性,变不安全条件为安全条件,把事故消灭在早期起因阶段,这就是因果关系原则。

(4)3E 原则。造成人的不安全行为和物的不安全状态的主要原因可归结为技术的原因、教育的原因、身体和态度的原因以及管理的原因 4 个方面。针对这 4 个方面的原因,应该有效采取 3 种防止对策,即工程技术对策、教育对策和法制对策,这就是所谓的 3E 原则。

(5)本质安全化原则。本质安全化原则来源于本质安全化理论,该原则的含义是指从一开始就从本质上实现了安全化,就从根本上消除事故发生的可能性,从而达到预防事故发生的目的。本质安全化原则不仅可以应用于设备、设施,还可以应用于建设项目。

4. 强制原理及其相关原则

(1)强制原理。采取强制管理的手段控制人的意愿和行为,使个人的活动、行为等受到安全生产管理要求的约束,从而实现有效的安全生产管理,这就是强制原理。所谓强制就是绝对服从,不必经被管理者同意便可采取控制行动。中建集团为进一步强化施工现场安全生产的底线管理,有效防范较大以上生产安全事故的发生,制定了严格的《工程项目安全生产十大禁令》,为安全生产工作奠定了坚实的基础。

(2)安全第一原则。安全第一就是要求在进行生产和其他工作时把安全工作放在一切工作的首要位置。当生产和其他工作与安全发生矛盾时,要以安全为主,生产和其他工作要服从于安全,这就是安全第一原则。

(3)监督原则。监督原则是指在安全工作中,为了使安全生产法律法规得到落实,必须设立安全生产监督管理部门,对企业生产中的守法和执法情况进行监督。

三、事故致因理论

1. 早期的事故致因理论

1)事故频发倾向理论

由法默(Farmer)等人提出,个别人存在容易发生事故的、稳定的、个人的内在倾向。根据这种理论,工厂中的少数工人具有事故频发倾向,是事故发生的主要原因。因此采取的措施一方面是挑选优秀的人进入企业,另一方面是解雇这些事故频发者。

2)海因里希事故法则

美国安全工程师海因里希(Heinrich)通过对55万件事故进行统计,得出一个重要结论,即在机械事故中,死亡、重伤、轻伤和无伤害事故的比例为1:29:300。该统计规律说明了无数次意外事件必然导致重大伤亡事故。该理论认为,要防止重大事故的发生,就必须减少和消除无伤害事故。海因里希认为人的不安定因素和物的不稳定状态是事故的直接原因,企业事故预防工作的中心就是消除人的不安全行为和物的不稳定状态。

3)博德事故因果链理论

在海因里希事故法则基础上,博德进行了改进,提出了反映现代安全观点的事故因果链理论。博德认为,尽管人的不安全行为和物的不稳定状态是导致事故的重要原因,但这仍只是表象,其产生是由于个人原因,如缺乏知识、技能,不认真工作,身体或精神方面的问题或者是工作条件方面的原因,如操作规程有漏洞,设备材料不合适,不良的环境因素等。分析这些原因,统统可以规为管理失误或管理不到位。这是该理论的突出特色。

4)轨迹交叉论

在一个系统中,人的不安全行为和物的不稳定状态的形成过程中,一旦发生时间和空间的运动轨迹交叉,就会造成事故。根据轨迹交叉论的观点,只要能够有效控制人的不安全行为和物的不稳定状态的任何一方,就能避免事故。之前的事故致因理论更多地强调人的因素。但是人毕竟与机器不同,还是有一定概率出错的。而本理论说明了即使人会失误,但如果能保证物的绝对安全,同样可以避免事故发生。在安全工程中,将机械设备、物理环境等

生产条件的安全成为本质安全。现在这方面也是研究的热点。

2. 系统安全工程理论

第二次世界大战以后，科学技术有了新的飞跃。许多新技术得到应用推广，很多复杂系统逐渐建立起来，也产生了更多的风险，逐渐引导了系统安全理论的诞生。所谓系统安全，是在系统寿命期限内应用系统安全工程和管理方法辨识系统的危险源，并采取控制措施使其危险性最小，从而使系统在规定的性能、时间和成本内达到最佳的安全程度。系统安全理论认为：意外释放的能量是事故发生的根本原因，对能量控制的失效是发生事故的直接原因。这涉及能量控制措施的可靠性问题。同时系统安全理论也认为，系统中存在的危险源是事故发生的原因。由于无法彻底消除所有的危险源，所以没有绝对的安全。因此系统安全的目标不是事故为零，而是最佳的安全程度。

3. 瑟利人因系统(S-O-R)理论

1969 年，J·瑟利提出一个事故模型，它包括两组问题(危险构成和显现危险的紧急时期)，每组包含三类心理—生理成分，即对事件的感知(刺激，S)、对事件的理解(内部响应，认识活动，O)以及生理行为响应(输出，R)。包含有 S-O-R 的第一组侧重危险的构成，以及与此危险相关的感觉、思考(认识的)和行为(生理输出)响应。第二组，瑟利称之为显现危险时期，也同样包含有 S-O-R 3 个相同的成分(图 1-4-1)。在此期间，如果不能避免危险，则将产生伤害或损坏。

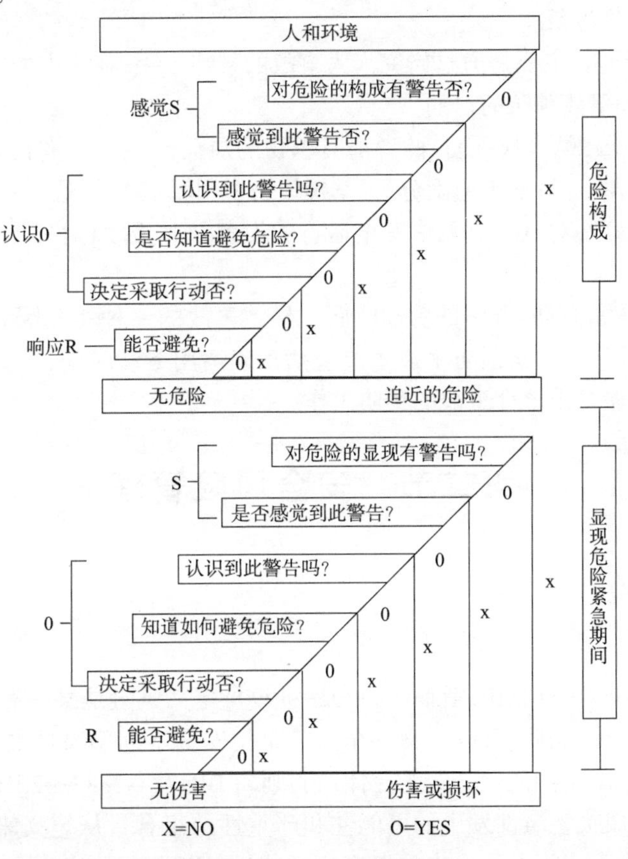

图 1-4-1 S-O-R 模型

该系统理论将焦点集中于人与其工作任务间相互关系的细节上。要说明在这种相互作用中的心理逻辑过程,最重要的是与感觉、记忆、理解、决策有关的过程,并要辨识事故将要发生时的状态特性。

四、事故预防原理

1. 事故的宏观战略预防对策

(1)安全法制对策:是指利用法制的手段对生产的建设、实施、组织,以及目标、过程、结果等进行安全的监督,使之符合职业卫生的要求。内容包括:建立安全卫生责任制度;实行强制的国家安全卫生监督;建立健全安全法规制度;有效的群众监督。

(2)工程技术对策:是指通过工程项目和技术措施实现生产的本质安全化,或改善劳动条件提高生产的安全性。可采取的技术原则包括:消除潜在危险的原则;降低潜在危险因素数值的原则;冗余性原则;闭锁原则;能量屏蔽原则;距离防护原则;时间防护原则;薄弱环节原则;坚固性原则;个体防护原则;代替作业人员原则;警告和禁止信息原则。

(3)安全管理对策:是指通过制定和监督实施有关安全法令、规程、规范、标准和规章制度等,规范人们在生产活动中的行为,使劳动保护工作有法可依,有章可循。

(4)安全教育对策:应用启发式教学法、参观法、讨论法、实验实习法等防范,对各个行业人员进行意识、观念、行为、知识、技能等方面的教育。

2. 不同类型事故的预防

(1)人为事故预防:主要是通过研究人为事故的规律入手,强化人的安全行为,改变人的异常行为,从而达到事故预防的目的。

(2)设备(环境因素)事故预防:两者都属于物的层面。通过研究设备故障(环境因素)导致事物的发生规律,进行根本原因分析,掌握设备(环境因素)导致事故的预防、控制要点,对设备加强检查、修理,对过期或无法安全运行的设备及时报废,对环境中的风险点及时治理,减少事故发生。

(3)时间因素事故预防:异常的劳动时间是导致事故的一种相关因素,常表现为劳动时间延长,劳动时间改变等。其预防手段主要包括正确运用劳动时间,合理安排劳动时间,劳逸结合,限制加班,做好季节性事故的预防工作。

第二节　安全风险管理

一、安全风险

1. 定义

与之相似的,国际标准化组织(ISO 13702—1999)定义风险是某一有害事故发生的可能性与事故后果的组合。据此,可以定义安全风险是指安全不期望事件概率与其可能后果严重程度的结合。《安全生产风险分级管控体系通则》(DB37/T 2882—2016)则将风险定义为生产安全事故或健康损害事件发生的可能性和严重性的组合。从定义来看,安全风险 R 包含两个要素,一个是不期望事件发生的概率或可能性,用 p 表示;另一个是事件后果严重程

度或严重性，用l表示。这样R就可以表示为p和l的函数，即：

$$R = f(p, l) \tag{1-4-1}$$

对于概率p，主要影响因素可以划分为人的不安定行为，物的不稳定状态，环境因素以及管理因素，即：

$$p = g(\text{人因},\text{物因},\text{环境因素},\text{管理因素}) \tag{1-4-2}$$

对于严重程度l，主要影响因素包括时机（事故发生的时间点及时间持续过程），危险（系统中危险性的大小，由系统中能量和规模决定）、环境条件（区位及现场环境）、应急能力（发生事故后应急条件和能力），即：

$$l = h(\text{时机},\text{危险},\text{环境},\text{应急}) \tag{1-4-3}$$

2. 风险度

根据风险的定义，风险的物理意义是单位时间内损失或失败的均值。这个损失均值用来作为风险的估计值，但是有些情况下，为了比较各种方案的风险，需要对一个区域的风险用一个数值来反映，这就引入了风险度的概念。

当使用均值作为某风险变量的估计值时，风险度R_D定义为标准方差$\sigma = \sqrt{Dx}$与均值$E(x)$之比，有的文献中也被称为变异系数。

$$RD = \sigma / E(x) \tag{1-4-4}$$

二、风险管理

1. 概念

风险管理是指企业通过识别风险、衡量风险、分析风险，从而有效控制风险，用最经济的方法来综合处理风险，以实现最佳安全生产保障的科学管理方法。

2. 主要内容

风险管理是以风险作为管理对象，所以首先需要弄清楚风险有哪些，并根据其发生频率和影响后果对其进行评价，然后根据评价的情况分别采取经济而有效的措施，减少损失。综上，风险管理是包括风险评估和风险控制的全过程，风险评估又包括了风险分析和风险评价。它们构成了风险管理的主要内容。

(1)风险分析：包括危险辨识、风险估计（包括频率分析、后果分析）。

①危险辨识是指在特定的系统中，确定风险并定义其特征的过程。

②风险估计是指对特定风险发生的估量。

③频率分析是指分析特定危险发生的频率。

④后果分析是指分析特定危险在环境因素下可能导致的各种事故后果（情景分析）及其可能造成的损失（损失分析）。

(2)风险评价：根据风险标准，判断系统的风险是否可接受，是否需要采取进一步安全措施。

(3)风险控制：在风险评估的基础上，采取措施和对策降低风险的过程。

(4)风险管理各个组成部分的关系如图1-4-2所示。

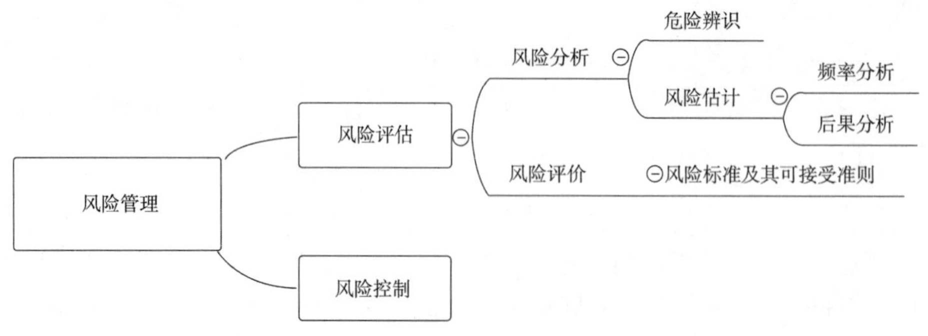

图 1-4-2　风险管理的内容及相互关系

3. 程序

风险管理程序包括 4 个阶段：风险的识别，风险的衡量，风险管理对策的选择，执行与评估。

(1) 风险的识别：是对尚未发生的潜在的各种风险进行系统的归类和实施全面的识别。这一阶段必须强调全面性。风险识别方法包括：故障类型及影响分析(FMEA)、预选危险性分析(PHA)、工作危害分析(JHA)、危险及可操作性分析(HAZOP)、事件树分析(ETA)、故障树分析(FTA)、人的可靠性分析(HRA)、安全检查表(SCL)等。

(2) 风险的衡量：是对特定风险发生的可能性及损失的范围与程度进行估计和衡量。衡量风险可借助于现代计算机技术，也可依靠风险管理人员的直觉判断与经验。

(3) 风险对策的选择：包括风险控制对策和风险财务处理对策。前者是在损失发生前力图减少或消除损失的措施，后者实在损失发生后财务处理和经济补偿措施。

(4) 执行与评估：实施风险管理决策，并对其进行评估，通过评估发现现有风险识别和管理措施方面的不足，不断进行调整和修正，使之不断接近风险管理目标。

总之，风险管理的 4 个阶段是一个周而复始，持续改进的闭环过程，在这一过程中，风险管理系统会进行持续优化，风险管理水平也会不断提高。

三、风险分析方法

风险分析的研究对象是风险发生的可能性及其所产生的后果和损失。现代管理对复杂系统未来功能的分析能力日益提高，使得风险预测成为可能，能够采用合适的防范措施把风险降低到可接受的水平。风险分析方法包括风险可接受准则(ALARP)、工作危害分析法(JHA)、故障模式和影响分析(FMEA)等，安全检查表法(SCL)等、事件树(ETA)、故障树(FTA)等。各种方法的优缺点和适用范围见表 1-4-1。

风险分析方法比较　　表 1-4-1

分析方法	定性定量	主要内容	适用范围	优缺点
最低合理可行原则(ALARP)	定性	确定风险可接受程度，制定合理的风险评价标准	各行业	适用性广泛；制定科学、经济、合理的风险评价标准困难

续上表

分析方法	定性定量	主要内容	适用范围	优缺点
工作危害分析法(JHA)	定性	分析作业中存在的危险、有害因素、触发条件、事故类型	生产、维修等作业前概略分析和评价	简便易行;易受分析评价人员主观因素影响
故障模式和影响分析(FMEA)	定性	列表,分析系统(单元、元件)故障类型、原因、影响	机械电气系统、局部工艺分析、事故分析	分析详尽;较复杂,易受分析评价人员主观因素影响
安全检查表法(SCL)	定性,半定量	按事先编制的有标准要求的检查表逐项检查,按规定赋分	各类系统的设计、验收、运行、管理、事故调查	简便,易于掌握;编制检查表难度和工作量大
事件树(ETA)	定性定量	归纳法,由初始事件判断系统事故原因及条件,由事件概率计算系统事故概率	各类局部工艺	简便易行,易受分析评价人员主观因素影响
故障树(FTA)	定性定量	演绎法,由事故和基本事件逻辑推断事故原因,由基本事件概率计算事故概率	宇航、核电、工艺设备等复杂系统事故分析	复杂,精确;工作量大,故障树编制有误,容易失真

如表1-4-1所示,这些方法中,比较适合城市公共汽电车企业进行风险分析的方法是最低合理可行原则(ALARP)、安全检查表法(SCL)和工作危害分析法(JHA)。下面将重点介绍一下这几种方法。

1. 最低合理可行原则(ALARP)

(1)含义:采用最低的成本将风险降低到合理可接受的范围。"ALARP"原则是目前主流的风险可接受原则之一,此外还有最低合理可实现原则(ALARA),风险总体一致原则(GAMAB),可忍受上限原则(NMAU)等。

(2)原理:在公共安全管理实践中,虽然理论上可以采取无限措施降 低事故风险,绝对保障公共安全和安全生产,但无限的措施意味着无限的成本和资源,是不可能实现的。因此,设定一个可容忍区。在这个区域以上,即风险超过允许上限,是不可以被接受的。在这个区域以下,即风险低于允许下限,则表明风险可以接受,无需再采取改进措施。而在ALARP区,则要进行安全措施投资成本—风险分析。如果分析证明,进一步增加安全措施投资对于风险水平的降低贡献不大,则表明风险是可容忍的。此时可以允许该风险的存在,以降低一定的成本(图1-4-3)。

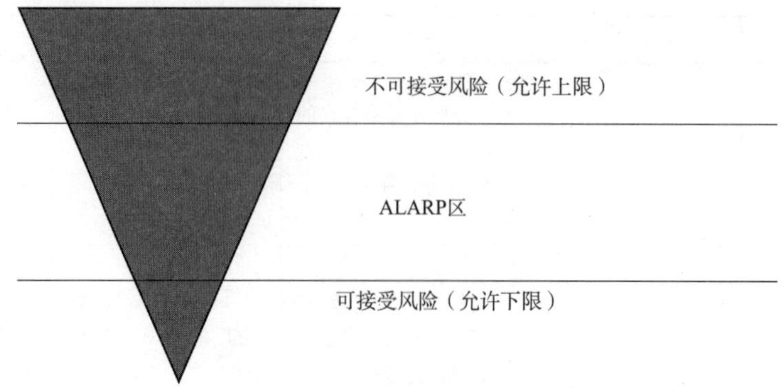

图 1-4-3　ALARP 原则模型图

2. 安全检查表分析法(SCL)

(1)含义:是在对危险源系统进行充分分析的基础上,分成若干个单元或层次,列出多有的危险因素,确定检查项目,然后编制成表,并按此表进行检查。安全检查表的编制依据包括有关法规、标准、规范及规定;国内外事故案例和企业以往事故情况;系统分析确定的危险部位及防范措施;分析人员的经验和可靠的参考资料;有关研究成果,同行业或类似行业检查表等。

(2)安全检查表编制流程:首先确定编制人员(包括熟悉生产流程的班组长、安全员、技术员、设备员等各方面人员);第二步熟悉生产流程(包括生产的过程、生产条件、布置和已有的安全防护设施);第三步收集资料(收集有关安全法律、法规、规程、标准、制度及本系统过去发生的事故事件资料,作为编制安全检查表的依据);最后编制表格:确定检查项目、检查标准、不符合标准的情况及后果、安全控制措施等要素。

(3)应用:安全检查表法的突出优点是简单明了,易于理解;缺点是只能进行定性分析。本教材岗位安全知识部分分析生产场所、设施设备等是否符合安全要求就是采用的这种方法。包括编制安全检查表、列出设备设施清单、进行危险源辨识等步骤。

3. 工作危害分析法(JHA)

(1)含义:工作危害分析法(JHA)是目前欧美企业在安全管理中使用最普遍的一种作业安全分析与控制的管理方法,是为了识别和控制操作危害的预防性工作流程。其主要的工作流程为:先从作业活动清单中选择一项作业活动,然后将作业活动划分为若干相连的工作步骤,再识别每个工作步骤的潜在危害因素,最后进行风险评价、分级、并制定控制措施。

(2)应用:该方法适用于对作业活动中存在的危害因素进行识别、并进行风险分析。本教材岗位安全部分对作业活动的风险点、危险源分析就是采用的这种方法。首先将岗位作业活动清单中的每项活动分解为若干个相连的工作步骤;根据《生产过程危险和有害因素分类与代码》(GB/T 13861—2009)的规定,辨识每一步骤的危险源及潜在事件;根据《企业职工伤亡事故分类》(GB 6441—1986)规定,分析造成的后果;识别现有控制措施,从工程控制、管理措施、培训教育、个体防护、应急处置等方面评估现有控制措施的有效性;根据风险判定准则评估风险,判定等级;将分析结果进行统计汇总。

四、风险评价方法

风险评价是对生产过程和作业的危险源,包括危险因素、危险源、隐患、故障、事故等进行辨识和评估,强调分析风险因素的概率及严重后果性的定量分析,实现风险的分级,为风险的预警、预控提高定量依据和科学根据。风险评价方法主要可以分为定性评价方法、半定量评价方法和定量评价方法。定性评价方法主要是根据经验和判断对生产系统的工艺、设备、环境、人员、管理等方面的状况进行定性的评价,如前面提到的工作危害分析法(JHA)和安全检查表法(SCL)等。但是这些风险分析方法用作风险评价,只能定性评价,虽然操作简便,评价过程和结果直观,但是却有相当高的主观和经验成分。因此,在这基础上,进行合理的打分,能够减少主观因素,更利于进行风险分级。这就是半定量评价法。常用的半定量评价法包括 LEC 和 MES 等,这两种方法也是使用最广泛的风险评价方法。定量分析方法是根据一定的算法和规则对生产过程中的各个因素及相互作用的关系进行赋值,从而算出一个确定值的方法。定量评价方法包括道化学指数法、蒙德法、六阶段法等。这种方法对算法的准确性要求比较高,一般比较复杂,主要用于一些化工企业化学工艺过程,对于一般的生产作业条件分析并不适用。

1. 条件危险性分析评价法(LEC)

(1)含义:也称概率风险评价方法,是一种评价具有潜在危险性环境中作业时的危险性半定量评价方法。它是用与系统风险率有关的 3 种因素指标值之积来评价系统中的风险。这 3 种因素包括 L(事故发生的可能性)、E(人员暴露于危险环境中的频繁程度)和 C(一旦发生事故可能造成的后果)。为了简化评价过程,采取半定量计值法,分别对 3 种因素的不同等级赋予不同的分值,再以 3 个分值的乘积 D 来评价危险性的大小。即 $D = LEC$。

(2)应用:本方法建立在实际经验基础上,可操作性强,且还能根据分值明确分级,应用比较广泛。但是对于过于复杂的系统,由于不确定因素太对,人员失误的概率估计困难,不太适用。本教材岗位安全知识部分利用本方法对各种风险进行分级,各值的评价准则参见表 1-4-2 ~ 表 1-4-9,企业可以根据自己自身的实际情况对评价准则的一些具体数值进行调整,但理论上不能低于表中的相关标准。

事故事件发生的可能性(L)判断准则 表 1-4-2

分　值	事故、事件或偏差发生的可能性
10	完全可以预料
6	相当可能;或危害的发生不能被发现(没有监测系统);或在现场没有采取防范、监测、保护、控制措施;或在正常情况下经常发生此类事故、事件或偏差
3	可能,但不经常;或危害的发生不容易被发现;现场没有检测系统或保护措施(如没有保护装置、没有个人防护用品等),也未作过任何监测;或未严格按操作规程执行;或在现场有控制措施,但未有效执行或控制措施不当;或危害在预期情况下发生
1	可能性小,完全意外;或危害的发生容易被发现;现场有监测系统或曾经作过监测;或过去曾经发生类似事故、事件或偏差;或在异常情况下发生过类似事故、事件或偏差
0.5	很不可能,可以设想;危害一旦发生能及时发现,并能定期进行监测
0.2	极不可能;有充分、有效的防范、控制、监测、保护措施;或员工安全卫生意识相当高,严格执行操作规程
0.1	实际不可能

暴露于危险环境的频繁程度(E)判断准则　　表 1-4-3

分　值	频繁程度	分　值	频繁程度
10	连续暴露	2	每月一次暴露
6	每天工作时间内暴露	1	每年几次暴露
3	每周一次或偶然暴露	0.5	非常罕见地暴露

发生事故事件偏差产生的后果严重性(C)判别准则　　表 1-4-4

分值	法律法规及其他要求	人员伤亡	直接经济损失(万元)	停　工	公司形象
100	严重违反法律法规和标准	10人以上死亡,或50人以上重伤	5000以上	公司停产	重大国际、国内影响
40	违反法律法规和标准	3人以上10人以下死亡,或10人以上50人以下重伤	1000以上	装置停工	行业内、省内影响
15	潜在违反法规和标准	3人以下死亡,或10人以下重伤	100以上	部分装置停工	地区影响
7	不符合上级或行业的安全方针、制度、规定等	丧失劳动力、截肢、骨折、听力丧失、慢性病	10万以上	部分设备停工	公司及周边范围
2	不符合公司的安全操作程序、规定	轻微受伤、间歇不舒服	1万以上	1套设备停工	引人关注,不利于基本的安全卫生要求
1	完全符合	无伤亡	1万以下	没有停工	形象没有受损

风险等级判定准则及控制措施(D)　　表 1-4-5

风险值	风险等级		应采取的行动/控制措施	实施期限
>320	A/1级	极其危险	在采取措施降低危害前,不能继续作业,对改进措施进行评估	立刻
160~320	B/2级	高度危险	采取紧急措施降低风险,建立运行控制程序,定期检查、测量及评估	立即或近期整改
70~160	C/3级	显著危险	可考虑建立目标、建立操作规程,加强培训及沟通	2年内治理
20~70	D/4级	轻度危险	可考虑建立操作规程、作业指导书,但需定期检查	有条件、有经费时治理
<20	E/5级	稍有危险	无需采用控制措施,但需保存记录	—

事故发生的可能性(L)判断准则　　表 1-4-6

等级	标　准
5	在现场没有采取防范、监测、保护、控制措施,或危害的发生不能被发现(没有监测系统),或在正常情况下经常发生此类事故或事件
4	危害的发生不容易被发现,现场没有检测系统,也未发生过任何监测,或在现场有控制措施,但未有效执行或控制措施不当,或危害发生或预期情况下发生
3	没有保护措施(如没有保护装置、没有个人防护用品等),或未严格按操作程序执行,或危害的发生容易被发现(现场有监测系统),或曾经作过监测,或过去曾经发生类似事故或事件
2	危害一旦发生能及时发现,并定期进行监测,或现场有防范控制措施,并能有效执行,或过去偶尔发生事故或事件
1	有充分、有效的防范、控制、监测、保护措施,或员工安全卫生意识相当高,严格执行操作规程。极不可能发生事故或事件

事件后果严重性(S)判别准则　　表 1-4-7

等级	法律、法规及其他要求	人　员	直接经济损失	停　工	企业形象
1	违反法律、法规和标准	死亡	100 万元以上	部分装置(>2套)或设备	重大国际影响
2	潜在违反法规和标准	丧失劳动能力	50 万元以上	2 套装置停工、或设备停工	行业内、省内影响
3	不符合上级公司或行业的安全方针、制度、规定等	截肢、骨折、听力丧失、慢性病	1 万元以上	1 套装置停工或设备	地区影响
4	不符合企业的安全操作程序、规定	轻微受伤、间歇不舒服	1 万元以下	受影响不大,几乎不停工	公司及周边范围
5	完全符合	无伤亡	无损失	没有停工	形象没有受损

安全风险等级判定准则(R 值)及控制措施(加颜色)　　表 1-4-8

风险值	风险等级		应采取的行动/控制措施	实施期限
20~25	A/1 级	极其危险	在采取措施降低危害前,不能继续作业,对改进措施进行评估	立刻
15~16	B/2 级	高度危险	采取紧急措施降低风险,建立运行控制程序,定期检查、测量及评估	立即或近期整改
9~12	C/3 级	显著危险	可考虑建立目标、建立操作规程,加强培训及沟通	2 年内治理
4~8	D/4 级	轻度危险	可考虑建立操作规程、作业指导书但需定期检查	有条件、有经费时治理
1~3	E/5 级	稍有危险	无需采用控制措施	需保存记录

风险矩阵表　　表 1-4-9

后果等级	5	轻度危险	显著危险	高度危险	极其危险	极其危险
	4	轻度危险	轻度危险	显著危险	高度危险	极其危险
	3	轻度危险	轻度危险	显著危险	显著危险	高度危险
	2	稍有危险	轻度危险	轻度危险	轻度危险	显著危险
	1	稍有危险	稍有危险	轻度危险	轻度危险	轻度危险

2. 风险矩阵法(LS)

(1)含义:也叫 MES 法。该方法是对风险的两个要素的不同等级水平分别赋予分值,然后以它们的乘积表示风险。R 是危险性,事故发生的可能性与事件后果的结合,L 是事故发生的可能性;S 是事故后果严重性;R 值越大,说明该系统危险性大、风险大。

$$R = L \times S \qquad (1\text{-}4\text{-}5)$$

(2)应用:风险矩阵是在项目管理过程中识别风险重要性的一种结构性方法。引入安全评价之后,可用于安全等级的划分。各值的评价准则见表 1-4-6 ~ 表 1-4-9,企业可以根据本企业的实际情况对评价准则的一些具体数值进行调整,但理论上不能低于表中的相关标准。

第二模块

城市公共汽电车客运行业通用安全知识

城市公共汽电车客运是指在城市人民政府确定的区域内,运用符合国家有关标准和规定的公共汽电车和服务设施,按照核准的线路、站点、时间和票价运营,为社会公众提供基本出行服务的活动。城市公共汽电车客运服务设施,是指保障公共汽电车客运服务停车场、维修场、站务用房、候车亭、站台、站牌以及加油(气)站、电车触线网、整流站和电动公交车充电设施等相关设施。

城市公共汽电车行业通用安全知识包含以下部分内容:特种设备、特种作业、设施设备、职业卫生、应急救援等的安全知识。

第一章 特种设备

第一节 特种设备的定义及分类

根据《特种设备安全监察条例》(国务院令第549号),特种设备是指涉及生命安全、危险性较大的锅炉、压力容器(含气瓶)、压力管道、电梯、起重机械、客运索道、大型游乐设施和场(厂)内专用机动车辆,以及其附属的安全附件、安全保护装置和与安全保护装置相关的设施。具体特种设备参考国家质量监督检验检疫总局发布的关于修订《特种设备目录》的公告(2014年第114号)。城市公共汽电车企业方面,主要涉及的特种设备包括压力容器(如氧气、乙炔气瓶)、起重机械(如行车)和厂内运输车辆(如叉车)等。

第二节 特种设备安全管理体系

一、特种设备安全法规体系

1.特种设备安全法规体系层次

特种设备安全法规体系是保证特种设备安全运行的法律保障。目前我国已经制定了一系列特种设备安全监察方面的规章和规范性文件,基本形成了“法律—行政法规—部门规章—规范性文件—相关标准和技术规范”5个层次的特种设备安全法规体系(图2-1-1)。

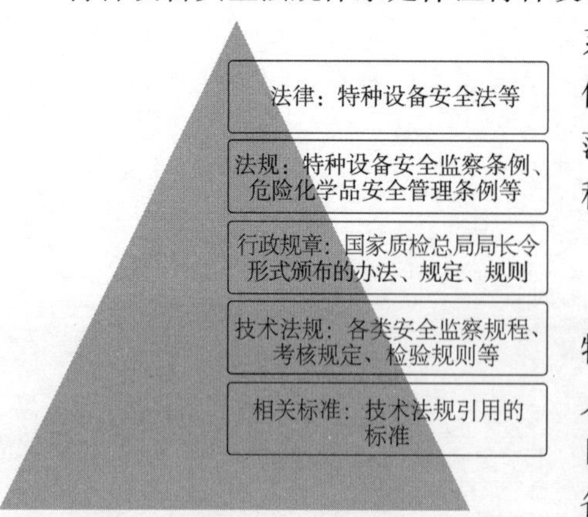

图2-1-1 特种设备安全法规体系金字塔

2.特种设备安全法

特种设备安全法规体系中位于最高地位的是特种设备安全法。该法自2013年6月29日中华人民共和国主席令第4号公布,自2014年1月1日起施行,是新中国历史上第一部对各类特种设备安全管理做了统一、全面规范的法律。本法律更加强调了企业质量安全的主体责任,突出了安

全技术规范的法律地位,为政府职能转变留下了改革空间,制定了分类监管的制度和淘汰、报废、缺陷召回等一系列新机制,加大了处罚力度,提高了违法成本,同时也提出了节能与安全并举的工作原则。现对其中涉及使用单位的部分条款进行重点学习要点。

第十三条 特种设备生产、经营、使用单位及其主要负责人对其生产、经营、使用的特种设备安全负责。

特种设备生产、经营、使用单位应当按照国家有关规定配备特种设备安全管理人员、检验人员和作业人员,并对其进行必要的安全教育和技能培训。

学习要点:本条款规定了单位及法人要对特种设备安全负责,同时特种设备使用单位需要配备特种设备安全管理、检验和作业人员。

第十四条 特种设备安全管理人员、检测人员和作业人员应当按照国家有关规定取得相应资格,方可从事相关工作。特种设备安全管理人员、检测人员和作业人员应当严格执行安全技术规范和管理制度,保证特种设备安全。

学习要点:本条款规定了特种设备安全管理、检测及作业人员均需持证上岗,并需严格执行安全技术规范和管理制度。

第十五条 特种设备生产、经营、使用单位对其生产、经营、使用的特种设备应当进行自行检测和维护保养,对国家规定实行检验的特种设备应当及时申报并接受检验。

学习要点:本条款规定了特种设备使用单位是特种设备定期检测、维护保养和申报检验的责任主体。

第十六条 特种设备采用新材料、新技术、新工艺,与安全技术规范的要求不一致,或者安全技术规范未作要求、可能对安全性能有重大影响的,应当向国务院负责特种设备安全监督管理的部门申报,由国务院负责特种设备安全监督管理的部门及时委托安全技术咨询机构或者相关专业机构进行技术评审,评审结果经国务院负责特种设备安全监督管理的部门批准,方可投入生产、使用。

国务院负责特种设备安全监督管理的部门应当将允许使用的新材料、新技术、新工艺的有关技术要求,及时纳入安全技术规范。

学习要点:本条款规定了特种设备使用单位在采用可能对安全造成影响的新材料、新技术、新工艺前,需向国务院相关部门申报并进行技术评审,评审结果经相关部门批准后,才可以使用。

第三十二条 特种设备使用单位应当使用取得许可生产并经检验合格的特种设备。

禁止使用国家明令淘汰和报废的特种设备。

学习要点:本条款规定了使用单位在使用特种设备前要确认特种设备经过生产许可并检验合格,且在使用有效期内。

第三十三条 特种设备使用单位应当在特种设备投入使用前或者投入使用后三十日内,向负责特种设备安全监督管理的部门办理使用登记,取得使用登记证书。登记标志应当置于该特种设备的显著位置。

学习要点:本条款规定了特种设备使用单位使用特种设备需要进行登记,并放置登记标志于特种设备显著位置。

第三十四条 特种设备使用单位应当建立岗位责任、隐患治理、应急救援等安全管理制度,制定操作规程,保证特种设备安全进行。

学习要点:本条款规定了特种设备使用单位需要建立相关的安全管理制度和操作规程。对城市公共汽电车企业来说,也需要针对自己使用的氧气、乙炔气瓶、特种车辆等设备建立相关的制度和规程。

第三十五条 特种设备使用单位应当建立特种设备安全技术档案。安全技术档案应当包括以下内容:

(一)特种设备的设计文件、产品质量合格证明、安装及使用维护保养说明、监督检验证明等相关技术资料和文件;

(二)特种设备的定期检验和定期自行检查记录;

(三)特种设备的日常使用状况记录;

(四)特种设备及其附属仪器仪表的维护保养记录;

(五)特种设备的运行故障和事故记录。

学习要点:本条款规定了企业特种设备安全技术档案内容。

第三十九条 特种设备使用单位应当对其使用的特种设备进行经常性维护保养和定期自行检查,并作出记录。

特种设备使用单位应当对其使用的特种设备的安全附件、安全保护装置进行定期校验、检修,并作出记录。

学习要点:本条款对特种设备及其安全附件等维护保养和定期自行检测校验等提出了明确要求。

第四十条 特种设备使用单位应当按照安全技术规范的要求,在检验合格有效期届满前一个月向特种设备检验机构提出定期检验要求。

特种设备检验机构接到定期检验要求后,应当按照安全技术规范的要求及时进行安全性能检验。特种设备使用单位应当将定期检验标志置于该特种设备的显著位置。

未经定期检验或者检验不合格的特种设备,不得继续使用。

学习要点:本条款对特种设备申报定期检验提出了具体要求。

第四十一条 特种设备安全管理人员应当对特种设备使用状况进行经常性检查,发现问题应当立即处理;情况紧急时,可以决定停止使用特种设备并及时报告本单位有关负责人。

特种设备作业人员在作业过程中发现事故隐患或者其他不安全因素,应当立即向特种设备安全管理人员和单位有关负责人报告;特种设备运行不正常时,特种设备作业人员应当按照操作规程采取有效措施保证安全。

学习要点:本条款对安全管理人员和作业人员发现问题时的处理程序进行了规定。

第四十二条 特种设备出现故障或者发生异常情况,特种设备使用单位应当对其进行全面检查,消除事故隐患,方可继续使用。

学习要点:本条款规定了特种设备使用单位在设备出现故障或者异常情况时,要及时进行全面检查,排查隐患。

第四十八条 特种设备存在严重事故隐患,无改造、修理价值,或者达到安全技术规范规定的其他报废条件的,特种设备使用单位应当依法履行报废义务,采取必要措施消除该特

种设备的使用功能,并向原登记的负责特种设备安全监督管理的部门办理使用登记证书注销手续。

前款规定报废条件以外的特种设备,达到设计使用年限可以继续使用的,应当按照安全技术规范的要求通过检验或者安全评估,并办理使用登记证书变更,方可继续使用。允许继续使用的,应当采取加强检验、检测和维护保养等措施,确保使用安全。

学习要点:本条款规定了特种设备的报废条件及程序。

二、特种设备使用管理

使用管理工作要点包括"三落实,两有证","正确使用""精心维护保养"等内容,还应建立相应的事故应急处理预案。

(1)三落实:包括落实安全生产责任制;落实安全管理机构、人员和各项管理制度如操作规程;落实定期检验。

(2)两有证:特种设备使用凭证(合格标志)和特种作业人员持证上岗。

(3)正确使用:保证特种设备被正确使用。包括:要正确确定使用条件,加强使用过程中技术要素的控制,严禁超压、超温、超负荷运转;要合理制定操作规程,严格执行操作规程;要合理选用安全防护装置,确保设备灵敏可靠;要严禁作业人员违章作业。

(4)精心维护:为了达到特种设备安全运行的目的,除了正确使用,还要精心做好日常维护工作。包括:应当对在用特种设备进行每月至少一次的自行检查,并做出记录,对出现的异常情况及时进行处理;应当对在用特种设备的安全附件、安全保护装置、测量调控装置和附属仪器仪表进行定期校验、检修,并做出记录。维护工作可以由使用单位维护,也可以请具有相应资格的专业单位进行维护。维修单位应当有与特种设备维修相适应的专业技术人员和技术工人以及必要的检测手段,并经省、自治区、直辖市特种设备安全检查部门许可,方可从事相应的维修活动。

第三节　压力容器安全管理

一、压力容器基础知识

1. 压力容器定义

根据国家质量监督检验检疫总局发布的关于修改《特种设备目录》的公告(2014 年第 114 号),压力容器是指盛装气体或者液体,承载一定压力的密闭设备,其范围规定为最高工作压力大于或者等于 0.1MPa(表压)的气体、液化气体和最高工作温度高于或者等于标准沸点的液体、容积大于或者等于 30L 且内直径(非圆形截面指截面内边界最大几何尺寸)大于或者等于 150mm 的固定式容器和移动式容器;盛装公称工作压力大于或者等于 0.2MPa(表压),且压力与容积的乘积大于或者等于 1.0MPa · L 的气体、液化气体和标准沸点等于或者低于 60℃液体的气瓶、氧舱。

2. 压力容器分类

(1)按照压力容器在生产工艺过程中的作用原理,分为反应压力容器(代号 R,如分解锅、蒸煮锅等)、换热压力容器(代号E,如加热器、冷凝器等)、分离压力容器(代号S,如过滤器、干燥塔等)、储存压力容器(代号C,其中球罐代号B,如各种型号储罐)。

(2)按照使用方式,可以分为固定式压力容器(如各类储罐、换热器等)和移动式压力容器(如汽车与铁路罐车的罐体)。

(3)按照工作压力,可以分为低压容器(0.1MPa≤工作压力<1.6MPa)、中压容器(1.6MPa≤工作压力<10MPa)、高压容器(10MPa≤工作压力<100MPa)和超高压容器(工作压力≥100MPa)。

(4)按照综合分类方法,又可将压力容器分为普通固定式压力容器、超高压压力容器、移动式压力容器和气瓶类压力容器、医用氧舱。

3. 压力容器基本参数

(1)设计压力:指压力容器顶部的最高压力,与设计温度一起作为压力容器的设计载荷条件。

(2)工作压力:指压力容器正常工作下,顶部可能达到的最高压力,其值不得超过设计压力。

(3)设计温度:指压力容器在正常工作情况下,设定的元件的金属温度。压力容器铭牌上的设计温度应该是壳体设计温度的最高值或最低值。

4. 压力容器主要安全附件

(1)安全阀:主要作用是控制压力容器的工作压力,一旦压力超过规定的要求,安全阀要能自动开启,释放超过的压力,使压力容器回到正常的工作压力状态。工作压力正常后,安全阀自动关闭。

(2)爆破片:主要作用是控制压力容器的工作压力,一旦压力超过规定的要求,爆破片会破裂,使压力下降。破裂后的爆破片无法恢复,只能重新更换。

(3)压力表:主要作用是监测压力容器的工作压力,一旦超压会提示操作者采取相应措施。另外,压力表还可以通过记录压力容器的介质储存量,反映压力容器的中间工况状态。

(4)温度计:主要作用是监测压力容器的工作温度,一旦超温会提示操作者采取相应措施。工作压力和工作温度有一定的相关性,温度超温往往也会导致超压,另外,过高温度也会使压力容器材料强度下降,同样会影响压力容器的安全运行。

(5)液位计:主要作用是监测盛装液态介质压力容器内介质的液位高低,反映介质的存量多少。为保证压力容器的安全运行,介质不能装得太多,更不能装满,必须留出一定的气空间,以容纳介质的饱和蒸汽。

(6)紧急切断装置:一般装在罐车气、液相出口管道上,主要作用是通过紧急关闭阀门迅速切断气源,防止火灾事故蔓延扩大。

(7)快开门式压力容器的安全联锁装置:主要作用是保证在任何情况下,快开门未关到位,气体不能进入该压力容器,或者是压力容器内有压力时,快开门无法打开。

5. 压力容器安全性能指标

(1)强度:是指压力容器在确定的工作载荷作用下,抵抗破裂和超过允许塑性变形的能力,是最重要的安全性能指标。

(2)刚度:是指压力容器在确定的载荷条件下抵抗弹性变形的能力。有时压力容器没有

发生破裂和超过允许塑性变形，但是因弹性变形过大，发生不容许的位移，仍然遭到破坏。

(3)稳定性：有时在外载荷条件下，压力容器的刚度和强度均未超出允许范围，但形状突然改变，被称为失稳。而稳定性就是指压力容器抵抗失稳的能力。

二、使用环节

1. 注册登记

压力容器的注册登记包括新压力容器登记和变更登记，需要按照相关要求到安全监督管理部门进行登记。

2. 定期检验

(1)含义：一般是指压力容器从办理使用登记开始到报废为止，即在整个使用期间按压力容器的法律法规规定依法进行的各种周期性减压，做出能否安全使用到下一个检验周期的规定。

(2)固定式压力容器可分为年度检查、全面检验和耐压试验。其中年度检查可以由使用单位压力容器专业人员进行，也可以由检验检测机构持证人员进行。全面检验应由检验单位有资格的压力容器检验人员进行。

(3)移动式压力容器可分为年度检验、全面检验和耐压试验，需要由 有资格并授权的检验单位检验。

(4)对气瓶的定期检验需要由有相应检验资格并授权的检验单位承担。

3. 作业人员

包括特种设备管理类别中的压力容器安全管理人员和压力容器作业类别中的压力容器操作人员、气瓶充装、氧舱维护人员等。各级作业人员采取分级发证，不可通用。

第四节 气 瓶

一、气瓶的分类

1. 按照公称工作压力划分

气瓶分高压气瓶、低压气瓶。公称压力大于或者等于 8MPa 的气瓶称为高压气瓶；公称压力小于 8MPa 的气瓶称为低压气瓶。

2. 按照公称容积划分

气瓶分为小容积、中容积、大容积气瓶。公称容积小于或者等于 12L 的气瓶称为小容积气瓶，公称容积大于 12L 且小于或者等于 150L 的气瓶称为中容积气瓶，公称容积大于 150L 的气瓶称为大容积气瓶。

3. 按照充装介质划分

气瓶可分为永久气体气瓶，液化气体气瓶，溶解乙炔气瓶等。所谓临界温度，是指当气体温度降低至这一温度以下时，才能被液化。永久气体，是指临界温度小于 -10℃的气体。液化气体是指临界温度大于或者等于 -10℃的气体，又可分为高压液化气体(临界温度大于或者等于 -10℃且小于 70℃)和低压液化气体(临界温度大于或者等于 70℃)。溶解气体是指在压力下溶解于瓶内溶剂的气体,目前只有溶解乙炔一种。

二、气瓶的安全管理

气瓶作为压力容器的一种,社会保有量非常大,工作压力范围也很大,且其工作介质有很多是易燃、易爆、有毒的物质。另外气瓶还有很强的移动性,一旦发生事故,危害性非常大。根据国家市场监督管理总局的统计数据,我国气瓶爆炸高达0.4~0.6起/百万只,是发达国家的5~10倍。

1.定期检验

(1)气瓶定期检验机构应当按照《气瓶安全技术监察规程》(TSG R0006—2014)的要求,取得气瓶检验许可证。气瓶检验机构应该严格按照核准的检验范围开展气瓶定期检验工作。检验机构应当接受特种设备安全监督管理部门的监督,并且对气瓶定期检验结论负责。

(2)气瓶检验检测人员应当取得气瓶检验检测人资格证书,无损检测人员应该取得相关项目的无损检测资格证书。

(3)气瓶产权单位和充装单位应当及时对到期应检气瓶、回收的超期未检气瓶进行检验。

(4)气瓶定期检验机构接到送检气瓶后,应当及时进行检验,但不得检验非持证充装单位送检的气瓶。

(5)气瓶检验前需要对气瓶进行以下处理:毒性、可燃气体气瓶内的残余气体应以环保的方式回收处理,不得向大气排放;确认气瓶内压力下降为0后,方可卸下瓶阀;可燃气体必须经置换,液化石油气钢瓶需经蒸汽吹扫或采用其他不损伤瓶体材料、不降低瓶体材料性能的方法进行内部处理,达到规定的要求。否则,严禁用压缩气体进行气密性试验。

(6)不同类型气瓶检验周期不同,参照各自标准。其中城市公共汽电车企业常用的氧气气瓶和乙炔气瓶按照《气瓶安全技术监察规程》(TSG R0006—2014)规定,每3年检验1次。乙炔气瓶如果出现下列情况:瓶体外观有严重破坏;充气瓶壁温度超过40℃;填料溶剂质量不稳定;瓶阀侧接嘴有乙炔回火迹象。

2.气瓶的安全使用

气瓶充装单位应当向瓶装气体经销单位、使用单位和使用者提供符合安全技术规范及相应标准要求的气瓶,并落实安全培训责任,对瓶装气体经销单位、使用单位和使用者进行气瓶安全存放、使用等知识培训并如实记录。培训内容应该包括:

(1)气瓶使用单位应当建立相应的安全管理制度和操作规程,配备必要的防护用品,使用气瓶人员需接受相关培训,掌握相关知识和技能。

(2)经销单位、使用单位和使用者应当经销、购买和使用有气瓶充装许可证的充装单位充装的合格瓶装气体,不允许使用超期未检验的气瓶。

(3)使用前进行安全状况检查,同时对盛装气体进行确认,严格按照使用说明书的要求使用气瓶。

(4)严禁在气瓶上进行电焊引弧,不得对瓶体进行挖补、焊接修理。

(5)开启或关闭瓶阀的力矩不应超过相应标准的规定。

(6)瓶内气体不得用尽。压缩气体、溶解乙炔瓶内压力不得小于0.1MPa。

(7)在可能造成回流的使用场合,使用设备上应当配置防止倒流的装置。

(8)使用过程中如果发现气瓶出现异常情况时,应当立即与瓶装气体经销单位或充装单位联系。

(9)气瓶上应当设有警示装置,其内容有:

①对单一气体,应有气体名称或化学式;

②对混合气体,应有导致危险性的主要成分的化学名称或化学分子式。

3. 气瓶的储存

(1)气瓶瓶库必须经安全、质检、环保等政府部门的批准。

(2)气瓶瓶库不得少于两个出口,屋顶应为轻型结构并有足够的泄压面积,透明玻璃上应涂白漆,应有通风换气装置,地面平坦且不打滑,不应有明火。

(3)瓶入库应该按照气体的性质,公称工作压力,空、实瓶严格分类存放,空、实瓶要有明显标志进行区分。

(4)存有可燃、有毒、窒息气瓶的库房应有自动报警装置。产生毒物的实瓶,附近应设置防毒用品和灭火器材。

(5)气瓶应该放置整齐,横放时,头部朝一个方向;立放时,要妥善固定,采取防止气瓶倾倒的措施。

第五节　其他城市公共汽电车客运企业常见特种设备

一、叉车

叉车是工业产品搬运车辆,是指对成件托盘货物进行装卸、堆垛和短距离运输作业的各种轮式搬运车辆,在城市公共汽电车行业的应用主要是在维修作业过程中,在车间或场区执行装卸、堆垛和短距离运输车辆发动机、变速器或前后车桥、车辆空调、大桶机油、防冻液等重物任务,主要执行重物搬运作业。

使用叉车时,应注意:

(1)作业前必须首先检查叉车燃料系统、警告装置、动力系统、制动器、转向机构、灯光、轮胎气压和提升系统等关键部位是否完好,否则不准开动。

(2)叉车驾驶员必须持证操作,扎好安全带,不得酒后驾驶叉车。严禁非叉车驾驶员开车,并只准在厂内行驶,严禁任意开出厂外。

(3)叉车作业前,要首先确保作业现场整洁,无石块等杂物,以防轮胎碾压发生崩伤事故。

(4)装载的货物,必须保证固定牢固,物件不能过高、过宽,严禁超载、超速行驶。厂内行驶时直行不准超过10km/h,转弯、厂内路口、出入车间或仓库大门、倒车时不准超过5km/h。

(5)开车前应鸣笛发出信号,靠右行驶。在行驶中如前面有人,应在距离5m以外发出信号。

(6)叉车作业中,严禁驾驶叉车急转弯或在斜坡上掉头,严防叉车发生倾覆事故。叉车行驶在嘈杂的车间等场所应连续不断的鸣喇叭警示。

(7)叉车上不准乘坐除驾驶员以外的其他人员,货叉上不准站人或在货叉上把持货物。

(8)叉车在叉物时,要保持平衡,严禁超出叉车额定的起重量超负荷使用叉车,不许用人体或其他物体作配重平衡之用。在行驶时,要注意作业环境,随时注意保护行人,禁止任何人站在或通过叉车起升部分的下面。

(9)叉运的货物遮挡视线时,要采取倒车行驶方式或设定人员在车下监控指挥,确保作业安全 。

(10)叉车叉物作业时,禁止人员站在货叉周围,以免货物倒塌伤人。在进行物品装卸过程中,必须使用制动器制动叉车。

(11)驾驶员只能按叉车的用途来正常使用车辆,不能将叉车用于登高等其他用途。禁止单叉作业或用货叉顶物拉物。禁止货叉上物品悬空时离开叉车,离开叉车时必须卸下货物或降下货叉。

(12)叉车停用时,货叉应降至最低位置,各控制装置应处于中间位置,关闭动力源,拉紧制动器,停车地点应不妨碍交通,并且不准停在斜坡上,驾驶员离开时必须拔下车钥匙。

二、行车

行车是城市公共汽电车行业用到的主要起重设备,其主要用于吊运发动机、变速器、前后车桥、公交车空调、钢板以及大修分公司制造的板房等人力不易搬运的重物。其主要应用区域在车间内部。

使用时需注意:

(1)行车操作人员须持证上岗。每日工作前,停电检查行车抱闸、钢丝绳、电器、机械、安全装置等是否良好,并试开空车确认各部正常方可开动。

(2)行车开动时,先瞭望行车方向轨道及地面是否有障碍物。严禁湿手或带湿手套操作,以防造成漏电伤人事故。

(3)行车操作人员按照指挥信号进行行车操作,无指挥人员的信号不得随意起落或行走,但紧急停车信号不论谁发出,行车操作人员必须立即执行。

(4)较重物件吊离地面后先试验抱闸是否可靠,吊具是否完好。

(5)行车行走起落前,必须先响铃警告地面工作人员离开,不准从人头顶或设备上通过。

(6)吊运钢板等物件必须使用专用卡具,禁止用电线、皮带、麻绳、铁丝等捆绑吊运物件。

(7)操作行车时,不准同时开动三个控制器。

(8)遇到下列情况严禁吊运:

①指挥信号不明或违章指挥。

②超载或被吊物重量不清。

③物件捆绑或吊挂不牢、不平衡,可能引起滑动的。

④被吊物上有人或有浮置物。

⑤结构或零部件有影响安全工作的缺陷或损伤时。

⑥遇有拉力不清的埋置物件时不吊。

⑦光线黑暗看不清场地、被吊物和指挥信号时。

⑧被吊物件歪拉斜挂时。

⑨带棱角、刃口的物件没有衬垫措施。

⑩容器内装的物品过满时不吊。

(9)行车运行至大、小车轨道末端或接近同轨行车时,应慢速行驶,严禁顶车或用反转方法停止运转。

(10)工作停歇时,不得将起重物悬在空中停留。行车运行中如遇紧急停电或发生故障应拉下开关,吊物垂直下方应设临时围栏,悬挂警告标志,禁止通行。

(11)操作行车时思想要集中,非持证人员严禁操作行车。

(12)行车每班要清扫,转动部分要保持良好润滑,易损易动零件,要经常检查维护,工具、备件要放牢,以免坠落伤人。

(13)只准从安全梯上下行车,严禁从一台行车跨越另一台行车,除维修人员不得从轨道上退行,上下车或离开驾驶室,必须停电,并将吊钩升起。

(14)露天行车,遇到6级以上大风或遇雨时应停止工作,工作完后吊钩应挂牢。

(15)行车在检查、检修,加油时必须关闭电源。并挂上"禁止合闸"警示牌。

第二章　特种作业

第一节　特种作业的定义及种类

根据《特种作业人员安全技术培训考核管理规定》,特种作业是指容易发生人员伤亡事故,对操作者本人、他人及周围设施的安全可能造成重大危害的作业。直接从事特种作业的人员称为特种作业人员。特种作业及人员范围包括:电工作业;焊接与热切割作业;高处作业;制冷与空调作业;煤矿安全作业;金属非金属矿山安全作业;石油天然气安全作业;冶金(有色)生产安全作业;危险化学品安全作业;烟花爆竹安全作业;安全监管总局认定的其他作业。

第二节　特种作业相关法律法规

一、相关法律法规

特种作业相关的法律法规众多,如第一章学习要点的《中华人民共和国安全生产法》第二十三条和第八十二条提到特种作业的持证上岗要求及违规处罚措施,《山东省生产经营单位安全生产主体责任规定》第二十一条提到特种劳保用品质量要求,第二十七条提到企业是特种作业持证上岗情况检查的责任主体等。另外《中华人民共和国劳动法》第五十五条也提到了特种作业劳动者的培训要求。

二、《特种作业人员安全技术培训考核管理规定》部分条文及学习要点提示

本节将重点学习2015年国家安全生产监督管理总局发布的《特种作业人员安全技术培训考核管理规定》。该规定是为了规范特种作业人员的安全技术培训考核工作,提高特种作业人员的安全技术水平,防止和减少伤亡事故而制定的。初始版本经2010年4月26日国家安全生产监督管理总局局长办公会议审议通过,自2010年7月1日起施行,并在2015年5月29日进行修订。现行版本为2015年版本。

第四条　特种作业人员应当符合下列条件:

(一)年满18周岁,且不超过国家法定退休年龄;

(二)经社区或者县级以上医疗机构体检健康合格,并无妨碍从事相应特种作业的器质性心脏病、癫痫病、美尼尔氏症、眩晕症、癔病、震颤麻痹症、精神病、痴呆症以及其他疾病和生理缺陷;

(三)具有初中及以上文化程度;

（四）具备必要的安全技术知识与技能；

（五）相应特种作业规定的其他条件。

危险化学品特种作业人员除符合前款第（一）项、第（二）项、第（四）项和第（五）项规定的条件外，应当具备高中或者相当于高中及以上文化程度。

学习要点：本条款规定了特种作业人员的基本条件。

第五条 特种作业人员必须经专门的安全技术培训并考核合格，取得《中华人民共和国特种作业操作证》（以下简称特种作业操作证）后，方可上岗作业。

学习要点：本条款规定了特种作业人员必须经合格培训持证上岗。

第十九条 特种作业操作证有效期为6年，在全国范围内有效。

特种作业操作证由安全监管总局统一式样、标准及编号。

学习要点：本条款规定了特种作业操作证的有效期限。

第二十一条 特种作业操作证每3年复审1次。

特种作业人员在特种作业操作证有效期内，连续从事本工种10年以上，严格遵守有关安全生产法律法规的，经原考核发证机关或者从业所在地考核发证机关同意，特种作业操作证的复审时间可以延长至每6年1次。

学习要点：本条款规定了特种作业操作证复审的时间要求。

第二十三条 特种作业操作证申请复审或者延期复审前，特种作业人员应当参加必要的安全培训并考试合格。

安全培训时间不少于8个学时，主要培训法律、法规、标准、事故案例和有关新工艺、新技术、新装备等知识。

学习要点：本条款规定了特种作业操作证复审前的安全培训要求。

第四十一条 生产经营单位非法印制、伪造、倒卖特种作业操作证，或者使用非法印制、伪造、倒卖的特种作业操作证的，给予警告，并处1万元以上3万元以下的罚款；构成犯罪的，依法追究刑事责任。

学习要点：本条款规定了生产经营单位非法印刷、伪造、倒卖特种作业操作证的，或者使用这些违规证件的处罚措施。

第四十二条 特种作业人员伪造、涂改特种作业操作证或者使用伪造的特种作业操作证的，给予警告，并处1000元以上5000元以下的罚款。

特种作业人员转借、转让、冒用特种作业操作证的，给予警告，并处2000元以上10000元以下的罚款。

学习要点：本条款规定了特种作业人员伪造、涂改、转借、转让、冒用特种作业操作证的处罚措施。

第三节　城市公共汽电车企业常见特种作业危险因素及相关安全知识

城市公共汽电车客运企业涉及的特种作业，类型主要包括电工作业、焊接与热切割作业两种，主要集中在车辆维修方面，涉及工种很多（如底盘作业、发动机作业、汽车电工、钣金作业、机加工作业、危化品运输车辆维修等),其具体安全操作规程、风险及其管控措施、常见的事故、应急处置、案例等都将在第二模块修理工岗位安全知识章节进行详细阐述。而在本节,我们对以上各种特种作业所涉及的危险因素进行了概括,主要包括电和热两种。本节将重点对这两种危险因素的相关安全知识进行阐述,并指出主要的预防措施。

一、电

电是能的一种形式,包括负电荷和正电荷两类,它们分别由电子和质子组成,也可能由电子和正电子组成,通常以静电单位(如静电库仑)或电磁单位(如库仑)度量,从摩擦生电物体的吸引和排斥上可以观察到它的存在,在一定自然现象中(如闪电或北极光)也能观察到它,通常以电流的形式得到利用。城市公共汽电车企业作业活动中与电相关的作业包括维修电工作业,电焊作业等。

1. 安全用电常识

(1)自觉遵守有关安全用电方面的规程制度,做到安全、经济、合理用电。

(2)不要乱拉电线,乱接用电设备,如图2-2-1所示。

(3)不要在电力线路附近放风筝,不准在电线杆和拉线附近挖坑,取土,以防倒杆断线。

(4)如发现因电气故障和漏电起火时,要立即关闭电源。在未切断电源以前,不能用水灭火。

(5)不要在电线上晒衣服,不要将金属丝(如铁丝、铝丝、铜丝等)缠绕在电线上,以防磨破绝缘层漏电,而造成触电伤人。

(6)对设备进行维修时,一定要切断电源。

(7)移动电器设备时,一定要先拉闸停电,后移动设备,绝不要带电移动。把电动机等带金属外壳的电器设备移到新的地点后,要先安装好接地线,并对设备进行检查,确认设备无问题后,才能开始使用。

(8)使用低压行灯,移动照明。禁止使用高压电路照明,违章作业,如图2-2-2所示。

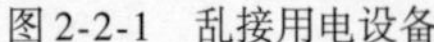
图2-2-1　乱接用电设备

图2-2-2　违章作业(使用高压电路照明)

(9)电线断线落地时,不要靠近,对高压电线路,应离开落地点20m远,并及时报告。

(10)不要用湿手去摸灯口、开关和插座等电器设备;不要用拖线的方法拔插头。更换灯泡时,要先关开关,然后站在干燥的绝缘物上进行;灯线不要拉得过长或到处乱拉,以防

触电。

(11)车间内的电气设备,不要随便乱动。自己使用的设备、工具,如果电气部分出了故障,不得私自修理,也不能带故障运行,应立即汇报。

(12)自己经常接触和使用的配电箱、配电板、闸刀开关、按钮开关、插座、插销以及导线等,必须保持完好、安全,不得有破损或将带电部分裸露出来。

(13)在操作闸刀开关、磁力开关时,必须将盖盖好,防止万一开闭开关时发生电弧或熔丝熔断伤人。

(14)使用的电气设备,其外壳按有关安全规程,必须进行防护性接地或接零。对于接地或接零七八碎的设施要经常进行检查。一定要保证连接牢固,接地或接零的导线不得有任何断开的地方。否则接地或接零就不起任何作用了。

(15)在使用手电钻、电砂轮等手用电动工具时,极不安全,很容易造成触电事故。为此必须注意如下事故:

①必须安设漏电保护器,同时工具的金属应进行防护性接地或接零。

②对于使用单相的手用电动工具,其导线、插销、插座必须符合单相三眼的要求;对于使用三相的手用电动工具,其导线、插销、插座必须符合单相四眼的要求。其中有一项用于防护接零。同时严禁将导线直接插入插座内使用。

③操作时应戴好绝缘手套和站在绝缘板上。

④注意不得将工件等重物压在导线上,防止轧断导线发生触电。

(16)工作台上,机床上使用的局部照明灯,其电压不得超过36V。

(17)使用的行灯要有良好的绝缘手柄和金属护罩。灯泡的金属灯口不得外露。引线要采用有护套的双芯软线。行灯的电压在一般场所,不得超过36V,在特别危险的场所。如锅炉、金属容器内、潮湿的地沟处等,其电压不得超过12V。

(18)在一般的情况下,禁止使用临时线。如必须使用时,必须经过领导批准。同时临时线应按有关安全规定装好。不得随便乱拉乱拽。同时应按规定时间拆除。

(19)在进行容易产生静电火灾、爆炸事故的操作时(如使用汽油洗涤零件、擦拭金属板材等)必须有良好的接地装置,以便及时导除聚集的静电。

(20)在雷雨天,不要走近高压电杆、铁塔、避雷针的接地导线周围20m之内,以免有雷击时发生雷电流入地下产生跨步电压触电。

(21)在遇到高压电线断落到地面时,导线断落点周围10m之内,为了防止跨步电压奔走,应用单足或并足跳离危险区。

(22)发生电气火灾时,应立即切断电源,用干粉灭火器灭火。切不可用水灭火。水有导电的危险。救火时应注意自己身体的任何部分及灭口具不得与电线、电气设备接触,以防发生触电。

(23)在打扫卫生、擦拭设备时,严禁用水去冲洗电气设施,或用湿抹布去擦拭电气设施,以防发生短路和触电事故。

2. 电气事故

电气事故主要包括电流伤害事故、电磁伤害事故、雷电事故、静电事故和电路故障及电气火灾事故。

1)电流伤害事故

电流伤害事故俗称触电,电流伤害又分电击和电伤。电流通过人体内部的触电称为电击,电击会使肌肉发生抽搐,如果不能立刻脱离电源,电流将伤害到神经中枢,引起呼吸困难,心脏停搏,以致死亡。由于电流的热效应、化学效应和机械效应引起的对人体的伤害叫作电伤。电伤包括灼伤皮肤、电烙印和皮肤金属化3种。

2)电磁场伤害事故

电磁场伤害事故是人体在电磁场能量辐射作用下,受到的伤害。高频电磁场会严重伤害人体,引起中枢神经系统功能失调,主要表现为神经衰弱症候群,如头痛、头晕、乏力、睡眠失调、记忆力减退等;高频电磁场还会影响心血管系统的正常工作。电磁场伤害引起的人体功能性改变,一般具有可复性特征。

3)雷电事故、静电事故和电路故障及电气火灾事故

雷电事故属自然灾害。雷击可能毁坏建筑设施,伤及人、畜,造成火灾和爆炸。

静电事故是指因生产过程中产生的有害静电酿成的事故。静电最严重的危害是引起现场爆炸性混合物发生爆炸。另外,静电会造成不同程度的电击。

电路故障本是设备事故,但设备事故往往会引发人身事故。例如,电线短路可能引起火灾,从而造成重大人身事故等等。

3. 防止人身触电的技术措施

当电气设备的外壳因绝缘损坏而带电时,并无带电象征,人们不会对触电危险有什么预感,这时往往容易发生触电事故。但是只要掌握了电的规律并采取相应措施,很多触电事故还是可以避免的。

1)保护接地

保护接地是为了防止电气设备绝缘损坏时人体遭受触电危险,而在电气设备的金属外壳或构架等与接地体之间所作的良好的连接。保护接地适用于中性点不接地的低电网中。采用保护接地,仅能减轻触电的危险程度,但不能完全保证人身安全。

2)保护接零

为防止人身因电气设备绝缘损坏而遭受触电,将电气设备的金属外壳与电网的零线(变压器中性点)相连接,称为保护接零。保护接零适用于三相四线制中性点直接接地的低压电力系统中。

对于采用保护接零系统要求:

①零线上不能装熔断器和断路器,以防止零线回路断开时,零线出现相电压而引起的触电事故;

②在同一低压电网中,不允许将一部分电气设备采用保护接地,而另一部分电气设备采用保护接零;

③在接三眼插座时,不准将插座上接电源零线的孔同接地线的孔串接。正确的接法是接电源零线的孔同接地的孔分别用导线接到零线上;

④除中性点必须良好接地外,还必须将零线重复接地。

3)工作接地

将电力系统中某一点直接或经特殊设备与地作金属连接,称为工作接地。工作接地可

降低人体的接触电压、迅速切断电源、降低电气设备和输电线路的绝缘水平、满足电气设备运行中的特殊需要。

4)漏电保护器

它的作用就是防止电气设备和线路等漏电引起人身触电事故,也可用来防止由于设备漏电引起的火灾事故以及用来监视或切除一相接地故障,并且在设备漏电、外壳呈现危险的对地电压时自动切断电源。在技术上应满足以下几点要求:

①触电保护的灵敏度要正确合理,一般启动电流应在15~30mA范围内。

②触电保护的动作时间一般情况下不应大于0.1s。

③保护器应装有必要的监视设备,以防运行状态改变时失去保护作用,如对电压型触电保护器,应装设零线接地的装置。

④停电工作中的安全措施

在线路上作业或维修电气设备时,应停电后进行。并进行验电。

二、热

这里的热主要是指由于环境温度高,可能导致发生燃烧和爆炸等剧烈放热反应,甚至导致火灾等。城市公共汽电车企业与热相关的作业包括电焊作业等。

1.火灾发生的原因

(1)电源:电是引发住宅火灾最主要的因素。电线老化,接线错误,超负荷用电,一个插座使用多个插头、大功率的电器同时带电作业,自行更换大号的熔断丝等,都可以导致电器火灾的发生。电引发火灾的另一个原因,就是漏电现象引发火灾。

(2)煤气中毒:是因为煤气管线的老化、破损或接口处的脱落,煤气泄漏出来,加之通风不畅所致。

(3)煤气爆炸:煤气的浓度在空气中的混合比例达到2%~11%时,遇明火会发生剧烈的爆炸。此时的电流强度达到75mA就会引爆煤气爆炸,而我们动开关,打电话时的电流强度已经达到了145mA,足够引爆煤气爆炸了。

(4)遗留火种:抽烟,蚊香,蜡烛,小孩玩火,厨房的油脂,被燃烧。

2.蓄电池室的防火安全措施

(1)严禁在蓄电池室内吸烟和将任何火种带入蓄电池室内。蓄电池室门上应用红漆书写上“蓄电池室”“严禁烟火”或“火灾危险、不准火种入内”的标示牌。

(2)蓄电池应装置在单独的室内,并用耐火二级、乙类生产建筑与相邻房间隔断,蓄电池室门应是防火门,并向外开。

(3)蓄电池室内应使用防爆型照明和防爆型排风机,开关、熔断器、插座等应装在室门外面。蓄电池室的照明线应采用耐酸导线,并用暗线敷设。

(4)凡是进出蓄电池室的电缆、电线、在穿墙处应采用耐酸瓷管穿线,并在其进出口端用耐酸材料将管口封堵。

(5)当蓄电池室受到外界火势威胁时,应立即停止充电,如充电刚完毕,则应继续开启排风装置,抽出室内不良气体。

3.灭火的基本方法

(1)冷却法。例如用水直接喷射燃烧物,降低燃烧物的温度,以及往火源附近未燃烧物上喷洒灭火剂,防止形成新的火点。

(2)窒息法。例如用不燃或难燃的石棉被、湿麻袋、湿棉被等盖燃烧物,用沙土埋没燃烧物,减少燃烧区域的氧气量,使火焰熄灭。

(3)隔离法。使燃烧物和未燃烧物隔离,限制燃烧范围。例如将火源附近的可燃、易燃、易爆和助燃物搬走;关闭可燃气体、液体管路的阀门,减少和阻止可燃物进入燃烧区内;堵截流散的燃烧液体。

(4)抑制法。例如往燃烧物上喷射干粉灭火剂,可中断燃烧的连锁反应,达到灭火的目的。

4.电焊机及操作安全条件

(1)操作者持证上岗(图2-2-3)。

(2)焊机的外壳和工作台,必须有良好的接地。

(3)电焊机空载电压应在60~90V之间。

(4)电焊设备应使用带电保险的电源刀闸,并应装在密闭箱内。

(5)焊机使用前必须仔细检查其一、二次导线绝缘是否完整,接线是否绝缘良好。

(6)电焊作业周围不应有易燃易爆物品(图2-2-4)。

图2-2-3 持证上岗

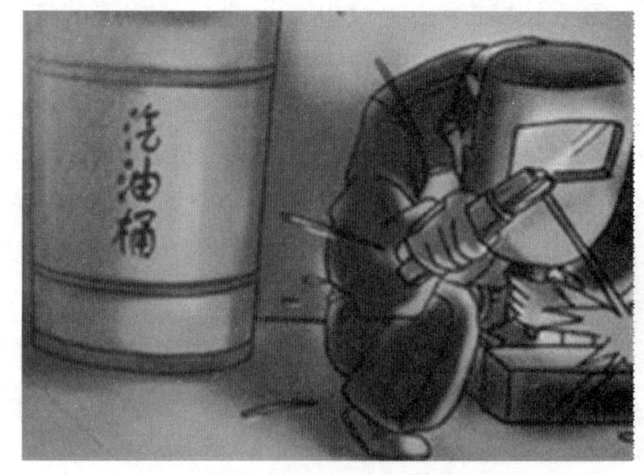

图2-2-4 违章作业(周围有汽油桶)

(7)当焊接设备与电源网络接通后,人体不应接触带电部分。

(8)电焊作业应使用合适的滤光板面罩,穿干燥的工作服,戴绝缘手套,穿绝缘鞋。

(9)焊接绝缘软线不得少于5m,施焊时软线不得搭在身上,地线不得踩在脚下。

(10)施焊完毕后应及时拉开电源刀闸。

(11)雨雪天不应在室外露天进行电焊作业。

第三章 设施设备

第一节 城市公共汽电车行业设施设备分类

一、车站设施设备

车站设施设备包括站台、候车亭、站牌以及导向标志、安全标志等其他设施设备。

1. 站台

站台包括非港湾式站台和港湾式站台,站台设置相关参数符合《城市公共汽电车车站设施功能要求》(JT/T 1118—2017)的要求。

2. 候车亭

候车亭与周边绿化隔离带等设施进行一体化设计,候车亭设置相关参数符合《城市公共汽电车车站设施功能要求》(JT/T 1118—2017)的要求。

3. 站牌

站牌包括普通站牌和电子站牌。站牌设置相关参数符合《城市公共汽电车车站设施功能要求》(JT/T 1118—2017)的要求。

4. 其他设施设备

其他设施设备包括导向标志、安全标志、综合信息标志、户外环保垃圾箱等,设置相关参数应符合《城市公共汽电车车站设施功能要求》(JT/T 1118—2017)的要求。

二、车辆

城市公共汽电车行业的相关车辆,主要指公共汽电车,另外还有一些进行特殊作业的车辆。

1. 按用途分类

(1)营运车:承担公交营运任务的车辆。

(2)清障车:维修部门用来清除障碍的车辆。

(3)押款车:票务管理部门押运票款的车辆。

(4)实习车:实习老师带领实习驾驶员熟悉线路的车辆。

(5)旅游客运车:承担市内或市外旅游任务的车辆。

(6)通勤班车:承担其他单位接送人员上下班业务的车辆。

(7)危化品运输车:物资部门承担危险化学品运输的车辆。

(8)叉车:维修部门进行货物运输等相关作业的车辆。

(9)其他车辆:其他城市公共汽电车行业相关车辆,如救援车、维修线网的车辆等。

2. 按车用燃料类型分

根据《公共汽电车类型划分及等级评定》(JT/T 888—2014)的定义,公共汽车是指为城

市内运输乘客设计和制造的客车。公共汽车按车用燃料类型分类,可分为

(1)柴油公共汽车:配置柴油发动机,通过燃烧柴油获取动力的车辆。

(2)汽油公共汽车:配备汽油发动机,通过燃烧汽油获取动力的车辆。

(3)天然气公共汽车:以压缩天然气或液化天然气作为燃料的车辆。

(4)纯电动公共汽车:以车载电源为动力,用电动机驱动车轮行驶的车辆,其电能来源于汽车蓄电池储存的电能。

(5)混合动力公共汽车:至少能从车载可消耗的燃料及能量储存装置中获取动力,车辆驱动系由两个或多个能同时运转的单个驱动系联合组成的汽车。包括油电混合公共汽车和气电混合公共汽车。

(6)燃料电池公共汽车:以车载电源为动力,用电动机驱动车轮行驶的车辆,其电能由氢气和氧气发生化学反应的化学能转换而来。

(7)无轨电车:由车辆上方直流线网提供电源,由电力驱动的橡胶轮胎客车,包括具有附加车载储能装置的客车(双源无轨电车)。

(8)其他:包括使用超级电容器、飞轮等高效储能器的汽车等。

三、车辆维修设备

车辆维修设备是指对车辆进行维修过程中可用到的工具和设备。可分为电气设备、焊接设备及其他维修工具等。

(1)电气设备:包括空压机、砂轮机、台钻、举升机、充电机等。

(2)焊接设备:包括电焊机、氧气乙炔气体焊等。

(3)其他设备:包括各种机修工维修工具、电工维修工具、钣金维修工具等。

四、停车场设施设备

停车场应具有为线路运营车辆下线后提供合理的停放空间、场地和必要设施的主要功能。停车场配备的设施设备主要包括停车设施,运营管理设施、安全环保设施和生活服务设施。

1. 停车设施

停车设施主要包括停车坪(库)、洗车台(间)、试车道、场区道路和防冻防滑设施等。

2. 运营管理设施

运营管理设施主要包括调度站房、配电室、油气供给站等。

3. 安全环保设施

安全环保设施主要包括照明设施、监控设施、消防设施、绿化设施等。

4. 生活服务设施

生活服务设施主要包括食堂、卫生间等。

五、公共汽电车车载设施设备

1. 车载信息设备

包括运行监控、安全监控和信息服务等车载信息设备,并确保设备完好和正常使用。

运行监控设备主要包括车辆定位、营运数据采集、能耗采集和车辆电子标签等设施;安全监控设备主要包括图像监控和紧急报警等设施;信息服务设备主要包括电子显示屏、语音报站器、电子路牌和公共交通IC卡终端等设施。

2. 车载安全设施

车载安全设施有车用灭火装置、应急锤、应急出口(包括应急门、应急窗和撤离舱口)、自动破窗装置、驾驶区隔离装置、易燃易挥发物监测报警装置、轮胎压力监测系统等。

3. 其他车载设施

其他车载设施如投币机、座椅、车身内饰材料等。

第二节　城市公共汽电车相关设施设备风险类型

由于城市公共汽电车所用设施设备覆盖面较广,其可能带来的安全风险也是多方面的。该节将针对上节的设施设备分类,对可能产生的相关风险进行简要说明。

1. 车站设施设备

(1)站台类型设计不合理导致拥挤摔伤的安全风险。

(2)候车亭和站牌维护不到位导致撞伤、砸伤的安全风险。

(3)电子站牌漏电安全风险。

2. 车辆

(1)车辆技术性能不达标导致的安全风险。

(2)车辆用途不同导致的安全风险。

(3)车辆动力系统故障导致的安全风险。

3. 车辆维修设备

(1)电器设备异常导致的漏电安全风险。

(2)焊接设备异常导致的漏电、烫伤等安全风险。

(3)维修工具使用不当造成的机械类安全风险。

4. 停车场设施设备

(1)停车设施不到位造成的车辆剐蹭、撞车、侧翻等事故安全风险。

(2)运营管理设施不达标造成的漏气、漏油、火灾等安全风险。

(3)安全环保设施不到位造成的场站内车辆事故、治安事件等安全风险。

(4)生活服务设施不到位造成的相关人员情绪不稳定而导致严重后果的安全风险。

5. 公共汽电车车载设施设备

因安全设施设备未配置齐全或者未达到相关标准要求导致的安全风险。

第四章 职业卫生

第一节 职业卫生概述

一、基本概念

职业卫生,国外也称为职业安全卫生或职业安全健康,是指以保障劳动者在职业活动中的安全与健康为目的的工作领域及在法律、技术、设备、组织制度和教育等方面所采取的相应措施。从历史上看,职业卫生也被称为工业卫生,是从研究工业生产中的卫生问题发展起来的。1950 年,国际劳工组织(ILO)和世界卫生组织(WHO)首次明确提出职业卫生的概念,使从事各种职业的人在体格、精神和社会方面都获得高度的健康。早期的职业卫生主要是防治工农业生产劳动中由职业病有害因素引起的职业病。而随着生产的发展,人们慢慢发现诸如社会心理因素、个人生活方式等也可影响从业者的健康和职业生活质量,职业卫生的外延得到了扩大。广义的职业卫生除了考虑传统的职业性因素以外,也加入了对非职业性因素的考量,采取更加有效的综合干预措施,保护从业者的健康。同时对于从业人员的行业,也不再仅局限在工农业,而是扩展到第三产业。因此,现代职业卫生的概念就是保护和增进全社会人群的健康,通过健康教育和健康促进,解决职业人群的一般卫生问题和特殊的与职业有关的卫生问题。

二、职业卫生的研究内容与方法

职业卫生的研究对象主要是企业内影响劳动者安全与健康的因素及保障条件。具体可以分为人的因素、物的因素还有作业环境因素。研究内容非常广泛,包括事故致因与预防,物的状态与本质安全,劳动环境与职业病防护、作业场所安全与卫生评价、政府安全与卫生监督管理、作业场所重大危险源辨识及其实践等。其主要的研究方法包括实验法、统计法、安全科学 与技术方法、工程卫生方法等。总体来说,职业卫生是一门外延非常大的学科,在很多方面与医学、法学、现代安全工程学科等有交叉覆盖,是当今科学研究的热点之一。

三、职业卫生法律体系

1. 职业卫生相关法律法规

同安全生产法律体系一样,我国的职业卫生法律体系也分为法律、法规(包含行政法规和地方性法规)、规章(包含行政规章和地方政府规章)、标准规范 4 个层级。其中,处于核心地位的是《中华人民共和国职业病防治法》,另外《劳动法》《工会法》《劳动合同法》也规定了职业病防治的相关条款。法规层面有《突发公共卫生事件应急条例》《工伤保险条例》等。规章层面有《职业病分类和目录》等规范性文件。

2.《中华人民共和国职业病防治法》

职业卫生法律体系中位于最高地位的是《中华人民共和国职业病防治法》。该法是为了预防、控制和消除职业病危害,防治职业病,保护劳动者健康及其相关权益,促进经济社会发展而制定的。于2001年全国人民代表大会与《中华人民共和国安全生产法》一起审议通过,并于2011年12月31日进行修正,之后又分别在2016年7月2日和2017年11月4日进行了两次修正。修正后的法律更多体现了安全与卫生一体化立法的趋势。下面摘取该法律涉及用人单位的部分条款供大家学习参考。

第二条 本法适用于中华人民共和国领域内的职业病防治活动。

本法所称职业病,是指企业、事业单位和个体经济组织等用人单位的劳动者在职业活动中,因接触粉尘、放射性物质和其他有毒、有害因素而引起的疾病。

职业病的分类和目录由国务院卫生行政部门会同国务院安全生产监督管理部门、劳动保障行政部门制定、调整并公布。

学习要点:本条款阐明了职业病的定义及范围。

第三条 职业病防治工作坚持预防为主、防治结合的方针,建立用人单位负责、行政机关监管、行业自律、职工参与和社会监督的机制,实行分类管理、综合治理。

学习要点:本条款指出了职业病防治工作的方针及管理机制。

第四条 劳动者依法享有职业卫生保护的权利。

用人单位应当为劳动者创造符合国家职业卫生标准和卫生要求的工作环境和条件,并采取措施保障劳动者获得职业卫生保护。

工会组织依法对职业病防治工作进行监督,维护劳动者的合法权益。用人单位制定或者修改有关职业病防治的规章 制度,应当听取工会组织的意见。

学习要点:本条款指出了劳动者、用人单位和工会三方在劳动活动中的权利和义务。

第五条 用人单位应当建立、健全职业病防治责任制,加强对职业病防治的管理,提高职业病防治水平,对本单位产生的职业病危害承担责任。

学习要点:本条款规定了用人单位在职业病防治工作中的责任。

第六条 用人单位的主要负责人对本单位的职业病防治工作全面负责。

学习要点:同安全一样,用人单位的主要负责人对本单位的职业病防治工作负全面责任。

第十四条 用人单位应当依照法律、法规要求,严格遵守国家职业卫生标准,落实职业病预防措施,从源头上控制和消除职业病危害。

学习要点:本条款规定了用人单位对职业病危害的预防责任。

第二十三条 用人单位必须采用有效的职业病防护设施,并为劳动者提供个人使用的职业病防护用品。

用人单位为劳动者个人提供的职业病防护用品必须符合防治职业病的要求;不符合要求的,不得使用。

学习要点:本条款对用人单位职业病防护保障工作方面进行了规定。

第二十五条 产生职业病危害的用人单位,应当在醒目位置设置公告栏,公布有关职业病防治的规章制度、操作规程、职业病危害事故应急救援措施和工作场所职业病危害因素检测结果。

对产生严重职业病危害的作业岗位,应当在其醒目位置,设置警示标识和中文警示说明。警示说明应当载明产生职业病危害的种类、后果、预防以及应急救治措施等内容。

学习要点:本条款要求用人单位对本单位的职业病危害相关的规章制度及应急救援措施等进行公示,向劳动者诚实履行风险告知的义务。

第二十六条 对可能发生急性职业损伤的有毒、有害工作场所,用人单位应当设置报警装置,配置现场急救用品、冲洗设备、应急撤离通道和必要的泄险区。

对放射工作场所和放射性同位素的运输、储存,用人单位必须配置防护设备和报警装置,保证接触放射线的工作人员佩戴个人剂量计。

对职业病防护设备、应急救援设施和个人使用的职业病防护用品,用人单位应当进行经常性的维护、检修,定期检测其性能和效果,确保其处于正常状态,不得擅自拆除或者停止使用。

学习要点:本条款规定了用人单位在有毒、有害工作场所等易发生危险的区域必须保证相关的急救措施到位,救援设备工作正常和救援物资充足。

第二节　劳动环境与职业病防护

一、劳动环境

劳动环境是指劳动者所在的劳动场所的外部环境条件,主要是指对劳动者身心健康产生影响的各种有害因素,包括粉尘、高温、毒物、噪声以及其他可能产生危害的因素。

劳动环境的测定是指对上述危害因素,测定劳动者接触有害因素的时间和强度(浓度),然后根据有害因素的种类,按照相应的国家标准、部颁标准和岗位劳动评价标准定量分级,从而对劳动环境做出评价。

二、职业危害因素分类

1. 化学性因素

主要分为生产性毒物和生产性粉尘,常见于化工工业中生产环节。城市公共汽电车企业与充电、加油、修理以及危化品运输相关的岗位可能存在这些有害因素。

2. 物理性因素

包括高温、噪声、振动、辐射等。其中城市公共汽电车企业驾驶员、修理工等岗位普遍存在高温、噪声这样的有害因素。

3. 生物性因素

主要是指细菌、寄生虫或病毒引起的疾病。多见于一些皮革加工、畜牧业等生产单位,在城市公共汽电车企业里并不常见。

4. 劳动过程有害因素

包括劳动组织不合理,劳动强度过高,劳动时间过长,劳动压力过大等。这些有害因素经常会在劳动密集型企业集中,比如城市公共汽电车驾驶员岗位。

5. 卫生条件和技术措施不良的有关因素

包括劳保用品缺乏,防护措施欠缺,环境污染等。

三、城市公共汽电车企业驾驶员作业环境常见有害因素防护

1. 噪声防护

常用的防噪声用品有耳塞、防噪声耳罩和防噪声帽盔等。企业会对员工进行就业前体检，以取得听力的基础资料，并每年通过体检，进行监控。发现有明显听力下降者，及时采取措施。对员工进行合理排班，合理安排劳动和休息，避免工作超时。

2. 高温防护

在炎热的夏季，提供充足的防暑降温物品，为更多的车辆配备空调，加强车厢的自然通风，保证驾驶员良好舒适的工作环节。制定合理的劳动休息制度，加强安全保健教育，通过有效的职业卫生培训，宣传防暑降温知识和技巧。

第三节　济南市公交维修分公司全福立交桥维修车间职业卫生双体系试点

一、实施步骤

(1)确定体系推进方案，召开启动会。

(2)开展职业卫生健康培训。邀请第三方检测评价公司对车间从业人员进行培训，培训内容包括"职业病防治法律制度""职业病危害评估指标""职业病危害双体系建设"等。

(3)邀请第三方检测评价公司对维修车间进行职业病危害检测，根据检查结果建立风险分级管控机制。

(4)建立隐患排查治理体系。

(5)对职业卫生双体系进行持续完善改进。

二、体系运行相关情况

1. 岗位设置及接触职业病危害因素情况

根据维修车间岗位设置，接合职业病危害检测，摸清了维修车间职业病危害因素见表2-4-1。

岗位设置及接触职业病危害因素情况　　表2-4-1

岗位/工种	作业人数(人/班×班数)	工作地点	作业时间(h/d,h/w)	接触职业病危害因素	个人防护用品及使用	职业病防护设施运行
底盘维修工	13×1	底盘维修工位	8,40	噪声	棉口罩	无
		气动扳手操作		噪声		无
		砂轮打磨处		噪声、粉尘		无
		空压机、制氮机		噪声		水泥底座

续上表

<table>
<tr><th>岗位/工种</th><th>作业人数
(人/班×班数)</th><th>工作地点</th><th>作业时间
(h/d,h/w)</th><th>接触职业病
危害因素</th><th>个人防护用品
及使用</th><th>职业病防护设施
运行</th></tr>
<tr><td>发动机
维修工</td><td>6×1</td><td>发动机维修
工位</td><td>8,40</td><td>噪声</td><td>棉口罩</td><td>无</td></tr>
<tr><td rowspan="2">传动系统
维修工</td><td rowspan="2">4×1</td><td>传动系统
维修工位</td><td rowspan="2">8,40</td><td>粉尘、噪声</td><td rowspan="2">棉口罩</td><td rowspan="2">无</td></tr>
<tr><td>台钳操作
工位</td><td>噪声</td></tr>
<tr><td>汽车电工</td><td>4×1</td><td>线路维修</td><td>8,40</td><td>噪声</td><td>无</td><td>无</td></tr>
<tr><td>镗磨工</td><td>1×1</td><td>镗磨工位</td><td>8,40</td><td>噪声</td><td>无</td><td>无</td></tr>
<tr><td>电焊工</td><td>2×1</td><td>焊接工位</td><td>8,40</td><td>噪声、粉尘、二氧化氮、
一氧化碳、臭氧、紫外辐射、
锰及其化合物</td><td>防护镜、防护
手套,正常</td><td>无</td></tr>
</table>

2.检测机构检测结果

(1)对济南公交总公司维修分公司全福立交桥维修车间工作场所存在的职业病危害因素:噪声、粉尘、二氧化氮、臭氧、锰及其化合物、一氧化碳、紫外辐射进行了检测。

(2)超标情况:底盘维护工接触的噪声强度超标。

(3)超标原因分析:气动扳手运转产生的噪声较大。

(4)除以上检测结果超标外,其余检测结果均符合国家标准《工作场所有害因素职业接触限值 第1部分:化学有害因素》(GB Z2.1—2007)和《工作场所有害因素职业接触限值 第2部分:物理因素》(GB Z2.2—2007)的规定。

3.检测机构建议

1)对于噪声

(1)加强劳动者个人防护,给接触噪声超过80dB(A)的劳动者发放有效的护耳器。

(2)安排接触噪声强度在80~85dB(A)的劳动者每两年查体一次。

(3)安排接触噪声强度≥85dB(A)的劳动者每年查体一次

(4)在接触噪声的作业岗位张贴“噪声有害”“戴护耳器”等警示标识。

2)其他方面

(1)企业应在工作场所内设置公告栏,公告内容:存在的职业病危害因素及岗位、健康危害、接触限值、应急救援措施以及工作场所职业病危害因素检测结果、检测日期、检测机构名称等,如图2-4-1~图2-4-3所示。

图 2-4-1　开放式、现场制作看板

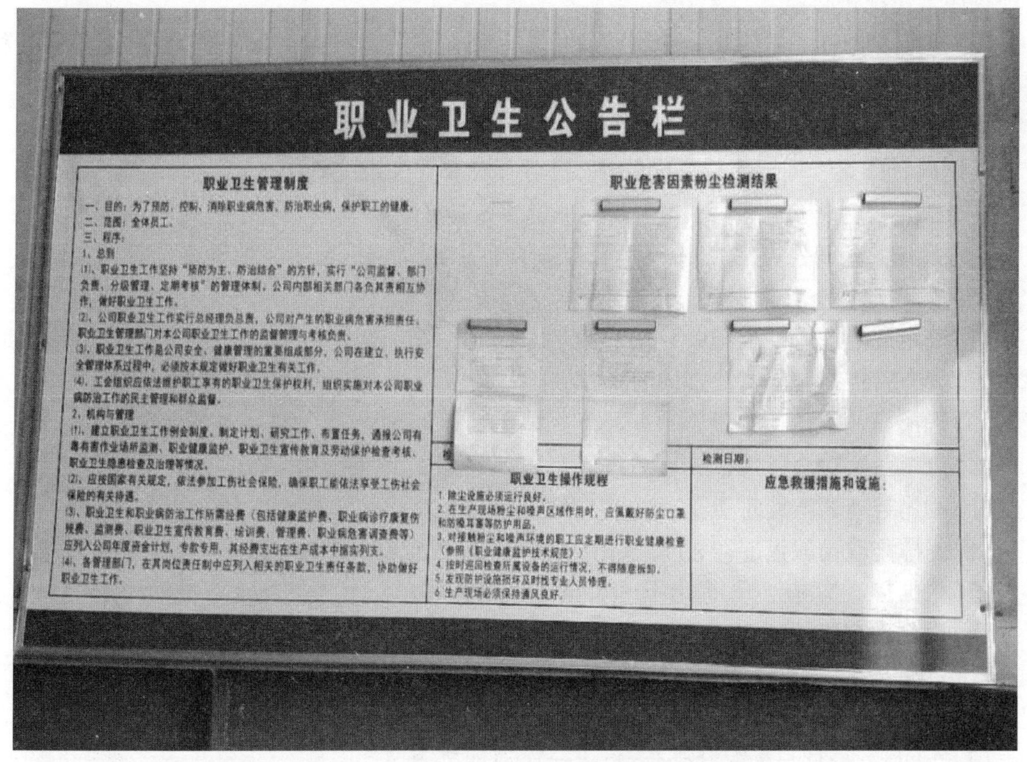

图 2-4-2　职业卫生公告栏

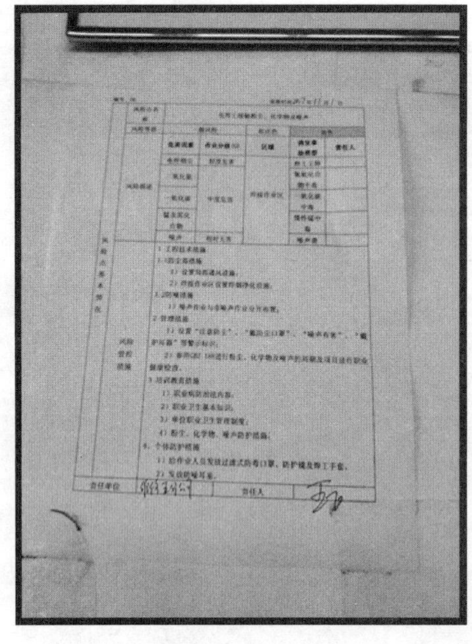

图 2-4-3 区域风险点告知卡和危害因素警示说明

(2)粉尘作业场所设置“注意防尘”“戴防尘口罩”警示标识。

(3)加强现场作业人员的个体防护,防尘口罩、防噪耳塞根据使用效果及时补发,并对工人现场佩戴情况进行监督。

(4)定期委托有资质的职业健康检查机构对员工进行职业健康检查,检查结果异常者根据要求妥善处置。

4. 建立相关风险的风险分级管控清单

具体内容详见修理工岗位安全知识,制定有效的管控措施。

5. 通过车间现场公告栏宣传,加强职业卫生风险管控

通过现场看板和公告栏、区域风险点告知卡等手段,加强职业卫生风险现场管理和宣贯。

6. 确定隐患排查实施步骤

(1)确定危险源管控措施并评价有效。

(2)现有管控措施作为检查内容。

(3)形成职业卫生检查表。

(4)分级落实检查管控措施。

(5)利用检查表实施排查。

(6)问题整改与验证。

(7)根据排查情况分析,提出下一步整改措施。

(8)优化现有管控措施。

7. 按照隐患排查实施频率进行隐患排查

(1)公司级,每季度一次综合排查,不定期专项排查。

(2)车间级,每月一次综合排查,每天一次巡回排查。

(3)班组级,班组每班一次排查,岗位每班多次排查。

第五章 应急救援

第一节 突发公共事件的应急管理

一、突发公共事件的定义及分类分级

突发公共事件，又称突发事件，是指突然发生，造成或者可能造成重大人员伤亡、财产损失、生态环境破坏和严重社会危害，危急公共安全的紧急事件。1997 年亚洲金融危机，1998 年夏天中国洪涝灾害，2001 年美国 911 事件，2003 年的 SARS 病毒都属于突发公共事件。近几年国内发生的重大突发事件包括 2015 年“8 · 24”天津滨海新区爆炸事故、同年的东方之星倾覆事故等。

突发公共事件具有突发性、不确定性、公共性、多样性、非常规性等特征。突发性是指该事件的发生有一定的偶然性和突然性，即使之前的潜伏期较长。不确定性是指突发事件的发生时间、实际规模、影响深度和发展趋势都是不确定的，也就是难以被准确预测的。随着科技水平的进步，对于一些地震、台风、疫情等突发公共事件，人们已经能够比较准确的预测发生时间和影响范围，但对事件发生的具体形式、影响规模仍然难以做到准确性预测。公共性规定了突发公共事件的范畴局限在公共管理领域，具有社会性和公共危害性。多样性是指突发公共事件发生的形式，即使是类似的突发公共事件在不同的情境下发生也会表现出不同的形式。非常规性是指事件发生非常突然，必须采取紧急措施等非常规手段加以控制，否则就会造成更大的损失。

根据发生过程、性质和机理，突发公共事件可分为自然灾害（包括水灾、旱灾、气象灾害、地震灾害、海洋灾害、生物灾害和森林草原火灾等）、事故灾害（包括工矿商贸企业各类安全生产事故、交通运输事故、公共设施和设备事故、环境污染和生态破坏事件等）、公共卫生事件（包括传染病疫情、食品安全和职业危害等）和社会安全事件（包括恐怖袭击事件、经济安全事件和涉外突发事件等）。

各类突发事件按照其性质、严重程度、可控性和影响范围等因素，交通运输系统应对的突发公共事件一般分为：一般公共事件（Ⅳ级）、较大公共事件（Ⅲ级）、重大公共事件（Ⅱ级）、特别重大公共事件（Ⅰ级）四个等级。一般突发公共事件是指事态比较简单，仅对小范围内的人身等造成危害和威胁，已经或可能造成人员伤亡或财产损失，但相关基层单位能够自行处置的事件。较大突发公共事件是指事态比较复杂，对一定范围内的人身财产安全等造成危害和威胁，已经或可能造成较大人员伤亡、财产损失等后果，但只要职能部门、基层单位调度有关资源，必要时由政府相关专业机构业务指导就能够处置的突发公共事件。重大突发公共事件指事态复杂，对一定范围内的人身财产安全等造成严重危害和威胁，已经或可能造成重大人员伤亡、财产损失和环境污染等后果，需要政府相关专项应急机构调度政府有关部门、单位联合处置的突发公共事件。特别重大突发公共事件指事态非常复杂,已经或可能造成重大人员伤亡、财产损失和环境污染等后果,需要由政府统一协调、指挥各方面资源和力量处置的突发公共事件。

二、综合性应急管理

突发公共事件由于具有不确定性、公共性、非常规性等特点,对社会公共安全影响非常大,如何对其进行有效防范,减少其可能造成的危害一直是研究热点,应急管理也随之成为一门新兴的学科。

突发事件应急管理,是针对可能发生或已经发生的突发公共事件,为了减少突发公共事件的发生,或者降低其可能造成的后果和影响,达到优化决策的目的,对突发公共事件的整个过程,进行的有计划、有组织的管理,包括事件发生前的预先防范措施、事发时采取的行动、事发后各种善后措施等。

传统的突发事件应急管理注重发生后的即时响应、指挥和控制,具有较大的被动性和局限性。因此逐渐被70年代后期形成的综合性突发事件应急管理所替代。

综合性应急管理历史可以追溯到1979年,当时美国卡特政府应改革的呼声,成立了联邦应急管理署FEMA。这是综合性应急管理模式在世界大国范围内的首次应用。与传统的应急管理模式相比,其表现出两大特点:全危险要素管理和全阶段管理。全危险要素管理是指FEMA将各个下属机构,如国家消防管理局、联邦保险局、防务民事准备局、联邦灾害援助局等协调起来,应对不同类型的风险,实现了应急管理对象从单灾种到多灾种的转变。全阶段管理则是指FEMA无论应对任何一种风险和灾难,都要经过减缓、准备、响应、恢复4个阶段。之后,FEMA又经历了三次变革,都是在不断强化综合性应急管理体系的运用。

我国也在不断探索建立综合性应急管理体系的有效方法,如应急管理大部门制。加强应急管理,应该从整个政府工作的角度来着眼和行动,着眼于科学理顺行政体制、突出综合性应急管理职能部门的正规化建设,着眼于建立大部门化的应急管理主干机构,合理调整乃至重构国家应急管理主干机构体系。所谓应急管理大部门化,就是要随着原来各种分散的综合性应急管理职能的集中与整合,把原来承担该职能的各有关具体机构也一并集中和整合起来;同时,随着新的综合性应急管理职能职责的提出与确立,也设立新的相应承担机构;最后,将这些机构统一组建成一个能独立承担和履行应急管理职能职责的政府部门,实质就是在中央特别设立一个专门承担和履行综合性应急管理职能职责的应急总部,各级地方政府也设立相应的行政机构,逐步建成一个完整的应急管理主体体系。这样,一旦发生重特大突发公共事件,就能有一个常设的应急管理主体去独立负责,这非常符合应急管理规律和实践需要,是科学、务实和可行的。

第二节　安全生产应急救援体系

生产安全事故是突发公共事件中的事故灾难之一,安全生产的应急管理是突发公共事件应急管理的重要组成部分。因此安全生产应急救援体系是国家应急管理的重要支撑和组成部分。我国安全生产应急救援体系主要可以分为组织体系、运行机制、支持保障系统以及

法律法规四部分组成。

一、组织体系

组织体系是全国安全生产救援体系的基础,主要可以分为领导决策层,管理与协调指挥系统以及安全救援队伍。领导决策层包括国务院安委会,国务院安委会办公室,国务院有关部门及地方各级人民政府,负责全国或各属地范围安全生产应急救援工作的统一领导和指挥工作。管理与协调指挥系统由国家安全生产应急救援指挥中心、有关专业安全生产应急管理与协调指挥机构和地方各级安全生产应急协调与指挥机构构成。安全救援队伍主要包括国家级区域应急救援基地、骨干专业应急救援队伍、企业应急救援队伍和社会救援力量。通过各层级指挥协调和救援队伍的建立,按照统一领导、分级管理的原则,构建了一个统一协调指挥、结构完整、功能齐全、运转高效的组织体系。

二、运行机制

运行机制是全国安全生产应急救援体系的重要保障。统一指挥、分级响应、属地为主、公众动员是应急救援的四大原则。根据这四大原则,建立了应急管理、应急响应、经费保障及有关一系列管理制度等关键运行机制,形成统一指挥、反应灵敏,协调有序、运转高效的应急管理运行机制。

三、支持保障系统

支持保障系统是安全生产应急救援体系的有机组成部分,是体系运转的物质条件和手段,主要包括通信信息系统、培训演练系统、技术支持保障系统和物资与装备保障系统等。

四、法律法规体系

法律法规体系是应急体系的法制基础和保障,也是开展各项应急活动的依据。相关法律法规主要分为五个层面。首先是法律层面,《宪法》是我国安全生产法律的最高层级。本教材第一章提到的《中华人民共和国突发事件应对法》是专门为了规范应对各种突发事件而出台的法律,对于进一步建立和完善我国的突发事件应急管理体制、机制和法制,提高政府应对突发事件的能力,构建社会主义和谐社会具有重要意义。行政法规层面,国务院出台了《生产安全事故报告和调查处理条例》《安全生产应急管理条例》等。地方性法规层面主要是规定了各地方对突发性事故应急预防、准备、响应和恢复等各阶段的具体制度和措施。行政规章层面包括各省发布的《安全生产条例》等。标准层面则是对具体工作进行规范,比如国家安全生产监督管理局修订的《生产经营单位安全生产事故应急预案编制导则》,就是作为行业标准,对应急预案编制工作起到指导性作用。

第三节　安全生产事故应急预案

一、应急预案概述

应急预案,又称"应急计划"或"应急救援预案",是为了在事故发生后能及时采取有效措施,降低人员伤亡和经济损失,针对可能发生的事故而预先制定的有关计划和方案。应急预案主要包含三方面内容:分别为事故预防、应急处置和抢险救援。事故预防主要有两方面的含义,一方面是通过危险辨识、事故后果分析、采用技能和管理手段降低事故发生的可能性或者控制事故的蔓延范围,另一方面是通过编制应急预案及相关培训,提高各层级人员的安全意识。应急处置是指事故发生后应急处理程序和方法,可以快速反应,有效的消除事故或者控制事故蔓延范围。抢险救援是指预设各种的现场抢险和救援方式,对人员进行救护并控制事故发展,减少事故损失。

编制应急预案是应急管理重要的工作内容之一。一份有效的应急预案,应该符合以下几个特点:

1. 针对性

应急预案需要有明确的针对性对象,如重大危险源、不同的事故类型、关键岗位、关键流程、薄弱环节、重大工程等。

2. 可操作性

编制的应急预案一定要实用,要在事故发生后迅速有效的根据预案开展救援行动,避免华而不实。另外,编制的应急预案要经过充分分析,评估各种可能性,每个步骤都要落实到具体操作层面,尽可能细化,方便应用。

3. 合法合规性

应急预案要遵守相关法律法规的规定。

4. 完整性

应急预案应该包含应急预防阶段、应急准备阶段、应急响应阶段和应急恢复四个阶段的内容。

5. 相互衔接性

由于应急预案需要各个层级(如政府、主管部门、生产经营单位)分别撰写,需要注意不同层级间预案的良好衔接。按编写应急预案的主体分工,应急预案主要可以分为政府应急预案和企业应急预案。政府应急预案在事故救援活动中起统领指挥的作用。当地政府制定的应急处理预案内容包括:如何督促发生事故的单位履行自己的责任;视事故后果的严重程度,组织协调社会力量参加抢救工作;建立统一对外发言机制,引导舆论报道,稳定人民群众的情绪;及时调整相关政策,引导社会资金投入抢险活动;制定追究有关人员法律责任的相关制度,特别是追究领导人的责任,并及时向社会公布。企业制定的事故应急处理预案是事故救援活动的基础,只有事故造成的后果企业无法控制时,才按当地政府的事故救援预案启动政府救援机制。企业应急预案的主要内容包括:根据特种设备进行安全状态评价,建立预警体系;控制事故造成的后果不扩大的措施;人员抢救措施;向有关部门报告事故情况的流程;安抚伤亡者家属的方法;对受害者进行赔偿的渠道建立方法;有关责任人的法律责任追究方法。与上述简单的分类相比,我国国家突发公共事件应急预案体系包含项目和种类更加多元化,也更加具体。主要由突发公共事件总体应急预案、突发公共事件专项应急预案、突发公共事件部门应急预案、突发公共事件地方应急预案、企事业单位应急预案和重大活动应急预案。其中生产经营单位安全生产事故应急预案是本节要重点讨论的内容。

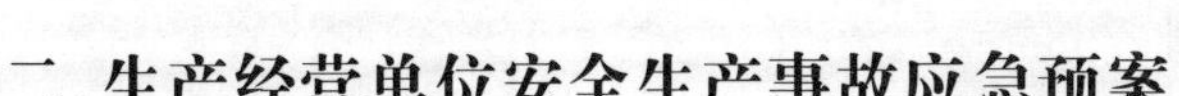

二、生产经营单位安全生产事故应急预案

根据《生产经营单位安全生产事故应急预案编制导则》，生产经营单位安全事故应急预案可以分为综合应急预案、专项应急预案和现场应急处置方案。

1. 综合应急预案

综合应急预案是从总体上阐述事故的应急方针、政策，应急组织机构及相关应急职责、应急行动、措施和保障等基本要求和程序，是针对各类事故的综合性文件。

2. 专项应急预案

专项应急预案是针对具体的事故类别、危险源和应急保障而制定的计划和方案，是综合应急预案的组成部分。

3. 现场处置方案

现场处置方案是针对具体的装置、场所或设施、岗位所制定的应急处置措施。

第四节　应急响应与现场控制

一、应急响应基本任务

1. 控制危险源

及时有效的控制造成事故的危险源，防止事故进一步扩大和发展。

2. 抢救受害人员

及时有序科学地进行现场施救和安全转送伤员，珍视每一条生命。

3. 指导群众防护，组织群众撤离

及时指导和组织群众进行自我防护，迅速撤离危险区域。

4. 清理现场，消除危害后果

对事故造成的物流、化学、生物危害及时进行消除或控制。

二、现场控制原则

1. 快速反应原则

在最短的时间内到达现场、控制事态、减少损失，以最快的速度和最高的效率救助受害人，并尽快恢复正常公共秩序。

2. 救助原则

及时抢救护送危重伤员、救援受困群众、妥善安置死亡人员、安抚精神心理受到严重伤害的人员。

3. 人员疏散原则

把处在危险境地的受害者尽快疏散到安全地带，避免出现更大伤亡的灾难性后果。

4. 保护现场原则

要在控制现场的全过程贯彻保护现场原则，在救助受害者的同时，注意保护现场的任何相关证据，以利于日后进行事故调查。

5. 保护应急参与人员安全的原则

要在应急过程中明确首先要保证应急参与人员的安全，不能为了执行不负责任的命令而牺牲无辜的应急人员的安全。

第五节　济南市公交总公司的应急救援体系

一、工作原则

1. 以人为本，预防为主

认真履行服务职能，把保障人民群众生命财产安全，最大可能的减少突发事件带来的人员伤亡等各种危害作为首要任务，高度重视突发事件应急处置工作，提高应急科技水平，增强预警预防和应急处置能力，坚持预防与应急相结合，提高防范意识，加强预案演练、宣传和培训工作，做好有效应对突发事件的各项保障工作。

2. 属地管理，分级负责

本预案确定的突发事件应急工作在总公司的统一领导下，由总公司应急办及责任单位具体负责，分级响应、条块结合、属地管理、上下联动。

3. 健全机构、部门协作

明确应急管理机构职责，建立统一指挥、分工明确、反应灵敏、协调有序、运转高效的应急工作机制和响应程序，实现应急管理工作的制度化、规范化。加强与上级部门密切协作，形成优势互补、资源共享、多方联动的突发事件联动处置机制。

二、应急预案体系

(1)《综合应急预案》。总公司突发事件综合应急预案是总公司突发事件应急预案体系的总纲及总体预案，由总公司制定并公布实施，报市交通运输局应急办备案。

(2)《应急专项预案》。总公司突发事件应急专项预案是总公司为应对某一类型或某几种类型突发事件而制定的专项应急预案，主要涉及营运车辆事故应急预案，雨雪雾等恶劣天气营运安全保障应急预案、公交停车场治安消防突发事件应急预案、物资公司、维修公司突发事件应急预案等方面，由总公司及所属各单位制定并公布实施，由所属单位制定的，应同时报总公司备案。

(3)《应急现场处置方案》。各基层单位(分公司、车队或车间)按照总公司制定的突发事件总体应急预案的要求，为及时应对可能发生的突发事件而制订的应急预案(包括专项预案)。由分公司、车队(车间)制订并公布实施，报总公司备案。

(4)总公司各部门根据有关法律法规制定的内部应对突发事件应急预案。

(5)各类应急预案应根据实际情况变化不断补充、完善。

三、应急组织体系

总公司应急工作组织体系由总公司、分公司及车队(车间)等基层组织三级构成。

1. 应急工作领导小组

总公司突发事件应急领导小组是总公司突发公共事件应急处置指挥机构，由总经理任组

长，安全副总经理任常务副组长，各分管领导任副组长，各部门负责人及各单位一把手任成员。

日常状态下的主要职责：

(1)负责审定相关应急预案；

(2)做好突发事件预防工作；

(3)审定应急经费预算；

(4)监督指导下级应急工作运行情况；

(5)部署和总结总公司突发事件应急年度工作；

(6)其他相关重大事项。

应急状态下的主要职责：

(1)决定发布相应等级的预警状态，启动与终止应急预案。处置由总公司负责的突发公共事件；

(2)根据需要，会同有关部门共同做好应急处置工作；

(3)根据请求，指导、协调各单位应急处置工作；

(4)当突发事件由上级部门统一指挥时，应急领导小组按照指令，执行相应的应急行动，参与突发事件的应急响应和应急救援；

(5)其他与应急工作相关的重大事项。

2. 总公司应急工作领导小组办公室

总公司突发公共事件应急工作领导小组下设办公室，办公室设在总公司安全保卫部，总公司安全保卫部负责人任办公室主任，具体职责如下：

(1)组织起草、修订总公司总体应急预案；

(2)监督、指导总公司、分公司专项应急预案的制定、实施；

(3)负责指导所属各单位相关法律法规的宣传教育工作，应急培训和演习工作；

(4)负责警情信息的接报、分析、预警和上级指令的应急响应工作，按规定及时向市局应急工作领导小组、上级应急指挥部门报送有关突发事件情况；

(5)负责突发公共事件的调查分析和总结评估；

(6)承办应急领导小组交办的其他工作。

3. 专项应急工作机构

突发事件专项应急工作机构根据事件等级和类型，成立应急指挥部。

专项应急工作小组的职责：

(1)贯彻落实总公司突发事件应急工作领导小组指示精神和指令；

(2)建立预警机制，收集、分析、提供预警信息；

(3)编制、修订业务范围内的专项应急预案并组织演练；

(4)负责按照预案的要求开展应急救援与应急处置工作；

(5)承办应急工作领导小组交办的其他事宜。

4. 现场指挥机构

突发事件应急现场指挥机构，根据事件等级和类型，成立现场应急指挥部。

现场指挥机构的主要职责是：

(1)执行突发事件应急工作领导小组的各项应急指令；

(2)指挥、调度现场救援车辆、机械设备、物料和人员;

(3)及时向总公司应急领导小组报告应急工作的进展情况和处置结果;

(4)根据现场实际情况,向应急指挥机构提出下一步应急救援行动及终止行动的建议。

当各级领导机构的组成人员无法履行职责时,应有相应人员接替。

四、应急响应

突发事件发生后,各单位应根据职责和规定权限,立即采取措施控制事态发展,及时上报总公司突发事件应急领导小组,同时启动相应应急预案。

1. 信息报告

建立突发事件信息通报制度。各单位应急工作机构接到预警信息并核实后,按照规定的级别和权限立即报告。在确认为重大突发公共事件发生后,事故单位负责人应当立即向总公司负责人汇报,事故单位分管负责人应立即向总公司分管负责人及应急办公室主任汇报,最迟不能超过0.5h;总公司负责人、分管负责人在接到报告后立即按照事故报告程序报告市交通运输局,最迟不能超过1h。报告时应先以电话等形式报告,信息报出后必须在1h内以书面或电子邮件形式报告,特殊情况不能实现时应说明理由,待条件许可时再补充。在确认为一般或较大突发公共事件发生后,事故单位负责人应当立即向总公司负责人汇报,事故单位分管负责人应立即向总公司分管负责人及应急办公室主任汇报。来不及形成文字的,可先用电话口头报告,然后再呈送文字报告。来不及呈送详细报告的,可先作简要报告,然后根据事态的发展和处理情况,随时续报。信息报送要及时准确、客观全面。任何单位和个人不得瞒报、缓报和谎报。信息报告内容包括:事件类型、发生时间、地点、人员伤亡情况、影响范围和程度、已采取的应急处置措施和成效。

2. 分级响应

根据突发事件等级和预警级别,突发事件应急响应等级分为:Ⅰ级(特别重大)、Ⅱ级(重大)、Ⅲ级(较大)和Ⅳ级(一般)。突发事件发生后,事发地主管单位要立即进行先期处置,调度物资和资源,果断控制事发现场,控制事件态势,严防次生、衍生危险发生。

接到突发事件发生信息后,按照响应级别,立即启动应急预案。一般突发公共事件,由各单位负责处置,并向总公司应急办公室主任报告;较大级别由总公司应急领导小组负责处置。突发公共事件相关单位为第一责任单位,该单位负责人、相关人员及当天值班领导在20分钟内赶到现场,开展工作,并立即将情况报总公司应急办主任及总公司领导。重大级别的突发事件。由总公司负责人及分管负责人立即向局应急办报告,同时启动应急预案,开展应急救援。总公司应急领导小组应当服从市、局应急办的指导、协调、调度工作。

3. 现场应急处置

按照条块结合、属地为主的原则,实施应急响应工作,及时启动相关应急预案。按照"先控制,后处理"的原则,迅速采取措施,实施先期处置,控制和缩小影响范围,防止事态扩大;应急处置要快速反应、运转高效,应采取科学有效的措施,尽量避免和减少人员伤亡。根据突发事件类型、事件可控性、严重程度、影响范围及周边环境的敏感性,应急指挥机构实施如下措施;

(1)维护现场秩序;

(2)进行现场调查,根据突发事件性质、波及范围、受影响人员分布、应急人力与物力等情况,组织制定科学的现场应急处置方案,并根据事件发展趋势,对方案进行调整优化;

(3)组织开展应急救援工作,及时疏散受影响群众,迅速通过各种快捷有效的方式告知单位和个人应采取的安全防护措施;

(4)根据需要,组织协调应急运力进行抢运;

(5)突发事件得到控制后,及时清理现场。

4. 安全防护

提供不同类型突发事件救援人员的安全防护装备并发放使用说明,进行培训教育,做好安全防护。

5. 信息发布

由总公司企业文化部对外发布或授权发布相关信息。

6. 应急解除

由宣布启动突发事件应急预案的单位或其应急工作领导小组宣布应急反应结束。

1)应急解除条件

(1)现场抢救活动已经结束;

(2)险情已经消除,事件已得到控制;

(3)其他达到解除的条件

2)应急解除程序

遵循"谁启动、谁负责"的原则,由宣布启动应急响应的应急指挥机构负责人宣布应急响应结束。

五、后期处置

1. 做好善后工作和事件调查

突发事件应急专项工作小组要协助有关部门做好善后工作和事件的调查工作。

突发事件应急专项工作小组办公室要做好基本信息统计和应急工作总结。

2. 调查与评估

突发事件应急处置工作结束后,宣布启动应急响应的突发事件应急指挥机构要尽快作出客观、公正、全面的调查评估报告,参加应急救援行动的有关部门要积极协助调查工作。

调查评估报告包括以下基本内容:

(1)事件的基本情况;

(2)事件原因分析;

(3)事件结论;

(4)事件处置的经验、教训及改进的建议;

(5)应急预案效果评估情况和应急预案的改进建议;

(6)必要的附件。

根据调查评估报告,对在处置突发公共事件中有重大贡献的单位、个人,给予表彰和奖励;对在处置突发公共事件中瞒报、漏报、迟报信息及其他失职、渎职行为的单位、个人,追究其行政责任。

六、应急保障

1. 通信与信息保障

各级应急指挥机构成员单位要畅通相关信息交流沟通渠道，保证各部门之间信息资源共享，确保通信畅通。

2. 应急装备保障

各单位要建立应急装备信息数据库，明确装备的类型、数量、性能和存放位置，建立相应的维护和调用制度，确保突发事件处置能够满足应急使用。

3. 应急运力保障

各级突发事件领导小组办公室要建立动态数据库，明确调用方案，当发生突发事件时，按照应急需要，保障运输运力需求，保障物资和人员能够及时、安全送达。

4. 应急人员保障

各单位要组织一批身体健康、政治素质高、熟悉有关政策法规的员工成立专兼职应急抢险救援队伍，建立应急抢险救援志愿者台账，确保在发生突发事件时能够迅速集中，开展应急救援处置工作。

5. 资金保障

突发事件应急工作所需的资金主要包括：风险隐患的监测治理、应急人员培训、应急演练、应急装备购置、应急补偿等费用，应急工作所需的资金，依据有关规定和原则分级负担，并予以保障。

6. 交通设施及物资保障

各单位要建立应急保障设施、车辆、机械设备和物资台账，实现信息共享、资源的合理调配与使用。

7. 宣传、培训和演习

各级突发事件应急工作领导小组要指导所属单位广泛开展应急工作的宣传教育；加强应急队伍的建设，定期或不定期组织应急培训和演练。

1）宣传教育

各级应急工作领导小组办公室要督促相关单位有组织、有计划地向基层干部职工和社会公众广泛开展应急宣传教育活动。

2）培训

各级应急工作领导小组办公室和各单位要定期或不定期对应急管理和救援人员进行培训。

3）演练

各单位要定期组织预案演练，演练要从实战角度出发，发动职工参与，达到普及应急知识和提高应急技能的目的。

七、常见事故应急处置

1. 冰雪事故应急处置

1）预警信息搜集

领导小组要及时根据各种预警信息，负责冰雪预警级别的信息传递。预警信息主要包

括降雪的起始时间、可能影响范围、警示事项、应采取的措施等。

2)预警信息发布及渠道

冰雪恶劣天气预警信息的发布、调整和取消渠道应该实现多元化和有效化,可通过公交内网、手机短信、3G 监控系统、内部信息平台等方式进行。

3)冰雪天气分级及防御措施

降雪分四级,即小雪、中雪、大雪、暴雪。

道路结冰预警信号分三级,分别以黄色、橙色、红色表示。

(1)小雪:0.1～2.4mm/d。

当路表温度低于0℃,出现降水,12h 内可能出现对交通有影响的道路结冰时,发布道路结冰黄色预警信号。

防御措施:

①由应急领导小组办公室向所属各车队发布降雪天气预警信息。

②各车队相关人员要及时到岗到位,了解降雪及路况并科学制定营运安全工作方案,做到科学调度、安全运营并及时向分公司报告线路降雪应急预案准备及实施情况。

③各车队要视情组织安全管理人员及突击队员到达本单位重点路段及站点进行护站并做好安全叮嘱工作。

④驾驶员做到适速行驶,注意观察,遵章行驶,与机动车、非机动车、行人保持必要的安全距离。

(2)中雪:2.5～4.9mm/d;大雪:5.0～9.9mm/d;暴雪:大于等于 10mm/d。

道路结冰橙色预警信号,表明路表温度低于0℃,出现降水,6 小时内可能出现对交通有较大影响的道路结冰。

道路结冰红色预警信号,表明 2h 内可能出现或者已经出现对交通有很大影响的道路结冰。

防御措施:

①由应急领导小组办公室向所属各车队发布降雪预警信息。

②各车队相关人员要及时到岗到位,了解降雪及路况并科学制定营运安全工作方案,做到科学调度、安全运营并及时向分公司报告线路降雪应急预案准备及实施情况。

③管理人员及突击队员迅速到达本单位重点路段及站点进行护站并做好安全叮嘱、上站撒沙(融雪剂)等安全保障工作。

④南部山区线路要加强巡视,做到"先看路后发车",涉及山区有关车队必须在头班车发车前对线路进行查看,条件允许时方可发车。对不能确保行车安全和存在重大事故隐患的营运线路,在请示总公司应急处置指挥中心同意后,采取"停外保内"营运措施。驾驶员要向乘客做好解释工作,停靠绕行路线临时站点,车队同时做好撤销站点的护站工作,车辆原地掉头要选择在安全地带。

⑤驾驶员行驶中,车速要严格控制,严禁脱挡滑行。如遇情况要采用不踩离合器的制动法或间断制动法制动,不得使用紧急制动,以防侧滑。在大到暴雪情况下,道路容易出现积雪、结冰,在结冰路上行驶时,道路中有车辙的应顺车辙行驶;没有车辙可循的,应走道路中间;若路面倾斜或一边有危险的,则应走平坦和安全的一边。不应忽左忽右,应尽量保持直

线行驶。在结冰路上，行人、站点乘车人与自行车、摩托车等容易突然滑倒，故必须放宽纵向和横向安全行车距离，以防相撞交通意外。

结冰路上会车时，应提前降速，选择宽平地点，加大横向间距，缓慢交会。

行驶中若遇前面有车辆行驶，则与之保持的前距，须比平时增大两倍以上，在路口不争道强行，做到“礼让三先”。

在结冰路上转弯时，速度要慢，转弯半径要大，不可急转急回，以防侧滑。若发现车辆侧滑，则必须松抬制动踏板，使车轮保持滚动，并将转向盘朝车尾侧滑的方向转动少许，便可使车辆稳定下来。

在通过桥坡时，应视坡度大小，选用适当的低速挡行驶，尽量避免中途停车。下坡时，应挂入低速挡，严格控制好车速，若遇情况要降速或停车时，必须采用间断制动法，不得使用紧急制动。

2. 营运车辆火灾事故应急处置

(1)立即停车、打开车门组织疏散乘客有序下车。当车门无法自动打开时，应当立即使用手动门开关，打开车门，确保乘客在第一时间内安全疏散完毕；

(2)关掉车辆电源总开关及燃气总开关，立即使用车载灭火器，扑救火灾；

(3)立即拨打“119”“110”报警、及时向所属车队领导报告情况，报告的内容应当包括事故地点、时间、火灾性质、危险程度、有无人员伤亡；

(4)车队领导接到报告后应当立即组织救援队员赶赴现场实施救援。同时向公司领导报告，遇有较大险情要越级上报。

3. 雾天应急处置

1)预警信息搜集

领导小组办公室要及时根据各种预警信息，负责雾情预警级别的信息传递。雾情预警信息包括预警级别、起始时间、可能影响范围、警示事项、应采取的措施等。

2)预警信息发布及渠道

雾天恶劣天气预警信息的发布、调整和取消渠道应该实现多元化和有效化，可通过公交内网、手机短信、3G 监控系统、内部信息平台等方式进行。

3)雾天预警信号分级及防御措施

雾天预警信号分三级，分别以黄色、橙色、红色表示。

(1)大雾天气黄色预警：12h 内可能出现能见度小于 500m 的雾，或者已经出现能见度小于 500m、大于等于 200m 的雾并将持续。

防御措施：

①由应急领导小组办公室向所属各车队发布雾天恶劣天气预警信息。

②各车队相关人员要及时到岗到位，了解雾情并科学制定营运安全工作方案，做到科学调度、安全运营并及时向分公司报告分管范围内的雾天恶劣天气应急预案准备及实施情况。

③各车队要立即组织安全管理人员及突击队员到达本单位重点路段及站点进行护站并做好安全叮嘱工作。

④驾驶员做到适速行驶，注意观察，遵法行驶，与机动车、非机动车、行人保持必要的安全距离。

(2)浓雾天气橙色预警:6h 内可能出现能见度小于 200m 的浓雾,或者已经出现能见度小于 200m、大于等于 50m 的浓雾且可能持续。

防御措施:

①由应急领导小组办公室向所属各车队发布雾天恶劣天气预警信息。

②各车队管理人员及时到岗到位,了解雾情并科学制定安全营运工作方案,做到科学调度、安全运营,向公司动态汇报浓雾天气下分管范围内的安全生产预案准备及实施情况。

③管理人员及突击队员迅速到达本单位重点路段及站点进行护站并做好安全叮嘱工作。

④驾驶员车速应当控制在 20km/h 以内,并打开危险报警灯、雾灯,注意观察,按照规定车道行驶,遇情况要先慢、先停、先让,确保行车安全。

(3)强浓雾天气红色预警:2h 内可能出现能见度小于 50m 的雾,或者已经出现能见度小于 50m 的雾并将持续。

防御措施:

①由应急领导小组办公室向所属各车队发布雾天恶劣天气预警信息。

②各车队管理人员及时到岗到位,了解雾情并科学制定安全营运工作方案,做到科学调度、安全运营,向公司动态汇报强浓雾天气下分管范围内的安全生产预案准备及实施情况。

③管理人员及突击队员迅速到达本单位重点路段及站点进行护站并做好安全叮嘱工作。

④驾驶员应当将车速控制在 5km/h 以内,以路边电线杆、路沿等明显物体为参照物,在规定车道内谨慎驾驶,高度警惕,一旦遇紧急情况,立即停车,确保安全。在红色预警的情况下,大雾出现能见度小于 10m 时,车辆应当选择安全地点停运,打开危险报警灯、雾灯等起到警示作用的灯光装置,驾驶员在车前后一定距离内设置明显标志,并在车下指引其他车辆绕行或避让,确保安全。

第三模块

城市公共汽电车客运企业岗位安全知识

第一章 公共汽电车驾驶员岗位安全知识

驾驶员是城市公共汽电车客运行业核心岗位之一,对企业安全的影响也是最大的。以济南公交总公司为例,驾驶员人数占比超过一半。和别的岗位不同,驾驶员工种不多,绝大部分驾驶员属于营运驾驶员(包括 BRT 驾驶员和电车驾驶员),还有一小部分驾驶员会有一些特殊的工作需要,如清障车驾驶员、押款车驾驶员、危化品运输车驾驶员等。本教材所指的驾驶员,如无特别说明,均是指营运驾驶员。本章内容主要包括公共汽电车驾驶员的通用安全知识,另外会补充 BRT 驾驶员、电车驾驶员、清障车驾驶员部分特殊安全知识。

第一节 岗位工作标准及安全操作规程

一、驾驶员岗位工作标准

1. 范围

本标准规定了公交车驾驶员的资格要求,以及签到考勤、出车准备、运行服务、车厢服务等基本操作要求。

本标准适用于指导公交车驾驶员岗位的日常操作。

2. 资格要求

(1)热爱公交事业,具有合法的中华人民共和国机动车驾驶准驾证件。

(2)身心健康,无职业禁忌。

(3)3 年内无重大以上道路交通责任事故及犯罪记录。

(4)应具有高中(含中专、职专)以上学历。

(5)按要求参加公司组织的录用考核并合格。

(6)具有较强的服务意识和组织纪律观念,严格遵守道路交通安全法及公司各项规章制度。

3. 签到考勤

1)上岗时间

(1)应在出车前 20min 到达车辆停放地点。

(2)冬运期间,应在出车前 30min 到达车辆停放地点。

2)上班方式

(1)主站驾驶员应在站房考勤机刷卡签到,也可通过车载机规范签到。

(2)副站驾驶员可通过车载机规范签到。

4. 出车准备

1)站房内准备工序

(1)应检查是否随身携带驾驶证、服务工号及有效票据。

(2)应按照酒精测试仪标准进行测试。

(3)应逐一查看站房内张贴的适时通知、安全叮嘱和服务叮嘱,并按规定进行签字确认。

(4)应到现场调度员处领取路单,按照规定进行填写并随车携带。

2)车辆性能检查工序

(1)对车容进行检查,车身漆面(车体广告)应保持完好、无刮擦或变形,车窗玻璃应齐全、无裂纹。

(2)当营运驾驶车辆为无轨电车时,应对电车的技术性能进行例行检查,检查工序、内容及要求包括:

①集电头滑块无开裂缺损,无不规则磨损,厚度不应小于原厚度的1/3,底座及夹板应紧固、无松动。

②集电头转动应俯仰灵活,绝缘子应清洁无破损、绝缘有效,保险绳应保持完好,集电箱应安装牢固、无卡滞。

③行程开关应断合准确、良好,硅盘、电容、电感、制动电阻、绝缘子应清洁、干燥,主电动机应固定可靠、清洁干燥。

④各高压接线应牢固,斩波器控制箱、直流变换器电源指示灯亮,低压电压表显示应在24V~28V,起步电流为200A左右。

⑤车内外各部灯具应齐全有效,直流电源变换器、脱线铃、电动刮水器应工作正常,蓄电池应保持清洁,电解液的高度不足时应及时补加,车门开关应灵活有效,逆变器应工作正常。

⑥空压机正常工作,助力泵、油罐、油量良好,可保证正常运行;传动带无断裂破损,张力符合要求;充气正常无异响,管路无堵塞、无渗油、漏气现象。

⑦车辆无漏油、漏气、漏电现象。

⑧应保持轮胎气压正常,轮胎螺栓紧固、无异常磨损现象,后轮两胎间无夹石。

⑨当营运驾驶车辆为汽车时,应对汽车的技术性能进行例行检查,检查工序、内容及要求包括:

a. 机油、冷却液、气、电无“四漏”现象,保持正常标准;

b. 应保持轮胎气压正常,无夹杂物和非正常磨损;

c. 发动机外部应清洁卫生,紧固附件应保证齐全有效;

d. 乘客门、各舱门应确保开关灵活、锁止有效;

e. 车身外蒙皮、前风窗玻璃、边窗玻璃无破损;

f. 各仪表应齐全有效。

(3)应对驾驶车辆进行安全性能检查,检查工序、内容及要求包括:

①灯光、刮水器、喇叭、后视镜、监视器等应齐全有效;

②灭火器应合格有效;

③确保车辆制动装置良好有效;

④转向盘自由转动量应符合标准范围;

⑤车厢内座椅、扶手等设施无松动、缺损现象。

(4)当上述三步检查过程中发现问题,应持路单及时向维修车间报修,并及时向现场调度员和值班员报告故障情况,听从现场调度员的调度安排。

(5)应对驾驶车辆所携带的燃油(或燃气)量进行检查,查看并认真核算车辆油、气能否满足当日营运班次需求,可分为以下3种情况:

①当能源能够满足当日营运班次需求时,应正常运行,并在下班后或交班前再次核算,满足次日该车能源需求;

②当能源仅能满足当日部分营运班次需求时,可经允许后借车运行;

③当能源消耗殆尽无法出车时,应第一时间告知调度员、机务员,经允许后借车运行或延后出车。

(6)能源添加应满足以下要求:

①电车由供电线网提供动力,未经允许禁止脱杆运行,当遇严重路堵、前方事故、交通管制等特殊情况,应请示机务员后遵嘱运行;

②加油汽车车辆应在前一日检查当日油料储备,按指定加油站加油、橇装式加油站加油、油料运输车加油3种方式的要求提前加油:

注意1:当前往指定加油站加油时,应按照指定路线行驶;

注意2:橇装式加油站加油时,应严格按照加油流程规范操作;

注意3:油料运输车加油时,应把握好油料消耗和填充的规律性,掌握用油进度、班次情况和运油车到来时间。

③加气车辆驾驶员需在前一日检查当日燃气储备,提前加气;一般为前一日当车驾驶员下班后沿指定路线,前往指定加气站加气,满足次日车辆运行的能源需求。

3)车厢卫生及服务设施检查

在完成对车辆技术性能和安全性能的检查后,应对车厢卫生及服务设施进行检查,检查工序、内容及要求包括:

①车身外皮应清洁、无污物,玻璃应清洁明亮、无卫生死角,轮胎和轮毂应清洁、无积泥及油污;

②车厢内踏板、车门等应清洁、无油污;驾驶区应清洁卫生、无杂物,仪表盘及操作平台应清洁、明亮;

③应按车型将服务工号悬挂在驾驶员前方的规定位置,并保持工号清洁、完整;

④公交车线路牌(前牌、腰牌、后牌)应清晰、齐全有效,无缺字、不亮、照明亮度不够现象;

⑤便民图、社会承诺图、车辆自编号等应齐全有效,无破损、无卷边现象;

⑥LED显示屏应工作正常,无缺字、文字不清晰和故障现象;

⑦录像设备应齐全有效,摄像头位置、角度应准确,硬盘应工作正常,无缺失及故障现象;

⑧报站器、司辅器应齐全有效,GPS、GPRS应接线牢固、无虚接现象;

⑨随车钟表应显示正确的时间、日期;

⑩当发现服务设施有损坏、松动等问题时,应及时告知服管员,并由值班员协助解决,如需要延时发车应及时告知现场调度员。

4)票务检查

(1)应将车票加入车票夹。

(2)应确保票箱整洁、完好。

(3)应观察票箱周围是否有零币,当发现有零币时应及时报告现场调度员及值班员,驾驶员严禁接触钱币。

5)发车准备

(1)完成步骤1)~4)所有准备工作后,应将车辆停放在规定位置,并在车辆周边或站房内等候。

(2)冬运期间应在完成对车辆的技术性能、安全性能检查后,提前对车辆进行预热,保证水温达到40℃以上方可起步并投入运行。

(3)提前将车辆停放在发车区,等待发车指令。

(4)保持良好的身体精神状态,无不良或负面情绪,应保持积极轻松的心情和不争不抢、平和的驾驶心态。

5. 运行服务

(1)发车指令下达后,在确认安全的前提下提前2~3min进站。

(2)到达发车时间时,应提前1min按下报站器确认键,待班次确认成功后,正点发车。

(3)应开启公交车线路牌(前牌、腰牌、后牌)运行,禁止关闭三牌及私自绕线行驶。

(4)应遵守交通法规和营运纪律,做到逢站必停、依次进站,3辆及以上车辆同时进站时,第三辆车必须二次进站,不得随意越站和甩站。

(5)遇站点秩序混乱时,应先靠边、后进站,不得强行进站或越站停车,不得在站点滞留。

(6)到达站点时,应勤做观察,避免站头站尾事故,当前方遇有其他线路车辆在上下乘客时,应依次进出站,同时应进行二次进站或多次进站。

(7)车辆进站时,应进行如下操作:

①距站牌30~100m处开启右转向灯;

②距站牌30m时,车速应降至15km/h以内,冰雪道路应控制在5km/h以内;

③不得抢拦正在行进的车辆,并注意有无行人突然走下人行道。

(8)车辆进站停车时,应符合以下要求:

①进入港湾式停靠站,前方没有车辆时,停在站亭最前端,右轮外侧距离路沿30cm,乘客能一步上下车;

②进入非港湾式停靠站,前门对准站牌,右轮外侧距离路沿60cm;

③多辆车同时进站时,前后车保持1m以上的安全车距,不得超越停车、截头猛拐,做到停稳车开门、关好门行车。

(9)行驶中,除操纵其他机件设备外,应双手把握转向盘,不得随意驶离规定车道和同线超车,应做到起步稳、行车稳、停车稳。

(10)行驶中,应密切关注车辆和行人的动态,特别是公交专用道路口,发现异常及时采取措施,谨慎驾驶,并执行“三二一”操作规程,具体操作如下:

①距车站30m左右发现行人、非机动车横穿道路时,应鸣喇叭(市内禁鸣区断续鸣喇叭),车速降至25km/h;

②距车站20m左右发现行人、非机动车继续穿越时,车速降至15km/h以内;

③距离行人、非机动车 10m 时，应停车让行，严禁绕越。

(11)车速应控制在规定范围内，市内不宜超过 40km/h，与前方车辆保持 10～20m 以上的安全距离，遇到情况应提前降速，避免紧急制动。

(12)通过路口时，应在距路口 100～300m 处降低车速，做到一慢、二看、三通过。

(13)运行中，应注意观察各种仪表、指示灯，注意车厢内的设施设备、各部件和发动机有无异响和异味，发现异常时应立即靠边停车，检查或联系抢修。

(14)在运行服务中，不得吸烟、闲谈、看报纸、接打电话等，不得中途停车上下乘客。

(15)如遇路堵、车坏等紧急情况，可在停车状态下联系车队管理人员进行处理。

(16)当接到现场调度员通过报站器发送的指令时，应自觉按照指令运行。

(17)当车队发放区间车或放空车时，应按照现场调度员的指令运行，并给乘客做好解释，防止发生投诉。

(18)承担包车任务时，应按照车队外出包车安全管理规定执行，并在规定上签字确认。

(19)车辆运行至终点站时，应检查车内是否有易燃易爆品和危险品，排除危险后方可驶入场区。

(20)运行中安全、文明驾驶的要求，应按总公司《公共汽、电车驾驶员单程服务操作规程》的规定严格执行。

6. 车厢服务

(1)乘客乘车前，应做好易燃易爆、危险品检查工作，防止安全隐患。

(2)应认真监督乘客投币，正确使用收费机，提醒乘客将钱币展开；当遇乘客拥挤时，需对乘客进行疏导并监督投币；各种带有照片的证件，应检查照片与乘车人是否相符。

(3)应准确使用报站器，进站时应在离站 50m 播报到站语音，当报站器发生故障不能正常使用时，应使用普通话进行口语报站，多次进站或客流较大时应使用重复键重复报站。

(4)应主动关心照顾老、幼、病、残、孕及抱小孩的乘客，使用服务宣传键，宣传、动员乘客为特需乘客让座。

(5)当遇有乘客询问时，应在保证行车安全的情况下，耐心解答乘客询问，应做到有问必答、多问不烦。

(6)当车厢内乘客拥挤时，应积极进行疏导并正确使用十字文明用语，请字开头、谢字收尾，做到耐心、文明、礼貌、规范。

(7)根据季节变化，应按规定使用空调和暖风设施，保证车厢内的正常温度，其使用应满足以下要求：

①K 系列空调车应于每年 6 月 1 日至 9 月 15 日期间，在运行中全时开启空调，当遇有特殊天气气温较低时，空调温度可适当调整，其他时期温度高于 28℃时应开启空调，并使车厢内温度不高于 28℃。

②配置暖风设备的车辆应于每年 11 月 1 日至次年 2 月底期间，在运行中全时开启暖风设备。

(8)当夜间行车进站上、下乘客时，应开启车厢照明灯。

(9)到达终点站时，应做好以下工作：

①应提醒乘客携带好随身物品下车；

②应及时清客，到达副站时应做好清客解释工作；

③环形线路到达副站及上行起点站，应杜绝清客，允许乘客乘坐车辆

二、驾驶员岗位安全操作

1. 驾驶员工作状态要求

(1)认同公司管理文化，严格遵守交通法规、行业管理要求和公司规章制度，服从安全指挥，严格要求自己，积极参与培训学习，不断提高岗位技能。

(2)牢记“安全第一、预防为主、综合治理”安全工作方针，树立“以客为尊”品牌服务理念，精心操作，树立安全意识、服务意识、规范意识、成本意识、环保意识，养成良好的职业道德和谨慎规范操作习惯，致力为乘客提供“安全、便捷、环保、舒适”的公交服务。

(3)上岗驾驶员必须能熟练操作所驾驶车辆和各种车载服务设备，熟悉线路途经路段站点、站名，熟悉线路沿途危险路段操作要求和各路段准点时间，熟悉线路运调作业、技术保障、后勤保障、岗位责任考核内容和安全操作规程。

(4)驾驶员要保证充足的睡眠时间和良好睡眠质量，上班时要放下一切思想包袱，保持“平常心态”，保持良好的体力、集中精力驾驶车辆。

(5)严禁饮酒后开车、带情绪开车、带病勉强开车、服药后开车、疲劳开车，不得在夜间和阴天戴深色眼镜。

(6)行车过程中驾驶员不得与他人闲谈、接打手机、吸烟、饮食、看资料或戴耳机耳塞。行车时不做与安全行车无关的事，任何时候不做有损员工形象的行为。

(7)当班驾驶员必须穿着干净整齐工作服、带齐有效驾驶证、上岗证上班，严禁敞衣领上岗、穿高跟鞋、拖鞋或赤脚开车。

(8)任何人不得将车辆交给不具备上岗资格的驾驶员单独驾驶。

2. 三检工作要求

(1)驾驶员须提前在发车之前20min报到，做好行车准备工作。

(2)驾驶员当班期间需做好“三检工作”。三检工作是指出车前、行驶中、收车后对车辆各部件和清洁卫生的检查工作。

①出车前检查内容包括：(具体检查标准参照公交公司车辆技术标准)

a. 发动机：燃油、机油、冷却液、传动带；

b. 电器电路：蓄电池、灯光、仪表、电器、音响系统；

c. 行驶系：制动油液、制动系统、轮胎、轮胎螺栓；

d. 传动系：传动轴、半轴螺栓；

e. 转向系：转向机、液压油、横直拉杆；

f. 车身：车门、后视镜、玻璃、挡泥板是否有破损。注意检查车厢座椅、底板、扶手是否牢固平整，有无危害乘客安全的破损；出发前调节好驾驶员座椅、后视镜位置(行驶过程中不得边行走边调座椅或后视镜)；

g. 附属设施：灭火器、空调机、报站器、票款箱、电子三牌、服务标识标志等是否齐全有效。

②起动机起动前要确认车辆处于空挡位置，拉好驻车制动器、操纵杆，起动一次不能超过10s，连续起动要间隔2min，起动后禁止猛踩加速踏板升温、充气。起动后15s内必须有机油压力显示，否则要停机检查。

③车辆起动后检查是否有机油压力升高、漏电、漏油、漏气、漏水、异响、冒黑烟现象。早上出发前车辆必须怠速运转5min，待水温上升至40℃以上和制动气压达到标准才能出车。

④检查车辆和车厢内清洁卫生是否达到公司清洁卫生标准，是否按时消毒，做好安全、清洁检查监督记录并签名，发现存在不适合营运问题及时报修并通知调度员暂停发车，立即整改。

⑤行驶中主要检查安全部件，内容包括：仪表指示信号；车辆动力状况变化；离合器、制动器、转向行程和性能变化；异响、异味、异常状况；有问题及时在安全区域停车检查。

⑥收车后操作、检查内容包括：车辆熄火之前要怠速运行3～5min，充分冷却涡流增压器。注意检查发动机工作情况，轮胎、灯光、挡泥板、玻璃状况。清洁车厢、关闭总电源和门窗、排放储气筒积水、锁好票款箱和车辆防盗锁，做好交班工作后方可下班。

3. 车厢环境要求

(1)驾驶室内、车头要保持清洁、整齐，不乱张贴图片、悬挂、堆放杂物妨碍视线；口盅杂物摆放要固定，确保安全，以免影响正常操控车辆和杂物滑动卡住制动踏板发生危险。

(2)保持车厢内环境干爽、洁净、整齐、舒适，达到公交总公司车厢服务标准。

(3)调节适宜的温度、湿度，保持空气清新，照明充足，减少噪声干扰，室外气温23℃以上时必须开启空调，音响声音要控制在适当范围。

4. 起步操作要求

(1)始发站提前3min开车门等待乘客上车，发车时间到或发车铃响30s内起步。

(2)乘客上车后，应先关好车门，提示乘客坐好扶稳，然后观察车辆四周情况，开启左转向灯，确认安全后用一挡(自动变速器车辆用“D”挡)平稳起步，注意离合器与加速踏板的配合，做到起步平稳。

(3)起步时要预防关车门夹伤人，车辆起步过猛跌伤人，出站与道路直行车碰撞，与车辆间隙中突然冲出行人相碰等交通、服务事故。

5. 普通道路行驶操作要求

(1)行驶中要做到加速平缓、制动减速平缓、停车平稳、转弯平顺。

(2)车速控制要求。

①保持与交通流和道路环境相适应的车速行驶，禁止超速行驶。

②在道路条件较好的普通水泥路面时速控制在45km/h以下，在人车混杂路面30km/h以下。

③有限速标志的路段按标明的车速以下的速度行驶。

④进出停车场、上下地沟时车速应控制在5km/h以下。

⑤通过路口、斑马线、辅道进出口、绿化带缺口要做到“一慢、二看、三通过”，按交通指示、标志、标线或警察指挥，看清四周、控制20km/h以下速度安全通过。

(3)遵循右侧通行、各行其道的原则按车道行驶。

①无分道线路面要选路中间行驶,有分道线路面按导向车道行驶,不得违法行驶在非机动车道,不得跨线行驶,尽量减少变道、借道,不得蛇形行车,不得长期行驶在超车道。

②在划有导向车道的路口,须按行进方向分道行驶。未设置导向标志、标线的交叉路口,左转弯的机动车应当提前驶入最左侧的车道转弯,右转弯的机动车应当提前驶入最右侧的车道转弯。

③行车遇前方有障碍时,可以借用相邻的机动车道通行,转弯、借道行驶时要提前开启转向灯,让优先通行车辆先行。

(4)礼让行车。

①礼让“三先”,先慢、先让、先停。

②驶入、驶出道路或者借道通行时,应当让在道路内正常行驶的车辆或者行人优先通行。

③遇喷涂“校车”字样并载有学生的客运车辆应当让行。

④通过路口、人行道、人车混杂路段要主动避让行人、非机动车辆,遇老年人、儿童、孕妇、抱婴儿者,以及持盲杖的盲人、行走不便的残疾人横过道路,应当停车让行。

⑤遇行人、车辆突然横过道路的危急时刻,应第一时间紧急制动停车避让,不能有侥幸心态。

⑥道路变窄或遇前方道路有障碍时,要遵守依次通行原则,不得违法抢行。

(5)特殊路面安全操作要求。

①下陡坡时要控制车速、选好车道,挂低挡运行,禁止熄火、空挡滑行或超速下坡。注意防止因长时间使用行车制动使车轮制动器摩擦片过热,致使车辆制动效能下降;或因滑行惯性太大导致车辆失控。

②通过普通水漫路面要先选好路线、测好水深,用低速挡平稳通过,中途不能停车。通过水漫路后要停车检查,使用点踩制动踏板方法去除轮毂积水后方可继续正常营运。万一中途车辆熄火后不能强行再起动发动机,要人工将车辆推离水漫路面,并经过检查确认车辆安全后方可再起动发动机。

③凹凸不平路面要先选好路线小心行驶,防止底盘撞击地面。

④遇雨、雾、风、雪天气或路面洒水、结冰、有油污时,要增大安全跟车距离,谨慎采取制动措施,小心慢速行驶,严禁高速空挡滑行。防止车辆因各车轮制动力不均衡侧滑失控。万一发生侧滑时,要及时放抬制动踏板,先顺着滑出方位转动转向盘,停止侧滑后再慢慢修正行驶方向。

⑤摩托车混合行驶路段要平缓减速、转向盘要小转小回、注意看清车辆两侧及后方摩托车动向,防止摩托车追尾或与其剐蹭事故。

(6)保持安全距离。

①注意与前车保持安全跟车距离,一般保持相当于本车速度米数的距离,比如 60km/h 速度最少要有 60m,40km/h 速度最少要有 40m。

②注意与道路其他交通参与人保持侧向安全间距。

③遇路边、站台人多拥挤时,要与行人保持 50cm 以上安全距离,防止乘客被挤倒或挤近车辆发生危险。

④禁止高速并排行车;呈队列行车时,连续跟车不能超过4辆。

⑤前方车辆或其他静止障碍物形成视线盲区时,要提前减速、交替使用近远光灯、鸣喇叭小心通过(特区内禁鸣喇叭),提防从视线盲区突然冲出车辆、行人。

(7)超车操作要求。

①行驶中需要超越前车或者变更车道时,必须提前开启转向灯,夜间还须变换使用远、近光灯,确认与要进入的车道前方车辆以及后方来车均有足够的行车间距后,再驶入需要进入的车道。

②超车时只允许使用相邻的车道。不得从前车右侧超车。不得在超越前方车辆后突然减速、转弯。

③下列情形不得超车:在交叉路口、窄桥、弯道、陡坡、隧道、人行横道、交通流量大的路段等地点;前车正在左转弯、掉头、超车时;与对面来车有会车可能时;前车为执行紧急任务的警车、消防车、救护车、工程救险车。

④遇前方车辆停车排队等候或者缓慢行驶时,要依次等候,不得从前方车辆两侧穿插或者超越行驶,禁止逆行超车。

(8)进站停车上下乘客操作要求。

①营运中不得到站不停,不得在有规定站点范围外上下乘客,不得无正当理由拒载乘客、中途逐客、滞站揽客。

②不得在路口、人行横道、黄色网状线内、立交桥、隧道等禁止停车地点上下乘客。

③车辆靠站停车要提前距车站100~30m减速,开启右转向灯,进入车站、靠边摆直(右轮外侧距路边60cm以内为宜、车辆侧边与路沿平行)、停稳后方可开门上下乘客。遇有积水应避开有水路面停靠。禁止在行车道上下乘客、紧急制动停车上下乘客。

④营运中车辆应排队按先后顺序进站插队。在港湾式站台停靠要尽量停到站台前方,方便后方车辆跟随进站。遇站前有2辆以上公交车停车上下乘客的,必须待前方车辆起步后再起步进站,依次从站前出站,有乘客要求上下时应二次进站。

⑤为维护上车秩序,提高车辆运行速度,自动投币车上不设找零,乘客相互找换零钱应劝告不要阻碍其他乘客乘车,严禁驾驶员擅自收钱,禁止乘客在票款箱口收取找零。

(9)车辆发生事故、故障时操作要求。

①车辆万一发生事故,驾驶员须立即停车、保护现场、设置警示标志、抢救伤者、收集证人证据,并及时报警、报告车队救援。现场车辆必须留有人员看守,防止证据和物品丢失。

②车辆因故障需停车时,应将车辆尽量停放在路边不阻碍交通、安全地点。

③车辆因事故、故障停车时,当班驾驶员应在来车方向100m位置设置故障车辆警示标志。在夜间或者遇风、雨、雪、雾等低能见度气象条件时在普通道路上临时停车,应当开启危险报警闪光灯、示廓灯、后位灯。

④在做好安全防护措施,确保安全情况下,当班驾驶员应尽快将乘客疏散到路边安全地带。

⑤车辆因故无法正常营运时,驾驶员应向乘客说明原因,并引导乘客安全转乘本线路后续车辆。后续车辆驾驶员应积极协助转乘,共同做好转乘过程安全工作,不得拒载。

⑥车辆进厂维修，必须服从修理厂安全管理规定，地沟有人时禁止开车上下地沟；车辆修好后起动前要先确认车底无人后、鸣喇叭方可起步。经维修公司检验员检验合格后方可开车离厂。

6. 车厢服务要求

(1)乘客在车辆行进中不得在车厢内来回走动，头手不要伸出窗外。

(2)小心照顾好“老、弱、病、残、孕妇和抱婴儿者”乘车，动员乘客让座。

(3)乘客携带危险品、违禁品上车要依法阻止，阻止无效可报警处理。

(4)禁止为别人托带行李，乘客遗留在车上的行李禁止擅自开拆，危险品当场处理，其他物品当次上交车队处理。

7. 其他安全操作要求

(1)上班期间停车填写路单、发车，预计停场超过5min必须关闭发动机，驾驶员下车后必须带走车辆钥匙，关好车门。

(2)车辆下班回场停放，必须按规定路线和时间由当班驾驶员直接将车开回停车场，禁止在中途逗留、办私事。

(3)车辆停场应服从值班员或护场站人员指挥，按指定位置摆放整齐，保持消防通道畅通，做好回场检查工作。

(4)车辆万一发生火警或其他异常现象，要保持镇定，及时将车辆停到安全地带，关闭电源、发动机，组织乘客快速有序下车疏散，正确使用灭火器瞄准火源根部喷射灭火，积极扑灭火源，及时报警求援。

行车时车厢内发生治安、刑事案件或其他突发事件，驾驶员需用报站器提示乘客注意，配合受害人报警，保护好现场。乘客之间发生纠纷应停车劝止，劝止无效可要求其下车。突发情况及时报告车队或报警处理，切忌擅自处理，破坏现场，造成善后处理工作麻烦。

三、BRT驾驶员、电车驾驶员和清障车驾驶员特别安全注意事项

BRT驾驶员、电车驾驶员和清障车驾驶员除了遵循通用驾驶员安全操作相关要求外，还有一些需要特别注意的安全事项。

1. BRT驾驶员安全注意事项

(1)在BRT专用道运行时，车辆进入站台，开启左侧车门按键，当由BRT专用道转入常规公交专用道时，根据报站器提示及时须将车门、车门监控器切换到右侧开门位置(有必要重复报站提示或口头提醒车门转换)。

(2)在设有BRT公交专用道的路段，BRT公交车原则上不允许超车，特殊情况除外。

(3)在路口，切记BRT信号优先是相对优先，所以要严格执行“三、二、一”操作规程，即：发现行人和非机动车时，距离30m鸣笛，距离20m降速，距离10m停车让行；不要过度的依赖信号灯，因为每天闯红灯的行人和车辆大有人在，绿灯通行时同样危险重重；BRT公交车站全部为路中央设计，在通行路口时应注意左侧桥墩后方、中央绿化带中间情况以及左转待行区内横穿的行人和车辆动态(行人在车前猛穿道路，障碍物遮挡视线形成的视线盲区)。

2. 电车驾驶员安全注意事项

(1)当遇到阴雨天气时应加大车辆检查力度，在出车前应对下列项目进行重点检查：

①车身下部的各类管线，放气拉杆等设施，要求固定良好，防止因涉水造成损坏。

②雷雨天气打雷时电车切勿从电网供电，以防雷击，车辆前后保险杠，车牌及消声器，要求固定可靠，防止在涉水中脱落。

③车辆各类电器设施，要求绝缘良好，工作有效，固定可靠，各类熔断丝符合使用要求。

（2）涉水深度要求。积水深度超过30cm时，公交车辆不允许涉水，而电车则要求更高，积水超过20cm时，严禁冒险通过。具备底盘高度可调功能的车辆在涉水时应将底盘高度调至中档以上，提高车辆的涉水能力。

（3）涉水过程中如何操作。遇暴雨天气，驾驶员应按公司应急预案的要求选择有利地形、路线行驶，一旦遇到紧急情况或突发情况，应及时寻找安全地点临时躲避。在确认安全的情况下，确需涉水时：

①应挂入低速挡缓慢驶入水中，稳住转向盘，同时稳踩加速踏板，保持车辆有足够而稳定的动力，力争一气通过，尽量避免中途停车、换挡或急转弯。

②当出现车轮打滑或下陷，切忌猛踩加速速板冲车，应在发动机不熄火的情况下，在人力或其他车辆的协助下驶出漫水区。

③涉水过程中严禁快速驶过，以避免溅起水浪造成车辆损坏。

（4）车辆涉水后。

①应使车辆在低速行驶情况下连续轻踩制动踏板，及时排除制动鼓（盘）与摩擦片之间的水分，尽快恢复制动性能（尤其是鼓式制动车辆）。

②注意观察各类仪表是否显示正常（尤其是电压表与气压表）、有无故障报警显示，如有异常应及时停车检查。

③注意观察车辆行驶中有无异响、异味，如有异常应及时停车检查。

（5）当车辆在涉水过程中抛锚时。

①普通公交车抛锚时，驾驶员应及时拉紧驻车制动器操纵杆，挂入空挡，打开车门，迅速疏散乘客。然后关闭车辆电源总开关和车门。气瓶下置的天然气车辆要及时关闭气瓶阀。

②电车抛锚时，驾驶员拉紧驻车制动器操纵杆后首先要提醒乘客留在车厢内不要下车（并提醒乘客手和身体不能触及车体），然后自己下车（必须做到双脚齐跳落地，且手及身体不能触及车体）到车尾后拉下电车集电杆，关闭新能源车高压蓄电池组开关，再让乘客下车（为防触电，应让乘客双脚跳跃下车），车辆停止运行，等待救援。

③因涉水熄火造成抛锚或抛锚后发动机被水浸的车辆，严禁起动发动机，以免造成重大机件的损坏，应进行拆检彻底排除故障后方可起动。

（6）涉水车辆收车后，认真做好收车后的检查，需重点检查的项目：

①及时清理悬挂在底盘上的杂物，检查车下的各类管线有无损坏及其固定情况。

②对气瓶下置的天然气车辆要重点检查各类阀门、钢瓶、钢瓶支架及管路的完好情况及其固定情况。

③检查各类电器设施及线束的完好情况。

④电车要逐车检测其绝缘情况，确保车辆使用安全。

⑤对涉水抛锚或涉水严重的车辆要检查其机油、齿轮油是否变质，空气滤清器是否损

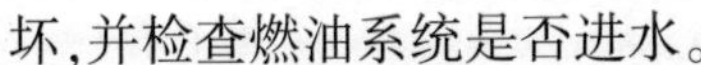

坏,并检查燃油系统是否进水。

3. 清障车驾驶员安全注意事项

(1)清障车驾驶员须持证上岗,不疲劳驾车,不酒后(隔夜酒)驾车,不驾驶没有消防设备和机件失灵、违章装载的车辆上路。

(2)严格落实出车前、行车中、收车后的车辆“三检”,确保转向、刮水器、灯光、制动等安全部件和车辆起升、拖运等装置齐全有效,时刻保持车辆技术状况良好。

(3)在移动清障车连接被拖救车辆过程中,遇有视野盲区,要由被拖救车辆人员等做好现场监控指挥,确保不发生碰撞伤人等事故。

(4)清障车在停车或连接被救车辆时,要及时拉好驻车制动器操纵杆,确保不发生溜车等事件。

(5)拖救车辆前,首先确保救援车托架或拖杠与被拖救车辆连接好并用锁链捆绑牢固,电车要确保集电杆捆绑固定牢固。在对车辆四周进行全面检查,确保车辆边舱盖关闭锁止牢固,无其他影响拖运因素后,方可进行车辆拖救。

(6)在拖运燃气耗尽的公交车辆时,要首先将燃气耗尽公交车辆拖运到指定地点,对储气瓶内气体进行氮气置换,不能直接拖到加气站加气。

(7)当清障车转弯、穿过斜坡和在高低不平、光滑泥泞的路面上行车时要减速行驶,尽量避开太陡的陡坡,如果必须在斜坡上行走,要尽可能使用低速挡缓慢行驶,确保行车安全。

第二节　岗位风险点、危险源

一、作业活动风险点清单

按照作业活动进行划分,公共汽电车驾驶员岗位风险点主要是营运驾驶作业,BRT 驾驶员岗位风险点主要是 BRT 营运驾驶做作业,电车驾驶员岗位风险点主要是电车营运驾驶作业,清障车驾驶员岗位风险点主要是清障车作业,详见表 3-1-1。

驾驶员岗位作业活动风险点清单　　表 3-1-1

序号	作业活动名称	作业活动内容	区域位置	可能发生的事故类型及后果	活动频率
1	营运驾驶作业	做好出车前、行驶中、收车后的营运驾驶工作,为有出行需求的市民提供运送服务	营运线路、场站	车辆碰撞、刮擦、人员撞伤、摔伤	频繁进行
2	BRT 驾驶作业	做好 BRT 车辆出车前、行驶中、收车后的营运驾驶工作,为有出行需求的市民提供运送服务	营运线路、场站	车辆碰撞、刮擦、人员撞伤、摔伤	频繁进行

续上表

序号	作业活动名称	作业活动内容	区域位置	可能发生的事故类型及后果	活动频率
3	电车驾驶作业	做好电车车辆出车前、行驶中、收车后的营运驾驶工作，为有出行需求的市民提供运送服务	营运线路、场站	车辆碰撞、刮擦、人员撞伤、摔伤	频繁进行
4	清障车作业	按需求进行车辆拖救	营运线路、场站	车辆碰撞、刮擦、人员撞伤	间断进行

二、设备设施风险点清单

按照设施设备、固定场所、区域进行划分，驾驶员岗位风险点包括公交车辆和停车场区，其中停车场区的风险在值班员岗位进行辨识，详见表3-1-2。

驾驶员岗位设施设备风险点清单　　表3-1-2

序号	设备名称	类　别	型　号	区域位置	是否特种设备
1	公交车辆	公交车辆	包含CNG车辆、LNG车辆、纯电动车辆、柴油车辆	停车场	否
2	停车场区	场所		停车场	否

三、危险源辨识

对上述识别到的作业流程进行工作危害分析（JHA），并通过作业条件危险性分析评价法（LEC）进行风险评价分级；对上述识别到的设施设备进行安全检查表分析（SCL），并进行风险评价分级。风险评价分级结果见附表。

第三节　岗位风险分级管控措施

一、作业活动风险分级管控清单

根据已经完成的岗位风险分级，对岗位作业活动风险现有管控措施进行分析梳理，查漏补缺，并分配相关责任单位和责任人，形成本岗位作业活动风险分级管控清单，详见表3-1-3。

二、设施设备风险分级管控清单

根据已经完成的岗位风险评审分级，对不同的岗位风险现有管控措施进行分析梳理，查漏补缺，并分配相关责任单位和责任人，形成本岗位设施设备风险分级管控清单，详见表3-1-4设施设备风险分级管控清单。

驾驶员岗位作业活动风险分级管控清单

表 3-1-3

风险点		作业步骤	序号	危险源或潜在事件	可能发生的事故类型及后果	风险分级	管控措施					管控层级	责任单位	责任人
编号	名称						工程技术措施	培训教育措施	管理措施	个体安全措施	应急处置措施			
1	营运驾驶作业	行车作业前	1	驾驶员情绪不稳定，精神状态不佳	车辆伤害、其他伤害	低风险		对驾驶员进行情绪管理方面的培训教育	对驾驶员进行安全叮嘱；情绪不稳定的严禁上岗；与家属联动，共同疏导员工情绪	自我调节好情绪，及时报告不良情绪	出现紧急情况按照“17个怎么办”要求进行应急处置	班组、个人	车队	驾驶员
			2	前夜饮酒及酒后驾驶	车辆伤害、其他伤害	一般风险	酒精检测仪检测	对驾驶员进行酒后驾驶的危害后果与法律风险的安全教育培训	制定酒精测试仪管理、使用及考核办法并执行落实；酒精测试不合格的驾驶员严禁上车执行营运任务		酒精检测不合格，严禁接触车辆；出现紧急情况按照“17个怎么办”要求进行应急处置	班组、个人	车队	安全员、驾驶员
			3	新调入、新定车、跨线驾驶人员对线路运行情况、车辆技术状况不熟悉	车辆伤害、其他伤害	一般风险	线路危险路段示意图	对此类人员提前进行安全生产法律法规、安全行车知识、安全操作规程等方面的岗前培训教育	制定完善落实新调入、新定车、跨线驾驶人员的实习管理办法；加强上述人员的驾驶情况检查；做好安全谈话；对不熟悉周边线路环境的新人进行合理安排	服从管理，做好新线路、车辆的熟悉驾驶工作	出现紧急情况按照“17个怎么办”要求进行应急处置	车队	车队	安全员

续上表

风险点		作业步骤	序号	危险源或潜在事件	可能发生的事故类型及后果	风险分级	管控措施					管控层级	责任单位	责任人
编号	名称						工程技术措施	培训教育措施	管理措施	个体安全措施	应急处置措施			
1	营运驾驶作业	行车作业前	4	车辆技术状况不良	车辆伤害、其他伤害	低风险		对驾驶员开展车辆使用教育培训；要求驾驶员做好范围内的车辆日常检查	严格落实企业车辆安全设施检查、采购符合国家技术标准的车辆；按规定报废到期车辆		出现紧急情况按照“17个怎么办”要求进行应急处置	班组、个人	车队	机务员、驾驶员
			5	病、产假回岗人员	车辆伤害、其他伤害	低风险		对驾驶员进行新设备、新路况等的新增风险培训	建立执行重新上岗谈话教育机制；未按要求培训的人员，不得安排从事营运工作		出现紧急情况按照“17个怎么办”要求进行应急处置	班组、个人	车队	调度员、驾驶员
			6	执行包车任务人员	车辆伤害、其他伤害	低风险		对驾驶员进行包车作业流程培训	建立执行包车任务驾驶员安全教育机制；对未按要求培训的人员，不得安排从事营运工作		出现紧急情况按照“17个怎么办”要求进行应急处置	班组、个人	车队	调度员、驾驶员

续上表

风险点		作业步骤	序号	危险源或潜在事件	可能发生的事故类型及后果	风险分级	管控措施					管控层级	责任单位	责任人
编号	名称						工程技术措施	培训教育措施	管理措施	个体安全措施	应急处置措施			
1	营运驾驶作业	行车作业前	7	执行外出加油、加气人员	车辆伤害、其他伤害	低风险		对驾驶员进行加油加气作业流程培训	检查驾驶员加油、加气作业时是否符合操作规程要求，并进行考核		出现紧急情况按照“17个怎么办”要求进行应急处置	班组、个人	车队	调度员、驾驶员
			8	列入不可靠驾驶员名单的驾驶员	车辆伤害、其他伤害	一般风险	安装3G监控系统、超速报警系统、智能门控系统	运用事故案例等开展针对性安全培训，提高驾驶员遵章守法意识	运用3G监控、路查、跟车检查开展好日常检查工作；按照星级管理制度对违法驾驶人员进行考核；落实网格化管理，对相关人员的驾驶过程进行监控跟踪，重点教育管理	遵章守法行车，增强自律意识，保证行车安全	出现紧急情况按照“17个怎么办”要求进行应急处置	车队	车队	车队长、安全员、调度员、驾驶员

续上表

风险点		作业步骤	序号	危险源或潜在事件	可能发生的事故类型及后果	风险分级	管控措施					管控层级	责任单位	责任人
编号	名称						工程技术措施	培训教育措施	管理措施	个体安全措施	应急处置措施			
1	营运驾驶作业	行车作业前	9	过度娱乐	车辆伤害、其他伤害	低风险		进行驾驶员安全驾驶习惯的培训教育	落实站务员、管理人员责任，多进站房，了解驾驶员身体情况；排查好兼职人员、过度娱乐人员、生病人员，分类开展好叮嘱和管控		出现紧急情况按照“17个怎么办”要求进行应急处置	班组、个人	车队	站务员、驾驶员
			10	制动效能劣化或失效	车辆伤害、其他伤害	低风险		对驾驶员进行安全操作技能和应急处置能力培训	按计划定期进行车辆维护和修理		行车制动器失效时，应立即开启危险报警闪光灯、鸣长笛，并控制行驶方向，抢挂低速挡，车速降低后，采用驻车制动器制动；路况复杂、情况紧急时，还应迅速告知车内人员扶稳坐好，控制行驶方向，利用紧急避险车道或障碍物减速、停车	班组、个人	车队	安全员、驾驶员、机务员

续上表

风险点		作业步骤	序号	危险源或潜在事件	可能发生的事故类型及后果	风险分级	管控措施					管控层级	责任单位	责任人
编号	名称						工程技术措施	培训教育措施	管理措施	个体安全措施	应急处置措施			
1	营运驾驶作业	行车作业中	11	转向不良或失效	车辆伤害、其他伤害	低风险		对驾驶员进行安全操作技能和应急处置能力培训	按计划定期进行车辆维护和修理		转向不良时，应及时安全停车，查明隐患，并视情请求援助；转向失效时，应立即开启危险报警闪光灯、鸣长笛，并抢挂低速挡，车速降低后，轻踩制动，安全停车，并报告单位车辆技术管理人员或负责人	班组、个人	车队	安全员、驾驶员、机务员
			12	爆胎	车辆伤害、其他伤害	低风险		对驾驶员进行安全操作技能和应急处置能力培训	驾驶员进行日常检查		爆胎时，应控稳车辆行驶方向；抢挂低速挡，车速降低后，间歇轻踩制动踏板，安全停车；视情请求援助	班组、个人	车队	安全员、驾驶员、机务员

续上表

风险点		作业步骤	序号	危险源或潜在事件	可能发生的事故类型及后果	风险分级	管控措施					管控层级	责任单位	责任人
编号	名称						工程技术措施	培训教育措施	管理措施	个体安全措施	应急处置措施			
1	营运驾驶作业	行车作业中	13	车辆电路老化、短路等	火灾、其他伤害	低风险	车载灭火装置	对驾驶员进行电气系统故障专项培训	蓄电池保持常态电压；所有电气导线捆扎成束、无破皮老化、布置整齐、固定卡紧、接头牢固，并有绝缘套；严格执行日常维护和“一日三检”制度		发生车辆起火时，应立即停车，迅速疏散旅客，关闭车辆总电源、燃油（燃气）开关，并查找起火部位，视情扑救，同时拨打“119”	班组、个人	车队	安全员、驾驶员、机务员
			14	车辆自燃	火灾、其他伤害	低风险	机舱自动灭火器	开展车辆安全技术性能、消防知识的培训	严格落实企业安全设施检查制度		发生车辆起火时，应立即停车，迅速疏散旅客，关闭车辆总电源、燃油（燃气）开关，并查找起火部位，视情扑救，同时拨打“119”	班组、个人	车队	安全员、驾驶员、机务员

续上表

风险点		作业步骤	序号	危险源或潜在事件	可能发生的事故类型及后果	风险分级	管控措施					管控层级	责任单位	责任人
编号	名称						工程技术措施	培训教育措施	管理措施	个体安全措施	应急处置措施			
1	营运驾驶作业	行车作业中	15	突发性疾病（心脏病、脑出血等）	车辆伤害、其他伤害	低风险		开展驾驶员安全驾驶与健康保健方面知识的培训	定期组织查体		1. 驾驶员突感身体不适时，应视情立即减速，安全停车，将身体状况报告单位安全生产管理人或负责人； 2. 情况紧急时拨打“120”或向车内旅客请求援助	班组、个人	车队	安全员、驾驶员
			16	出现路怒等情绪波动	车辆伤害、其他伤害	低风险	安装一键报警装置	运用事故案例等开展安全培训	运用3G监控、路查、跟车检查开展好日常检查工作；发现问题及时通过智能调度平台发送短信提示；做好驾驶员日常安全叮嘱	学会疏导个人情绪	监控平台发送车载短信或语音提醒	班组、个人	车队	安全员、驾驶员

续上表

风险点		作业步骤	序号	危险源或潜在事件	可能发生的事故类型及后果	风险分级	管控措施					管控层级	责任单位	责任人
编号	名称						工程技术措施	培训教育措施	管理措施	个体安全措施	应急处置措施			
1	营运驾驶作业	行车作业中	17	开车抽烟、闲谈、饮食等其他妨碍安全驾驶的行为	车辆伤害、其他伤害	一般风险	视频监控管理系统	对驾驶员及时进行针对性的教育	动态监控人员对驾驶员进行信息提醒、纠正；对违规驾驶员进行通报、处罚		出现紧急情况按照“17个怎么办”要求进行应急处置	车队	车队	安全员、驾驶员
			18	穿越非机动车道出场	车辆伤害、其他伤害	低风险	车场门口张贴警示标志	对车辆进出场操作方式进行培训，叮嘱驾驶员降低车速、注意观察	增设场区安保人员，早晚高峰时段可协助车辆通行		出现紧急情况按照“17个怎么办”要求进行应急处置	班组、个人	车队	安全员、驾驶员
			19	违反道路交通信号灯、逆行、开车使用手机等违法驾驶行为	车辆伤害、其他伤害	一般风险	视频监控管理系统	对驾驶员进行针对性的教育	动态监控人员对驾驶员进行信息提醒、纠正；对违规驾驶员进行通报、处罚；对公安交警部门抄告的违法信息，督促处理，落实整改		出现紧急情况按照“17个怎么办”要求进行应急处置	车队	车队	安全员、驾驶员

续上表

风险点		作业步骤	序号	危险源或潜在事件	可能发生的事故类型及后果	风险分级	管控措施					管控层级	责任单位	责任人
编号	名称						工程技术措施	培训教育措施	管理措施	个体安全措施	应急处置措施			
1	营运驾驶作业	行车作业中	20	在转弯、掉头、超车、会车、倒车、变更车道以及湿滑路面行驶时操作不当或错误	车辆伤害、其他伤害	低风险		有针对性地对驾驶员开展行车安全、驾驶技能、应急处置等方面的教育培训	严格执行驾驶员安全操作规程，进行检查并纳入考核		出现紧急情况按照“17个怎么办”要求进行应急处置	班组、个人	车队	安全员、驾驶员
			21	乘客携带易燃易爆、危险品上车	火灾、其他伤害	一般风险	车载灭火装置	驾乘人员安全教育培训，提高其对易燃易爆危险物品的辨识和应急处置能力	驾驶员、BRT站务员对上车乘客、进入BRT站台的乘客携带的行包物品必须进行安全查验；严禁易燃易爆品或可疑物品上车		车厢内发现易燃易爆物品或可疑物品时，应立即安全停车，疏散旅客至安全地带；迅速报警和报告单位安全管理员或负责人，并维持现场秩序	车队	车队	车队长、安全员、驾驶员

续上表

风险点		作业步骤	序号	危险源或潜在事件	可能发生的事故类型及后果	风险分级	管控措施					管控层级	责任单位	责任人
编号	名称						工程技术措施	培训教育措施	管理措施	个体安全措施	应急处置措施			
1	营运驾驶作业	行车作业中	22	连续上下坡路段	车辆伤害、其他伤害	低风险		对驾驶员进行道路交通安全、驾驶技能、安全操作规程教育培训	严禁下陡坡时熄火或者空挡滑行，避免长时间使用行车制动减速；提前更换至合适挡位，保持车辆足够动力；下陡坡时最高行驶速度不得超过每小时30km/h		出现紧急情况按照“17个怎么办”要求进行应急处置	班组、个人	车队	安全员、驾驶员
			23	窄路、急弯、临水路段	车辆伤害、其他伤害	低风险		对驾驶员进行道路交通安全、驾驶技能、安全操作规程教育培训	机动车驶近急弯、坡道顶端临水、临崖路段等影响安全视距的路段应当减速慢行，并鸣喇叭示意；机动车在夜间通过急弯时，应当交替使用远近光灯示意；急弯路时最高行驶速度不得超过30km/h		出现紧急情况按照“17个怎么办”要求进行应急处置	班组、个人	车队	安全员、驾驶员

续上表

风险点		作业步骤	序号	危险源或潜在事件	可能发生的事故类型及后果	风险分级	管控措施					管控层级	责任单位	责任人
编号	名称						工程技术措施	培训教育措施	管理措施	个体安全措施	应急处置措施			
1	营运驾驶作业	行车作业中	24	隧道、涵洞	车辆伤害、其他伤害	低风险		对驾驶员进行道路交通安全、驾驶技能、安全操作规程教育培训	注意观察隧道标识，按规定线路行驶；进入隧道前和出隧道时，减速慢行，注意灯光使用方法；隧道内不得超车、掉头、倒车；按照规定速度行驶，与前车预留足够的安全距离		出现紧急情况按照“17个怎么办”要求进行应急处置	班组、个人	车队	安全员、驾驶员
			25	集市、学校、城乡接合部	车辆伤害、其他伤害	低风险		对驾驶员进行道路交通安全、驾驶技能、安全操作规程教育培训	驶近集市、学校、城乡接合部提前减速慢行，与前车保持一定安全距离；注意路上车辆及行人的动向，无信号灯时注意礼让行驶，禁止超车或强行通过；严格遵守交通安全法律法规，减速、鸣笛、礼让、注意观察、不占道行驶		出现紧急情况按照“17个怎么办”要求进行应急处置	班组、个人	车队	安全员、驾驶员

续上表

风险点		作业步骤	序号	危险源或潜在事件	可能发生的事故类型及后果	风险分级	管控措施					管控层级	责任单位	责任人
编号	名称						工程技术措施	培训教育措施	管理措施	个体安全措施	应急处置措施			
1	营运驾驶作业	行车作业中	26	交叉路口	车辆伤害、其他伤害	一般风险		对驾驶员进行道路交通安全、驾驶技能、安全操作规程教育培训	通过交叉路口，应当按照交通信号灯、交通标志、交通标线或者交通警察的指挥通过；通过没有交通信号灯、交通标志、交通标线或者交通警察指挥的交叉路口时，应当减速慢行，并礼让行人和优先通行的车辆先行		其他交通参与者的突然闯入等不安全因素导致紧急情况发生时，应立即减速，不宜急转转向盘，视情选择避让	车队	车队	车队长、安全员、驾驶员

续上表

风险点		作业步骤	序号	危险源或潜在事件	可能发生的事故类型及后果	风险分级	管控措施					管控层级	责任单位	责任人
编号	名称						工程技术措施	培训教育措施	管理措施	个体安全措施	应急处置措施			
1	营运驾驶作业	行车作业中	27	施工道路、道路中断或变窄	车辆伤害、其他伤害	低风险		对驾驶员进行道路交通安全、驾驶技能、安全操作规程教育培训	行车中注意观察道路施工标志，按照路标和指示牌通行；注意观察前后车辆情况，保持足够安全车距；遇前方道路施工交通受阻或者前方车辆排队等候时应缓慢行驶		突遇道路中断或堵塞时，应报告单位安全生产管理人员或负责人，遵照单位指令改道或组织旅客换乘	班组、个人	车队	安全员、驾驶员
			28	突现车辆、人员、坠落物等情况	车辆伤害、其他伤害	低风险		对驾驶员进行道路交通安全、驾驶技能、安全操作规程教育培训			行驶中应立即减速，不宜急转转向盘，并视道路状况选择避让方式	班组、个人	车队	安全员、驾驶员

续上表

风险点		作业步骤	序号	危险源或潜在事件	可能发生的事故类型及后果	风险分级	管控措施					管控层级	责任单位	责任人
编号	名称						工程技术措施	培训教育措施	管理措施	个体安全措施	应急处置措施			
1	营运驾驶作业	行车作业中	29	冰雪、湿滑路面	车辆伤害、其他伤害	低风险	安装一键报警；按照应急预案进行处置	对驾驶员进行道路交通安全、驾驶技能、安全操作规程教育培训	严格控制车速，适当增加行车的横向间距或采用预见性制动的方法；转弯时不能急转转向盘，避免紧急制动；减速慢行，礼让行人		按照《恶劣天气现场处置方案》相关规定进行应急处置	班组、个人	车队	安全员、驾驶员
			30	涉水路面	车辆伤害、其他伤害	低风险		对驾驶员进行道路交通安全、驾驶技能、安全操作规程教育培训	停车观察水深，积水不超过轮胎的2/3高度或未淹排气管时可通行；涉水前合理选择路线，慢速入水；稳住加速踏板，低挡匀速行驶，一次通过涉水路面；如果熄火，切忌强行起动发动机		车辆陷于水中无法起动时要及时组织乘车人员从安全窗逃生	车队	车队	安全员、驾驶员

续上表

风险点		作业步骤	序号	危险源或潜在事件	可能发生的事故类型及后果	风险分级	管控措施					管控层级	责任单位	责任人
编号	名称						工程技术措施	培训教育措施	管理措施	个体安全措施	应急处置措施			
1	营运驾驶作业	行车作业中	31	暴风雨、大雾、雪天、沙尘暴等恶劣天气	车辆伤害、其他伤害	低风险		对驾驶员进行恶劣天气操作规程教育培训	告知驾驶员采取紧急处置措施；对恶劣天气发生地的车辆停止运营；及时了解恶劣天气信息，做好预防措施		突遇极端恶劣天气，车辆不宜继续安全行驶时，应关闭车窗，将车辆停放到安全地带，及时疏散旅客至安全地点，并报告单位安全生产管理人员或负责人；视情报警求助	班组、个人	车队	安全员、驾驶员
			32	高温天气	车辆伤害、其他伤害	低风险	车载灭火装置	道路交通安全、驾驶技能、安全操作规程教育培训	驾驶人员合理安排休息时间，保持旺盛精力；注意胎压监测，发现	防暑降温物品	出现紧急情况按照“17个怎么办”要求进行应急处置	班组、个人	车队	安全员、驾驶员

续上表

风险点		作业步骤	序号	危险源或潜在事件	可能发生的事故类型及后果	风险分级	管控措施					管控层级	责任单位	责任人
编号	名称						工程技术措施	培训教育措施	管理措施	个体安全措施	应急处置措施			
1	营运驾驶作业	行车作业中	33	老年乘客行动缓慢、手脚不便、身体平衡性差	车内摔伤事故	一般风险		开展驾驶员行车安全培训教育，提高服务意识	落实企业安全检查制度，对驾驶员运行中的操作行为进行管控，严控起步猛加速、紧急制动、车门挤客等现象发生		如发生人伤事故，按照事故处置预案拨打110.120，并逐级上报	班组、个人	车队	车队长、安全员、驾驶员
			34	车辆通过路口时，行人/非机动车在待行车辆之间穿行	车辆伤害、其他伤害	较大风险		按照“黄金3s”操作法，进入路口提前50m范围内减速，采取防御性驾驶措施，加强观察	落实企业安全检查制度，通过路查、3G监控对驾驶员通过路口时车速控制、文明礼让情况进行检查		出现紧急情况按照“17个怎么办”要求进行应急处置	分公司	分公司	分公司安全经理、车队长、安全员、驾驶员

续上表

风险点		作业步骤	序号	危险源或潜在事件	可能发生的事故类型及后果	风险分级	管控措施					管控层级	责任单位	责任人
编号	名称						工程技术措施	培训教育措施	管理措施	个体安全措施	应急处置措施			
1	营运驾驶作业	行车作业中	35	乘客发生干扰驾驶员安全行车行为	车辆伤害、其他伤害	较大风险	安装一键报警装置及驾驶舱防护门	培训驾驶员遇到此类情况妥善处置，平稳心态，严禁偏激行为和语言	部分车辆配备安保人员，协助驾驶员维持乘车秩序；加大相关法律法规的学习力度		保持冷静，坚守岗位，确保行车安全；设法疏散乘客，保护自身安全；设法向“110”报警，向单位报告；在危急情况下，应果断停车熄火、拔下钥匙，防止作案人员利用公交车辆制造恶性事端	分公司	分公司	分公司安全经理、车队长、安全员、驾驶员
			36	未做到“一趟一检”及收车后检查	车内遗留危险品，未关闭电源等导致危险发生	低风险		进行乘客携带物品检查培训及责任意识培训	制定防恐应急预案，划分停车区域，保证预留消防通道		立即拨打报警电话	班组、个人	车队	安全员、驾驶员

续上表

风险点		作业步骤	序号	危险源或潜在事件	可能发生的事故类型及后果	风险分级	管控措施					管控层级	责任单位	责任人
编号	名称						工程技术措施	培训教育措施	管理措施	个体安全措施	应急处置措施			
1	营运驾驶作业	行车作业后	37	未按规定关闭燃油燃气开关、关窗落锁	爆炸	低风险		进行消防知识培训	按照车队和规章制度要求，做好相关检查、关闭电源，关闭门窗，切断燃油（气）开关，用三角木固定车轮；严格落实好驾驶员安全责任、夜间巡查职责		完善应对停车场突发事件的应急预案	班组、个人	车队	分公司安全经理、车队长、安全员、驾驶员、保安
			38	未按要求停放车辆，堵塞消防通道	发生火灾疏散车辆	较大风险		进行消防知识培训	定期组织夜间收车检查，相关单位做好安保巡查工作；按照指定区域规范停车		根据现场应急预案及时疏散人员、车辆	分公司	车队	分公司安全经理、车队长、安全员、保安

续上表

风险点		作业步骤	序号	危险源或潜在事件	可能发生的事故类型及后果	风险分级	管控措施					管控层级	责任单位	责任人
编号	名称						工程技术措施	培训教育措施	管理措施	个体安全措施	应急处置措施			
1	营运驾驶作业	行车作业后	39	车辆钥匙未放置到指定位置	发生火灾无法疏散车辆	低风险		对场区内人员进行安全培训，要求在停放车辆后，将车辆钥匙放置指定位置	及时进行检查，制定考核规定		发现问题及时联系相关人员，及时处置	班组、个人	车队	安全员、驾驶员
			40	收车后把车辆停在不安全地点，未做好防护措施（如坡道停车、修车台停车、路边停车等）	车辆伤害、物体打击、其他伤害	低风险		进行车辆安全防护措施使用培训	按照指定区域规范停车，正确使用三角木等安全装置；定期组织夜间收车检查，相关单位做好安保巡查工作		如发生人伤事故，按照事故处置预案拨打110.120，并逐级上报	班组、个人	车队	安全员、驾驶员、值班员
2	BRT营运驾驶作业	行车作业中	41	车辆进入BRT站台时车辆与站台停靠间隙大	乘客踏空发生人伤事故	低风险		对驾驶员进行培训，按照规范停靠站，尽可能减少站台与车辆之间的缝隙	站务员加强巡查，提醒乘客注意脚下；悬挂警示标示		出现紧急情况按照“17个怎么办”要求进行应急处置	班组、个人	车队	驾驶员

续上表

风险点		作业步骤	序号	危险源或潜在事件	可能发生的事故类型及后果	风险分级	管控措施					管控层级	责任单位	责任人
编号	名称						工程技术措施	培训教育措施	管理措施	个体安全措施	应急处置措施			
2	BRT营运驾驶作业	行车作业中	42	双开门车辆乘客从错误车门下车	车辆伤害、其他伤害	低风险	车辆错误选择车门提示	开展驾驶员安全行车培训教育，规范操作规程	由BRT专用道转入常规公交专用道时，根据报站器提示及时将车门、车门监控器切换		出现紧急情况按照“17个怎么办”要求进行应急处置	班组、个人	车队	驾驶员
			43	BRT车道内违规超车	车辆伤害、其他伤害	低风险		开展驾驶员安全行车培训教育，规范操作规程	运用3G监控、路查、跟车检查开展好日常检查工作		出现紧急情况按照“17个怎么办”要求进行应急处置	班组、个人	车队	驾驶员
			44	路口BRT信号优先，其他交通参与者违章	车辆伤害、其他伤害	低风险		开展驾驶员安全行车培训教育，规范操作规程	运用3G监控、路查、跟车检查开展好日常检查工作		出现紧急情况按照“17个怎么办”要求进行应急处置	班组、个人	车队	驾驶员

续上表

风险点		作业步骤	序号	危险源或潜在事件	可能发生的事故类型及后果	风险分级	管控措施					管控层级	责任单位	责任人
编号	名称						工程技术措施	培训教育措施	管理措施	个体安全措施	应急处置措施			
2	BRT营运驾驶作业	行车作业中	45	BRT中央护网破损、缺失，行人在中央绿化带内穿行	造成乘客下车后从车头猛跑横穿道路的交通事故	低风险		制定操作规程及通过路口和站点的黄金3s操作法，开展应急演练	定期对护网破损情况进行巡查，积极协调相关单位对破损部分进行安装和修复		出现紧急情况按照“17个怎么办”要求进行应急处置	班组、个人	车队	安全员、驾驶员
			46	道路施工路面铺设钢板	道路坑洼不平，人车混行、交通标示不全，造成乘客横穿道路的交通事故	低风险		叮嘱、培训驾驶员遇到道路施工时，保持良好心态；注意观察，规范操作	开展日常安全检查和现场勘查，制定针对性的安全保障措施		出现紧急情况按照“17个怎么办”要求进行应急处置	班组、个人	车队	安全员、驾驶员
3	无轨电车驾驶作业	行车作业后	47	雷雨天气出现雷击集电杆事故	导致雷击	低风险	通过智能调度系统发送安全提示信息	按照雷电等恶劣天气的操作要求做好相关培训	落实出车前电路、线路检查，指导驾驶员按照电车雷电恶劣天气的操作要求规范操作		完善无轨电车应对雷雨天气等突发事件的应急预案；出现紧急情况按照“17个怎么办”要求进行应急处置	班组、个人	车队	安全员、驾驶员

续上表

风险点		作业步骤	序号	危险源或潜在事件	可能发生的事故类型及后果	风险分级	管控措施					管控层级	责任单位	责任人
编号	名称						工程技术措施	培训教育措施	管理措施	个体安全措施	应急处置措施			
3	无轨电车驾驶作业	行车作业后	48	雨季涉水冒险运行	车辆漏电，造成人员伤亡	低风险	无轨电车涉水标准，深度超过30cm，严禁冒险涉水运行	加强对于电车雨季涉水规定相关知识的安全培训教育	落实出车前电路、线路检查，车辆涉水后彻底检查电路，指导驾驶员按照电车涉水操作要求规范操作		完善无轨电车涉水深度相关规定，停车场遇积水严重时的应急预案；出现紧急情况按照“17个怎么办”要求进行应急处置	班组、个人	车队	安全员、驾驶员
			49	车辆涉水后出现抛锚情况	接触车体容易触电	低风险	关闭电源总开关	按无轨电车涉水后发生抛锚情况，加强安全叮嘱	教育驾驶员冷静处理，疏散乘客，防止漏电伤人		停止运行，等待救援，按照电车涉水后抛锚情况应急预案处理；出现紧急情况按照“17个怎么办”要求进行应急处置	班组、个人	车队	安全员、驾驶员

续上表

风险点		作业步骤	序号	危险源或潜在事件	可能发生的事故类型及后果	风险分级	管控措施					管控层级	责任单位	责任人
编号	名称						工程技术措施	培训教育措施	管理措施	个体安全措施	应急处置措施			
3	无轨电车驾驶作业	行车作业后	50	电车涉水或雷击后电路受损	发生触电伤人事故	一般风险	按规定区域停放、检查车辆绝缘情况	加强车辆涉水、雷击后的安全检查和培训教育	加大检查频次，出车前、收车后逐车进行检查		完善应对停车场突发事件的应急预案；出现紧急情况按照“17个怎么办”要求进行应急处置	车队	车队	车队长、安全员、驾驶员
			51	停车场内车辆进水、漏电	漏电、伤人事故	一般风险	利用场区内监控系统查看，车辆停放地势较高位置	要求收车后关闭车辆总电源，避免大电流漏电伤人	加强安全叮嘱，加大夜间检查频次，雨季车辆停放安全地带		按照恶劣天气下电车应急处置预案执行	班组、个人	车队	安全员、班组长

续上表

风险点		作业步骤	序号	危险源或潜在事件	可能发生的事故类型及后果	风险分级	管控措施					管控层级	责任单位	责任人
编号	名称						工程技术措施	培训教育措施	管理措施	个体安全措施	应急处置措施			
4	清障车驾驶作业	行车作业前	52	未进行车辆出车前技术状况检查和安全设施检查	车辆伤害、其他伤害	低风险		定期参加安全教育培训	严格按照岗位安全操作规程要求，及时做好出车前安全检查		出现紧急情况按照“17个怎么办”要求进行应急处置	班组、个人	班组、个人	清障车驾驶员
			53	超速行驶	车辆伤害、其他伤害	低风险		定期参加安全教育培训	严格按照岗位安全操作规程要求，安全驾驶，杜绝超速行车		出现紧急情况按照“17个怎么办”要求进行应急处置	班组、个人	班组、个人	清障车驾驶员
			54	在移动清障车连接被拖救车辆过程中，在有视野盲区时，没有指定人员做好现场监控指挥	碰撞、挤压事故	低风险		定期参加安全教育培训，正确识别作业风险	在连接被拖救车辆过程中，遇有视野盲区，指定人员现场指挥，确保作业安全		出现紧急情况按照“17个怎么办”要求进行应急处置	班组、个人	班组、个人	清障车驾驶员

续上表

风险点		作业步骤	序号	危险源或潜在事件	可能发生的事故类型及后果	风险分级	管控措施					管控层级	责任单位	责任人
编号	名称						工程技术措施	培训教育措施	管理措施	个体安全措施	应急处置措施			
4	清障车驾驶作业	拖车作业中	55	救援车托架或拖杠与被拖救车辆连接时，没有使用锁链进行牢固捆绑	碰撞	低风险		定期进行教育培训，正确识别作业中存在的风险	在连接被拖救车辆时，确保使用锁链捆绑牢固		出现紧急情况按照“17个怎么办”要求进行应急处置	班组、个人	班组、个人	清障车驾驶员
			56	拖运无轨电车时，没有将电车集电杆捆绑固定牢固	剐碰	低风险		定期进行教育培训，正确识别作业中存在的风险	拖运无轨电车时，确保将电车集电杆捆绑固定牢固		出现紧急情况按照“17个怎么办”要求进行应急处置	班组、个人	班组、个人	清障车驾驶员

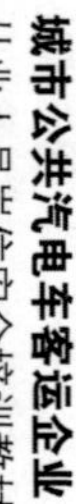

续上表

风险点		作业步骤	序号	危险源或潜在事件	可能发生的事故类型及后果	风险分级	管控措施					管控层级	责任单位	责任人
编号	名称						工程技术措施	培训教育措施	管理措施	个体安全措施	应急处置措施			
4	清障车驾驶作业	拖车作业中	57	拖运车辆时，没有检查锁牢车辆发动机舱盖和侧舱门	剐碰	低风险		定期参加安全教育培训，正确识别作业风险	确保车辆发动机舱盖和侧舱门关闭锁止牢固，在无影响拖运安全的情况下，再进行车辆拖运		出现紧急情况按照“17个怎么办”要求进行应急处置	班组、个人	班组、个人	清障车驾驶员
			58	在拖运燃气耗尽的燃气车辆时，没有首先将燃气耗尽车辆拖运到指定地点，对储气瓶内气体进行氮气置换	其他危险	低风险		定期参加安全教育培训，正确识别作业风险	在拖运燃气耗尽的车辆时，要首先将燃气耗尽的车辆拖运到指定地点，对储气瓶内气体进行氮气置换后，再拖运燃气车辆加气		出现紧急情况按照“17个怎么办”要求进行应急处置	班组、个人	班组、个人	清障车驾驶员

驾驶员岗位设备设施风险分级管控清单

表 3-1-4

风险点			检查项目		标准	风险分级	不符合标准情况及后果	管控措施					管控层级	责任单位	责任人
编号	类型	名称	序号	名称				工程技术措施	培训教育措施	管理措施	个人安全措施	应急处置措施			
1	设备设施	公交车辆	1	汽车电器电压阻值降低、绝缘老化（黄河牌 JK6109GHEVN52）	符合 GB/T18344、GB7258 中的相关标准	一般风险	电器电阻值低漏电，造成火灾或人员伤害	仪表报警识别	培训驾驶员做好日常的巡查工作，遇到异常，及时报修	按照公司管理制度要求，做好相关部件的维修、检查工作	按照制度要求检查，如有异常及时汇报	发现异常及时汇报	车队级	车队	机务员
			2	气电混合动力、高压供电系统(黄河牌 JK6109GHEVN52)	符合 GB/T18344、GB7258 中的相关标准	低风险	因漏电造成车辆、人员伤害	故障识别	培训驾驶员做好日常的巡查工作，遇到异常，及时报修	按照公司管理制度要求，做好相关部件的维修、检查工作	按照制度要求检查，如有异常及时汇报	发现异常及时汇报	班组、个人	车队	驾驶员

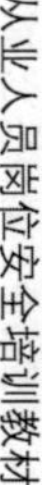

续上表

风险点			检查项目		标准	风险分级	不符合标准情况及后果	管控措施					管控层级	责任单位	责任人
编号	类型	名称	序号	名称				工程技术措施	培训教育措施	管理措施	个人安全措施	应急处置措施			
1	设备设施	公交车辆	3	气瓶（黄河牌 JK6109GHEVN52）	符合 GB/T18344、GB7258 中的相关标准	低风险	气瓶口部喷射、瓶吊装脱落造成车辆、人员伤害	车辆年检检测	培训驾驶员做好日常的巡查工作，遇到异常，及时报修	按照公司管理制度要求，做好相关部件的维修、检查工作	按照制度要求检查，如有异常及时汇报	发现异常及时汇报	班组、个人	车队	驾驶员
			4	气路（黄河牌 JK6109GHEVN52）	符合 GB/T18344、GB7258 中的相关标准	低风险	气管和接头处破漏、减压阀密封失效，造成车辆漏气火灾风险	车辆年检检测	培训驾驶员做好日常的巡查工作，遇到异常，及时报修	按照公司管理制度要求，做好相关部件的维修、检查工作	按照制度要求检查，如有异常及时汇报	发现异常及时汇报	班组、个人	车队	驾驶员

续上表

风险点			检查项目		标准	风险分级	不符合标准情况及后果	管控措施					管控层级	责任单位	责任人
编号	类型	名称	序号	名称				工程技术措施	培训教育措施	管理措施	个人安全措施	应急处置措施			
1	设备设施	公交车辆	5	气压表（黄河牌JK6109GHEVN52）	符合GB/T18344、GB7258中的相关标准	低风险	气压表指示不准造成驾驶员对气量误判	车辆年检检测	培训驾驶员做好日常的巡查工作，遇到异常，及时报修	按照公司管理制度要求，做好相关部件的维修、检查工作	按照制度要求检查，如有异常及时汇报	发现异常及时汇报	班组、个人	车队	驾驶员
			6	高压线路、高压蓄电池组（宇通6641BEVG）	符合GB/T18344、GB7258中的相关标准	低风险	漏电造成火灾、人员伤害	仪表报警识别	培训驾驶员做好日常的巡查工作，遇到异常，及时报修	按照公司管理制度要求，做好相关部件的维修、检查工作	按照制度要求检查，如有异常及时汇报	发现异常及时汇报	班组、个人	车队	驾驶员
			7	蓄电池组、线路（宇通牌ZK6805BEVG3）	符合GB/T18344、GB7258中的相关标准	低风险	短路造成火灾、人员伤害	仪表报警识别	培训驾驶员做好日常的巡查工作，遇到异常，及时报修	按照公司管理制度要求，做好相关部件的维修、检查工作	按照制度要求检查，如有异常及时汇报	发现异常及时汇报	班组、个人	车队	驾驶员

续上表

风险点			检查项目		标准	风险分级	不符合标准情况及后果	管控措施					管控层级	责任单位	责任人
编号	类型	名称	序号	名称				工程技术措施	培训教育措施	管理措施	个人安全措施	应急处置措施			
1	设备设施	公交车辆	8	油管、油路(青年JNP6182G-1)	符合GB/T18344、GB7258中的相关标准	一般风险	漏油造成火灾、人员伤害		培训驾驶员做好日常的巡查工作，遇到异常，及时报修	按照公司管理制度要求，做好相关部件的维修、检查工作	按照制度要求检查，如有异常及时汇报	发现异常及时汇报	车队	车队	机务员
			9	电器线路(中通LCK6180G-1)	符合GB/T18344、GB7258中的相关标准	一般风险	电路短路、线路老化造成火灾、人员伤害		培训驾驶员做好日常的巡查工作，遇到异常，及时报修	按照公司管理制度要求，做好相关部件的维修、检查工作	按照制度要求检查，如有异常及时汇报	发现异常及时汇报	车队	车队	机务员
			10	传动带(青年JNP6120G-3)	符合GB/T18344、GB7258中的相关标准	低风险	传动带打滑、摩擦造成火灾、人员伤害		培训驾驶员做好日常的巡查工作，遇到异常，及时报修	按照公司管理制度要求，做好相关部件的维修、检查工作	按照制度要求检查，如有异常及时汇报	发现异常及时汇报	班组、个人	车队	驾驶员

续上表

风险点			检查项目		标准	风险分级	不符合标准情况及后果	管控措施					管控层级	责任单位	责任人
编号	类型	名称	序号	名称				工程技术措施	培训教育措施	管理措施	个人安全措施	应急处置措施			
1	设备设施	公交车辆	11	蓄电池组（中通6121）	符合GB/T18344、GB7258中的相关标准	一般风险	蓄电池组损坏造成火灾、人员伤害		培训驾驶员做好日常的巡查工作，遇到异常，及时报修	按照公司管理制度要求，做好相关部件的维修、检查工作	按照制度要求检查，如有异常及时汇报	发现异常及时汇报	车队	车队	机务员
			12	灯光系统	符合GB/T18344、GB7258中的相关标准	低风险	车灯不亮或亮度不够，易发生交通事故		教育职工明确认识车辆灯光照明系统存在的安全风险，落实车辆三检制度，发现问题及时报修		落实车辆三检制度，发现问题及时维修	发现异常及时汇报	班组、个人	维修分公司	清障车驾驶员

续上表

风险点			检查项目		标准	风险分级	不符合标准情况及后果	管控措施					管控层级	责任单位	责任人
编号	类型	名称	序号	名称				工程技术措施	培训教育措施	管理措施	个人安全措施	应急处置措施			
2	设施设备	清障车	13	轮胎	符合GB/T18344、GB7258中的相关标准	低风险	轮胎有损伤或变形等，存在爆胎危险		教育职工正确认识车辆轮胎存在的安全隐患。认真做好车辆三检，发现轮胎问题及时进行轮胎更换或维修	落实车辆三检制度，发现车辆轮胎问题，及时进行更换和维修		发现异常及时汇报	班组、个人	维修分公司	清障车驾驶员
			14	消防器材	符合GB/T18344、GB7258中的相关标准	低风险	灭火器缺失、失效。紧急情况下不能发挥灭火作用		教育职工正确认识车辆消防器材存在的安全隐患。做好车辆三检，发现问题及时进行更换或维修	落实车辆三检制度，发现车辆消防器材问题，及时进行更换		发现异常及时汇报	班组、个人	维修分公司	清障车驾驶员

续上表

风险点			检查项目		标准	风险分级	不符合标准情况及后果	管控措施					管控层级	责任单位	责任人
编号	类型	名称	序号	名称				工程技术措施	培训教育措施	管理措施	个人安全措施	应急处置措施			
2	设施设备	清障车	15	传动带	符合GB/T18344、GB7258中的相关标准	低风险	传动带打滑、摩擦造成火灾等		，培训驾驶员做好车辆三检，遇到异常情况，及时报修	落实车辆三检制度，发现车辆传动带等问题，及时进行更换和维修		发现异常及时汇报	班组、个人	维修分公司	清障车驾驶员
			16	起升、拖运	符合GB/T18344、GB7258中的相关标准	低风险	起升、拖运部件存在隐患可能发生安全事故		培训驾驶员做好日常的车辆三检，遇到起升、拖运部件存在异常，及时报修	按照制度要求检查，如有异常及时汇报		发现异常及时汇报	班组、个人	维修分公司	清障车驾驶员

第四节 岗位隐患排查治理

依据公共汽电车驾驶员风险分级管控体系中各风险点的控制措施和标准规范要求，编制该岗位的主要隐患排查清单，详见表3-1-5。

公共汽电车驾驶员岗位常见隐患排查清单 表3-1-5

常见隐患	管控措施	管控措施失效	治理措施
隔夜酒及酒后驾驶	利用酒精检测仪做好驾驶员上岗前检查	酒精监测仪发生故障	报修酒精监测仪，并做好定期维护工作
	酒精测试不合格的驾驶员严禁上车执行营运任务	故意跳过酒精检测，或者故意隐瞒酒精检测结果驾驶车辆	发现上述情况及时告知安全管理人员，加强安全学习，提升禁止酒驾的安全意识
新调入、新定车、跨线驾驶人员对线路、车辆状况不熟	利用线路危险路段示意图熟悉线路风险	线路危险路段示意图过期或者有临时出现的新的危险路段未标注	及时将问题上报给安全管理人员，更新线路危险路段示意图
	对此类人员提前进行安全生产法律法规、安全行车知识、安全操作规程等方面的岗前培训教育	未经过岗前安全培训教育，或者岗前安全培训教育不合格	及时将问题上报给安全管理人员，申请相关安全培训复训或者有经验的驾驶员指导
车辆技术状况不良	要求驾驶员做好范围内的车辆日常检查	对检查标准不熟悉	及时将问题上报给安全管理人员，申请相关培训
	对驾驶员开展车辆使用教育培训	未经过教育培训或者培训不合格	及时将问题上报给安全管理人员，申请相关培训或者有经验的驾驶员指导
突发性疾病（心脏病、脑出血等）	定期组织查体	查体被遗漏	及时将问题反馈安全管理人员解决
	驾驶员突感身体不适时，应视情立即减速，安全停车，将身体状况报告单位安全生产管理人或负责人	对自己的身体状况没有正确认知	学习健康知识，参加公司组织的健康培训
乘客发生干扰驾驶员安全行车行为	培训驾驶员遇到此类情况妥善处置，平稳心态，严禁过激行为和语言	未进行安全培训或安全培训不到位	报告安全管理人员，申请相关培训复训
	安装一键报警装置及驾驶舱防护门	设备故障	报修送检，定期维护

续上表

常见隐患	管控措施	管控措施失效	治理措施
车辆通过路口时,行人、非机动车在机动车辆之间穿行	按照"黄金3s"操作法,进入路口提前50m范围内减速,采取防御性驾驶措施,加强观察	驾驶员对"黄金3s"操作法掌握不到位	参加安全知识复训
未按要求停放车辆,堵塞消防通道	定期组织夜间收车检查,相关单位做好安保巡查工作	未定期进行检查,或者检查不到位	安全会议点名批评,纳入安全考核绩效
公共汽车高压线路、高压蓄电池组绝缘不符合标准	利用仪表进行报警识别	仪表发生故障	报修送检,定期维护

除了上表所列出的隐患,BRT驾驶员和清障车驾驶员还有一些其他的常见安全隐患,见表3-1-6。

BRT驾驶员和清障车驾驶员岗位其他常见安全隐患 表3-1-6

岗位	常见隐患	管控措施	管控措施失效	治理措施
BRT驾驶员	车辆进入BRT站台时车辆与站台停靠间隙大	定期对车走屏蔽门开关情况进行检查	检查超期	按照期限要求进行检查,并做好记录
		发生紧急情况时,按照"17个怎么办"要求进行应急处置	缺乏应急常识,没有及时采取措施	学习应急处置知识,积极参加应急演练
	双开门车辆乘客从错误车门下车	车辆车门控制系统故障	仪表故障	及时将问题上报给安全管理人员,进行仪表检查
		发生紧急情况时,按照"17个怎么办"要求进行应急处置	缺乏应急常识,没有及时采取措施	学习应急处置知识,积极参加应急演练
清障车驾驶员	拖运车辆时,没有检查锁牢车辆机舱盖和侧舱门	正确识别作业风险,确保车辆发动机舱盖和边舱盖关闭锁止牢固,在无影响拖运安全的情况下,再进行车辆拖运	没有正确识别作业风险,缺乏相关安全知识	学习相关安全知识,申请进行相关培训
	没有首先将燃气耗尽车辆拖运到指定地点进行氮气置换	正确识别作业风险。在拖运燃气耗尽的燃气车辆时,要首先将燃气耗尽车辆拖运到指定地点进行氮气置换后,再拖运车辆加气	没有正确识别作业风险,缺乏相关安全知识	学习相关安全知识,申请进行相关培训

第五节　典型案例分析

一、BRT 驾驶员案例

1. 类型

行人横穿道路与公交车辆发生剐碰事故。

2. 事故经过

2016 年 3 月 2 日上午 9h 5min 左右，驾驶员郭×（男，33 岁，公交驾龄 6 个月）驾驶 BRT-4 号线公交车沿二环东路 BRT 专用道由南向北绿灯通过将军路宋刘村小路口时，遇一行人（女，35 岁，江西人）违反交通信号指示，由东南向西北斜穿通过路口，公交车右前部将行人撞出，致行人颅内出血的事故。

3. 原因分析

经调取车辆监控录像和结合现场实际情况对事故发生的原因分析如下：

（1）驾驶员过度的依赖信号灯通行，自认为绿灯信号放松了对其他交通参与者违法行为的防控；行车中注意力不集中，精神涣散，小动作不断，放松了通过路口的安全警惕性，导致事故的发生。

（2）违反“三二一路口安全操作规程”，在通过路口时，车速较快，观察不周，没有采取有效的预防性防范措施安全通行，有较强的“BRT 专用道路权意识”。

（3）安全隐患路段重视不足，在遇障碍物遮挡视线，形成视线盲区的潜在安全隐患时，没有采取提前减速，增大前向或横向安全行车距离，做好充分的预判准备防范通行。

4. 管控措施制定与落实

（1）加强从业人员的安全培训教育，重点是道路交通法律法规的学习，提高驾驶员安全意识。同时加强服务意识，在拥有路权的情况下减速慢行、文明礼让。

（2）加大驾驶员安全行车检查力度，尤其是通过路口时车速的控制、文明礼让行人和斑马线情况。

（3）继续在全体职工中推行路口、站点“黄金 3s”操作法，提高驾驶员防御性驾驶技能和对运行中可能出现隐患的预见性。并适时开展应急操作演练，有效预防事故。

二、清障车驾驶员案例

1. 类型

安全事件。

2. 背景资料

2014 年 9 月 26 日，天气晴，清障车自陡沟车场拖运无轨电车 2038 号车到济南大学车队进行车辆维修。

3. 详细描述

2014 年 9 月 26 日，清障车驾驶员刘×（男，46 岁，驾龄 20 年）驾驶清障车自陡沟车场拖运无轨电车 2038 号车到济南大学车队进行车辆维修，途经陡大路路段时，因地面颠簸，电车

集电杆自托架脱出后向上方弹开，挂在过街电线上，随后拉扯道路两侧的电线杆，将路边的两根木质电线杆拉倒，致使电线杆倒向道路中间，所幸当时道路上没有车辆和行人，没有造成人身伤害。

4. 原因分析

经对当事人进行询问，并结合现场实际情况对事故发生的原因分析如下：

(1) 直接原因是因道路颠簸，电车集电杆自固定架脱出向上弹起，拉扯电线，并将路边的电线杆拉倒。

(2) 间接原因是清障车驾驶员安全意识不强，对拖运电车过程中存在的安全危害因素识别估计不足，没有采取有效的预防性防范措施安全通行，没有采取措施将集电杆捆绑牢固，作业风险失控，导致事故发生。

5. 管控措施检查与更新

进一步加强对清障车驾驶员的安全培训，严格按照操作规程进行操作，确保作业安全。

三、重庆万州公交坠江事故

1. 类型

车辆坠江事故。

2. 背景资料

2018 年 10 月 28 日 10h8min，重庆万州 22 路公交车行至长江二桥，突然偏离本车道，与对向正常行驶的轿车相撞后冲出路沿坠江。

3. 详细描述

10 月 28 日凌晨 5h1min，公交公司早班车驾驶员冉×(男，42 岁，万州区人)离家上班，5 时 50 分驾驶 22 路公交车在起始站万达广场发车，沿 22 路公交车路线正常行驶。事发时系冉×第 3 趟发车。9h35min，乘客刘×在龙都广场四季花城站上车，其目的地为壹号家居馆站。由于道路维修改道，22 路公交车不再行经壹号家居馆站。当车行至南滨公园站时，驾驶员冉×提醒到壹号家居馆的乘客在此站下车，刘×未下车。当车继续行驶途中，刘×发现车辆已驶过自己的目的地站，要求下车，但该处无公交车站，驾驶员冉×未停车。10h3min32s，刘×从座位起身走到正在驾驶的冉×右后侧，靠在冉×旁边的扶手立柱上指责冉×，冉×多次转头与刘×解释、争吵，双方争执逐步升级，并相互有攻击性语言。10h8min49s，当车行驶至万州长江二桥距南桥头 348m 处时，刘×右手持手机击向冉×头部右侧，10h8min50s，冉×右手放开转向盘还击，侧身挥拳击中刘×颈部。随后，刘×再次用手机击打冉×肩部，冉×用右手抵挡并抓住刘×右上臂。10h8min51s，冉×收回右手并用右手往左侧急转转向盘(车辆时速为 51km/h)，导致车辆失控向左偏离越过中心实线，与对向正常行驶的红色小轿车(车辆时速为 58km/h)相撞后，冲上路沿、撞断护栏坠入江中。

4. 原因分析

(1) 直接原因是因驾驶员与乘客发生争执斗殴，影响正常驾驶操作。

(2) 间接原因是公交公司对驾驶员的安全教育培训不到位，导致驾驶员安全意识不强。

5. 管控措施检查与更新

济南市公交总公司在接到重庆万州公交坠江事故的新闻报道后，高度重视，深入分析事故可能发生的原因，认真吸取事故教训，举一反三，结合济南市公交总公司安全生产工作的特点，采取各项安全防范措施。

一是开展了事故警示教育工作，各级安全管理人员进站房，组织驾驶员班组会议，交流分析重庆万江公交车坠江事故，以预防和减少安全生产事故为重点，进一步提高驾驶员安全驾驶技能，规范通过大桥、山区路段的驾驶操作要领，提升驾驶员安全驾驶意识。

二是结合双重预防体系建设工作要求，进一步强化道路安全风险辨识工作，对遇有大桥、山区陡坡、水库、江河的线路，重新进行风险辨识梳理，加大管控力度，制定管控措施，严格控制通过危险路段的车速，谨慎驾驶，严禁急转向危险行驶。

三是结合安全生产大检查工作，加大跟车检查频率。严查逆行超车、通过危险路段车速快等违法、危险驾驶行为。加大山区线路危险路段的管控，对转弯、掉头等驾驶作业过程进行检查，优化安全营运秩序。

四是组织其他非营运生产单位一并结合本单位实际，按照相关法律法规、行业标准及济南市公交总公司制度要求做好风险防范和隐患排查治理工作，加强从业人员安全教育，强化后方生产单位安全检查，严查三违行为。

第二章　修理工岗位安全知识

第一节　岗位工作标准及安全操作规程

一、岗位工作标准

1. 范围

本标准规定了济南市公共交通总公司维修公司修理工的资格要求、职责与权限、工作内容与要求、工作关系以及检查与考核。

本标准适用于济南市公共交通总公司维修公司修理工的工作岗位。

2. 资格要求

(1)高中(中专)及以上学历;

(2)具有优秀车辆维修、维护技能;

(3)具有优良的道德品质,做事严谨、细致、认真;

(4)具有较高的思想政治觉悟,能够严守工作纪律;

(5)具有较强的责任心,能忠于企业,严格遵守企业各项管理制度;

(6)具有优秀的执行能力,能按照计划办事,按质、按量及时完成工作任务。

3. 职责与权限

1)职责

在维修分公司例检员的领导下,具体负责做好车辆的维护、修理以及设备的检查维护工作。

2)权限

(1)对职责范围内的各项工作有建议权和执行权。

(2)其他与岗位相关的工作职权。

4. 工作内容与要求

1)车辆的维护、修理工作

(1)严格执行车辆维修工艺和维修技术标准。

(2)严格遵守各工种、工序安全操作规程,杜绝违章现象和安全生产事故的发生。

(3)按派工项目进行维修作业,按时、保质保量完成工作任务。

(4)做好车辆的一、二级维护工作。维护作业中,发现车辆安全隐患,及时向领导汇报。

(5)维护、修理作业中,严格执行自检、互检和专职检验的"三检"制度。

(6)做好维护、修理现场管理,保证物料摆放整齐、现场整洁卫生,做到任务结束时工具、材料妥善保管,场地清洁。

(7)按照车辆检查标准,做好车辆一日一检工作,把好车辆出门关。

2)安全生产与节能

(1)承担工作范围内的安全生产责任。

(2)履行工作范围内节能减排工作职责。

3)其他工作

积极完成上级领导交办的其他临时性工作。

5. 工作关系

(1)直接上级为维修分公司例检员,向维修分公司例检员报告工作。

(2)同各分公司维修人员、各营运公司驾驶员合作完成相关工作。

6. 检查与考核

岗位工作受维修分公司例检员的检查、监督和考核。

二、修理工岗位安全操作

(1)工作前穿好工作服、扣好衣扣,长袖工作服需扣住或扎住袖口,不允许赤膊,不允许穿拖鞋参加作业。

(2)车辆进入修理工位或外出维修必须做好安全防护,拉好驻车制动操纵杆,拔下点火钥匙,前后悬挂"正在维修,禁止起动"警示标志,前方悬挂左转向盘,后方悬挂在后置发动机舱盖,并用三角木塞固好车轮前后位置。

(3)在道路上维修车辆,车辆后方放置2个安全隔离墩,距离车辆10m,车辆应开启应急危险警告灯,维修时执行第二条。

(4)进入车下维修必须关闭发动机。双脚不能伸出车外。

(5)拆卸轮胎、钢板弹簧、前后轴时必修将车用支车凳支稳,用千斤顶进行底盘作业时,必须选择平坦坚实场地,用支车凳平稳支撑车辆,不能用千斤顶代替支车凳。千斤顶丝杠旋出长度不能超过总长度的2/3,撤离千斤顶时,千斤顶要和被支撑物分离。

(6)车辆架起做运转试验时,必须确定支架稳定,未离地面的车轮应用三角木垫牢。试验时车下及车前后方不许站人。

(7)在地沟边缘工作时,需放置地沟盖板,要经台阶上下地沟。

(8)请勿站在重物坠落可能对人造成伤害的物体下面工作。

(9)在运转的旋转机械设备上,如车床、钻床、传送机旁作业时,不许戴手套,不许手持擦车布,防止皮带轮、风扇导致机械缠绕。

(10)两人以上搬抬较重机件时,有一人口令指挥,互相协调,搬抬前应仔细观察地面情况,地面湿滑禁止搬抬,若确有必要搬抬,请处理好地面后进行搬抬操作。

(11)装配零件时,不得用手指试探螺孔、销孔深度。

(12)落下车辆旋松千斤顶时要确认落下后的稳定支撑。

(13)正确使用工具,使用扳手要尺寸合格,人面部不得正面靠近扳手转动平面,防止扳手滑脱击伤面部;大力拆松螺母时,身体要站稳,防止摔伤。

(14)使用电动工具时必须检查电器、线路、开关是否漏电,不许在雨中、潮湿地方使用电动工具,防止触电。

(15)在车辆上实施电、气焊接时必须远离油箱,清除油污,隔离易燃物,并备好灭火剂

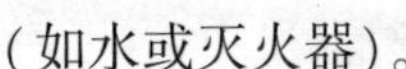

（如水或灭火器）。

（16）清洗零部件只能使用清洗剂，严格执行清洗机操作规程。

（17）工作场地严禁吸烟。

（18）工作前检查起重设备及工具性能是否良好。

（19）使用角磨机，必须仔细检查砂轮片是否有裂纹，防护罩是否完好，电线是否破损，空转是否正常。使用人应佩戴劳动防护用品。

（20）车辆制动试验时必须由持有和准驾车型相符驾驶证的指定人员驾驶，车辆制动试验时必须在指定道路进行，驾驶员必须思想集中，设专人监督，注意车辆前后行人、堆物，并看清车后有无车辆，无驾驶执照的修理人员，不准发动各种车辆。

（21）试高压火花时必须思想集中，不准在机油口处和加油站附近试验，以防失火和爆炸。

（22）凡在夜晚或天色暗淡视线不佳的情况下，对抛锚车辆进行修理时，不准用明火照明。

（23）车辆须气割焊接动用明火作业，严格执行《维修公司动火管理制度》的规定。

（24）拆卸轮胎前，应用千斤顶将车顶起并用支车凳支稳车辆，方可拆卸。

（25）拆卸轮胎前，必须将内胎里的空气放完，轮胎充气时，必须装上防护装置，以防钢圈蹦出伤人。

（26）拆卸轮胎，应用专用工具，使用撬棍应防止打滑，不准用活动扳手加套管来增加拆卸螺母的扭矩，双手拆卸轮胎时，应抓住与车架平行的轮胎位置左右摆动，禁止抓与车架垂直方向的位置，以免轮胎落下打伤手臂。

（27）搬运蓄电池时，要注意脚下障碍物，二人搬抬，用专用车运输，不准用肩扛，以防硫酸液溢出伤人。

（28）不得将手伸入已装配完的变速器内检查齿轮和传动轴间隙，检查油压设备时禁止敲打。

（29）添加电解液时要戴好口罩，耐腐蚀手套，并防止腐蚀剂倒翻，操作时要小心谨慎，防止外溅。

（30）特种作业人员需持证上岗。

（31）天然气车辆维修、安装时必须严格遵守天然气车辆维修、安装的各种规定和技术要求。

（32）天然气车辆维修施焊时，首先要关掉车辆总电源开关，拔掉电脑插头（ECU），关闭所有气瓶阀及总阀，起动发动机，把管道内的天然气耗尽（严禁在带压的情况下施焊），使发动机自行熄火。

（33）天然气车辆安装完毕，充气时要严格遵守充气规定并认真检漏、填写检漏卡，确认无泄漏后移交试车，未经检漏的车辆不准移交。

（34）天然气钢瓶安装必须牢固，防雨罩必须按规定安装紧固，加自锁装置。

（35）天然气系统管路安装：必须严格遵守安装规定，不得有碰、磨、缠绕、挤压等现象，要远离车辆的高温点、转动点、需时加装防护套、板。

（36）天然气车辆维修时必须远离火源，周围10m内不准有明火。

(37)天然气车辆检修时,严禁乱拉电源线,检修电源线接头必须使用接插件。

(38)天然气车辆须冲洗管路时,必须有人在周围巡视,禁止无关人员靠近维修车辆,不准在其他车辆相近维修天然气车辆。

(39)冰雪天气,清洁天然气车的底盘时,不准用金属物品作业。

(40)天然气系统维修时,严禁违章操作,如用力撞击,不准用有油污的棉布擦洗机件。

(41)天然气管路安装时必须复检确认达标后方可安装。

(42)天然气管路维修拆装后,必须再检漏确认无泄漏后方可使用。

(43)停靠在地沟与维修台等修车工位时,车辆修理完毕的,车辆未开走之前,要保留各种防护装置。

(44)公派外出修理人员,原单位要做好安全叮嘱,到达维修单位后,服从车间站点人员安排,执行安全操作规程。

(45)车辆报修后在上下地沟、地台前需经指定维修人员引导,听从维修人员指挥,严禁未经报修、无维修人员引导的车辆驶入维修区域地沟、地台。

第二节 岗位风险点、危险源

一、修理工岗位作业活动风险点清单

按照作业活动进行划分,本岗位风险点包括底盘作业、发动机作业、汽车电工、钣金作业、机加工作业、天然气汽车维修作业、水箱作业、轮胎作业、危化品车辆维修、喷漆作业、叉车作业、行车作业等,详见表3-2-1。

修理工岗位作业活动风险点清单　　表3-2-1

序号	作业活动名称	作业活动内容	区域位置	可能发生的事故类型及后果	活动频率
1	底盘作业	检查工具设备、用三角木塞固车轮、挂警示牌、车辆上下地沟、车下作业、支落车作业、拆装轮胎、吊装变速器、差速器、检修转向系统、使用风动扳手等噪声危害、拆卸钢板、废油存放、作业后关闭车辆舱门、拉紧驻车制动器操纵杆等	维修区域	触电、机械伤害、火灾、摔伤、砸伤、挤伤、噪声危害等事故	工作时间定期进行
2	发动机作业	检查工具设备、用三角木塞固车轮、挂警示牌、车辆上下地沟、车下作业、道路上维修作业、狭窄空间作业、拆装发动机、搬抬重物、发动机试车、废油存放、作业后关闭车辆舱门、拉紧驻车制动器操纵杆等	维修区域	触电、机械伤害、火灾、摔伤、砸伤、挤伤、试车废气危害等伤害事故	工作时间定期进行

续上表

序号	作业活动名称	作业活动内容	区域位置	可能发生的事故类型及后果	活动频率
3	汽车电工作业	用三角木塞固车轮、挂警示牌、引导车辆上下地沟、车下作业、道路上维修作业、狭窄空间作业、检修纯电动车、双能源公交车、新能源车高压电器部分、使用电钻等电动工具、搬抬蓄电池等重物、更换电车集电头、作业后关闭车辆舱门、拉紧驻车制动器操纵杆等	维修区域	触电、机械伤害、火灾、摔伤、砸伤、挤伤、车辆碾压、等伤害事故	工作时间定期进行
4	钣金作业	用三角木塞固车轮、挂警示牌、车辆上下地沟、车下作业、道路上维修作业、狭窄空间作业、电气焊作业、铁锤敲击作业、下料、搬运氧气和乙炔钢瓶、使用电动工具、焊接作业职业危害、使用角磨机等噪声危害、砂轮机粉尘危害、搬抬重物、作业后关闭车辆舱门、拉紧驻车制动器操纵杆等	维修区域	触电、机械伤害、火灾、摔伤、砸伤、挤伤、噪声、粉尘危害、中暑等伤害事故	工作时间定期进行
5	机加工作业	用三角木塞固车轮、挂警示牌、车辆上下地沟、车下作业、狭窄空间作业、电气焊作业、铁锤敲击作业、下料、搬运氧气和乙炔钢瓶、使用电动工具、焊接作业职业健康危害、使用角磨机等噪声危害、砂轮机粉尘危害、搬抬重物、作业后关闭车辆舱门、拉紧驻车制动器操纵杆等	维修区域	触电、机械伤害、火灾、摔伤、砸伤、挤伤、噪声、粉尘、崩伤、绞缠等伤害事故	工作时间定期进行
6	天然气作业	用三角木塞固车轮、挂警示牌、车辆上下地沟、车下作业、狭窄空间作业、拆装燃气钢瓶、搬运燃气钢瓶、使用电动工具、登高进行检修作业、检修LNG钢瓶阀门等、搬抬重物、作业后关闭车辆舱门、拉紧驻车制动器操纵杆等	维修区域	触电、机械伤害、火灾、高空坠落、碾压伤害、砸伤、挤伤等伤害事故	工作时间定期进行
7	水箱作业	用三角木塞固车轮、挂警示牌、车辆上下地沟、车下作业、狭窄空间作业、拆装水箱、冲洗水箱、气焊水箱作业、使用电动工具、焊接作业职业危害、使用角磨机等噪声危害、搬抬水箱等重物、作业后关闭车辆舱门、拉紧驻车制动器操纵杆等	维修区域	触电、机械伤害、火灾、爆炸、摔伤、砸伤、挤伤、焊接作业废气危害等伤害事故	工作时间定期进行

续上表

序号	作业活动名称	作业活动内容	区域位置	可能发生的事故类型及后果	活动频率
8	轮胎维修作业	用三角木塞固车轮、挂警示牌、车辆上下地沟、车下支落车作业、清洁空压机、使用扒胎机械拆装轮胎、修补轮胎、轮胎充气、搬抬重物、作业后关闭车辆舱门、拉紧驻车制动器操纵杆等	维修区域	触电、摔伤、砸伤、绞缠、风炮噪声危害、挤伤等伤害事故	工作时间定期进行
9	危化品车辆维修作业	用三角木塞固车轮、挂警示牌、车辆上下地沟、车下作业、支落车作业、拆装轮胎、拆卸制动鼓（盘）、吊装变速器与差速器、检修车辆转向机构、进行车辆电气装置检修、废油料收集存放、作业后关闭车辆舱门、拉紧驻车制动器操纵杆等	维修区域	火灾、爆炸、摔伤、砸伤、风炮噪声危害、挤伤等伤害事故	工作时间定期进行
10	喷漆作业	刮腻子、调漆、喷漆，登高进行喷漆作业	喷漆作业区域	火灾、爆炸、摔伤、中暑、职业健康危害等伤害事故	工作时间定期进行
11	叉车作业	叉装货物、叉运货物	维修区域	碰撞、倾覆、摔伤、砸伤、挤伤等伤害事故	工作时间定期进行
12	行车作业	吊运货物	维修区域	碰撞、坠落、砸伤、挤伤等伤害事故	工作时间定期进行

二、设施设备风险点清单

按照设施设备、固定场所、区域进行划分，本岗位风险点包括设施设备、公交车辆等，详见表3-2-2。

修理工岗位设施设备风险点清单

表3-2-2

序号	设备名称	类别	型号	区域位置	是否特种设备
1	空压机	电气设备	V-1.05/12.5	维修车间	否
2	电焊机	焊接设备	NBC-250	维修车间	否

续上表

序　号	设备名称	类　别	型　号	区域位置	是否特种设备
3	砂轮机	电器设备	M3025-T250A	维修车间	否
4	氧气、乙炔	焊接设备		维修车间	是
5	举升机	电器设备	DQY20-2B	维修车间	否
6	充电机	电器设备	NHCD72-100	维修车间	否
7	台钻	电器设备	LT-16J	维修车间	否
8	电动车充电机	电器设备	KMCS-60-750-A3	维修车间	否
9	车床	电器设备	C616	维修车间	否
10	切割机	电器设备	J3G-SW-400	维修车间	否
11	角磨机	电器设备	DW803-A9	维修车间	否
12	剪板机	电器设备	Q11-6 ×2500	维修车间	否
13	油压机	电器设备		维修车间	否
14	折弯机	电器设备		维修车间	否
15	冲床	电器设备	SAH-80	维修车间	否
16	叉车	场内车辆	CPC30N-RG5	维修车间	是
17	单梁起重机	起重设备		维修车间	是
18	清洗机	电器设备	QL-380C	维修车间	否
19	支车凳	维修设施		维修车间	否
20	千斤顶	起重机械	ABS-0275	维修车间	否
21	手电钻	电动工具	TBM3400S	维修车间	否
22	气动扳手	气动工具	WH-3950	维修车间	否
23	制动蹄修磨机	电器设备		维修车间	否
24	公交车辆	车辆	金旅、青年、中通、重汽、宇通等	停车区域	否

三、危险源辨识

对上述识别到的作业流程进行工作危害分析(JHA),并通过作业条件危险性分析评价法(LEC)进行风险评价分级;对上述识别到的设施设备进行安全检查表分析(SCL),并进行风险评价分级。风险评价分级结果见表。

维修涉及的作业活动,因为工种的差异,划分为很多种类,但由于作业过程的相似性,有些危险源是共有的,现将这些危险源及常用的管控措施归纳如下,让员工学习掌握各工种岗位具体危险源之前先对作业风险有一个总体认识。

维修作业前的共有危险源及常用的管控措施:

(1)危险源:新入厂职工或转岗职工由于对生产作业环境、设施设备等不熟悉,对岗位安全知识和操作规程等掌握不全面。管控措施:落实好新入厂职工和转岗职工的三级安全教育培训,使职工熟练掌握岗位安全知识,操作规程和作业流程,及时熟悉作业环境和设施设备,正确操作设备设施;对未参加三级安全教育的人员或培训考试不合格的人员不得上岗实习或工作。

(2)危险源:维修作业前未进行工具和设施设备的检查,工具、设备存在隐患。

管控措施:培训职工熟知工具和设施设备的检查标准,掌握检查方法;按照网格化实名制管理做好设备设施检查,当班安全员做好设备设施复查和作业现场安全监控。

(3)危险源:雨雪、大风、高温等作业环境中易发生触电、砸伤、中暑。

管控措施:加强对职工的安全培训,使职工熟练掌握不同天气状况下的安全作业知识和安全防范技能;当班安全员、例检员做好作业现场安全动态监管,及时叮嘱职工防范不同环境下的作业风险;一旦发生触电、砸伤、中暑等人身伤害,立即采取相应措施进行急救,或拨打120送医院救治。

(4)危险源:作业现场有水迹、油迹、杂物等存在摔伤危险。

管控措施:教育职工作业前清除维修现场水迹、油迹和地面杂物,消除事故隐患;当班安全员、例检员做好现场安全检查和监控,发现隐患及时纠正;一旦发生摔伤、砸伤,立即采取相应措施进行救治,或拨打120送医院救治。

(5)危险源:维修车辆不挂警示牌、不用三角木塞固好车轮,存在溜车或发动机误起动的危险。

管控措施:做好对职工的安全培训,严格按照操作规程进行操作;按照网格化实名制管理要求,当班安全员、例检员做好现场安全检查和监控,发现隐患及时纠正;一旦发生车辆挤伤或碾压伤害,要尽快采取措施立即进行现场急救,或拨打120送医院救治。

维修作业中的共有危险源及常用的管控措施:

(1)危险源:车下狭窄空间作业容易发生碰伤、摔伤等伤害。

管控措施:教育职工正确识别车下狭窄空间作业存在的危险,注意观察作业环境,正确使用工具,扳手尺寸合适,使用方法得当,人面部不得正面靠近扳手转动平面,防止滑脱击伤面部;拆松螺母时身体要稳定,防止摔伤、碰伤;按照网格化实名制管理,当班安全员、例检员做好作业现场安全监管,发现隐患及时纠正;一旦发生碰伤、摔伤立即采取相应措施进行急救,或拨打120送医院救治。

(2)危险源:在地沟上进行维修作业存在摔伤危险。

管控措施:做好对职工的安全培训和叮嘱,使职工充分认识在地沟上进行车辆维修时存在的危险因素(不能跨站在地沟边缘进行车辆维修,要站在地沟盖板上进行作业,防止滑落地沟摔伤;上下地沟时,要经过地沟台阶,不能直接跳入地沟,防范摔伤事故发生);按照网格化实名制管理要求,当班安全员、例检员做好维修现场安全检查和监控,发现隐患及时纠正;一旦发生碰伤、摔伤立即采取相应措施进行急救,或拨打120送医院救治。

(3)危险源:不正确搬抬物体过程中可能发生伤害事故。

管控措施:做好对职工的安全教育培训,使职工充分认识到在搬抬重物过程中存在的安全风险(在搬抬物品前首先要及时清理现场杂物和水迹、油迹等,防止因地面湿滑,造成脚下打滑或绊倒造成砸伤、摔伤。两人以上搬抬较重物品,要由其中一人口令指挥,互相协调,确保安全。不能勉强搬抬人身不能承受的超重物品,以防发生砸伤等人身伤害);按照网格化实名制管理要求,当班安全员、例检员做好维修现场安全检查和监控,发现隐患及时纠正;一

旦发生摔、砸伤,可立即用冷水冷敷,减少出血和减轻疼痛。如有骨折、脊椎受伤等情况发生,不要盲目搬动伤者。应在骨折部位用夹板把受伤位置临时固定,使断端不再移位或刺伤肌肉、神经或血管,及时送医院急救。

(4)危险源:在车顶等高处进行作业时存在摔伤风险。

管控措施:教育职工正确识别在车顶等高处作业可能存在的风险,做好个体防护,确保作业安全(在车顶或登高进行车辆检修作业存在坠落摔伤风险,作业前要对登高作业使用的高架梯子等进行仔细检查,确保高架梯子稳固。使用梯子要两人作业,一人登高,一人监护。作业时要小心观察车顶及脚下情况,及时清理车顶物品,严密防范车顶作业时发生绊倒、滑倒等,造成高处滑落、坠落等摔伤事故的发生);当班安全员、例检员做好作业现场安全监管,发现隐患及时纠正;一旦发生车顶等高处坠落摔伤,立即进行急救。或拨打 120 急救电话送往医院救治。

维修作业后的共有危险源及常用的管控措施:

(1)危险源:维修作业结束后,现场残留水迹、油迹、杂物等,易引发摔伤等事故。

管控措施:做好职工安全教育培训,教育职工维修作业后及时清除现场水迹、油迹和地面杂物,消除摔伤等事故隐患。当班安全员、例检员做好现场安全检查和监控,发现隐患及时纠正;一旦发生碰伤、摔伤立即采取相应措施进行急救,或拨打 120 送医院救治。

(2)危险源:维修作业完毕未及时关闭车辆舱门盖和侧门盖。

管控措施:加装舱门未关报警提示系统(智能门锁);教育职工在维修作业完毕后要检查一遍舱门锁闭情况,确保舱门盖关闭牢固,锁闭可靠,才能离开作业现场,防止发生剐蹭事故;当班安全员、例检员做好现场安全检查和监控,发现隐患及时纠正;一旦发生碰伤、摔伤立即采取相应措施进行急救,或拨打 120 送医院救治。

(3)危险源:车辆维修完毕未及时拉紧驻车制动器操纵杆。

管控措施:教育职工正确识别维修作业后存在的风险,作业完毕后检查并确保拉紧驻车制动器操纵杆才能离开维修现场;当班安全员、例检员做好维修现场安全检查和监控,发现隐患及时纠正;一旦发生车辆轧伤人等事故,立即采取相应措施进行急救,或拨打 120 送医院救治。

第三节　岗位风险分级管控措施

一、作业活动风险分级管控清单

根据已经完成的岗位风险评审分级,对岗位作业活动风险现有管控措施进行分析梳理,查漏补缺,并分配相关责任单位和责任人,形成本岗位作业活动风险分级管控清单,详见表 3-2-3。

二、设施设备风险分级管控清单

根据已经完成的岗位风险分级,对岗位设施设备风险现有管控措施进行分析梳理,查漏补缺,并分配相关责任单位和责任人,形成本岗位设施设备风险分级管控清单,设施设备风险分级管控清单,详见表 3-2-4。

表 3-2-3

修理工岗位作业活动风险分级管控清单

风险点		作业步骤	序号	危险源或潜在事件	可能发生的事故类型及后果	风险分级	管控措施					管控层级	责任单位	责任人
编号	名称						工程技术措施	培训教育措施	管理措施	个体安全措施	应急处置措施			
1	底盘维修作业	作业前	1	新入厂职工或转岗职工由于对生产作业环境、设施设备等不熟悉，对岗位安全知识和操作规程等掌握不全面	可能发生触电、机械伤害等事故	较大风险		落实好新入厂职工和转岗职工的三级安全教育培训，使职工熟练掌握岗位安全知识，操作规程和作业流程，及时熟悉作业环境和设施设备，正确操作设备设施	对未参加三级安全教育的人员或培训考试不合格的人员，不得上岗实习或工作		一旦发生伤害事故、立即采取相应措施进行救治，或拨打120送医院救治	分公司级管控	维修公司	安全副经理/安保部长
			2	维修作业前未进行工具和设备的检查，工具、设备存在隐患（含扳手、套筒、举升机、地沟盖板、千斤顶、支车凳、吊链、支架、配电盘、漏保等工具及设备）	可能发生机械伤害、火灾、触电等事故	一般风险		培训职工熟知工具和设备的检查标准，掌握检查方法	按照网格化实名制管理做好设备、工具检查，当班安全员做好设备、工具复查和作业现场安全监控		一旦发生伤害事故，立即采取相应措施进行急救，或拨打120送医院救治	车队（间）级管控	维修分公司	分公司经理

续上表

风险点		作业步骤	序号	危险源或潜在事件	可能发生的事故类型及后果	风险分级	管控措施					管控层级	责任单位	责任人
编号	名称						工程技术措施	培训教育措施	管理措施	个体安全措施	应急处置措施			
1	底盘维修作业	作业前	3	雨雪、大风、高温等作业环境中易发生触电、砸伤、中暑	特殊天气易发生触电、砸伤、中暑等人身伤害	低风险		加强对职工的安全培训，使职工熟练掌握不同天气状况下的安全作业知识和安全防范技能	当班安全员、例检员做好作业现场安全动态监管，及时叮嘱职工防范不同环境下的作业风险		一旦发生触电、砸伤、中暑等人身伤害，立即采取相应措施进行急救，或拨打120送医院救治	班组、岗位管控	维修分公司站点	例检员/作业人员
			4	作业现场有水迹、油迹、杂物等存在摔伤危险	摔伤、砸伤等人身伤害	低风险		教育职工作业前清除维修现场水迹、油迹和地面杂物，消除事故隐患	当班安全员、例检员做好现场安全检查和监控，发现隐患及时纠正		一旦发生摔伤、砸伤，立即采取相应措施进行救治，或拨打120送医院救治	班组、岗位管控	维修分公司站点	例检员/作业人员
			5	在路边停车场进行维修作业，存在发生交通事故的危险	交通事故等人身伤害	低风险		教育职工充分识别在路边停车场修车过程中存在的危险，防范交通事故发生	当班安全员、例检员做好现场安全检查和监控。派工时及时叮嘱职工防范交通事故伤害		一旦发生交通事故，保护现场，及时拨打120送医院救治	班组、岗位管控	维修分公司站点	例检员/作业人员

续上表

风险点		作业步骤	序号	危险源或潜在事件	可能发生的事故类型及后果	风险分级	管控措施					管控层级	责任单位	责任人
编号	名称						工程技术措施	培训教育措施	管理措施	个体安全措施	应急处置措施			
1	底盘维修作业	作业前	6	无人引导车辆上下地沟时，车辆存在碰撞或掉落地沟的危险	车辆掉入地沟或发生碰撞事故，造成人员伤害或财产损失	一般风险		加强安全教育培训，使职工熟知报修作业流程。车辆维修需上下地沟时，要由不少于2名职工引导车辆安全上下地沟，消除碰撞或车辆掉落危险	严格落实报修流程，按照上下地沟工作流程进行操作。当班安全员、例检员做好作业现场安全监管，发现隐患及时纠正		一旦发生伤害事故，立即进行现场急救或拨打120送医院救治	车队（间）级管控	维修分公司	分公司经理

续上表

风险点		作业步骤	序号	危险源或潜在事件	可能发生的事故类型及后果	风险分级	管控措施					管控层级	责任单位	责任人
编号	名称						工程技术措施	培训教育措施	管理措施	个体安全措施	应急处置措施			
1	底盘维修作业	作业前	7	维修车辆不挂警示牌、不用三角木塞固车轮，存在溜车或发动机误起动的危险	可能发生挤伤、碾轧等人身伤害和财产损失	一般风险		做好对职工的安全培训，严格按照操作规程进行操作。维修人员在对车辆进行维修作业时，首先要拉好驻车制动操纵杆、用三角木塞固车轮、并在车辆前后悬挂“正在维修、禁止起动”警示牌	按照网格化实名制管理要求，当班安全员、例检员做好现场安全检查和监控，发现隐患及时纠正		一旦发生车辆挤伤或碾压伤害，要尽快采取措施立即进行现场急救，或拨打120送医院救治	车队（间）级管控	维修分公司	分公司经理

续上表

风险点		作业步骤	序号	危险源或潜在事件	可能发生的事故类型及后果	风险分级	管控措施					管控层级	责任单位	责任人
编号	名称						工程技术措施	培训教育措施	管理措施	个体安全措施	应急处置措施			
1	底盘维修作业	作业前	8	清洁空压机时，空压机自起动可能导致伤害事故发生	可能发生挤伤、铰伤的人员伤害事故	低风险		教育职工正确识别空压机存在的自起动风险，在对空压机进行检查、清理前，首先切断空压机电源，防止因储气筒气压降低，空压机的低气压起动装置自动起动空压机，导致人员挤伤、铰伤等伤害事故发生	当班安全员、例检员做好作业现场安全监管，发现隐患及时纠正		一旦发生伤害事故，立即进行现场急救或拨打120送医院救治	班组、岗位管控	维修分公司站点	例检员/作业人员
		作业中	9	空压机噪声危害	噪声耳聋	一般风险	空压机设置隔声罩或独立设置设备间	开展职业健康卫生培训教育，使职工正确认识噪声危害	设置“噪声有害”“戴护耳器”等警示标识	佩戴防噪耳塞或耳罩	一旦出现耳鸣、听力下降等身体不适，立即送医院进行检查诊治	车队(间)级管控	维修分公司	分公司经理

续上表

风险点		作业步骤	序号	危险源或潜在事件	可能发生的事故类型及后果	风险分级	管控措施					管控层级	责任单位	责任人
编号	名称						工程技术措施	培训教育措施	管理措施	个体安全措施	应急处置措施			
1	底盘维修作业	作业中	10	不能正确使用千斤顶和支车凳，存在发生事故的危险	砸伤、挤伤等人身伤害	一般风险		做好对职工的安全培训，使职工明确掌握千斤顶和支车凳的检查和使用正确方法：支车时不能用千斤顶代替支车凳。支车时要选择坚实平坦的地面和可靠的车辆支撑部位，千斤顶不准超负荷使用，丝杠只能旋出2/3，保持匀速的起升。落下千斤顶时，首先要检查车下有无其他人作业，千斤顶要与支撑部位分离后，才能移动千斤顶，防止发生挤伤事故	落实网格化实名制，责任人每天检查千斤顶和支车凳，确保技术状况良好。当班安全员、例检员做好作业现场安全监管，发现隐患及时纠正		一旦发生砸伤或挤伤事故，立即进行现场急救，首先采取措施解除车辆挤压因素，并对受伤人员进行急救，或拨打120急救电话进行救治	车队(间)级管控	维修分公司	分公司经理

续上表

风险点		作业步骤	序号	危险源或潜在事件	可能发生的事故类型及后果	风险分级	管控措施					管控层级	责任单位	责任人
编号	名称						工程技术措施	培训教育措施	管理措施	个体安全措施	应急处置措施			
1	底盘维修作业	作业中	11	不能正确使用风动扳手拆装轮胎螺母	砸伤等人身伤害	低风险		教育职工正确识别使用风动扳手进行轮胎螺母拆装时存在的危险，严格按照操作规程进行操作。拆装轮胎螺母时，要确保套筒垂直对正螺母，两手握牢风动扳手进行操作，严禁单手操作风动扳手，防止发生砸伤等伤害事故	当班安全员、例检员做好作业现场安全监管，发现隐患及时纠正		一旦发生砸伤等事故，立即进行现场急救，或拨打120，送医院救治	班组、岗位管控	维修分公司站点	例检员/作业人员

续上表

风险点		作业步骤	序号	危险源或潜在事件	可能发生的事故类型及后果	风险分级	管控措施					管控层级	责任单位	责任人
编号	名称						工程技术措施	培训教育措施	管理措施	个体安全措施	应急处置措施			
1	底盘维修作业	作业中	12	风动扳手噪声损害	噪声耳聋	一般风险	设置“噪声有害”等警示标识	开展职业健康卫生培训教育，使职工正确认识噪声危害，正确使用防护用品	发放防噪声耳塞或耳罩	佩戴防噪耳塞或耳罩	一旦出现耳鸣听力下降等身体不适，立即送医院进行检查诊治	车队(间)级管控	维修分公司	分公司经理
			13	铁锤敲击作业易发生铁屑崩出、锤头滑脱击伤等伤害事件	击伤、崩伤等人身伤害	低风险		做好对职工的教育培训，使职工充分认识到使用铁锤进行敲击作业时存在的危险因素，掌握相应的防护措施。作业前首先做好铁锤检查，确保锤头锤柄连接牢固，手部及锤柄无汗水和油迹，防止操作中铁锤滑脱发生击伤事故	落实网格化实名制，当班安全员、例检员做好作业现场安全监管，发现隐患及时纠正	使用铁锤作业时佩戴护目镜	一旦发生铁屑崩伤、锤头击伤等伤害，立即进行现场急救或拨打120送医院救治	班组、岗位管控	维修分公司站点	例检员/作业人员

续上表

风险点		作业步骤	序号	危险源或潜在事件	可能发生的事故类型及后果	风险分级	管控措施					管控层级	责任单位	责任人
编号	名称						工程技术措施	培训教育措施	管理措施	个体安全措施	应急处置措施			
1	底盘维修作业	作业中	14	拆卸制动鼓时操作不正确	挤伤等人身伤害	低风险	使用专用工具，避免人员直接接触危险部位	对职工进行教育培训，使职工充分认识到拆卸制动鼓时存在的安全风险，严格按照操作规程操作	当班安全员、例检员做好作业现场安全监管，发现隐患及时纠正		一旦发生挤压伤害，要尽快采取措施解除挤压因素。可立即用冷水冷敷挤压部位，减少出血和减轻疼痛。必要时及时拨打120，送医院急救	班组、岗位管控	维修分公司站点	例检员/作业人员
			15	在车下作业，两腿伸出车外，存在被车辆轧伤的危险	轧伤等人身伤害	低风险		教育职工正确识别车下作业存在的危险，严格按照操作规程进行操作，防范车辆轧伤	当班安全员、例检员做好作业现场安全监管，发现隐患及时纠正		一旦发生事故立即进行急救，或拨打120，送医院救治	班组、岗位管控	维修分公司站点	例检员/作业人员

续上表

风险点		作业步骤	序号	危险源或潜在事件	可能发生的事故类型及后果	风险分级	管控措施					管控层级	责任单位	责任人
编号	名称						工程技术措施	培训教育措施	管理措施	个体安全措施	应急处置措施			
1	底盘维修作业	作业中	16	在空气悬架车下作业，因空气悬架气囊漏气存在挤伤和砸伤的危险	可能发生挤伤、砸伤等人员伤害	一般风险		对职工进行教育培训，使职工熟知空气悬架车下作业存在的危险因素，严格按照操作规程进行操作。在空气悬架车下作业时，首先用三角木塞固车轮，用支车凳支在空气悬架车的大梁上，确保车身位置固定，不存在下落危险后再在车下作业	按照网格化实名制管理，当班安全员、例检员做好作业现场安全监管，发现隐患及时纠正		一旦发生挤压伤害，要尽快采取措施解除车辆挤压因素，并进行急救。如怀疑有内脏损伤或骨折、脊椎损伤等，不要盲目搬动伤者，应在骨折部位用夹板把受伤位置临时固定后，及时送医院急救	车队（间）级管控	维修分公司	分公司经理

续上表

风险点		作业步骤	序号	危险源或潜在事件	可能发生的事故类型及后果	风险分级	管控措施					管控层级	责任单位	责任人
编号	名称						工程技术措施	培训教育措施	管理措施	个体安全措施	应急处置措施			
1	底盘维修作业	作业中	17	车下狭窄空间作业容易发生碰伤、摔伤等伤害	碰伤、摔伤等人身伤害	低风险		教育职工正确识别车下狭窄空间作业存在的危险，注意观察作业环境，正确使用工具，扳手尺寸要合适，使用方法得当，人面部不得正面靠近扳手转动平面，防止滑脱击伤面部。大力拆松螺母时身体要稳定，防止摔伤、碰伤	按照网格化实名制管理，当班安全员、例检员做好作业现场安全监管，发现隐患及时纠正		一旦发生碰伤、摔伤立即采取相应措施进行急救，或拨打120送医院救治	班组、岗位管控	维修分公司站点	例检员/作业人员

续上表

风险点		作业步骤	序号	危险源或潜在事件	可能发生的事故类型及后果	风险分级	管控措施					管控层级	责任单位	责任人
编号	名称						工程技术措施	培训教育措施	管理措施	个体安全措施	应急处置措施			
1	底盘维修作业	作业中	18	使用举升机支车拆卸钢板或吊耳轴过程中，如操作不当易发生伤害	挤伤、砸伤等人身伤害	一般风险		教育职工严格按照操作规程和作业流程使用举升机作业。作业时，前后桥需交替进行，不能同时进行举升操作；同一车桥两侧钢板及吊耳轴也不能同时进行举升作业；未进行作业的车桥要保证车轮落地并用三角木塞固车轮	按照网格化实名制管理要求，当班安全员、例检员做好作业现场安全监管，发现隐患及时纠正		一旦发生挤伤或砸伤伤害，要尽快采取措施立即进行现场急救，或拨打120送医院救治	车队(间)级管控	维修分公司	分公司经理

续上表

风险点		作业步骤	序号	危险源或潜在事件	可能发生的事故类型及后果	风险分级	管控措施					管控层级	责任单位	责任人
编号	名称						工程技术措施	培训教育措施	管理措施	个体安全措施	应急处置措施			
1	底盘维修作业	作业中	19	用手指测试机件装配间隙，存在挤伤和切割的危险	切割、挤压等人身伤害	低风险		教育职工正确识别作业过程中的风险，严格按照操作规程进行操作。装配机件时，不得将手伸入已装配完的变速器等壳体内检查齿轮、孔轴等间隙，防止造成切割、挤压伤害			一旦发生切割、挤压伤害，立即采取相应措施进行急救，或拨打120送医院救治	班组、岗位管控	维修分公司站点	例检员/作业人员

续上表

风险点		作业步骤	序号	危险源或潜在事件	可能发生的事故类型及后果	风险分级	管控措施					管控层级	责任单位	责任人
编号	名称						工程技术措施	培训教育措施	管理措施	个体安全措施	应急处置措施			
1	底盘维修作业	作业中	20	吊装差速器、变速器过程中存在砸伤危险	砸伤等人身伤害	低风险		加强职工培训教育，严格遵守安全操作规程。吊装作业前首先检查倒链及支架是否牢固，是否有开焊和锈蚀、弯折。吊装时吊架要放置牢固，变速器下方禁止有人作业，防范砸伤事故发生	按照网格化实名制管理，当班安全员、例检员做好作业现场安全监管，发现隐患及时纠正		一旦发生砸伤等伤害，要尽快采取措施立即进行现场急救，或拨打120送医院救治	班组、岗位管控	维修分公司站点	例检员/作业人员

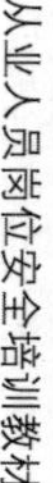

续上表

风险点		作业步骤	序号	危险源或潜在事件	可能发生的事故类型及后果	风险分级	管控措施					管控层级	责任单位	责任人
编号	名称						工程技术措施	培训教育措施	管理措施	个体安全措施	应急处置措施			
1	底盘维修作业	作业中	21	收集和存放废油时油桶未及时封口，未及时清理桶身及地面油迹	火灾等人身伤害和财产损失	低风险		做好职工教育培训，教育职工在收集完废油后及时对容器封口，并清理桶身及地面滴落油迹，确保整洁，废油桶四周不能放置废油纱布等杂物，消除火灾隐患	按照网格化实名制管理要求，当班安全员、例检员做好作业现场安全监管，发现隐患及时纠正		一旦发生火灾，立即进行现场扑救，或拨打119火警电话	班组、岗位管控	维修分公司站点	例检员/作业人员
			22	车辆制动系统检修作业不符合GB 7258技术标准存在发生交通事故的隐患	发生交通事故造成人身伤害和财产损失	一般风险		教育职工正确识别在车辆制动系统检修作业中存在的风险，严格按照检修作业技术标准进行车辆检修	做好车辆竣工检查，确保车辆一二级维护质量和维修质量		一旦发生交通事故，立即进行现场救治或拨打120急救电话	车队（间）级管控	维修分公司	分公司经理

续上表

风险点		作业步骤	序号	危险源或潜在事件	可能发生的事故类型及后果	风险分级	管控措施					管控层级	责任单位	责任人
编号	名称						工程技术措施	培训教育措施	管理措施	个体安全措施	应急处置措施			
1	底盘维修作业	作业中	23	对车辆转向机构及操纵连接装置（横、直拉杆、拉杆球头等）的检修作业如不符合技术标准，存在严重的安全隐患	引发交通事故造成人身伤害和财产损失	一般风险		教育职工正确识别在车辆转向机构检修作业中存在的危险，严格按照检修作业技术标准进行检修作业，确保车辆技术状况良好	做好车辆检查，确保一、二级维护质量。在作业中严格按照正确的技术标准和作业要求做好对车辆转向系统的检查和维修		一旦发生交通事故、立即进行现场救治或拨打120急救电话送医院救治	车队（间）级管控	维修分公司	分公司经理
		作业后	24	维修作业结束后，现场残留水迹、油迹、杂物等，易引发摔伤等事故	摔伤、砸伤等人身伤害	低风险		做好职工安全教育培训，教育职工维修作业后及时清除现场水迹、油迹和地面杂物，消除摔伤等事故隐患	当班安全员、例检员做好现场安全检查和监控，发现隐患及时纠正		一旦发生伤害事故，立即进行现场急救或拨打120电话送医院救治	站点、班组	维修分公司站点	例检员/作业人员

续上表

风险点		作业步骤	序号	危险源或潜在事件	可能发生的事故类型及后果	风险分级	管控措施					管控层级	责任单位	责任人
编号	名称						工程技术措施	培训教育措施	管理措施	个体安全措施	应急处置措施			
1	底盘维修作业	作业后	25	维修作业完毕未及时关闭车辆舱门盖和侧门盖	造成碰撞等人身伤害事故	一般风险	加装舱门未关报警提示系统（智能门锁）	教育职工在维修作业完毕后要检查一遍舱门锁止情况，确保舱门盖关闭牢固，锁止可靠，才能离开作业现场，防止发生碰刷事故	当班安全员、例检员做好现场安全检查和监控，发现隐患及时纠正		一旦发生伤害事故，立即进行现场急救或拨打120送医院救治	车队（间）级管控	维修分公司	分公司经理
			26	车辆维修完毕未及时拉好驻车制动器操纵杆	溜车，碾压等人身伤害	一般风险		教育职工正确识别维修作业后存在的风险，作业完毕后检查并确保驻车制动器操纵杆拉好才能离开维修现场	当班安全员、例检员做好维修现场安全检查和监控，发现隐患及时纠正		一旦发生伤害事故，立即进行现场急救或拨打120送医院救治	车队（间）级管控	维修分公司	分公司经理

续上表

风险点		作业步骤	序号	危险源或潜在事件	可能发生的事故类型及后果	风险分级	管控措施					管控层级	责任单位	责任人
编号	名称						工程技术措施	培训教育措施	管理措施	个体安全措施	应急处置措施			
2	发动机维修作业	作业前	27	新入厂职工或转岗职工由于对生产作业环境、设施设备等不熟悉，对岗位安全知识和操作规程等掌握不全面	可能发生触电、机械伤害等事故	较大风险		落实好新入厂职工和转岗职工的三级安全教育培训，使职工熟练掌握岗位安全知识，操作规程和作业流程，及时熟悉作业环境和设施设备，正确操作设备设施	对未参加三级安全教育的人员或培训考试不合格的人员，不得上岗实习或工作		一旦发生伤害事故，立即进行现场急救或拨打120电话送医院救治	分公司级管控	维修公司	安全副经理/安保部长
			28	维修作业前未进行工具和设备的检查，工具、设备存在安全隐患	可能发生机械伤害、火灾、触电等事故	一般风险		培训职工熟知工具和设施设备的检查标准，掌握正确检查方法	按照网格化实名制管理做好设备设施、工具等的检查，当班安全员做好设备设施复查和作业现场安全监控		一旦发生伤害事故，立即进行现场急救或拨打120电话送医院救治	车队（间）级管控	维修分公司	分公司经理

续上表

风险点		作业步骤	序号	危险源或潜在事件	可能发生的事故类型及后果	风险分级	管控措施					管控层级	责任单位	责任人
编号	名称						工程技术措施	培训教育措施	管理措施	个体安全措施	应急处置措施			
2	发动机维修作业	作业前	29	雨雪、大风、高温等作业环境中易发生触电、砸伤、中暑	特殊天气易发生触电、砸伤、中暑等人身伤害	低风险		加强对职工的安全培训，使职工熟练掌握不同天气状况下的安全作业知识和安全防范技能	当班安全员、例检员做好作业现场安全动态监管，及时叮嘱职工防范不同环境下的作业风险		一旦发生触电、砸伤、中暑等人身伤害，立即采取相应措施进行急救，或拨打120送医院救治	班组、岗位管控	维修分公司站点	例检员/作业人员
			30	作业现场有水迹、油迹、杂物等存在摔伤危险	摔伤、砸伤等人身伤害	低风险		教育职工作业前清除维修现场水迹、油迹和地面杂物，消除事故隐患	当班安全员、例检员做好现场安全检查和监控，发现隐患及时纠正		一旦发生摔伤、砸伤，立即采取相应措施进行救治，或拨打120送医院救治	班组、岗位管控	维修分公司站点	例检员/作业人员
			31	在道路旁或停车场进行发动机维修作业，存在发生交通事故的危险	交通事故等人身伤害	低风险		教育职工充分识别在道路旁或停车场修车过程中存在的危险，防范交通事故发生	当班安全员、例检员做好现场安全检查和监控。派工时及时叮嘱职工防范交通事故伤害		一旦发生交通事故，保护现场，及时拨打120送医院救治	班组、岗位管控	维修分公司站点	例检员/作业人员

续上表

风险点		作业步骤	序号	危险源或潜在事件	可能发生的事故类型及后果	风险分级	管控措施					管控层级	责任单位	责任人
编号	名称						工程技术措施	培训教育措施	管理措施	个体安全措施	应急处置措施			
2	发动机维修作业	作业前	32	无人引导车辆上下地沟时,存在碰撞或掉落地沟的危险	车辆掉入地沟或发生碰撞事故,造成人员伤害或财产损失	一般风险		加强安全教育培训,使职工熟知报修作业流程。车辆维修需上下地沟时,要由不少于2名职工引导车辆安全上下地沟,消除碰撞或车辆掉落危险	严格落实报修流程,按照上下地沟工作流程进行操作。当班安全员、例检员做好作业现场安全监管,发现隐患及时纠正		一旦发生伤害事故,立即进行现场急救或拨打120电话,送医院救治	车队(间)级管控	维修分公司	分公司经理

续上表

风险点		作业步骤	序号	危险源或潜在事件	可能发生的事故类型及后果	风险分级	管控措施					管控层级	责任单位	责任人
编号	名称						工程技术措施	培训教育措施	管理措施	个体安全措施	应急处置措施			
2	发动机维修作业	作业前	33	维修车辆不挂警示牌、不用三角木塞固车轮，存在溜车或发动机误起动的危险	可能发生挤伤、碾轧等人身伤害和财产损失	一般风险		做好对职工的安全培训，严格按照操作规程进行操作。维修人员在对车辆进行维修作业时，首先要拉紧驻车制动器操纵杆、用三角木塞固车轮、并在车辆前后悬挂“正在维修、禁止起动”警示牌	按照网格化实名制管理要求，当班安全员、例检员做好现场安全检查和监控，发现隐患及时纠正		一旦发生车辆挤伤或碾压伤害，要尽快采取措施立即进行现场急救，或拨打120电话，送医院救治	车队（间）级管控	维修分公司	分公司经理

续上表

风险点		作业步骤	序号	危险源或潜在事件	可能发生的事故类型及后果	风险分级	管控措施					管控层级	责任单位	责任人
编号	名称						工程技术措施	培训教育措施	管理措施	个体安全措施	应急处置措施			
2	发动机维修作业	作业中	34	在地沟上进行维修作业存在摔伤危险	摔伤等人身伤害	低风险	设置地沟盖板	做好对职工的安全培训和叮嘱，使职工充分认识到在地沟上进行车辆维修时存在的危险因素：不能跨站在地沟边缘进行车辆维修，要站在地沟盖板上进行作业，防止滑落地沟摔伤；上下地沟时，要经过地沟台阶，不能直接跳入地沟，防范摔伤事故发生	按照网格化实名制管理要求，当班安全员、例检员做好维修现场安全检查和监控，发现隐患及时纠正		一旦发生伤害事故，立即进行现场急救或拨打120电话，送医院救治	班组、岗位管控	维修分公司站点	例检员/作业人员

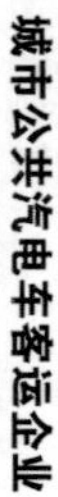
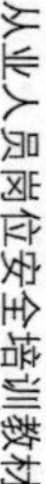

续上表

风险点		作业步骤	序号	危险源或潜在事件	可能发生的事故类型及后果	风险分级	管控措施					管控层级	责任单位	责任人
编号	名称						工程技术措施	培训教育措施	管理措施	个体安全措施	应急处置措施			
2	发动机维修作业	作业中	35	发动机和冷却液温度高，存在烫伤危险	烫伤等人身伤害	低风险		做好对职工的安全培训和叮嘱，使职工充分认识到在发动机维修作业中存在的危险因素。防范发动机温度过高可能造成的烫伤风险			一旦发生烫伤，立即用20℃左右冷水进行冲洗降温，等冷却后才可小心地将贴身衣物脱去，以免撕破烫伤后形成的水泡	班组、岗位管控	维修分公司站点	例检员/作业人员
			36	在车下拆卸发动机，两腿伸出车外，存在被车辆轧伤的危险	轧伤等人身伤害	低风险		教育职工正确识别车下作业存在的危险，严格按照操作规程进行操作，防范车辆轧伤	当班安全员、例检员做好作业现场安全监管，发现隐患及时纠正		一旦发生事故立即进行急救，或拨打120电话，送医院救治	班组、岗位管控	维修分公司站点	例检员/作业人员

续上表

风险点		作业步骤	序号	危险源或潜在事件	可能发生的事故类型及后果	风险分级	管控措施					管控层级	责任单位	责任人
编号	名称						工程技术措施	培训教育措施	管理措施	个体安全措施	应急处置措施			
2	发动机维修作业	作业中	37	在空气悬架车下进行发动机拆卸作业，因空气悬架的气囊有漏气危险，存在挤伤和砸伤的危险	可能发生挤伤、砸伤等人员伤害	低风险		对职工进行教育培训，使职工熟知空气悬架车下作业存在的危险因素，严格按照操作规程进行操作。在空气悬架车下作业时，首先用三角木固定好车轮，用支车凳支在空气悬架车的大梁上，确保车身位置固定，不存在下落危险后再在车下作业	按照网格化实名制管理，当班安全员、例检员做好作业现场安全监管，发现隐患及时纠正		一旦发生挤压伤害，要尽快采取措施解除车辆挤压因素，并进行急救。如怀疑有内脏损伤或骨折、脊椎损伤等，不要盲目搬动伤者，应在骨折部位用夹板把受伤位置临时固定后，及时送医院急救	车队(间)级管控	维修分公司	分公司经理

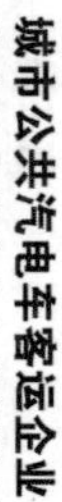

续上表

风险点		作业步骤	序号	危险源或潜在事件	可能发生的事故类型及后果	风险分级	管控措施					管控层级	责任单位	责任人
编号	名称						工程技术措施	培训教育措施	管理措施	个体安全措施	应急处置措施			
2	发动机维修作业	作业中	38	在车下狭窄空间进行发动机拆装作业，容易发生碰伤、摔伤等伤害	碰伤、摔伤等人身伤害	低风险		教育职工正确识别车下狭窄空间作业存在的危险，注意观察作业环境，正确使用工具，扳手尺寸合适，使用方法得当，人面部不得正面靠近扳手转动平面，防止滑脱击伤面部。大力拆松螺母时身体要稳定，防止摔伤、碰伤	按照网格化实名制管理，当班安全员、例检员做好作业现场安全监管，发现隐患及时纠正		一旦发生碰伤、摔伤立即采取相应措施进行急救，或拨打120电话，送医院救治	班组、岗位管控	维修分公司站点	例检员/作业人员

续上表

风险点		作业步骤	序号	危险源或潜在事件	可能发生的事故类型及后果	风险分级	管控措施					管控层级	责任单位	责任人
编号	名称						工程技术措施	培训教育措施	管理措施	个体安全措施	应急处置措施			
2	发动机维修作业	作业中	39	发动机锋利的铸造边缘存在割伤危险	手部切割等人身伤害	低风险		教育职工熟知发动机作业中存在的缸体边缘割伤危险，养成良好作业习惯，防止缸体等机件锋利的铸造边缘割伤手部			一旦发生切割等伤害，立即采取相应措施进行急救，严重的及时拨打120电话，送医院救治	班组、岗位管控	维修分公司站点	例检员/作业人员
			40	发动机试机排出的废气	一氧化碳、氮氧化合物危害	一般风险	设置发动机废气收集装置。设置局部通风设施（排风扇）	开展职业健康卫生教育培训，使职工正确认识发动机试机作业中存在的废气中毒危害	设置警示标识；加强维修车间换风，发放过滤式防毒口罩	佩戴过滤式防毒口罩等	一旦出现头晕、头痛等不适症状，立即送医院进行诊治	车队(间)级管控	维修分公司	分公司经理

续上表

风险点		作业步骤	序号	危险源或潜在事件	可能发生的事故类型及后果	风险分级	管控措施					管控层级	责任单位	责任人
编号	名称						工程技术措施	培训教育措施	管理措施	个体安全措施	应急处置措施			
2	发动机维修作业	作业中	41	收集和存放废机油时油桶未及时封口，未及时清理桶身及地面油迹，存在火灾隐患	火灾等人身伤害和财产损失	低风险		做好职工教育培训，教育职工在收集完废机油后及时封口，并清理桶身及地面油迹确保整洁，废油桶四周不能放置废油布等杂物，消除火灾隐患	按照网格化实名制管理要求，当班安全员、例检员做好作业现场安全监管，发现隐患及时纠正		一旦发生火灾等烧烫伤伤害，立即采取相应措施进行急救，严重的及时拨打120电话，送医院救治	班组、岗位管控	维修分公司站点	例检员/作业人员
		作业后	42	维修作业结束后，现场残留水迹、油迹、杂物等，易引发维修人员摔伤和火灾等事故	摔伤、砸伤和火灾等人身伤害	低风险		做好职工安全教育培训，教育职工维修作业后及时清除现场水迹、油迹和地面杂物，消除摔伤和火灾等事故隐患	当班安全员、例检员做好现场安全检查和监控，发现隐患及时纠正		一旦发生伤害事故，立即进行现场急救或拨打120电话，送医院救治	班组、岗位管控	维修分公司站点	例检员/作业人员

续上表

风险点		作业步骤	序号	危险源或潜在事件	可能发生的事故类型及后果	风险分级	管控措施					管控层级	责任单位	责任人
编号	名称						工程技术措施	培训教育措施	管理措施	个体安全措施	应急处置措施			
2	发动机维修作业	作业后	43	维修作业完毕未及时关闭发动机舱门盖和侧门盖	造成碰撞等人身伤害事故	一般风险	加装发动机舱门未关报警提示系统（智能门锁）	教育职工在维修作业完毕后要检查一遍发动机舱门锁止情况，确保舱门盖关闭牢固，锁止可靠，才能离开作业现场，防止发生碰剐事故	当班安全员、例检员做好现场安全检查和监控，发现隐患及时纠正		一旦发生伤害事故，立即进行现场急救，或拨打120电话，送医院救治	车队(间)级管控	维修分公司	分公司经理
			44	车辆维修完毕未及时拉紧驻车制动器操纵杆	溜车后，碰撞或碾压等人身伤害	一般风险		教育职工正确识别维修作业后存在的风险，作业完毕后检查并确保已拉紧驻车制动器操纵杆，才能离开维修现场	当班安全员、例检员做好维修现场安全检查和监控，发现隐患及时纠正		一旦发生伤害事故，立即进行现场急救，或拨打120电话，送医院救治	车队(间)级管控	维修分公司	分公司经理

续上表

风险点		作业步骤	序号	危险源或潜在事件	可能发生的事故类型及后果	风险分级	管控措施					管控层级	责任单位	责任人
编号	名称						工程技术措施	培训教育措施	管理措施	个体安全措施	应急处置措施			
3	汽车电工作业	作业前	45	新入厂职工或转岗职工由于对生产作业环境、设施设备等不熟悉，对岗位安全知识和操作规程等掌握不全面	可能发生触电、机械伤害等事故	较大风险		落实好新入厂职工和转岗职工的三级安全教育培训，使职工熟练掌握岗位安全知识，操作规程和作业流程，及时熟悉作业环境和设施设备，正确操作设备设施	对未参加三级安全教育的人员或培训考试不合格的人员，不得上岗实习或工作		一旦发生伤害事故，立即进行现场急救，或拨打120电话，送医院救治	分公司级管控	维修公司	安全副经理/安保部长
			46	维修作业前未进行工具和设备的检查，工具、设备存在隐患	可能发生机械伤害、火灾、触电等事故	一般风险		培训职工熟知工具和设备的安全操作规程，掌握正确检查方法	按照网格化实名制管理做好设备、工具等的检查，当班安全员做好设备复查和作业现场安全监控		一旦发生伤害事故，立即进行现场急救，或拨打120电话，送医院救治	车队(间)级管控	维修分公司	分公司经理

续上表

风险点		作业步骤	序号	危险源或潜在事件	可能发生的事故类型及后果	风险分级	管控措施					管控层级	责任单位	责任人
编号	名称						工程技术措施	培训教育措施	管理措施	个体安全措施	应急处置措施			
3	汽车电工作业	作业前	47	雨雪、大风、高温等作业环境中易发生触电、砸伤、中暑	特殊天气易发生触电、砸伤、中暑等人身伤害	低风险		加强对职工的安全培训，使职工熟练掌握不同天气状况下的安全作业知识和安全防范技能	当班安全员、例检员做好作业现场安全动态监管，及时叮嘱职工防范不同环境下的作业风险		一旦发生触电、砸伤、中暑等人身伤害，立即采取相应措施进行急救，或拨打120电话，送医院救治	班组、岗位管控	维修分公司站点	例检员/作业人员
			48	在有水迹、油迹的作业现场搬运蓄电池等存在摔伤、砸伤危险	摔伤、砸伤等人身伤害	低风险		教育职工及时清除维修现场水迹、油迹和地面杂物，消除事故隐患	当班安全员、例检员做好现场安全检查和监控，发现隐患及时纠正		一旦发生摔伤、砸伤，立即采取相应措施进行救治，或拨打120电话，送医院救治	班组、岗位管控	维修分公司站点	例检员/作业人员
			49	在路边停车场进行汽车电路维修作业时，存在发生交通事故的危险	交通事故等人身伤害	低风险		教育职工充分识别在路边停车场修车过程中存在的危险，防范交通事故发生	当班安全员、例检员做好现场安全检查和监控。派工时及时叮嘱职工防范交通事故伤害		一旦发生交通事故，保护现场，对受伤职工，及时拨打120电话，送医院救治	班组、岗位管控	维修分公司站点	例检员/作业人员

续上表

风险点		作业步骤	序号	危险源或潜在事件	可能发生的事故类型及后果	风险分级	管控措施					管控层级	责任单位	责任人
编号	名称						工程技术措施	培训教育措施	管理措施	个体安全措施	应急处置措施			
3	汽车电工作业	作业前	50	无人引导车辆上下地沟时，存在碰撞或掉落地沟的危险	车辆掉入地沟或发生碰撞事故，造成人员伤害或财产损失	一般风险		加强安全教育培训，使职工熟知报修作业流程。车辆维修需上下地沟时，要由不少于2名职工引导车辆安全上下地沟，消除碰撞或车辆掉落危险	严格落实报修流程，按照上下地沟工作流程进行操作。当班安全员、例检员做好作业现场安全监管，发现隐患及时纠正		一旦发生伤害事故，立即进行现场急救，或拨打120电话，送医院救治	车队(间)级管控	维修分公司	分公司经理

续上表

风险点		作业步骤	序号	危险源或潜在事件	可能发生的事故类型及后果	风险分级	管控措施					管控层级	责任单位	责任人
编号	名称						工程技术措施	培训教育措施	管理措施	个体安全措施	应急处置措施			
3	汽车电工作业	作业前	51	维修车辆不挂警示牌、不用三角木塞固车轮，存在溜车或发动机误起动的危险	可能发生挤伤、碾轧等人身伤害和财产损失	一般风险		做好对职工的安全培训，严格按照操作规程进行操作。维修人员在对车辆进行维修作业时，首先要拉紧驻车制动器操纵杆、用三角木塞固车轮、并在车辆前后悬挂“正在维修、禁止起动”警示牌（前头挂在转向盘上，后头挂在机舱盖上），必要时拔下车钥匙，确保车辆维修安全	按照网格化实名制管理要求，当班安全员、例检员做好现场安全检查和监控，发现隐患及时纠正		一旦发生车辆挤伤或碾压伤害，对受伤人员要尽快采取措施立即进行现场急救，或拨打120电话，送医院救治。如怀疑有内脏损伤或骨折、脊椎损伤等，不要盲目搬动伤者，避免扩大伤情，应在骨折部位用夹板把受伤位置临时固定后，及时送医院急救	车队（间）级管控	维修分公司	分公司经理

续上表

风险点		作业步骤	序号	危险源或潜在事件	可能发生的事故类型及后果	风险分级	管控措施					管控层级	责任单位	责任人
编号	名称						工程技术措施	培训教育措施	管理措施	个体安全措施	应急处置措施			
3	汽车电工作业	作业中	52	在地沟上进行维修作业存在摔伤危险	摔伤等人身伤害	低风险	设置地沟盖板	做好对职工的安全培训和叮嘱，使职工充分认识到在地沟上进行车辆维修时存在的危险因素：不能跨站在地沟边缘进行车辆维修，要站在地沟盖板上进行作业，防止滑落地沟摔伤；上下地沟时，要经过地沟台阶，不能直接跳入地沟，防范摔伤事故发生	按照网格化实名制管理要求，当班安全员、例检员做好维修现场安全检查和监控，发现隐患及时纠正		一旦发生伤害事故，立即进行现场急救，或拨打120电话，送医院救治	班组、岗位管控	维修分公司站点	例检员/作业人员

续上表

风险点		作业步骤	序号	危险源或潜在事件	可能发生的事故类型及后果	风险分级	管控措施					管控层级	责任单位	责任人
编号	名称						工程技术措施	培训教育措施	管理措施	个体安全措施	应急处置措施			
3	汽车电工作业	作业中	53	带电检修车辆时，存在电线短路发生火灾的危险	火灾造成人身伤害、财产损失	低风险		教育职工正确识别车辆带电检修过程中可能存在的安全风险。严格按照操作规程进行操作。带电检修过程中及时包扎处理好裸露线头，防止出现短路引发火灾	严格落实操作规程		一旦出现电线短路引发火灾，立即切断总电源，利用灭火器进行灭火	班组、岗位管控	维修分公司站点	例检员/作业人员
			54	在车下进行电路检修，两腿伸出车外，存在被车辆轧伤的危险	轧伤等人身伤害	低风险		教育职工正确识别车下作业存在的危险，严格按照操作规程进行操作，防范车辆轧伤	当班安全员、例检员做好作业现场安全监管，发现隐患及时纠正		一旦发生事故立即进行急救，或拨打120电话，送医院救治	班组、岗位管控	维修分公司站点	例检员/作业人员

续上表

风险点		作业步骤	序号	危险源或潜在事件	可能发生的事故类型及后果	风险分级	管控措施					管控层级	责任单位	责任人
编号	名称						工程技术措施	培训教育措施	管理措施	个体安全措施	应急处置措施			
3	汽车电工作业	作业中	55	在空气悬架车下进行电路检修作业时，因空气悬架的气囊可能漏气，存在挤伤和砸伤的危险	可能发生挤伤、砸伤等人员伤害	一般风险		对职工进行安全操作教育培训，使职工熟知空气悬架车下作业存在的危险因素，严格按照操作规程进行操作。为确保安全，在空气悬架车下作业时，首先用三角木塞固好车轮，用支车凳支在空气悬架车的大梁上，确保车身位置固定，不存在下落危险后再在车下作业	按照网格化实名制管理，当班安全员、例检员做好作业现场安全监管，发现隐患及时纠正		一旦发生挤压伤害，要尽快采取措施解除车辆挤压因素，并进行急救。如怀疑有内脏损伤或骨折、脊椎损伤等，不要盲目搬动伤者，应在骨折部位用夹板把受伤位置临时固定后，及时送医院急救	车队（间）级管控	维修分公司	分公司经理

续上表

风险点		作业步骤	序号	危险源或潜在事件	可能发生的事故类型及后果	风险分级	管控措施					管控层级	责任单位	责任人
编号	名称						工程技术措施	培训教育措施	管理措施	个体安全措施	应急处置措施			
3	汽车电工作业	作业中	56	在车下狭窄空间进行电路检修作业，容易发生碰伤、摔伤等伤害	碰伤、摔伤等人身伤害	低风险		教育职工正确识别车下狭窄空间作业存在的危险因素，注意观察作业环境，正确使用工具，防范碰撞伤害	按照网格化实名制管理，当班安全员、例检员做好作业现场安全监管，发现隐患及时纠正		一旦发生碰伤等伤害，立即采取相应措施进行紧急处理，必要时拨打120电话，送医院救治	班组、岗位管控	维修分公司站点	例检员/作业人员
			57	在对蓄电池充电和拆卸蓄电池电缆时存在灼伤或发生火灾的危险	可能发生灼伤、火灾等，造成人身伤害和财产损失	低风险		教育职工正确识别蓄电池充电及拆卸过程中可能存在的安全风险，按照正确方法进行操作			一旦发生伤害事故，立即进行现场急救，或拨打120电话，送医院救治	班组、岗位管控	维修分公司站点	例检员/作业人员

续上表

风险点		作业步骤	序号	危险源或潜在事件	可能发生的事故类型及后果	风险分级	管控措施					管控层级	责任单位	责任人
编号	名称						工程技术措施	培训教育措施	管理措施	个体安全措施	应急处置措施			
3	汽车电工作业	作业前	58	无证上岗进行新能源车、纯电动车高压电器系统维修	触电事故	较大风险		教育职工正确认识新能源车、纯电动车高压电器系统作业存在的触电危险，必须持证上岗。无证人员严禁进行高压电气系统检修作业	严格落实操作规程，持证上岗		一旦发生触电事故，立即进行现场救治或拨打120电话，送医院急救	车队（间）级管控	维修分公司	分公司经理
		作业中	59	检修新能源车、纯电动车高压电气系统时存在触电危险	触电等人身伤害	一般风险		教育职工正确识别作业过程中可能存在的高压触电危险，严格按照电动汽车高压电器操作规程进行操作。作业时断开高压电源开关和动力蓄电池电源，穿戴好防护用品，防范触电事故发生	作业人员持高压电器维修证上岗，当班安全员、例检员做好作业现场安全监管，发现隐患及时纠正	作业时穿戴好绝缘手套和绝缘鞋	一旦发生触电，立即进行现场救治或拨打120电话，送医院急救	车队（间）级管控	维修分公司	分公司经理

续上表

风险点		作业步骤	序号	危险源或潜在事件	可能发生的事故类型及后果	风险分级	管控措施					管控层级	责任单位	责任人
编号	名称						工程技术措施	培训教育措施	管理措施	个体安全措施	应急处置措施			
3	汽车电工作业	作业中	60	维修作业时，重汽豪沃气电混合动力车型的车辆发动机自起动存在挤伤危险	发生挤伤等人身伤害事故	一般风险		教育职工正确识别重汽豪沃气电混合动力车型的车辆发动机存在制动系统气压降低后，为补充气压自起动的风险；作业时先关闭起动开关，拔下起动钥匙，拉紧驻车制动器操纵杆，用三角木塞固好车轮前后位置，确保发动机和电动机均不工作，然后再进行作业	作业人员持证上岗，当班安全员、例检员做好作业现场安全监管		一旦发生挤伤，立即进行现场救治，或拨打120电话，送医院急救	车队(间)级管控	维修分公司	分公司经理

续上表

风险点		作业步骤	序号	危险源或潜在事件	可能发生的事故类型及后果	风险分级	管控措施					管控层级	责任单位	责任人
编号	名称						工程技术措施	培训教育措施	管理措施	个体安全措施	应急处置措施			
3	汽车电工作业	作业中	61	中通纯电动车断开快断器，停放20min后车辆还带电	发生触电事故，造成人身伤害	一般风险		教育职工正确识别中通纯电动车辆存在的触电风险，采取正确方法进行操作。首先关闭低压电源，断开快断器，车辆停放20min以上，将蓄电池组大功率熔断器拆下，用万用表进行测量，确保车辆无高压电后方可进行车辆维修	作业人员持证上岗，当班安全员、例检员做好作业现场安全监管	作业时穿戴好绝缘手套和绝缘鞋	一旦发生触电，立即进行现场救治，或拨打120电话，送医院急救	车队（间）级管控	维修分公司	分公司经理

续上表

风险点		作业步骤	序号	危险源或潜在事件	可能发生的事故类型及后果	风险分级	管控措施					管控层级	责任单位	责任人
编号	名称						工程技术措施	培训教育措施	管理措施	个体安全措施	应急处置措施			
3	汽车电工作业	作业中	62	在拆卸宇通纯电动(充电式)客车新能源集成控制器内的高压熔断器时,操作不当存在触电危险	发生触电事故,造成人身伤害	一般风险		教育职工正确识别车辆存在的触电危险,作业时采取正确方法进行操作。1. 车辆停机,拔掉车辆钥匙;2. 断开24V低压总电源,拔下高压舱内快断器,等待断电后15min,集成控制器的母线电容电压应该泄放到安全电压36V以下;3. 打开电动机控制器高压舱盖,清晰看到熔断器,除了电除霜/转向/空压机/DCDC熔断器,其他熔断器是用螺钉固定,如有烧蚀请及时更换;4. 拆卸熔断器:方法一:采用扎带拆熔断器;方法二:采用斜口钳把柄拆保险	当班安全员、例检员做好作业现场安全监管		一旦发生触电,立即进行现场救治,或拨打120电话,送医院急救	车队(间)级管控	维修分公司	分公司经理

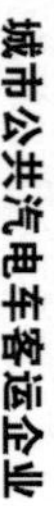

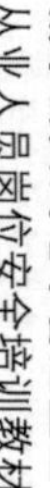

续上表

风险点		作业步骤	序号	危险源或潜在事件	可能发生的事故类型及后果	风险分级	管控措施					管控层级	责任单位	责任人
编号	名称						工程技术措施	培训教育措施	管理措施	个体安全措施	应急处置措施			
3	汽车电工作业	作业中	63	纯电动车绝缘性能下降，维修时存在触电危险	发生触电事故，造成人身伤害	低风险		教育职工正确识别车辆存在的触电风险，作业时采取正确方法进行操作。并按照要求，定期对车辆绝缘性能进行检测	当班安全员、例检员做好作业现场安全监管		一旦发生触电事故，立即进行现场急救，或拨打120电话，送医院救治	站点、班组管控	维修分公司站点	例检员/作业人员
			64	拆卸制动系统储气筒气压传感器时，可能存在气压冲击伤害操作人员的危险	物体击打等人身伤害	低风险		教育职工正确识别拆卸制动系统储气筒气压传感器存在的危险，作业时采取正确方法，首先检查制动系统储气筒气压、气路中是否残留气压，如有气压要将残气全部排净后才能进行拆卸。防范可能发生的气压冲击传感器造成的物体打击伤害			一旦发生伤害事故，立即进行现场急救，或拨打120电话，送医院救治	站点、班组管控	维修分公司站点	例检员/作业人员

续上表

风险点		作业步骤	序号	危险源或潜在事件	可能发生的事故类型及后果	风险分级	管控措施					管控层级	责任单位	责任人
编号	名称						工程技术措施	培训教育措施	管理措施	个体安全措施	应急处置措施			
3	汽车电工作业	作业中	65	不正确使用电钻、开孔器等电动工具	触电或切割等人身伤害事故	低风险		教育职工正确识别使用电钻、开孔器等电动工具时存在的风险。使用前首先做好工具检查，不能在积水或潮湿的地方使用。使用电钻进行钻孔和开孔时不能戴手套，加工小型工件或轻薄工件时，不能用脚踩或用手拿持，要用台钳等夹具固定牢固，防止工件随钻头转动造成切割伤害。在更换钻头和开孔器时要使用专用钥匙或扳手，断开电源后进行更换，防止误操作引起切割伤害	当班安全员、例检员、做好现场安全检查和监控，发现隐患及时纠正		一旦发生触电，首先断开电源，立即进行现场救治或拨打120电话，送医院急救	站点、班组管控	维修分公司站点	例检员/作业人员

续上表

风险点		作业步骤	序号	危险源或潜在事件	可能发生的事故类型及后果	风险分级	管控措施					管控层级	责任单位	责任人
编号	名称						工程技术措施	培训教育措施	管理措施	个体安全措施	应急处置措施			
3	汽车电工作业	作业中	66	在车顶进行电车集电头等更换作业时，存在摔伤、砸伤危险	摔伤、砸伤等人身伤害事故	低风险		教育职工正确识别高处作业中存在的坠落、摔伤、砸伤等危险，正确防范可能发生的伤害危险。在车顶从事更换集电头、维修集电杆等高处作业时，要按照高空作业要求进行防护，作业时要两人以上，一人作业，一人做好协助及安全防护工作。更换集电头时要观察好车下是否有人，避免出现砸伤事故	当班安全员、例检员、做好现场安全检查和监控，发现隐患及时纠正		一旦发生伤害事故，立即进行现场急救，或拨打120电话，送医院救治	站点、班组管控	维修分公司站点	例检员/作业人员

续上表

风险点		作业步骤	序号	危险源或潜在事件	可能发生的事故类型及后果	风险分级	管控措施					管控层级	责任单位	责任人
编号	名称						工程技术措施	培训教育措施	管理措施	个体安全措施	应急处置措施			
3	汽车电工作业	作业后	67	维修作业结束后，现场残留水迹、油迹、杂物等，易引发摔伤等事故	摔伤、砸伤等人身伤害	低风险		做好职工安全教育培训，教育职工维修作业后及时清除现场水迹、油迹和地面杂物，消除摔伤等事故隐患	当班安全员、例检员做好现场安全检查和监控，发现隐患及时纠正		一旦发生伤害事故，立即进行现场急救，或拨打120电话，送医院救治	车间级管控	维修分公司	分公司经理
			68	车辆维修完毕未及时拉紧驻车制动器操纵杆	溜车，碾压等人身伤害	一般风险		教育职工正确识别维修作业后存在的风险，作业完毕后应检查并确保驻车制动器操纵杆已拉紧才能离开维修现场	当班安全员、例检员做好维修现场安全检查和监控，发现隐患及时纠正		一旦发生伤害事故，立即进行现场急救，或拨打120电话，送医院救治	车队（间）级管控	维修分公司	分公司经理

续上表

风险点		作业步骤	序号	危险源或潜在事件	可能发生的事故类型及后果	风险分级	管控措施					管控层级	责任单位	责任人
编号	名称						工程技术措施	培训教育措施	管理措施	个体安全措施	应急处置措施			
3	汽车电工作业	作业后	69	维修作业完毕未及时关闭发动机舱门、侧门盖或车门	造成碰撞等人身伤害事故	一般风险	加装舱门未关报警提示系统（智能门锁）	教育职工在维修作业完毕后要检查一遍舱门锁止情况，确保舱门盖关闭牢固，锁止可靠，才能离开作业现场，防止发生剐碰事故	当班安全员、例检员做好现场安全检查和监控，发现隐患及时纠正		一旦发生碰撞伤害事故，立即进行现场急救，或拨打120电话，送医院救治	车队（间）级管控	维修分公司	分公司经理
			70	新入厂职工或转岗职工由于对生产作业环境、设施设备等不熟悉，对岗位安全知识和操作规程等掌握不全面	可能发生触电、机械伤害等事故	较大风险		落实好新入厂职工和转岗职工的三级安全教育培训，使职工熟练掌握岗位安全知识，操作规程和作业流程，及时熟悉作业环境和设施设备，正确操作设备设施	对未参加三级安全教育的人员或培训考试不合格的人员不得上岗实习或工作		一旦发生伤害事故，立即进行现场急救，或拨打120电话，送医院救治	分公司级管控	维修公司	安全副经理/安保部长

续上表

风险点		作业步骤	序号	危险源或潜在事件	可能发生的事故类型及后果	风险分级	管控措施					管控层级	责任单位	责任人
编号	名称						工程技术措施	培训教育措施	管理措施	个体安全措施	应急处置措施			
4	钣金维修作业	作业前	71	维修作业前未进行工具和设备的检查，工具、设备存在隐患	可能发生机械伤害、火灾、触电等事故	一般风险		培训职工熟知工具和设施设备的检查标准，掌握检查方法	按照网格化实名制管理做好设备设施检查，当班安全员做好设备设施复查和作业现场安全监控		一旦发生伤害事故，立即进行现场急救，或拨打120电话，送医院救治	车队（间）级管控	维修分公司	分公司经理
			72	雨雪、大风、高温等作业环境中易发生触电、砸伤、中暑	特殊天气易发生触电、砸伤、中暑等人身伤害	低风险		加强对职工的安全培训，使职工熟练掌握不同天气状况下的安全作业知识和安全防范技能	当班安全员、例检员做好作业现场安全动态监管，及时叮嘱职工防范不同环境下的作业风险		一旦发生触电、砸伤、中暑等人身伤害，立即采取相应措施进行急救，或拨打120电话，送医院救治	班组、岗位管控	维修分公司站点	例检员/作业人员

续上表

风险点		作业步骤	序号	危险源或潜在事件	可能发生的事故类型及后果	风险分级	管控措施					管控层级	责任单位	责任人
编号	名称						工程技术措施	培训教育措施	管理措施	个体安全措施	应急处置措施			
4	钣金维修作业	作业前	73	作业现场有水迹、油迹、杂物等存在摔伤危险	摔伤、砸伤等人身伤害	低风险		教育职工作业前清除维修现场水迹、油迹和地面杂物，消除事故隐患	当班安全员、例检员做好现场安全检查和监控，发现隐患及时纠正		一旦发生摔伤、砸伤，立即采取相应措施进行救治，或拨打120电话，送医院救治	班组、岗位管控	维修分公司站点	例检员/作业人员
			74	在路边停车进行车辆维修作业，存在发生交通事故的危险	交通事故等人身伤害	低风险		教育职工充分识别在路边停车修车过程中存在的危险，防范交通事故发生	当班安全员、例检员做好现场安全检查和监控。派工时及时叮嘱职工防范交通事故伤害		一旦发生交通事故，保护现场，及时拨打120电话，送医院救治	班组、岗位管控	维修分公司站点	例检员/作业人员

续上表

风险点		作业步骤	序号	危险源或潜在事件	可能发生的事故类型及后果	风险分级	管控措施					管控层级	责任单位	责任人
编号	名称						工程技术措施	培训教育措施	管理措施	个体安全措施	应急处置措施			
4	钣金维修作业	作业前	75	无人引导车辆上下地沟时，存在碰撞或掉落地沟的危险	车辆掉入地沟或发生碰撞事故，造成人员伤害或财产损失	一般风险		加强安全教育培训，使职工熟知上下地沟维修作业流程。车辆维修需上下地沟时，要由不少于2名职工引导车辆安全上下地沟，消除碰撞或车辆掉落地沟危险	严格落实车辆上下地沟维修流程，按照上下地沟工作流程进行操作。当班安全员、例检员做好作业现场安全监管，发现隐患及时纠正			车队(间)级管控	维修分公司	分公司经理
			76	维修车辆不挂警示牌、不用三角木塞固车轮，存在溜车或发动机误起动的危险	可能发生挤伤、碾轧等人身伤害和财产损失	一般风险		做好对职工的安全培训，严格按照操作规程进行操作。维修人员在对车辆进行维修作业时，首先要拉紧驻车制动器操纵杆、用三角木塞固好车轮，并在车辆前后悬挂“正在维修、禁止起动”警示牌（前头挂在转向盘上，后头挂在机舱盖上），必要时拔下车钥匙，确保维修安全	按照网格化实名制管理要求，当班安全员、例检员做好现场安全检查和监控，发现隐患及时纠正		一旦发生车辆挤伤或碾压伤害，要尽快采取措施立即进行现场急救，或拨打120电话，送医院救治	车队(间)级管控	维修分公司	分公司经理

续上表

风险点		作业步骤	序号	危险源或潜在事件	可能发生的事故类型及后果	风险分级	管控措施					管控层级	责任单位	责任人
编号	名称						工程技术措施	培训教育措施	管理措施	个体安全措施	应急处置措施			
4	钣金维修作业	作业前	77	未及时清除氧气瓶上沾粘的油脂，存在发生火灾的危险	火灾等人身伤害	低风险		进行教育培训,使职工充分认识到氧气瓶沾粘油脂存在的火灾隐患。作业前首先对氧气瓶、乙炔瓶及输气管等进行仔细检查,清除沾粘油脂,消除火灾隐患	氧气乙炔焊接操作人员要持证上岗。当班安全员、例检员做好现场安全检查和监控，发现隐患及时纠正		一旦发生火灾，及时关闭气瓶阀门。利用作业现场放置的灭火器等消防器材及时扑灭火灾，防止火灾扩大，紧急疏散现场人员并及时拨打119火警电话报警	班组、岗位管控	维修分公司站点	例检员/作业人员

续上表

风险点		作业步骤	序号	危险源或潜在事件	可能发生的事故类型及后果	风险分级	管控措施					管控层级	责任单位	责任人
编号	名称						工程技术措施	培训教育措施	管理措施	个体安全措施	应急处置措施			
4	钣金维修作业	作业前	78	作业前未进行检查，致使氧气瓶和乙炔气瓶胶管、胶管连接处、压力阀、回火防止阀、焊炬等存在隐患，存在可燃气体泄漏的危险	可能引发火灾，造成人身伤害	一般风险		进行教育培训，使职工充分认识到乙炔气体泄漏存在的火灾隐患。工作前首先检查紧固好压力表、氧气和乙炔气管等部件，确保氧气、乙炔气供给系统工作状况良好	定期（每半年一次）更换氧气管、乙炔气管和回火防止阀		一旦发生火灾，立即关闭钢瓶阀门，利用作业现场放置的灭火器等消防器材及时扑灭火灾，防止火灾扩大，紧急疏散现场人员并及时拨打119火警电话报警	车队（间）级管控	维修分公司	分公司经理
		作业中	79	铁锤敲击作业易发生铁屑崩出、锤头滑脱击伤等伤害事件	击伤、崩伤等人身伤害	低风险		进行安全教育培训，使职工充分认识到用铁锤进行敲击作业时存在的崩伤等危险因素，掌握防护措施	落实网格化实名制，当班安全员、例检员做好作业现场安全监管，发现隐患及时纠正	佩戴护目镜	一旦发生伤害事故，立即进行现场急救，或拨打120电话，送医院救治	班组、岗位管控	维修分公司站点	例检员/作业人员

续上表

风险点		作业步骤	序号	危险源或潜在事件	可能发生的事故类型及后果	风险分级	管控措施					管控层级	责任单位	责任人
编号	名称						工程技术措施	培训教育措施	管理措施	个体安全措施	应急处置措施			
4	钣金维修作业	作业中	80	在车下作业,两腿伸出车外,存在被车辆轧伤的危险	轧伤等人身伤害	低风险		教育职工正确识别车下作业存在的危险,严格按照操作规程进行操作,防范车辆轧伤	当班安全员、例检员做好作业现场安全监管,发现隐患及时纠正		一旦发生事故立即进行急救,或拨打120电话,送医院救治	班组、岗位管控	维修分公司站点	例检员/作业人员
			81	在空气悬架车下进行钣金维修作业,因空气悬架气囊漏气存在挤伤和砸伤的危险	可能发生挤伤、砸伤等人员伤害	一般风险		对职工进行安全教育培训,使职工熟知空气悬架车下作业存在的危险因素,严格按照操作规程进行操作。在空气悬架车下作业时,首先用三角木塞固车轮,用支车凳支在空气悬架车的大梁上,确保车身位置固定,不存在下落危险后再在车下作业	按照网格化实名制管理,当班安全员、例检员做好作业现场安全监管,发现隐患及时纠正		一旦发生挤压伤害,要尽快采取措施解除车辆挤压因素,并进行急救。如怀疑有内脏损伤或骨折、脊椎损伤等,不要盲目搬动伤者,应在骨折部位用夹板把受伤位置临时固定后,及时送医院急救	车队(间)级管控	维修分公司	分公司经理

续上表

风险点		作业步骤	序号	危险源或潜在事件	可能发生的事故类型及后果	风险分级	管控措施					管控层级	责任单位	责任人
编号	名称						工程技术措施	培训教育措施	管理措施	个体安全措施	应急处置措施			
4	钣金维修作业	作业中	82	车下狭窄空间作业容易发生碰伤、摔伤等伤害	碰伤、摔伤等人身伤害	低风险		教育职工正确识别车下狭窄空间作业存在的危险，注意观察作业环境，正确使用工具设备，防止发生摔伤、碰伤等伤害	按照网格化实名制管理，当班安全员、例检员做好作业现场安全监管，发现隐患及时纠正		一旦发生碰伤、摔伤立即采取相应措施进行急救，或拨打120电话，送医院救治	班组、岗位管控	维修分公司站点	例检员/作业人员
			83	不能正确搬运和放置氧气、乙炔钢瓶，造成氧气、乙炔钢瓶碰撞、敲击、阳光下曝晒	可能发生火灾，造成人身伤害和财产损失	一般风险		教育职工严格按照氧气、乙炔焊接作业操作规程进行操作。在搬运氧气、乙炔瓶时要确保钢瓶瓶阀关闭良好，防振胶圈、瓶阀防护帽齐全。在搬运时要轻装、轻卸，严禁敲击及抛、滑、滚、碰等。存放钢瓶不得靠近热源，要距离明火10米以上，严防阳光下曝晒	当班安全员、例检员做好作业现场安全监管，发现隐患及时纠正		一旦发生火灾，利用作业现场放置的灭火器等消防器材及时扑灭火灾，防止火灾扩大，紧急疏散现场人员并及时报警	车队(间)级管控	维修分公司	分公司经理

续上表

风险点		作业步骤	序号	危险源或潜在事件	可能发生的事故类型及后果	风险分级	管控措施					管控层级	责任单位	责任人
编号	名称						工程技术措施	培训教育措施	管理措施	个体安全措施	应急处置措施			
4	钣金维修作业	作业中	84	高温天气在室外进行氧气乙炔焊接作业时，不使用遮阳棚	可能发生钢瓶爆炸等人身伤害事故	一般风险	对氧气、乙炔瓶加盖移动防晒棚进行防护	教育职工在室外作业时，氧气瓶和乙炔瓶存在遭阳光曝晒发生爆炸的危险，室外操作时要严格按照操作规程进行操作，使用遮阳棚遮挡	当班安全员、例检员做好作业现场安全监管，发现隐患及时纠正		一旦发生火灾爆炸，立即进行紧急处置，进行伤者急救，紧急疏散现场人员并及时报警	车队(间)级管控	维修分公司	分公司经理
			85	进行电焊作业时未穿戴电焊手套、绝缘鞋和防护面罩等防护用具	触电、烫伤等人身伤害事故	一般风险		教育职工严格遵守安全操作规程，杜绝违章操作。作业前首先穿戴好电焊手套及绝缘鞋、防护面罩进行操作。在积水、潮湿的地方严禁使用电焊机作业，严防触电、烫伤等事故发生	电焊操作人员持证上岗。当班安全员、例检员做好作业现场安全监管，发现隐患及时纠正		一旦发生触电，立即进行现场救治或拨打120电话急救。如发生烫伤，立即用冷水进行冲洗降温20min左右，之后用干净纱布等敷料紧急处理后立即送往医院救治	车队(间)级管控	维修分公司	分公司经理

续上表

风险点		作业步骤	序号	危险源或潜在事件	可能发生的事故类型及后果	风险分级	管控措施					管控层级	责任单位	责任人
编号	名称						工程技术措施	培训教育措施	管理措施	个体安全措施	应急处置措施			
4	钣金维修作业	作业中	86	动火作业时，未清理作业现场周围易燃物品，作业后未对作业部位进行降温处理	可能发生火灾事故，造成人身伤害和财产损失	一般风险		教育职工严格按照安全操作规程进行操作。作业前，首先清理作业现场易燃物品，作业后对作业部位进行降温处理，确保动火作业安全	电气焊等动火作业，首先要填写动火作业申请单，经车间主任审批后方可动火，现场设置灭火器，作业前及时清理周围易燃物品。在动火作业结束或间断时，动火作业现场监护人应与作业人一起检查现场有无残留火种，对施焊部位降温，确保动火作业安全		一旦发生火灾，立即采取措施，充分利用作业现场放置的灭火器等消防器材及时扑灭火灾，防止火灾扩大，同时紧急疏散现场人员并及时报警	车队（间）级管控	维修分公司	分公司经理

续上表

风险点		作业步骤	序号	危险源或潜在事件	可能发生的事故类型及后果	风险分级	管控措施					管控层级	责任单位	责任人
编号	名称						工程技术措施	培训教育措施	管理措施	个体安全措施	应急处置措施			
4	钣金维修作业	作业中	87	焊接作业健康危害	氮氧化物和烟尘危害	一般风险	保持良好自然通风或设置局部通风设施（排风扇）	开展职业健康卫生教育培训，使职工正确认识电焊作业存在的职业健康危害	设置警示标识；发放过滤式防毒口罩、防护镜及焊工手套	佩戴过滤式防毒口罩、防护镜及焊工手套等	一旦出现咳嗽胸痛、气短等不适症状，立即送医院进行诊治	车队（间）级管控	维修分公司	分公司经理
			88	使用角磨机操作不当，可能发生人身伤害	崩伤、割伤等人身伤害事故	一般风险		对职工进行教育培训。在操作前要首先做好角磨机的检查，确保角磨机防护装置、砂轮片等部件完好，空转正常；操作时戴好防护眼镜，做好安全防护。操作中精力高度集中，确保切割、打磨平顺、安全地操作	当班安全员、例检员做好作业现场安全监管，发现隐患及时纠正	佩戴防护镜	一旦发生伤害事故，立即进行现场急救，或拨打120电话，送医院救治	车队（间）级管控	维修分公司	分公司经理

续上表

风险点		作业步骤	序号	危险源或潜在事件	可能发生的事故类型及后果	风险分级	管控措施					管控层级	责任单位	责任人
编号	名称						工程技术措施	培训教育措施	管理措施	个体安全措施	应急处置措施			
4	钣金维修作业	作业中	89	角磨机噪声危害	噪声耳聋	一般风险	设置“噪声有害”等警示标识	开展职业健康卫生培训教育，使职工正确认识角磨机噪声危害，正确使用防护用品	发放防噪声耳塞或耳罩	佩戴防噪耳塞或耳罩	一旦出现耳鸣、听力下降等身体不适，立即送医院进行检查诊治	车队(间)级管控	维修分公司	分公司经理
			90	不能正确使用砂轮机，可能造成人员伤害	崩伤、触电等人身伤害事故	一般风险		对职工进行教育培训，明确使用砂轮机存在的危险因素。在使用砂轮机前首先要做好各部件的检查，确保砂轮机防护装置、砂轮片等部件完好。操作砂轮机时要佩戴好护目镜，站在砂轮的侧面进行操作，严防砂轮碎裂造成伤害，严禁两人同时进行砂轮机磨削操作	当班安全员、例检员做好作业现场安全监管，发现隐患及时纠正	佩戴防护镜	一旦发生崩伤事故，立即采取措施，进行伤者急救，或拨打120电话，送医院救治	车队(间)级管控	维修分公司	分公司经理

续上表

风险点		作业步骤	序号	危险源或潜在事件	可能发生的事故类型及后果	风险分级	管控措施					管控层级	责任单位	责任人
编号	名称						工程技术措施	培训教育措施	管理措施	个体安全措施	应急处置措施			
4	钣金维修作业	作业中	91	砂轮机粉尘危害	粉尘吸入、尘肺病	低风险	保持自然通风或设置局部通风设施（排风扇）	开展职业健康卫生教育培训，使职工正确认识砂轮机打磨存在的粉尘危害	设置“戴防尘口罩”等警示标识	佩戴防护口罩、防护镜等防护用品	一旦出现咳嗽、胸痛，气短等不适症状，立即送医院进行诊治	班组、岗位管控	维修分公司站点	例检员/操作人
			92	不能正确操作剪板机进行下料作业，可能发生严重的人身伤害事故	剪切、挤压等人身伤害事故	一般风险		教育职工正确识别剪板机存在的作业危险，严格按照安全操作规程，集中精力进行作业。剪切送料时，操作人员手不能伸入刀口和压紧装置，送料的手指距离刀口应最少保持200mm	按照网格化分工做好设备设施检查，当班安全员做好设备设施复查和作业现场安全监管，发现隐患及时纠正		一旦发生剪断手指等机械伤害事故，应把断指清洗保持低温，和伤员一起紧急送往医院救治，同时上报事故情况	车队(间)级管控	维修分公司	分公司经理

续上表

风险点		作业步骤	序号	危险源或潜在事件	可能发生的事故类型及后果	风险分级	管控措施					管控层级	责任单位	责任人
编号	名称						工程技术措施	培训教育措施	管理措施	个体安全措施	应急处置措施			
4	钣金维修作业	作业后	93	维修作业结束后未进行现场清理，现场残留的水迹、油迹、杂物等，易引发摔伤、火灾等事故	摔伤、砸伤等人身伤害及火灾事故	低风险		做好职工安全教育培训，教育职工维修作业后及时清除现场水迹、油迹和地面杂物，消除摔伤及火灾等事故隐患	当班安全员、例检员、做好现场安全检查和监控，发现隐患及时纠正		一旦发生伤害事故，立即进行现场急救，或拨打120电话，送医院救治	站点、班组	维修分公司站点	例检员/作业人员
			94	维修作业完毕未及时关闭车辆舱门和侧门	易造成碰撞等人身伤害事故	一般风险	加装舱门未关报警提示系统（智能门锁）	教育职工在维修作业完毕后要检查一遍舱门锁止情况，确保舱门关闭牢固，锁止可靠，才能离开作业现场，防止发生剐碰事故	当班安全员、例检员做好现场安全检查和监控，发现隐患及时纠正		一旦发生伤害事故，立即进行现场急救，或拨打120电话，送医院救治	车队（间）级管控	维修分公司	分公司经理

续上表

风险点		作业步骤	序号	危险源或潜在事件	可能发生的事故类型及后果	风险分级	管控措施					管控层级	责任单位	责任人
编号	名称						工程技术措施	培训教育措施	管理措施	个体安全措施	应急处置措施			
4	钣金维修作业	作业后	95	车辆维修完毕未及时拉紧驻车制动器操纵杆	溜车、碾压等人身伤害	一般风险		教育职工正确识别维修作业后存在的风险，作业完毕后检查并确保驻车制动器操纵杆已拉紧锁好，才能离开维修现场	当班安全员、例检员做好维修现场安全检查和监控，发现隐患及时纠正		一旦发生伤害事故，立即进行现场急救，或拨打120电话，送医院救治	车队(间)级管控	维修分公司	分公司经理
5	机加工作业	作业前	96	新入厂职工或转岗职工由于对生产作业环境、设施设备等不熟悉，对岗位安全知识和操作规程等掌握不全面	可能发生触电、机械伤害等事故	较大风险		落实好新入厂职工和转岗职工的三级安全教育培训，使职工熟练掌握岗位安全知识，操作规程和作业流程，及时熟悉作业环境和设施设备，正确操作设备设施	对未参加三级安全教育的人员或培训考试不合格的人员，不得上岗实习或工作		一旦发生伤害事故，立即进行现场急救，或拨打120电话，送医院救治	分公司级管控	维修公司	安全副经理/安保部长

续上表

风险点		作业步骤	序号	危险源或潜在事件	可能发生的事故类型及后果	风险分级	管控措施					管控层级	责任单位	责任人
编号	名称						工程技术措施	培训教育措施	管理措施	个体安全措施	应急处置措施			
5	机加工作业	作业前	97	维修作业前未进行工具和设备的检查，工具、设备存在隐患	可能发生机械伤害、火灾、触电等事故	一般风险		培训职工熟知工具和设备的检查标准，掌握检查方法	按照网格化实名制管理做好工具和设备检查，当班安全员做好设备复查和作业现场安全监控		一旦发生伤害事故，立即进行现场急救，或拨打120电话，送医院救治	车队(间)级管控	维修分公司	分公司经理
			98	雨雪、大风、高温等作业环境中易发生触电、砸伤、中暑	特殊天气易发生触电、砸伤、中暑等人身伤害	低风险		加强对职工的安全生产培训，使职工熟练掌握不同天气状况下的安全作业知识和安全防范技能	当班安全员、例检员做好作业现场安全动态监管，及时叮嘱职工防范不同环境下的作业风险		一旦发生触电、砸伤、中暑等人身伤害，立即采取相应措施进行急救，或拨打120电话，送医院救治	班组、岗位管控	维修分公司站点	例检员/作业人员

续上表

风险点		作业步骤	序号	危险源或潜在事件	可能发生的事故类型及后果	风险分级	管控措施					管控层级	责任单位	责任人
编号	名称						工程技术措施	培训教育措施	管理措施	个体安全措施	应急处置措施			
5	机加工作业	作业前	99	作业现场有水迹、油迹、杂物等存在摔伤危险	摔伤、砸伤等人身伤害	低风险		教育职工作业前清除维修现场水迹、油迹和地面杂物，消除事故隐患	当班安全员、例检员做好现场安全检查和监控，发现隐患及时纠正		一旦发生摔伤、砸伤，立即采取相应措施进行救治，或拨打120电话，送医院救治	班组、岗位管控	维修分公司站点	例检员/作业人员
			100	维修车辆不挂警示牌、不用三角木塞固好车轮，存在溜车或发动机误起动的危险	可能发生挤伤、碾轧等人身伤害和财产损失	一般风险		做好对职工的安全培训，严格按照操作规程进行操作。维修人员在对车辆进行维修作业时，首先要拉紧驻车制动器操纵杆、用三角木塞固好车轮、并在车辆前后悬挂“正在维修、禁止起动”警示牌（前头挂在转向盘上，后头挂在发动机舱盖上），必要时拔下车钥匙，确保车辆维修安全	按照网格化实名制管理要求，当班安全员、例检员做好现场安全检查和监控，发现隐患及时纠正		一旦发生车辆挤伤或碾压伤害，要尽快采取措施立即进行现场急救，或拨打120电话，送医院救治。如怀疑有内脏损伤或骨折、脊椎损伤等，不要盲目搬动伤者，避免扩大伤情，应在骨折部位用夹板把受伤位置临时固定后，及时送医院救治	车队（间）级管控	维修分公司	分公司经理

续上表

风险点		作业步骤	序号	危险源或潜在事件	可能发生的事故类型及后果	风险分级	管控措施					管控层级	责任单位	责任人
编号	名称						工程技术措施	培训教育措施	管理措施	个体安全措施	应急处置措施			
5	机加工作业	作业前	101	未按规定设置和使用车床照明灯	可能发生触电等人身伤害事故	一般风险		教育职工正确识别车床作业存在的风险点，严格按照操作规程进行操作。车床上使用的工作照明灯，电压不得超过36V，严禁使用220V照明灯照明，责任人按照安全管理制度做好设备设施定期检查，确保照明灯线路、电压等符合用电安全规定	设备责任人按照网格化实名制管理做好车床及附件等的检查。当班安全员做好设备设施复查和作业现场安全监控		一旦发生触电事故，立即切断电源，或采取措施使受害者脱离开电源并拨打120电话，同时对心跳停止或呼吸停止者立即采取胸外按压人工呼吸进行急救，并尽快送医院救治	车队(间)级管控	维修分公司	分公司经理

续上表

风险点		作业步骤	序号	危险源或潜在事件	可能发生的事故类型及后果	风险分级	管控措施					管控层级	责任单位	责任人
编号	名称						工程技术措施	培训教育措施	管理措施	个体安全措施	应急处置措施			
5	机加工作业	作业前	102	未及时清除氧气瓶上沾粘的油脂，存在发生火灾的危险	火灾等人身伤害	低风险		进行教育培训，使职工充分认识到氧气瓶沾粘油脂存在的火灾隐患。作业前首先对氧气瓶、乙炔瓶等进行仔细检查，清除沾粘油脂，消除火灾隐患	氧气、乙炔焊接操作人员要持证上岗。当班安全员、例检员做好现场安全检查和监控，发现隐患及时纠正		一旦发生火灾，利用作业现场放置的灭火器等消防器材及时扑灭火灾，防止火灾扩大，紧急疏散现场人员并及时报警	班组、岗位管控	维修分公司站点	例检员/作业人员
			103	作业前未进行检查，致使氧气瓶和乙炔瓶胶管、胶管连接处、压力阀、回火防止阀、焊炬等存在隐患，存在可燃气体泄漏的危险	可能引发火灾，造成人身伤害	一般风险		进行教育培训，使职工充分认识到氧气和乙炔气体泄漏存在的火灾隐患。工作前首先检查紧固好氧气和乙炔气瓶压力表、氧气和乙炔气管等部件，确保氧气和乙炔气体工作状况良好	定期（每半年一次）更换氧气管、乙炔管和回火防止阀		一旦发生火灾，立即关闭钢瓶阀门，利用作业现场放置的灭火器等消防器材及时扑灭火灾，防止火灾扩大，紧急疏散现场人员并及时报警	车队(间)级管控	维修分公司	分公司经理

续上表

风险点		作业步骤	序号	危险源或潜在事件	可能发生的事故类型及后果	风险分级	管控措施					管控层级	责任单位	责任人
编号	名称						工程技术措施	培训教育措施	管理措施	个体安全措施	应急处置措施			
5	机加工作业	作业中	104	使用车床进行零部件加工，存在较大的人身伤害风险	可能发生物体打击、绞缠、崩伤等人身伤害事故	一般风险		教育职工正确识别车床作业存在的风险，严格按照操作规程进行操作。操作车床时在工件旋转平面处不得站人，以防意外发生。工作时头不能离工件太近，工作服袖口、下摆要扎扣紧，戴防护眼镜，不准戴手套	当班安全员和检验员做好现场安全检查和监控，发现隐患及时处置	戴防护眼镜、长发要戴安全帽、袖口、下摆要扎扣紧	一旦出现车床伤人事件，立即切断车床电源，使车床停止运转，立即对伤者进行急救，并拨打120电话，送医院救治	车队(间)级管控	维修分公司	分公司经理

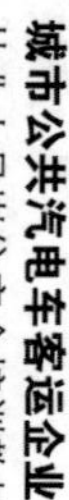

续上表

风险点		作业步骤	序号	危险源或潜在事件	可能发生的事故类型及后果	风险分级	管控措施					管控层级	责任单位	责任人
编号	名称						工程技术措施	培训教育措施	管理措施	个体安全措施	应急处置措施			
5	机加工作业	作业中	105	在进行铆接制动蹄片作业时，搬动制动蹄和制动摩擦片过程中存在砸伤风险	可能发生砸伤等人身伤害事故	一般风险		做好对职工的安全教育培训，使职工充分认识到作业过程中存在的危险因素，做好相应的安全防护。在搬动制动蹄和制动摩擦片时，要确保两者连接可靠，或使两者分开后再进行搬运，防范摩擦片脱落后砸伤事故发生			一旦发生砸伤，立即采取相应措施进行救治，或拨打120电话，送医院救治	车队（间）级管控	维修分公司	分公司经理

续上表

风险点		作业步骤	序号	危险源或潜在事件	可能发生的事故类型及后果	风险分级	管控措施					管控层级	责任单位	责任人
编号	名称						工程技术措施	培训教育措施	管理措施	个体安全措施	应急处置措施			
5	机加工作业	作业中	106	制动蹄摩擦片修磨粉尘危害	粉尘吸入、尘肺病	一般风险	设置粉尘吸尘器	开展职业健康卫生教育培训，使职工正确认识制动蹄摩擦片修磨存在的粉尘危害，采取措施做好防护	设置“戴防尘口罩”等警示标识	佩戴过滤式防护口罩、防护镜等防护用品	一旦出现咳嗽、胸痛、气短等不适症状，立即送医院进行诊治	车队(间)级管控	维修分公司	分公司经理
			107	进行冲床作业时，存在较大的伤害危险	可能发生挤压等人身伤害事故	一般风险		做好对职工的安全教育培训，使职工充分认识到冲压作业中存在的危险因素。使用冲床进行作业，要严格按照操作规程进行，操作时精力要高度集中，必须在身体部位离开设备工作面时，才能启动开关，消除挤压等伤害危险，确保操作安全	当班安全员做好作业现场安全动态监管，发现隐患及时纠正		一旦发生伤害事故，立即采取相应措施进行急救，或拨打120电话，送医院救治	车队(间)级管控	维修分公司	分公司经理

续上表

风险点		作业步骤	序号	危险源或潜在事件	可能发生的事故类型及后果	风险分级	管控措施					管控层级	责任单位	责任人
编号	名称						工程技术措施	培训教育措施	管理措施	个体安全措施	应急处置措施			
5	机加工作业	作业中	108	铁锤敲击作业易发生铁屑崩出、锤头滑脱击伤等伤害事件	击伤、崩伤等人身伤害	低风险		做好对职工的教育培训，使职工充分认识到使用铁锤进行敲击作业时存在的危险因素，掌握相应的防护措施。作业前首先做好铁锤检查，确保锤头与锤柄连接牢固，手部及锤柄无汗水和油迹	落实网格化实名制，当班安全员、例检员做好作业现场安全监管，发现隐患及时纠正	使用铁锤作业时佩戴护目镜	一旦发生伤害事故，立即进行现场急救，或拨打120电话，送医院救治	班组、岗位管控	维修分公司站点	例检员/作业人员

续上表

风险点		作业步骤	序号	危险源或潜在事件	可能发生的事故类型及后果	风险分级	管控措施					管控层级	责任单位	责任人
编号	名称						工程技术措施	培训教育措施	管理措施	个体安全措施	应急处置措施			
5	机加工作业	作业中	109	不能正确使用切割机，未按规定佩戴防护用具	可能造成崩伤、割伤等人身伤害事故	一般风险		教育职工正确认识切割作业中存在危险。切割物品前，穿戴好手套、眼镜等防护用具，使用前首先检查好切割机切割片、防护罩、电源线等，确保完好，经空转试验正常后才能使用。所切割物件要夹持牢固，操作者在切割片侧面进行操作，切割时手部推压力要平稳。如切割片损坏，要立即停止使用，在换好切割片后再操作；新更换的切割片要试运转5min后才能进行切割	按照网格化实名制管理要求，当班安全员做好作业现场安全监管，发现隐患及时纠正	穿戴好手套、防护眼镜等防护用具	一旦发生事故立即进行急救，或拨打120电话，送医院救治	车队(间)级管控	维修分公司	分公司经理

续上表

风险点		作业步骤	序号	危险源或潜在事件	可能发生的事故类型及后果	风险分级	管控措施					管控层级	责任单位	责任人
编号	名称						工程技术措施	培训教育措施	管理措施	个体安全措施	应急处置措施			
5	机加工作业	作业中	110	不能正确使用电钻、开孔器等电动工具	触电或切割等人身伤害事故	低风险		教育职工正确识别使用电钻、开孔器等电动工具时存在的风险。使用前首先做好工具检查，不能在积水或潮湿的地方使用。使用电钻进行钻孔和开孔时不能戴手套，加工小型工件或轻薄工件时，不能用脚踩或用手拿持，要用台钳等夹具固定牢固，防止工件随钻头转动造成切割伤害。在更换钻头和开孔器时要使用专用钥匙或扳手，断开电源后进行更换，防止误操作引起切割伤害	当班安全员、例检员、做好现场安全检查和监控，发现隐患及时纠正		一旦发生触电或切割伤害，首先断开电源，立即进行现场救治或拨打120电话，送医院救治	站点、班组管控	维修分公司站点	例检员/作业人员

续上表

风险点		作业步骤	序号	危险源或潜在事件	可能发生的事故类型及后果	风险分级	管控措施					管控层级	责任单位	责任人
编号	名称						工程技术措施	培训教育措施	管理措施	个体安全措施	应急处置措施			
5	机加工作业	作业中	111	不正确搬运氧气、乙炔钢瓶，造成氧气、乙炔钢瓶碰撞、敲击、阳光曝晒	可能发生火灾，造成人身伤害和财产损失	一般风险		教育职工严格按照氧气、乙炔焊接作业操作规程进行操作。在搬运氧气和乙炔瓶时要确保钢瓶瓶阀关闭良好，防振胶圈、瓶阀防护帽齐全。在搬运时要轻装、轻卸，严禁敲击及抛、滑、滚、碰等。存放钢瓶不得靠近热源，要距离明火10m以上，严防阳光曝晒	当班安全员、例检员做好作业现场安全监管，发现隐患及时纠正		一旦发生火灾，利用作业现场放置的灭火器等消防器材及时扑灭火灾，防止火灾扩大，紧急疏散现场人员并及时报警	车队（间）级管控	维修分公司	分公司经理

续上表

风险点		作业步骤	序号	危险源或潜在事件	可能发生的事故类型及后果	风险分级	管控措施					管控层级	责任单位	责任人
编号	名称						工程技术措施	培训教育措施	管理措施	个体安全措施	应急处置措施			
5	机加工作业	作业中	112	高温天气在室外进行氧气乙炔气体焊接作业时,不使用遮阳棚	可能发生氧气和乙炔气瓶爆炸等人身伤害事故	一般风险	对氧气、乙炔气瓶加盖移动防晒棚	教育职工在室外作业时,氧气瓶和乙炔瓶存在遭阳光曝晒发生爆炸的危险,室外操作时要严格按照操作规程进行操作,使用遮阳棚遮挡	当班安全员、例检员做好作业现场安全监管,发现隐患及时纠正		一旦发生火灾爆炸,立即进行紧急处置,进行伤者急救,紧急疏散现场人员并及时报警	车队(间)级管控	维修分公司	分公司经理
			113	进行电焊作业时未穿戴电焊手套和绝缘鞋,防护面罩等防护用具	触电、烫伤等人身伤害事故	一般风险		教育职工严格遵守安全操作规程,杜绝违章操作。作业前首先穿戴好电焊手套及绝缘鞋、防护面罩后进行操作。在积水、潮湿的地方严禁使用电焊机作业,严防触电、烫伤等事故发生	电焊操作人员持证上岗。当班安全员、例检员做好作业现场安全监管,发现隐患及时纠正		一旦发生触电,立即进行现场救治或拨打120电话,送医院救治。如发生烫伤,立即用冷水进行冲洗降温20min左右,之后用干净纱布等敷料紧急处理后立即送往医院救治	车队(间)级管控	维修分公司	分公司经理

续上表

风险点		作业步骤	序号	危险源或潜在事件	可能发生的事故类型及后果	风险分级	管控措施					管控层级	责任单位	责任人
编号	名称						工程技术措施	培训教育措施	管理措施	个体安全措施	应急处置措施			
5	机加工作业	作业中	114	动火作业时,未清理作业现场周围易燃物品,作业后未对作业部位进行降温处理	可能发生火灾事故,造成人身伤害和财产损失	一般风险		教育职工严格按照操作规程进行操作。作业前,首先清理作业现场易燃物品,作业后对作业部位进行降温处理,确保动火作业安全	电气焊等动火作业,首先要填写动火作业申请单,经签发人同意后方可动火,现场设置灭火器,作业前及时清理周围易燃物品。作业结束对施焊部位降温		一旦发生火灾,立即采取措施,充分利用作业现场放置的灭火器等消防器材及时扑灭火灾,防止火灾扩大,同时紧急疏散现场人员并及时报警	车队(间)级管控	维修分公司	分公司经理
			115	焊割作业健康危害	氮氧化物和烟尘危害	一般风险	保持良好自然通风或设置局部通风设施(排风扇)	开展职业健康卫生教育培训,使职工正确认识电焊作业存在的职业健康危害,采取措施做好防护	设置警示标识;佩戴过滤式防毒口罩、防护镜及焊工手套	佩戴过滤式防毒口罩、防护镜及焊工手套等	一旦出现头晕、头痛等不适症状,立即送医院进行诊治	车队(间)级管控	维修分公司	分公司经理

续上表

风险点		作业步骤	序号	危险源或潜在事件	可能发生的事故类型及后果	风险分级	管控措施					管控层级	责任单位	责任人
编号	名称						工程技术措施	培训教育措施	管理措施	个体安全措施	应急处置措施			
5	机加工作业	作业中	116	使用角磨机操作不当，可能发生人身伤害	崩伤、割伤等人身伤害事故	一般风险		对职工进行教育培训。在操作前要首先做好角磨机的检查，确保角磨机防护装置、砂轮片等部件完好，空转正常；操作时戴好防护眼镜，做好安全防护。操作中精力高度集中，平顺操作	当班安全员、例检员做好作业现场安全监管，发现隐患及时纠正	佩戴防护镜	一旦发生崩伤、割伤等事故，立即采取措施，进行伤者急救，或拨打120电话，送医院救治	车队(间)级管控	维修分公司	分公司经理
			117	角磨机噪声危害	噪声性耳聋	一般风险	设置“噪声有害”等警示标识	开展职业健康卫生培训教育，使职工正确认识角磨机噪声危害，正确使用防护用品	佩戴防噪声耳塞或耳罩	佩戴防噪耳塞或耳罩	一旦出现耳鸣、听力下降等身体不适，立即送医院进行检查诊治	车队(间)级管控	维修分公司	分公司经理

续上表

风险点		作业步骤	序号	危险源或潜在事件	可能发生的事故类型及后果	风险分级	管控措施					管控层级	责任单位	责任人
编号	名称						工程技术措施	培训教育措施	管理措施	个体安全措施	应急处置措施			
5	机加工作业	作业中	118	不能正确使用砂轮机可能造成人员伤害	崩伤、触电等人身伤害事故。	一般风险		对职工进行教育培训，明确使用砂轮机存在的危险因素。在使用砂轮机前首先要做好各部件的检查，确保砂轮机防护装置、砂轮片等部件完好。操作砂轮机时要佩戴好护目镜，站在砂轮的侧面进行操作，同时严禁两人同时进行砂轮机磨削操作	当班安全员、例检员做好作业现场安全监管，发现隐患及时纠正	佩戴防护镜	一旦发生崩伤事故，立即采取措施，进行伤者急救，或拨打120电话，送医院救治	车队(间)级管控	维修分公司	分公司经理

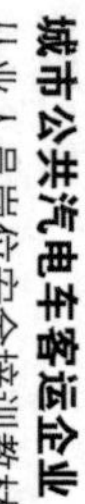

续上表

风险点		作业步骤	序号	危险源或潜在事件	可能发生的事故类型及后果	风险分级	管控措施					管控层级	责任单位	责任人
编号	名称						工程技术措施	培训教育措施	管理措施	个体安全措施	应急处置措施			
5	机加工作业	作业中	119	砂轮机粉尘危害	粉尘吸入、尘肺病	低风险	保持自然通风或设置局部通风设施（排风扇）	开展职业健康卫生教育培训，使职工正确认识砂轮机打磨存在的粉尘危害	设置“戴防尘口罩”等警示标识	佩戴防护口罩、防护镜等防护用品	一旦出现咳嗽、胸痛、气短等不适症状，立即送医院进行诊治	班组、岗位管控	维修分公司站点	例检员/操作人
		作业后	120	维修作业结束后未进行现场清理，现场残留的水迹、油迹、杂物等，易引发摔伤和火灾等事故	摔伤、砸伤和火灾等人身伤害	低风险		做好职工安全教育培训，教育职工维修作业后及时清除现场水迹、油迹和地面杂物，消除摔伤和火灾等事故隐患	当班安全员、例检员、做好现场安全检查和监控，发现隐患及时纠正		一旦发生伤害事故，立即进行现场急救，或拨打120电话，送医院救治	班组、岗位管控	维修分公司站点	例检员/作业人员

续上表

风险点		作业步骤	序号	危险源或潜在事件	可能发生的事故类型及后果	风险分级	管控措施					管控层级	责任单位	责任人
编号	名称						工程技术措施	培训教育措施	管理措施	个体安全措施	应急处置措施			
5	机加工作业	作业后	121	维修作业完毕未及时关闭车辆舱门盖和侧门盖	造成碰撞等人身伤害事故	一般风险	加装舱门未关报警提示系统（智能门锁）	教育职工在维修作业完毕后要检查一遍舱门锁止情况，确保舱门盖关闭牢固，锁止可靠，才能离开作业现场，防止发生剐碰事故	当班安全员、例检员做好现场安全检查和监控，发现隐患及时纠正		一旦发生碰撞伤害，立即进行现场急救，或拨打120电话，送医院救治	车队（间）级管控	维修分公司	分公司经理
			122	车辆维修完毕未及时拉紧驻车制动器操纵杆	可能发生溜车，碾压等人身伤害	一般风险		教育职工正确识别维修作业后存在的风险，作业完毕后检查并确保驻车制动器操纵杆拉紧才能离开维修现场	当班安全员、例检员做好维修现场安全检查和监控，发现隐患及时纠正		一旦发生伤害事故，立即进行现场急救，或拨打120电话，送医院救治	车队（间）级管控	维修分公司	分公司经理

续上表

风险点		作业步骤	序号	危险源或潜在事件	可能发生的事故类型及后果	风险分级	管控措施					管控层级	责任单位	责任人
编号	名称						工程技术措施	培训教育措施	管理措施	个体安全措施	应急处置措施			
6	天然气汽车维修作业	作业前	123	新入厂职工或转岗职工由于对生产作业环境、设施设备等不熟悉，对岗位安全知识和操作规程等掌握不全面	可能发生触电、机械伤害等事故	较大风险		落实好新入厂职工和转岗职工的三级安全教育培训，使职工熟练掌握岗位安全知识，操作规程和作业流程，及时熟悉作业环境和设施设备，正确操作设备设施	对未参加三级安全教育的人员或培训考试不合格的人员，不得上岗实习或工作		一旦发生伤害事故，立即进行现场急救，或拨打120电话，送医院救治	分公司级管控	维修公司	安全副经理/安保部长
			124	维修作业前未进行工具和设备的检查，工具、设备存在隐患	可能发生机械伤害、火灾、触电等事故	一般风险		培训职工熟知工具和设备的检查标准，掌握正确检查方法	按照网格化实名制管理做好设备设施、工具等的检查，当班安全员做好设备、工具复查和作业现场安全监控		一旦发生伤害事故，立即进行现场急救，或拨打120电话，送医院救治	车队(间)级管控	维修分公司	分公司经理

续上表

风险点		作业步骤	序号	危险源或潜在事件	可能发生的事故类型及后果	风险分级	管控措施					管控层级	责任单位	责任人
编号	名称						工程技术措施	培训教育措施	管理措施	个体安全措施	应急处置措施			
6	天然气汽车维修作业	作业前	125	雨雪、大风、高温等作业环境中易发生触电、砸伤、中暑	特殊天气易发生触电、砸伤、中暑等人身伤害	低风险		加强对职工的安全培训，使职工熟练掌握不同天气状况下的安全作业知识和安全防范技能	当班安全员、例检员做好作业现场安全动态监管，及时叮嘱职工防范不同环境下的作业风险		一旦发生触电、砸伤、中暑等人身伤害，立即采取相应措施进行急救，或拨打120电话，送医院救治	班组、岗位管控	维修分公司站点	例检员/作业人员
			126	作业现场有水迹、油迹、杂物等存在摔伤和火灾危险	摔伤、砸伤和火灾等人身伤害	低风险		教育职工作业前清除维修现场水迹、油迹和地面杂物，消除事故隐患	当班安全员、例检员做好现场安全检查和监控，发现隐患及时纠正		一旦发生摔伤、砸伤和火灾，立即采取相应措施进行救治，或拨打120电话，送医院救治	班组、岗位管控	维修分公司站点	例检员/作业人员

续上表

风险点		作业步骤	序号	危险源或潜在事件	可能发生的事故类型及后果	风险分级	管控措施					管控层级	责任单位	责任人
编号	名称						工程技术措施	培训教育措施	管理措施	个体安全措施	应急处置措施			
6	天然气汽车维修作业	作业前	127	在路边停车场进行天然气维修作业，存在发生交通事故的危险	交通事故等人身伤害	低风险		教育职工充分认识在路边停车场修车过程中存在的危险，防范交通事故发生	当班安全员、例检员做好现场安全检查和监控。派工时及时叮嘱职工防范交通事故伤害		一旦发生交通事故，保护现场，及时拨打120电话，送医院救治	班组、岗位管控	维修分公司站点	例检员/作业人员
			128	无人引导车辆上下地沟时，存在碰撞或掉落地沟的危险	车辆掉入地沟或发生碰撞事故，造成人员伤害或财产损失	一般风险		加强安全教育培训，使职工熟知报修作业流程。车辆维修需上下地沟时，要由不少于2名职工引导车辆安全上下地沟，消除碰撞或车辆掉落危险	严格落实报修流程，按照上下地沟工作流程进行操作。当班安全员、例检员做好作业现场安全监管，发现隐患及时纠正		一旦发生碰撞或摔落事故，立即进行现场急救，或拨打120电话，送医院救治	车队（间）级管控	维修分公司	分公司经理

续上表

风险点		作业步骤	序号	危险源或潜在事件	可能发生的事故类型及后果	风险分级	管控措施					管控层级	责任单位	责任人
编号	名称						工程技术措施	培训教育措施	管理措施	个体安全措施	应急处置措施			
6	天然气汽车维修作业	作业前	129	维修车辆不挂警示牌、不用三角木塞固车轮，存在溜车或发动机误起动的危险	可能发生挤伤、碾轧等人身伤害和财产损失	一般风险		做好对职工的安全培训，严格按照操作规程进行操作。维修人员在对车辆进行维修作业时，首先要拉紧驻车制动器操纵杆、用三角木塞固车轮，并在车辆前后悬挂“正在维修、禁止起动”警示牌	按照网格化实名制管理要求，当班安全员、例检员做好现场安全检查和监控，发现隐患及时纠正		一旦发生车辆挤伤或碾压伤害，要尽快采取措施立即进行现场急救，或拨打120电话，送医院救治	车队（间）级管控	维修分公司	分公司经理

续上表

风险点		作业步骤	序号	危险源或潜在事件	可能发生的事故类型及后果	风险分级	管控措施					管控层级	责任单位	责任人
编号	名称						工程技术措施	培训教育措施	管理措施	个体安全措施	应急处置措施			
6	天然气汽车维修作业	作业中	130	在地沟上进行车辆天然气维修作业存在摔伤危险	摔伤等人身伤害	低风险	设置地沟盖板	做好对职工的安全培训和叮嘱，使职工充分认识到在地沟上进行车辆维修时存在的危险因素：不能跨站在地沟边缘进行车辆维修，要站在地沟盖板上进行作业，防止滑落地沟摔伤；上下地沟时，要经过地沟台阶，不能直接跳入地沟，防范摔伤事故发生	按照网格化实名制管理要求，当班安全员、例检员做好维修现场安全检查和监控，发现隐患及时纠正		一旦发生摔伤事故，立即进行现场急救，或拨打120电话，送医院救治	班组、岗位管控	维修分公司站点	例检员/作业人员

续上表

风险点		作业步骤	序号	危险源或潜在事件	可能发生的事故类型及后果	风险分级	管控措施					管控层级	责任单位	责任人
编号	名称						工程技术措施	培训教育措施	管理措施	个体安全措施	应急处置措施			
6	天然气汽车维修作业	作业中	131	搬运和存放燃气钢瓶过程中存在安全风险	可能发生火灾、爆炸等人身伤害、财产损失事故	一般风险		教育职工正确识别天然气钢瓶搬运过程中可能存在的风险，严格按照操作规程进行操作。搬运天然气钢瓶时要确保瓶阀关闭良好、瓶阀防护帽齐全	按照网格化实名制管理要求，当班安全员、例检员做好维修现场安全检查和监控，发现隐患及时纠正		一旦发生事故，本着先救命后治伤的原则，有效地利用急救资源进行急救，或拨打120电话，送医院救治	车队(间)级管控	维修分公司	分公司经理

续上表

风险点		作业步骤	序号	危险源或潜在事件	可能发生的事故类型及后果	风险分级	管控措施					管控层级	责任单位	责任人
编号	名称						工程技术措施	培训教育措施	管理措施	个体安全措施	应急处置措施			
6	天然气汽车维修作业	作业中	132	不正确使用工具进行天然气钢瓶拆装	可能发生火灾、爆炸等人身伤害、财产损失事故	一般风险		教育职工严格按照燃气车辆操作规程进行操作，正确识别作业过程中存在的风险。拆卸天然气钢瓶时，严禁使用气割枪明火等方式进行拆卸，要使用扳手等工具进行操作；使用扳手等工具进行钢瓶拆卸时，要选择适当的规格，人的面部不得正面靠近扳手转动平面，防止扳手滑脱击伤面部或手部	当班安全员、例检员做好维修现场安全检查和监控，发现隐患及时纠正		一旦发生事故，本着先救命后治伤的原则有效地利用急救资源进行急救	车队(间)级管控	维修分公司	分公司经理

续上表

风险点		作业步骤	序号	危险源或潜在事件	可能发生的事故类型及后果	风险分级	管控措施					管控层级	责任单位	责任人
编号	名称						工程技术措施	培训教育措施	管理措施	个体安全措施	应急处置措施			
6	天然气汽车维修作业	作业中	133	不按正确方法使用梯子进行登高作业	可能发生高处坠落等人身伤害事故	一般风险		教育职工正确识别使用长梯登高存在的作业风险。按照正确方法使用梯子登高作业	当班安全员、例检员做好作业现场安全监管，发现隐患及时纠正		一旦发生高处坠落摔伤，立即进行急救，向上级报告，并拨打120电话，送医院救治	车队（间）级管控	维修分公司	分公司经理
			134	在车顶等高处进行天然气汽车维修作业时存在摔伤风险	高空坠落等人身伤害事故发生	一般风险		教育职工正确识别在车顶等高处作业可能存在的风险，做好个体防护，确保作业安全。在车顶或登高进行天然气车辆检修作业存在坠落摔伤风险，作业前要对登高作业使用的高架、梯子等进行仔细检查，确保高架、梯子稳固。作业时要小心观察车顶及脚下情况，及时清理车顶物品，严密防范车顶作业时发生绊倒、滑倒等，造成高处滑落、坠落等摔伤事故的发生	当班安全员、例检员做好作业现场安全监管，发现隐患及时纠正		一旦发生车顶等高处坠落摔伤，立即进行急救，或送往医院救治	车队（间）级管控	维修分公司	分公司经理

续上表

风险点		作业步骤	序号	危险源或潜在事件	可能发生的事故类型及后果	风险分级	管控措施					管控层级	责任单位	责任人
编号	名称						工程技术措施	培训教育措施	管理措施	个体安全措施	应急处置措施			
6	天然气汽车维修作业	作业中	135	在检修天然气（LNG）钢瓶或阀门时存在冻伤风险	在检修天然气（LNG）钢瓶时，如不按规定佩戴防护用具，一旦发生瓶阀LNG泄漏，可能会发生冻伤作业者面部、手部的事故	一般风险		教育职工正确识别LNG作业中可能存在的冻伤风险，做好个体防护，确保作业安全。职工在进行LNG钢瓶检修时，按规定正确佩戴防护面罩和防护手套等用具，消除冻伤风险，确保作业安全	当班安全员、例检员（检验员）做好作业现场安全监管，发现违章和隐患及时纠正	佩戴防护面罩和防护手套等防护用具	一旦发生冻伤，立即进行急救，或拨打120电话，送往医院救治	车队（间）级管控	维修分公司	分公司经理

续上表

风险点		作业步骤	序号	危险源或潜在事件	可能发生的事故类型及后果	风险分级	管控措施					管控层级	责任单位	责任人
编号	名称						工程技术措施	培训教育措施	管理措施	个体安全措施	应急处置措施			
6	天然气汽车维修作业	作业中	136	在车下进行检修作业，两腿伸出车外，存在被车辆轧伤的危险	轧伤等人身伤害	低风险		教育职工正确识别车下作业存在的危险，严格按照操作规程进行操作，防范车辆轧伤	当班安全员、例检员做好作业现场安全监管，发现隐患及时纠正		一旦发生事故立即进行急救，或拨打120电话，送医院救治	班组、岗位管控	维修分公司站点	例检员/作业人员
			137	在空气悬架车下进行检修作业，因空气悬架气囊漏气存在挤伤和砸伤的危险	可能发生挤伤、砸伤等人员伤害	一般风险		对职工进行教育培训，使职工熟知空气悬架车下作业存在的危险因素，严格按照操作规程进行操作。在空气悬架车下作业时，首先用三角木塞固车轮，用支车凳支在空气悬架车的大梁上，确保车身位置固定，不存在下落危险后再在车下作业	按照网格化实名制管理，当班安全员、例检员做好作业现场安全监管，发现隐患及时纠正		一旦发生挤压伤害，要尽快采取措施解除车辆挤压因素，并进行急救。如怀疑有内脏损伤或骨折、脊椎损伤等，不要盲目搬动伤者，应在骨折部位用夹板把受伤位置临时固定后，及时送医院急救	车队(间)级管控	维修分公司	分公司经理

续上表

风险点		作业步骤	序号	危险源或潜在事件	可能发生的事故类型及后果	风险分级	管控措施					管控层级	责任单位	责任人
编号	名称						工程技术措施	培训教育措施	管理措施	个体安全措施	应急处置措施			
6	天然气汽车维修作业	作业中	138	在车下狭窄空间进行天然气汽车检修作业，容易发生碰伤、摔伤等伤害	碰伤、摔伤等人身伤害	低风险		教育职工正确识别车下狭窄空间作业存在的危险，注意观察作业环境，正确使用工具，扳手尺寸合适，使用方法得当，防止碰伤	按照网格化实名制管理，当班安全员、例检员做好作业现场安全监管，发现隐患及时纠正		一旦发生碰伤、摔伤立即采取相应措施进行急救，或拨打120电话，送医院救治	班组、岗位管控	维修分公司站点	例检员/作业人员
		作业后	139	维修作业结束后，没有及时清理现场残留的水迹、油迹、杂物等，易引发摔伤等事故	摔伤、砸伤等人身伤害	低风险		做好职工安全教育培训，教育职工维修作业后及时清除现场水迹、油迹和地面杂物，消除摔伤等事故隐患	当班安全员、例检员、做好现场安全检查和监控，发现隐患及时纠正		一旦发生伤害事故，立即进行现场急救，或拨打120电话，送医院救治	班组、岗位管控	维修分公司站点	例检员/作业人员

续上表

风险点		作业步骤	序号	危险源或潜在事件	可能发生的事故类型及后果	风险分级	管控措施					管控层级	责任单位	责任人
编号	名称						工程技术措施	培训教育措施	管理措施	个体安全措施	应急处置措施			
6	天然气汽车维修作业	作业后	140	维修作业完毕未及时关闭车辆舱门和侧门	造成碰撞等人身伤害事故	一般风险	加装舱门未关报警提示系统（智能门锁）	教育职工在维修作业完毕后要检查一遍舱门锁止情况，确保舱门关闭牢固，锁止可靠，才能离开作业现场，防止发生剐碰事故	当班安全员、例检员做好现场安全检查和监控，发现隐患及时纠正		一旦发生伤害事故，立即进行现场急救，或拨打120电话，送医院救治	车队（间）级管控	维修分公司	分公司经理
			141	车辆维修完毕未及时拉紧驻车制动器操纵杆	溜车、碾压等人身伤害	一般风险		教育职工正确识别维修作业后存在的风险，作业完毕后检查并确保驻车制动器操纵杆拉紧，才能离开维修现场	当班安全员、例检员做好维修现场安全检查和监控，发现隐患及时纠正		一旦发生伤害事故，立即进行现场急救，或拨打120电话，送医院救治	车队（间）级管控	维修分公司	分公司经理

续上表

风险点		作业步骤	序号	危险源或潜在事件	可能发生的事故类型及后果	风险分级	管控措施					管控层级	责任单位	责任人
编号	名称						工程技术措施	培训教育措施	管理措施	个体安全措施	应急处置措施			
7	水箱维修作业	作业前	142	新入厂职工或转岗职工由于对生产作业环境、设施设备等不熟悉，对岗位安全知识和操作规程等掌握不全面	可能发生触电、机械伤害等事故	较大风险		落实好新入厂职工和转岗职工的三级安全教育培训，使职工熟练掌握岗位安全知识，操作规程和作业流程，及时熟悉作业环境和设施设备，正确操作设备设施	对未参加三级安全教育的人员或培训考试不合格的人员不得上岗实习或工作		一旦发生伤害事故，立即进行现场急救，或拨打120电话，送医院救治	分公司级管控	维修公司	安全副经理/安保部长
			143	维修作业前未进行工具和设施设备的检查，工具、设备存在隐患	可能发生机械伤害、火灾、触电等事故	一般风险		培训职工熟知工具和设施设备的检查标准，掌握检查方法	按照网格化实名制管理做好设备设施检查，当班安全员做好设备设施复查和作业现场安全监控		一旦发生伤害事故，立即进行现场急救，或拨打120电话，送医院救治	车队(间)级管控	维修分公司	分公司经理

续上表

风险点		作业步骤	序号	危险源或潜在事件	可能发生的事故类型及后果	风险分级	管控措施					管控层级	责任单位	责任人
编号	名称						工程技术措施	培训教育措施	管理措施	个体安全措施	应急处置措施			
7	水箱维修作业	作业前	144	雨雪、大风、高温等作业环境中易发生触电、砸伤、中暑	特殊天气易发生触电、砸伤、中暑等人身伤害	低风险		加强对职工的安全培训，使职工熟练掌握不同天气状况下的安全作业知识和安全防范技能	当班安全员、例检员做好作业现场安全动态监管，及时叮嘱职工防范不同环境下的作业风险		一旦发生触电、砸伤、中暑等人身伤害，立即采取相应措施进行急救，或拨打120电话，送医院救治	班组、岗位管控	维修分公司站点	例检员/作业人员
			145	作业现场有水迹、油迹、杂物等存在摔伤危险	摔伤、砸伤等人身伤害	低风险		教育职工作业前清除维修现场水迹、油迹和地面杂物，消除事故隐患	当班安全员、例检员做好现场安全检查和监控，发现隐患及时纠正		一旦发生摔伤、砸伤，立即采取相应措施进行救治，或拨打120电话，送医院救治	班组、岗位管控	维修分公司站点	例检员/作业人员
			146	在路边停车进行水箱等维修作业，存在发生交通事故的危险	交通事故等人身伤害	低风险		教育职工充分识别在路边停车修车过程中存在的危险，防范交通事故发生	当班安全员、例检员做好现场安全检查和监控。派工时及时叮嘱职工防范交通事故伤害		一旦发生交通事故，保护现场，及时拨打120电话，送医院救治	班组、岗位管控	维修分公司站点	例检员/作业人员

续上表

风险点		作业步骤	序号	危险源或潜在事件	可能发生的事故类型及后果	风险分级	管控措施					管控层级	责任单位	责任人
编号	名称						工程技术措施	培训教育措施	管理措施	个体安全措施	应急处置措施			
7	水箱维修作业	作业前	147	无人引导车辆上下地沟时,存在碰撞或掉落地沟的危险	车辆掉入地沟或发生碰撞事故,造成人员伤害或财产损失	一般风险		加强安全教育培训,使职工熟知维修作业流程。车辆维修需上下地沟时,要由不少于2名职工引导车辆安全上下地沟,消除碰撞或车辆掉落危险	严格落实维修流程,按照上下地沟工作流程进行操作。当班安全员、例检员做好作业现场安全监管,发现隐患及时纠正		一旦发生碰撞等伤害事故,立即进行现场急救,或拨打120电话,送医院救治	车队(间)级管控	维修分公司	分公司经理
			148	维修车辆不挂警示牌、不用三角木塞固车轮,存在溜车或发动机误起动的危险	可能发生挤伤、碾轧等人身伤害和财产损失	一般风险		做好对职工的安全培训,严格按照操作规程进行操作。维修作业前,拉紧驻车制动器操纵杆、用三角木塞固车轮、并在车辆前后悬挂警示牌	按照网格化实名制管理要求,当班安全员、例检员做好现场安全检查和监控		一旦发生车辆挤伤或碾压伤害,要尽快采取措施立即进行现场急救,或拨打120电话,送医院救治	车间级管控	维修分公司	分公司经理

续上表

风险点		作业步骤	序号	危险源或潜在事件	可能发生的事故类型及后果	风险分级	管控措施					管控层级	责任单位	责任人
编号	名称						工程技术措施	培训教育措施	管理措施	个体安全措施	应急处置措施			
7	水箱维修作业	作业前	149	焊补作业前未进行检查，致使氧气瓶和乙炔气瓶胶管连接处、压力阀、回火防止阀、焊炬等存在隐患，存在可燃气体泄漏的危险	可能引发火灾，造成人身伤害	一般风险		进行教育培训，使职工充分认识到氧气和乙炔气体泄漏存在的火灾隐患。工作前首先检查紧固好压力表、氧气和乙炔气管等部件，确保氧气、乙炔气工作状况良好	定期（每半年一次）更换氧气管、乙炔气管和回火防止阀		一旦发生火灾，立即关闭钢瓶阀门，利用作业现场放置的灭火器等消防器材及时扑灭火灾，防止火灾扩大，紧急疏散现场人员并及时报警	车队（间）级管控	维修分公司	分公司经理
		作业中	150	拆卸水箱时，因发动机和冷却液温度高，存在烫伤危险	烫伤等人身伤害	低风险		做好对职工的安全培训和叮嘱，使职工充分认识到在水箱拆卸作业中存在的危险因素。防范发动机温度过高可能造成的烫伤风险			一旦发生烫伤，立即用20°左右冷水进行冲洗降温，等冷却后才可小心地将贴身衣物脱去，以免撕破烫伤后形成的水泡，紧急处理后立即送往医院救治	班组、岗位管控	维修分公司站点	例检员/作业人员

续上表

风险点		作业步骤	序号	危险源或潜在事件	可能发生的事故类型及后果	风险分级	管控措施					管控层级	责任单位	责任人
编号	名称						工程技术措施	培训教育措施	管理措施	个体安全措施	应急处置措施			
7	水箱维修作业	作业中	151	使用氧气、乙炔气进行水箱焊接作业时，没有及时清除氧气瓶上沾粘的油脂，存在发生火灾的危险	火灾等人身伤害	低风险		进行教育培训，使职工充分认识到氧气瓶沾粘油脂存在的火灾隐患。作业前首先对氧气瓶、乙炔气瓶等进行仔细检查，清除沾粘油脂，消除火灾隐患	水箱维修人员操作氧气、乙炔气焊接要持证上岗。当班安全员、例检员做好现场安全检查和监控，发现隐患及时纠正		一旦发生火灾，利用作业现场放置的灭火器等消防器材及时扑灭火灾，防止火灾扩大，紧急疏散现场人员并及时报警	班组、岗位管控	维修分公司站点	例检员/作业人员
			152	焊补作业烟尘危害	氮氧化物和烟尘危害	一般风险	保持良好自然通风或设置局部通风设施（排风扇）	开展职业健康卫生教育培训，使职工正确认识焊补水箱作业存在的职业健康危害，采取措施做好防护	设置警示标识；发放过滤式防毒口罩、防护镜及焊工手套	佩戴过滤式防毒口罩、防护镜及焊工手套等	一旦出现头晕、头痛等不适症状，立即送医院进行诊治	车队（间）级管控	维修分公司	分公司经理

续上表

风险点		作业步骤	序号	危险源或潜在事件	可能发生的事故类型及后果	风险分级	管控措施					管控层级	责任单位	责任人
编号	名称						工程技术措施	培训教育措施	管理措施	个体安全措施	应急处置措施			
7	水箱维修作业	作业中	153	使用洗车机冲洗水箱时，未仔细检查洗车机线束、开关、插头、漏电保护器等，存在触电危险	可能发生触电等人身伤害事故	一般风险		教育职工正确识别作业风险，作业前认真做好洗车机检查。使用前首先应检查洗车机线束有无破损，开关、插头是否完好有效，漏电保护器是否正常，按照正确的方法使用洗车机，严防触电事故发生	严格落实操作规程		一旦发生触电事故，立即切断电源，或采取措施使受害者脱离开电源，并拨打120电话，同时对心跳停止或呼吸停止者立即采取胸外按压或人工呼吸进行急救，并尽快送医院救治	车队（间）级管控	维修分公司	分公司经理
			154	清洗机防护罩缺少	可能发生触电等人身伤害事故	一般风险		教育职工正确识别清洗机存在的风险。使用前首先做好清洗机检查，确保清洗机部件齐全完好，消除溅水触电危险	职工按照网格化实名制管理进行检查，当班安全员做好设备设施复查和作业现场安全监管		一旦发生触电，立即进行现场救治或拨打120电话，送医院救治	车队（间）级管控	维修分公司	分公司经理

续上表

风险点		作业步骤	序号	危险源或潜在事件	可能发生的事故类型及后果	风险分级	管控措施					管控层级	责任单位	责任人
编号	名称						工程技术措施	培训教育措施	管理措施	个体安全措施	应急处置措施			
7	水箱维修作业	作业中	155	在车辆机舱内或侧面舱门狭窄空间内进行水箱拆装作业易发生碰伤	可能发生碰伤等人身伤害。	低风险		教育职工在车辆舱门内等狭窄环境作业时，要注意观察，严防碰伤。在发动机舱或侧门舱内工作容易磕碰，维修过程中作业者要随时注意观察周围环境，消除碰伤危险	当班安全员、检验员做好作业现场安全监管，发现隐患及时纠正		一旦发生碰伤等伤害，立即采取相应措施进行紧急处理，必要时拨打120电话，送医院救治	班组、岗位管控	维修分公司站点	例检员/作业人员
			156	室外高温天气使用氧气、乙炔气进行焊接水箱作业时，不使用遮阳棚	可能发生氧气和气炔气钢瓶爆炸等人身伤害事故	一般风险	对氧气、乙炔气瓶加盖移动防晒棚进行防护	教育职工在室外作业时，氧气瓶和乙炔气瓶存在遭阳光曝晒发生爆炸的危险，室外操作时要严格按照操作规程进行操作，使用遮阳棚遮挡	当班安全员、例检员做好作业现场安全监管，发现隐患及时纠正		一旦发生火灾爆炸，立即进行紧急处置，进行伤者急救，紧急疏散现场人员并及时报警	车队(间)级管控	维修分公司	分公司经理

续上表

风险点		作业步骤	序号	危险源或潜在事件	可能发生的事故类型及后果	风险分级	管控措施					管控层级	责任单位	责任人
编号	名称						工程技术措施	培训教育措施	管理措施	个体安全措施	应急处置措施			
7	水箱维修作业	作业中	157	焊补汽车油箱、水箱，使用盐酸清理焊补表面时存在腐蚀、灼伤的危险	烧灼等人身伤害	一般风险		教育职工正确识别作业过程中存在的伤害风险，采取措施防控好可能发生的盐酸伤害。盐酸瓶要定位稳固放置，严防作业过程中盐酸瓶倾倒，造成人身伤害			一旦发生盐酸瓶倾倒伤害皮肤等身体部位，要立即用清水冲洗 15min 以上，可涂抹肥皂水等弱碱性物质，并及时送往医院救治	车队（间）级管控	维修分公司	分公司经理
			158	焊补汽车油箱过程中，如操作方法不当，存在爆炸危险	可能发生油箱爆炸等人身伤害事故	一般风险		教育职工在进行油箱焊补作业时，严格按照作业规范要求的正确方法进行作业，确保安全。在焊补油箱时，要严格按照柴油箱、汽油箱作业规范要求的正确方法进行操作，严防爆炸事故发生	当班安全员、检验员做好作业现场安全监管，发现隐患及时纠正		一旦发生事故立即进行急救，或拨打 120 电话，送医院救治	车队（间）级管控	维修分公司	分公司经理

续上表

风险点		作业步骤	序号	危险源或潜在事件	可能发生的事故类型及后果	风险分级	管控措施					管控层级	责任单位	责任人
编号	名称						工程技术措施	培训教育措施	管理措施	个体安全措施	应急处置措施			
7	水箱维修作业	作业中	159	在车下作业,两腿伸出车外,存在被车辆轧伤的危险	轧伤等人身伤害	低风险		教育职工正确识别车下作业存在的危险,严格按照操作规程进行操作,防范车辆轧伤	当班安全员、例检员做好作业现场安全监管,发现隐患及时纠正		一旦发生事故立即进行急救,或拨打120电话,送医院救治	班组、岗位管控	维修分公司站点	例检员/作业人员
			160	在空气悬架车下进行钣金作业,因空气悬架气囊漏气存在挤伤和砸伤的危险	可能发生挤伤、砸伤等人员伤害	一般风险		对职工进行教育培训,使职工熟知空气悬架车下作业存在的危险因素,严格按照操作规程进行操作。在空气悬架气囊车下作业时,首先用三角木塞固车轮,用支车凳支在空气悬架气囊车的大梁上,确保车身位置固定,不存在下落危险后再在车下作业	按照网格化实名制管理,当班安全员、例检员做好作业现场安全监管,发现隐患及时纠正		一旦发生挤压伤害,要尽快采取措施解除车辆挤压因素,并进行急救。如怀疑有内脏损伤或骨折、脊椎损伤等,不要盲目搬动伤者,应在骨折部位用夹板把受伤位置临时固定后,及时送医院急救	车队(间)级管控	维修分公司	分公司经理

续上表

风险点		作业步骤	序号	危险源或潜在事件	可能发生的事故类型及后果	风险分级	管控措施					管控层级	责任单位	责任人
编号	名称						工程技术措施	培训教育措施	管理措施	个体安全措施	应急处置措施			
7	水箱维修作业	作业后	161	维修作业结束后未进行现场清理，现场残留的水迹、油迹、杂物等，易引发摔伤等事故	摔伤、砸伤等人身伤害	低风险		做好职工安全教育培训，教育职工维修作业后及时清除现场水迹、油迹和地面杂物，消除摔伤等事故隐患	当班安全员、例检员做好现场安全检查和监控，发现隐患及时纠正		一旦发生伤害事故，立即进行现场急救，或拨打120电话，送医院救治	班组、岗位管控	维修分公司站点	例检员/作业人员
			162	维修作业完毕未及时关闭车辆舱门和侧门	造成碰撞等人身伤害事故	一般风险	加装舱门未关报警提示系统（智能门锁）	教育职工在维修作业完毕后要检查一遍舱门锁止情况，确保舱门关闭牢固，锁止可靠，才能离开作业现场，防止发生刷碰事故	当班安全员、例检员做好现场安全检查和监控，发现隐患及时纠正		一旦发生碰撞等伤害事故，立即进行现场急救，或拨打120电话，送医院救治	车队（间）级管控	维修分公司	分公司经理

续上表

风险点		作业步骤	序号	危险源或潜在事件	可能发生的事故类型及后果	风险分级	管控措施					管控层级	责任单位	责任人
编号	名称						工程技术措施	培训教育措施	管理措施	个体安全措施	应急处置措施			
7	水箱维修作业	作业后	163	车辆维修完毕未及时拉紧驻车制动器操纵杆	溜车、碾压等人身伤害	一般风险		教育职工正确识别维修作业后存在的风险，作业完毕后检查并确保驻车制动器操纵杆已拉紧，才能离开维修现场	当班安全员、例检员做好维修现场安全检查和监控，发现隐患及时纠正		一旦发生伤害事故，立即进行现场急救，或拨打120电话，送医院救治	车队(间)级管控	维修分公司	分公司经理
			164	新入厂职工或转岗职工由于对生产作业环境、设施设备等不熟悉，对岗位安全知识和操作规程等掌握不全面。	可能发生触电、机械伤害等事故	较大风险		落实好新入厂职工和转岗职工的三级安全教育培训，使职工熟练掌握岗位安全知识，操作规程和作业流程，及时熟悉作业环境和设施设备，正确操作设备设施	对未参加三级安全教育的人员或培训考试不合格的人员，不得上岗实习或工作		一旦发生伤害事故，立即进行现场急救，或拨打120电话，送医院救治	分公司级管控	维修公司	安全副经理/安保部长

续上表

风险点		作业步骤	序号	危险源或潜在事件	可能发生的事故类型及后果	风险分级	管控措施					管控层级	责任单位	责任人
编号	名称						工程技术措施	培训教育措施	管理措施	个体安全措施	应急处置措施			
8	轮胎维修作业	作业前	165	轮胎维修作业前未进行工具和设备的检查，工具、设备存在隐患	可能发生机械伤害、火灾、触电等事故	一般风险		培训职工熟知工具和设备的检查标准，掌握检查方法	按照网格化实名制管理做好设备和工具检查，当班安全员做好设备和工具复查及作业现场安全监控		一旦发生伤害事故，立即进行现场急救，或拨打120电话，送医院救治	车队（间）级管控	维修分公司	分公司经理
			166	雨雪、大风、高温等作业环境中易发生触电、砸伤、中暑	特殊天气易发生触电、砸伤、中暑等人身伤害	低风险		加强对职工的安全培训，使职工熟练掌握不同天气状况下的安全作业知识和安全防范技能	当班安全员、例检员做好作业现场安全动态监管，及时叮嘱职工防范不同环境下的作业风险		一旦发生触电、砸伤、中暑等人身伤害，立即采取相应措施进行急救，或拨打120电话，送医院救治	班组、岗位管控	维修分公司站点	例检员/作业人员

续上表

风险点		作业步骤	序号	危险源或潜在事件	可能发生的事故类型及后果	风险分级	管控措施					管控层级	责任单位	责任人
编号	名称						工程技术措施	培训教育措施	管理措施	个体安全措施	应急处置措施			
8	轮胎维修作业	作业前	167	作业现场有水迹、油迹、杂物等存在摔伤危险	摔伤、砸伤等人身伤害	低风险		教育职工作业前清除维修现场水迹、油迹和地面杂物，消除事故隐患	当班安全员、例检员做好现场安全检查和监控，发现隐患及时纠正		一旦发生摔伤、砸伤，立即采取相应措施进行救治，或拨打120电话，送医院救治	班组、岗位管控	维修分公司站点	例检员/作业人员
		作业中	168	更换轮胎不正确使用千斤顶和支车凳，存在发生事故的危险	砸伤、挤伤等人身伤害	一般风险		做好对职工的安全培训，使职工明确掌握千斤顶和支车凳的检查和使用正确方法：支车时不能用千斤顶代替支车凳。支车时要选择坚实平坦的地面和可靠的车辆支撑部位，千斤顶不准超负荷使用，丝杠只能旋出2/3长度，保持匀速的起升。落下千斤顶时，首先要检查车下有无其他人作业，千斤顶要与支撑部位分离后，才能移动千斤顶，防止发生挤伤事故	落实网格化实名制，责任人每天检查千斤顶和支车凳，确保技术状况良好。当班安全员、例检员做好作业现场安全监管，发现隐患及时纠正		一旦发生砸伤或挤伤事故，立即进行现场急救，首先采取措施解除车辆挤压因素，并对受伤人员进行急救，或拨打120电话，送医院救治	车队(间)级管控	维修分公司	分公司经理

续上表

风险点		作业步骤	序号	危险源或潜在事件	可能发生的事故类型及后果	风险分级	管控措施					管控层级	责任单位	责任人
编号	名称						工程技术措施	培训教育措施	管理措施	个体安全措施	应急处置措施			
8	轮胎维修作业	作业中	169	清洁空压机时，空压机自启动可能导致伤害事故发生	可能发生挤伤、铰伤的人员伤害事故发生	低风险		教育职工正确识别空压机存在的自启动风险，在对空压机进行检查、清理前，首先切断空压机电源，防止因储气筒气压降低，空压机的低气压启动装置自动启动空压机，导致人员挤伤、铰伤等伤害事故发生	当班安全员、例检员做好作业现场安全监管，发现隐患及时纠正		一旦发生伤害事故，立即进行现场急救，或拨打120电话，送医院救治	班组、岗位管控	维修分公司站点	例检员/作业人员

续上表

风险点		作业步骤	序号	危险源或潜在事件	可能发生的事故类型及后果	风险分级	管控措施					管控层级	责任单位	责任人
编号	名称						工程技术措施	培训教育措施	管理措施	个体安全措施	应急处置措施			
8	轮胎维修作业	作业中	170	轮胎维修作业时不挂警示牌、不用三角木塞固车轮，存在溜车或发动机误起动的危险	可能发生挤伤、碾轧等人身伤害和财产损失	一般风险		做好对职工的安全培训，严格按照操作规程进行操作。维修人员在对车辆进行维修作业时，首先要拉紧驻车制动器操纵杆、用三角木塞固车轮、并在车辆前后悬挂“正在维修、禁止起动”警示牌	按照网格化实名制管理要求，当班安全员、例检员做好现场安全检查和监控，发现隐患及时纠正		一旦发生车辆挤伤或碾压伤害，要尽快采取措施立即进行现场急救，或拨打120电话，送医院救治	车队(间)级管控	维修分公司	分公司经理

续上表

风险点		作业步骤	序号	危险源或潜在事件	可能发生的事故类型及后果	风险分级	管控措施					管控层级	责任单位	责任人
编号	名称						工程技术措施	培训教育措施	管理措施	个体安全措施	应急处置措施			
8	轮胎维修作业	作业中	171	在使用撬杠进行手工扒胎作业时，存在击伤的危险	可能发生轮胎压圈击伤人身伤害事故	低风险		教育职工正确识别轮胎维修过程中存在的风险，确保作业安全。在使用撬杠进行手工扒胎作业时，及时清洁手上的油污或汗水，防止在用力撬压轮胎过程中，撬杠滑脱，发生击伤身体事故	当班安全员做好作业现场安全监管，发现隐患及时纠正		一旦发生伤害事故，立即进行现场急救，或拨打120电话，送医院救治	班组、岗位管控	维修分公司站点	例检员/作业人员

续上表

风险点		作业步骤	序号	危险源或潜在事件	可能发生的事故类型及后果	风险分级	管控措施					管控层级	责任单位	责任人
编号	名称						工程技术措施	培训教育措施	管理措施	个体安全措施	应急处置措施			
8	轮胎维修作业	作业中	172	拆卸空气悬架车轮胎时，因空气悬架气囊漏气存在挤伤和砸伤人的危险	可能发生挤伤等人员伤害事故	一般风险		对职工进行教育培训，使职工熟知空气悬架车下作业存在的危险因素，严格按照操作规程进行操作。在空气悬架车下作业时，首先用三角木塞固车轮，用支车凳支在空气悬架气囊车的大梁上，确保车身位置固定，不存在下落危险后再在车下作业	按照网格化实名制管理，当班安全员、例检员做好作业现场安全监管，发现隐患及时纠正		一旦发生挤压伤害，要尽快采取措施解除车辆挤压因素，并进行急救	车队（间）级管控	维修分公司	分公司经理

续上表

风险点		作业步骤	序号	危险源或潜在事件	可能发生的事故类型及后果	风险分级	管控措施					管控层级	责任单位	责任人
编号	名称						工程技术措施	培训教育措施	管理措施	个体安全措施	应急处置措施			
8	轮胎维修作业	作业中	173	轮胎维修完毕，在对有锁圈的轮胎充气时，未穿防护杆存在崩伤人危险	发生崩伤人身伤害事故	一般风险		教育职工正确识别轮胎充气中可能存在的风险，严格按照操作规程进行操作。对有锁圈的轮胎进行充气时，必须穿防护杆，以防锁圈崩出伤人	当班安全员、检验员做好作业现场安全监管，发现隐患及时纠正		一旦发生伤害事故，立即进行现场急救，或拨打120电话，送医院救治	车队(间)级管控	维修分公司	分公司经理

续上表

风险点		作业步骤	序号	危险源或潜在事件	可能发生的事故类型及后果	风险分级	管控措施					管控层级	责任单位	责任人
编号	名称						工程技术措施	培训教育措施	管理措施	个体安全措施	应急处置措施			
8	轮胎维修作业	作业中	174	每日车辆安全检查时，车辆轮辋与轮胎存在隐患	可能发生爆胎事故	一般风险		教育职工正确识别轮胎和轮辋存在的爆胎风险,按照正确的技术标准和作业要求做好对轮辋、轮胎的检查和维修。技术要求:1.装置齐全,安装规范,轮胎螺栓紧固可靠。2.轮辋无裂损,轮胎无异常磨损、开裂、鼓包和异物,不漏气。3.轮胎气压符合标准	落实一日一检制度，发现问题轮胎，立即联系营运公司进行停驶更换		一旦发生伤害事故，立即进行现场急救，或拨打120电话，送医院救治	车队(间)级管控	维修分公司	分公司经理

续上表

风险点		作业步骤	序号	危险源或潜在事件	可能发生的事故类型及后果	风险分级	管控措施					管控层级	责任单位	责任人
编号	名称						工程技术措施	培训教育措施	管理措施	个体安全措施	应急处置措施			
8	轮胎维修作业	作业中	175	蹲跨在轮胎上充气时，存在爆胎崩伤人的危险	可能发生爆胎事故，造成人身伤害	一般风险		教育职工正确识别轮胎充气中可能存在的风险，严格按照操作规程进行操作，严防爆胎事故发生。新装复的轮胎在进行充气时，人要位于轮胎旁边，不能正对轮胎或跨坐在轮胎上。充气时，先要进行小压力充气试验并对轮胎进行检查，看轮胎及压圈在轮辋上是否复位，安全保护装置是否可靠，如轮胎有鼓包、异响等异常情况，立即切断气源，查找原因，将轮胎妥善处理，严防爆胎事故发生	当班安全员、检验员做好作业现场安全监管，发现隐患及时纠正		一旦发生爆胎伤人事故立即进行急救，或拨打120电话，送医院救治	车队（间）	维修分公司站点	例检员/作业人员

续上表

风险点		作业步骤	序号	危险源或潜在事件	可能发生的事故类型及后果	风险分级	管控措施					管控层级	责任单位	责任人
编号	名称						工程技术措施	培训教育措施	管理措施	个体安全措施	应急处置措施			
8	轮胎维修作业	作业中	176	不正确使用气动扳手拆装轮胎螺母	砸伤等人身伤害	低风险		教育职工正确识别使用气动扳手进行轮胎螺母拆装时存在的危险，严格按照操作规程进行操作。拆装轮胎螺母时，要确保套筒垂直对正螺母，两手握牢气动扳手进行操作，严禁单手操作气动扳手，防止发生砸伤人等伤害事故	当班安全员、例检员做好作业现场安全监管，发现隐患及时纠正		一旦发生砸伤人等事故，立即进行现场急救，或拨打120电话，送医院救治	班组、岗位管控	维修分公司站点	例检员/作业人员

续上表

风险点		作业步骤	序号	危险源或潜在事件	可能发生的事故类型及后果	风险分级	管控措施					管控层级	责任单位	责任人
编号	名称						工程技术措施	培训教育措施	管理措施	个体安全措施	应急处置措施			
8	轮胎维修作业	作业中	177	空压机噪声危害	噪声性耳聋	一般风险	空压机设置隔声罩或独立设置设备间	开展职业健康卫生培训教育，使职工正确认识噪声危害	设置“噪声有害”“戴护耳器”等警示标识	佩戴防噪耳塞或耳罩	一旦出现耳鸣、听力下降等身体不适，立即送医院进行检查诊治	车队(间)级管控	维修分公司	分公司经理
			178	气动扳手噪声损害	噪声性耳聋	一般风险	设置“噪声有害”警示标识	开展职业健康卫生培训教育，使职工正确认识噪声危害，正确使用防护用品	发放防噪声耳塞或耳罩	佩戴防噪耳塞或耳罩	一旦出现耳鸣、听力下降等身体不适，立即送医院进行检查诊治	车队(间)级管控	维修分公司	分公司经理
			179	在车下作业，两腿伸出车外，存在被车辆轧伤的危险	轧伤等人身伤害	低风险		教育职工正确识别车下作业存在的危险，严格按照操作规程进行操作，防范车辆轧伤	当班安全员、例检员做好作业现场安全监管，发现隐患及时纠正		一旦发生伤人事故立即进行急救，或拨打120电话，送医院救治	班组、岗位管控	维修分公司站点	例检员/作业人员

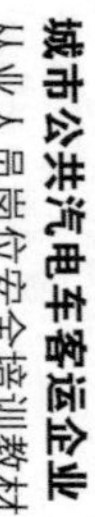

续上表

风险点		作业步骤	序号	危险源或潜在事件	可能发生的事故类型及后果	风险分级	管控措施					管控层级	责任单位	责任人
编号	名称						工程技术措施	培训教育措施	管理措施	个体安全措施	应急处置措施			
8	轮胎维修作业	作业后	180	维修作业结束后未进行现场清理，现场残留的水迹、油迹、杂物等，易引发摔伤和火灾等事故	摔伤、砸伤等人身伤害和火灾危险	低风险		做好职工安全教育培训，教育职工维修作业后及时清除现场水迹、油迹和地面杂物，消除摔伤和火灾等事故隐患	当班安全员、例检员、做好现场安全检查和监控，发现隐患及时纠正		一旦发生伤害事故，立即进行现场急救，或拨打120电话，送医院救治	班组、岗位管控	维修分公司站点	例检员/作业人员
			181	轮胎维修作业完毕未及时拉紧驻车制动器操纵杆	溜车、碾压等人身伤害	一般风险		教育职工正确识别维修作业后存在的风险，作业完毕后检查并确保拉紧驻车制动器操纵杆，才能离开维修现场	当班安全员、例检员做好维修现场安全检查和监控，发现隐患及时纠正		一旦发生伤害事故，立即进行现场急救，或拨打120电话，送医院救治	车队(间)级管控	维修分公司	分公司经理

续上表

风险点编号	风险点名称	作业步骤	序号	危险源或潜在事件	可能发生的事故类型及后果	风险分级	管控措施：工程技术措施	管控措施：培训教育措施	管控措施：管理措施	管控措施：个体安全措施	管控措施：应急处置措施	管控层级	责任单位	责任人
9	危化品车辆维修	作业前	182	进入危化品车辆维修车间身带火种、手机	打火机等火种、手机带入车间，可能引发火灾爆炸事故	一般风险		教育职工正确识别危化品车辆维修车间存在的火灾、爆炸安全风险，严格按照规章制度落实防控措施，保证作业安全	严格落实危化品车辆维修车间安全管理制度和安全检查制度，做好进入危化品车辆维修车间的检查，确保火种、手机等不进入车间		一旦发生火灾爆炸事故，立即进行疏散逃生，现场救治伤员，或拨打120电话，送医院救治	车队(间)级管控	维修分公司	分公司经理
			183	危化品车辆维修作业前未进行工具和设备的检查	可能发生机械伤害、火灾、触电等事故	一般风险		培训职工熟知工具和设备的检查标准，掌握检查方法。作业前做好工具和设备的检查	按照网格化实名制管理做好设备和工具的检查，当班安全员做好设备和工具的复查及作业现场安全监控		一旦发生火灾、爆炸，立即进行疏散逃生，现场救治伤员或拨打120电话，送医院救治	车队(间)级管控	维修分公司	分公司经理

续上表

风险点		作业步骤	序号	危险源或潜在事件	可能发生的事故类型及后果	风险分级	管控措施					管控层级	责任单位	责任人
编号	名称						工程技术措施	培训教育措施	管理措施	个体安全措施	应急处置措施			
9	危化品车辆维修	作业前	184	危化品车辆维修车间的排风扇失效	排风扇失效可能造成易燃易爆气体积聚，产生火灾爆炸隐患	一般风险		教育职工正确认识危化品车辆维修车间存在的火灾爆炸危险，严格按照安全检查制度，做好车间排风扇的检查，确保性能良好	车间严格落实安全巡查制度，发现排风扇等设施存在故障问题，及时报修解决		一旦发生火灾爆炸事故，立即疏散逃生，现场救治伤员或拨打120电话，送医院救治	车队(间)级管控	维修分公司	分公司经理
			185	无上岗证进行危化品运输车辆维修	可能发生火灾、爆炸等伤害事故	一般风险		教育职工正确识别危化品车辆维修车间存在的火灾、爆炸安全风险，严格按照规章制度落实防控措施，保证作业安全	严格落实危化品车辆维修持证上岗管理制度和安全检查制度		一旦发生火灾、爆炸，立即进行疏散逃生，对伤员进行急救，或拨打120电话，送医院救治	车间级管控	维修分公司	分公司经理

续上表

风险点		作业步骤	序号	危险源或潜在事件	可能发生的事故类型及后果	风险分级	管控措施					管控层级	责任单位	责任人
编号	名称						工程技术措施	培训教育措施	管理措施	个体安全措施	应急处置措施			
9	危化品车辆维修	作业前	186	进行危化品车辆维修作业不穿防静电服装	可能因服装产生静电火花，引发火灾爆炸事故	一般风险		教育职工正确识别危化品车辆维修车间静电可能引起的火灾、爆炸安全风险，严格按照规章制度落实防控措施保证作业安全	严格执行危化品运输车辆维修操作规程，落实危化品车辆维修持证上岗管理制度和安全检查制度，严禁无上岗证人员进行危化品车辆维修		一旦发生火灾，利用作业现场放置的灭火器、消防沙等消防器材及时扑灭火灾，防止火灾扩大，紧急疏散现场人员并及时报警。对受伤人员进行现场急救，或拨打120电话，送往医院救治	车队(间)级管控	维修分公司	分公司经理
			187	进入危化品车辆维修车间前不进行静电消除	可能因人身存在的静电产生火花，引发火灾爆炸事故	一般风险		教育职工正确识别静电可能引发的火灾、爆炸事故危害，严格落实进入车间需进行静电消除的管理规定，确保作业安全	严格落实危化品运输车辆维修车间安全管理制度和安全操作规程，在进入车间前，首先进行静电消除，确保安全		一旦发生火灾，利用作业现场放置的灭火器、消防沙等消防器材及时扑灭火灾，防止火灾扩大，紧急疏散现场人员并及时报警	车队(间)级管控	维修分公司	分公司经理

续上表

风险点		作业步骤	序号	危险源或潜在事件	可能发生的事故类型及后果	风险分级	管控措施					管控层级	责任单位	责任人
编号	名称						工程技术措施	培训教育措施	管理措施	个体安全措施	应急处置措施			
9	危化品车辆维修	作业前	188	作业现场有水迹、油迹、杂物等存在摔伤和火灾危险	摔伤、砸伤等人身伤害和火灾危险	低风险		教育职工作业前清除维修现场水迹、油迹和地面杂物，消除事故隐患			一旦发生摔伤、砸伤和火灾，立即采取相应措施进行救治，发生人员伤害可拨打120电话，送医院救治	班组、岗位管控	维修分公司站点	班组长/作业人员
			189	无人引导车辆上下地沟时，存在碰撞或掉落地沟的危险	车辆掉入地沟或发生碰撞事故，造成人员伤害或财产损失	一般风险		加强安全教育培训，使职工熟知报修作业流程。车辆维修需上下地沟时，要由不少于2名职工引导车辆安全上下地沟，消除碰撞或车辆掉落危险	严格落实报修流程，按照上下地沟工作流程进行操作		一旦发生碰撞伤害，立即进行现场急救，或拨打120电话，送医院救治	车队(间)级管控	维修分公司	分公司经理

续上表

风险点		作业步骤	序号	危险源或潜在事件	可能发生的事故类型及后果	风险分级	管控措施					管控层级	责任单位	责任人
编号	名称						工程技术措施	培训教育措施	管理措施	个体安全措施	应急处置措施			
9	危化品车辆维修	作业前	190	维修车辆不挂警示牌、不用三角木塞固车轮，存在溜车或发动机误起动的危险	可能发生挤伤、碾轧等人身伤害和财产损失	一般风险		做好对职工的安全培训，严格按照操作规程进行操作。维修人员在对车辆进行维修作业时，首先要拉紧驻车制动器操纵杆、三角木塞固车轮、悬挂警示牌	严格落实操作规程，遵章作业		一旦发生车辆挤伤或碾压伤害，要尽快采取措施，立即进行现场急救，或拨打120电话，送医院救治	车间级管控	维修分公司	分公司经理
		作业中	191	危化品车辆维修车间内违章动火作业	因动火作业产生的电火花造成火灾爆炸事故，造成严重的人身伤害事故	一般风险		教育职工正确认识危化品车间存在的火灾爆炸危害，严格执行安全管理制度，严禁在危化品车辆维修车间进行动火作业	严格落实危化品运输车辆维修车间安全管理制度和安全检查制度，严禁在危化品维修车间内进行动火作业		一旦发生火灾，利用作业现场放置的灭火器、消防沙等消防器材及时扑灭火灾，防止火灾扩大，并紧急疏散现场人员，必要时及时报警	车队(间)级管控	维修分公司	分公司经理

续上表

风险点		作业步骤	序号	危险源或潜在事件	可能发生的事故类型及后果	风险分级	管控措施					管控层级	责任单位	责任人
编号	名称						工程技术措施	培训教育措施	管理措施	个体安全措施	应急处置措施			
9	危化品车辆维修	作业中	192	对危化品车辆实施维修作业未使用危化品车辆维修专用工具	可能因不当使用工具产生火花造成火灾爆炸事故,造成人身伤害事故	一般风险		教育职工正确认识危化品车间存在的火灾爆炸危险,严格按照操作规程进行车辆维修作业,正确使用专用工具,消除火灾爆炸隐患	严格落实危化品运输车辆维修车间安全管理制度和安全操作规程,在进入车间前,首先进行静电消除,确保安全		一旦发生火灾,利用作业现场放置的灭火器、消防沙等消防器材及时扑灭火灾,防止火灾扩大,并紧急疏散现场人员,必要时及时报警	车队(间)级管控	维修分公司	分公司经理

续上表

风险点		作业步骤	序号	危险源或潜在事件	可能发生的事故类型及后果	风险分级	管控措施					管控层级	责任单位	责任人
编号	名称						工程技术措施	培训教育措施	管理措施	个体安全措施	应急处置措施			
9	危化品车辆维修	作业中	193	不正确使用气动扳手拆装轮胎螺母	砸伤等人身伤害	低风险		教育职工正确识别使用气动扳手进行轮胎螺母拆装时存在的危险，严格按照操作规程进行操作。拆装轮胎螺母时，要确保套筒垂直对正螺母，两手握牢气动扳手进行操作，严禁单手操作气动扳手，防止发生砸伤等伤害事故	当班安全员、例检员做好作业现场安全监管，发现隐患及时纠正		一旦发生砸伤等事故，立即进行现场急救，或拨打120电话，送医院救治	班组、岗位管控	维修分公司站点	班组长/作业人员
			194	气动扳手噪声损害	噪声性耳聋	一般风险	设置“噪声有害”等警示标识	开展职业健康卫生培训教育，使职工正确认识噪声危害，正确使用防护用品	发放防噪声耳塞或耳罩	佩戴防噪耳塞或耳罩	一旦出现耳鸣、听力下降等身体不适，立即送医院进行检查诊治	车队(间)级管控	维修分公司	分公司经理

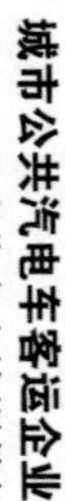

续上表

风险点		作业步骤	序号	危险源或潜在事件	可能发生的事故类型及后果	风险分级	管控措施					管控层级	责任单位	责任人
编号	名称						工程技术措施	培训教育措施	管理措施	个体安全措施	应急处置措施			
9	危化品车辆维修	作业中	195	不正确使用千斤顶和支车凳存在发生事故的危险	砸伤、挤伤等人身伤害	一般风险		做好对职工的安全培训,使职工明确掌握千斤顶和支车凳的检查和使用正确方法:支车时不能用千斤顶代替支车凳。支车时要选择坚实平坦的地面和可靠的车辆支撑部位,千斤顶不准超负荷使用,丝杠只能旋出2/3长度,保持匀速的起升。落下千斤顶时,首先要检查车下有无其他人作业,千斤顶要与支撑部位分离后,才能移动千斤顶,防止发生挤伤事故	落实网格化实名制,责任人每天检查千斤顶和支车凳,确保技术状况良好。当班安全员、例检员做好作业现场安全监管,发现隐患及时纠正		一旦发生砸伤或挤伤人事故,立即进行现场急救,首先采取措施解除车辆挤压因素,并对受伤人员进行急救,或拨打120电话,送医院救治	车队(间)级管控	维修分公司	分公司经理

续上表

风险点		作业步骤	序号	危险源或潜在事件	可能发生的事故类型及后果	风险分级	管控措施					管控层级	责任单位	责任人
编号	名称						工程技术措施	培训教育措施	管理措施	个体安全措施	应急处置措施			
9	危化品车辆维修	作业中	196	拆卸制动鼓时操作不正确	挤伤等人身伤害	低风险	使用专用工具，避免维修人员直接接触危险部位	对职工进行教育培训，使职工充分认识到拆卸制动鼓时存在的安全风险，严格按照操作规程操作			一旦发生挤压伤害，要尽快采取措施解除挤压因素。可立即用冷水冷敷挤压部位，减少出血和减轻疼痛。必要时拨打120电话，送医院急救	班组、岗位管控	维修分公司站点	班组长/作业人员
			197	在车下作业，两腿伸出车外，存在被车辆轧伤的危险	轧伤等人身伤害	低风险		教育职工正确识别车下作业存在的危险，严格按照操作规程进行操作，防范车辆轧伤	检验员、班组长做好作业现场安全监管，发现隐患及时纠正		一旦发生伤人事故立即进行急救，或拨打120电话，送医院救治	班组、岗位管控	维修分公司站点	班组长/作业人员

续上表

风险点		作业步骤	序号	危险源或潜在事件	可能发生的事故类型及后果	风险分级	管控措施					管控层级	责任单位	责任人
编号	名称						工程技术措施	培训教育措施	管理措施	个体安全措施	应急处置措施			
9	危化品车辆维修	作业中	198	车下狭窄空间作业容易发生碰伤、摔伤等伤害	碰伤、摔伤等人身伤害	低风险		教育职工正确识别车下狭窄空间作业存在的危险，注意观察作业环境，正确使用工具，扳手尺寸合适，使用方法得当，面部不得正面靠近扳手转动平面，防止滑脱击伤面部。大力拆松螺母时身体要稳定，防止摔伤、碰伤	按照网格化实名制管理，班组长做好作业现场安全监管，发现隐患及时纠正		一旦发生人员碰伤、摔伤立即采取相应措施进行急救，或拨打120电话，送医院救治	班组、岗位管控	维修分公司站点	班组长/作业人员

续上表

风险点		作业步骤	序号	危险源或潜在事件	可能发生的事故类型及后果	风险分级	管控措施					管控层级	责任单位	责任人
编号	名称						工程技术措施	培训教育措施	管理措施	个体安全措施	应急处置措施			
9	危化品车辆维修	作业中	199	吊装差速器、变速器过程中存在砸伤危险	砸伤等人身伤害	低风险		加强职工培训教育，严格遵守安全操作规程。吊装作业前首先检查倒链及支架是否牢固，是否有开焊和锈蚀、弯折。吊装时吊架要放置牢固，变速器下方禁止有人作业，防范砸伤事故发生	按照网格化实名制管理，班组长做好作业现场安全监管，发现隐患及时纠正		一旦发生砸伤等人身伤害，要尽快采取措施立即进行现场急救，或拨打120电话，送医院救治	班组、岗位管控	维修分公司站点	班组长/作业人员

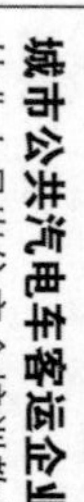

续上表

风险点		作业步骤	序号	危险源或潜在事件	可能发生的事故类型及后果	风险分级	管控措施					管控层级	责任单位	责任人
编号	名称						工程技术措施	培训教育措施	管理措施	个体安全措施	应急处置措施			
9	危化品车辆维修	作业中	200	不正确搬抬物体过程中,可能发生人员伤害事故	砸伤、摔伤等人身伤害	低风险		做好对职工的安全教育培训,使职工充分认识到在搬抬重物过程中存在的安全风险。在搬抬物品前首先要及时清理现场杂物和水迹、油迹等,防止因地面湿滑,造成脚下打滑或绊倒造成砸伤、摔伤。两人(以上)搬抬较重物品,要由其中一人口令指挥,互相协调,确保安全。不能勉强搬抬人身不能承受的超重物品,以防发生砸伤等人身伤害	按照网格化实名制管理,班组长做好作业现场安全监管,发现隐患及时纠正		一旦发生摔、砸伤,可立即用冷水冷敷,减少出血和减轻疼痛。如有骨折、脊椎受伤等情况发生,不要盲目搬动伤者。应在骨折部位用夹板把受伤位置临时固定,使断端不再移位或刺伤肌肉、神经或血管,及时送医院急救	班组、岗位管控	维修分公司站点	班组长/作业人员

续上表

风险点		作业步骤	序号	危险源或潜在事件	可能发生的事故类型及后果	风险分级	管控措施					管控层级	责任单位	责任人
编号	名称						工程技术措施	培训教育措施	管理措施	个体安全措施	应急处置措施			
9	危化品车辆维修	作业中	201	收集和存放废油时油桶未及时封口，未及时清理桶身及地面油迹，存在火灾隐患	火灾等人身伤害和财产损失	低风险		做好职工教育培训，教育职工在收集完废油后及时对废油桶封口，并清理桶身及地面油迹确保整洁，废油桶四周不能放置废油布等杂物，消除火灾隐患	按照网格化实名制管理，班组长做好作业现场安全监管，发现隐患及时纠正		一旦发生火灾，立即使用现场灭火器材灭火，并疏散现场人员，必要时拨打119电话报警	班组、岗位管控	维修分公司站点	班组长/作业人员
			202	车辆制动系统检修作业不符合技术标准，存在车辆制动系统失灵、制动距离太长等撞车事故安全隐患	发生交通事故造成人身伤害和财产损失	一般风险		教育职工正确识别在车辆制动系统检修作业中存在的风险，严格按照检修作业技术标准进行车辆检修	做好车辆竣工检查，确保车辆一二级维护质量和维修质量		一旦发生撞车事故，立即进行现场急救，或拨打120电话，送医院救治	车队(间)级管控	维修分公司	分公司经理

续上表

风险点		作业步骤	序号	危险源或潜在事件	可能发生的事故类型及后果	风险分级	管控措施					管控层级	责任单位	责任人
编号	名称						工程技术措施	培训教育措施	管理措施	个体安全措施	应急处置措施			
9	危化品车辆维修	作业中	203	对车辆转向机构及操纵连接装置的检修作业如不符合GB 7258技术标准，存在发生交通事故的安全隐患	引发交通事故造成人身伤害和财产损失	一般风险		教育职工正确识别在车辆转向机构检修作业中存在的危险，严格按照检修作业技术标准进行检修作业，确保车辆技术状况良好	做好车辆检查，确保一二级维护质量。在作业中严格按照正确的技术标准作业		一旦发生交通事故，立即进行现场急救，或拨打120电话，送医院救治	车间级管控	维修分公司	分公司经理
		作业后	204	维修作业结束后，现场残留水迹、油迹、杂物等，易引发摔伤和火灾等事故	摔伤、砸伤和火灾等人身伤害	低风险		做好职工安全教育培训，教育职工维修作业过程中及时清除现场水迹、油迹和地面杂物，消除摔伤和火灾等事故隐患	按照网格化实名制管理，班组长做好作业现场安全监管，发现隐患及时纠正		一旦发生伤害事故，立即进行现场急救，或拨打120电话，送医院救治	站点、班组	维修分公司站点	班组长/作业人员

续上表

风险点		作业步骤	序号	危险源或潜在事件	可能发生的事故类型及后果	风险分级	管控措施					管控层级	责任单位	责任人
编号	名称						工程技术措施	培训教育措施	管理措施	个体安全措施	应急处置措施			
9	危化品车辆维修	作业后	205	车辆维修完毕未及时拉紧驻车制动器操纵杆	溜车，碾压等人身伤害	一般风险		教育职工正确识别维修作业后存在的风险，作业完毕后检查并确保驻车制动器操纵杆已拉紧锁好，才能离开维修现场	按照网格化实名制管理，班组长做好作业现场安全监管，发现隐患及时纠正		一旦发生伤害事故，立即进行现场急救，或拨打120电话，送医院救治	车队(间)级管控	维修分公司	分公司经理
10	喷漆作业	作业前	206	不正确使用工具开启油漆稀料桶	可能引起火灾、爆炸事故	低风险		教育职工正确识别喷漆作业中存在的易燃品着火爆炸风险，严格按照操作规程进行操作。开启油漆或稀料桶时，禁止使用金属器械敲击	严格执行操作规程		一旦发生火灾爆炸事故，立即进行火灾扑救和人员急救，必要时拨打120电话，送医院救治	班组、岗位管控	维修分公司站点	班组长

续上表

风险点		作业步骤	序号	危险源或潜在事件	可能发生的事故类型及后果	风险分级	管控措施					管控层级	责任单位	责任人
编号	名称						工程技术措施	培训教育措施	管理措施	个体安全措施	应急处置措施			
10	喷漆作业	作业前	207	高温天气进行喷漆作业，可能存在人员中暑危险	夏季高温、高湿天气易发生中暑伤害	低风险		教育职工充分认识到中暑的危害性，做好中暑防范。及时饮用防暑降温饮品，防范中暑发生	高温天气配备防暑降温饮品，防范中暑危险		一旦感觉有四肢无力、口渴、胸闷、头晕等疑似中暑不适症状，立即停止工作，进行休息。必要时服用防暑药品，或送医院救治	班组、岗位管控	维修分公司站点	班组长
10	喷漆作业	作业前	208	喷漆车间灭火器、消防沙等消防设施设备存在隐患	灭火器、消防沙等如存在隐患，可能造成在扑救火灾时不能发挥应有的灭火作用	一般风险		做好对职工的消防安全知识培训，提升职工安全知识水平和排查消防安全隐患的能力	按照网格化实名制管理分工，每日做好灭火器、消防沙等消防设施设备的检查，及时发现并整改存在的消防安全隐患		一旦发生火灾事故，立即进行现场扑救，或拨打119电话报警	车队(间)级管控	维修分公司	分公司经理

续上表

风险点		作业步骤	序号	危险源或潜在事件	可能发生的事故类型及后果	风险分级	管控措施					管控层级	责任单位	责任人
编号	名称						工程技术措施	培训教育措施	管理措施	个体安全措施	应急处置措施			
10	喷漆作业	作业前	209	调配油漆作业时，未远离火源	调配油漆作业时。未远离着火源，可能造成火灾、爆炸等严重的人员伤害事故	一般风险		教育职工正确识别调配油漆过程中可能存在的风险，作业时远离着火源，预防事故发生	严格执行操作规程		一旦发生火灾事故，立即进行现场扑救，或拨打119电话报警	车队(间)级管控	维修分公司	分公司经理
		作业中	210	进行调漆、喷漆作业时，没有正确的佩戴防毒面罩	职业健康危害	一般风险		做好对职工的安全教育培训，使职工正确识别喷漆作业中存在的职业健康危害，作业时要佩戴防护用具	严格落实喷漆作业操作规程	及时佩戴防毒面罩等防护用具，并定期更换防护用具	定期进行职业健康查体	车队(间)级管控	维修分公司	分公司经理

续上表

风险点		作业步骤	序号	危险源或潜在事件	可能发生的事故类型及后果	风险分级	管控措施					管控层级	责任单位	责任人
编号	名称						工程技术措施	培训教育措施	管理措施	个体安全措施	应急处置措施			
10	喷漆作业	作业前	211	登高进行喷漆作业前，没有认真检查好登高用的梯架和高凳	摔伤	低风险		教育职工正确识别登高作业过程中存在的摔伤风险，作业前首先检查登高用的梯架和高凳，确保作业安全	严格落实喷漆作业操作规程		一旦发生摔伤事故，立即采取相应措施进行急救，或拨打120电话，送医院救治	班组、岗位管控	维修分公司站点	班组长
		作业中	212	操作不当，油漆、稀料等误溅到皮肤表面或溅到眼内	人身伤害	低风险		教育职工正确识别调配油漆过程中可能存在的风险，严格按照操作规程进行作业	严格落实喷漆作业操作规程		一旦油漆、稀料等误溅到皮肤表面或溅到眼内，立即用大量清水冲洗，严重者及时就医	班组、岗位管控	维修分公司站点	班组长

续上表

风险点		作业步骤	序号	危险源或潜在事件	可能发生的事故类型及后果	风险分级	管控措施					管控层级	责任单位	责任人
编号	名称						工程技术措施	培训教育措施	管理措施	个体安全措施	应急处置措施			
10	喷漆作业	作业中	213	不正确处理喷枪堵塞，可能发生高压气体喷出伤人	人身伤害	低风险		教育职工正确识别喷漆作业中存在的风险，严格按照操作规程进行操作。处理喷枪堵塞时，在用钢针通畅后，应对地45°角试喷，不得对人、对自己试喷，防止高压气喷出伤人	严格落实喷漆作业操作规程		一旦发生人身伤害，立即进行现场急救，或拨打120电话，送医院救治	班组、岗位管控	维修分公司站点	班组长
			214	清洁空压机时，空压机自启动可能导致人身伤害事故发生	可能发生挤伤、铰伤等人员伤害事故发生	低风险		教育职工正确识别空压机存在的自启动风险。在对空压机进行检查、清理前，首先切断空压机电源，防止因储气筒气压降低，空压机的低气压启动装置自动启动空压机，导致人员挤伤、铰伤等伤害事故发生	严格落实空气压缩机维修作业操作规程		一旦发生人员伤害，立即进行现场急救，或拨打120电话，送医院救治	班组、岗位管控	维修分公司站点	班组长

续上表

风险点		作业步骤	序号	危险源或潜在事件	可能发生的事故类型及后果	风险分级	管控措施					管控层级	责任单位	责任人
编号	名称						工程技术措施	培训教育措施	管理措施	个体安全措施	应急处置措施			
10	喷漆作业	作业后	215	废漆桶、废稀料桶等未按照危废品处理管理规定集中存放	火灾事故	一般风险		教育职工正确识别喷漆作业中存在的易燃废品引发火灾风险，严格按照操作规程进行操作。废漆桶、废稀料桶等严格按照危废处理管理规定集中存放，定期由有资质的单位转移处理，及时消除火灾隐患	废漆桶、废稀料桶等严格按照危废品处理管理规定集中存放，定期由有资质的单位转移处理		一旦发生火灾事故，立即进行现场扑救，或拨打119电话报警	车队(间)级管控	维修分公司	分公司经理

续上表

风险点		作业步骤	序号	危险源或潜在事件	可能发生的事故类型及后果	风险分级	管控措施					管控层级	责任单位	责任人
编号	名称						工程技术措施	培训教育措施	管理措施	个体安全措施	应急处置措施			
10	喷漆作业	作业后	216	不正确存放油漆、稀料	不正确存放油漆、稀料，存在发生火灾的危险	一般风险		教育职工正确识别喷漆作业中，存在的储藏易燃品油漆、稀料引发火灾的风险，严格按照操作规程进行操作。调漆、喷漆作业后，及时将油漆、稀料桶封口，远离火源妥善保存。工具柜内不能存放油漆稀料	严格落实喷漆作业操作规程		一旦发生火灾事故，立即进行现场扑救，或拨打119电话报警	车队(间)级管控	维修分公司	分公司经理

续上表

风险点		作业步骤	序号	危险源或潜在事件	可能发生的事故类型及后果	风险分级	管控措施					管控层级	责任单位	责任人
编号	名称						工程技术措施	培训教育措施	管理措施	个体安全措施	应急处置措施			
10	喷漆作业	作业后	217	喷漆作业产生的垃圾未及时清理	废纸、棉布等喷漆作业垃圾属于易燃物品，如不及时清理，存在火灾隐患	低风险		教育职工正确识别各个喷漆作业环节的风险，在作业结束后及时清理作业过程中产生的废纸和浸有溶剂的棉布等易燃物品，消除火灾隐患	严格落实操作规程，作业结束及时清理作业垃圾		一旦发生火灾事故，立即进行现场扑救，或拨打119电话报警	班组、岗位管控	维修分公司站点	班组长
11	叉车作业	作业前	218	无证人员进行叉车驾驶作业	无证人员违章驾驶叉车，可能因操作不当或其他原因造成在作业过程中发生碰撞、倾覆或货物坠落等，造成严重的人员伤亡或财产损失	较大风险		教育职工正确识别叉车作业中存在的危险因素，严禁无证人员驾驶叉车	落实安全管理制度，由经过培训并考试合格，持有特种设备（叉车）作业人员证的人员进行叉车操作，严禁其他无证人员操作叉车		一旦发生碰撞等人员伤害，立即进行现场急救，或拨打120电话，送医院救治	车队（间）级管控	维修分公司	分公司经理

续上表

风险点		作业步骤	序号	危险源或潜在事件	可能发生的事故类型及后果	风险分级	管控措施					管控层级	责任单位	责任人
编号	名称						工程技术措施	培训教育措施	管理措施	个体安全措施	应急处置措施			
11	叉车作业	作业前	219	在进行叉车作业前，未对叉车进行安全检查	因叉车存在故障或安全隐患，可能发生碰撞、坠落、倾覆等事故	一般风险		教育职工严格按照操作规程进行叉车操作，作业前首先对叉车轮胎、制动、转向、灯光、警报、起升操作系统等各部件进行检查，及时排除存在的故障和隐患，确保叉车技术状态良好	定期进行叉车维护修理		一旦发生伤害事故，立即进行现场急救，或拨打120电话，送医院救治	车队(间)级管控	维修分公司	分公司经理
			220	酒后上岗驾驶叉车	酒后上岗驾驶叉车，可能发生碰撞、倾覆等严重的伤害事故	较大风险		教育职工明确认识酒后驾驶叉车是严重的违章行为，严格按照操作规程作业，杜绝酒后上岗	严格落实叉车作业操作规程，确保作业安全		一旦发生伤害事故，立即进行现场急救，或拨打120电话，送医院救治	车队(间)级管控	维修分公司	分公司经理

续上表

风险点		作业步骤	序号	危险源或潜在事件	可能发生的事故类型及后果	风险分级	管控措施					管控层级	责任单位	责任人
编号	名称						工程技术措施	培训教育措施	管理措施	个体安全措施	应急处置措施			
11	叉车作业	作业前	221	叉车作业前，未对现场杂物进行清理	叉车作业前，未对现场杂物进行清理，可能因轮胎碾压地面石块等杂物，造成人员崩伤等伤害事故	一般风险		教育职工正确识别叉车作业过程中可能发生的轮胎碾压石块等杂物，崩伤人员的危险，及时做好现场清理，确保叉车作业安全。叉车作业前，首先对现场杂物进行清理，及时消除轮胎碾压杂物崩伤人员的危险	严格落实叉车作业操作规程，确保作业安全		一旦发生伤害事故，立即进行现场急救，或拨打120电话，送医院救治	车队（间）级管控	维修分公司	分公司经理

续上表

风险点		作业步骤	序号	危险源或潜在事件	可能发生的事故类型及后果	风险分级	管控措施					管控层级	责任单位	责任人
编号	名称						工程技术措施	培训教育措施	管理措施	个体安全措施	应急处置措施			
11	叉车作业	作业中	222	叉车作业过程中超速行驶	可能发生货物甩出、坠落、车辆碰撞、倾覆等伤害事故发生	较大风险		教育职工正确识别叉车作业过程中超速行驶存在的货物坠落或车辆碰撞、倾覆等危险因素，严格按照安全车速进行驾驶操作，确保作业安全	严格落实叉车安全操作规程。厂内叉运货物行驶中速度不准超过10km/h；车间内、出入车间等速度不准超过5km/h		一旦发生叉车倾覆等意外，要双手紧握转向盘上，并抓紧转向盘或操作手柄，以防被倾覆的叉车砸伤	车队(间)级管控	维修分公司	分公司经理
			223	人员违规乘坐叉车	坠落、压伤事故	较大风险		教育职工正确识别叉车上坐人存在的危险，严格执行叉车安全操作规程，确保作业安全	严格执行叉车安全操作规程，严禁叉车上乘坐驾驶员之外的其他人员		一旦发生伤害事故，立即进行现场急救，或拨打120电话，送医院救治	车队(间)级管控	维修分公司	分公司经理

续上表

风险点		作业步骤	序号	危险源或潜在事件	可能发生的事故类型及后果	风险分级	管控措施					管控层级	责任单位	责任人
编号	名称						工程技术措施	培训教育措施	管理措施	个体安全措施	应急处置措施			
11	叉车作业	作业中	224	超出叉车额定的起重量，超负荷使用叉车	可能造成叉车中心丧失平衡、货叉插脚断裂等情况发生，发生叉车倾覆等伤害事故	一般风险		教育职工严格按照叉车额定的起重量和安全操作规程进行操作，确保作业安全	严格落实叉车安全操作规程，严禁违章作业		一旦发生叉车倾覆等意外，要双手紧握转向盘上，并抓紧转向盘或操作手柄，将身体靠在叉车倾倒方向的反面，注意防止头部或胸部损伤。叉车翻车时千万不能跳车，以防被倾覆的叉车砸伤	车队（间）级管控	维修分公司	分公司经理

续上表

风险点		作业步骤	序号	危险源或潜在事件	可能发生的事故类型及后果	风险分级	管控措施					管控层级	责任单位	责任人
编号	名称						工程技术措施	培训教育措施	管理措施	个体安全措施	应急处置措施			
11	叉车作业	作业中	225	利用人员体重做平衡配重，违章超负荷使用叉车	利用人员体重做平衡配重，超负荷使用叉车，存在叉车倾翻，砸伤人员的危险	较大风险		教育职工正确识别叉车作业中存在的安全风险，严格按照叉车额定的起重量和安全操作规程进行操作，严禁利用人员体重做配重，超负荷使用叉车	严格落实叉车安全操作规程，严禁违章作业		一旦发生叉车倾覆等意外，要双手紧握到转向盘上，并抓紧转向盘或操作手柄，将身体靠在叉车倾倒方向的反面，注意防止头部或胸部损伤。叉车翻车时千万不能跳车，以防被倾覆的叉车砸伤	车队(间)级管控	维修分公司	分公司经理
			226	其他人员在叉车升起的货叉下面站立或通过	砸伤、压伤等伤害事故	较大风险		教育职工正确识别叉车作业过程中存在的货物砸伤人风险，货叉下严禁人员站立和通行	严格落实叉车安全操作规程，确保叉车作业安全		一旦发生伤害事故，立即进行现场急救，或拨打120电话，送医院救治	车队(间)级管控	维修分公司	分公司经理

续上表

风险点		作业步骤	序号	危险源或潜在事件	可能发生的事故类型及后果	风险分级	管控措施					管控层级	责任单位	责任人
编号	名称						工程技术措施	培训教育措施	管理措施	个体安全措施	应急处置措施			
11	叉车作业	作业中	227	叉运货物时，未固定好货物	未固定好货物，可能在叉车运输过程中发生货物偏移、翻倒、坠落，造成人员砸伤或财产损失的事故	一般风险		教育职工正确识别叉车作业过程中可能发生的货物坠落、砸伤等危险。严格按照操作规程进行操作，叉运物品时，要确保物品在叉车上有足够的稳定性。叉车在载物起步时，驾驶员应先确认所载货物平稳可靠。对于稳定性不够的货物要采取一定的加固措施，以防货物在叉车起步、停车或转弯时发生倾倒、坠落，造成人员砸伤等事故发生	严格落实叉车操作规程，确保叉车作业安全		一旦发生伤害事故，立即进行现场急救，或拨打120电话，送医院救治	车队（间）级管控	维修分公司	分公司经理

续上表

风险点		作业步骤	序号	危险源或潜在事件	可能发生的事故类型及后果	风险分级	管控措施					管控层级	责任单位	责任人
编号	名称						工程技术措施	培训教育措施	管理措施	个体安全措施	应急处置措施			
11	叉车作业	作业中	228	货叉上站人，或人员站在货叉上把持货物	叉车货叉上站人或人员站在货叉上把持货物，可能因车辆颠簸、货物坠落发生人员摔伤、砸伤等严重的人身伤害事故	较大风险		教育职工正确识别在货叉上站人或人员站在货叉上把持货物存在的风险。叉车驾驶员在操作叉车时，严格按照操作规程进行操作，严禁货叉上站人或人员站在货叉上把持货物	严格落实叉车操作规程，确保叉车作业安全		一旦发生伤害事故，立即进行现场急救，或拨打120电话，送医院救治	车队（间）级管控	维修分公司	分公司经理
			229	叉车横穿斜坡或在斜坡上转弯、掉头	可能因叉车重心偏移发生倾覆	一般风险		教育职工正确识别叉车在坡道行驶中存在的风险，严格落实操作规程，确保作业安全	严格落实叉车安全操作规程，严禁叉车横穿斜坡或在斜坡上转弯，确保作业安全		一旦发生叉车倾覆等意外，要双手紧握到转向盘上，并抓紧转向盘或操作手柄，以防被倾覆的叉车砸伤	车队（间）级管控	维修分公司	分公司经理

续上表

风险点		作业步骤	序号	危险源或潜在事件	可能发生的事故类型及后果	风险分级	管控措施					管控层级	责任单位	责任人
编号	名称						工程技术措施	培训教育措施	管理措施	个体安全措施	应急处置措施			
11	叉车作业	作业中	230	叉运重物下坡时，未倒退行驶	可能因叉车重心偏离，发生叉车倾覆或货物倾倒，造成严重的人员伤害或财产损失事故发生	一般风险		教育职工正确识别叉车在叉物下坡时存在的风险，严格按照操作规程进行操作。叉物下坡时要倒退行驶，确保叉车重心稳定，保证作业安全	严格落实叉车作业安全操作规程，确保作业安全		一旦发生叉车倾覆等意外，要双手紧握到转向盘上，并抓紧转向盘或操作手柄，将身体靠在叉车倾倒方向的反面，注意防止头部或胸部损伤。叉车翻车时千万不能跳车，以防被倾覆的叉车砸伤	车队(间)级管控	维修分公司	分公司经理
			231	货物遮挡视线时，未倒车行驶，或未设监护人指挥	可能因视线受阻发生碰撞事故，造成人员伤害、财产损失等严重后果	较大风险		教育职工正确识别叉车作业时存在的风险，在货物遮挡视线时，要采取倒车行驶的方法进行操作，同时要设定1至2名监护人员在车下指挥，确保安全	严格落实叉车安全操作规程，确保作业安全		一旦发生伤害事故，立即进行现场急救，或拨打120，送医院救治	车队(间)级管控	维修分公司	分公司经理

续上表

风险点		作业步骤	序号	危险源或潜在事件	可能发生的事故类型及后果	风险分级	管控措施					管控层级	责任单位	责任人
编号	名称						工程技术措施	培训教育措施	管理措施	个体安全措施	应急处置措施			
11	叉车作业	作业中	232	违章使用叉车进行登高等其他作业活动	违章使用叉车进行登高等其他作业活动,可能发生高空坠落等严重的人身伤害事故	一般风险		教育职工正确识别叉车作业时存在的风险,严格按照操作规程进行作业,严禁利用叉车进行登高等超出叉车使用范围的活动	严格落实叉车安全操作规程,确保作业安全		一旦发生伤害事故,立即进行现场急救,或拨打120电话,送医院救治	车队(间)级管控	维修分公司	分公司经理
		作业后	233	叉车作业中途停车或作业结束时,未及时拉紧驻车制动器操纵杆	可能由于叉车溜车,造成碰撞、碾压等严重的人身伤害和财产损失事故	较大风险		教育职工正确识别叉车作业存在的风险,严格按照操作规程进行操作。作业完毕离开现场时,要及时拉紧驻车制动器操纵杆,将变速杆挂入停车挡,防止叉车溜车造成事故	严格落实叉车安全操作规程,确保作业安全		一旦发生伤害事故,立即进行现场急救,或拨打120电话,送医院救治	车队(间)级管控	维修分公司	分公司经理

续上表

风险点		作业步骤	序号	危险源或潜在事件	可能发生的事故类型及后果	风险分级	管控措施					管控层级	责任单位	责任人
编号	名称						工程技术措施	培训教育措施	管理措施	个体安全措施	应急处置措施			
12	行车作业	作业前	234	无证人员进行行车操作	无证人员违章操作行车，可能因操作不当或其他原因造成在吊运物件过程中发生碰撞、货物坠落等伤人事故	较大风险		教育职工正确识别行车作业存在的危险因素，严禁无证人员进行行车操作	落实安全管理制度，由经过培训并考试合格，持有特种设备（行车）作业人员证的人员进行行车操作，严禁其他无证人员操作行车		一旦发生伤害事故，立即进行现场急救，或拨打120电话，送医院救治	车队（间）级管控	维修分公司	分公司经理
			235	作业前，未进行行车安全检查	因行车存在故障或安全隐患，可能发生碰撞、货物坠落等事故	一般风险		教育职工严格按照操作规程进行行车操作。每日工作前，首先停电检查钢丝绳、吊钩等机械装置以及电器控制、安全装置等是否良好，并试开空车确认各部正常后方可开动	严格落实行车安全操作规程，确保行车作业安全		一旦出现异常，立即停止作业，进行检查，在确保安全后再进行作业	车队（间）级管控	维修分公司	分公司经理

续上表

风险点		作业步骤	序号	危险源或潜在事件	可能发生的事故类型及后果	风险分级	管控措施					管控层级	责任单位	责任人
编号	名称						工程技术措施	培训教育措施	管理措施	个体安全措施	应急处置措施			
12	行车作业	作业前	236	酒后上岗操作行车	酒后上岗操作行车，可能发生碰撞、货物坠落等严重的伤害事故	较大风险		教育职工明确认识酒后上岗操作行车是严重的违法行为，要严格按照操作规程作业，杜绝酒后上岗	严格落实行车安全操作规程，确保行车作业安全		一旦发生事故，立即进行现场急救，或拨打120电话，送医院救治	车队（间）级管控	维修分公司	分公司经理
			237	防脱钩装置缺失或损坏	物件脱落	一般风险		教育职工明确认识行车防脱钩装置缺失或损坏存在的安全隐患，发现问题及时进行维修	严格落实行车安全操作规程，确保行车作业安全		一旦发生事故，立即进行现场急救，或拨打120电话，送医院救治	车队（间）级管控	维修分公司	分公司经理
			238	车间工作人员未佩戴安全帽	砸伤、碰伤	一般风险		教育职工正确认识不配戴安全帽作业存在的安全隐患。严格按照操作规程进行操作	严格落实行车安全操作规程	佩戴安全帽	一旦发生伤害事故，立即进行现场急救，或拨打120电话，送医院救治	车队（间）级管控	维修分公司	分公司经理

续上表

风险点 编号	风险点 名称	作业步骤	序号	危险源或潜在事件	可能发生的事故类型及后果	风险分级	管控措施 工程技术措施	管控措施 培训教育措施	管控措施 管理措施	管控措施 个体安全措施	管控措施 应急处置措施	管控层级	责任单位	责任人
12	行车作业	作业前	239	行车作业区域进行吊运，未设置围挡	碰撞	一般风险	设定围挡	教育职工正确认识行车作业存在的安全隐患，行车作业区域，首先设定围挡后再进行吊运作业	严格落实行车安全操作规程，确保作业安全		一旦发生碰撞伤害，立即进行现场急救，或拨打120电话，送医院救治	车队(间)级管控	维修分公司	分公司经理
		作业中	240	同时进行行车3个控制按钮操作	碰撞	一般风险		教育职工正确认识行车作业存在的安全隐患，严格按照操作规程进行操作	严格落实行车安全操作规程		一旦发生碰撞伤害，立即进行现场急救，或拨打120电话，送医院救治	车间级管控	维修分公司	分公司经理
			241	超出行车额定的起重量，超负荷使用行车	如超负荷使用行车，可能导致钢丝绳断裂，货物坠落的事故发生	一般风险		教育职工严格按照行车额定的起重量和安全操作规程进行操作，确保作业安全	严格落实行车安全操作规程，严禁违章作业		一旦发生碰撞事故，立即进行现场急救	车队(间)级管控	维修分公司	分公司经理

续上表

风险点		作业步骤	序号	危险源或潜在事件	可能发生的事故类型及后果	风险分级	管控措施					管控层级	责任单位	责任人
编号	名称						工程技术措施	培训教育措施	管理措施	个体安全措施	应急处置措施			
12	行车作业	作业中	242	吊运货物在其他人员头顶或车辆上方越过	砸伤	一般风险		教育职工正确识别行车作业过程中存在的风险因素，严禁吊运物件在其他人员头顶或车辆上方越过	严格落实行车安全操作规程，确保行车作业安全		一旦发生伤害事故，立即进行现场急救，或拨打120电话，送医院救治	车队（间）级管控	维修分公司	分公司经理
			243	吊运货物时，货物捆挂不牢	货物捆挂不牢，可能导致货物翻转、坠落，造成人员砸伤或财产损失事故	一般风险		教育职工正确识别行车作业过程中存在的风险因素，吊运物件时，首先要确保物件捆挂牢固。物件起吊时，应先稍离地面试吊，确认吊挂平稳，然后再升高，缓慢运行确保吊运平稳	严格落实行车安全操作规程，确保行车作业安全		一旦发生伤害事故，立即进行现场急救，或拨打120电话，送医院救治	车队（间）级管控	维修分公司	分公司经理

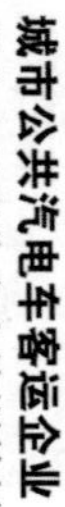

续上表

风险点		作业步骤	序号	危险源或潜在事件	可能发生的事故类型及后果	风险分级	管控措施					管控层级	责任单位	责任人
编号	名称						工程技术措施	培训教育措施	管理措施	个体安全措施	应急处置措施			
12	行车作业	作业中	244	违章使用行车进行拖拽、运送人员等其他作业活动	违章使用行车进行拖拽等其他作业活动。可能发生碰撞、崩伤等严重的人身伤害事故	较大风险		教育职工正确识别行车作业时存在的风险，严格按照操作规程进行作业，严禁利用行车进行拖拽、运送人员等其他作业活动	严格落实行车安全操作规程，确保作业安全		一旦发生伤害事故，立即进行现场急救，或拨打120电话，送医院救治	车队(间)级管控	维修分公司	分公司经理
		作业后	245	行车吊运暂停或停止时，违章将起重物悬在空中停留	坠落	一般风险		教育职工明确认识行车作业存在的安全隐患，严格按照操作规程进行操作。吊运停止时，严禁将起重物悬在空中停留	严格落实行车安全操作规程		一旦发生伤害事故，立即进行现场急救，或拨打120电话，送医院救治	车队(间)级管控	维修分公司	分公司经理

修理工岗位设施设备风险分级管控清单

表 3-2-4

风险点			检查项目		标准	风险分级	不符合标准情况及后果	管控措施					管控层级	责任单位	责任人
编号	类型	名称	序号	名称				工程技术措施	培训教育措施	管理措施	个人安全措施	应急处置措施			
1	设施设备	空压机	1	电源线、插头、控制盒等损坏	符合 JB/T 10598—2006 的相关标准	一般风险	触电		教育职工正确识别空压机存在的作业风险,严格按照设备安全操作规程进行操作。使用前首先检查电源线、插头、控制盒等是否有损坏,防范触电事故发生,发现问题及时上报	按照网格化分工做好设备设施检查,当班安全员做好设备设施复查和作业现场安全监管		一旦发生触电,立即进行现场救治,或拨打 120 电话,送医院救治	车队(间)级管控	维修分公司	分公司经理

续上表

风险点			检查项目		标准	风险分级	不符合标准情况及后果	管控措施					管控层级	责任单位	责任人
编号	类型	名称	序号	名称				工程技术措施	培训教育措施	管理措施	个人安全措施	应急处置措施			
1	设施设备	空压机	2	防护罩松动、破损	符合JB/T 10598—2006的相关标准	一般风险	机械伤害		教育职工正确识别空压机存在的作业风险，严格按照设备安全操作规程进行操作。使用前检查防护罩是否有损坏、开焊等问题，发现问题及时上报	按照网格化分工做好设备设施检查，当班安全员做好设备设施复查和作业现场安全监管，发现隐患及时纠正		一旦发生伤害事故，立即进行现场急救，或拨打120电话，送医院救治	车队(间)级管控	维修分公司	分公司经理

续上表

风险点			检查项目		标准	风险分级	不符合标准情况及后果	管控措施					管控层级	责任单位	责任人
编号	类型	名称	序号	名称				工程技术措施	培训教育措施	管理措施	个人安全措施	应急处置措施			
1	设施设备	空压机	3	工作时空压机缸头、出气管温度高	符合 JB/T 10598—2006 的相关标准	低风险	烫伤		教育职工正确识别空压机存在的作业风险,严格按照设备安全操作规程进行操作。空压机工作时不准用手触摸缸头和出气管,防止烫伤	当班安全员做好作业现场安全监管,发现隐患及时纠正		一旦发生烫伤,及时用清水冲洗烫伤部位,必要时及时送医	班组、岗位管控	维修分公司站点	例检员/设备责任人
			4	空压机隔声罩	设备间完好具有隔音效果	一般风险	噪声聋	空压机设置隔声罩或独立设置设备间	开展职业健康卫生培训教育,使职工正确认识噪声危害	设置“噪声有害”“戴护耳器”等警示标识	佩戴防噪声耳塞或耳罩	一旦出现耳鸣,听力下降等身体不适,立即送医院进行检查诊治	车队(间)级管控	维修分公司	分公司经理

续上表

风险点			检查项目		标准	风险分级	不符合标准情况及后果	管控措施					管控层级	责任单位	责任人
编号	类型	名称	序号	名称				工程技术措施	培训教育措施	管理措施	个人安全措施	应急处置措施			
1	设施设备	电焊机	5	电焊机绝缘不符合标准，电焊机焊钳损坏	符合GB/T 10249—2010、GB/T 8118—2010的相关标准	一般风险	触电		教育职工正确识别电焊机作业存在的风险，严格遵守安全操作规程。使用前检查电焊机，确保绝缘良好；电焊钳手柄完好、绝缘可靠，禁止使用无外壳电焊钳，焊机外壳必须有良好接地	按照网格化分工做好设备设施检查，当班安全员做好设备设施复查和作业现场安全监管，发现隐患及时纠正		一旦发生触电等人身伤害，立即采取措施使触电者脱离电源，采取相应措施进行急救，或拨打120电话，送医院救治	车队（间）级管控	维修分公司	分公司经理

续上表

风险点			检查项目		标准	风险分级	不符合标准情况及后果	管控措施					管控层级	责任单位	责任人
编号	类型	名称	序号	名称				工程技术措施	培训教育措施	管理措施	个人安全措施	应急处置措施			
1	设施设备	电焊机	6	电焊机电源线破损	符合GB/T 10249—2010、GB/T 8118—2010的相关标准	一般风险	触电		教育职工正确识别电焊机存在的作业风险，严格按照设备安全操作规程进行操作。使用前首先检查电焊机和电源线等是否有损坏，防范触电事故发生	职工按照网格化分工做好设备设施检查，当班安全员做好设备设施复查和作业现场安全监管，发现隐患及时纠正		一旦发生触电等人身伤害，立即采取措施使触电者脱离电源，采取措施进行急救，或拨打120电话，送医院救治	车队(间)级管控	维修分公司	分公司经理

续上表

风险点			检查项目		标准	风险分级	不符合标准情况及后果	管控措施					管控层级	责任单位	责任人
编号	类型	名称	序号	名称				工程技术措施	培训教育措施	管理措施	个人安全措施	应急处置措施			
1	设施设备	电焊机	7	进行电焊作业时未穿戴、使用防护用具	符合GB/T 10249—2010、GB/T 8118—2010的相关标准	一般风险	触电、烫伤		教育职工严格遵守安全操作规程，杜绝违章操作。作业前首先穿戴好电焊手套和绝缘鞋，使用防护面罩进行操作。在积水、潮湿的地方严禁使用电焊机作业，严防触电、烫伤等事故发生	电焊操作人员持证上岗。当班安全员做好作业现场安全监管，发现隐患及时纠正。穿戴电焊手套和绝缘鞋，使用防护罩等防护用具	穿戴电焊手套和绝缘鞋，使用防护罩等防护用具	一旦发生触电，立即进行现场救治，或拨打120电话，送医院救治。如发生烫伤，立即用冷水进行冲洗降温20min左右，之后用干净纱布等敷料紧急处理后立即送往医院救治	车队（间）级管控	维修分公司	分公司经理

续上表

风险点			检查项目		标准	风险分级	不符合标准情况及后果	管控措施					管控层级	责任单位	责任人
编号	类型	名称	序号	名称				工程技术措施	培训教育措施	管理措施	个人安全措施	应急处置措施			
1	设施设备	电焊机	8	动火作业时，未清理作业现场周围易燃物品，作业后未对作业部位进行降温处理	符合GB/T 10249—2010、GB/T 8118—2010的相关标准	一般风险	火灾		教育职工严格按照操作规程进行操作。作业前，首先清理作业现场易燃物品，作业后对作业部位进行降温处理，确保动火作业安全	电气焊等动火作业实行动火票制度，首先要填写动火工作票，经动火工作票签发人同意后方可动火作业；作业现场设置灭火器，作业前及时清理周围易燃物品。在动火作业结束或间断时，动火作业监护人与作业人一起检查现场有无残留火种，对施焊部位降温，确保动火作业安全		一旦发生火灾，立即采取措施，充分利用作业现场放置的灭火器等消防器材及时扑灭火灾，防止火灾扩大，同时紧急疏散现场人员并及时报警	车队(间)级管控	维修分公司	分公司经理

续上表

风险点			检查项目		标准	风险分级	不符合标准情况及后果	管控措施					管控层级	责任单位	责任人
编号	类型	名称	序号	名称				工程技术措施	培训教育措施	管理措施	个人安全措施	应急处置措施			
1	设施设备	电焊机	9	电焊机操作	作业场所通风，防护设施齐全	一般风险	氮氧化物等中毒	保持自然通风或设置局部通风设施（排风扇）	开展职业健康卫生教育培训，使职工正确认识电焊作业存在的职业健康危害	设置警示标识；发放过滤式防毒口罩、防护镜及焊工手套	佩戴过滤式防毒口罩、防护镜及焊工手套等	一旦出现头晕、头痛等不适症状，立即送医院进行诊治	车队（间）级管控	维修分公司	分公司经理
		砂轮机	10	砂轮机电源线损坏	符合 GB 2485—2016、GB/T 22682—2008 的相关标准	低风险	触电		教育职工严格按照砂轮机安全操作规程进行操作。作业前首先检查电器线路，确保完好可靠	职工按照网格化分工做好设备设施检查，当班安全员做好设备设施复查和作业现场安全监管，发现隐患及时纠正		一旦发生触电等人身伤害，立即采取措施使触电者脱离电源，采取相应措施进行急救，或拨打 120 电话，送医院救治	班组、岗位管控	维修分公司站点	例检员/设备责任人

续上表

风险点			检查项目		标准	风险分级	不符合标准情况及后果	管控措施					管控层级	责任单位	责任人
编号	类型	名称	序号	名称				工程技术措施	培训教育措施	管理措施	个人安全措施	应急处置措施			
1	设施设备	砂轮机	11	砂轮机固定不牢或防护罩缺失、松动	符合GB 2485—2016、GB/T 22682—2008的相关标准	一般风险	崩伤		教育职工严格按照砂轮机安全操作规程进行操作。作业前首先做好砂轮机检查,确保砂轮机固定牢固,防护罩齐全、紧固	按照网格化管理分工做好设备设施检查,当班安全员做好设备设施复查和作业现场安全监管	佩戴防护眼镜	一旦发生崩伤,立即进行现场急救,或拨打120电话,送医院救治	车队(间)级管控	维修分公司	分公司经理

续上表

风险点			检查项目		标准	风险分级	不符合标准情况及后果	管控措施					管控层级	责任单位	责任人
编号	类型	名称	序号	名称				工程技术措施	培训教育措施	管理措施	个人安全措施	应急处置措施			
1	设施设备	砂轮机	12	砂轮片过度磨损	符合GB 2485—2016、GB/T 22682—2008的相关标准	一般风险	砂轮片碎裂造成崩伤		教育职工严格按照砂轮机安全操作规程进行操作。作业前首先做好砂轮机检查,及时更换过度磨损的砂轮片。新更换的砂轮片要进行2min以上的试运转,运转正常平稳才能使用	职工按照网格化分工每天做好设备设施检查,当班安全员做好设备设施复查和作业现场安全监管,发现隐患及时纠正	佩戴防护眼镜	一旦发生砂轮崩伤等人身伤害,立即采取相应措施进行急救,或拨打120电话,送医院救治	车队(间)级管控	维修分公司	分公司经理

续上表

风险点			检查项目		标准	风险分级	不符合标准情况及后果	管控措施					管控层级	责任单位	责任人
编号	类型	名称	序号	名称				工程技术措施	培训教育措施	管理措施	个人安全措施	应急处置措施			
1	设施设备	砂轮机	13	不正确使用砂轮机	符合 GB 2485—2016、GB/T 22682—2008 的相关标准	一般风险	不正确使用砂轮机,发生崩伤事故		教育职工严格按照砂轮机安全操作规程进行操作。作业前首先做好砂轮机检查,及时更换过度磨损的砂轮片,确保砂轮机防护罩等部件齐全完好。操作砂轮机时要佩戴好防护眼镜,站在砂轮的侧面进行操作,不能站在砂轮的正面磨削,严防砂轮碎裂造成伤害。砂轮机操作现场不能有其他人员,严禁两人同时进行砂轮机磨削操作	当班安全员做好作业现场安全监管,发现隐患及时纠正	佩戴防护眼镜	一旦发生砂轮崩伤等人身伤害,立即采取相应措施进行急救,或拨打120电话,送医院救治	车队(间)级管控	维修分公司	分公司经理

续上表

风险点			检查项目		标准	风险分级	不符合标准情况及后果	管控措施					管控层级	责任单位	责任人
编号	类型	名称	序号	名称				工程技术措施	培训教育措施	管理措施	个人安全措施	应急处置措施			
1	设施设备	砂轮机	14	砂轮打磨作业	粉尘有效控制/正确佩戴劳动防护用品	低风险	粉尘吸入、尘肺	保持自然通风或设置局部通风设施（排风扇）	开展职业健康卫生教育培训,使职工正确认识砂轮机打磨存在的粉尘危害	设置“戴防尘口罩”等警示标识	佩戴防尘口罩、防护眼镜等防护用品	一旦出现咳嗽、胸痛、气短等不适症状,立即送医院进行诊治	班组、岗位管控	维修分公司站点	例检员/操作人
		氧气乙炔	15	氧气瓶沾染油脂,氧气乙炔部件存在隐患	符合GB/T 2250—1992、GB 9448—1999的相关标准	一般风险	火灾		教育职工正确识别氧气乙炔作业存在的风险,严格遵守安全操作规程。使用前检查好氧气乙炔瓶及附件。及时清除氧气瓶上沾染的油脂,消除火灾隐患	严格按照氧气乙炔操作规程进行操作,动火作业开具动火票,监护人和作业人按照动火作业规程进行操作。当班安全员做好作业现场安全监管,发现隐患及时纠正		一旦发生火灾,首先关闭气瓶,利用作业现场放置的灭火器等消防器材及时扑灭火灾,紧急疏散现场人员并报警	车队(间)级管控	维修分公司	分公司经理

续上表

风险点			检查项目		标准	风险分级	不符合标准情况及后果	管控措施					管控层级	责任单位	责任人
编号	类型	名称	序号	名称				工程技术措施	培训教育措施	管理措施	个人安全措施	应急处置措施			
1	设施设备	氧气乙炔	16	氧气瓶、乙炔瓶之间未保持安全距离，并且钢瓶未与明火点保持安全距离	符合GB/T 2250—1992、GB 9448—1999的相关标准。	一般风险	火灾爆炸		教育职工正确识别氧气乙炔作业存在的风险，严格遵守安全操作规程进行操作。放置氧气瓶与乙炔瓶保持5m以上的安全距离，钢瓶与动火点保持10m以上安全距离	严格按照氧气乙炔操作规程进行操作，动火作业开具动火票，监护人和作业人按照动火作业规程进行操作。当班安全员做好作业现场安全监管，发现隐患及时纠正		一旦发生火灾，首先关闭气瓶，利用作业现场放置的灭火器等消防器材及时扑灭火灾，紧急疏散现场人员并及时报警	车队(间)级管控	维修分公司	分公司经理

续上表

风险点			检查项目		标准	风险分级	不符合标准情况及后果	管控措施					管控层级	责任单位	责任人
编号	类型	名称	序号	名称				工程技术措施	培训教育措施	管理措施	个人安全措施	应急处置措施			
1	设施设备	氧气乙炔	17	乙炔瓶卧放使用	符合GB/T 2250—1992、GB 9448—1999的相关标准	一般风险	火灾、爆炸		教育职工正确识别氧气乙炔作业存在的风险，严格遵守安全操作规程。进行氧气乙炔作业时，乙炔瓶必须直立，严禁卧放使用。对于卧放后的乙炔瓶，需直立静置20min后才能使用	职工按照网格化分工做好设备设施检查，当班安全员做好设备设施复查和作业现场安全监管，发现隐患及时纠正		一旦发生火灾，利用作业现场放置的灭火器等及时扑灭火灾，紧急疏散现场人员并报警	车队(间)级管控	维修分公司	分公司经理
			18	作业时未穿戴、使用防护用具	符合GB/T 10249—2010、GB/T 8118—2010的相关标准	一般风险	烫伤		教育职工严格遵守安全操作规程，杜绝违章操作。作业前首先穿戴好防护手套和工作鞋，戴防护镜进行操作。防范烫伤等伤害事故的发生	氧气乙炔操作人员持证上岗。当班安全员做好作业现场安全监管，发现隐患及时纠正	穿戴防护手套和工作鞋、防护镜等防护用具	一旦发生烫伤，立即用冷水进行冲洗降温20min左右，之后用干净纱布等敷料紧急处理后立即送往医院救治	车队(间)级管控	维修分公司	分公司经理

续上表

风险点			检查项目		标准	风险分级	不符合标准情况及后果	管控措施					管控层级	责任单位	责任人
编号	类型	名称	序号	名称				工程技术措施	培训教育措施	管理措施	个人安全措施	应急处置措施			
1	设施设备	氧气乙炔	19	动火作业时，未清理作业现场周围易燃物品，作业后未对作业部位进行降温处理	符合GB/T 10249—2010、GB/T 8118—2010的相关标准	一般风险	火灾		教育职工严格按照氧气乙炔操作规程进行操作。作业前，首先清理作业现场易燃物品，作业后对作业部位进行降温处理，确保动火作业安全	电气焊等动火作业实行动火票制度，首先要填写动火工作票，经动火工作票签发人同意后方可动火作业；作业现场设置灭火器，作业前及时清理周围易燃物品	穿戴防护手套和工作鞋、防护镜等防护用具	一旦发生火灾，利用作业现场放置的灭火器等消防器材及时扑灭火灾，紧急疏散现场人员并及时报警	车队(间)级管控	维修分公司	分公司经理
			20	室外作业氧气乙炔瓶被阳光暴晒	符合GB/T 2250—1992、GB 9448—1999的相关标准	一般风险	火灾爆炸	使用遮阳罩对钢瓶进行防护	教育职工正确识别氧气乙炔作业存在的风险，严格遵守安全操作规程进行作业。室外作业使用遮阳罩对氧气乙炔钢瓶进行防护	动火作业监护人和当班安全员做好作业现场安全监管，发现隐患及时纠正		一旦发生火灾爆炸等事故，利用作业现场放置的灭火器等消防器材及时扑灭火灾，紧急疏散现场人员并及时报警	车队(间)级管控	维修分公司	分公司经理

续上表

风险点			检查项目		标准	风险分级	不符合标准情况及后果	管控措施					管控层级	责任单位	责任人
编号	类型	名称	序号	名称				工程技术措施	培训教育措施	管理措施	个人安全措施	应急处置措施			
1	设施设备	氧气乙炔	21	未定期更换氧气乙炔管和回火防止阀	符合GB/T 2250—1992、GB 9448—1999的相关标准	一般风险	火灾		教育职工正确识别氧气乙炔作业存在的风险，严格遵守安全操作规程进行作业。按照氧气乙炔管理规定，定期（每半年）更换氧气乙炔管和回火防止阀	按照氧气乙炔管理规定，定期（每半年）更换氧气乙炔管和回火防止阀		一旦发生火灾，利用作业现场放置的灭火器等消防器材及时扑灭火灾，紧急疏散现场人员并报警	车队（间）级管控	维修分公司	分公司经理
			22	氮氧化物危害	作业场所通风，防护设施齐全	一般风险	氮氧化物等中毒	保持良好自然通风或设置局部通风设施（排风扇）	开展职业健康卫生教育培训，使职工正确认识电焊作业存在的职业健康危害	设置警示标识;发放过滤式防毒口罩、防护镜及焊工手套	佩戴过滤式防毒口罩、防护镜及焊工手套等	一旦出现头晕、头痛等不适症状，立即送医院进行诊治	车队（间）级管控	维修分公司	分公司经理

续上表

风险点			检查项目		标准	风险分级	不符合标准情况及后果	管控措施					管控层级	责任单位	责任人
编号	类型	名称	序号	名称				工程技术措施	培训教育措施	管理措施	个人安全措施	应急处置措施			
1	设施设备	举升机	23	电源线、插头、开关控制盒破损	符合GB 27695—2011、JT/T 155—2004的相关标准	一般风险	触电		教育职工正确识别举升机存在的风险，严格遵守设备安全操作规程。使用前首先检查举升机电源线、插头、控制盒等是否有损坏，发现隐患及时处理	按照网格化分工做好设备设施检查，当班安全员做好设备设施复查和作业现场安全监管		一旦发生触电，立即进行现场救治，或拨打120电话，送医院救治	车队（间）级管控	维修分公司	分公司经理
			24	举升机托架、电机、胶垫、各部位固定螺栓是否开裂、变形、松动	符合GB 27695—2011、JT/T 155—2004的相关标准	一般风险	机械伤害		教育职工正确识别举升机存在的风险，严格遵守设备安全操作规程。使用前首先检查托架、电机、胶垫、各部位固定螺栓是否开裂、变形、松动，发现隐患及时上报并处理	按照网格化分工做好设备设施检查，当班安全员做好设备设施复查和作业现场安全监管		一旦发生伤害事故，立即进行现场救治，或拨打120电话，送医院救治	车队（间）级管控	维修分公司	分公司经理

续上表

风险点			检查项目		标准	风险分级	不符合标准情况及后果	管控措施					管控层级	责任单位	责任人
编号	类型	名称	序号	名称				工程技术措施	培训教育措施	管理措施	个人安全措施	应急处置措施			
1	设施设备	举升机	25	举升机操作不正确	符合GB 27695—2011、JT/T 155—2004的相关标准	一般风险	机械伤害		教育职工正确识别举升机作业存在的安全风险，严格按照操作规程进行作业。在车下使用举升机支撑车辆进行底盘作业时，要前后桥交替进行，不允许前后桥同时进行操作，同一车桥两侧钢板及吊耳轴也不允许同时进行举升作业；未进行作业的车桥要保证车轮落地并用三角木塞好车轮，确保安全	当班安全员做好作业现场安全监管，发现隐患及时纠正		一旦发生伤害事故，立即进行现场急救，或拨打120电话，送医院救治	车队（间）级管控	维修分公司	分公司经理

续上表

风险点			检查项目		标准	风险分级	不符合标准情况及后果	管控措施					管控层级	责任单位	责任人
编号	类型	名称	序号	名称				工程技术措施	培训教育措施	管理措施	个人安全措施	应急处置措施			
1	设施设备	蓄电池充电机	26	充电机所在环境通风不良	符合GB/T 32504—2016的相关标准	低风险	火灾		教育职工正确识别充电机存在的风险,设置充电机的环境要保持通风良好。职工在充电时要打开门窗等,保持通风良好	当班安全员做好作业现场安全监管,发现隐患及时纠正		一旦发生火灾,立即利用现场消防器材进行扑救	班组、岗位管控	维修分公司站点	例检员/设备责任人
			27	充电机电线破损,有触电危险	符合GB/T 32504—2016的相关标准	一般风险	触电		教育职工正确识别充电机存在的风险,严格遵守设备安全操作规程。使用前首先检查充电机进、出电线等,确保电线完好	职工按照网格化分工做好设备设施检查,当班安全员做好设备设施复查和作业现场安全监管,发现隐患及时纠正		一旦发生触电,立即进行现场救治,或拨打120电话,送医院救治	车队(间)级管控	维修分公司	分公司经理

续上表

风险点			检查项目		标准	风险分级	不符合标准情况及后果	管控措施					管控层级	责任单位	责任人
编号	类型	名称	序号	名称				工程技术措施	培训教育措施	管理措施	个人安全措施	应急处置措施			
1	设施设备	蓄电池充电机	28	电瓶通气孔堵塞，有爆炸危险	符合GB/T 32504—2016的相关标准	一般风险	爆炸		教育职工正确识别充电机存在的风险，严格遵守充电机安全操作规程。使用前首先检查疏通好蓄电池通风孔，再进行充电			一旦发生爆炸，立即进行现场急救，或拨打120电话，送医院救治	车队（间）级管控	维修分公司	分公司经理
			29	充电机与电瓶连接不牢，易产生火花或发热，存在火灾隐患	符合GB/T 32504—2016的相关标准	一般风险	火灾		教育职工正确识别充电机存在的风险，严格遵守充电机安全操作规程。使用前首先检查充电机充电夹等是否完好，连接是否牢固，发现隐患及时处理好后再使用			一旦发生火灾，利用作业现场放置的灭火器等消防器材及时扑灭火灾，紧急疏散现场人员并及时报警	车队（间）级管控	维修分公司	分公司经理

续上表

风险点			检查项目		标准	风险分级	不符合标准情况及后果	管控措施					管控层级	责任单位	责任人
编号	类型	名称	序号	名称				工程技术措施	培训教育措施	管理措施	个人安全措施	应急处置措施			
1	设施设备	台钻	30	台钻电线破损、没有接地线或接地不牢靠存在触电危险	符合JB/T 5245.7—2006的相关标准	低风险	触电		教育职工正确识别台钻存在的风险，严格遵守台钻安全操作规程。使用前首先检查台钻电线是否完好，接地线是否牢靠，发现隐患及时处理好后再使用	职工按照网格化分工做好设备设施检查，当班安全员做好设备设施复查和作业现场安全监管，发现隐患及时纠正	使用台钻时，戴好防护眼镜	一旦发生触电，立即进行现场救治，或拨打120电话，送医院救治	班组、岗位管控	维修分公司站点	例检员/设备责任人
			31	台钻的固定夹盘、手柄、钻头等附件不全或固定不牢	符合JB/T 5245.7—2006的相关标准	一般风险	机械伤害		教育职工正确识别台钻存在的风险，严格遵守台钻安全操作规程。使用前首先检查台钻的固定夹盘、手柄、钻头等是否齐全并固定牢固，发现隐患及时处理好后再使用	职工按照网格化分工做好设备设施检查，当班安全员做好设备设施复查和作业现场安全监管，发现隐患及时纠正	使用台钻时，戴好防护眼镜	一旦发生机械伤害，立即进行现场救治，或拨打120电话，送医院救治	车队(间)级管控	维修分公司	分公司经理

续上表

风险点			检查项目		标准	风险分级	不符合标准情况及后果	管控措施					管控层级	责任单位	责任人
编号	类型	名称	序号	名称				工程技术措施	培训教育措施	管理措施	个人安全措施	应急处置措施			
1	设施设备	电动汽车充电机	32	充电机接地不良，漏电保护、短路保护等功能失效	符合GB/T 18487、GB/T 20234.3—2015的相关标准	一般风险	可能造成触电、火灾事故		教育职工正确识别电动汽车充电机存在的风险，严格按照操作规程进行操作。充电前，首先做好充电机检查，确保充电机接地良好，漏电保护、短路保护等功能正常	职工按照网格化分工做好设备设施检查，当班安全员做好设备设施复查和作业现场安全监管，发现隐患及时纠正		一旦发生事故，立即进行现场急救，或拨打120电话，送医院救治	车队(间)级管控	维修分公司	分公司经理
			33	充电前未在车辆上悬挂“正在充电、禁止启动”警示牌	符合GB/T 18487、GB/T 20234.3—2015的相关标准	一般风险	可能发生触电等意外伤害		教育职工正确识别电动汽车充电机存在的风险，严格按照操作规程进行操作。充电操作前，首先在车辆前后悬挂警示牌，前方悬挂在方向盘，后方悬挂在发动机舱盖	当班安全员做好作业现场安全监管，发现隐患及时纠正		一旦发现伤害事故，立即进行现场急救，或拨打120电话，送医院救治	车队(间)级管控	维修分公司	分公司经理

续上表

风险点			检查项目		标准	风险分级	不符合标准情况及后果	管控措施					管控层级	责任单位	责任人
编号	类型	名称	序号	名称				工程技术措施	培训教育措施	管理措施	个人安全措施	应急处置措施			
1	设施设备	电动汽车充电机	34	操作充电机未穿戴绝缘鞋、绝缘手套等劳动防护用品，未使用绝缘垫进行充电操作	符合GB/T 18487、GB/T 20234.3—2015的相关标准	一般风险	触电		教育职工正确识别电动汽车充电机中存在的触电危险，严格按照操作规程进行操作。充电操作前，穿戴好绝缘鞋和绝缘手套，站在绝缘垫上进行操作，严防触电事故发生	当班安全员做好作业现场安全监管，发现隐患及时纠正	穿戴好绝缘鞋和绝缘手套，站在绝缘垫上进行操作	一旦发生触电事故，立即进行现场急救，并拨打120电话，送医院救治	车队(间)级管控	维修分公司	分公司经理
		车床	35	车床接地线不好，电源线破损	符合GB/T 9061—2006、GB/T 25372—2010的相关标准	一般风险	触电		教育职工正确识别车床存在的风险，严格遵守车床安全操作规程。做好车床检查和维护，保障车床技术状况良好	职工按照网格化分工做好设备设施检查，当班安全员做好设备设施复查和作业现场安全监管，发现隐患及时纠正		一旦发生触电，立即进行现场救治，或拨打120电话，送医院救治	车队(间)级管控	维修分公司	分公司经理

续上表

风险点			检查项目		标准	风险分级	不符合标准情况及后果	管控措施					管控层级	责任单位	责任人
编号	类型	名称	序号	名称				工程技术措施	培训教育措施	管理措施	个人安全措施	应急处置措施			
1	设施设备	车床	36	工件未夹紧或装卡不牢	符合GB/T 9061—2006、GB/T 25372—2010的相关标准	一般风险	物体打击		教育职工正确识别车床存在的风险，严格遵守车床安全操作规程。操作车床时将加工件夹牢固，在工件旋转平面处不得站人，以防意外发生。工作时头不能离工件太近，工作服袖口、下摆要扎紧，戴防护眼镜，不准戴手套；女职工长发要戴安全帽，防止发生长发缠绕等严重伤害事故		工作服袖口、下摆扎紧，戴防护眼镜，女职工长发戴安全帽	一旦发生伤害事故，立即进行现场救治，或拨打120电话，送医院救治	车队(间)级管控	维修分公司	分公司经理

续上表

风险点			检查项目		标准	风险分级	不符合标准情况及后果	管控措施					管控层级	责任单位	责任人
编号	类型	名称	序号	名称				工程技术措施	培训教育措施	管理措施	个人安全措施	应急处置措施			
1	设施设备	车床	37	车床工作照明灯未采用安全电压	符合GB/T 9061—2006、GB/T 25372—2010的相关标准	一般风险	触电		教育职工正确识别车床存在的风险，严格遵守车床安全操作规程。车床上使用的局部照明灯，电压不得超过36V，严禁使用220V照明灯照明，责任人按照安全管理制度做好设备设施定期检查，确保照明灯线路、电压等符合用电安全规定	按照网格化实名制管理，责任人做好设备设施定期检查，确保照明灯线路、电压等符合用电安全规定		一旦发生触电，立即进行现场救治，或拨打120电话，送医院救治	车队（间）级管控	维修分公司	分公司经理

续上表

风险点			检查项目		标准	风险分级	不符合标准情况及后果	管控措施					管控层级	责任单位	责任人
编号	类型	名称	序号	名称				工程技术措施	培训教育措施	管理措施	个人安全措施	应急处置措施			
1	设施设备	切割机	38	切割机电源线破损或漏电保护器失效	符合GB 13960.11—2000的相关标准	一般风险	触电		教育职工正确识别切割机存在的风险,严格遵守切割机安全操作规程进行作业。使用前首先检查切割机电源线、漏电保护器等是否完好,发现隐患及时处理好后再使用	按照网格化实名制管理,责任人做好设备设施定期检查,确保切割机技术状况良好		一旦发生触电,立即进行现场救治,或拨打120电话,送医院救治	车队(间)级管控	维修分公司	分公司经理
			39	切割机防护罩或防护挡板缺失	符合GB 13960.11—2000的相关标准	一般风险	物体打击		教育职工正确识别切割机存在的风险,严格遵守切割机安全操作规程进行作业	按照网格化实名制管理,责任人做好设备设施定期检查,确保切割机技术状况良好		一旦发生伤害事故,立即进行现场救治,或拨打120电话,送医院救治	车队(间)级管控	维修分公司	分公司经理

续上表

风险点			检查项目		标准	风险分级	不符合标准情况及后果	管控措施					管控层级	责任单位	责任人
编号	类型	名称	序号	名称				工程技术措施	培训教育措施	管理措施	个人安全措施	应急处置措施			
1	设施设备	切割机	40	切割片缺损或开裂	符合GB 13960.11—2000的相关标准	一般风险	崩伤		教育职工正确识别切割机存在的风险,严格遵守切割机安全操作规程进行作业。若切割片缺损或开裂,要立即停止使用,在换好切割片后再操作;新更换的切割片要试运转5min后才能进行切割	按照网格化实名制管理,责任人做好切割机检查,发现隐患及时处理,确保切割机完好	切割物品前,穿戴好手套、防护眼镜等防护用具	一旦发生崩伤,立即进行现场救治,或拨打120电话,送医院救治	车队(间)级管控	维修分公司	分公司经理

续上表

风险点			检查项目		标准	风险分级	不符合标准情况及后果	管控措施					管控层级	责任单位	责任人
编号	类型	名称	序号	名称				工程技术措施	培训教育措施	管理措施	个人安全措施	应急处置措施			
1	设施设备	切割机	41	切割机夹具存在缺陷，工件不能夹固或夹固不牢	符合GB 13960.11—2000的相关标准	一般风险	物体打击		教育职工正确识别切割机存在的风险，严格遵守切割机安全操作规程进行作业。作业前，做好切割机检查，确保切割机夹具功能良好	按照网格化实名制管理，责任人做好设备设施定期检查，确保切割机技术状况良好		一旦发生伤害事故，立即进行现场救治，或拨打120电话，送医院救治	车队（间）级管控	维修分公司	分公司经理
			42	噪声防护	符合健康作业相关要求	一般风险	噪声聋	空压机设置隔声罩或独立设置设备间	开展职业健康卫生培训教育，使职工正确认识噪声危害	设置“噪声有害”“戴护耳器”等警示标识	佩戴防噪耳塞或耳罩	一旦出现耳鸣、听力下降等身体不适，立即送医院进行检查诊治	车队（间）级管控	维修分公司	分公司经理

续上表

风险点			检查项目		标准	风险分级	不符合标准情况及后果	管控措施					管控层级	责任单位	责任人
编号	类型	名称	序号	名称				工程技术措施	培训教育措施	管理措施	个人安全措施	应急处置措施			
1	设施设备	角磨机	43	角磨机电源线破损或漏电保护器失效	符合GB/T 7442—2007的相关标准	一般风险	触电		教育职工正确识别角磨机存在的风险，严格遵守角磨机安全操作规程进行作业。使用前首先检查角磨机电源线、漏电保护器等是否完好，发现隐患及时处理后再使用	按照网格化实名制管理，责任人做好角磨机检查，发现隐患及时处理，确保角磨机状况良好		一旦发生触电事故,立即进行现场救治,或拨打120电话，送医院救治	车队(间)级管控	维修分公司	分公司经理

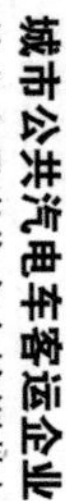

续上表

风险点			检查项目		标准	风险分级	不符合标准情况及后果	管控措施					管控层级	责任单位	责任人
编号	类型	名称	序号	名称				工程技术措施	培训教育措施	管理措施	个人安全措施	应急处置措施			
1	设施设备	角磨机	44	角磨机砂轮片过度磨损或有损伤、开裂	符合GB/T 7442—2007的相关标准	一般风险	物体打击		教育职工正确识别角磨机存在的风险，严格遵守角磨机安全操作规程进行作业。如角磨机砂轮过度磨损或有损伤、开裂等情况，要立即停止使用，在换好砂轮片后再操作；新更换的砂轮片要试运转5min后才能使用	按照网格化实名制管理，责任人做好角磨机检查，发现隐患及时处理，确保角磨机状况良好	操作时戴好防护眼镜	一旦发生伤害事故，立即进行现场急救，或拨打120电话，送医院救治	车队（间）级管控	维修分公司	分公司经理

续上表

风险点			检查项目		标准	风险分级	不符合标准情况及后果	管控措施					管控层级	责任单位	责任人
编号	类型	名称	序号	名称				工程技术措施	培训教育措施	管理措施	个人安全措施	应急处置措施			
1	设施设备	角磨机	45	角磨机防护罩松动或缺失	符合GB/T 7442—2007的相关标准	一般风险	物体打击		教育职工正确识别角磨机存在的风险,严格遵守角磨机安全操作规程进行作业。使用前首先检查角磨机防护罩和各处固定螺丝是否紧固,发现隐患及时处理好后再使用	按照网格化实名制管理,责任人做好角磨机检查,发现隐患及时处理,确保角磨机完好	操作时戴好防护眼镜	一旦发生伤害事故,立即进行现场急救,或拨打120电话,送医院救治	车队(间)级管控	维修分公司	分公司经理
			46	噪声防护	符合健康作业相关要求	一般风险	噪声聋		开展职业健康卫生培训教育,使职工正确认识噪声危害,正确使用防护用品	设置"噪声有害""戴护耳器"等警示标识	佩戴防噪耳塞或耳罩	一旦出现耳鸣、听力下降等身体不适,立即送医院检查诊治	车队(间)级管控	维修分公司	分公司经理

续上表

风险点			检查项目		标准	风险分级	不符合标准情况及后果	管控措施					管控层级	责任单位	责任人
编号	类型	名称	序号	名称				工程技术措施	培训教育措施	管理措施	个人安全措施	应急处置措施			
1	设施设备	手电钻	47	手电钻电源线、插头破损或电源漏电保护器失效	符合GB/T 5580—2007的相关标准	低风险	触电		教育职工正确识别手电钻存在的作业风险，严格遵守安全操作规程进行作业。使用前首先检查手电钻电源线、插头、电源漏电保护器等是否完好	按照网格化实名制管理，责任人做好手电钻检查，发现隐患及时处理，确保手电钻状况良好		一旦发生触电，立即进行现场救治，或拨打120电话，送医院救治	班组、岗位管控	维修分公司站点	例检员/设备责任人

续上表

风险点			检查项目		标准	风险分级	不符合标准情况及后果	管控措施					管控层级	责任单位	责任人
编号	类型	名称	序号	名称				工程技术措施	培训教育措施	管理措施	个人安全措施	应急处置措施			
1	设施设备	手电钻	48	手电钻固定螺钉不牢或缺少钻头拆装扳手	符合GB/T 5580—2007的相关标准	低风险	机械伤害		教育职工正确识别手电钻存在的风险，严格按照操作规程进行作业。使用前首先检查手电钻，确保电钻螺纹钻固定良好、钻头拆卸配套扳手齐全。在更换钻头时要使用专用扳手，断开电源后进行更换，防止误操作引起切割伤害	按照网格化实名制管理，责任人做好手电钻检查，发现隐患及时处理，确保手电钻技术状况良好，专用扳手齐全		一旦发生机械伤害事故，立即进行现场急救，或拨打120电话，送医院救治	班组、岗位管控	维修分公司站点	例检员/设备责任人

续上表

风险点			检查项目		标准	风险分级	不符合标准情况及后果	管控措施					管控层级	责任单位	责任人
编号	类型	名称	序号	名称				工程技术措施	培训教育措施	管理措施	个人安全措施	应急处置措施			
1	设施设备	手电钻	49	不正确使用电钻进行作业	符合GB/T 5580—2007的相关标准	低风险	机械伤害		教育职工正确识别使用电钻进行钻孔、利用开孔器开孔时存在的伤害风险。使用前首先做好电钻检查,不能在积水或潮湿的地方使用。使用电钻时不能戴手套,加工小型工件或轻薄工件时,不能用脚踩或用手拿持,要用台虎钳等夹具固定牢固	当班安全员做好设备设施复查和作业现场安全监管,发现隐患及时纠正		一旦发生伤害事故,立即进行现场急救,或拨打120电话,送医院救治	班组、岗位管控	维修分公司站点	例检员/设备责任人

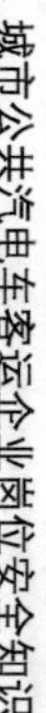

续上表

风险点			检查项目		标准	风险分级	不符合标准情况及后果	管控措施					管控层级	责任单位	责任人
编号	类型	名称	序号	名称				工程技术措施	培训教育措施	管理措施	个人安全措施	应急处置措施			
1	设施设备	剪板机	50	电源线老化、控制盒、继电器等损坏	符合GB/T 14404—2011、GB 28240—2012的相关标准	一般风险	触电		教育职工正确识别剪板机存在的风险，严格按照安全操作规程进行作业。使用前首先检查剪板机电源线、控制盒、继电器等，发现隐患要及时处理后再使用	按照网格化分工做好设备设施检查，当班安全员做好设备设施复查和作业现场安全监管，发现隐患及时纠正		一旦发生触电事故，立即进行现场急救，或拨打120电话，送医院救治	车队(间)级管控	维修分公司	分公司经理
			51	防护罩松动、破损	符合GB/T 14404—2011、GB 28240—2012的相关标准	一般风险	机械伤害		教育职工正确识别剪板机存在的风险，严格遵守安全操作规程进行作业。使用前首先做好检查，确保防护罩紧固可靠，无松动、开裂等问题，发现问题及时处理	按照网格化分工做好设备设施检查，当班安全员做好设备设施复查和作业现场安全监管，发现隐患及时纠正		一旦发生伤害事故，立即进行现场急救，或拨打120电话，送医院救治	车队(间)级管控	维修分公司	分公司经理

续上表

风险点			检查项目		标准	风险分级	不符合标准情况及后果	管控措施					管控层级	责任单位	责任人
编号	类型	名称	序号	名称				工程技术措施	培训教育措施	管理措施	个人安全措施	应急处置措施			
1	设施设备	剪板机	52	剪切伤害防护	符合GB/T 14404—2011、GB 28240—2012的相关标准	一般风险	剪切、挤压伤害		教育职工正确识别剪板机存在的危险，严格按照安全操作规程进行作业。剪切送料时，操作人员手不能伸入刀口，送料的手指距离刀口应最少保持200mm，杜绝违章操作	按照网格化分工做好设备设施检查，当班安全员做好设备设施复查和作业现场安全监管，发现隐患及时纠正		一旦发生剪断手指事故，应把断指清洗后保持低温，和伤员一起紧急送往医院救治，同时及时上报	车队(间)级管控	维修分公司	分公司经理
		液压机	53	液压机电源线老化、控制盒等损坏，存在漏电危险	符合GB 28241—2012、JB/T 3818—2014的相关标准	一般风险	触电		教育职工正确识别液压机存在的风险，严格按照安全操作规程进行作业。使用前首先检查液压机电源线、控制盒等，发现隐患及时处理	按照网格化分工做好设备设施检查，当班安全员做好设备设施复查和作业现场安全监管，发现隐患及时纠正		一旦发生触电，立即进行现场救治，或拨打120电话，送医院救治	车队(间)级管控	维修分公司	分公司经理

续上表

风险点			检查项目		标准	风险分级	不符合标准情况及后果	管控措施					管控层级	责任单位	责任人
编号	类型	名称	序号	名称				工程技术措施	培训教育措施	管理措施	个人安全措施	应急处置措施			
1	设施设备	液压机	54	安全阀、压力表损坏、工作异常、物体飞溅伤害	符合GB 28241—2012、JB/T 3818—2014的相关标准	一般风险	物体打击		教育职工正确识别液压机存在的风险，严格按照安全操作规程进行作业。使用前检查压力表等是否有工作异常等问题，发现问题及时处理。确保压力表完好、指示准确，物体摆放正确，以免工件放置不当，飞出伤人	按照网格化分工做好设备设施检查，当班安全员做好设备设施复查和作业现场安全监管，发现隐患及时纠正		一旦飞溅物造成伤害，用清洁的纱布包住伤口，不要把异物拔出，紧急送医院救治	车队(间)级管控	维修分公司	分公司经理

续上表

风险点			检查项目		标准	风险分级	不符合标准情况及后果	管控措施					管控层级	责任单位	责任人
编号	类型	名称	序号	名称				工程技术措施	培训教育措施	管理措施	个人安全措施	应急处置措施			
1	设施设备	折弯机	55	电源线、插头、控制盒等损坏	符合GB/T 14349—2011的相关标准	一般风险	触电		教育职工正确识别折弯机存在的风险,严格按照安全操作规程进行作业。使用前检查电源线、插头、控制盒等是否损坏,发现问题及时处理	按照网格化分工做好设备检查,当班安全员做好设备设施复查和作业现场安全监管		一旦发生触电,立即进行现场救治,或拨打120电话,送医院救治	车队(间)级管控	维修分公司	分公司经理
			56	不正确操作	符合GB/T 14349—2011的相关标准	一般风险	机械伤害		教育职工正确识别折弯机存在的风险,严格按照安全操作规程进行作业。在进行折弯操作时,摆放好物件后手部应迅速离开设备工作面,不要站在设备的前后部位,防范伤害事故发生	按照网格化分工做好设备设施检查,当班安全员做好作业现场安全监管,发现隐患及时纠正		一旦发生压伤、挤伤事故,应及时用清洁纱布包扎固定伤处,送往医院救治	车队(间)级管控	维修分公司	分公司经理

续上表

风险点			检查项目		标准	风险分级	不符合标准情况及后果	管控措施					管控层级	责任单位	责任人
编号	类型	名称	序号	名称				工程技术措施	培训教育措施	管理措施	个人安全措施	应急处置措施			
1	设施设备	制动蹄片修磨机	57	电源线老化,控制开关、漏电保护器等损坏或失效	符合制动蹄片修磨机操作规程的相关要求	一般风险	触电		教育职工正确识别电源线老化,控制开关、漏电保护器等损坏或失效存在的触电危险。定期进行设备检查,确保设备技术状况良好	定期进行设备检查和维护保养		一旦发生触电,立即断电并进行现场救治,或拨打120电话,送医院救治	车队(间)级管控	维修分公司	分公司经理
			58	吸尘器失效或管路等密封不严	符合制动蹄片修磨机操作规程的相关要求	一般风险	职业健康危害		教育职工正确识别吸尘器失效或管路密封不严存在的职业健康危害。定期做好设备检查,确保技术状况良好,消除职业健康隐患	定期进行设备检查和维护保养		一旦出现咳嗽、胸痛、气短等不适症状,立即送医院进行诊治	车队(间)级管控	维修分公司	分公司经理

续上表

风险点			检查项目		标准	风险分级	不符合标准情况及后果	管控措施					管控层级	责任单位	责任人
编号	类型	名称	序号	名称				工程技术措施	培训教育措施	管理措施	个人安全措施	应急处置措施			
1	设施设备	冲床	59	电源线、插头、开关等损坏	符合GB/T 8176—2012、GB/T 13887—2008的相关标准	一般风险	触电		教育职工正确识别冲床存在的作业风险，严格按照安全操作规程进行作业。使用前检查电源线、开关等是否损坏，发现问题及时处理	按照网格化分工做好设备设施检查，当班安全员做好设备设施复查和作业现场安全监管		一旦发生触电，立即断电并进行现场救治，或拨打120电话，送医院救治	车队(间)级管控	维修分公司	分公司经理
			60	防护罩松动、破损	符合GB/T 8176—2012、GB/T 13887—2008的相关标准	一般风险	机械伤害		教育职工正确识别冲床存在的作业风险，严格按照安全操作规程进行作业。使用前检查防护罩等是否有松动、破损等问题，发现问题及时处置	按照网格化分工做好设备设施检查，当班安全员做好设备设施复查和作业现场安全监管		一旦发生伤害事故，立即进行现场急救，或拨打120电话，送医院救治	车队(间)级管控	维修分公司	分公司经理

续上表

风险点			检查项目		标准	风险分级	不符合标准情况及后果	管控措施					管控层级	责任单位	责任人
编号	类型	名称	序号	名称				工程技术措施	培训教育措施	管理措施	个人安全措施	应急处置措施			
1	设施设备	冲床	61	操作者站在正面操作存在崩伤危险	符合GB 8176—2012、GB 13887—2008的相关标准	一般风险	崩伤		教育职工正确识别冲床存在的风险，严格按照安全操作规程进行作业。作业时首先检查冲床各部件，空转正常后才能使用，使用时要确保工件正确地放在模腔内，操作者站在冲床侧面进行操作。在操作者手部等身体部位离开冲床工作面后才能按下开关按钮。如需排除故障，要在设备断电、停止运转的前提下才能进行，杜绝违章操作	当班安全员做好设备设施复查和作业现场安全监管		一旦发生崩伤事故，采取措施及时救治，伤情严重及时送往医院救治	车队(间)级管控	维修分公司	分公司经理

续上表

风险点			检查项目		标准	风险分级	不符合标准情况及后果	管控措施					管控层级	责任单位	责任人
编号	类型	名称	序号	名称				工程技术措施	培训教育措施	管理措施	个人安全措施	应急处置措施			
1	设施设备	叉车	62	叉车制动失效，导致发生碰撞事故	符合GB/T 22417—2008、GB/T 26949.7—2016的相关标准	一般风险	制动失效，可能发生碰撞事故，造成人身伤害和财产损失		教育职工正确识别叉车作业过程中存在的安全风险，严格按照叉车安全操作规程进行操作。作业前做好叉车检查，确保作业安全	持证上岗		一旦发生碰撞事故，立即对受伤人员进行急救，或拨打120电话，送医院救治	车队(间)级管控	维修分公司	分公司经理
			63	叉车超载	符合GB/T 22417—2008、GB/T 36507—2018的相关标准	一般风险	易发生倾覆、砸伤等事故		教育职工正确识别叉车作业过程中存在的风险，严格遵守有关装卸的规定和安全操作规程。叉运的物品不能超过额定的起重量	持证上岗		一旦发生砸伤事故，立即对受伤人员进行急救，或拨打120电话，送医院救治	车队(间)级管控	维修分公司	分公司经理

续上表

风险点			检查项目		标准	风险分级	不符合标准情况及后果	管控措施					管控层级	责任单位	责任人
编号	类型	名称	序号	名称				工程技术措施	培训教育措施	管理措施	个人安全措施	应急处置措施			
1	设施设备	叉车	64	叉车货物固定不牢	符合 GB/T 22417—2008、GB/T 36507—2018 的相关标准	一般风险	叉运的货物固定不牢,可能发生货物倾覆砸伤人员的事故发生		教育职工正确识别叉车作业过程中存在的风险,严格按照安全操作规程进行作业。叉运货物要码放整齐,对于易滚动、易滑动物件要采取措施捆绑牢固	持证上岗。当班安全员做好作业现场安全监管,发现隐患及时纠正		一旦发生砸伤事故,立即对受伤人员进行急救,或拨打120电话,送医院救治	车队(间)级管控	维修分公司	分公司经理
			65	叉车作业前,未对现场杂物进行清理	符合 GB/T 22417—2008、GB/T 36507—2018 的相关标准	一般风险	碾压石块、杂物造成崩伤		教育职工正确识别叉车作业过程中存在的风险,严格按照安全操作规程进行作业。在叉车作业前,首先清理现场杂物,及时消除轮胎碾压崩伤的危险	持证上岗。职工按照网格化实名制管理做好场地清扫,当班安全员做好作业现场安全监管		一旦发生崩伤事故,立即对受伤人员进行急救,或拨打120电话,送医院救治	车队(间)级管控	维修分公司	分公司经理

续上表

风险点			检查项目		标准	风险分级	不符合标准情况及后果	管控措施					管控层级	责任单位	责任人
编号	类型	名称	序号	名称				工程技术措施	培训教育措施	管理措施	个人安全措施	应急处置措施			
1	设施设备	叉车	66	货物遮挡视线时，未倒车行驶	符合GB/T 22417—2008、GB/T 36507—2018的相关标准	一般风险	货物遮挡视线时，未倒车行驶，易发生碰撞事故		教育职工正确识别叉车作业过程中存在的风险，严格按照安全操作规程进行作业。在货物遮挡视线时，要采取倒车行驶的方式，防范因视线受阻可能发生的碰撞事故	持证上岗。当班安全员做好作业现场安全监管，发现隐患及时纠正		一旦发生伤害事故，立即进行现场急救，或拨打120电话，送医院救治	车队（间）级管控	维修分公司	分公司经理
		单梁起重机	67	单梁起重机钢丝绳磨损、锈蚀、断丝等	符合GB 50205—2001的相关标准	一般风险	行车钢丝绳磨损、锈蚀或断丝，存在断裂危险		教育职工正确识别单梁起重机存在的风险，严格按照安全操作规程进行作业。使用前首先检查单梁起重机钢丝绳等部件，确保完好才能进行吊装作业	定期进行单梁起重机检验和维护。定期进行设备设施检查，确保单梁起重机各部件齐全完好	吊装作业时，佩戴安全帽	一旦发生伤害事故，立即进行现场急救，或拨打120电话，送医院救治	车队（间）级管控	维修分公司	分公司经理

续上表

风险点			检查项目		标准	风险分级	不符合标准情况及后果	管控措施					管控层级	责任单位	责任人
编号	类型	名称	序号	名称				工程技术措施	培训教育措施	管理措施	个人安全措施	应急处置措施			
1	设施设备	单梁起重机	68	吊钩防脱钩装置缺少	符合GB 50205—2001的相关标准	一般风险	吊钩防脱钩装置缺少，在进行吊装过程中可能发生货物坠落、砸伤等事故		教育职工正确识别单梁起重机存在的风险，严格按照安全操作规程进行作业。作业前首先检查单梁起重机各部件，确保防脱钩装置齐全完好	定期进行单梁起重机检验和维护。职工按照网格化实名制管理进行设备设施检查，确保单梁起重机各部件齐全完好	吊装作业时，佩戴安全帽	一旦发生砸伤，立即进行现场急救，或拨打120电话，送医院救治	车队(间)级管控	维修分公司	分公司经理
			69	电控控制盒操作失灵	符合GB 50205—2001的相关标准	一般风险	如单梁起重机电控控制盒操作失灵，在进行吊装过程中可能发生碰撞伤人等事故		教育职工正确识别单梁起重机存在的风险，严格按照安全操作规程进行作业。作业前做好单梁起重机控制盒的电控检查，空载试运行正常后才能正常进行吊装作业	定期进行单梁起重机检验和维护	吊装作业时，佩戴安全帽	一旦发生碰撞伤人事故，立即进行现场急救，或拨打120电话，送医院救治	车队(间)级管控	维修分公司	分公司经理

续上表

风险点			检查项目		标准	风险分级	不符合标准情况及后果	管控措施					管控层级	责任单位	责任人
编号	类型	名称	序号	名称				工程技术措施	培训教育措施	管理措施	个人安全措施	应急处置措施			
1	设施设备	单梁起重机	70	起吊货物下方站人	符合GB 50205—2001的相关标准	一般风险	砸伤		教育职工正确识别单梁起重机作业过程中存在的风险，严格按照安全操作规程进行作业。吊物时，人员远离吊起物，严禁在吊起物下方停留或走动，严禁吊装物在人头上越过	严格落实操作规程	吊装作业时，佩戴安全帽	一旦发生砸伤，立即进行现场急救，或拨打120电话，送医院救治	车队（间）级管控	维修分公司	分公司经理

续上表

风险点			检查项目		标准	风险分级	不符合标准情况及后果	管控措施					管控层级	责任单位	责任人
编号	类型	名称	序号	名称				工程技术措施	培训教育措施	管理措施	个人安全措施	应急处置措施			
1	设施设备	千斤顶、支车凳	71	千斤顶漏油或变形		低风险	砸伤		做好对职工的安全教育培训，提升职工识别作业中安全风险的能力，掌握检查和使用支车凳、千斤顶的正确方法。如发现千斤顶有漏油或变形、锁止不牢等情况，立即进行更换或维修，确保使用安全	职工按照网格化实名制管理进行设施设备检查，当班安全员做好设备设施复查和作业现场安全监管		一旦发生砸伤事故，立即进行现场急救，或拨打120电话，送医院救治	班组、岗位管控	维修分公司站点	例检员/设备责任人

续上表

风险点			检查项目		标准	风险分级	不符合标准情况及后果	管控措施					管控层级	责任单位	责任人
编号	类型	名称	序号	名称				工程技术措施	培训教育措施	管理措施	个人安全措施	应急处置措施			
1	设施设备	千斤顶、支车凳	72	支车凳开裂、变形		低风险	砸伤		做好对职工的安全教育培训,提升职工识别作业中安全风险的能力,掌握检查和使用支车凳、千斤顶的正确方法。检查中如发现支车凳开裂、变形立即进行更换或维修,确保使用安全	职工按照网格化实名制管理进行设施设备检查,当班安全员做好设备设施复查和作业现场安全监管		一旦发生砸伤事故,立即进行现场急救,或拨打120电话,送医院救治	班组、岗位管控	维修分公司站点	例检员/设备责任人
			73	千斤顶起升和下落不符合安全规定		低风险	砸伤、挤伤		教育职工正确识别使用千斤顶和支车凳作业时存在的安全风险,严格按照操作规程进行作业	当班安全员做好作业现场安全监管,发现隐患及时纠正		一旦发生砸伤事故,立即进行现场急救,或拨打120电话,送医院救治	班组、岗位管控	维修分公司站点	例检员/设备责任人

续上表

风险点			检查项目		标准	风险分级	不符合标准情况及后果	管控措施					管控层级	责任单位	责任人
编号	类型	名称	序号	名称				工程技术措施	培训教育措施	管理措施	个人安全措施	应急处置措施			
1	设施设备	千斤顶、支车凳	74	违章操作，用千斤顶代替支车凳		一般风险	砸伤		教育职工正确识别使用千斤顶和支车凳作业时存在的安全风险，严格按照安全操作规程进行作业。正确使用支车凳，严禁使用千斤顶代替支车凳	当班安全员做好作业现场安全监管，发现隐患及时纠正		一旦发生砸伤事故，立即进行现场急救，或拨打120电话，送医院救治	车队(间)级管控	维修分公司	分公司经理

续上表

风险点			检查项目		标准	风险分级	不符合标准情况及后果	管控措施					管控层级	责任单位	责任人
编号	类型	名称	序号	名称				工程技术措施	培训教育措施	管理措施	个人安全措施	应急处置措施			
1	设施设备	风炮	75	不正确使用风炮拆装轮胎螺栓	符合 GB/T 3390.1—2013	低风险	砸伤等人身伤害		教育职工正确识别使用风炮进行轮胎螺栓拆装时存在的危险，严格按照操作规程进行操作。拆装轮胎螺栓时，要确保套筒垂直对正螺母，两手握牢风炮进行操作，严禁单手操作风炮，防止发生砸伤等伤害事故	当班安全员、例检员做好作业现场安全监管，发现隐患及时纠正		一旦发生砸伤等事故，立即进行现场急救，或拨打 120 电话，送医院救治	班组、岗位管控	维修分公司站点	例检员/作业人员
			76	噪声防护	符合健康作业相关要求	一般风险	噪声聋	设置“噪声有害”等警示标识	开展职业健康卫生培训教育，使职工正确认识噪声危害，正确使用防护用品	发放防噪声耳塞或耳罩	佩戴防噪耳塞或耳罩	一旦出现耳鸣、听力下降等身体不适，立即送医院进行检查诊治	车队（间）级管控	维修分公司	分公司经理

续上表

风险点			检查项目		标准	风险分级	不符合标准情况及后果	管控措施					管控层级	责任单位	责任人
编号	类型	名称	序号	名称				工程技术措施	培训教育措施	管理措施	个人安全措施	应急处置措施			
1	设施设备	清洗机	77	清洗机电源线破损、漏电保护器失效	符合GB/T 26135—2010的相关标准	一般风险	触电		教育职工正确识别清洗机存在的风险,严格按照安全操作规程进行作业。使用前首先检查清洗机电源线、插头、漏电保护器等,确保良好	职工按照网格化实名制管理进行检查,当班安全员做好设备设施复查和作业现场安全监管		一旦发生触电,立即进行现场救治,或拨打120电话,送医院救治	车队(间)级管控	维修分公司	分公司经理
			78	清洗缺少机防护罩	符合GB/T 26135—2010的相关标准	一般风险	触电		教育职工正确识别清洗机存在的风险。使用前首先做好清洗机检查,确保清洗机部件齐全完好,消除溅水触电危险	职工按照网格化实名制管理进行检查,当班安全员做好设备设施复查和作业现场安全监管		一旦发生触电,立即进行现场救治,或拨打120电话,送医院救治	车队(间)级管控	维修分公司	分公司经理

续上表

风险点			检查项目		标准	风险分级	不符合标准情况及后果	管控措施					管控层级	责任单位	责任人
编号	类型	名称	序号	名称				工程技术措施	培训教育措施	管理措施	个人安全措施	应急处置措施			
2	公交车辆	公交车辆	79	制动系统	符合GB/T 18344—2016、GB 7258—2017中的相关标准	一般风险	制动失灵，造成交通事故		教育职工明确认识车辆制动系统存在的安全风险，作业时严格按照操作规程和维修作业标准进行作业	落实车辆一日一检制度，发现问题及时维修。车间按照管理制度，做好车辆维修竣工后的检验		一旦发生变通事故，立即进行现场急救，或拨打120电话，送医院救治	车队(间)级管控	维修分公司	分公司经理
			80	照明系统	符合GB/T 18344—2016、GB 7258—2017中的相关标准	一般风险	车灯不亮或亮度不够，易发生交通事故		教育职工明确认识车辆照明系统存在的安全风险，严格按照维修作业标准进行作业	落实车辆一日一检制度，发现问题及时维修。车间按照管理制度，做好车辆维修竣工后的检验		一旦发生变通事故，立即进行现场急救，或拨打120电话，送医院救治	车队(间)级管控	维修分公司	分公司经理
			81	车门应急开关	符合GB/T 18344—2016、GB 7258—2017中的相关标准	低风险	车门应急开关存在故障，紧急情况下，车门无法打开		教育职工明确认识车辆应急开关存在故障带来的安全风险，严格按照维修作业标准进行作业	落实车辆一日一检制度，发现问题及时维修。车间按照维修管理制度，做好车辆维修竣工后的检验		一旦出现应开关故障，立即使用安全锤击碎车窗玻璃逃生	班组、岗位管控	维修分公司站点	例检员/设备责任人

续上表

风险点			检查项目		标准	风险分级	不符合标准情况及后果	管控措施					管控层级	责任单位	责任人
编号	类型	名称	序号	名称				工程技术措施	培训教育措施	管理措施	个人安全措施	应急处置措施			
2	公交车辆	公交车辆	82	座椅	符合 GB/T 18344—2016、GB 7258—2017 中的相关标准	低风险	座椅开裂松动,可能造成人员摔伤、碰伤		教育职工正确认识车辆座椅隐患导致的安全风险,做好车辆一日一检,发现问题及时修复	落实车辆一日一检制度,发现座椅问题及时维修		一旦发生伤害事件,立即进行现场急救,或拨打120电话,送医院救治	班组、岗位管控	维修分公司站点	例检员/设备责任人
			83	扶手杆	符合 GB/T 18344—2016、GB 7258—2017 中的相关标准	低风险	扶手杆松动,可能造成人员摔伤、碰伤		教育职工正确认识车辆扶手杆松动存在的安全隐患。做好车辆一日一检,发现问题及时修复	落实车辆一日一检制度,发现扶手杆松动等问题及时维修		一旦发生伤害事件,立即进行现场急救,或拨打120电话,送医院救治	班组、岗位管控	维修分公司站点	例检员/设备责任人
			84	消防器材	符合 GB/T 18344—2016、GB 7258—2017 中的相关标准	一般风险	灭火器缺失、失效。紧急情况下不能发挥灭火作用		教育职工正确认识车辆消防器材存在的安全隐患。做好车辆一日一检,发现问题及时进行更换或维修	落实车辆一日一检制度,发现车辆消防器材问题,及时进行更换和维修		一旦发生火灾事故,立即拨打119电话报警	车队(间)级管控	维修分公司	分公司经理

续上表

风险点			检查项目		标准	风险分级	不符合标准情况及后果	管控措施					管控层级	责任单位	责任人
编号	类型	名称	序号	名称				工程技术措施	培训教育措施	管理措施	个人安全措施	应急处置措施			
2	公交车辆	公交车辆	85	轮胎	符合GB/T 18344—2016、GB 7258—2017中的相关标准	一般风险	轮胎有损伤或变形等,存在爆胎危险		进行轮胎专项培训,教育职工正确认识车辆轮胎存在的安全隐患。认真做好车辆一日一检,发现轮胎问题及时进行轮胎更换或维修	落实车辆一日一检制度,发现车辆轮胎问题,及时进行更换和维修		一旦发生伤害事故,立即进行现场急救,或拨打120电话,送医院救治	车队(间)级管控	维修分公司	分公司经理
			86	转向系统	符合GB/T 18344—2016、GB 7258—2017中的相关标准	一般风险	转向失灵,导致发生交通事故		进行转向系统专项培训,教育职工明确认识车辆转向系统存在的安全风险,作业时严格按照操作规程和维修作业标准进行作业	落实车辆一日一检制度,发现问题及时维修。车间按照管理制度,做好车辆维修竣工后的检验		一旦发生交通事故,立即进行现场急救,或拨打120电话,送医院救治	车队(间)级管控	维修分公司	分公司经理

续上表

风险点			检查项目		标准	风险分级	不符合标准情况及后果	管控措施					管控层级	责任单位	责任人
编号	类型	名称	序号	名称				工程技术措施	培训教育措施	管理措施	个人安全措施	应急处置措施			
2	公交车辆	公交车辆	87	发动机	符合GB/T 18344—2016、GB 7258—2017中的相关标准	一般风险	发动机漏油，存在自燃的危险		教育职工明确认识车辆发动机存在的安全风险，作业时严格按照操作规程和维修作业标准进行作业。认真做好车辆一日一检，发现隐患及时处理	落实车辆一日一检制度，发现问题及时修理。车间按照车辆维修管理制度，做好车辆竣工后的检验		一旦发生火灾事故，立即使用灭火器材进行扑救，或拨打119电话报警	车队(间)级管控	维修分公司	分公司经理

续上表

风险点			检查项目		标准	风险分级	不符合标准情况及后果	管控措施					管控层级	责任单位	责任人
编号	类型	名称	序号	名称				工程技术措施	培训教育措施	管理措施	个人安全措施	应急处置措施			
2	公交车辆	公交车辆	88	油路、电路及附件	符合 GB/T 18344—2016、GB 7258—2017 中的相关标准	较大风险	油管漏油或电线绝缘不良，发生电路短路，存在车辆自燃危险		教育职工明确认识车辆油路、电路存在的安全风险，作业时严格按照操作规程和维修作业标准进行作业。培训维修人员做好日常检查，发现异常，及时维修。油路、电路及附件应符合标准，无摩擦干涉等现象，电线远离热源 20cm 以上	落实车辆一日一检制度，发现问题及时修理。车间按照车辆维修管理制度，做好车辆竣工后的检验		一旦发生车辆火灾，立即使用灭火器进行火灾扑救，或拨打 119 电话报警	车队（间）级管控	维修分公司	分公司经理

续上表

风险点			检查项目		标准	风险分级	不符合标准情况及后果	管控措施					管控层级	责任单位	责任人
编号	类型	名称	序号	名称				工程技术措施	培训教育措施	管理措施	个人安全措施	应急处置措施			
2	公交车辆	公交车辆	89	后发动机舱启动保护开关	符合GB/T 18344—2016、GB 7258—2017中的相关标准	一般风险	后发动机舱启动保护开关失效，不能发挥应有的启动保护作用，易造成人身伤害事故		教育职工正确认识后发动机舱启动保护开关存在故障后带来的安全风险，认真做好车辆一日一检，发现启动保护开关隐患及时进行维修处理	落实车辆一日一检制度，如发现启动保护开关存在问题，及时进行修理。车间按照车辆维修管理制度，做好车辆竣工后的检验		一旦发生伤害事故，立即进行现场急救，或拨打120电话，送医院救治	车队(间)级管控	维修分公司	分公司经理

续上表

风险点			检查项目		标准	风险分级	不符合标准情况及后果	管控措施					管控层级	责任单位	责任人
编号	类型	名称	序号	名称				工程技术措施	培训教育措施	管理措施	个人安全措施	应急处置措施			
2	公交车辆	公交车辆	90	燃气车辆供气系统	符合GB/T 18344—2016、GB 7258—2017中的相关标准	一般风险	火灾爆炸		教育职工明确认识燃气车辆供气系统存在的安全风险，作业时严格按照操作规程和维修作业标准进行作业。认真做好车辆一日一检，发现问题及时处理	落实车辆一日一检制度，发现问题及时维修。车间按照管理制度，做好车辆维修竣工后的检验	进行LNG车辆检修时，佩戴防护面罩和防护手套等用具，消除冻伤风险	一旦发生火灾爆炸事故，立即进行现场扑救或人员急救，及时拨打119电话报警	车队(间)级管控	维修分公司	分公司经理
			91	混合动力系统绝缘检测	符合GB/T 18344、GB 7258中的相关标准	一般风险	触电		教育职工正确认识混合动力车辆、电动车辆等存在的触电风险，作业时严格按照操作规程和维修作业标准进行作业	落实车辆一日一检制度，发现问题及时修理。车间按照车辆维修管理制度，做好车辆竣工后的检验	穿戴绝缘鞋和绝缘手套等防护用品	一旦发生触电事故，立即进行现场急救，或拨打120电话，送医院救治	车队(间)级管控	维修分公司	分公司经理

第四节 岗位隐患排查治理

依据本岗位风险分级管控体系中各风险点的控制措施和标准规范要求，编制该岗位的主要隐患排查清单，修理工岗位常见隐患排查清单详见表3-2-5。

修理工岗位常见隐患排查清单　　表3-2-5

常见隐患	管控措施	管控措施失效	治理措施
维修车辆时未挂警示牌、未用三角木塞车轮	定期进行教育培训，正确识别作业风险	没有正确识别作业风险，安全意识不足	补充进行职工教育培训
	班组（站点）当班安全员进行检查，发现不安全行为及时进行纠正	检查发现维修人员未挂警示牌、未用三角木塞车轮	督促未挂警示牌、未三角木塞车轮的人员现场进行整改，并报站点负责人进行警示教育
在车下作业，两腿伸出车外	定期进行教育培训，正确识别作业风险	没有正确识别作业风险，安全意识不足	对职工补充进行教育培训
	班组（站点）当班安全员进行检查，发现不安全行为及时进行纠正	检查发现职工在车下作业，两腿伸出车外，存在压伤危险	对在车下作业，两腿伸出车外人员现场进行督促整改，并报站点负责人进行警示教育
在地沟上进行维修作业，未使用地沟盖板	定期进行教育培训，正确识别作业风险	没有正确识别作业风险，安全意识不足	对职工补充进行教育培训
	班组（站点）当班安全员进行检查，发现不安全行为及时进行纠正	检查发现职工在地沟上进行车辆维修作业，未使用地沟盖板	发现职工未使用地沟盖板作业，立即督促现场整改。并报告站点负责人进行警示教育
不正确使用千斤顶和支车凳进行作业	定期进行教育培训，正确识别作业风险	没有正确识别作业风险，安全意识不足	对职工补充进行教育培训
	使用前对千斤顶、支车凳进行安全检查	检查不到位，千斤顶和支车凳存在故障或隐患	报站点负责人进行维修或更换。对责任人进行警示教育
	当班安全员进行检查，发现不安全行为及时纠正	检查发现职工未正确使用千斤顶和支车凳	对不正确使用千斤顶和支车凳的人员立即进行现场纠正。并报告站点负责人进行警示教育
不正确使用角磨机进行作业	进行教育培训，使职工掌握角磨机的正确检查和使用方法	职工对检查标准和正确使用方法掌握不全面	对职工进行安全复训

续上表

常见隐患	管控措施	管控措施失效	治理措施
不正确使用角磨机进行作业	作业前首先检查角磨机，确保砂轮片、防护罩等部件完好	检查发现角磨机砂轮片有裂纹，防护罩松动	立即报告班组（站点）负责人更换角磨机砂轮片，或对角磨机进行维修
	当班安全员进行检查，发现不安全行为及时进行纠正	维修人员使用角磨机，未正确佩戴防护用品	立即停止作业，并督促维修人员现场整改，及时佩戴防护用品。并报告站点负责人，进行安全警示教育
维修作业结束，未拉好驻车制动器手柄并锁牢车辆舱门	定期进行教育培训，正确识别作业风险	没有正确识别作业风险，安全意识不足	对职工补充进行教育培训
	当班安全员进行检查，发现不安全行为及时纠正	检查发现车辆维修结束后，车辆舱门未锁好	现场立即整改，关闭锁好车辆舱门。并及时报告站点负责人，对当事职工进行安全警示教育

第五节　典型案例分析

一、底盘修理工搬抬重物砸伤

1. 类型

砸伤。

2. 背景资料

2010 年 9 月 3 日上午，天气晴，维修一分公司还乡店站点职工进行车辆维修作业。

3. 详细描述

2010 年 9 月 3 日上午，职工谢×和王×在车间东侧地沟上对 0139 号车进行变速器维修，需要将变速器搬抬至地沟盖板上拆下。此时，地沟盖板在车间内西侧地沟上，需要将西侧地沟的盖板搬抬到东侧地沟上。谢某在与王某搬抬地沟盖板时，因地沟盖板较重，在搬抬过程中，因地面湿滑，谢某的左脚踩入水洼向身前滑移，致使身体失去平衡，地沟盖板脱手，坠落砸伤左脚，经医院诊断左足第一掌骨骨折。

4. 原因分析

经对分公司和受伤职工进行询问调查，并结合现场实际情况，对事故发生的原因分析如下：

（1）导致事故发生的直接原因是地面湿滑导致地沟盖板脱落，砸伤职工左脚。

（2）导致事故发生的间接原因是职工安全意识不强，存在侥幸心理，违反安全操作规程中关于两人（以上）搬抬较重机件时，有一人口令指挥，互相协调，地面不能湿滑的规定。操作者思想麻痹大意，搬抬重物前没有及时清理地面水迹，违章操作，导致事故发生。另外该车间有两条地沟，只有一个地沟盖板，使用时需经常搬抬移动，存在安全隐患。

5. 管控措施检查与更新

(1)进一步加强对职工的安全教育培训,使职工熟知并掌握作业过程中本岗位存在的风险点和管控措施,严格按照岗位安全操作规程进行操作,确保搬抬重物等作业安全。

(2)在西侧地沟上设置地沟盖板,在给工作带来便利的同时,消除搬抬地沟盖板过程中存在的安全隐患。

二、触电事故

1. 类型

触电。

2. 背景资料

2012 年 7 月 26 日下午,天气阴,大修分公司职工在作业中发生触电事故。

3. 详细描述

2012 年 7 月 26 日下午,大修分公司职工关×在 3264 号车上进行车辆整修作业,使用手电钻对车内电子路线牌进行打孔固定。由于天气炎热,经过半个小时左右的工作已经满头大汗。在 2 点 30 分左右时,当维修人员关某用出汗潮湿的左手理顺手电钻电源线,准备进行下一处打孔作业时,抓握在了电源线的破裂处,当即发生触电,导致休克。触电发生后,一旁工作的同事魏×立即切断手电钻电源,并立即对处于休克的关×进行心肺复苏,其他职工急速拨打 120 急救电话向专业医护人员求救。由于措施得当,抢救及时,关×脱离了生命危险。

4. 原因分析

经对受伤职工进行询问调查,并结合现场实际情况,对事故发生的原因分析如下:

(1)经调查,事故直接原因是关×左手抓握到电源线破裂处,发生触电事故。

(2)导致事故发生的间接原因是分公司安全教育培训不到位,职工安全意识不强,没有正确认识使用手电钻作业时存在的危险因素,没有按照操作规程和风险识别管控要求,在作业前对手电钻、电源线、配电盘漏电保护器等进行安全检查。在手电钻电源线和漏电保护器都存在隐患的情况下,违章操作,导致触电事故的发生。

5. 管控措施检查与更新

进一步加强对职工的安全教育培训,使职工牢固掌握岗位存在的安全风险和管控措施,严格按照岗位操作规程进行操作,确保作业安全。

三、火灾事故

1. 类型

火灾。

2. 背景资料

2007 年 8 月 11 日上午,天气晴,维修四分公司二级维护车辆发生火灾事故。

3. 详细描述

2007 年 8 月 11 日上午,维修四分公司职工卢×在车间西侧地沟上,对中通阳光 5026 号车进行二级维护作业,使用电焊焊接车厢内断裂的座椅铁架。临近中午,在 11 点 20 分左右,焊接作业结束,于是收拾焊钳等工具结束作业。11 点 30 分左右,经过车间去餐厅吃饭的职工陈×路过5026号车,发现车内黑烟弥漫,于是立即上车查看,此时车内焊接过的座椅坐垫已经产生明火,于是马上呼喊并立即使用车间现场放置的灭火器将座椅明火扑灭。

4.原因分析

经对作业人员进行询问调查,并结合现场实际情况,对事故发生的原因分析如下:

(1)经分析,事故直接的原因是对座椅进行焊接作业后,没有及时采取浇水降温等措施,导致高温引燃座椅垫发生火灾。

(2)经对事故进行调查分析,事故的间接原因是分公司安全教育培训不到位,职工安全意识不强,没有正确识别电焊焊接作业过程中存在的安全风险;或者虽考虑到有引发火灾的可能,但存在侥幸心理,轻信能够避免,没有落实动火作业审批制度,在焊接作业结束后,没有采取浇水降温等安全防范措施,违章操作,导致火灾事故的发生。

5.管控措施检查与更新

进一步加强对职工的安全教育培训,使职工正确认识并牢固掌握岗位存在的安全风险和管控措施,严格按照动火作业管理制度和岗位安全操作规程进行操作,确保作业安全。

第三章 BRT站务员、巡检员岗位安全知识

BRT站务员是BRT公交的主要一线岗位之一,其服务水平不仅影响企业的形象,对安全也有重要影响。由于BRT站点工作的重要性,运营企业还会从BRT站务员队伍中选取部分人员,担任BRT巡检员岗位,一方面作为站务员岗位的候补人员,一方面也是为了更好地做好巡检工作,提升BRT站点服务水平。

第一节 岗位工作标准及安全操作规程

一、BRT站务员岗位工作标准

1.范围

本标准规定了营运公司站务管理部站务员岗位的资格要求、职责与权限、工作内容与要求、检查与考核。

本标准适用于济南市公共交通总公司营运公司站务管理部站务员岗位。

2.资格要求

(1)具有专科及以上学历,掌握一定的服务礼仪知识。

(2)具有优良的道德品质,做事公道正派、严谨、认真。

(3)具有较强的责任心,能够坚守岗位。

(4)具有良好的服务意识,用心为乘客服务。

(5)具有较好的沟通、协调及解决问题的能力,能够与乘客之间进行有效沟通。

(6)熟知企业文化及业务知识。

(7)具有较强的执行力,能按照计划办事,按质、按量及时完成承办任务。

(8)有职业道德,爱岗敬业、遵纪守法、服从指挥,团结协作,有奉献精神。

3.职责与权限

1)职责

在站务管理部的领导下,服从站务管理部管理员和安全员的管理,具体负责站台管理和乘客服务。

2)权限

(1)对职责范围内的各项事务有建议权和执行权。

(2)其他与岗位相称的工作职权。

4.工作内容与要求

(1)负责疏导乘客,监督投币及站台的服务工作。

(2)负责站台信息设备的使用、检查、管理和日常维护,做到有修必报,确保设施和服务标志、标识齐全有效,设备运行良好。

(3)负责站台及设施、设备的卫生清理工作。

(4)对线路车辆的运营状况负有监督责任,发现问题及时上报或采取应急措施。

(5)负责站台上乘客的乘车安全,维护站台秩序。

(6)负责站台设备(屏蔽门)及突发事件的应急处理,发现问题及时汇报。在设备出现故障时立即采取有效措施,确保站台设备及乘客的安全。

(7)负责站台的用电安全,保证不超负荷用电。

(8)负责做好站台的安保配合工作。

(9)严格执行总公司各项管理规定及票务管理制度。

(10)承担工作范围内的安全生产责任。

(11)履行工作范围内节能减排工作职责。

5. 检查与考核

(1)岗位工作由总公司部门和营运公司部门、站务管理部检查监督。

(2)站务管理部管理人员对岗位工作进行监督和考核。

二、BRT 巡检员安全操作规程

(1)负责站务员对作业规程等一系列规定执行情况的检查。

(2)负责快速公交线路营运、安全、服务、车辆设备、站务设施、线路通信设施等质量的检查。

(3)负责现场管理,遇到行车路线堵塞、车辆故障等不正常情况,应及时赶赴现场了解情况,果断采取有效措施,信息及时反馈至调度中心并向营运部汇报。对危及行车安全、干扰正常运营、影响营运服务及所辖区域其他非正常情况,有权紧急处置。

(4)负责做好规定区域站点站务员特殊情况临时缺勤的替补工作;负责做好规定区域站点的巡检及临时不洁的补救工作。

(5)对现场行车纠纷、票务纠纷及票务违章等必须及时处理、做好记录,并报告上级相关部门。

第二节　岗位风险点、危险源

一、作业活动风险点清单

按照作业活动进行划分,BRT 站务员岗位风险点主要是站务员作业,BRT 巡检员岗位风险点主要是巡检员作业,其风险点清单详见表 3-3-1。

BRT 站务员、巡检员岗位作业活动风险点清单　　表 3-3-1

序号	作业活动名称	作业活动内容	区域位置	可能发生的事故类型及后果	活动频率
1	站务员作业	做好作业前、作业中、作业后的各项安全操作,确保操作规范、严禁违章、违法操作	BRT 站台	可疑人员、可疑物品进入站台可能造成车辆人员受损	工作时间

续上表

序号	作业活动名称	作业活动内容	区域位置	可能发生的事故类型及后果	活动频率
2	巡检员作业	负责各片区当班站务员安全叮嘱、站台安检等处理站台日常事务巡查工作	BRT站台	导致站务员无法正常周转,站台内设备损坏无法使用	工作时间

二、设施设备风险点清单

按照设施设备、固定场所、区域进行划分,BRT站务员和巡检员风险点主要是消防器材,其风险点清单详见表3-3-2。

BRT站务员、巡检员岗位设施设备风险点清单 表3-3-2

序号	设备名称	类别	型号	区域位置	是否特种设备
1	BRT站台	区域场所		BRT站台	否
2	手持式 CO_2 灭火器	消防设施	MT/3	BRT站台	否

三、危险源辨识

对上述识别到的作业流程进行工作危害分析(JHA),并通过作业条件危险性分析评价法(LEC)进行风险评价分级;对上述识别到的设施设备进行安全检查表分析(SCL),进行风险评价分级。风险评价分级结果见附表。

第三节　岗位风险分级管控措施

一、BRT站务员、巡检员作业活动风险分级管控清单

根据已经完成的岗位风险分级,对不同的岗位风险现有管控措施进行分析梳理,查漏补缺,并分配相关责任单位和责任人,形成BRT站务员巡检员作业活动风险分级管控清单,详见表3-3-3。

二、设施设备风险分级管控清单

根据已经完成的岗位风险分级,对不同的岗位风险现有管控措施进行分析梳理,查漏补缺,并分配相关责任单位和责任人,形成本岗位设施设备风险分级管控清单,详见表3-3-4。

BRT 站务员、巡检员作业活动风险分级管控清单

表 3-3-3

风险点		作业步骤	序号	危险源或潜在事件	可能发生的事故类型及后果	风险分级	管控措施					管控层级	责任单位	责任人
编号	名称						工程技术措施	培训教育措施	管理措施	个体安全措施	应急处置措施			
1	站务员作业	作业过程	1	上岗前未对站点设备、设施进行检查	使用过程出现损坏导致站台无法正常工作	低风险			定期对设施设备进行检查,出现问题上报维修		出现异常上报巡检员及维修部门	班组、个人	站务管理部	站务员
			2	主观上安全遵章守法意识薄弱,出现违反安全操作规程行为	发生事故	低风险	安装监控系统	运用事故案例等开展安全培训,提高站务员遵章守法意识;做好日常安全叮嘱	运用站台监控、上站检查开展好日常检查工作,发现问题及时通过微信群发送短信提示整改;按照星级管理制度对违规站务员进行考核;落实网格化管理,对违法人员进行跟踪,重点教育管理		对发现的违章及时制止	班组、个人	站务管理部	站务员

续上表

风险点编号	风险点名称	作业步骤	序号	危险源或潜在事件	可能发生的事故类型及后果	风险分级	管控措施：工程技术措施	管控措施：培训教育措施	管控措施：管理措施	管控措施：个体安全措施	管控措施：应急处置措施	管控层级	责任单位	责任人
1	站务员作业	作业过程	3	遇乘客携带危险品乘车的突发情况	影响车辆和乘客安全	低风险	安装一键报警	开展好防恐检查，熟练掌握《公交站务员遇到治安事件十七个怎么办》；开展好应急演练	配备站台安保人员；及时叮嘱站务员做好安全检查；和公安部门搞好联动；完善各项预案，并做好培训	按时参加各项安全培训，掌握突发事件的处置方案	一键报警；按照应急预案进行处置	班组、个人	站务管理部	站务员
			4	恶劣天气	发生事故	低风险		做好特殊天气安全培训和叮嘱；做好应急预案演练	制定应对恶劣天气的应急预案和操作规程；及时掌握天气情况		及时启动应急预案	班组、个人	站务管理部	站务员
			5	遇有滋事人员、酗酒人员、有精神疾病人员、恐怖分子	影响车辆和乘客安全	低风险	安装一键报警	开展好防恐检查，熟练掌握《公交站务员遇到治安事件十七个怎么办》；开展好应急演练	及时叮嘱站务员做好各类危险品及可疑人员进站安全检查工作；和公安部门搞好联动；完善各项预案，并做好培训		一键报警，按照应急预案进行处置	班组、个人	站务管理部	站务员

续上表

风险点		作业步骤	序号	危险源或潜在事件	可能发生的事故类型及后果	风险分级	管控措施					管控层级	责任单位	责任人
编号	名称						工程技术措施	培训教育措施	管理措施	个体安全措施	应急处置措施			
1	站务员作业	作业过程	6	未做到下班后站台安全布防、站内遗留物品检查及设备断电工作	火灾或盗窃	低风险		按照部门规章制度要求，做好相关检查，关闭电源、关闭门窗、关闭电源，做好站台安全布防工作	定期调取站台录像，查看站务员下班后是否存在违反安全操作规程现象，发现违规操作严格考核		完善站台应对突发事件的应急预案	班组、个人	站务管理部	站务员
2	巡检员作业	作业过程	7	巡查时容易发生交通事故	车辆伤害	低风险		定期进行安全培训		遵守交通规则	发现车辆损坏，立即上报车队相关人员	班组、个人	站务管理部	巡检员
			8	进行基础数据的采集、传递、整理、汇总工作时，采集设备损坏，程序出现问题，人为原因导致数据不完整	不能准确全面地完成统计工作，为经营工作提供可靠的数据	低风险		定期开展操作培训演练	及时发现问题，及时补采数据，保证数据的真实、准确、完整		上报经营部、信息中心，补采数据、恢复数据	班组、个人	站务管理部	巡检员

表 3-3-4

BRT 站务员、巡检员岗位设施设备风险分级管控清单

风险点			检查项目		标准	风险分级	不符合标准情况及后果	管控措施					管控层级	责任单位	责任人
编号	类型	名称	序号	名称				工程技术措施	培训教育措施	管理措施	个人安全措施	应急处置措施			
1	区域场所	BRT站台	1	BRT 站台	符合国家、行业标准	低风险	无法正常使用,影响乘车秩序		定期对站务员进行站台内设备和器材使用、检查方法的培训	站务员每天上岗前对站台及设施设备进行检查		发现异常及时汇报,启动应急预案	班组、个人	站务管理部	站务员
1	设施设备	消防器材	2	灭火器	符合国家现行标准	低风险	火灾时无法正常使用	定期检查,到期更换		每天站务员上岗时和巡检员巡查站台时进行检查,部门每月进行100%覆盖检查		发现异常及时汇报	部门级	站务管理部	站务部经理

第四节　岗位隐患排查治理

依据本岗位风险分级管控体系中各风险点的控制措施和标准规范要求，编制该岗位的主要隐患排查清单，详见表3-3-5。

BRT站务员、巡检员岗位常见隐患排查治理清单　　表3-3-5

常见隐患	管控措施	管控措施失效	治理措施
违反安全操作规程操作	安装监控系统	监控系统损坏	报修监控，并做好定期维护保养工作
	运用事故案例等开展安全培训，提高站务员遵章守法意识；做好日常安全叮嘱	站务员安全意识淡薄、违章操作	运用站台监控、上站检查开展好日常检查工作，发现问题及时通过微信群发送短信提示整改；按照星级管理制度对违规站务员进行考核；落实网格化管理，对违法人员进行跟踪，重点教育管理
乘客携带危险品乘车	安装一键报警	设备损坏	报修，并做好定期维护保养工作
	配备站台安保人员；及时叮嘱站务员做好安全检查；和公安部门搞好联动	站务员未按规定进行可疑物品查验，导致可疑物品进入站台	开展好防恐检查，熟练掌握《公交站务员遇到治安事件十七个怎么办》；开展好应急演练
恶劣天气易发生事故	制定应对恶劣天气的应急预案和操作规程	应急预案及应急处置措施掌握不好，导致处置措施不良或失效	日常做好特殊天气安全叮嘱做好培训及应急预案的演练，遇到恶劣天气，逐级上报，及时启动应急预案
遇有滋事人员、酗酒人员、有精神疾病人员、恐怖分子	要求站务员做好各类危险品及可疑人员进站安全检查工作	检查中疏漏导致可疑人员进站滋事	按照日常培训及演练，及时报警，并妥善处置
BRT站台内未做到下班布防、设备断电，造成火灾、盗窃事故	按照站务管理部规章制度要求，做好相关检查、关闭电源、关闭门窗、关闭电源，做好站台安全布防工作	未按规定操作	定期调取站台录像查看站务员下班后是否存在违反安全操作规程现象，发现违规操作严格考核
巡检员在采集数据时设备损坏，或程序出现问题，人为原因导致数据不完整	定期开展操作培训	未按规定进行相关操作	及时发现问题，及时补采数据，保证数据的真实、准确、完整

第五节 典型案例分析

一、类型

站台意外踏空事故。

二、事故经过

2014 年 4 月 27 日 16 时 40 分，BRT-2 号线驾驶员马××驾驶鲁 A×××××号车，由西向东正常执行营运任务，当车辆行驶至东洛河站台后，该驾驶员按照标准操作进站停车开门，在车上乘客陆续上、下车时，一名老年女性乘客由于自身原因下车时发生意外摔倒，导致该乘客右肩部受伤的事故。

三、原因分析

经调取 BRT 站台监控录像和结合现场实际情况，对事故发生的原因分析如下：

(1)BRT 站台事故多为乘客意外踏空事故，BRT 站台一般配备 1～2 名站务员，配备 1 名站务员的 BRT 站台，其主要工作任务是监督投币和检查危险品，基本无法对站内乘车秩序进行疏导。配备 2 名站务员的 BRT 站台，有 1 人可在站台内巡视，维持秩序，引导乘客有序乘车，但早晚高峰时段或客流较多的情况下，来车后乘客一拥而上，脚下视线受阻，也容易导致踏空事故的发生。

(2)乘客在进入 BRT 站台时已经购票，根据运输合同，我方对其意外负有责任，要进行治疗和赔偿。

四、管控措施的检查与更新

(1)因站台踏空事故大部分是基于乘客购票后形成运输合同产生的赔偿，具有一定的偶然性和意外性，要求 BRT 站务员在工作过程中严格遵守操作规程，疏导乘客安全有序乘车，尽量避免此类事故发生。

(2)站务管理部定期对各站台监控进行调取，查看站务员劳动纪律及履职尽责情况。

(3)加强站务员、巡检员安全专项培训教育，工作中提高责任意识和专业能力。

第四章　现场调度员岗位安全知识

现场调度员是现场调度调配的组织实施者,车辆运行过程的参与者和监督者,是公司的经济效益和社会效益实现的最基本的保障。

第一节　岗位工作标准及安全操作规程

一、现场调度员岗位工作标准

1. 范围

本标准规定了济南市公共交通总公司营运公司车队现场调度员的资格要求、职责与权限、工作内容与要求、工作关系以及检查与考核。

本标准适用于济南市公共交通总公司营运公司车队现场调度员的工作岗位。

2. 资格要求

(1)具有专科及以上学历。

(2)具备总公司颁发的现场调度岗位资格证书。

(3)具有优良的道德品质,做事公道正派、严谨、认真。

(4)具有较高的思想政治觉悟,能够严守工作纪律。

(5)具有较好的学习能力,能够充分理解和贯彻执行各项营运调度政策。

(6)具有较好的组织、沟通、协调能力,能够有效配置资源,协调各种关系。

(7)具有较强的计划性和执行力,能够按质、按量及时完成承办的工作任务。

(8)具有3年以上本企业工作经验。

3. 职责与权限

1)职责

协助车队调度员做好所属线路营运调度工作,保证运行秩序正常。

2)权限

(1)对职责范围内的各项事务有建议权和执行权。

(2)其他与岗位相称的工作职权。

4. 工作内容与要求

1)营运现场调度工作

(1)在车队调度员的安排下,严格执行行车作业计划,保证准点发车。

(2)时刻监控所属线路车辆运行情况,如遇突发情况及时向调度员汇报,获得批准后采取灵活科学的调度措施保证所属线路营运秩序正常。

2)现场管理工作

(1)按照总公司标准,做好站房内卫生工作。

(2)按照总公司标准,做好黑板报设计、文件张贴、通知传达等现场管理工作。

(3)及时了解所属线路驾驶员的思想、情绪和身体状况,发现问题及时向调度员汇报,防止可能存在安全隐患的驾驶员投入运营,确保运营安全。

3)安全生产与节能

(1)承担工作范围内的安全生产责任。

(2)履行工作范围内节能减排工作职责。

4)其他职责

积极完成上级领导交办的其他临时性工作。

5.工作关系

(1)直接上级为车队调度员,向车队调度员报告工作。

(2)对车队驾驶员的工作进行指导监督。

(3)同车队相关工作人员合作完成相关工作。

6.检查与考核

(1)岗位工作由车队队长(党支部书记)、副队长(党支部副书记)及其他管理人员进行检查,受车队全体职工监督。

(2)车队队长(党支部书记)及调度员对本岗位工作直接领导和考核。

二、现场调度员岗位安全操作规程

(1)认真学习《安全生产法》相关业务的安全责任,落实一岗双责制度。

(2)了解和掌握本单位《安全生产规章制度》和各类应急预案的相关要求和规定。

(3)每天工作前进行个人风险识别,及时调整自身存在的安全隐患。

(4)对站房(调度室)进行后方安全用电检查,检查各类插排、插座和电器是否存在漏电等隐患。

(5)对站房(调度室)消防设施设备进行检查,发现问题及时整改。

(6)督促驾驶员早到单位,对车辆设施设备等进行检查,确保故障、隐患车辆不上路。

(7)做好驾驶员早出车签名叮嘱工作,并根据实际情况对早叮嘱内容进行添加和更改,确保叮嘱时效性。

(8)对新定车、新调入(复工)驾驶员进行重点叮嘱,必要时根据实际情况调整其工作时间。

(9)对包车、跨线等参加非营运任务车辆驾驶员,进行线路走向介绍,并与其签订安全行车工作责任书。

(10)与驾驶员充分沟通,缓解矛盾冲突,疏导驾驶员情绪,及时了解驾驶员精神和身体状况,降低驾驶员个人安全风险隐患,及时调整好驾驶员作息。

(11)查验驾驶员驾驶证有效性。通过酒精测试仪对驾驶员进行出车前检测,避免驾驶员违法驾驶。

(12)通过智能调度系统和3G监控系统,对运行车辆进行语音和短信安全提醒,特别是特殊时间或恶劣天气时的提醒。

(13)对场区内外来人员有协助检查监督义务。同时督促好驾驶员对乘客遗留物品进行监督检查,避免易燃易爆危险品携带入场,要求驾驶员填写好一圈一检。

(14)协助值班员监督驾驶员票款收袋,确保金库安全、颗粒归仓。

(15)上站上线进行客流调查、护站等,注意个人安全和所在场所的隐患风险识别,及时消除,隐患避免发生事故。

(16)恶劣天气上岗,识别好周边环境隐患风险,确保人身财产安全。

第二节　岗位风险点、危险源

一、岗位作业活动风险点清单

按照作业活动进行划分,现场调度员岗位作业活动风险点清单,详见表3-4-1。

现场调度员岗位作业活动风险点清单　表3-4-1

序号	作业活动名称	作业活动内容	区域位置	可能发生的事故类型及后果	活动频率
1	日常调度作业	营运调度、工作交接、酒精检测仪检查、恶劣天气及特殊情况下的营运调整作业	场站内	车辆、人身伤害	定期进行

二、设施设备清单

按照设施设备、固定场所、区域进行划分,现场调度员岗位设备设施风险点主要是办公区域,详见表3-4-2。

现场调度员岗位设备设施风险点清单　表3-4-2

序号	设备名称	类别	型号	区域位置	是否特种设备
1	办公区域	站房		车队	否

三、危险源辨识

对上述识别到的作业流程进行工作危害分析(JHA),并通过作业条件危险性分析评价法(LEC)进行风险评价分级;对上述识别到的设施设备进行安全检查表分析(SCL),进行风险评价分级。风险评价分级结果见附表。

第三节　岗位风险分级管控措施

一、作业活动风险分级管控清单

根据已经完成的岗位风险分级,对不同的岗位作业活动风险现有管控措施进行分析梳理,查漏补缺,并分配相关责任单位和责任人,形成现场调度员岗位作业活动风险分级管控清单,详见表3-4-3。

二、设施设备风险分级管控清单

根据已经完成的岗位风险分级,对岗位设施设备风险现有管控措施进行分析梳理,查漏补缺,并分配相关责任单位和责任人,形成现场调度员岗位设施设备风险分级管控清单,详见表3-4-4。

现场调度员岗位作业活动风险分级管控清单

表 3-4-3

风险点		作业步骤	序号	危险源或潜在事件	可能发生的事故类型及后果	风险分级	管控措施					管控层级	责任单位	责任人
编号	名称						工程技术措施	培训教育措施	管理措施	个体安全措施	应急处置措施			
1	现场调度作业	作业过程中	1	未按规定对驾驶员进行酒精检测	车辆伤害、人身伤害	一般风险		定期进行安全培训	强化员工个人素质修养,宣传教育酒驾危害	按照公司管理规定认真检查	做好应急风险的控制	车队	车队	当班现场调度员
			2	在驾驶员提前到岗、正点发车过程中,出现偏差,造成驾驶员矛盾摩擦	车辆伤害、人身伤害	低风险		定期进行安全培训	提前在厂务公开栏公示,请管理人员、驾驶员实行监督	严格执行操作规程	做好应急风险的控制	车队	车队	当班现场调度员
			3	调度指令出现偏差,造成驾驶员情绪不满,引发问题	车辆伤害、人身伤害	低风险		定期进行安全培训	加强规章制度学习,提高员工个人素质	严格执行操作规程	做好应急风险的控制	车队	车队	当班现场调度员
			4	班次里程统计、记录出现偏差,造成驾驶员情况不稳定,引发问题	车辆伤害、人身伤害	低风险		定期进行安全培训	提前在厂务公开栏公示,请管理人员、驾驶员实行监督	严格执行操作规程	做好应急风险的控制	车队	车队	当班现场调度员
			5	因恶劣天气、交通管制等突发情况,临时调整线路	车辆伤害、人身伤害	一般风险		应急情况下预案制定以及相关绕行预案的安全培训,包括车况路况等	制定完善落实应急预案,做好安全谈话,对不熟悉周边线路环境的新人进行合理安排	严格按照应急预案执行	做好应急风险的控制	车队	车队	当班现场调度员

续上表

风险点		作业步骤	序号	危险源或潜在事件	可能发生的事故类型及后果	风险分级	管控措施					管控层级	责任单位	责任人
编号	名称						工程技术措施	培训教育措施	管理措施	个体安全措施	应急处置措施			
1	现场调度作业	作业过程中	6	未按规定执行营运计划	车辆伤害、人身伤害	低风险		定期开展教育教训、掌握业务知识	加强专业知识学习，提高业务技能，掌握客流变化，科学安排班制	严格执行操作规程	做好应急风险的控制	车队	车队	当班现场调度员
			7	特殊天气未及时启动应急预案	车辆伤害、人身伤害	一般风险		每月定期开展好应急预案培训和演练，不断完善预案，提高应急处置能力	增强责任心，及时掌握气象信息和运行线路情况，及时启动应急预案	严格执行操作规程	做好应急风险的控制	车队	车队	当班现场调度员
			8	现场管理失误，营运秩序混乱，驾驶员失控	人身财产损失	一般风险		定期进行安全培训	增强工作责任心，及时掌握气象信息和运行线路情况，及时启动应急预案	严格执行操作规程	做好应急风险的控制	车队	车队	当班现场调度员

现场调度员岗位设施设备风险分级管控清单

表 3-4-4

风险点			检查项目		标准	风险分级	不符合标准情况及后果	管控措施					管控层级	责任单位	责任人
编号	类型	名称	序号	名称				工程技术措施	培训教育措施	管理措施	个人安全措施	应急处置措施			
1	设施设备	办公区	1	站房	对站房（调度室）消防设施设备进行检查，发现问题及时整改	低风险	人身伤害		进行安全培训安全叮嘱	定期检查线路和电源开关，落实岗位安全生产责任制	定期检查、发现问题及时报告	及时更换过期及问题消防设施设备	车队	车队	现场调度员

第四节　岗位隐患排查治理

依据现场调度员岗位风险分级管控体系中各风险点的控制措施和标准规范要求，编制现场调度员岗位常见隐患排查清单，详见表3-4-5。

现场调度员岗位常见隐患排查治理清单　　表3-4-5

常见隐患	管控措施	管控措施失效	治理措施
未按时开启酒精检测仪进行出车前酒精检测，造成驾驶员饮酒隔夜后驾驶	按时开启酒精测试仪，利用酒精检测仪做好检查	酒精监测仪发生故障	报修酒精监测仪，并做好定期维护保养工作
	酒精检测不合格，严禁接触车辆	故意跳过酒精检测，或者故意隐瞒酒精检测结果并动车	发现上述情况及时告知安全管理人员，加强安全学习，提升禁止酒驾的安全意识
因恶劣天气、交通管制等突发情况，临时调整线路	制定完善应急预案，做好安全谈话，对不熟悉周边环境的新人进行合理安排	线路危险路段示意图过期或者有临时出现的新的危险路段未标注	及时将问题上报给安全管理人员，更新线路危险路段示意图
	相关绕行预案的安全培训，包括车况、路况	培训不到位	培训方式多样化，培训后进行考核，增强培训实效性
调度作业指令错误，造成压车或大间隔	严格执行操作规程，加强规章制度及业务学习及培训	培训及学习无实效性	加强培训力度，进行月度考评
	及时纠正错误指令，做好应急风险的控制	因道路环境因素造成大间隔	及时启动应急预案
突发身体不适	总公司定期查体，站房内配备应急药箱	查体被遗漏或者站房内应急药品短缺	及时将问题反馈至安全管理人员解决
	发现身体不适时及时告知车队，不勉强继续工作	对自己的身体状况没有正确认知	学习健康知识，参加公司组织的健康培训
	严重不适时，停止工作；突发严重疾病时，拨打120急救电话	缺乏应急常识，没有及时采取措施	学习应急处置知识，积极参加应急演练

第五章　值班员岗位安全知识

车队值班员是车队运营过程的参与者,是车队管理人员现场管理的协调者,是车队正常运营的后勤保障。

第一节　岗位工作标准及安全操作规程

一、营运车队值班员岗位工作标准

1. 范围

本标准规定了济南市公共交通总公司营运公司车队值班员的资格要求、职责与权限、工作内容与要求、工作关系以及检查与考核。

本标准适用于济南市公共交通总公司营运公司车队值班员的工作岗位。

2. 资格要求

(1)具有高中或中专及以上学历。

(2)具有3年以上本企业工作经验。

(3)具备总公司颁发的值班员岗位资格证书。

(4)具有优良的道德品质,做事公道正派、严谨、认真。

(5)具有较高的思想政治觉悟,能够严守工作纪律。

(6)具有较好的组织、沟通、协调能力。

(7)具有较强的大局意识和服务意识。

(8)具有较强的计划性和执行力,能够按质、按量及时完成承办的工作任务。

3. 职责与权限

1)职责

在车队队长(党支部书记)的领导下,协助车队管理人员做好车队的现场管理、出车前检查、收袋监督等工作。

2)权限

(1)对职责范围内的各项事务有建议权和执行权。

(2)其他与岗位相称的工作职权。

4. 工作内容与要求

1)现场管理工作

(1)协调各工人岗位人员之间关系,确保各环节协调配合,工作有序。

(2)协调做好所属线路的后勤保障工作,确保正常运营。

(3)协助现场调度员做好现场调度工作。

(4)协调修理工做好车辆维修工作。

(5)协助解决营运中发生车辆中途抛锚问题,按照应急预案要求迅速赶赴现场,及时通知相关人员,做好善后工作。

(6)认真做好内部交接班和与物业公司的交接工作,做好记录。

2)车辆检查工作

监督检查驾驶员做好车辆出车前的"一日三检"工作。

3)收袋监督工作

做好收袋监督工作。

4)安全生产与节能

(1)承担工作范围内的安全生产责任。

(2)履行工作范围内节能减排工作职责。

5)其他职责

积极完成上级领导交办的其他临时性工作。

5. 工作关系

(1)直接上级为车队队长(党支部书记),向车队队长(党支部书记)报告工作。

(2)对车队驾驶员的工作进行指导监督。

(3)同车队相关工作人员合作完成相关工作。

6. 检查与考核

(1)岗位工作由车队队长(党支部书记)、副队长(党支部副书记)及其他管理人员进行检查,受车队全体职工监督。

(2)车队队长(党支部书记)及调度员对本岗位工作直接领导和考核。

二、车队值班员岗位安全操作规程

(1)认真学习《安全生产法》相关业务的安全责任,落实一岗双责制度。

(2)了解和掌握本单位《安全生产规章制度》和各类应急预案的相关要求和规定。

(3)每天工作前进行个人风险识别,及时调整自身存在的安全隐患。

(4)督促驾驶员进行出车前酒精测试,避免驾驶员违法驾驶。

(5)督促驾驶员对车辆设施设备等进行出车前检查,确保故障、隐患车辆不上路。

(6)排查驾驶员工作不在状态现象,并根据实际情况进行安全叮嘱,确保人有问题不出车。

(7)对新定车、新调入(复工)驾驶员进行重点叮嘱。

(8)对场区内外来人员有协助检查监督义务。

(9)协调修理工做好车辆维修工作。

(10)协助解决营运中发生车辆中途抛锚问题,按照应急预案要求迅速赶赴现场,及时通知相关人员,做好善后工作。

(11)监督驾驶员票款收袋,确保金库安全。

(12)做到车辆摆放到位,预留消防通道,险情发生后能做到迅速撤离。

第二节　岗位风险点、危险源

一、岗位作业活动风险点清单

按照作业活动进行划分,车队值班员岗位作业活动风险点主要是值班员作业,详见表3-5-1。

车队值班员岗位作业活动风险点清单　　表3-5-1

序号	作业活动名称	作业活动内容	区域位置	可能发生的事故类型及后果	活动频率
1	值班作业	督促驾驶员出车前进行酒精测试、车辆检查、监督收袋、预留消防通道,为车队正常运营提供服务	场区内	车辆、人身伤害	定期进行

二、设施设备清单风险点清单

按照设施设备、固定场所、区域进行划分,车队值班员岗位设备设施风险点主要是停车场区,详见表3-5-2。

车队值班员岗位设备设施风险点清单　　表3-5-2

序号	设备名称	类别	型号	区域位置	是否特种设备
1	停车场区	场所		车队	否

三、危险源辨识

对上述识别到的作业流程进行工作危害分析(JHA),并通过作业条件危险性分析评价法(LEC)进行风险评价分级;对上述识别到的设施设备进行安全检查表分析(SCL),进行风险评价分级。风险评价分级结果见附表。

第三节　岗位风险分级管控措施

一、作业活动风险分级管控清单

根据已经完成的岗位风险分级,对不同的岗位作业活动风险现有管控措施进行分析梳理,查漏补缺,并分配相关责任单位和责任人,形成车队值班员岗位作业活动风险分级管控清单,详见表3-5-3。

二、设施设备风险分级管控清单

根据已经完成的岗位风险分级,对岗位设施设备风险现有管控措施进行分析梳理,查漏补缺,并分配相关责任单位和责任人,形成车队值班员岗位设施设备风险分级管控清单,详见表3-5-4。

车队值班员岗位作业活动风险分级管控清单

表 3-5-3

风险点编号	风险点名称	作业步骤	序号	危险源或潜在事件	可能发生的事故类型及后果	风险分级	管控措施：工程技术措施	管控措施：培训教育措施	管控措施：管理措施	管控措施：个体安全措施	管控措施：应急处置措施	管控层级	责任单位	责任人
1	值班员作业	作业过程中	1	未按规定时间到岗	工作无序、混乱，失控	低风险		强化责任心教育	加强考勤管理		现场调度员、班组长代替履行岗位职责	车队	车队	调度员、值班员
			2	监督驾驶员进行酒精测试	醉驾、隔夜酒导致责任事故	低风险		定期进行安全培训	强化员工个人素质修养，宣传教育酒驾危害	按照公司管理规定认真检查	做好应急风险的控制	车队	车队	现场调度员、值班员
			3	督导驾驶员进行出车前检查	机械故障导致事故	低风险		培训车辆技术标准	提高一级维护质量，加强日常维护检查		做好应急风险的控制	车队	车队	值班员
			4	场区巡视	意外、涉恐事件	低风险		培训法律、法规及内保制度	强化个人素质修养，提高业务能力	及时报警	做好应急风险的控制	车队	车队	安全员、值班员
			5	排查驾驶员不在状态现象	车辆伤害、人身伤害	低风险		培训三类人群管理法	3G 检查、管理人员进站房巡视		做好应急风险的控制	车队	车队	安全员、值班员

续上表

风险点		作业步骤	序号	危险源或潜在事件	可能发生的事故类型及后果	风险分级	管控措施					管控层级	责任单位	责任人
编号	名称						工程技术措施	培训教育措施	管理措施	个体安全措施	应急处置措施			
1	值班员作业	作业过程中	6	处理驾驶员矛盾	不稳定情绪、人身、车辆伤害	低风险		定期进行安全培训	加强规章制度学习,提高员工个人素质	严格执行操作规程	做好应急风险的控制	车队	车队	车队书记值班员
			7	监督收袋	票款流失	低风险	监控设备齐全有效	培训收袋流程、制度	加强规章制度学习,提高员工个人素质	严格执行操作规程	现场调度员、护场人员行使职责	车队	车队	值班员
			8	摆放车辆	事故、场内秩序混乱	低风险	使用反光、耐磨损材料制作标线	培训作业计划、摆放规划	加强规章制度学习,提高员工个人素质	严格执行操作规程	护场人员行使职责	车队	车队	值班员
			9	场区车辆巡视	火灾、失窃	低风险		不定期安全培训	加强规章制度学习,提高员工个人素质	严格执行操作规程	做好应急风险的控制	车队	车队	值班员

值班员岗位设施设备风险分级管控清单

表 3-5-4

风险点			检查项目		标准	风险分级	不符合标准情况及后果	管控措施					管控层级	责任单位	责任人
编号	类型	名称	序号	名称				工程技术措施	培训教育措施	管理措施	个人安全措施	应急处置措施			
1	固定场所	停车场区	1	消防通道	预留消防通道	低风险	人身伤害、车辆损失	划分区域	进行安全培训安全叮嘱	定期落实岗位安全生产责任制	定期检查、发现问题及时报告	消防应急预案	车队	车队	车队值班员
			2	安全标志限速	车辆限速出入	低风险	车辆损失	场站监控系统	相关人员安全教育	停车场门口醒目位置设置“限速出入”安全标志		发现超速车辆及时制止	车队	车队	车队值班员
			3	门禁系统	门禁系统运行良好	低风险	车辆损失、其他伤害		员工安全教育培训	日常安全检查;门禁系统日常维护与保养		发现异常及时汇报	车队	车队	车队值班员
			4	易燃易爆物品	停车场严禁存放易燃易爆物品	低风险	火灾、爆炸事故	场站监控系统	员工安全教育培训	日常安全巡查;外来人员及车辆登记入内,并进行安全检查和叮嘱		发生事故按照《消防应急预案》处理	车队	车队	车队值班员

续上表

风险点			检查项目		标准	风险分级	不符合标准情况及后果	管控措施					管控层级	责任单位	责任人
编号	类型	名称	序号	名称				工程技术措施	培训教育措施	管理措施	个人安全措施	应急处置措施			
1	固定场所	停车场区	5	地面状况	雨雪天，停车场无积水、积雪；春夏季无杨柳飞絮堆积	低风险	其他伤害，火灾事故	场站监控系统	员工安全教育培训	雨雪天气应及时处理路面，谨防滑倒摔伤，确保无大面积积水情况；杨柳飞絮应及时清理，严禁堆积采取焚烧方式处理		发现地面状况不良及时汇报	车队	车队	车队值班员
			6	防火区	防火区无违规动火作业	低风险	火灾事故	场站监控系统	员工安全教育培训	日常安全巡查，防火区内严禁使用明火；动火作业必须申请动火作业票，并做好安全防范措施		发生事故按照《消防应急预案》处理	车队	车队	车队值班员

续上表

风险点			检查项目		标准	风险分级	不符合标准情况及后果	管控措施					管控层级	责任单位	责任人
编号	类型	名称	序号	名称				工程技术措施	培训教育措施	管理措施	个人安全措施	应急处置措施			
1	固定场所	停车场区	7	车场照明和配套电气设备	电气设备和线路安装使用符合标准要求	低风险	触电、火灾事故		员工安全培训教育	日常安全巡查,发现故障及时汇报,并请专业人员维修处理		按照《消防应急预案》要求处理	车队	车队	车队值班员
			8	消防设备设施	停车场内消防设备设施按防火标准设置摆放,并保证完好有效	一般风险	火灾事故		员工安全教育培训	日常安全巡查,发现问题及时汇报		按照《消防应急预案》要求处理	车队	车队	车队值班员
			9	场站监控主机,各路摄像头	场站监控主机、各路摄像头工作正常	低风险	车辆损失、其他伤害、火灾事故	二级监控管理系统	监控人员业务技能培训	日常安全检查;专(兼)职监控设备管理员专业管理;发现故障及时维修处理		发现问题及时汇报报修	车队	车队	车队值班员

第四节　岗位隐患排查治理

依据车队值班员岗位风险分级管控体系中各风险点的控制措施和标准规范要求，编制车队值班员岗位常见隐患排查治理清单，详见表3-5-5。

车队值班员岗位常见隐患排查治理清单　　表3-5-5

常见隐患	管控措施	管控措施失效	治理措施
未监督驾驶员进行出车前酒精检测，造成驾驶员隔夜酒驾驶	利用酒精检测仪做好检查	酒精检测仪发生故障	报修酒精检测仪，并做好定期维护保养工作
	酒精检测不合格，严禁接触车辆	故意跳过酒精检测，或者故意隐瞒酒精检测结果动车	发现上述情况及时告知安全管理人员，加强安全学习、提升禁止酒驾的安全意识
未监督驾驶员进行出车前检查	熟悉、掌握所驾车型的技术性能	对技术性能不熟悉	及时将问题上报给安全管理人员，申请相关培训或者有经验的驾驶员指导
	监督驾驶员按一日三检要求进行检查	对检查标准不熟悉	及时将问题上报给安全管理人员，申请相关培训
未处理驾驶员矛盾	及时了解、并处理	因处理不当发生矛盾	及时将问题上报给安全管理人员及车队书记，申请相关培训
未监督收袋	熟悉掌握收袋流程及制度	对标准不熟悉，违反规定	发现上述情况及时告知安全管理人员，加强安全学习
	收袋监控设备齐全有效	监控设备发生故障	报修监控设备，并做好定期维护保养工作
摆放车辆	按规定区域停放，预留消防通道，按规定摆放警示牌、反光标	未按规定进行相关操作	参加安全知识复训
场区车辆巡视	按照相关检查要求进行关闭电源、关闭门窗、切断燃油（气）开关、三角木放置到位的检查	未执行相关要求	参加安全知识复训
预留消防通道	按规定区域停放，预留消防通道，按规定摆放警示牌、反光标	未按规定进行相关操作	参加安全知识复训

第六章　充电员岗位安全知识

第一节　岗位工作标准及安全操作规程

一、岗位工作标准

1.基本要求

(1)充电作业仅允许充电员进行操作,严禁驾驶员私自进行充电操作。

(2)驾驶员驾驶纯电动公交车到达充电场站之后,根据充电员安排,将车辆停在充电位或指定等待区。

(3)驾驶员将车钥匙交于充电员保管,接车时签字领取。

2.注意事项

(1)充电过程中,严禁插拔充电插头。

(2)严禁触碰高压部分,特别是充电插头

二、充电员岗位安全操作规程

1.充电员工作状态要求

(1)充电员是充电作业的直接操作者,在车队长的领导下,在车队安全员、机务员的指导下,对充电桩的充电作业安全负主要责任。

(2)充电员必须全面了解国家和地区有关充电站的法律、法规和政策。

(3)充电员必须具备基本充电作业知识及消防基础知识,熟悉充电桩的基本构造和技术性能,具备处理各种紧急情况的能力。

(4)充电桩管理员必须严格执行岗位安全操作规程,牢固树立“安全第一,预防为主”的思想。

(5)充电员必须保持好工作场所的设备、场地及周边环境的清洁卫生工作。充电桩管理员负责纯电动车的充电、提车、倒车全过程,并按要求做好相关数据的统计,同时做好有中途换车需求的配合工作。

(6)充电员必须按时参加安全学习,能熟练使用消防器材,能熟练排除各种突发性险情。

(7)充电员积极参加各种业务技术学习、岗位练兵、消防演练,不断提高自身业务素质,确保充电安全。

(8)充电员有权拒绝任何违反操作规程的指令,有权劝阻和制止其他人员的违章操作。严禁充电区吸烟、洗刷车辆等。

(9)充电员必须遵守劳动纪律,不迟到、不早退、不旷工、不脱岗、不串岗、严格执行日志制度。

(10)充电桩管理员必须服从车队领导的安排,听从车队领导的指挥,接受车队领导检查考核,维护集体的团结。

(11)充电员应热情礼貌接待、优质文明服务;配合好各级管理人员、值班员及现场调度员,为驾驶员做好服务。

2. 充电员安全操作要求

(1)工作前穿戴好个人劳动防护用品,并检查充电区域消防设施是否有效。

(2)检查充电监控系统电源线是否良好,要求无破损、龟裂、缠绕等情况,检测漏电保护器工作是否正常。

(3)检查急停按钮是否完好、是否处于断开状态。

(4)检查充电枪及其连接电缆是否良好。

(5)检查充电机内部是否有异物,元器件是否损坏,元器件及导线是否有松脱现象。

(6)确保接地线连接可靠。

(7)充电前,将车辆停放至具备充电条件的指定工位,按照要求关闭车辆电源,拉起驻车制动器等,并连接充电桩,要求连接紧密。

(8)连接无误后,开启充电系统。查看充电系统启动是否正常,发现异常及时处理。

(9)设备启动正常后,按照系统操作流程,依次点击“充电设置”“自动充满”“确认起动”,运行充电程序。查看充电是否正常。出现异常及时开启“急停按钮”断开充电电路。必要时切断设备电源,排除故障。定期观察充电机仪表的相关数据。

(10)充电过程中观察是否出现异响、异味及其他异常现象。不允许碰触充电枪及其线束。

(11)充电完成后点击“充电完成”或“手动停止”结束充电,并点击确认。

(12)仪表显示充电断开,充电界面显示充电电压为“0”、电流为“0”时,拔枪完成充电。禁止存在电压、电流情况下拔插充电枪。

(13)关闭充电机电源及配电盘内充电机电源。

(14)观察充电枪口是否有烧蚀的痕迹。观察充电系统电器元件,检查是否有腐蚀等情况。设备放置原位。做好充电系统检查使用记录。

(15)保持充电站卫生整洁,做到工完料净场地清。

第二节　岗位风险点、危险源

一、作业活动风险点清单

按照作业活动进行划分,充电员岗位风险点包括充电作业、检查作业、记录作业、清洁作业、动车作业等,详见表3-6-1。

充电员岗位作业活动清单 表 3-6-1

作业活动名称	作业活动内容	区 域 位 置	可能发生的事故类型及后果	活 动 频 率
充电作业	对充电车辆	充电站	电气火灾,人员受伤、充电站受损、车辆受损	频繁进行

二、设备设施风险点清单

对设施设备、固定场所、区域进行划分,充电员岗位风险点包括充电桩、充电站等,详见本教材第三模块第 12 章表 3-12-2。

三、危险源描述及辨识方法

对上述识别到的作业流程进行工作危害分析(JHA),并通过作业条件危险性分析评价法(LEC)进行风险评价分级;对上述识别到的设施设备进行安全检查表分析(SCL),进行风险评价分级。风险评价分级结果见附表。

第三节 岗位风险分级管控措施

一、作业活动风险分级管控清单

根据已经完成的岗位风险分级,对不同的岗位风险现有管控措施进行分析梳理,查漏补缺,并分配相关责任单位和责任人,形成本岗位作业活动风险分级管控清单,详见表 3-6-2。

二、设施设备风险分级管控清单

根据已经完成的岗位风险分级,对不同的岗位风险现有管控措施进行分析梳理,查漏补缺,并分配相关责任单位和责任人,形成本岗位设施设备风险分级管控清单,详见本教材第三模块第 12 章表 3-12-4。

表 3-6-2

充电员岗位作业活动风险分级管控清单

风险点		作业步骤	序号	危险源或潜在事件	可能发生的事故类型及后果	风险分级	管控措施					管控层级	责任单位	责任人
编号	名称						工程技术措施	培训教育措施	管理措施	个体安全措施	应急处置措施			
1	充电作业	充电作业前	1	不按规定穿戴劳保用品	人员受伤	一般风险		加强安全操作规程培训教育和叮嘱	加强培训、叮嘱	工作服、绝缘鞋、绝缘手套	发现违规作业人员及时制止，汇报	个人、车队	分管车队	充电员
			2	未检查线缆、急停设备、充电设备	设备损坏、人身伤害	一般风险		按照检查要求，做好相关设施设备检查	制定日常检查制度；按照检查规范要求做好检查工作	工作服、绝缘鞋、绝缘手套	完善应对充电站突发事件的应急预案，并按应急预案执行	个人、车队	分管车队	充电员
			3	充电车辆检查	充电设备损坏、车辆设施损害	一般风险		加强安全操作规程培训教育	按照充电前检查标准对车辆电源，驻车制动器进行检查	工作服、绝缘鞋、绝缘手套	检查项目不合格不允许作业	个人、车队	分管车队	充电员
		充电作业中	4	充电过程中各仪表不能正常工作	设备损坏，无法进行充电过程	一般风险			定期观察充电机仪表的相关数据，及时观察充电设备各仪表情况	工作服、绝缘鞋、绝缘手套	按照操作流程及时开启“急停按钮”断开充电电路。必要时切断设备电源，排除故障	个人、车队	分管车队	充电员

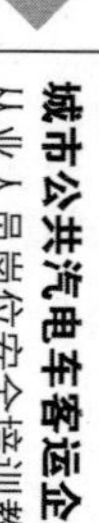

续上表

风险点		作业步骤	序号	危险源或潜在事件	可能发生的事故类型及后果	风险分级	管控措施					管控层级	责任单位	责任人
编号	名称						工程技术措施	培训教育措施	管理措施	个体安全措施	应急处置措施			
1	充电作业	充电作业中	5	充电过程中出现异响、异味及其他异常现象	设备损坏、火灾事故	一般风险		突发情况应急培训及演练	定期观察充电机仪表的相关数据，及时观察充电设备各仪表情况	工作服、绝缘鞋、绝缘手套	按照操作流程及时开启“急停按钮”断开充电电路。必要时切断设备电源，排除故障	个人、车队	车队、技术部门	充电员
		充电作业后	6	未关闭停止按钮，未确认充电完成	设备损坏、人员触电事故	一般风险		加强充电员安全操作规程培训教育	点击“充电完成”或“手动停止”结束充电，并点击确认仪表显示充电断开，充电界面显示充电电压为“0”、电流为“0”后拔枪，完成充电	工作服、绝缘鞋、绝缘手套	发现有人触电，首先要尽快使触电者脱离电源，然后根据触电者的具体症状进行对症施救	个人、车队	车队	充电员

续上表

风险点		作业步骤	序号	危险源或潜在事件	可能发生的事故类型及后果	风险分级	管控措施					管控层级	责任单位	责任人
编号	名称						工程技术措施	培训教育措施	管理措施	个体安全措施	应急处置措施			
1	充电作业	充电作业后	7	未拔下充电枪	设备损坏，人身伤害	一般风险		加强充电员安全操作规程培训教育	充电完成后,检查车辆充电枪拔放情况,应按照操作规定,拔下充电枪,按照放置位置摆放	工作服、绝缘鞋、绝缘手套	发现异常，及时汇报	个人、车队	车队	充电员
			8	关闭充电机电源及配电盘内充电机电源	设备损坏、人员伤害	一般风险		按照车队和规章制度要求，做好相关检查、关闭总电源	制定考核制度；落实岗位职责；充电员按照操作规程进行断电检查	工作服、绝缘鞋、绝缘手套	发现异常，及时汇报	个人、车队	车队	充电员

第四节　岗位隐患排查治理

依据本岗位风险分级管控体系中各风险点的控制措施和标准规范要求，编制该岗位常见隐患排查清单，详见表3-6-3。

充电员岗位常见隐患排查清单　　表3-6-3

常见隐患	管控措施	管控措施失效	治理措施
不按规定穿戴劳保用品	按规定佩戴劳动保护用品	未佩戴劳动保护用品或损坏	加强安全操作规程培训教育、叮嘱和日常检查
未检查线缆、急停设备、充电设备	制定日常检查制度	未按照规范操作	按照检查规范要求做好检查工作，完善应对充电站突发事件的应急预案
充电过程中各仪表不能正常工作	定期观察充电机仪表的相关数据，及时观察充电设备各仪表情况	设备损坏或者操作错误	按照操作流程及时开启"急停按钮"断开充电电路。必要时切断设备电源，排除故障
充电过程中出现异响、异味及其他异常现象	定期观察充电机仪表的相关数据，及时观察充电设备各仪表情况、佩戴劳动保护用品	设备损坏或者操作错误	按照操作流程及时开启"急停按钮"断开充电电路。必要时切断设备电源，排除故障。开展突发情况应急培训及演练
未关闭停止按钮，未确认充电完成	制定操作规程，点击"充电完成"或"手动停止"结束充电，并点击确认仪表显示充电断开，完成充电	未按规定操作	加强充电员安全操作规程培训教育
未拔下充电枪	制定操作规程，充电完成后，检查车辆充电枪拔放情况，应按照操作规定，拔下充电枪，按照放置位置摆放	未按规定进行相关操作	加强充电员安全操作规程培训教育
关闭充电机电源及配电盘内充电机电源	按照车队和规章制度要求，做好相关检查、关闭总电源	未按规定进行相关操作	制定考核制度；落实岗位职责；对充电员按照操作规程进行断电检查

第五节　典型案例分析

一、事故类型

未按规定穿戴防护用品而发生的触电死亡事故。

二、事故经过

某年9月17日，×厂电工鲁×，身穿汗背心，长裤（脚管翘起），赤脚穿塑料拖鞋，在临时通电的低压配电室内，俯卧在3号配电屏上拧屏内中性线导电排的8号螺钉时，右臂不慎碰到开关出线带电导电排，造成触电。鲁×经抢救无效死亡。

三、原因分析

(1)电工人员没有按规定穿戴防护用品。且不遵守劳动纪律，上班穿拖鞋。

(2)现场安全管理不严。电工作业时不穿绝缘鞋、长袖、长裤工作，未受到及时教育与处理。

(3)思想麻痹，认为在中性线上工作无危险，对带电导线未采取绝缘隔离措施。

四、事故教训与防范措施

电气工作人员在带电作业时必须严格按规定穿戴好个人防护用品。尤其是在6~9月这四个月中，更要注意防止触电事故。因这一时期，天热多雨、空气潮湿，电气设备的绝缘性能降低，加上这段时间内作业人员衣着单薄，汗水和身体外露部分较多，因此触电危险大大增加。电气安全管理人员，对违反规定的现象应及时制止教育和处理，以确保电工作业的安全。

第七章　乘务员岗位安全知识

乘务员是城市公共汽车和电车客运行业主要岗位之一，是在公共交通工具上为乘客提供服务的工作人员，对企业安全的影响也是很大的。以济南公交总公司为例，目前只有K301线路设置乘务员岗位，人数为31。本章乘务员安全知识主要包括乘务员的通用安全知识。

第一节　岗位工作标准及安全操作规程

一、岗位工作标准

1. 范围

本标准规定了济南市公共交通总公司营运公司车队乘务员的资格要求、职责与权限、工作内容与要求、工作关系以及检查与考核。

本标准适用于济南市公共交通总公司营运公司车队乘务员的工作岗位。

2. 资格要求

(1)具有高中(中专)及以上学历。

(2)具有优良的道德品质，做事公道正派，严谨、认真。

(3)具有较高思想政治觉悟，能够严守工作纪律。

(4)具有较好的学习能力，能够充分理解和贯彻执行公司各项政策。

3. 职责与权限

1)职责

监督投币、代换零币、宣传及疏导乘客换乘，车辆卫生清扫等。

2)权限

(1)对职责范围内的各项事务有建议权和执行权。

(2)其他与岗位相称的工作职权。

4. 工作内容与要求

1)作营运出车准备工作

提前十五分钟到队申领票兜，核对票兜零票，检查车辆卫生。

2)微笑服务

规范服务、礼貌待客。

3)票务工作

(1)严格按照操作规程及时找兑零钱，必须站站清、人人清，严禁先上后买，认真、严格监督投币，严格履行查票制度，票根必须划票。

(2)负责车辆等站期间的票兜保管。

4)安全生产与节能

(1)承担工作范围内的安全生产责任。

(2)履行工作范围内节能减排工作职责。

5)其他职责

积极完成上级领导交办的其他临时性工作。

5. 工作关系

1)直接上级为车队管理人员,向车队管理人员报告工作。

2)同车队驾驶员合作完成相关工作。

6. 检查与考核

(1)岗位工作由总公司部门和营运公司部门检查,车队全体职工监督。

(2)分公司营运管理部、车队队长(党支部书记)、车队服务管理员对岗位工作进行监督和考核。

二、乘务员岗位安全操作规程

1. 严肃劳动纪律

(1)按时到岗,严禁迟到、早退,乘务员提前三十分钟到队申领票兜,核对票兜零票,检查车辆卫生,每迟到或早退一次罚款二十元,两次下车培训待岗。驾驶员提前三十分钟到队检查车辆技术性能,车辆卫生等,考勤一律按照严格按照《病假管理规定》《关于职工旷工的处理决定》严格考核。

(2)无条件执行调度命令,严禁私自换班,严禁中途下车早退。一经车队检查发现按旷工处理。凡是一次不执行调度命令的,下车培训待岗,两次不执行调度命令的按照《解除劳动合同的有关规定》和《关于职工旷工的处理决定》解除劳动合同,私自换班一次罚款五十元。

(3)遇有特殊情况,如遇恶劣天气、车辆故障,遵循车在人在的原则,除特殊情况(超出公司营运运行时刻或无法坐最后一班回家)经调度员同意后方可离岗,未经同意擅自离岗者视为早退、旷工,情节恶劣者按照公司有关规定严肃处理。

2. 规范服务,微笑服务

(1)按规定悬挂工号、着标志服。凡有不按标准执行者,一次查处罚款五十元,两次下车培训待岗。

(2)规范服务、礼貌待客,无服务纠纷、责任投诉和新闻批评,凡是落实乘务员属实责任投诉的或造成恶劣影响的,罚款一百元,下车培训,情节严重者限期调离车队。

(3)使用普通话服务、微笑服务。凡检查一次不合格者罚款五十元。

(4)服务、车辆卫生达标。一次检查不合格罚款一百元。

3. 严肃票务纪律

(1)乘务员只负责工作台上规定的零币钱数的等价兑换,票兜以及其他规定的零币钱额由驾驶员代为保管。

(2)发车前由乘务员提前申领票兜,驾乘人员在监控下当面交结清楚后再执行营运任务，当车行至副站后在监控下当面交接清楚，由乘务员负责等站时间的保管，返回时操作一样。

(3)乘务员负责指导乘客间互换零币，不得代收、代投钱币，当工作台上零币不足时向驾驶员提出申请兑换，在驾驶员、乘务员、乘客共同监督下等价兑换，原则站站清，车辆运行以及等红灯时严禁兑换零币。

(4)驾驶员负责保管票兜和监督乘务员兑换零币，驾驶员不得售票、代收、代投钱币，凡有违反者一律视为违反票务纪律。

(5)凡是工作台、票兜出现长短款一律视为违反票务纪律，按照总公司管理规定解除劳动合同。

(6)立足本职、爱岗敬业，严格履行驾驶员监督投币责任，下行自公交营运中心至高新区站点、上行自技师学院至鸡山站点每站上乘客时驾驶员必须站立监督投币疏导乘客，原则站站清、人人清，凡是检查一次不按照规定执行者下车培训，罚款五百元；两次不按照规定执行者限期调离车队。

(7)凡是查处乘务员违反票务纪律的，解除合同，驾驶员除按照《总公司票务管理规定》停止工作、写出检查、罚款一千元外，限期调离车队。

(8)认真、严格监督投币，严格履行查票制度，票根必须划票，凡有违反以上任何一款罚款一百元，两次者调离车队。

(9)乘务员运行中不得从事与工作无关的事情，严禁睡岗、闲谈，严禁玩手机，除车队电话外不得接听其他任何电话或收发短信，凡是违反者一次罚款一百元，下车待岗，两次限期调离车队。

(10)乘务员严禁代收、代投钱币，凡有违反者一律限期调离车队，情节恶劣者一律按照公司规定解除合同。

(11)乘务员必须在监控区范围内工作，不准离开工作台进行钱币兑换，凡违反者视为有贪污行为，解除合同。

(12)车内监控镜头不准私自调整、遮挡，如有违反，视为有贪污行为，解除合同。驾乘人员必须无条件服从公司各级检查人员的检查，如不配合视为贪污，停止工作，调离车队，情节严重者按照公司有关规定解除合同。

(13)建议乘务员随身携带小包，不得携带有嫌疑的较大的包，将包放在监控区范围内，严禁放在乘务员座位周围，否则视为违反票务纪律。严禁私自放其他与工作无关的包，包括塑料袋。

(14)工作时严禁乘务员戴手套、套袖、护膝上岗，如有违反一律视为违反票务纪律。

(15)严格按照一岗双责的要求，乘务员除执行兑换零钱、监督投币、微笑服务、疏导乘客职责外，运行中乘务员有责任、有义务提醒驾驶员安全驾驶、安全时速行驶，遇到突发事件，及时果断处理，遇到高客流时段，乘务员有责任在前后门开关时提醒，驾驶员得到乘务员肯定答复、提醒后开关前后门，如遇高客流时段发生车门夹人事故，按照责任划分承担相应责任。

(16)耐心疏导乘客，提醒乘客抓好扶好，帮助特需乘客找座，提醒乘客下车注意安全。

(17)提醒驾驶员匀速行驶，避免因紧急制动造成的车内摔伤现象发生。

第二节　岗位风险点、危险源

一、作业活动风险点清单

按照作业活动进行划分,本岗位风险点包括乘务员作业活动风险,详见表3-7-1。

乘务员岗位作业活动风险点清单　表3-7-1

序号	作业活动名称	作业活动内容	区域位置	可能发生的事故类型及后果	活动频率
1	乘务员作业	做好司辅器、刷卡机、票据的检查工作,协助驾驶员做好各项安全工作,确保规范操作	公交车	工作时间	定期进行

二、设备设施风险点清单

按照设施设备、固定场所、区域进行划分,本岗位设备设施风险点清单详见表3-7-2。

乘务员岗位设施设备风险点清单　表3-7-2

序号	设备名称	类别	型号	区域位置	是否特种设备
1	公交车辆	公交车辆	普通公交车	场区	否
2	停车场区	场所		停车场	否
3	消防器材	消防设备		场区	否

三、危险源辨识

对上述识别到的作业流程进行工作危害分析(JHA),并通过作业条件危险性分析评价法(LEC)进行风险评价。对本岗位设备设施清单中的各项进行安全检查表分析(SCL),并通过作业条件危险性分析评价法(LEC)进行风险评价,见附表。

第三节　岗位风险分级管控措施

一、作业活动风险分级管控清单

根据已经完成的岗位风险分级,对不同的岗位风险现有管控措施进行分析梳理,查漏补缺,并分配相关责任单位和责任人,形成本岗位作业活动风险分级管控清单,详见表3-7-3。

二、设施设备风险分级管控清单

根据已经完成的岗位风险分级,对不同的岗位风险现有管控措施进行分析梳理,查漏补缺,并分配相关责任单位和责任人,形成本岗位设施设备风险分级管控清单,详见表3-7-4。

乘务员岗位作业活动风险分级管控清单

表 3-7-3

风险点		作业步骤		危险源或潜在事件	可能发生的事故类型及后果	风险分级	管控措施					管控层级	责任单位	责任人
编号	名称	序号	名称				工程技术措施	培训教育措施	管理措施	个体安全措施	应急处置措施			
1	乘务员作业	1	作业中	未按职责对乘客进行疏导，导致车门挤客		低风险		定期组织进行安全知识专项培训，学习预防车门挤客方法	落实安全管理制度，落实一岗双责，加强安全叮嘱和教育		及时停止营运工作；与家属联动，共同疏导驾驶员情绪	车队、班组	五公司	安全员
		2	作业中	未及时监督驾驶员，导致超速运行		低风险		安全培训及叮嘱，及时提醒驾驶员	落实出车前安全设施检查；完善相关考核办法	售票过程中抓好扶好	及时提醒、劝阻驾驶员安全运行	车队、班组	五公司	安全员
		3	作业中	未按规定对乘客携带的违禁品进行检查		一般风险		落实好防恐措施	加强防恐培训，加大防恐检查	学习逃生施救方法	按要求做好防恐检查工作	车队、班组	五公司	安全员
		4	作业中	运行中与驾驶员闲谈	交通事故	低风险	利用 3G 监控进行随机抽查	加强安全叮嘱和培训教育，学习安全管理制度	针对严重违章行为严肃处理，加强安全意识教育		发送智能调度指令，禁止闲谈	车队、班组	五公司	安全员

续上表

风险点		作业步骤		危险源或潜在事件	可能发生的事故类型及后果	风险分级	管控措施					管控层级	责任单位	责任人
编号	名称	序号	名称				工程技术措施	培训教育措施	管理措施	个体安全措施	应急处置措施			
1	乘务员作业	5	作业中	未提前劝阻驾驶员导致制动猛、起步急	车内摔伤	一般风险		运用事故案例等开展安全培训；做好日常安全叮嘱	运用3G监控、路查、跟车检查，开展好日常检查工作，发现问题及时通过智能调度平台发送短信提示		及时发送车载短信提醒	车队、班组	五公司	安全员
		6	作业中	乘客受到伤害未及时妥善处理	服务事故、服务纠纷	低风险		加强服务培训，提高服务意识	随机查看监控，及时发现，梳理情绪		停止工作，培训教育	车队、班组	五公司	安全员
		7	作业后	检查遗留物品	突发事件	低风险		应急演练、防恐措施、安全操作方面的培训	加强针对反恐法等相关安全法规的培训	学习《反恐怖主义法》	禁止触动，报警并向单位报告	车队、班组	五公司	安全员
		8	作业后	未与驾驶员同时清点票款	票款流失	一般风险		运用事故案例等开展安全培训；做好票务安全管理	组织学习票务管理制度		及时发送车载短信提醒	车队、班组	五公司	安全员

表 3-7-4

乘务员岗位设备设施风险分级管控清单

风险点		检查项目		标准	不符合标准情况及后果	风险分级	管控措施					管控层级	责任单位	责任人
编号	类型	序号	名称				工程技术措施	培训教育措施	管理措施	个体安全措施	应急处置措施			
1	公交车	1	司辅器	正常工作	发生纠纷	低风险		培训会、熟练掌握	加强对司辅器功能方面的培训		发现异常,口语报站	个人、班组	五公司六队	乘务员
		2	收费机	正常工作	发生纠纷	低风险		培训会、熟练掌握	培训收费机使用方法		发现异常及时汇报	车队	五公司六队	乘务员
		3	小键盘	正常工作	发生纠纷	低风险		培训会、熟练掌握	加强对小键盘功能方面的培训		发现异常及时汇报	个人、班组	五公司六队	乘务员

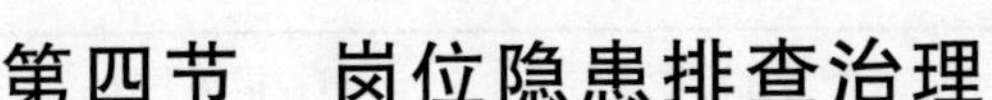

第四节　岗位隐患排查治理

依据本岗位风险分级管控体系中各风险点的控制措施和标准规范要求，编制该岗位常见隐患排查清单，详见表3-7-5。

乘务员岗位常见隐患排查清单　　表3-7-5

常见隐患	管控措施	管控措施失效	治理措施
车门挤客	围绕落实企业安全生产主体责任开展好管理工作，按要求加强培训	培训不到位	制定针对性强的培训计划和方案
	及时停止营运工作；与家属联动，共同疏导驾驶员情绪	本人不服从管理，家属不配合	加强安全学习，提升安全意识
未劝阻驾驶员匀速运行	发现问题通过智能调度系统发送安全提示信息，及时提醒驾驶员	智能调度系统不正常工作，指令未能及时发出	出车前认真检查好车辆服务设施是否正常工作
	售票时抓好扶好，叮嘱乘客注意乘车安全	未及时提醒乘客	及时将问题上报给安全管理人员
	通过智能调度系统发送安全提示信息	智能调度系统发生故障	进行智能调度系统调试
查验违禁品	熟悉、掌握查验违禁品的种类和危害性	对违禁品种类、危害性不熟悉	及时将问题上报给安全管理人员，加强培训教育
	加强防恐知识培训	对防恐知识不熟悉	及时将问题上报给安全管理人员，加强培训教育
运行中与驾驶员闲谈	加强安全叮嘱和培训教育，学习安全管理制度	无视公司安全管理制度，分散驾驶员精力	停止工作，加强安全培训
	发送智能调度指令，禁止闲谈	智能调度系统发生故障	进行智能调度系统调试
未提前劝阻驾驶员导致制动猛、起步急	运用事故案例等开展安全培训；做好日常安全叮嘱	培训不到位，叮嘱不及时	及时发送车载短信提醒
	运用3G监控、路查、跟车检查开展好日常检查工作，发现问题及时通过智能调度平台发送短信提示	智能调度系统发生故障	进行智能调度系统调试

续上表

常见隐患	管控措施	管控措施失效	治理措施
乘客受到伤害未及时妥善处理	加强服务培训，提高服务意识	未执行相关要求	加强应急救援方面的培训教育
	开展安全培训；做好日常安全叮嘱	处理不得当	启动应急救援方案
收车后未检查遗留物品	加强针对反恐法等相关安全法规的培训	培训不到位	加强应急演练、防恐措施、安全操作方面的培训
	按照公司安全管理规定严格检查	未执行相关规定	应急处置措施
未与驾驶员同时清点票款	等开展安全培训；做好票务安全管理	未执行相关要求	及时发送车载短信提醒
	组织学习票务管理制度	培训叮嘱不到位	加强票务管理制度学习

第八章　押款车驾驶员岗位安全知识

押款车驾驶员是城市公共汽车、电车客运行业的重要岗位之一。押款车驾驶员一般是在夜间执行票款的押运作业任务，涉及交通安全、票款安全和消防安全，在执行票款押运作业时，一旦发生问题，会造成人员伤亡、财产损失以及不良的社会影响，所以，押款车驾驶员必须严格执行各项法律、法规和安全管理制度，熟悉本岗位的安全知识。

第一节　岗位工作标准及安全操作规程

一、押款车驾驶员岗位工作标准

1. 范围

本标准规定了济南市公共交通总公司票务管理部押款车驾驶员的资格要求、职责与权限、工作内容与要求、工作关系以及检查与考核。

本标准适用于济南市公共交通总公司票务管理部押款车驾驶员的工作岗位。

2. 资格要求

(1)具有中专(高中)及以上学历。

(2)具有优良的道德品质，做事公道正派，严谨、认真。

(3)具有较高思想政治觉悟，能够严守工作纪律。

(4)具有较好的学习能力，能够充分理解和贯彻执行公司的各项规章制度。

(5)具有较强的执行力，能够按计划办事，按质、按量完成承办的任务。

3. 职责

在票务管理员的领导下，具体负责以下工作：

(1)票款押运工作。

(2)押款车辆维修、保养和车上监控维修工作。

(3)其他职责。

4. 签到考勤

应注意上岗时间。

(1)应在出车前20min到达车辆停放地点。

(2)冬季，应在出车前30min到达车辆停放地点。

5. 出车准备

1)应检查是否随身携带驾驶证

2)应按照酒精测试仪标准进行测试

3)应逐一查看大厅外张贴的适时通知、安全叮嘱，并按规定进行签字确认

4)车辆性能检查工序

(1)对车容进行检查,车身漆面应保持完好、无刮擦或变形,车窗玻璃应齐全、无裂纹。

(2)应对汽车的技术性能进行例行检查,检查工序、内容及要求包括:

①机油、冷却液(防冻液)、气、电无“四漏”现象,保持正常标准。

②应保持轮胎气压正常,无夹杂物和非正常磨损。

③发动机外部应清洁卫生,紧固附件应保证齐全有效。

④驾驶门、各舱门应确保开关灵活、锁止有效。

⑤车身外蒙皮、风窗玻璃、边窗玻璃无破损。

⑥各仪表应齐全有效。

5)应对驾驶车辆进行安全性能检查

检查工序、内容及要求包括:

①灯光、刮水器、喇叭、后视镜、监视器等应齐全有效。

②灭火器应合格有效。

③确保车辆制动装置良好有效。

④转向盘拨动应符合标准范围。

⑤车厢内座椅、扶手等设施无松动、缺损现象。

6)当上述四步检查过程中发现问题,应及时向维修车间报修,并及时向管理员报告故障情况,及时维修车辆

7)应对驾驶车辆进行油料检查,确保当班行驶里程油料储备够用

8)加油汽车时,车辆应在前一日检查当日油料储备,在指定加油站加油

注1:当前往指定加油站加油时,应按照指定路线行驶。

注2:撬装加油站加油时,应严格按照加油流程规范操作。

9)当上述检查准备工作就绪以后,发动车辆,必须按规定将气压打到8kg(784kPa)方准起步

10)检查发动机有无异响,一切正常才可以准备发车

6.发车准备

(1)将车辆舱门打开,按规定区域将车辆停放好。

(2)认真清点钱袋、钱盒,与交接员按程序,认真做好交接工作,不准出现差错,认真保管好金库钥匙,不准出现差错、丢失等问题。

(3)钱袋、钱盒清点装车完毕后,检查随车工具、金库钥匙、清点表是否齐全,一切就绪准备出车。

7.行车途中

(1)必须按照规定的线路、站点执行押款任务,不准私自绕线。

车辆行驶中,除操纵其他机件设备外,应双手把握转向盘,不得随意驶离规定车道和同线超车,应做到起步稳、行车稳、停车稳。提前观察处理情况,避免紧急制动。

(2)行驶中,应密切关注车辆和行人的动态,特别是公交专用道路口,发现异常应及时采取措施,谨慎驾驶,并执行“三二一”操作规程,具体操作如下:

①30m左右发现行人、非机动车横穿道路时,应鸣喇叭(市内禁鸣区断续鸣喇叭),车速

降至20km/h。

②20m左右发现行人、非机动车继续穿越时,车速降至15km/h以内。

③距离行人、非机动车10m时,应停车让行,严禁绕越。

(3)车速应控制在规定范围内,市内不宜超过40km/h,与前方车辆保持10~20m以上的安全距离,遇到情况应提前降速,避免紧急制动。冰雪道路应与前车保持三倍以上的安全距离,不准空挡滑行,采取点制动,尽量避免紧急制动。

(4)通过路口时,应在距路口100~300m处降低车速,做到"一慢、二看、三通过",提前观察处理情况,礼让斑马线,注意避让行人、车辆。

(5)运行中,应注意观察各种仪表、指示灯,注意车厢内的设施设备、各部件和发动机有无异响和异味,发现异常时应立即靠边停车检查或联系抢修。车辆发生故障,押款车驾驶员应选择安全路段停车,打开双闪,按规定距离100~150m设置警示标志,及时与票务管理员联系说明故障原因,等待救援,押款车驾驶员及跟车押款员不准随便离开押款车辆。

(6)在行驶中,不得吸烟、闲谈、看报纸、接打电话等,做有碍于行车安全的行为。

(7)到达站点时,严格按照收袋流程认真清点、核对钱袋、钱盒数量类型。与站点值班员、场站收袋员认真做好清点交接工作。保管好金库钥匙,不准出差错,在钱袋、钱盒搬运过程中,防止出现砸伤、摔伤的工伤事故。

(8)在执行票款押运途中,驾驶员要严格遵守《道路交通安全法》的规定,杜绝各类违法驾驶行为。遇有雨、雾、雪、冰雪道路、严重积水路段,驾驶员要严格执行安全操作规程,确保票款押运安全和交通安全。

(9)严禁在工作场所、站点、金库内、加油站及押款车上吸烟、接打手机,严禁携带火种进入上述工作区域和危险场所。严禁携带与工作无关的人员进入上述工作区域和危险场所,确保消防安全和票款安全。如遇车辆抛锚事故等突发情况,驾驶员应及时向单位分管管理人员汇报,并要求及时报警,保护好现场和押款车。驾驶员、跟车押款员不准离开押款车,单位分管管理人员在接到驾驶员电话后,及时赶赴现场并向领导汇报,及时安排车辆安全转移票款,做好善后处理工作,确保票款安全。

(10)押款车安全返回点款中心后,按指定位置将票款钱袋、钱盒整齐摆放,并认真与现场交接员做好清点、核对、签字等交接工作,不准乱摆乱放,不准出现差错。

(11)票款装卸完毕,驾驶员将押款车按照指定位置整齐停放,对当班出现的问题,应当及时向有关管理人员核对并汇报说明。不准隐瞒不报。关闭门窗、电源,拉住驻车制动器手柄,对车辆进行全车检查,将车辆钥匙和金库钥匙按指定位置摆放,确认无误方可下班回家。

二、押款车驾驶员岗位安全操作规程

1.押款车驾驶员工作状态要求

(1)认同公司管理文化,严格遵守交通法规、行业管理要求和公司规章制度,服从安全指挥,严格要求自己,积极参与培训学习,不断提高岗位技能。

(2)牢记"安全第一、预防为主、综合治理"安全工作方针,树立"以客为尊"品牌服务理念,精心操作。树立安全意识、服务意识、规范意识、成本意识、环保意识,养成良好的职业道德和谨慎规范的操作习惯,致力为乘客提供"安全、便捷、环保、舒适"的公交服务。

(3)上岗驾驶员必须能熟练操作所驾驶车辆和各种车载服务设备,熟悉线路途经路段、站点、站名,熟悉线路沿途危险路段操作要求和到达站点时间,熟悉线路押款作业程序、岗位责任考核内容和操作规程。

(4)驾驶员要保证充足的睡眠时间和良好睡眠质量,上班时要放下一切思想包袱,保持"平常心态",保持良好的体力、集中精力驾驶车辆。

(5)严禁饮酒后开车、带情绪开车、带病勉强开车、服药后开车、疲劳开车,不得在夜间和阴天戴深色眼镜(视力有障碍驾驶员必须配戴眼镜,保证纠正视力达到正常要求)。

(6)行车过程中驾驶员不得与他人闲谈、打手机、吸烟、饮食、看资料或戴耳机耳塞。行车时不做与安全行车无关的事,任何时候不做有损员工形象的行为。

(7)当班驾驶员必须穿着干净整齐工作服、带齐有效驾驶证件上班,严禁敞衣领上岗、穿拖鞋或赤脚开车。

(8)任何人不得将车辆交给不具备上岗资格的驾驶员单独驾驶。

2. 三检工作要求

(1)驾驶员须在发车之前20min到达停车地点,做好出车准备工作。

(2)驾驶员当班期间需做好"三检工作"。三检工作是指出车前、行驶中、收车后对车辆各部件的检查工作。

①出车前检查内容包括:

a. 发动机:燃油、机油、冷却液、传动带。

b. 电器电路:蓄电池、灯光、仪表、电器、音响系统。

c. 行驶系:制动油、制动系统、轮胎、轮胎螺栓。

d. 传动系:传动轴、半轴螺栓。

e. 转向系:转向机、液压油、横直拉杆。

f. 车身:车门、后视镜、玻璃是否有破损。注意检查车厢座椅、地板、扶手是否牢固平整,有无危害安全的破损;出发前调节好驾驶员座椅、后视镜位置(行驶过程中不得边行走边调座椅或后视镜)。

g. 附属设施:灭火器、空调机、车载监控等是否齐全有效。

h. 起动机起动前要确认车辆处于空挡位置,拉好驻车制动器,起动一次不能超过10s,连续起动要间隔2min,起动后禁止猛踩加速踏板升温、打气。起动后15s内必须有机油压力显示,否则要停机检查。

i. 车辆起动后检查是否有机油压力异常、漏电、漏油、漏气、漏水、异响、冒黑烟现象。早上出发前车辆必须怠速运转5min,待冷却液温度上升至40℃以上和制动气压达到标准才能起步出车。

②行驶中主要检查安全部件,内容包括:仪表指示信号;车辆动力状况变化;离合器、制动系统、转向行程和性能变化;异响、异味、异常状况。有问题及时在安全区域停车检查。

③收车后操作、检查内容包括:车辆熄火之前要怠速运行3~5min,充分冷却涡流增压器。注意检查发动机工作情况,轮胎、灯光、玻璃状况。关闭总电源和门窗、排放贮气筒积水、锁好车门,做好交班工作后方可下班。

3. 车厢环境要求

(1)驾驶室内、车头要保持清洁、整齐,不乱张贴图片,不悬挂、堆放杂物妨碍视线;杂物

摆放要固定，确保安全，以免影响正常操控车辆和杂物滑动卡住制动踏板发生危险。

(2)保持车厢内环境干爽、洁净、整齐、舒适，达到巴士集团车厢服务标准。

(3)调节适宜的温度、湿度，保持空气清新、照明充足，减少噪声干扰，室外气温23℃以上时必须开启空调，夏天保持车厢内温度比室外温度低2℃。音响声音要控制在适当范围。

4. 起步操作要求

(1)应先关好车门，然后观察车辆四周情况，打左转向灯，确认安全后用一档平稳起步，注意离合器与加速踏板的配合，做到起步平稳。

(2)起步时要预防"冲车"跌伤人，防止出站与直行车碰挂，或与车辆间隙中突然冲出的行人相碰等交通事故。

5. 普通道路行驶操作要求

(1)行驶中要做到加速平稳、制动平稳、停车平稳、转弯平顺。

(2)车速控制要求。

①保持与交通流和道路环境相适应的车速行驶，禁止超速行驶。

②在道路条件较好的普通水泥路面时速控制在45km/h以下，在人车混杂路面控制在30km/h以下。

③有限速标志的路段按标明车速以下的速度行驶。

④进出停车场、上下地沟时，时速应控制在5km/h以下。

⑤通过路口、斑马线、辅道进出口、绿化带缺口要做到"一慢、二看、三通过"，按交通指示、标志、标线或警察指挥，看清四周，控制20km/h以下速度安全通过。禁止争道抢行、冲红灯、高速通过。

(3)遵循右侧通行、各行其道的原则按道行驶。

①无分道路面要选路中间行驶，有分道路面按导向行驶，不得违章走非机动车道，不得跨线行驶，尽量减少变道、借道，不得蛇形行车，不得长期走超车道。

②在划有导向车道的路口，须按行进方向分道行驶。未设置导向标志、标线的交叉路口，左转弯的机动车应当提前驶入最左侧的车道转弯，右转弯的机动车应当提前驶入最右侧的车道转弯。

③行车遇前方有障碍时，可以借用相邻的机动车道通行，转弯、借道行驶时要提前打转向灯，让优先通行车辆先行。

(4)礼让行车。

①礼让"三先"，先慢、先让、先停，并要求"一让到底、一让到停"，不能边让边走。

②驶入、驶出道路、场区或者借道通行时，应当让在道路内正常行驶的车辆或者行人优先通行。

③遇喷涂"校车"字样并载有学生的车辆时应当让行。

④通过路口、人行道、人车混杂路段要主动避让行人、非机动车辆，遇老年人、儿童、孕妇、抱婴者，以及持盲杖的盲人、行走不便的残疾人横过道路时，应当停车让行。

⑤遇行人、车辆突然横过马路时的危急时刻，应第一时间紧急制动停车避让，不能有侥幸心态。

⑥道路变窄或遇前方道路障碍时，要遵守依次通行原则，不得违章抢行。

(5)特殊路面安全操作要求。

①下陡坡时要控制车速、选好车道,带挡下坡,禁止熄火、空挡滑行或超速下坡。注意防止因长时间制动使制动片过热发软或因滑行惯性太大导致车辆失控。

②通过普通水浸路面时要先选好路线、测好水深,用低速挡加油通过,中途不能停车,过后要停车检查,点制动去除轮毂积水后方可继续正常营运。万一中途车辆熄火,不能强行再起动,要人工将车辆推离水浸路面,并经过检查确认车辆安全后方可再行起动。

③凹凸不平路面要先选好路线小心行驶,防止底盘撞击地面。

④遇雨、雾、风、雪天气或路面洒水、结冰、有油污时,要增大安全跟车距离、谨慎采取制动措施、小心慢速行驶,严禁高速空挡滑行。防止车辆因制动不均衡侧滑失控。万一发生侧滑,要及时放松制动踏板,先顺着滑出方位转向,消滑后再慢慢修正。

⑤摩托车混合行驶路段要平缓减速、转向盘要小打小回、注意看清车辆两侧及后方摩托车动向,防止摩托车追尾或与其发生剐蹭事故。

(6)保持安全距离。

①注意与前车保持安全跟车距离,一般保持相当于本车速度米数的距离,比如60km/h速度最少要有60m安全距离,40km/h速度最少要有40m安全距离;冰雪道路应与前车保持三倍以上的安全距离,不准空挡滑行,采取点制动,尽量避免紧急制动。

②注意与道路其他交通参与人保持侧向安全间距。

③禁止高速并排行车;呈队列行车时,连续跟车不能超过4辆。

④前方车辆或其他静止障碍物形成视线盲区时,要提前减速、交替使用近远光灯、鸣喇叭小心通过(特区内禁鸣叭),提防从视线盲区突然冲出的车辆、行人。

(7)超车操作要求。

①行驶中需要超越前车或者变更车道时,必须提前开启转向灯,夜间还须变换使用远、近光灯,确认与要进入的车道、前方车辆以及后方来车均有足够的行车间距后,再驶入需要进入的车道。

②超车时只允许使用相邻的车道,不得从前车右侧超车,不得在超越前方车辆后突然减速、转弯。

③下列情形不得超车:在交叉路口、窄桥、弯道、陡坡、隧道、人行横道、交通流量大的路段等地点;前车正在左转弯、掉头、超车时;与对面来车有会车可能时;前车为执行紧急任务的警车、消防车、救护车、工程救险车时。

④遇前方车辆停车排队等候或者缓慢行驶时,要依次等候,不得从前方车辆两侧穿插或者超越行驶,禁止逆行超车。

(8)车辆发生事故、故障时操作要求。

①车辆万一发生事故,驾驶员须立即停车、保护现场、设置警示标志、抢救伤者、收集证人证据,并及时报警、报告车队救援。现场车辆必须留有人员看守,防止证据、物品及票款丢失。

②车辆因故障需停车时,应将车辆尽量停放在路边不阻碍交通的安全地点。

③车辆因事故、故障停车时,驾驶员应在来车方向100m位置设置故障车辆警示标志。在夜间或者遇风、雨、雪、雾等低能见度气象条件时在普通道路上临时停车时,应当开启危险

报警闪光灯、示廓灯、后位灯。

④在做好安全防护措施、确保安全的情况下，押款车驾驶员应及时向单位分管管理人员汇报，并要求及时报警，保护好现场和押款车。驾驶员、跟车押款员不准离开押款车，单位分管管理人员在接到驾驶员电话后，应及时赶赴现场并向领导汇报，及时安排车辆安全转移票款，做好善后处理工作，确保票款安全。

⑤车辆进厂维修，必须服从修理厂安全管理规定，地沟有人时禁止开车上下地沟；车辆修好后起动前要先确认车底无人、鸣喇叭后方可起步。经维修公司检验员检验合格后方可开车离厂。

6. 其他安全操作要求

(1)上班期间停车，预计停车超过5min时必须关闭发动机，驾驶员下车后必须带走车辆钥匙，关好车门。

(2)车辆下班回场停放时，必须按规定指定位置整齐摆放，禁止在中途逗留、办私事。保持消防通道畅通，做好检查工作。

(3)车辆万一发生火警或其他异常现象，要保持镇定，及时将车辆停到安全地带，关闭电源、发动机，组织随车人员快速有序下车疏散，正确使用灭火器瞄准火源根部喷射灭火，积极扑灭火源，及时报警求援。

(4)行车时发生治安、刑事案件或其他突发事件时，驾驶员应及时报警，保护好现场和票款。切忌擅自处理、破坏现场，造成善后处理工作麻烦。

第二节　岗位风险点、危险源

一、押款车驾驶员岗位作业活动风险点清单

按照作业活动进行划分，押款车驾驶员岗位作业活动风险点主要是票款押运驾驶作业。详见表3-8-1。

押款车驾驶员岗位作业活动风险点清单　　表3-8-1

序号	作业活动名称	作业活动内容	区域位置	可能发生的事故类型及后果	活动频率
1	票款押运驾驶作业	票款押运、车辆停放、站点、场区收袋、保管钥匙	道路、场站内	交通、碰撞、刮擦、盗窃、火灾、砸伤、摔伤等事故	频繁进行

二、设备设施风险点清单

按照设施设备、固定场所、区域进行划分，押款车驾驶员岗位设施设备风险点主要是押款车，详见表3-8-2。

押款车驾驶员岗位设施设备风险点清单　　表3-8-2

序号	设备名称	类别	型号	区域位置	是否特种设备
1	押款车	厢式货车	ZK5080XXY15宇通	车辆	否

三、危险源辨识

对上述识别到的作业流程进行工作危害分析（JHA），并通过作业条件危险性分析评价法（LEC）进行风险评价分级；对上述识别到的设施设备进行安全检查表分析（SCL），进行风险评价分级。风险评价分级结果见附表。

第三节　岗位风险分级管控措施

一、作业活动风险分级管控清单

根据已经完成的岗位风险分级，对岗位作业活动风险现有管控措施进行分析梳理，查漏补缺，并分配相关责任单位和责任人，形成本岗位作业活动风险分级管控清单，详见表3-8-3。

二、设施设备风险分级管控清单

根据已经完成的岗位风险分级，对不同的岗位风险现有管控措施进行分析梳理，查漏补缺，并分配相关责任单位和责任人，形成本岗位设施设备风险分级管控清单，本岗位设施设备风险分级管控清单详见表3-8-4。

押款车驾驶员岗位作业活动风险分级管控清单

表 3-8-3

风险点		作业步骤	序号	危险源或潜在事件	可能发生的事故类型及后果	风险分级	管控措施					管控层级	责任单位	责任人
编号	名称						工程技术措施	培训教育措施	管理措施	个体安全措施	应急处置措施			
1	票款押运驾驶作业	行车作业前	1	驾驶员情绪不稳定	交通事故	低风险		按要求做好生理、心理教育培训	围绕落实企业安全生产主体责任开展好管理工作	自我调节好情绪，从业人员及时报告不良情绪	情绪不稳定的，及时停止营运工作；与家属联动，共同疏导驾驶员情绪	班组、个人	票务部	驾驶员
			2	隔夜酒及酒后驾驶	交通事故	低风险	利用酒精检测仪做好检查	安全培训及叮嘱，帮助驾驶员认清酒后驾驶的法律风险	落实出车前酒精检测；制定和完善相关考核办法	严禁酒后驾驶车辆	酒精检测不合格，严禁接触车辆	班组、个人	票务部	安全员
			3	新调人、新定车、跨线驾驶员对线路运行情况、车辆技术状况不熟悉	交通事故	一般风险	线路危险路段示意图	落实好新调人、新定车、跨线驾驶员的安全培训，包括车况、路况等	制定完善落实新调人、新定车、跨线驾驶员的实习管理办法；对上述人员的驾驶情况进行检查；做好安全谈话；对因新签合同、新换线路等原因对周边线路环境不熟的人员进行合理安排	服从管理，做好新线路、车辆的熟悉驾驶工作	安排实习，跟车检查，指导	班组、个人	票务部	安全员

续上表

风险点		作业步骤	序号	危险源或潜在事件	可能发生的事故类型及后果	风险分级	管控措施					管控层级	责任单位	责任人
编号	名称						工程技术措施	培训教育措施	管理措施	个体安全措施	应急处置措施			
1	票款押运驾驶作业	行车作业前	4	未做好作业准备、休息不好、情绪、身体不适,不服从管理	事故、纠纷、疾病、人身伤害	低风险		加强法律法规、规定、规章、制度培训，教育职工遵章守纪	制定考核制度；加强法律法规、规定、规章、制度培训，教育职工遵章守纪	遵章守纪	加强监控检查，加强疏导，停止工作、通报处理	班组、个人	票务部	安全员、机务员、驾驶员
			5	病假回岗人员	人身、财产损失	低风险	建立重新上岗谈话教育机制	落实好驾驶员的安全培训,包括车况、路况等	围绕落实企业安全生产主体责任开展好管理工作	遵章驾驶	加强安全叮嘱,3G监控检查，发现问题及时纠正	班组、个人	票务部	安全员、驾驶员
			6	执行外出加油作业任务	人身、财产损失	低风险		加强加油站管理规定培训，提高风险识别能力	加强安全叮嘱	遵守加油站规定	严禁吸烟，打手机	班组、个人	票务部	机务员、驾驶员
			7	驾驶员隔夜酒	人身、财产损失,事故	低风险	利用酒精检测仪做好检查	安全培训及叮嘱，帮助驾驶员认清酒后驾驶的法律风险	落实出车前酒精检测制度，提高全员对酒后驾车危害性的认识	严禁酒后驾驶车辆	约束醒酒、停止工作	班组、个人	票务部	安全员、驾驶员

续上表

风险点		作业步骤	序号	危险源或潜在事件	可能发生的事故类型及后果	风险分级	管控措施					管控层级	责任单位	责任人
编号	名称						工程技术措施	培训教育措施	管理措施	个体安全措施	应急处置措施			
1	票款押运驾驶作业	行车作业前	8	违章事故驾驶员	人身、财产损失	低风险	安装3G监控系统、超速报警系统、智能门控系统、语音提示系统	运用事故案例等开展安全培训，提高驾驶员遵章守法意识；做好日常安全叮嘱	运用3G监控、路查、跟车检查开展好日常检查工作,发现问题及时通过智能调度平台发送短信提示整改；按照星级管理制度对违法驾驶人员进行考核,对违法人员进行跟踪重点教育管理	遵章守法行车，增强自律意识，保证行车安全	停止工作，严格执行四不放过制度	部室	票务部	安全员、驾驶员
			9	私自换班导致对车况不熟	人身、财产损失，事故	低风险		加强安全培训，提高全员遵章守纪的自觉性	加强检查、监管，杜绝违纪现象	遵章守纪	发现问题立即纠正	部室	票务部	安全员、驾驶员
			10	过度娱乐	人身、财产损失	一般风险	做好上岗前的酒精测试工作	按要求做好培训教育	落实站务员、管理人员责任,多进站房,了解驾驶员身体情况；排查好兼职人员、过度娱乐人员	遵纪守法	酒精检测不合格、精神状态不佳严禁接触车辆	部室	票务部	安全员、驾驶员

续上表

风险点		作业步骤	序号	危险源或潜在事件	可能发生的事故类型及后果	风险分级	管控措施					管控层级	责任单位	责任人
编号	名称						工程技术措施	培训教育措施	管理措施	个体安全措施	应急处置措施			
1	票款押运驾驶作业	行车作业中	11	BRT中央护网破损、缺失，行人在中央绿化带内穿行	造成“鬼探头”交通事故	较大风险	协调相关部门定期对护网进行排查修复	制定操作规程及通过路口和站点的黄金三秒操作法，开展应急演练	运用3G监控、路查、跟车检查开展好日常检查工作	注意观察，做好随时停车准备，发现情况立即停车	如发生交通事故，按照事故处置预案拨打110电话、120电话，并逐级上报	班组、个人	票务部	安全员、驾驶员
			12	违法驾驶	人身、财产损失	一般风险	加装超速报警装置、车载监控，监督驾驶员的安全操作行为	加强安全培训教育，典型交通事故案例警示教育	运用3G监控、路查、跟车检查开展好日常检查工作，发现问题及时通过智能调度平台发送短信提示整改；按照星级管理制度对违法驾驶员进行考核；落实网格化管理，对违法人员进行跟踪重点教育管理	遵章守法行车，增强自律意识，保证行车安全	运用3G监控，立即纠正	班组、个人	票务部	安全员、驾驶员

续上表

风险点		作业步骤	序号	危险源或潜在事件	可能发生的事故类型及后果	风险分级	管控措施					管控层级	责任单位	责任人
编号	名称						工程技术措施	培训教育措施	管理措施	个体安全措施	应急处置措施			
1	票款押运驾驶作业	行车作业中	13	出现路怒等情绪波动	开斗气车等导致事故发生	低风险	确保超速报警装置的正常使用	运用事故案例等开展安全培训；教会驾驶员情绪疏导方法；做好日常安全叮嘱	运用3G监控、路查、跟车检查开展好日常检查工作，发现问题及时通过智能调度平台发送短信提示	稳定个人情绪不开斗气车	及时发送车载短信提醒	班组、个人	票务部	安全员、驾驶员
			14	突发身体不适	人身、财产损失	低风险	总公司定期查体，站房内备应急药箱	发现身体不适时及时告知车队，不勉强驾驶车辆	落实站务员、管理人员责任，多进站房，了解驾驶员身体情况；排查好兼职人员、过度娱乐人员、生病人员，分类开展好叮嘱	及时就医，并将身体情况反馈至相关人员	停止营运驾驶工作；突发严重疾病时，拨打120急救电话	班组、个人	票务部	安全员、驾驶员
			15	夜间驾驶环境黑暗	造成人身伤害、财产损失	低风险	灯光照明不符合技术要求	按要求做好夜间驾驶培训教育	加强安全培训，安全叮嘱	减速慢行谨慎驾驶，避让车辆，行人	遇对方来车，靠边停车让行	班组、个人	票务部	安全员、驾驶员

续上表

风险点		作业步骤	序号	危险源或潜在事件	可能发生的事故类型及后果	风险分级	管控措施					管控层级	责任单位	责任人
编号	名称						工程技术措施	培训教育措施	管理措施	个体安全措施	应急处置措施			
1	票款押运驾驶作业	行车作业中	16	雨天光线昏暗、能见度低；雷电大风；路面湿滑泥泞；气温低形成冻雨或哈气霜冻等	造成人身伤害、财产损失	低风险	灯光照明不符合技术要求	按要求做好雷雨天气培训教育，出车前安全叮嘱	根据天气路况适时叮嘱，运用3G监控加强检查，发现问题及时纠正	减速慢行谨慎驾驶，避让车辆、行人，确保行车安全	危险路段现场勘查，根据天气路况适时叮嘱，运用3G监控加强检查，发现问题及时纠正	班组、个人	票务部	安全员、驾驶员
			17	大雾天气，能见度低	造成人身伤害、财产损失	低风险	灯光照明不符合技术要求	按要求做好大雾天气培训教育，出车前安全叮嘱	根据天气路况适时叮嘱，运用3G监控加强检查，发现问题及时纠正	减速慢行谨慎驾驶，避让车辆、行人，确保行车安全	危险路段现场勘查，根据天气路况适时叮嘱，运用3G监控加强检查，发现问题及时纠正	班组、个人	票务部	安全员、驾驶员
			18	雪天视线不良；路面积雪或有融雪	造成人身伤害、财产损失	低风险		按要求做好雨雪道路安全行车培训教育及出车前安全叮嘱	根据天气路况适时叮嘱，运用3G监控加强检查，发现问题及时纠正	不准空挡滑行，加大安全距离，点制动，避免紧急制动	危险路段现场勘查撒沙，做防滑处理，根据天气路况适时叮嘱，运用3G监控加强检查，发现问题及时纠正，车辆配防滑沙袋	班组、个人	票务部	安全员、驾驶员

续上表

风险点		作业步骤	序号	危险源或潜在事件	可能发生的事故类型及后果	风险分级	管控措施					管控层级	责任单位	责任人
编号	名称						工程技术措施	培训教育措施	管理措施	个体安全措施	应急处置措施			
1	票款押运驾驶作业	行车作业中	19	涉水路面水中有尖锐物、大坑、水流速度快、水深，涉水后	造成人身伤害、财产损失	低风险	按技术要求涉水操作，涉水后适当制动	按要求做好积水路面培训教育，安全叮嘱	根据天气路况适时叮嘱，运用3G监控加强检查，发现问题及时纠正	遇积水较深路段下车勘查，确认安全后通过，严禁冒险涉水	制定完善相关预案，确保遇有突发事件及时处置，积水路段派人守护疏导	部室	票务部	安全员、驾驶员
			20	节假日人车混行，复杂路段	道路交通环境复杂，容易导致事故发生	低风险		按要求做好节假日专项叮嘱	加强出车前安全叮嘱，运用3G录像适时监控	减速慢行谨慎驾驶，避让车辆、行人，确保行车安全	制定完善相关预案，确保遇有突发事件及时处置，派人现场守护疏导	班组、个人	票务部	安全员、驾驶员
			21	遇滋事人员、酗酒人员、精神疾病人员、恐怖分子	影响车辆和票款安全，导致事故发生	低风险	安装一键报警；按照应急预案进行处置	按照“17个怎么办”安全管理规定对驾驶员进行安全教育培训	加强专项安全叮嘱、培训，提高员工对应急突发事件的处置能力	沉着应对，不随意下车开门，及时报警处理	管理人员及时赶赴现场，及时报警处理	班组、个人	票务部	安全员、驾驶员

续上表

风险点		作业步骤	序号	危险源或潜在事件	可能发生的事故类型及后果	风险分级	管控措施					管控层级	责任单位	责任人
编号	名称						工程技术措施	培训教育措施	管理措施	个体安全措施	应急处置措施			
1	票款押运驾驶作业	行车作业中	22	道路突然交通管制临时改线	发生路堵，道路交通事故	低风险		按照“17个怎么办”安全管理规定对驾驶员进行安全教育培训	加强专项安全叮嘱、培训，提高员工对应急突发事件的处置能力	减速慢行、谨慎驾驶，避让车辆、行人，确保行车安全	制定完善相关预案，确保遇有突发事件及时处置	班组、个人	票务部	安全员、驾驶员
			23	电器设备、线束短路，连电	造成火灾，人身伤害、财产损失	较大风险	立即切断电源	按照“17个怎么办”安全管理规定对驾驶员进行安全教育培训	加强专项安全叮嘱、培训，提高员工对应急突发事件的处置能力	立即切断电源，控制险情，寻求帮助，及时拨打119电话报警	立即切断电源，控制险情，寻求帮助，及时拨打119电话报警	班组、个人	票务部	安全员、驾驶员
			24	钱箱搬运	差错、砸伤、碰伤、摔伤、票款遗失	低风险	钱袋，钱盒不符合技术标准	加强对专业知识和操作规程的培训	严格操作规程，按章操作	严格操作规程，按章操作，杜绝野蛮装卸	严格操作规程，按章操作，杜绝野蛮装卸，紧急避险	班组、个人	票务部	机务员、驾驶员
			25	灭火器，车载监控失效	火灾，人身伤害，财产损失，票款失窃	低风险	不符合技术标准	加强对专业知识和操作规程的培训，了解掌握设备、器材使用性能	定期检查，发现失效，及时报修、更换	定期检查，发现失效，及时报修、更换	及时维修，更换	班组、个人	票务部	安全员、驾驶员

续上表

风险点		作业步骤	序号	危险源或潜在事件	可能发生的事故类型及后果	风险分级	管控措施					管控层级	责任单位	责任人
编号	名称						工程技术措施	培训教育措施	管理措施	个体安全措施	应急处置措施			
1	票款押运驾驶作业	行车作业后	26	未关闭电源、未放置三角木，导致车辆发生火灾事故或溜车事故	火灾事故、车辆损坏	低风险	通过智能调度系统发送安全提示信息	按照规章制度要求，做好相关检查，关闭电源、关闭门窗，切断燃油（气）开关，三角木放置到位	制定考核制度；保安人员落实好夜间巡查职责；驾驶员按照指定位置停车，保证预留消防通道	检查确认	完善应对停车场突发事件的应急预案	班组、个人	票务部	机务员、驾驶员
			27	未按规定摆放车辆和金库钥匙丢失	影响出车、收袋，票款失窃	低风险	通过智能调度系统发送安全提示信息	按照规章制度要求，做好相关检查，钥匙按指定位置摆放到位	制定严格考核制度；对违规人员相应处理	检查确认	制定严格考核制度；对违规人员及时通报处理	班组、个人	票务部	机务员、驾驶员
			28	未按规定摆放车辆，未留消防通道	火灾无法救援，增强灾害后果	低风险	按规定区域停放、使用三角木	加强收车后的安全培训教育	制定考核制度；保安人员落实好夜间巡查职责；驾驶员按照指定位置停车，保证预留消防通道	按指定位置摆放车辆，用三角木塞车轮，并留有消防通道	完善应对停车场突发事件的应急预案	班组、个人	票务部	安全员、驾驶员

押款车驾驶员岗位设备设施风险分级管控清单

表 3-8-4

风险点			检查项目		标准	风险分级	不符合标准情况及后果	管控措施					管控层级	责任单位	责任人
编号	类型	名称	序号	名称				工程技术措施	培训教育措施	管理措施	个人安全措施	应急处置措施			
1	设备设施	押款车	1	ZK5080XXY15宇通	符合GB/T 18344、GB/T 7258中的相关标准	低风险	未按标准气压出车，造成人员伤害，财产损失	仪表报警识别	培训驾驶员做好日常的检查工作，遇到异常，及时报修	按照公司管理制度要求，做好相关部件的维修、检查工作	按照制度要求检查，如有异常及时报修	发现异常及时报修，消除隐患	部室级	票务部	机务员
			2	MFZ/ABC4型	符合国家对灭火器的检验标准，产品合格证	低风险	因失效无法使用，造成人身伤害，财产损失	仪表识别	培训驾驶员做好日常的检查、维护工作，遇到异常，及时报修、更换	按照公司管理制度要求，做好定期检查工作，发现失效立即更换，做好记录	按照制度要求检查，如有失效及时更换	发现失效及时更换	班组、个人	票务部	机务员、驾驶员
			3	监控设备	符合国家标准产品合格证	低风险	监控失效，违章违纪，票款失窃，财产损失	技术故障	培训驾驶员做好日常的检查、维护工作，遇到异常，及时报修	按照公司管理制度要求，做好相关部件的维修、检查工作，发现问题及时报修	按照制度要求检查，维护如有异常及时汇报	发现异常及时报修，消除隐患	班组、个人	票务部	机务员、驾驶员

第四节　岗位隐患排查治理

依据驾驶员风险分级管控体系中各风险点的控制措施和标准规范要求，编制该岗位的常见隐患排查清单，详见表3-8-5。

押款车驾驶员岗位常见隐患排查清单　　表3-8-5

常见隐患	管控措施	管控措施失效	治理措施
酒后驾驶	利用酒精检测仪做好检查	酒精监测仪发生故障	报修酒精监测仪，并做好定期维护保养工作
新调入、新定车驾驶人员对线路、车辆状况不熟	服从管理，做好新线路、车辆的熟悉驾驶工作	因不熟悉流程，对线路、车辆熟悉缓慢	及时将问题上报给安全管理人员，申请相关培训或者有经验的驾驶员指导
车辆技术性能不合格	熟悉、掌握所驾车型的技术性能	对技术性能不熟悉	及时将问题上报给安全管理人员，申请相关培训或者有经验的驾驶员指导
突发身体不适	严重不适时，停止工作；突发严重疾病时，拨打120急救电话	缺乏应急常识，没有及时采取措施	学习应急处置知识，积极参加应急演练
未关闭电源，未放三角木	按照相关检查要求，关闭电源、关闭门窗，切断燃油(气)开关，三角木放置到位	未执行相关要求	参加安全知识复训
未预留消防通道、马路车场未摆放警示牌、反光标	按规定区域停放，预留消防通道，按规定摆放警示牌、反光标	未按规定进行相关操作	参加安全知识复训

第五节　典型案例分析

一、事故类型

剐碰事故。

二、事故过程

2018年1月28日晚21时40分，押款车驾驶员王×（男，43岁）驾驶鲁A·U××××押款车执行BRT线押款任务，沿北园路由东向西行至BRT1号线长途汽车站站点收款时，阻挡了BRT1号线鲁A·Q××××大客通道车进站，收完钱袋准备走时，鲁A·Q××××号驾驶员驾驶该车从后面斜着挡在鲁A·U××××前面，两车僵持了2分钟，鲁A·U××××押运员许×从右前门空隙中开门下来劝BRT驾驶员走，经过劝阻，BRT驾驶员开始起步走车，但鲁A·U××××右前门没有关上，BRT通道车左侧连接处剐碰鲁A·U××××右前门，两车不同程度损坏，BRT车上一名乘客被玻璃扎伤。

三、事故分析

(1)此事故BRT驾驶员负主要责任,开斗气车导致事故发生。

(2)押运员许×下车时安全意识不够,没有及时将车辆右前门关好。

(3)BRT驾驶员只顾斗气,情绪冲动不稳定,没有观察左侧情况就起步。

(4)正值两会期间,安全管理人员及时赶到处理,否则如果被媒体曝光,会造成不良社会影响。

(5)此事故反映了尽管在"两会"期间,各单位均按照上级指示要求对驾驶员逐人进行了安全叮嘱。但是,仍有个别驾驶员不听从管理指挥,不顾后果,造成不良影响。

四、整改措施

(1)认真吸取此次事故的教训,在驾驶员月会以此案例来教育广大驾驶员,牢固树立全局意识和遵章驾驶守法驾驶的自觉性。

(2)严格执行事故四不放过制度,对发生事故驾驶员一定要找出问题,认识问题,大家受不到教育不放过,进一步查找工作中的漏洞并立即整改。

(3)继续加大检查力度,对违章违纪驾驶及时通报处理,决不姑息迁就,营造一个良好的安全驾驶氛围。

第九章　供电公司无轨电车线网工岗位安全知识

第一节　岗位工作标准及安全操作规程

一、岗位工作标准

1.范围

本标准规定了济南市公共交通总公司供电公司供电所线网工岗位的资格要求、职责与权限、工作内容与要求、工作关系以及检查与考核。

本标准适用于济南市公共交通总公司供电公司供电所线网工的工作岗位。

2.资格要求

(1)电器维修相关专业中专及以上学历。

(2)熟练掌握电气设备维修知识,具有《电工进网作业证》《安监局特种作业证》。

(3)具有责任心,做事正派,严谨、认真。

(4)善于动脑、动手能力强,能按照计划办事,按质、按量及时完成任务。

(5)具有较好的学习能力,能够充分理解和完成各项工作。

3.职责与权限

1)职责

在供电分公司供电所线网技术管理员的领导下,具体负责以下工作:

(1)线网维护、管理工作。

(2)安全生产。

(3)其他职责。

2)权限

(1)对职责范围内的各项事务有建议权和执行权。

(2)其他与岗位相称的工作职权。

4.工作内容与要求

1)线网维护、管理工作

(1)负责线网的日常检查与维护,为电车运行提供良好的线网技术状况。

(2)根据线网的使用频率和年限,对线网局部进行大修。

(3)配合市政工程,新建、改建电车线网。

(4)认真执行抢修工作,接抢修命令后三分钟内必须出车,杜绝责任停电和大间隔,保障电车的正常运行。

(5)对因线网故障抢修而引起的“超负荷”供电区段,要及时疏导车辆,避免因负荷集中,造成二次停电。

(6)线网工作结束后,必须认真检查,清理现场。

2)安全生产与节能

(1)遵守电车架空线网安全工作规程,上工作台操作必须使用护栏。

(2)严格执行工作监护制度,在线网上不得单独操作。

(3)承担工作范围内的安全生产责任。

(4)履行工作范围内节能减排工作职责。

3)其他职责

积极完成上级领导交办的其他临时性工作。

5. 工作关系

(1)直接上级为供电分公司供电所线网技术管理员。

(2)同供电分公司供电所其他工作人员合作完成相关工作。

6. 检查与考核

岗位工作受供电分公司供电所线网技术管理员的检查与监督、考核。

二、无轨电车线网工岗位安全操作规程

1. 总则

本规程系根据中共中央、国务院加强安全生产的指示精神,参照兄弟城市同行业的实践经验,结合我市的具体情况制定的。

本规程适用于直流600V无轨电车架空馈线和触线网工作的有关人员(包括线网工、检验员、专职技术员、调度员、学员和有关领导干部),他们必须认真学习,严格执行。对于违犯本规程,对足以危害人身和设备安全的现象要坚决制止。

2. 线网工作人员必须具备的条件

(1)经医生鉴定无妨碍工作的病症(体格检查每两年一次)。

(2)具备必需的线网和电气知识,熟悉本规程,并经考试合格者。

(3)学会紧急救护法,首先学会触电急救法和人工呼吸法。

(4)线网工作人员,对本规程应每年考试一次。因故间断线网工作连续三个月以上者,必须重新温习本规程,并经考试合格后,方能恢复工作。新参加的线网工作人员,实习人员和临时工作人员(干部、临时工)必须经过安全知识教育后,方可下场参加指定的工作,但不得单独工作。对外单位派来支援的线网工作人员,工作前应由有关技术负责人和现场施工组织人介绍工作情况和有关安全措施。

(5)对于认真遵守本规程的,应给与表扬和奖励;对于违犯本规程的应加强教育,分析情况,严肃处理。

(6)本规程所指的安全用具和车辆,必须符合有关使用标准,保证安全的组织措施和技术措施。

(7)在架空线网上工作,应按下列方式进行。

①填写工作票。

②口头、电话或书面通知。

(8)工作票用于停电线网上的工作,可由熟悉有关人员技术水平、熟悉设备情况、熟悉本

规程的所长、技术人员或检验员签发，其他人无权签发。工作票所列人员的安全责任及有关事项规定如下。

①工作票签发人（不得同时兼任工作负责人）、其安全责任是：

a. 工作必要性。

b. 工作是否安全。

c. 工作票上所填写安全措施是否正确完备。

d. 所派工作负责人和工作班人员是否适当和充足。

②工作负责人（监护人）应由技术水平和安全等级较高的人担任，其安全责任是：

a. 正确、安全地组织工作。

b. 结合实际进行安全思想教育。

c. 工作前对工作班成员交代安全措施和技术措施。

d. 严格要求执行工作票所列安全措施，必要时应加以补充。

e. 督促、监护工作人员遵守本规程。

③工作许可人由值班调度员兼任，其安全责任是：

a. 审查工作必要性。

b. 线网停、送电和许可工作的命令是否正确。

c. 整流站馈线的接地线等安全措施是否正确完备。

④工作票应用钢笔或圆珠笔填写一式二份，字迹正确清楚，不得任意涂改。

⑤在工作期间，工作票一份交工作负责人，一份交工作许可人，工作终结后统交工作票签发人保存三个月备查。

⑥一个工作负责人，只能发给一张工作票。每张工作票只能用于停、送电时间相同的同一段线网上的几处工作。

（9）使用口头、电话或书面命令的工作为：

①带电线网上及其杆塔上的工作。

②接地电阻测量、电气测量、修剪树枝、检查杆根、拉线等工作。

③事故检修。

④超高件护送。

⑤口头、电话或书面通知，应包括以下几项内容：工作任务、地点、时间、安全措施和联系办法等。

（10）工作许可制度：

①凡填写工作票的工作，其工作负责人，必须得到值班调度员的许可后，方可开始工作。

②线网停电检修，值班调度员必须在整流站将线网可能受电的各方面都拉闸停电，并挂好接地线，将工作班、组数目，工作负责人的姓名，工作地点和工作任务记录在记录簿内才能发许可工作的命令。

③许可工作的命令，必须通知到工作负责人。

④其方法可采用：

a. 当面通知。

b. 电话或电台传达。

c. 派人传达。

⑤严禁约时停、送电。

⑥口头、电话或书面通知的工作,不需要履行工作许可手续。

(11)工作监护制度:

①完成工作许可手续后,工作负责人(监护人)应向工作班成员交代现场安全措施、带电部位和其他注意事项。工作负责人必须始终在现场,对工作人员的安全认真监护,及时纠正不安全的动作。

②分组工作时,由工作负责人指定每个小组负责人(监护人)。

③工作负责人必须离开工作现场时,应临时指定负责人,并通知全体工作人员及工作许可人,经同意后方可离开。

(12)工作终结和恢复送电制度:

①完工后,工作负责人必须检查工作现场有无遗漏的工具、材料,查明全部工作人员已从线网上撤下,命令拆除接地线或短路线后,即认为线路已带电,不准任何人再进行工作。

②工作终结后,由工作负责人向值班调度员报告。

③值班调度员在接到所有工作负责人的完工报告,并核对无误后,方可通知整流站,拆除馈线侧的安全措施,恢复供电。

(13)停电。线网作业前,应做好下列停电措施:

①断开整流站的馈线和刀开关。

②断开需要工作班操作的控制刀开关或拆除临时联络线。

③应检查断开后的开关或刀开关是否在断开位置,并应在开关或刀开关处悬挂"线路有人工作,禁止合闸"的标示牌。

(14)验电。在停电线网工作段工作前,要用良好的试灯验电,确定线网是否确无电压。验电时应戴绝缘手套,并有专人监护。

(15)挂接地线、短路连接线:

①线网经过验明,确实无电压后,应立即在工作地点挂接地线或短路连接线。

②挂接地线时首先接接地端,然后接导线端;接地线连接要可靠,不准缠绕。拆接地线顺序与挂接地线相反。

③装拆接地线、短路连接线时,工作人员应使用绝缘杆或戴绝缘手套,人体不得碰触接地线。

④若无接地引下线时,可采用临时接地棒。接地棒(直径不小于16mm的圆钢)埋设深度不得小于0.6m。

⑤接地线、短路连接线必须是多股软铜线组成,其截面积不得小于25mm^2,严禁使用其他导线做接地线和短路线。

3. 线网运行和维护

1)巡视检查

(1)巡视人员要注意路面和交通情况,注意自身安全。

(2)夜间巡线应沿线网的外侧进行,大风巡线应沿线网的上风侧进行,以免万一触及断落的导线。

(3)事故巡视和抢修时应始终认为线网带电,即使明知线网停电,亦应认为线路随时有恢复送电的可能。

(4)巡线人员发现高压电力线路导线断落至地面、悬吊空中或搭连在电车触线时,应尽力设法防止行人靠近断线地点(10m 以内)防止车辆搭连碰触断线,并迅速通过调度员与供电局联系,听候处理。对于低压电力线路导线断落至地面或线网影响车辆通行时,应先用架线车把导线收起挂好后,再通过调度员与供电部门联系,进行处理。

2)正常操作

(1)操作馈线刀开关和装拆临时联络线,均根据调度员的书面通知进行。书面通知应写明工作内容、工作地点、工作时间、设备名称、编号及相应的安全措施。

(2)操作前,应按书面通知,检查核对现场;操作完毕后,立即向调度员汇报。

(3)操作中产生疑问时,必须向值班调度员报告,弄清以后再进行操作。

(4)操作应由 2 ~ 3 人进行,1 ~ 2 人操作,1 人监护。拉合 600V 控制刀开关,应使用绝缘棒,雨天应戴绝缘手套。装拆临时联络线时,应按带电工作处理。

(5)雷电时严禁一切操作。

3)测量工作

(1)电气测量工作,至少应由两人进行,一人操作、一人监护。夜间进行测量工作时,应有足够的照明。测量人员必须了解仪表的性能、使用方法,正确接线,熟悉测量的安全措施。

(2)接地电阻的测量可以在线网带电的情况下进行。解开、恢复接地线时,应戴绝缘手套。严禁接触与地断开的接地线。

(3)测量电车线网导线对地垂直距离时,可使用皮尺进行。但在地面上的测量人员必须戴绝缘手套。测量电车线网与供电线路的垂直距离时,严禁使用皮尺和线尺。

4)砍伐树木

(1)砍伐靠近触线网的树木时,可使用架线车。但必须向伐树人员说明线网带电,不要接触导线。

(2)上树剪伐树枝时,不要攀爬脆弱和枯死的树枝。人和绳索应与导线保持安全距离。应注意马蜂,并使用安全带。不应攀登已锯过的或已砍过的未断的树木。

(3)为防止树木倒落在导线上,应设法用绳索将树木拉向与导线相反的方向,绳索要有足够的长度,以免拉绳人员被倒落的树木砸伤。树木接触供电局高压带电导线时,要严格防止人身直接触摸。

(4)剪枝的树木下面和倒树范围内,应由专人监护,不得有人逗留,防止砸伤行人。

4. 杆塔工作

(1)登杆作业前,应事先检查好登杆工具,如脚扣、踏板、梯子、安全带和传递线绳是否完整牢固。

(2)凡松动的导线或拉线的电杆,应先检查杆根,并打好临时拉线。

(3)在杆塔上工作时,必须使用安全带。安全带应系在电杆及牢固的物件上,应防止安全带从杆顶脱出。系安全带后必须检查扣环是否扣牢。杆上工作转位时,不得失去安全带保护。

(4)使用梯子时,要有人扶持或绑牢,不许站在梯子上移动梯子。

(5)现场人员应戴安全帽,杆上人员应防止掉东西,使用的工具材料应用绳、袋吊运,严禁上下抛掷,杆下应防止行人逗留。

(6)上横担时,应检查横担腐朽或锈蚀情况。检查时安全带应系在主杆上。

(7)在带电线路上登杆时,导线必须在工作人员的前方或一侧,严禁在没有加设绝缘设备的情况下钻档工作。作业人员活动范围及其所携带的工具、材料等与带电导线最小距离如下:交流为0.4kV时0.7m;直流为600V时0.5m。

(8)在送电线路上作业时,严禁传送金属材料或金属工具,如确有必要时,必须采取绝对可靠的安全措施。

(9)在与带电的电力线路邻近或交叉的线网电杆上工作时,与电力线路的最小安全距离应保持:10kV以下时1.0m;35kV时2.5m。

(10)在转角杆上拆松导线时,严禁工作人员站在内侧。

(11)遇有雷雨及五级以上大风时,禁止在杆上工作。

5.架线车上工作

(1)架线车上不得超过五人,非工作人员不得随意上车。必要时,须经工作负责人同意,方能上车台。工作人员应戴安全帽。

(2)架线车停或开,工作台升或降,台上工作人员和司机之间应有简明的联系制度,并严格执行。

(3)架线车工作台升起前,应先将护栏支起。工作台降到底时再将护栏放平。当升降工作台时,工作人员不得上下,在工作台上进行工作时台下严禁站人,并防止行人靠近。

(4)架线车在工作中移动时,时速不得超过5km/h,必要时,由带车人领路,带车人与车保持5~8m距离,工作台架子必须低于架空线网,工作台上的人员必须目视前方的障碍物。

(5)工作台上工具、材料应放置整齐平稳,不得妨碍工作,材料不可过多,上下传递物件应用绳袋吊运,禁止上下抛掷。

(6)不得站在工作台木架上或木架外进行工作(在靠近电杆处例外,但应使用安全带)。如需将身体探出车架外而身体一半在外时,必须使用安全带。在架线车上使用梯子作业时,必须有人扶持。

(7)工作完毕后,必须清理工作台上工具及材料,工作台降到底后,将护栏放平。架上不准乘坐。

(8)交接班时,对车辆设备、防护工具等应详加检查,发现问题及时解决。车上的安全用具应定期检查、试验和保养,禁止与油污和锐利的金属物放在一起。工作人员必须爱护架线车辆,保持车辆的整洁。升降工作台上的护栏时,要正确操作,加以爱护。

(9)在带电触线网上作业时:

①导电部分只能在工作人员的前方或一侧,工作物与带电体之间要加防护设备。

②必须在两根带正、负电导线之间工作时,应用绝缘橡皮管和橡皮毯将非操作的导线做好绝缘隔离,由专人监护方可进行作业。

③当两人处理不同电位的设备时,两人之间的安全距离不应小于0.5m。并严禁互相传递工具或材料,脚下不准有横向金属物。

④禁止跨一极性线,而在另一极性线上作业。

(10)弯道部分工作时,不论带电与否,禁止在曲线内侧进行操作。如必须在曲线内侧操作时,应将线网用大绳带到车架上绑牢,方可工作。大弯道更换蝙蝠拉铁总成,必须停电进行。小弯道必须采取安全措施,方可进行。剪断绷线时,应事先通知全体工作人员,防止事故的发生。

(11)凡遇绷线、触线落地时必须戴绝缘手套或用安全器具,方可进行拾线,不准用手直接去拿。

(12)带电连接触线时,应采取加挂负荷钩过线措施,并在一端固定好后,再挂另一端。

(13)在分线器、并线器、交叉器带电作业时,应准确地识别导线的极性。进行检查时,禁止双手同时触及正、负线。雨天、雾天和潮湿天气检查分、并线器时,应穿绝缘靴。

(14)传递铁排或长夹板时,必须用可靠小绳将其与导线平行吊起。安装长夹板或铁排,一般应停电作业。在带电情况下进行时,必须要采用安全措施,防止在安装过程中造成短路。

(15)安装滑行木时,禁止用双手分别拿绝缘木两端,在带电触线上比试。被烧焦的绝缘物体应一律视为导体,按带电处理。

(16)在架空线上工作时,遇有雷雨及五级以上大风时,可暂时停止工作。

(17)高件护送:

①凡遇雷雨、雾、雪、大风及恶劣天气,应停止高件护送。

②护送人员应合理分工,带车人和站在车上的工作人员必须由对护送高件有经验的工人承担。

③护送人员站在超高设备上时,必须穿绝缘靴、戴绝缘手套和安全帽。

④在托架线网时应注意观察线网的状况及附属设施的状况,防止线网设备的损坏。

6. 一般安全措施

1)挖坑

(1)挖坑前必须与有关地下管道、电缆的主管单位取得联系,明确地下设施的确实位置,做好防护措施。组织外来人员施工时应交代清楚,并加强监护。挖坑时,必须注意行人和周围环境。雨天一般应停止挖坑。

(2)在松软土地挖坑时,应有防止塌方措施,如有挡板撑木等。如无可靠措施,禁止由下部掏挖土层。

(3)在超过1.5m深的坑内工作时,挖土物应抛出离坑沿0.5m以上,并特别注意防止土石回落坑内。

(4)挖好坑应马上立杆,如不能立杆,应加可靠盖板,或可靠围栏,夜间加挂红灯。

(5)石坑、冻土坑打眼时,应检查锤把、锤头及钢钎子,打锤人应站在扶钎人侧面,严禁站在对面,并不得戴手套;扶钎人应戴安全帽。钎头有开花现象时应更换修理。

2)立杆、撤杆

(1)立杆、撤杆要设专人统一指挥,开工前讲明施工方法及信号。工作人员要明确分工、密切配合、服从指挥。立杆、撤杆时要注意周围行人的安全。

(2)立杆、撤杆要使用合格的起重设备,严禁过载使用。使用前要认真检查。

(3)立杆过程中,杆坑内严禁有人工作,除指挥人及指定人员外,其他人员必须远离杆下

(1.2 倍杆高的距离以外)。

(4)立杆及修理杆坑时,应防止杆身滚动。

(5)立顶杆及叉杆只能用于竖立轻的单杆;不得用铁锹、桩柱等代替顶杆或叉杆;杆坑前应开好“马道”。工作人员要均匀地分配在电杆的两侧。

(6)使用吊车立杆、撤杆时,吊车司机和扶杆者必须密切配合,钢丝绳套应置于杆身适当部位,防止电杆突然倾倒。要特别注意上面的架空线;若架空电线过低,则必须采取加橡皮绝缘等防范措施,防止触电、短路或碰断周围线路。

(7)立杆后,须在杆子周围填充实、稳定牢固后,才能撤吊车及支撑物。

(8)撤电杆时,严禁硬拔,要使杆基与电杆全部松脱后,才能起吊拔杆。拔杆后应立即回填杆坑。电杆拔出后,应清理全部残留的混凝土块,并注意防止工伤事故的发生。

(9)吊车使用前,要检查起重器具及部件是否完好,同时还应注意机件声响是否正常,严格遵守吊车操作规程。

(10)杆塔起吊离地后,应对各吃力点做一次全面检查,认为无问题后,再继续起吊。

(11)吊车起吊时,吊臂下严禁站人,工作人员应戴安全帽。

(12)使用撬棍时,应注意着力点,防止撬棍打滑发生事故。

3)放线、撤线和紧线

(1)放线、撤线和紧线,均应设专人统一指挥,统一信号,并检查所用工具和设备是否完好。

(2)交叉跨越各种线路、路口、河沟或各种建筑物放线、撤线时应取得主管部门的同意,做好安全措施,如搭好可靠的跨越架,在路口设专人持信号旗看守等。

(3)放线、撤线必须使用滑车、线盘和放线车,防止导线受伤折断。严禁地面拖拉、划伤触线和馈线。

(4)馈电线路紧线前,应检查导线有无障碍物挂住。紧线时应检查接线管或接线头以及过滑轮、横担、树枝、房屋等有无卡住现象。工作人员不得跨越在导线上或站在导线内侧,防止意外跑线时抽伤。

(5)架空触线使用汽车紧线时,只限于 4t 以下的载货汽车。夹板要上紧,接头要可靠,车要缓缓开动,并有专人负责带车。要随时注意导线有无卡住现象,应注意第一档线垂的情况,垂度不小于 1m。一次紧线长度不超过 20 档。工作人员不要站在导线的内侧。

(6)紧线撤线前应先检查拉线、拉桩、杆根、锚系线,是否安全有效,否则应设临时拉线加固。

(7)严禁采用突然剪断导线的做法松线。

(8)要注意来往行人、车辆,维持好交通秩序,防止交通事故的发生。

4)起重运输一般规定

(1)起重工作必须由有经验的人领导,并统一指挥,统一信号,明确分工,做好安全措施。工作前工作负责人应对起重工作和工具全面检查。

(2)起重机械如绞磨、汽车吊、卷扬机等必须安置平稳、牢固,并应设有制动和逆制装置。

(3)在起吊牵引过程中,受力钢丝绳的周围、上下方、内角侧和起吊物的下面,严禁有人逗留和通行。

(4)起重时,在起重机械的滚筒上,至少应绕五圈以上钢丝绳,拖尾钢丝绳应随时拉紧,并应由有经验的人负责。

(5)使用车辆运输,不得超载。运电杆、线盘时,必须绑扎牢固,防止滚动、移动伤人。

(6)装卸电杆应防止散堆伤人;当分散卸车时,每卸完一处,必须将车上其余的电杆绑扎牢固,方可继续运送。

5)安全工具使用规定及其试验周期和标准

(1)使用安全工具前,必须认真检查安全工具是否完好、清洁、有无破损、断裂、老化现象。绝缘工具不准移作他用。

(2)架线车要加强日常维修保养,对升降机构、工作台及其各传动机件等应经常进行检查、保养,架子要完整无缺。用1000V绝缘电阻表,或2500V绝缘电阻表测试工作台对地电阻,每季最少一次。晴天应为70~80MΩ,雨天不小于6MΩ。

(3)相关表格如表3-9-1~表3-9-3。

常用电气绝缘工具试验一览表 表3-9-1

序号	名　称	周　期	绝缘电阻	交流耐压			备注
				电压(kV)	时间(min)	泄露(mA)	
1	绝缘棒	每年一次		44	5		
2	绝缘夹钳	每年一次		2.5	5		
3	绝缘手套	半年一次		8	1		
4	绝缘靴	半年一次		15	1		
5	绝缘杠	半年一次		2.5	1		
6	试灯	每次使用前					灯亮

登高工具试验标准 表3-9-2

序号	名　称	试验静压电(kg)	实验周期	实验时间(mm)	外表检查周期
1	安全腰带	225	半年一次	5	每月一次
2	升降板	225	半年一次	5	每月一次
3	脚扣	100	半年一次	5	每月一次
4	竹(木)梯	180	半年一次		

起重工具试验标准表 表3-9-3

序号	名　称	试验静重(允许倍数)	试验周期	外表检查周期	实验时间(min)
1	白棕绳	2	每年一次	每月一次	10
2	钢丝绳	2	每年一次	每月一次	10
3	手拉链条葫芦	1.25	每年一次	每月一次	10
4	滑轮	1.25	每年一次	每月一次	10
5	绞磨	1.25	每年一次	每月一次	10
6	紧线器	1.25	每年一次	每月一次	10
7	S钩	1.25	每年一次	每月一次	10
8	紧线钳	1.25	每年一次	每月一次	10

第二节　岗位风险点、危险源

一、作业活动岗位风险点清单

按照作业活动进行划分，本岗位风险点电主要是电车线网维护作业，详见表3-9-4。

无轨电车线网工岗位作业活动风险点清单　　表3-9-4

序号	作业活动名称	作业活动内容	区域位置	可能发生的事故类型及后果	活动频率
1	电车线网维护作业	对电车线网供电设施进行维修、抢修、大修等	供电线网区域	发生触电、高空坠落、物体打击、交通事故等事故	特定时间或突发时间

二、设备设施风险点清单

按照设施设备、固定场所、区域进行划分，本岗位设备设施风险主要是电车供电设施设备、场所等，详见表3-9-5。

无轨电车线网工岗位设施设备风险点清单　　表3-9-5

序号	设备名称	类别	型号	区域位置	是否特种设备
1	电车线网	电车供电设施设备		场区	否
2	电车电杆	电车供电设施设备		停车场	否
3	办公值班区域及行为	场所		办公区域	否
4	消防器材	场所		办公区域	

三、危险源辨识

对上述识别到的作业流程进行工作危害分析（JHA），并通过作业条件危险性分析评价法（LEC）进行风险评价分级；对上述识别到的设施设备进行安全检查表分析（SCL），进行风险评价分级。风险评价分级结果见附表。

第三节　岗位风险分级管控措施

一、作业活动风险分级管控清单

根据已经完成的岗位风险分级，对不同的岗位风险现有管控措施进行分析梳理，查漏补缺，并分配相关责任单位和责任人，形成本岗位作业活动风险分级管控清单，详见表3-9-6。

二、设施设备风险分级管控清单

根据已经完成的岗位风险分级，对不同的岗位风险现有管控措施进行分析梳理，查漏补缺，并分配相关责任单位和责任人，形成本岗位设施设备风险分级管控清单，详见表3-9-7。

本岗位作业活动风险分级管控清单

表 3-9-6

风险点		作业步骤	序号	危险源或潜在事件	可能发生的事故类型及后果	风险分级	管控措施					管控层级	责任单位	责任人
编号	名称						工程技术措施	培训教育措施	管理措施	个体安全措施	应急处置措施			
1	电车线网维护作业	作业前	1	新入厂职工或转岗职工由于对生产作业环境、设施设备等不熟悉,对岗位安全知识和操作规程等掌握不全面	发生触电、高空坠落、物体打击等事故	较大风险		落实好新入厂职工和转岗职工的安全教育培训,使职工熟练掌握岗位安全知识、操作规程和作业流程,及时熟悉作业环境和设施设备,正确操作设备设施	未参加安全教育的人员或培训考试不合格的人员不得上岗实习或工作		一旦发生触电、高空坠落、物体打击等事故,立即进行急救,及时拨打120电话,送医院救治	分公司级	供电分公司	安全副经理、安全员
			2	作业人员不按规定佩戴安全防护用具,不按规定设置安全防护设施	发生触电、高空坠落、物体打击等事故	较大风险		对职工进行安全培训教育,使职工充分认识到作业时存在的危险因素,掌握防护措施	工作负责人做好作业现场安全监管,对于发现的不按规定佩戴安全防护用具和不按规定设置安全防护设施的,及时纠正并进行严格考核		一旦发生触电、高空坠落、物体打击等事故,立即进行急救,及时拨打120电话,送医院救治	分公司级	供电分公司	安全副经理、安全员

续上表

风险点		作业步骤	序号	危险源或潜在事件	可能发生的事故类型及后果	风险分级	管控措施					管控层级	责任单位	责任人
编号	名称						工程技术措施	培训教育措施	管理措施	个体安全措施	应急处置措施			
1	电车线网维护作业	作业前	3	使用的安全防护用具未按期审验，使用的安全防护用具失效或不齐全	发生触电、高空坠落、物体打击等事故	一般风险		培训职工熟知安全防护用具的检查标准，掌握使用前的检查方法	对安全防护用具进行登记、检查，并按检验标准定期审验，不合格的不得投入使用。按照安全用具管理规定监督和指导职工做好安全防护用具的检查、使用及维护保养工作		一旦发生触电、高空坠落、物体打击等事故，立即进行急救，及时拨打120电话，送医院救治	供电所级	供电一所	所长、安全员
			4	工作负责人在工作前不告知危险点、不交代和确认安全工作措施，操作人员分工不明确	发生触电、短路等事故	低风险		对职工进行安全培训教育，使职工充分认识到作业时存在的危险点和安全工作措施。	工作负责人对参与工作的人员进行明确分工，制定安全工作措施，明确工作范围内的风险因素，并将风险点、安全工作措施等详细交代给每位参与工作的人员		一旦发生触电、高空坠落、物体打击等事故，立即进行急救，及时拨打120电话，送医院救治	班组、个人	线网班组	线网工

续上表

风险点		作业步骤	序号	危险源或潜在事件	可能发生的事故类型及后果	风险分级	管控措施					管控层级	责任单位	责任人
编号	名称						工程技术措施	培训教育措施	管理措施	个体安全措施	应急处置措施			
1	电车线网维护作业	作业前	5	未进行工具和设施设备的检查	发生触电、高空坠落、物体打击等事故	低风险		培训职工熟知工具和设施设备的检查标准，告知当工具、设备存在隐患时的处理方法	做好设备设施检查，工作负责人做好设备设施复查和作业现场安全监督		一旦发生触电、高空坠落、物体打击等事故，立即进行急救，及时拨打120电话，送医院救治	班组、个人	线网班组	线网工
			6	未进行抢修车辆安全技术检查	发生触电、高空坠落、物体打击、交通事故等事故	低风险		对职工进行抢修车辆安全技术培训，使职工掌握基本的车辆安全技术技能	落实车辆检查制度，定期对抢修车辆进行安全技术检查，发现车辆隐患及时进行处理，并做好车辆保养、年审等工作		发现安全隐患及时整修	班组、个人	线网班组	线网工
			7	作业人员情绪不稳定	发生触电、高空坠落、物体打击等事故	低风险		落实安全教育培训制度，进行心理调节方式方法培训	及时发现情绪不稳定情况，并进行有效疏导		临时调整工作人员	班组、个人	线网班组	线网工

续上表

风险点		作业步骤	序号	危险源或潜在事件	可能发生的事故类型及后果	风险分级	管控措施					管控层级	责任单位	责任人
编号	名称						工程技术措施	培训教育措施	管理措施	个体安全措施	应急处置措施			
1	电车线网维护作业	作业中	8	不按照检修维护安全操作规程进行作业	发生触电、高空坠落、物体打击等事故	较大风险		对职工进行安全操作规程的专项培训教育，并进行演练和考试	对在安全操作规程专项培训考试中不合格的人员，不得上岗或调整工作岗位;工作负责人做好作业过程动态安全监管，对发现违反操作规程作业的，立即制止并下岗培训	佩戴与工作匹配的安全防护用具	一旦发生触电、高空坠落、物体打击等事故，立即进行急救，及时拨打120电话，送医院救治	分公司级	供电分公司	安全副经理、安全员
			9	在高架车或电杆上等高处进行作业时存在摔伤、触电等风险	发生触电、高空坠落、摔伤等事故	一般风险		教育培训职工正确识别在高架车、电杆等高处作业存在的风险，掌握作业前登高设施检查的标准和方法，并做好个体安全，确保作业安全	定期进行车辆安全防护、登高作业等设施检查，确保稳固、安全、可靠。工作过程中，要求工作负责人做好作业现场安全监管，发现隐患及时纠正	佩戴与工作匹配的安全防护用具	一旦发生触电、高空坠落、摔伤等事故，立即进行急救，及时拨打120电话，送医院救治	供电所级	供电一所	所长、安全员

续上表

风险点		作业步骤	序号	危险源或潜在事件	可能发生的事故类型及后果	风险分级	管控措施					管控层级	责任单位	责任人
编号	名称						工程技术措施	培训教育措施	管理措施	个体安全措施	应急处置措施			
1	电车线网维护作业	作业中	10	不正确使用工器具，私自摘除安全防护设施	发生触电、高空坠落、物体打击等事故	一般风险		教育职工掌握使用工器具的正确方法，并让职工熟知不正确使用工器具存在的风险	工作负责人做好现场安全检查和监控，对发现的不正确使用工器具、私自拆除安全防护设施等安全隐患立即纠正	佩戴与工作匹配的安全防护用具	一旦发生触电、高空坠落、摔伤等事故，立即进行急救，及时拨打120电话，送医院救治	供电所级	供电一所	所长、安全员
			11	高架车辆内存有杂物或工器具摆放不整齐等存在误伤害危险	发生摔伤、砸伤、扎伤等事故	低风险		教育职工作业前后整理工器具、材料、车内杂物，消除事故隐患	工作负责人做好现场安全检查和监督，发现隐患及时纠正	佩戴与工作匹配的安全防护用具	一旦发生摔伤、砸伤、扎伤等事故，立即采取相应措施进行救治，或拨打120电话，送医院救治	班组、个人	线网班组	线网工
			12	在机动车道上进行维修作业，存在发生交通事故的危险	交通事故等	低风险		教育职工充分识别在机动车道上维修线网过程中存在的危险，掌握安全防护设施设置的标准和方法，防范交通事故发生	正确规范设置安全防护措施，工作负责人做好现场安全检查和监督，及时叮嘱职工防范交通事故伤害	佩戴与工作匹配的安全防护用具	一旦发生交通事故，保护现场，及时拨打120电话，送医院救治	班组、个人	线网班组	线网工

续上表

风险点		作业步骤	序号	危险源或潜在事件	可能发生的事故类型及后果	风险分级	管控措施					管控层级	责任单位	责任人
编号	名称						工程技术措施	培训教育措施	管理措施	个体安全措施	应急处置措施			
1	电车线网维护作业	作业中	13	雨雪、大风、高温、夜间等特殊作业环境中易发生触电、砸伤、摔伤、中暑等危险	特殊天气易发生触电、砸伤、摔伤、中暑等人身伤害	低风险		对职工进行安全培训教育，使职工充分认识到特殊环境下作业时存在的危险因素，掌握防护措施	针对特殊天气和作业环境制定应急措施，加强特殊天气下的安全作业防护；工作负责人做好作业现场安全监管，发现隐患及时纠正	佩戴与工作匹配的安全防护用具	一旦发生触电、摔伤、砸伤等，立即采取相应措施进行救治，或拨打120电话，送医院救治	班组、个人	线网班组	线网工
		作业后	14	维修作业结束后，不清理工具、材料，易引发误伤害等事故	发生摔伤、砸伤、砸伤等人身伤害	低风险		对职工进行安全培训教育，教育职工维修作业后及时清除清理工具、材料，消除事故隐患	工作负责人做好现场安全检查和监督，发现隐患及时纠正		一旦发生摔伤、砸伤等，立即采取相应措施进行救治，或拨打120电话，送医院救治	班组、个人	线网班组	线网工

续上表

风险点		作业步骤	序号	危险源或潜在事件	可能发生的事故类型及后果	风险分级	管控措施					管控层级	责任单位	责任人
编号	名称						工程技术措施	培训教育措施	管理措施	个体安全措施	应急处置措施			
1	电车线网维护作业	作业后	15	维修作业完毕未检查、未验电确认	影响电车运行，造成误伤害等事故	低风险		对职工进行安全培训教育，教育职工在维修作业完毕后必须进行检查和验电确认，并与相配合的其他工种做好沟通协调，进行确认后方可结束维修工作	工作负责人做好现场安全检查和监督，发现隐患及时纠正		一旦发生人身伤害事故，立即采取相应措施进行救治，或拨打120电话，送医院救治	班组、个人	线网班组	线网工

本岗位设施设备风险分级管控清单

表 3-9-7

风险点			检查项目		标准	风险分级	不符合标准情况及后果	管控措施					管控层级	责任单位	责任人
编号	类型	名称	序号	名称				工程技术措施	培训教育措施	管理措施	个人安全措施	应急处置措施			
1	电车供电设施设备	电车线网	1	触线	符合电车线网国标	一般风险	漏电、短路、掉落		教育职工在安装、检查时一定要按照标准、规程来进行工作,并穿戴安全防护用具,装设安全防护设施	作业人员持证上岗,上岗前进行安全、技能培训,并定期召开安全例会,进行安全和技能考核。制定触线检查、维护工作计划,监督职工落实到位,对于发现的隐患及时纠正	佩戴与工作匹配的安全防护用具	一旦发生人身伤害事故,立即进行紧急救治或送医院急救	供电所级	供电一所	所长、安全员

续上表

风险点			检查项目		标准	风险分级	不符合标准情况及后果	管控措施					管控层级	责任单位	责任人
编号	类型	名称	序号	名称				工程技术措施	培训教育措施	管理措施	个人安全措施	应急处置措施			
1	电车供电设施设备	电车线网	2	线网枢纽	符合电车线网国标	一般风险	漏电、短路、掉落		教育职工在安装、检查时一定要按照标准、规程来进行工作,并穿戴安全防护用具,装设安全防护设施	作业人员持证上岗,上岗前进行安全、技能培训,并定期召开安全例会,进行安全和技能考核。制定线网枢纽检查、维护工作计划,监督职工落实到位,对于发现的隐患及时纠正	佩戴与工作匹配的安全防护用具	一旦发生人身伤害事故,立即进行紧急救治或送医院急救	供电所级	供电一所	所长、安全员

续上表

风险点			检查项目		标准	风险分级	不符合标准情况及后果	管控措施					管控层级	责任单位	责任人
编号	类型	名称	序号	名称				工程技术措施	培训教育措施	管理措施	个人安全措施	应急处置措施			
1	电车供电设施设备	电车电杆	3	设备整体	符合电车线网国标	低风险	漏电、歪斜		教育职工定期进行安全检查,对于发现的电杆歪斜等异常情况立即上报	作业人员持证上岗,上岗前进行安全、技能培训,并定期召开安全例会,进行安全和技能考核。制定电车电杆安全检查工作计划,监督职工落实到位,对于发现的隐患及时纠正	佩戴与工作匹配的安全防护用具	一旦发生人身伤害事故,立即进行紧急救治或送医院急救	班组、个人	线网班组	线网工
2	场所	办公值班区域及行为	4	私拉乱接电线,使用大负荷电器设备	坚决杜绝	一般风险	火灾事故		加强办公值班区域管理教育培训	现场检查、考核	自查自纠	消防应急预案	供电所级	供电所	所长、安全员

续上表

风险点			检查项目		标准	风险分级	不符合标准情况及后果	管控措施					管控层级	责任单位	责任人
编号	类型	名称	序号	名称				工程技术措施	培训教育措施	管理措施	个人安全措施	应急处置措施			
2	场所	办公值班区域及行为	5	在上下班途中发生工伤事故	确保自身安全	低风险	因突发疾病、意外受伤、交通事故受到各种伤害		员工安全培训教育	加强安全管理	自觉加强技能训练、提高自身安全意识	及时就医	个人	个人	个人
		消防器材	6	设备整体	齐全有效	低风险	消防器材失效导致发生火灾不能及时控制、扑灭		定期巡查,异常及时上报	现场检查、考核	自查自纠	定期检查消防器材有效性,发现问题及时更换	班组、个人	相关班组或个人	值班人员

第四节　岗位隐患排查治理

依据本岗位风险分级管控体系中各风险点的控制措施和标准规范要求，编制该岗位常见隐患排查清单，详见表3-9-8。

无轨电车线网工岗位常见隐患排查清单　　表3-9-8

常见隐患	管控措施	管控措施失效	治理措施
新入厂职工或转岗职工由于对生产作业环境、设施设备等不熟悉，对岗位安全知识和操作规程等掌握不全面	上岗前对职工进行培训	培训不及时	严格按照岗前培训要求，做好岗前培训
	未参加安全教育的人员或培训考试不合格的人员不得上岗实习或工作	因故未参加培训考试	进行补考
作业人员不按规定佩戴安全防护用具	工作前正确佩戴安全防护用具	作业人员嫌麻烦或麻痹大意不佩戴	一是对作业人员进行抽查，发现问题及时纠正；二是进行安全培训教育，使职工充分认识到作业时存在的危险因素，掌握防护措施
不按规定设置安全防护设施	工作前正确设置安全防护设施	作业人员嫌麻烦或麻痹大意不设置	一是对作业现场进行抽查，发现问题及时纠正；二是进行安全培训教育，使职工充分认识到作业时存在的危险因素，掌握防护措施
使用的安全防护用具失效	按期审验	超期未审	超期未审的用具不得使用；审验不合格的用具不得使用
在高架车或电杆上等高处进行作业时存在摔伤、触电等风险	确保车辆安全防护、登高作业等设施稳固、安全、可靠	车辆安全防护、登高作业等设施失效	车辆按期参加年审、定期检查，确保车辆安全防护设施安全可靠
	工作过程中工作负责人做好作业现场安全监管	工作负责人不在现场或擅离职守	加强对工作负责人的安全教育，提高责任意识；不定期抽查

第五节　典型案例分析

一、事故类型

安全事故。

二、背景资料

2002年，市立五院路口东电车触线断落，线网工吴×进行抢修。

三、详细描述

市立五院路口东电车触线断落，抢修过程中，线网工吴×右手抓着带电的触线端头，试图向上递给工作台上的线网工，但传递不上去。于是吴×右手抓着触线端头，左手抓着道路上的铁质隔离护栏，试图拽紧触线，以便上递。此时，带电的触线通过吴×右、左臂，将电传导到铁质护栏上，形成回路，吴×右手被电灼伤。

四、原因分析

(1)吴×未戴绝缘手套进行防护。

(2)工作台上的抢修班长未监督吴×操作，没能及时提醒和阻止错误操作。

(3)吴×防触电知识欠缺，技术和安全培训力度不够。

五、管控措施检查与更新

(1)线网抢修车上配备一副绝缘手套。

(2)通报该事故，对线网工进行一次全体培训，杜绝类似事故再次发生。

第十章　供电公司无轨电车整流站检修工岗位安全知识

第一节　岗位工作标准及安全操作规程

一、岗位工作标准

1. 范围

本标准规定了济南市公共交通总公司供电公司无轨电车整流站检修工岗位的资格要求、职责与权限、工作内容与要求、工作关系以及检查与考核。

本标准适用于济南市公共交通总公司供电公司无轨电车整流站检修工的工作岗位。

2. 资格要求

(1)电器维修相关专业中专及以上学历。

(2)熟练掌握电气设备维修知识,具有《电工进网作业证》《安监局特种作业证》。

(3)具有责任心,做事正派,严谨、认真。

(4)善于动脑、动手能力强,能按照计划办事,按质、按量及时完成任务。

(5)具有较好的学习能力,能够充分理解和完成各项工作。

3. 职责与权限

1)职责

在供电分公司供电所线网技术管理员的领导下,具体负责以下工作:

(1)设备维护工作。

(2)安全生产。

(3)其他职责。

2)权限

(1)对职责范围内的各项事务有建议权和执行权。

(2)其他与岗位相称的工作职权。

4. 工作内容与要求

(1)负责及时清除整流站设备缺陷,提高设备完好率。

(2)严格遵守部颁(行业)相关技术规程与安全规程,执行操作规范。

(3)定期现场巡视检查电气设备状况及其安全防护,保证电气设备正常运转。

(4)认真填写电气设备维修记录,保存好原始资料。

5. 安全生产与节能

(1)服从指挥,搞好文明、安全生产,杜绝责任停电事故和重大安全生产事故。

(2)承担工作范围内的安全生产责任。

(3)履行工作范围内节能减排工作职责。

6. 其他职责

积极完成上级领导交办的其他临时性工作。

7. 工作关系

(1)直接上级为供电分公司供电所线网技术管理员。

(2)同供电分公司供电所其他工作人员合作完成相关工作。

8. 检查与考核

岗位工作受供电分公司供电所线网技术管理员的检查与监督、考核。

二、安全操作规程

1. 总则

(1)为加强整流站电气设备的运行管理,确保整流站电气设备安全运行和对电车的可靠供电,特制订本规程。

(2)本规程系根据原电力工业部"电力工业技术管理法规"及有关的电气设备运行、检修、试验规程,参照兄弟城市同行业运行经验,在总结我公司前段规程执行的情况的基础上,对原公交公司颁发的有关规程加以修改补充而成。

(3)本规程适用于从室外10kV进线隔离开关,直至600V馈线电缆头的全部整流站电气设备和线路,有关值班、检修和管理人员都应该认真学习,严格遵守,切实执行。

(4)每个整流站按昼夜三班配备的正、副值班电工,必须熟悉本站电气设备的性能和运行方式,掌握操作技术,服从调度指挥,坚守工作岗位。

(5)整流站设备均应实行统一编号,据以悬牌(喷字),并在各项工作中坚持使用。

(6)整流站的主要设备(变压器、油断路器、整流器及直流快速断路器)应建立相应的设备档案,由站线所专职技术人员管理。设备档案内容包括出厂说明书、设备卡片、检修记录、缺陷记录、试验报告和绝缘分析鉴定书等。

(7)整流站值班电工负责填写当班各项记录和报表,并按规定搞好工具、护品和材料管理,认真实行交接班。

(8)整流站值班电工要重视环境卫生、安全保卫和保密工作,搞好文明生产。站内专用电话一般不应外借。

(9)除本规定外,其他有关事项,应按有关规程制度执行。凡与上级指示和规定有抵触的条款或规定,应按上级规定执行。

2. 巡视检查

(1)巡视检查由值班人员负责,发现问题应及时处理或请示报告。设备缺陷及处理情况应如实记录并向下班交代。站线所设备管理人员应定期汇总、整理分析,据以规定保养和检修计划。

(2)巡视检查可由一人进行,但不应做与巡视无关的工作。

(3)巡视检查定为每班2次,但在下述情况下要加强巡视:

①新投运或大修后的电气设备,在72h内要加强巡视,无异常情况后,可按正常周期进行。

②电气设备发生重大事故又恢复送电后，对事故范围内的设备应该进行特殊巡视。

③设备有缺陷或过负荷时，应适当增加巡视次数。

④遇有恶劣天气（大风、雷雨、暴雨、冰雹、下雪、霜、雾），除要加强系统绝缘监视外，还要对室外设备、厂房环境及电缆路径进行特殊巡视。

⑤电车高峰运行期间，要加强监视，并做好应急准备。

（4）变压器巡视检查内容：

①电压、电流变化情况。

②油面、油色是否正常，有无渗漏现象。

③运行音响是否正常。

④温升是否超过允许值（其温升指示不得超过85℃）。

⑤吸潮剂是否饱和变色。

⑥外壳接地情况。

⑦高、低压接线端接触完好，无过热变色现象。

⑧表面清洁，高低压绝缘子无裂纹及飞弧烧灼迹象。

（5）高压配电装置巡视检查内容：

①隔离开关接触良好，无过热变色现象。

②汇流排无过热变色及松动现象。

③电缆头无漏油及烧灼现象。

④电压互感器无漏油现象，接地良好。

⑤油开关油位、油色正常，无渗漏，无异响。

⑥电流互感器接地良好，二次不开路，无异声。

⑦高压熔断器无熔断指示。

⑧表针及信号指示正常。

⑨各部绝缘子无裂纹及飞弧烧灼迹象。

（6）硅整流器巡视检查内容：

①冷却风机运转正常。

②信号灯、警铃和信号继电器正常有效。

③快速熔断器无熔断指示。

④元件及其他导电部分无过热变色现象。

⑤阻、容保护装置无脱焊现象。

（7）直流馈电部分的巡视检查内容：

①隔离开关（馈线刀开关及总刀开关）及汇流排接触是否良好，有无松动及过热现象。

②瓷绝缘子是否完好。

③电缆头有无过热、漏油现象。

④避雷器接地是否良好。

⑤直流快速断路器动作位置是否正常，主、副触头接触是否良好，有无烧焦味。

⑥表针及信号指示是否正常。

（8）配电装置及其他巡视检查内容：

①表针及信号指示是否正常。

②操作按钮动作是否可靠。

③操作电源自投装置是否动作可靠,电压是否正常。

④各种指示牌是否符合设备的实际运行状况。

3.运行操作

1)一般规定

(1)整流站电气设备和线路的施工安装、检修或试验等工作完毕后,必须经由站线所技术负责人检查安装质量和检修质量,并对试验结果进行审查,确认合格,实行验收后方可投入运行。

(2)模拟整流站(高、低压,一、二次,交、直流)主接线的操作图板,应悬挂于操作室内醒目处,以备操作前校对。每次操作完毕,应使操作图板符合实际运行情况。

(3)10kV双路电源只允许采用"一常一备"运行方式,备用电源一经确定,就必须保证该电源的进线隔离开关始终处于断开状态,该路进线电缆处于备用状态。使用备用电源时,必须经过调度同意,并保证两路电源间的连锁装置完整可靠,防止并联运行和电源反送。

(4)配电室、变压器室和操作室内不得堆放易燃、易爆物品和其他杂物,操作盘板前面要铺设绝缘毯。

(5)整流站内应备有下列用具、器材和备品、备件,并应分类存放,做到取用方便:

①各种安全用具、临时接地线、标牌及其他常用工具。

②常用携带型仪表(包括绝缘电阻表、万用表、钳型电流表)。

③卫生箱。

④手电筒。

⑤消防器材。

⑥各种规格的熔管、熔丝、灯泡等。

⑦技术资料。

⑧原始记录。

(6)两组整流器(包括变压器)可根据负荷情况采用互为备用或并列运行方式。在采用互为备用的运行方式时,应实行定期(半月)轮换使用。在一般情况下,不实行并列运行。两台整流变压器的分接开关应根据电源电压波动情况,调至适当挡位,并保持一致(直流输出电压一般不宜超过660V,也不应低于600V)以适应两种运行方式的需要。

(7)低压电气设备的灭弧罩必须完整无损,否则应退出运行,待修复后使用。

(8)在整流站实行操作监护制及复诵制,即由副值操作,正值监护;正值下令,副值复诵。每次操作前、操作中、操作后都应注意仪表指示和继电保护是否正常,信号指示与设备的实际位置是否对应,操作时应逐项作出备忘,操作后悬挂相应的指示牌。

2)各项操作要点

(1)室外10kV隔离开关的操作,必须做到:

①实行一人操作,一人监护,并保证不带任何负荷。

②操作单相隔离开关的顺序是:停电时先拉中相,后拉开两边相;送电时先送两边相,后合中相。

③操作者必须衣着完备,安全保护用具完好齐全;如需登杆操作时,应系安全皮带。

④禁止雷雨时拉合闸,雨天操作需使用带有防雨罩的令克棒,并穿着绝缘靴。

(2)两台站用变压器分别接于两个不同电源系统上,应与主电路电源错开投运。要定期检查自投系统动作的可靠性和信号的正确性。每台变压器的隔离开关推合后,其低压侧电压显示一般不得低于400V。

①每次送电前必须做到:

a.按安全规程要求检查设备,清理现场。

b.检查各部开关、动作应正常,隔离开关处于断开位置。

c.仪表及信号指示正常。

②交流进线送电操作,按下列顺序进行:

a.合上电压互感器柜的隔离开关。

b.合上进线汇流排隔离开关。

c.合上进线电缆隔离开关。

d.合上操作电源硅整流器的交流电源及直流输出刀开关(直流操作电源应调至额定值)。

e.合上油断路器。交流进线停电操作,只有全站停电或倒换另一电源时才有必要,其顺序与上述相反。要注意观察仪表,信号是否返回零位或对应位置。

③整流器组受电按下列顺序进行:

a.合上整流器组的高压隔离开关(前已指出,两组整流器应轮换使用。操作前应由调度明确投运机组)。

b.合上整流器冷却风机开关(在30℃的室温时投入)。

c.合上整流器组油断路器——此时600V直流汇流排应有电压显示(不超过660V,不低于600V)。硅整流器组停止受电的操作顺序与以上相反。

④直流馈电程序是:

a.合上直流馈电总正、负极汇流排隔离开关。

b.合上各路馈线正、负汇流排隔离开关及分路隔离开关。

c.检查直流快速断路器辅助电源电压不低于180V,否则应调整。

d.合上直流馈线电总快速断路器。

e.合上各路馈线快速断路器,此时如有电车行驶,各分路电流表分别有指示。直流停电程序,按以上相反顺序进行。

⑤整流器组轮换投运或并机,都必须由调度事先规定,或按制度执行(在一般情况下,轮换停运可选择在全站停馈之后,由一组代替另一组按第22条进行操作)。两组整流器并列运行——即并机,仅限于直流负荷总电流稳定在2200A,持续2min以上的高峰情况,以免造成不必要的操作混乱。并机操作顺序,可按第22条进行。并机以后必须注意表针指示是否正常,负荷分配是否均匀。

4.事故处理

1)一般规定

(1)凡运行设备出现异常情况,值班人员应根据故障现象迅速而准确地进行判断和处理,力求尽快地消除故障,控制故障范围,避免停电事故或压缩停电时间。

(2)值班人员发现设备异常情况,应向值班调度或有关领导及时请示报告。当危及人身或设备安全时,应先进行处理,然后及时报告,并做好记录。

(3)除了不改变现场,就不能恢复送电的情况外,一般应保留现场,以便调查处理。

2)高压配电装置

(1)隔离开关的异常运行及处理:

①合不上或拉不开时,应停电检查处理。

②隔离开关或其引线,连接处发热变色时,应立即减小负荷,并迅速停电处理。

③严禁带负荷拉、合隔离开关。但当发生带负荷错拉隔离开关,而刀片刚离开刀开关出现弧光时,应立即将隔离开关合上;如已拉开,不准再合;如发生带负荷错合隔离开关时,无论是否已造成事故,均不准将错合的隔离开关再错拉开。

④曾经出现带负荷错合或错拉的隔离开关应及时停电,进行修复。

(2)油断路器的异常运行及处理:

①拒绝跳闸时,应手动跳开,并拉开前后隔离开关,从明显的断开点确认其与电源隔离后,再检查跳闸回路电压是否正常、电容器是否完好、继电保护动作是否正常、接线有无松脱、跳闸线圈有无故障、机械传动是否灵活等。在故障未查明并排除前,应调用备用进线油断路器,或备用机组油断路器,以保证连续供电。

②拒绝合闸时,应从电源隔离后进行二次回路和机械传动两方面的检查。查明原因,消除故障后,试合成功再投运。否则,可改用备用线路油断路器或备用机组油断路器。

(3)进线断电——进线电压表无指示,由该路电源供电的站用变二次侧也无电压,这时应按下述步骤处理:

①迅速断开进线油断路器,整流器油断路器和全部直流快速断路器,并拉开该路进线的隔离开关(锁住)。

②要检查本站各级过流保护是否动作,站用设备有无异常,在确定全部无故障,排除油断路器拒动和越级跳闸原因后,迅速调备用电源,恢复供电,并向调度报告处理情况。

③如在检查中发现本站设备有异常(如过流继电器失灵或过流动作后,油断路器拒动),导致该路电源越级跳闸断电,这时除迅速调备用进线油断路器,或备用机组恢复供电外,还应及时报告调度,安排检修,查明原因,排除故障。

(4)进线油断路器跳闸(但电源有电)时,其征象为转换开关的不对位指示灯亮,示警铃响,10kV 电压表无读数,但该路电源供电的站用变二次侧有电压(380V/220V),应按下述步骤处理:

①停止铃响,断开所有油断路器及直流快速断路器,拉开该路进线隔离开关(并锁住)。

②检查过流继电器保护动作情况、交直流汇流排有无异常、整流器油断路器是否脱扣、整流器及其变压器有无异常、直流快速断路器是否脱扣。

③如果故障在整流器,应将其退出运行后,再行检查,并迅速恢复进线,开动备用机组馈电。

④如果故障在直流馈电部分(短路或过负荷),在全部恢复供电前,应逐段进行测试或试送。如试送失败,可将故障线路隔离,报调度处理(详见馈电部分)。

(5)高压熔断器的熔丝熔断时,应先检查被保护设备有无故障,并及时排除,熔丝若因过

负荷熔断,可按规定更换熔丝后试送电。

(6)电压互感器二次熔丝断时,可在更换同样熔丝后试送,若再次熔断,应立即查找电路上有无短路故障。若仅发生一次熔丝熔断,应摇测绝缘电阻,直到进行试验,查明并排除故障后投运。

(7)电流互感器发生异常音响,表针指示异常或二次回路有火花,应立即停电检查。

3)整流器组

(1)整流变压器发生下述任何一种情况时,应立即报值班调度员,调备用整流器组供电,并将该组实行交直流隔离,听候检查处理:

①油面温度超过85℃。

②瓦斯继电器动作。

③有强烈的异声。

④正常负荷下有不正常的温升。

⑤瓷套管裂纹或碎裂。

⑥向外喷油或严重漏油。

(2)整流器油断路器跳闸——这时示警铃响,转换开关不对位指示灯亮。处理步骤如下:

①停止铃响,将该油断路器的转换开关转到分闸位置。

②将该机组从交流、直流汇流排隔离。

③检查过电流继电器及油断路器动作情况、汇流排有无烧灼变色、整流器快速熔断器有无熔断指示、元件信号继电器是否动作、硅整流器风机是否正常、馈线直流快速断路器是否脱扣,以及负荷变动情况等。

④查明原因,消除故障后,恢复供电或开备用机组供电。

(3)整流器元件故障信号继电器发出警报,应将信号复位,若能复位,可继续运行,若不能复位,则关停信号,开备用机组供电,并报值班调度,安排检修。

(4)整流器硅元件过热(点温计测量时,外壳温度不得超过100℃),若个别元件温升高,可加强巡视继续运行,到停机时,更换元件,若个别元件温升过低则属不均流,应调备用机组供电,停该故障整流器组,做均流试验,并处理之。

4)直流馈线部分

(1)馈线直流快速断路器脱扣——这时,示警铃响,转换开关不对位指示灯亮,电流表无读数,脱扣声大,处理如下:

①馈线直流快速断路器都配有电子判别器和自动重合闸装置,一般情况下,应该尽力保持这些设备的技术完好性,以避免或减少停电事故,缩短停电时间。一旦经过自动测试,而自动重合不成功时,应该在馈线直流快速断路器脱扣后约30s,强行试送一次。要注意电流表读数并据以进行处理:若电流由零缓慢上升到整定值后又脱扣,说明是过负荷,可立即并上备用馈线直流快速断路器供电;若电流表指针急速上升,但未到整定值(或急剧摆动一下)馈线直流快速断路器又脱扣,说明线网有短路现象,此时,应将快速断路器的转换开关置于分后位置,且把选择开关置于人工测试位置,进行人工测试。如果测试电流在35A以下,说明瞬间短路已消除,应立即恢复送电。如果测试电流在35A以上,则短路故障仍然存在,应

立即报告值班调度组织检查修理。

②在故障未消除前,应随时进行间隔性的人工测试(暂规定每分钟 1~2 次);一旦测试电流在 35A 以下,表明电路已无故障,应立即恢复送电,并报告调度。

(2)馈线直流快速断路器不能电动合闸或合闸不成(合上又脱扣),处理如下:

①将该故障馈线快速断路器退出运行,改用备用汇流排、备用闸刀、备用快速断路器送电。

②检查故障开关、合闸回路熔断器、脱扣器上的熔断器、合闸电容器接线、直流互感器接线等,若有异常变化,应报调度派员检修。修复后,再恢复供电,同时将备用馈线开关退出运行。

5. 保养检修

1)一般规定

(1)整流站电气设备的保养与检修工作,由值班电工与检修工共同承担,其具体分工由站线所在有关责任制和作业计划明确。

(2)在整流站保养检修工作中,必须严格按照安全工作规程认真采取安全技术措施和组织措施,防止人身和设备事故的发生。

(3)整流站电气设备的保养检修作业包括:

①停电清扫与检查。

②小修。

③大修。

④预防性试验。

以上各项作业周期按表 3-10-1 执行。

整流站运行设备保养检修周期表 表 3-10-1

序号	设备名称	作业性质	周期	备注
1	油断路器	试验	一年	
		清扫检查	半年	
		小修	一年	
		大修	三年	跳闸四次或故障
2	隔离开关	试验	一年	必要时调整
		清扫检查	半年	
3	电压、电流互感器	试验	三年	
		清扫检查	半年	
4	高压电缆	试验	一年	
5	高压母线	试验	一年	
		清扫检查	半年	
6	变压器	试验	一年	
		清扫检查	半年	
		小修	一年	
		大修	五年	

续上表

序号	设备名称	作业性质	周期	备注
7	避雷器	试验	一年	雷雨季节前安装
8	操作控制盘	清扫检查	半年	
9	整流器	试验	一年	阻容装置 正向压降五年
		停电清扫	半年	
		大修	三年	
10	直流快速断路器	清扫检查	每月	触头检查每周
		小修	半年	临时检查一百次跳闸
		大修	二年	
11	低压母排	清扫检查	半年	
12	继电器整定值	校验	一年	无定位者为三年
13	表计读数	校验	三年	
14	接地电阻	试验	三年	冬季进行
15	变压器油	耐压试验	一年	
		简化试验	三年	
16	安全用具	试验	一年	

2)停电清扫与检查

(1)高压配电装置停电清扫检查的一般内容：

①清扫瓷绝缘子表面污垢，检查有无裂纹、破损及闪烙痕迹。

②清扫导体表面尘土，检查各部连接是否紧密、牢固，铜、铝结点有无变色、变质，必要时进行清理，并涂中性凡士林。

③清扫设备外壳和支架尘土，检查接地线是否完好。

④对充油设备检查出气孔，出气瓣是否畅通，油色、油面是否合格，油量不足者应补充合格油。

⑤检查传动机构和操作机构各部件是否齐全有效，拉合闸是否灵活，准确可靠。

⑥高压隔离开关停电清扫后，应检查触头间的接触压力是否符合要求，接触面应清洁、平整、无氧化膜，并涂中性凡士林。

⑦高压熔断器停电清扫后，应检查熔断丝是否合格，熔管有无裂纹，上下保护端是否牢固。

⑧高压电缆清扫后，应检查机械保护装置及接地线是否完好，电缆头是否渗、漏油，电气连接是否牢靠。

(2)变压器的停电清扫与检查要求：

①清扫外壳、上盖、散热器及瓷绝缘子后，检查瓷绝缘子有无碎裂及闪烙痕迹。

②检查油色、油面是否正常，连接油枕的阀门是否打开，吸潮剂是否饱和变色，各部分密封有无渗油，防爆膜是否完好，瓦斯继电器是否充满油。

③导线连接是否牢固可靠,有无过热变色现象。

④接地线是否完好。

(3)整流器停电清扫与检查要求:

①柜内外除尘清扫,要保持元件清洁,散热器上无尘土。

②检查各电气连接是否可靠,有无松动、过热现象。

③风冷硅还要检查风机运转是否正常,并予注油。

④清扫柜底进风口和柜顶出风口的尘土,保持良好的通风状态。

⑤直流馈电部分的停电清扫与检查。

⑥清扫直流汇流排及其瓷绝缘子。检查各部分连接是否牢固紧密,有无过热变色现象。

⑦直流隔离开关(刀开关)操作是否灵活,接触是否良好,有无过热变色现象,瓷绝缘子有无损坏。

⑧直流快速断路器,在除尘和清扫消除室以后,要检查触头表面,以及衔铁接触面和动作的灵活性、可靠性,必要时予以调整和修理。

⑨操作控制盘板在每次停电清扫各部尘土后,要检查。

⑩仪表、信号操作开关及继电保护,自动装置的动作情况,必要时予以调、修。

⑪各回路触头有无烧损,通断是否可靠。

⑫各回路接触端子有无松动、过热或断线。

⑬熔断器接触是否良好,熔丝是否合格。

⑭传动机构是否灵活可靠,销子、螺栓有无松动脱落。

⑮操作用小整流器装置按出厂说明书要求进行保养。

3)检修与试验

(1)变压器小修项目:

①清扫和检查变压器外壳、上盖、散热器、瓷绝缘子及全部附件,消除巡视中发现的问题。

②放出变压器油枕内污垢和水,检查油色、油面,添加合格油。

③取油样做耐压试验。

④检查放油阀及密封衬垫的螺栓,消除渗、漏现象。

⑤检查并扭紧引出线接头及所有连接部分。

⑥测量绕组的绝缘电阻,记录存档。

⑦为下次大修填好缺陷明细表,注明需换部件。

(2)变压器的大修项目:

①吊出芯子,检修线圈、分接头、引出线和铁心;

②检修顶盖、油枕、防爆管散热器、放油阀呼吸器和套管。

③检修冷却装置、滤油装置,清扫油箱及外壳,必要时重新刷漆。

④检查仪表、信号和保护装置。

⑤滤油或换油。

⑥必要时干燥器身(干燥时,根据绝缘材料控制最高温度不得超过 95 ~ 105℃,干燥程

度应依据绝缘电阻稳定值而定)。

⑦装配变压器后,完成规定的测试项目,合格后方可投入运行。投运前应检查切换开关位置。

(3)变压器检修后达到下列标准:

①线圈和铁心无油垢,铁心接地良好,油道畅通。

②铁心夹紧螺钉绝缘良好(1000V 绝缘电阻表摇测不低于 2MΩ)。

③油循环通路无油垢、不堵塞。

④线圈绝缘良好,不松动,无损伤,高、低压线圈无位移。

⑤各部位连接紧固,螺栓扭紧。

⑥紧固楔垫,排列整齐,无变形。

⑦温度计接线良好,500V 绝缘电阻表摇测不小于 1MΩ。

⑧瓦斯继电器内部浮筒及水银接点完好,二次回路导线更换。

⑨调压装置内清洁,接点接触良好,转动灵活,正确可靠,弹力充足,油封紧密完好。

⑩套管表面清洁,其螺栓、垫片、法兰、填料等完好,无渗、漏油现象(油面适度)。

⑪油箱、油枕和散热器内部清洁,无锈蚀。

⑫本体各部分及法兰、接点和盖孔等紧固,各油门开关灵活,无渗、漏油现象。

⑬防爆管隔膜密封完好。

⑭油面指示计和油标管清洁、透明,指示准确。

⑮各种附件齐全。

(4)10kV 级变压器大修后要进行的试验项目及标准:

①测量线圈的绝缘电阻,不低于表 3-10-2 所示要求。

不同温度测量线圈电阻要求 表 3-10-2

温度(℃)	10	20	30	40	50	60	70	80
阻值(MΩ)	450	300	200	130	90	60	40	25

②油击穿电压试验(新油 25kV,运行油 20kV)。

③线圈连同套管的交流耐压试验(30kV,1min)。

④各分接头的直流电阻(相间差别不应大于三相平均值的 2%,与过去比,变化不大于 2%)。

⑤各部分接头变压比(与铭牌值比,不应有显著差别,且应符合规律)。

⑥三相变压器接线组别,或单相变压器的极性(与铭牌的顶盖标志相符)。

⑦空载试验及短路试验(有条件时进行)。

(5)变压器的预防性试验项目及要求:

①测量线圈的绝缘电阻值。

②油击穿电压试验。

③线圈连同套管的交流耐压试验(标准与第 60 条同)。

(6)变压器大修后应带有下列资料。

①出厂试验记录的副本。

②交接试验和测量的记录。

③吊芯检查记录。

④干燥记录(温度、真空度、电容、绝缘电阻等全部数据)。

⑤变压器接线图,表计信号和保护装置接线图,设备构造图,油水管连接图。

(7)少油断路器的小修(即停电后的外部清洁与检查)项目:

①清扫灰尘、污垢后,检查绝缘子和套管有无裂纹,或损坏,必要时予以更换。

②检查油色(不拆油箱),如发现油色发黑、黏滞,须洗净油箱后更换新油。

③检查油箱,有无渗、漏,检查油面,是否应加油。

④检查各部分电气连接是否紧固牢靠,螺栓和端子板有无损坏,软连接铜皮有无断裂(断裂的铜皮应剪掉,但超过总面积的25%时应换新)。

⑤检查接地线是否完好。

⑥用手动断合闸,检查操作机构是否灵活,信号动作是否正确(对机械传动长滞部分应加油润滑)。

⑦用电动断合闸,根据声音判断脱扣和合闸速度。

⑧开关置于合闸状态,测量三相对地绝缘电阻值。

(8)少油断路器的大修项目:

①进行修前检查,数据测量及性能试验。

②操作机构和传动机构的检修调整。

③更换有缺陷的套管及其中的油。

④消弧室解体检修。

⑤触头打磨或更换(检修后导电杆延端头60mm要平整光洁,静触头片烧伤严重的,要拆下修理,自触头顶面算起,烧伤大于10mm时应更换新触片)。

⑥行程及三相同期的调整。

⑦更换渗油或漏油的节门、油标管,并检查排气管等附件。

⑧摇测电流互感器及其二次回路绝缘电阻,不合格的应更换互感器。

⑨分、合闸速度及时间试验,低电压跳闸及其他性能试验。

⑩开关外壳刷漆。

⑪处理其他缺陷及特殊性检修。

⑫修后进行全项目试验。

(9)油断路器大修后的校验项目及标准:

①主触头的接触电阻试验——通以10A电流,接触压降不大于1.5mV。

②合闸状态下的对地绝缘电阻值不规定,但拉杆绝缘阻值应不小于300MΩ。

③交流耐压试验:38kV,1min。

④测量每相导电回路电阻值(SN8—10:≤100μΩ,SN10—10:≤120μΩ)。

⑤测量消弧室并联电阻及并联电容值——应符合制造厂规定。

⑥测量合闸时间和固有分闸时间——同上。

⑦测量分闸和合闸速度——同上。

⑧测量三相同期性——同上。

⑨测量可动部分行程——同上。

⑩操作机构的合闸接触器和分闸磁铁的最低动作电压符合表3-10-3。

合闸接触器和分闸磁铁最低动作电压 表3-10-3

部件名称	最低操作电压/额定电压(%)	部件名称	最低操作电压/额定电压(%)
合闸接触器	不小于30/不大于80	分闸电磁铁	不小于30/不大于65

⑪测量合闸接触器及分、合闸电磁铁线圈的绝缘电阻和直流电阻(绝缘阻值不小于1MΩ)。

⑫脱扣电容:200μF(+30%/-10%),泄漏<10mA。

(10)油断路器预防性试验的项目及标准:

①支柱绝缘电阻值≥1000MΩ(2500V绝缘电阻表)。

②绝缘油击穿电压≥25kV。

(11)电压互感器,电流互感器的检修与试验要求:

①检查绝缘电阻值,一次用2500V绝缘电阻表,二次用1000V绝缘电阻表,测值不低于过去的70%,必要时予以干燥。

②检查器身与引线是否露出油面,油面距盖不大于12mm。

③耐压试验:38kV,1min。

(12)隔离开关的调整与试验要求:

①刀片刚好打入插口,插入深度不小于刀片宽度的90%,刀片与绝缘子间距3~5mm。

②三片同时合闸,前后相差不大于3mm。

③开合时轴承不应活动,空行程不得大于5°。

④开关拉闸时,旋转角度及动、静触头垂直距离(mm):GN1—10/400~600A—100°;GN2—10/400~600A、GN6—10/400~600A—65°;GN8—10/400~600A——不小于160mm。

⑤开关拉出力:400A—10kgf;600A—20kgf。

⑥测试项目:合闸状态绝缘阻值不小于800MΩ;交流耐压试验:42kV——1min;无响声,无放电,无震动;发热试验——两倍额定电流,5min,无显著发热情况。

(13)避雷器的检修与试验:

①每年雷雨季节后拆下,进行预防性试验,合格的留到下年雨季前安装投运。

②检修内容:清除表面污垢,检查瓷绝缘子有无裂纹;摇测绝缘阻值:F5—10低于1200MΩ时,应拆检;检查火花间隙,每个间隙的击穿电压应调整在2.5~3kV之间;电极表面打磨砂光、抛光;阀型电阻表面有炭化小孔或瓷釉有闪烙痕迹时,应更换电阻盘;检查橡皮垫是否变形、损坏;必要时以更换,并涂防腐油漆。

③试验项目:绝缘电阻值,用2500V绝缘电阻表,FS—10不低于1200MΩ;工频放电电压FS—10型:26~31kV;600V直流型:1.2~1.5kV;测泄漏电流,加10kV直流,不大于10μA;FZ、FCZ、FCD型主要检查并联电阻通断和接触情况。

(14)高压熔断器的检修内容及要求:

①表面清洁、干净,检查管与支座接触情况,支座弹簧有无损坏。

②检查熔断指示器是否朝下,熔断器是否偏斜。

③更换合格石英砂(干净99%)及熔丝,熔丝与管壁应有间隙。

(15)整流器大修应在柜内外全部清扫后进行,内容包括:

①检查均流、均压情况(均流、均压系数≥85%)。

②检查元件和散热器有无过热及其紧固程度,进行半动态试验,测量元件反向电压(大于设计规定值)。

③检查熔断器和汇流排紧固情况,接点有无过热变色。

④检查电阻、电容是否完好,信号及继电保护装置动作是否灵敏可靠。

⑤以500V绝缘电阻表,摇测整流柜对地绝缘电阻不低于1MΩ。

⑥对风冷硅整流器要检查风机的电机和风速,继电器、轴承并加油润滑。

(16)接地电阻测试要求:

①小电流接地整流站不大于4Ω。

②避雷器接地不大于10Ω。

(17)直流快速断路器的小修:

①第55条第3款所列,清扫、检查的项目及内容。

②检查主触头接触是否良好,有缺陷应进行修复或更换。

③检查各部螺栓是否紧固,用扳手紧固各个螺栓。合闸和脱扣机械是否灵活。辅助接点接触是否良好,接插件是否牢固,并消除其缺陷。

④检查短路环扣分闸线圈之间的间隙(分闸线圈和短路环之间的间隙为2mm+0.5mm,小于1mm时,应调整四根支柱)及端子排接线,并消除缺陷。

⑤用绝缘电阻表检查开关各部分的绝缘电阻。

⑥检查火花球隙和灭弧室的绝缘电阻。

⑦调整开关主触头压力,触头开距、超行程、衔铁接触面。

⑧不带负荷的情况下,电动合闸二次。

⑨过负荷跳闸及整定电流的调整。

(18)直流快速断路器的大修:

①主触头的检修:检查触头的接触面,有轻微烧痕时可用细锉除掉,若烧痕严重,凹凸不平,要将触头拆下,用锉刀或砂纸磨平,若超过标准应更换。

②消弧室检修:将消弧室螺栓松开,清除其内部烧灼痕迹和喷溅金属,清理安装好后,用绝缘电阻表测量绝缘电阻,损坏严重的应更换。

③辅助接点的检修:用细锉或砂纸清除接触点上的氧化物及烧痕,检查辅助接点动作是否灵活,接触是否良好。

④脱扣器检查和修理:检查脱扣器元件,部件安装是否正常,动作是否可靠。检查火花球隙,两主电极的绝缘电阻,不应小于100MΩ,以及各变压器线圈是否完好。

⑤调整与试验(标准见第75条):调整触头压力,触头开距,分闸线圈和短路环之间的间隙调整;测量各部分的绝缘电阻:主对地;控制与合闸对地;主对控;主对合闸;测量灭弧室的绝缘电阻,火花球隙的绝缘电阻以及储能电容和主电容器的电容量;交流工频试验;手动合闸跳闸一次;电动合闸跳闸一次。

(19)直流快速断路器试验项目和标准如表3-10-4。

DS12A 直流快速断路器技术参数　　表 3-10-4

项　目	DS12A－10/08	DS12A－20/08
额定电压(V)	800	
额定电流(A)	1000	2000
整定电流范围(A)	800～2000	1600～4000
分断能力(kA)	40	
分断时过电压/试验电压	≤2	
全分断时间(ms)	≤24	
限流系数	≤0.6	
机械寿命(次)	5000	
电寿命(次)	500	400
触头开距(mm)	≥26	
触头压力(N)	190	210
控制功率(瞬时)	AC220V　DC220V　20A	

开关在运行期间必须经常进行检查和定期维修:

①开关在检修后必须对触头压力、触头开距、动触头主轴间隙进行检查及调整,必保证可靠运行。修整触头使开关在额定电流时,其各点的毫伏降应符合规定;动触头主轴间隙;定期用细锉和水砂纸清除触头表面的氧化物。

②用千分尺测量开关闭合时,测动触头主轴间隙 δ。若 δ 小于 2mm 时应调换静触头和动触头,使间隙 δ 达到 7～10mm。

③触头压力测量和调整,触头压力应符合规定:DS12——10/08 (19 ±2)kg;DS12——20/08 (21 ±2.5)kg;测量方法可用弹簧秤法进行。先在动触头上的小孔中穿上铁丝圈,并在动静触头间放进薄纸片,电动合闸后,在水平方向用弹簧秤通过铁圈拉动触头,纸条刚拉动时,弹簧秤上的读数就是触头的压力。如果压力不符合规定,调整弹簧后面的螺母,使触头压力符合规定。

④分断大的短路电流后必须检查动触头主轴间隙、触头压力,消除灭弧室内灼烧痕迹和喷溅的金属才能继续使用。

⑤断路器备有合分手柄,该手柄是在不带电情况下供维护检修使用。

第二节　岗位风险点、危险源

一、作业活动风险点描述

按照作业活动进行划分,本岗位风险点主要是供电公司电车整流站检修作业等,详见表 3-10-5。

供电公司电车整流站检修作业活动风险点清单 表3-10-5

序号	作业活动名称	作业活动内容	区域位置	可能发生的事故类型及后果	活动频率
1	电车整流站检修作业	对电车整流站供电设备进行定期维护保养、停电检修、故障抢修等	电车整流站	发生触电、高空坠落、物体打击等事故	特定时间或突发时间

二、设备设施风险点清单

按照设施设备、固定场所、区域进行划分，本岗位风险点包括整流站设施设备、场所等，详见表3-10-6。

供电公司电车整流站供电设施设备清单 表3-10-6

序号	设备名称	类别	区域位置	是否特种设备
1	高、低压供电设备	整流站供电设施设备	整流站	否
2	变压整流器组	整流站供电设施设备	整流站	否
3	电缆	整流站供电设施设备	整流站、电车供电路径	否
4	馈电设施	整流站供电设施设备	电车供电路径	否
5	办公值班区域及行为	场所	办公区域	否
6	消防器材	场所	办公区域	否

三、危险源辨识

对上述识别到的作业流程进行工作危害分析（JHA），并通过作业条件危险性分析评价法（LEC）进行风险评价分级；对上述识别到的设施设备进行安全检查表分析（SCL），进行风险评价分级。风险评价分级结果见附表。

第三节 岗位风险分级管控措施

一、作业活动风险分级管控清单

根据已经完成的岗位风险分级，对不同的岗位风险现有管控措施进行分析梳理，查漏补缺，并分配相关责任单位和责任人，形成本岗位作业活动风险分级管控清单，详见表3-10-7。

二、设施设备风险分级管控清单

根据已经完成的岗位风险分级，对不同的岗位风险现有管控措施进行分析梳理，查漏补缺，并分配相关责任单位和责任人，形成本岗位设施设备风险分级管控清单，详见表3-10-8。

表 3-10-7

作业活动风险分级管控清单

风险点		作业步骤	序号	危险源或潜在事件	可能发生的事故类型及后果	风险分级	管控措施					管控层级	责任单位	责任人
编号	名称						工程技术措施	培训教育措施	管理措施	个体安全措施	应急处置措施			
1	电车整流站检修作业	作业前	1	新入厂职工或转岗职工由于对生产作业环境、设施设备等不熟悉,对岗位安全知识和操作规程等掌握不全面	发生触电、高空坠落、物体打击等事故	较大风险		落实好新入厂职工和转岗职工的安全教育培训,使职工熟练掌握岗位安全知识,操作规程和作业流程,及时熟悉作业环境和设施设备,正确操作设备设施	对未参加安全教育的人员或培训考试不合格的人员不得上岗实习或工作		一旦发生触电、高空坠落、物体打击等事故,立即进行急救,及时拨打120电话,送医院救治	分公司级	供电分公司	安全副经理、安全员
			2	作业人员不按规定佩戴安全防护用具,不按规定设置安全防护设施	发生触电、高空坠落、物体打击等事故	较大风险		对职工进行安全培训教育,使职工充分认识到作业时存在的危险因素,掌握防护措施	工作负责人做好作业现场安全监管,对于发现的不按规定佩戴安全防护用具和不按规定设置安全防护设施的,及时纠正并进行严格考核		一旦发生触电、高空坠落、物体打击等事故,立即进行急救,及时拨打120电话,送医院救治	分公司级	供电分公司	安全副经理、安全员

续上表

风险点		作业步骤	序号	危险源或潜在事件	可能发生的事故类型及后果	风险分级	管控措施					管控层级	责任单位	责任人
编号	名称						工程技术措施	培训教育措施	管理措施	个体安全措施	应急处置措施			
1	电车整流站检修作业	作业前	3	使用的安全防护用具未按期审验，使用的安全防护用具失效或不齐全	发生触电、高空坠落、物体打击等事故	一般风险		培训职工熟知安全防护用具的检查标准，掌握使用前的检查方法	对安全防护用具进行登记、检查，并按检验标准定期审验，不合格的不得投入使用。按照安全用具管理规定监督和指导职工做好安全防护用具的检查、使用及维护保养工作		一旦发生触电、高空坠落、物体打击等事故，立即进行急救，及时拨打120电话，送医院救治	供电所级	供电一所	所长、安全员
			4	无工作票，未经许可擅自工作	发生触电、短路等事故	一般风险		对职工进行安全培训教育，并要求职工在工作中严格执行安全操作规程，不得简化工作步骤	严格执行检修工作票制度，工作负责人监督工作人员认真落实工作票内容，对于未按要求执行的立即进行整改		一旦发生触电、高空坠落、物体打击等事故，立即进行急救，及时拨打120电话，送医院救治	供电所级	供电一所	所长、安全员

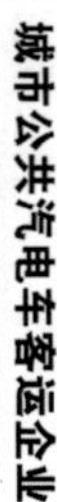

续上表

风险点		作业步骤	序号	危险源或潜在事件	可能发生的事故类型及后果	风险分级	管控措施					管控层级	责任单位	责任人
编号	名称						工程技术措施	培训教育措施	管理措施	个体安全措施	应急处置措施			
1	电车整流站检修作业	作业前	5	工作负责人在工作前不告知危险点、不交代和确认安全工作措施，操作人员分工不明确	发生触电、短路等事故	低风险		对职工进行安全培训教育，使职工熟知作业时存在的危险点和安全工作措施。	工作负责人对参与工作的人员进行明确分工，制定安全工作措施，明确工作范围内的风险因素，并将风险点、安全工作措施等详细交代给每位参与工作的人员		一旦发生触电、高空坠落、物体打击等事故，立即进行急救，及时拨打120电话，送医院救治	班组、个人	检修班组	站检修
			6	未进行工具和设施设备的检查，工具、设备存在隐患	发生触电、高空坠落、物体打击等事故	低风险		培训职工熟知工具和设施设备的检查标准，告知当工具、设备存在隐患时的处理方法	按照网格化实名制管理做好设备设施检查，工作前工作负责人做好设备设施复查和作业现场安全监督		一旦发生触电、高空坠落、物体打击等事故，立即进行急救，及时拨打120电话，送医院救治	班组、个人	检修班组	站检修

续上表

风险点		作业步骤	序号	危险源或潜在事件	可能发生的事故类型及后果	风险分级	管控措施					管控层级	责任单位	责任人
编号	名称						工程技术措施	培训教育措施	管理措施	个体安全措施	应急处置措施			
1	电车整流站检修作业	作业中	7	未进行抢修车辆安全技术检查	发生触电、交通事故等事故	低风险		对职工进行抢修车辆安全技术培训，使职工掌握基本的车辆安全技术技能	落实车辆检查制度，定期对抢修车辆进行安全技术检查，发现车辆隐患及时进行处理，并做好车辆保养、年审等工作		发现安全隐患及时整修	班组、个人	检修班组	站检修
			8	作业人员情绪不稳定	发生触电、高空坠落、物体打击等事故	低风险		落实安全教育培制度，进行心理调节方式方法培训	及时发现情绪不稳定情况，并进行有效疏导		临时调整工作人员	班组、个人	检修班组	站检修

续上表

风险点		作业步骤	序号	危险源或潜在事件	可能发生的事故类型及后果	风险分级	管控措施					管控层级	责任单位	责任人
编号	名称						工程技术措施	培训教育措施	管理措施	个体安全措施	应急处置措施			
1	电车整流站检修作业	作业中	9	不按照检修维护安全操作规程进行作业	发生触电、高空坠落、物体打击等事故	较大风险		对职工进行安全操作规程的专项培训教育，并进行演练和考试	对在安全操作规程专项培训考试中不合格的人员，不得上岗或调整工作岗位；工作负责人做好作业过程动态安全监管，对发现违反操作规程作业的，立即制止并下岗培训	佩戴与工作匹配的安全防护用具	一旦发生触电、高空坠落、物体打击等事故，立即进行急救，及时拨打120电话，送医院救治	分公司级	供电分公司	安全副经理、安全员
			10	不正确使用工器具，私自摘除安全防护设施	发生触电、高空坠落、物体打击等事故	一般风险		教育职工掌握使用工器具的正确方法，并让职工熟知不正确使用工器具存在的风险	工作负责人做好现场安全检查和监控，对发现的不正确使用工器具、私自拆除安全防护设施等安全隐患立即纠正	佩戴与工作匹配的安全防护用具	一旦发生触电、高空坠落、物体打击等事故，立即进行现场救治或拨打120电话，送医院救治	供电所级	供电一所	所长、安全员

续上表

风险点		作业步骤	序号	危险源或潜在事件	可能发生的事故类型及后果	风险分级	管控措施					管控层级	责任单位	责任人
编号	名称						工程技术措施	培训教育措施	管理措施	个体安全措施	应急处置措施			
1	电车整流站检修作业	作业中	11	在地沟、电缆井等有限空间作业存在中毒、窒息等危险	造成作业人员中毒、窒息等人身伤害	一般风险	配备有害气体检测仪器	对职工进行安全培训教育，使职工熟练掌握在半封闭空间环境下作业的知识和安全防范措施	制定有限空间作业安全工作措施，明确工作范围内的风险因素，工作负责人将风险点、安全工作措施等详细交代给每位参与工作的人员	佩戴与工作匹配的安全防护用具	一旦发生中毒、窒息等，立即进行急救，及时拨打120电话，送医院救治	供电所级	供电一所	所长、安全员
			12	无监护人或监护人擅离职守	发生触电等事故	一般风险		对职工进行安全操作规程的专项培训教育，要求职工在工作中严格执行监护制度	严格按照安全规程进行作业，对于无监护人的情况不得开展检修工作，对于监护人擅离职守的一经发现立即制止，并下岗培训		一旦发生触电等事故，立即进行急救，及时拨打120电话，送医院救治	供电所级	供电一所	所长、安全员

续上表

风险点		作业步骤	序号	危险源或潜在事件	可能发生的事故类型及后果	风险分级	管控措施					管控层级	责任单位	责任人
编号	名称						工程技术措施	培训教育措施	管理措施	个体安全措施	应急处置措施			
1	电车整流站检修作业	作业中	13	雨雪、大风、高温、夜间等特殊作业环境中易发生触电、砸伤、摔伤、中暑等危险	特殊天气易发生触电、砸伤、摔伤、中暑等人身伤害	低风险		对职工进行安全培训教育，使职工充分认识到特殊环境下作业时存在的危险因素，掌握防护措施	针对特殊天气和作业环境制定应急措施，加强特殊天气下的安全作业防护；工作负责人做好作业现场安全监管，发现隐患及时纠正	佩戴与工作匹配的安全防护用具	一旦发生触电、摔伤、砸伤等，立即采取相应措施进行救治，或拨打120电话，送医院救治	班组、个人	检修班组	站检修
		作业后	14	上下地沟、电缆井时存在碰撞或掉落的危险	造成摔伤、碰伤等事故	低风险		对职工进行安全培训教育，使职工熟知作业流程和安全防范措施	按照流程进行作业，工作负责人做好作业现场安全监管，发现隐患及时纠正	佩戴与工作匹配的安全防护用具	一旦发生摔伤、碰伤等事故，立即采取相应措施，或拨打120电话，送医院救治	班组、个人	检修班组	站检修

续上表

风险点		作业步骤	序号	危险源或潜在事件	可能发生的事故类型及后果	风险分级	管控措施					管控层级	责任单位	责任人
编号	名称						工程技术措施	培训教育措施	管理措施	个体安全措施	应急处置措施			
1	电车整流站检修作业	作业后	15	维修作业结束后，不清理现场，易引发误伤害等事故	摔伤、砸伤、砸伤等人身伤害	低风险		对职工进行安全培训教育，教育职工维修作业后及时清除清理工具、材料，消除事故隐患	工作负责人做好现场安全检查和监督，发现隐患及时纠正		一旦发生摔伤、砸伤等，立即采取相应措施进行救治，或拨打120电话，送医院救治	班组、个人	检修班组	站检修
			16	维修作业完毕后未检查、未验电确认	造成触电等事故	低风险		对职工进行安全培训教育，教育职工在维修作业完毕后必须进行检查和验电确认，并与相配合的其他工种做好沟通协调，进行确认后方可结束维修工作	工作负责人做好现场安全检查和监督，发现隐患及时纠正		一旦发生人身伤害事故，立即采取相应措施进行救治，或拨打120电话，送医院救治	班组、个人	检修班组	站检修

设施设备风险分级管控清单

表 3-10-8

风险点			检查项目		标准	风险分级	不符合标准情况及后果	管控措施					管控层级	责任单位	责任人
编号	类型	名称	序号	名称				工程技术措施	培训教育措施	管理措施	个人安全措施	应急处置措施			
1	整流站供电设施设备	高、低压供电设备	1	高压设备	符合国家标准	一般风险	漏电、火灾	过流保护、过负荷保护、电气联锁等	教育职工操作或维护前做好设备检查,严格按照操作规程进行操作、维护,穿戴绝缘靴、绝缘鞋和绝缘手套等安全防护用具	作业人员持证上岗,上岗前进行安全、技能培训,并定期召开安全例会,进行安全和技能考核。监督职工按规程要求落实巡视、检查工作,发现隐患及时纠正	佩戴与工作匹配的安全防护用具	一旦发生事故,立即进行紧急救治或送医院急救	供电所级	供电一所	所长、安全员

续上表

风险点			检查项目		标准	风险分级	不符合标准情况及后果	管控措施					管控层级	责任单位	责任人
编号	类型	名称	序号	名称				工程技术措施	培训教育措施	管理措施	个人安全措施	应急处置措施			
1	整流站供电设施设备	高、低压供电设备	2	低压设备	符合国家标准	一般风险	漏电、火灾	过流保护、过负荷保护、电气联锁等	教育职工操作或维护前做好设备检查，严格按照操作规程进行操作、维护，穿戴绝缘鞋等安全防护用具	作业人员持证上岗，上岗前进行安全、技能培训，并定期召开安全例会，进行安全和技能考核。监督职工按规程要求落实巡视、检查工作，发现隐患及时纠正	佩戴与工作匹配的安全防护用具	一旦发生事故，立即进行紧急救治或送医院急救	供电所级	供电一所	所长、安全员

续上表

风险点			检查项目		标准	风险分级	不符合标准情况及后果	管控措施					管控层级	责任单位	责任人
编号	类型	名称	序号	名称				工程技术措施	培训教育措施	管理措施	个人安全措施	应急处置措施			
1	整流站供电设施设备	高、低压供电设备	3	配电设备	符合国家标准	一般风险	漏电、火灾	过流保护、过负荷保护、电气联锁等	教育职工操作或维护前做好设备检查，严格按照操作规程进行操作、维护，穿戴绝缘鞋等安全防护用具	作业人员持证上岗，上岗前进行安全、技能培训，并定期召开安全例会，进行安全和技能考核。监督职工按规程要求落实巡视、检查工作，发现隐患及时纠正	佩戴与工作匹配的安全防护用具	一旦发生事故，立即进行紧急救治或送医院急救	供电所级	供电一所	所长、安全员

续上表

风险点			检查项目		标准	风险分级	不符合标准情况及后果	管控措施					管控层级	责任单位	责任人
编号	类型	名称	序号	名称				工程技术措施	培训教育措施	管理措施	个人安全措施	应急处置措施			
1	整流站供电设施设备	变压器整流器	4	变压器	符合国家标准	一般风险	漏电、火灾、爆炸	温度检测、瓦斯保护、过流保护、过负荷等	教育职工操作或维护前做好设备检查，严格按照操作规程进行操作，穿戴绝缘靴、绝缘鞋和绝缘手套等安全防护用具	作业人员持证上岗，上岗前进行安全、技能培训，并定期召开安全例会，进行安全和技能考核。监督职工按规程要求落实巡视、检查工作，发现隐患及时纠正	佩戴与工作匹配的安全防护用具	一旦发生事故，立即进行紧急救治或送医院急救	供电所级	供电一所	所长、安全员

续上表

风险点			检查项目		标准	风险分级	不符合标准情况及后果	管控措施					管控层级	责任单位	责任人
编号	类型	名称	序号	名称				工程技术措施	培训教育措施	管理措施	个人安全措施	应急处置措施			
1	整流站供电设施设备	变压器整流器	5	整流器	符合国家标准	一般风险	漏电、火灾		教育职工操作或维护前做好设备检查，严格按照操作规程进行操作、维护，穿戴绝缘鞋等安全防护用具	作业人员持证上岗，上岗前进行安全、技能培训，并定期召开安全例会，进行安全和技能考核。监督职工按规程要求落实巡视、检查工作，发现隐患及时纠正	佩戴与工作匹配的安全防护用具	一旦发生人身伤害事故，立即进行紧急救治或送医院急救	供电所级	供电一所	所长、安全员

续上表

风险点			检查项目		标准	风险分级	不符合标准情况及后果	管控措施					管控层级	责任单位	责任人
编号	类型	名称	序号	名称				工程技术措施	培训教育措施	管理措施	个人安全措施	应急处置措施			
1	整流站供电设施设备	电缆	6	设备整体	符合国家标准	一般风险	漏电、火灾		教育职工操作或维护前做好设备检查,严格按照操作规程进行操作、维护,穿戴绝缘靴、绝缘手套、绝缘鞋等安全防护用具	作业人员持证上岗,上岗前进行安全、技能培训,并定期召开安全例会,进行安全和技能考核。制定电缆及电缆接头的安全检查工作计划,监督职工落实到位,对于发现的隐患及时纠正	佩戴与工作匹配的安全防护用具	一旦发生人身伤害事故,立即进行紧急救治或送医院急救	供电所级	供电一所	所长、安全员

续上表

风险点			检查项目		标准	风险分级	不符合标准情况及后果	管控措施					管控层级	责任单位	责任人
编号	类型	名称	序号	名称				工程技术措施	培训教育措施	管理措施	个人安全措施	应急处置措施			
1	整流站供电设施设备	馈电设施	7	户外电缆沟、电缆井	齐全完好	低风险	破损、缺失易导致值班人员跌落		教育职工做好安全检查，对于发现的供电设施隐患立即上报并采取应急措施	作业人员持证上岗，上岗前进行安全、技能培训，并定期召开安全例会，进行安全和技能考核。制定户外电缆沟、电缆井等供电设施的安全检查工作计划，监督职工落实到位，对于发现的隐患及时纠正	佩戴与工作匹配的安全防护用具	一旦发生人身伤害事故，立即进行紧急救治或送医院急救	班组、个人	检修班组	站检修

续上表

风险点			检查项目		标准	风险分级	不符合标准情况及后果	管控措施					管控层级	责任单位	责任人
编号	类型	名称	序号	名称				工程技术措施	培训教育措施	管理措施	个人安全措施	应急处置措施			
1	整流站供电设施设备	馈电设施	8	馈电箱	符合国家标准	低风险	漏电、火灾		教育职工操作或维护前做好设备检查，对于发现的供电设施隐患立即上报并处理	作业人员持证上岗,上岗前进行安全、技能培训，并定期召开安全例会,进行安全和技能考核。制定馈电箱、馈电刀闸等供电设施的安全检查工作计划,监督职工落实到位,对于发现的隐患及时纠正	佩戴与工作匹配的安全防护用具	一旦发生人身伤害事故，立即进行紧急救治或送医院急救	班组、个人	检修班组	站检修

续上表

风险点			检查项目		标准	风险分级	不符合标准情况及后果	管控措施					管控层级	责任单位	责任人
编号	类型	名称	序号	名称				工程技术措施	培训教育措施	管理措施	个人安全措施	应急处置措施			
2	场所	整流站区域	9	门、窗、挡鼠板等设施	齐全完好	一般风险	破损易导致小动物误入，造成短路		教育职工做好整流站区域的安全检查,对于发现的门、窗、挡鼠板等设施隐患立即上报	定期检查整流站，对于异常情况立即采取措施		发现问题及时维修或更换	供电所级	供电一所	所长、安全员
		办公值班区域及行为	10	老化的用电设施、线路、开关等	安全可靠	低风险	触电、火灾、烧毁电器	加装线盒配备较大容量稳压电源；安装漏电保护器	对办公值班区域内人员进行安全培训、安全叮嘱	定期检查线路和电源开关；落实岗位安全生产责任制	对专业操作人员要按规定穿戴绝缘鞋,佩戴绝缘手套;自觉加强技能训练、提高自身安全素质	发现问题及时更换;遇突发事件,及时启动应急预案	班组、个人	公司或供电所	值班人员
			11	吸烟未掐灭烟头	符合办公区域管理制度	低风险	火灾事故		加强办公值班区域管理教育培训	现场检查、考核		发现问题,及时用灭火器灭火,查明原因、排除火源隐患	班组、个人	公司或供电所	值班人员

续上表

风险点			检查项目		标准	风险分级	不符合标准情况及后果	管控措施					管控层级	责任单位	责任人
编号	类型	名称	序号	名称				工程技术措施	培训教育措施	管理措施	个人安全措施	应急处置措施			
2	场所	办公值班区域及行为	12	私拉乱接电线，使用大负荷电器设备	坚决杜绝	一般风险	火灾事故		加强办公值班区域管理教育培训	现场检查、考核		发现问题、及时用灭火器灭火，查明原因、排除火源隐患	供电所级	供电所	所长、安全员
			13	堆放易燃易爆物品，未及时清理垃圾、落叶	及时清理	一般风险	火灾事故		加强办公值班区域管理教育培训	现场检查、考核		发现问题、及时用灭火器灭火，查明原因、排除火源隐患	供电所级	供电所	所长、安全员
			14	在上下班途中发生工伤事故	确保自身安全	低风险	因突发疾病、意外受伤、交通事故受到各种伤害		员工安全培训教育	加强安全管理	自觉加强技能训练、提高自身安全意识	及时就医	个人	个人	个人
		消防器材	15	设备整体	齐全有效	低风险	消防器材失效导致发生火灾不能及时控制、扑灭		定期巡查，异常及时上报	现场检查、考核		定期检查消防器材有效性，发现问题及时更换	班组、个人	相关班组或个人	值班人员

第四节　岗位隐患排查治理

依据本岗位风险分级管控体系中各风险点的控制措施和标准规范要求，编制该岗位的主要隐患排查清单，详见表3-10-9。

无轨电车整流站检修工岗位常见隐患排查清单　　表3-10-9

常见隐患	管控措施	管控措施失效	治理措施
新入厂职工或转岗职工由于对生产作业环境、设施设备等不熟悉，对岗位安全知识和操作规程等掌握不全面	上岗前对职工进行培训	培训不及时	严格按照岗前培训要求，做好岗前培训
	未参加安全教育的人员或培训考试不合格的人员不得上岗实习或工作	因故未参加培训考试	进行补考
作业人员不按规定佩戴安全防护用具	工作前正确佩戴安全防护用具	作业人员嫌麻烦或麻痹大意不佩戴	一是对作业人员进行抽查，发现问题及时纠正；二是进行安全培训教育，使职工充分认识到作业时存在的危险因素，掌握防护措施
不按规定设置安全防护设施	工作前正确设置安全防护设施	作业人员嫌麻烦或麻痹大意不设置	一是对作业现场进行抽查，发现问题及时纠正；二是进行安全培训教育，使职工充分认识到作业时存在的危险因素，掌握防护措施
使用的安全防护用具失效	按期审验	超期未审	超期未审的用具不得使用；审验不合格的用具不得使用
未经许可擅自工作	落实工作票制度	作业人员嫌麻烦不落实	对职工进行安全培训教育，并要求职工在工作中严格执行安全操作规程，不得简化工作步骤
			工作负责人监督工作人员认真落实工作票内容，对于未按要求执行的立即进行整改
在地沟、电缆井等有限空间作业	工作前利用有害气体检测仪器检测是否有有毒气体	检测仪失效	定期检验，维护，确保有效
	按规定进行作业	作业人员嫌麻烦不落实	对职工进行安全培训教育，使职工熟练掌握在半封闭空间环境下作业的知识和安全防范措施

第五节　典型案例分析

一、类型

安全事故。

二、背景资料

2002 年,杆石桥实验中学附近,某检修工在整流站检修设备。

三、详细描述

某检修工带电拉闸刀,导致供电局高压线冒火球,造成供电局附近区域停电。

四、原因分析

(1)该检修工违反操作规程,带负荷拉闸。

(2)该检修工工作疏忽大意,安全意识欠缺。

五、管控措施检查与更新

(1)对员工加强安全操作规程培训教育,强化员工安全意识。

(2)召开公司安全会议,集体学习此次案例经验教育,严格执行“四不放过”,保证杜绝类似事故发生。

第十一章　供电公司无轨电车站点值班员岗位安全知识

第一节　岗位工作标准及安全操作规程

一、岗位工作标准

1. 范围

本标准规定了济南市公共交通总公司供电公司供电所值班员岗位的资格要求、职责与权限、工作内容与要求、工作关系以及检查与考核。

本标准适用于济南市公共交通总公司供电公司供电所值班员的工作岗位。

2. 资格要求

(1)电器维修相关专业中专及以上学历。

(2)熟练掌握电气设备维修知识,具有《电工进网作业证》《安监局特种作业证》。

(3)具有优良的道德品质,做事公道正派,严谨、认真。

(4)具有较高思想政治觉悟,能够严守人事工作纪律。

(5)具有较好的学习能力,能够充分理解和贯彻执行供电所各项任务。

(6)具有较好的组织、协调解决问题的能力,能够有效配置资源,协调各种关系,及时找到解决问题的办法。

(7)执行能力强,能按照计划办事,按质、按量及时完成承办任务。

3. 职责与权限

1)职责

在供电分公司供电所线网技术管理员的领导下,具体负责以下工作:

(1)电车营运保障工作。

(2)安全生产。

(3)其他职责。

2)权限

(1)对职责范围内的各项事务有建议权和执行权。

(2)其他与岗位相称的工作职权。

4. 工作内容与要求

1)电车营运保障工作

(1)掌握站内设备技术状况和运行状况,熟悉馈电分段情况,保证安全用电,可靠运行。

(2)严格执行规章制度,执行调度命令,正确监护及操作,并按时巡视检查设备,监视负荷及电压的变动情况,确保电车正常运行。

(3)配合检修人员,组织实施安全技术组织措施,搞好设备验收。

(4)搞好设备的维护保养和室内外卫生工作,保持设备整洁、环境卫生。

2)安全生产与节能

确保工作场所安全,工作无消防隐患。

(1)承担工作范围内的安全生产责任。

(2)履行工作范围内节能减排工作职责。

3)其他职责

积极完成上级领导交办的其他临时性工作。

5. 工作关系

(1)直接上级为供电分公司供电所线网技术管理员。

(2)同供电分公司供电所其他工作人员合作完成相关工作。

6. 检查与考核

岗位工作受供电分公司供电所线网技术管理员的检查与监督、考核。

二、安全操作规程

1. 总则

(1)为加强整流站电气设备的运行管理,确保整流站电气设备安全运行和对电车的可靠供电,特制订本规程。

(2)本规程系根据原电力工业部"电力工业技术管理法规"及有关的电气设备运行、检修、试验规程,参照兄弟城市同行业运行经验,在总结我公司前段规程执行的情况的基础上,对原公交公司颁发的有关规程加以修改补充而成。

(3)本规程适用于从室外10kV进线隔离开关,直至600V馈线电缆头的全部整流站电气设备和电路,有关值班、检修和管理人员都应该认真学习,严格遵守,切实执行。

(4)每个整流站按昼夜三班配备的正、副值班电工,必须熟悉本站电气设备的性能和运行方式,掌握操作技术,服从调度指挥,坚守工作岗位。

(5)整流站设备均应实行统一编号,据以悬牌(喷字),并在各项工作中坚持使用。

(6)整流站的主要设备(变压器、油断路器、整流器及直流快速断路器)应建立相应的设备档案,由站线所专职技术人员管理。设备档案内容包括出厂说明书、设备卡片、检修记录、缺陷记录、试验报告和绝缘分析鉴定书等。

(7)整流站值班电工负责填写当班各项记录和报表,并按规定搞好工具、护品和材料管理,认真实行交接班。

(8)整流站值班电工要重视环境卫生、安全保卫和保密工作,搞好文明生产。站内专用电话一般不应外借。

(9)除本规定外,其他有关事项,应按有关规程制度执行。凡与上级指示和规定有抵触的条款或规定,应按上级规定执行。

2. 巡视检查

(1)巡视检查由值班人员负责进行,发现问题应及时处理或请示报告。设备缺陷及处理情况应如实记录并向下班交代。站线所设备管理人员应定期汇总、整理分析,据以规定保养和检修计划。

(2)巡视检查可由一人进行,但不应做与巡视无关的工作。

(3)巡视检查定为每班两次,但在下述情况下要加强巡视:

①新投运或大修后的电气设备,在72h内要加强巡视,无异常情况后,可按正常周期进行。

②电气设备发生重大事故又恢复送电后,对事故范围内的设备应该进行特殊巡视。

③设备有缺陷或过负荷时,应适当增加巡视次数。

④遇有恶劣天气(大风、雷雨、暴雨、冰雹、下雪、霜、雾),除要加强系统绝缘监视外,还要对室外设备、厂房环境及电缆路径进行特殊巡视。

⑤电车高峰运行期间,要加强监视,并做好应急准备。

(4)变压器巡视检查内容:

①电压、电流变化情况。

②油面、油色是否正常,有无渗漏现象。

③运行音响是否正常。

④温升是否超过允许值(其温升指示不得超过85℃)。

⑤吸潮剂是否饱和变色。

⑥外壳接地情况。

⑦高、低压接线端接触完好,无过热变色现象。

⑧表面清洁,高低压绝缘子无裂纹及飞弧烧灼迹象。

(5)高压配电装置巡视检查内容:

①隔离开关接触良好,无过热变色现象。

②汇流排无过热变色及松动现象。

③电缆头无漏油及烧灼现象。

④电压互感器无漏油现象,接地良好。

⑤油断路器油位、油色正常,无渗漏,无异响。

⑥电流互感器接地良好,二次不开路,无异声。

⑦高压熔断器无熔断指示。

⑧表针及信号指示正常。

⑨各部绝缘子无裂纹及飞弧烧灼迹象。

(6)硅整流器巡视检查内容:

①冷却风机运转正常。

②信号灯、警铃和信号继电器正常有效。

③快速熔断器无熔断指示。

④元件及其他导电部分无过热变色现象。

⑤阻、容保护装置无脱焊现象。

(7)直流馈电部分的巡视检查内容:

①隔离开关(馈线刀开关及总刀开关)及汇流排:接触是否良好,有无松动及过热现象。

②瓷绝缘子是否完好。

③电缆头有无过热、漏油现象。

④避雷器接地是否良好。

⑤直流快速断路器动作位置是否正常,主、副触头接触是否良好,有无烧焦味。

⑥表针及信号指示是否正常。

(8)配电装置及其他巡视检查内容:

①表针及信号指示是否正常。

②操作按钮动作是否可靠。

③操作电源自投装置是否动作可靠,电压是否正常。

④各种指示牌是否符合设备的实际运行状况。

3. 运行操作

1)一般规定

(1)整流站电气设备和电路的施工安装、检修或试验等工作完毕后,必须经由站线所技术负责人检查安装质量和检修质量,并对试验结果进行审查,确认合格,实行验收后方可投入运行。

(2)模拟整流站(高、低压,一、二次,交、直流)主接线的操作图板,应悬挂于操作室内醒目处,以备操作前校对。每次操作完毕,应使操作图板符合实际运行情况。

(3)10kV双路电源只允许采用"一常一备"运行方式,备用电源一经确定,就必须保证该电源的进线隔离开关始终处于断开状态,该路进线电缆处于备用状态。使用备用电源,必须经过调度同意,并保证两路电源间的连锁装置完整可靠,防止并联运行和电源反送。

(4)配电室、变压器室和操作室内不得堆放易燃、易爆物品和其他杂物,操作盘板前面要铺设绝缘毯。

(5)整流站内应备有下列用具、器材和备品、备件,并应分类存放,做到取用方便:

①各种安全用具、临时接地线、标牌及其他常用工具。

②常用携带型仪表(包括绝缘电阻表、万用表、钳型电流表)。

③卫生箱。

④手电筒。

⑤消防器材。

⑥各种规格的熔管、熔丝、灯泡等。

⑦技术资料。

⑧原始记录。

(6)两组整流器(包括变压器)可根据负荷情况采用互为备用或并列运行方式。在采用互为备用的运行方式时,应实行定期(半月)轮换使用。在一般情况下,不实行并列运行。两台整流变压器的分接开关应根据电源电压波动情况,调至适当挡位,并保持一致(直流输出电压一般不宜超过660V,也不应低于600V)以适应两种运行方式的需要。

(7)低压电气设备的灭弧罩必须完整无损,否则应退出运行,待修复后使用。

(8)在整流站实行操作监护制及复诵制,即由副值操作,正值监护;正值下令,副值复诵。每次操作前、操作中、操作后都应注意仪表指示和继电保护是否正常,信号指示与设备的实际位置是否对应,操作时应逐项作出备忘,操作后悬挂相应的指示牌。

2)各项操作要点

(1)室外10kV隔离开关的操作,必须做到:

①实行一人操作,一人监护,并保证不带任何负荷。

②操作单相隔离开关的顺序是:停电时先拉中相,后拉开两边相;送电时先送两边相,后合中相。

③操作者必须衣着完备,安全保护用具完好齐全;如需登杆操作时,应系安全皮带。

④禁止雷雨时拉合闸,雨天操作须使用带有防雨罩的令克棒,并穿着绝缘靴。

(2)两台站用变压器分别接于两个不同电源系统上,应与主电路电源错开投运。要定期检查自投系统动作的可靠性和信号的正确性。每台变压器的隔离开关推合后,其低压侧电压显示一般不得低于400V。

(3)每次送电前必须做到:

①按安全规程要求检查设备,清理现场。

②检查各部开关、动作应正常,隔离开关处于断开位置。

③仪表及信号指示正常。

(4)交流进线送电操作,按下列顺序进行:

①合上电压互感器柜的隔离开关。

②合上进线汇流排隔离开关。

③合上进线电缆隔离开关。

④合上操作电源硅整流器的交流电源及直流输出闸刀(直流操作电源应调至额定值)。

⑤合上油断路器。交流进线停电操作,只有全站停电或倒换另一电源时才有必要。其顺序与上述相反。要注意观察仪表,信号是否返回零位或对应位置。

(5)整流器组受电按下列顺序进行:

①合上整流器组的高压隔离开关(前已指出,两组整流器应轮换使用。操作前应由调度明确投运机组)。

②合上整流器冷却风机开关(在30℃的室温时投入)。

③合上整流器组油断路器——此时600V直流汇流排应有电压显示(不超过660V,不低于600V)。硅整流器组停止受电的操作顺序与以上相反。

(6)直流馈电程序是:

①合上直流馈电总正、负极汇流排隔离开关。

②合上各路馈线正、负汇流排隔离开关及分路隔离开关。

③检查直流快速断路器辅助电源电压不低于180V,否则应调整。

④合上直流馈线电总快速断路器。

⑤合上各路馈线快速断路器,此时如有电车行驶,各分路电流表分别有指示。直流停电程序,按以上相反顺序进行。

(7)整流器组轮换投运或并机,都必须由调度事先规定,或按制度执行(在一般情况下,轮换停运可选择在全站停馈之后,由一组代替另一组按第22条进行操作)。两组整流器并列运行——即并机,仅限于直流负荷总电流稳定在2200A,持续2min以上的高峰情况,以免造成不必要的操作混乱。并机操作顺序,可按第22条进行。并机以后必须注意表针指示是

否正常，负荷分配是否均匀。

4. 事故处理

1) 一般规定

(1) 凡运行设备出现异常情况，值班人员应根据故障现象迅速而准确地进行判断和处理，力求尽快地消除故障，控制故障范围，避免停电事故或压缩停电时间。

(2) 值班人员发现设备异常情况，应向值班调度或有关领导及时请示报告。当危及人身或设备安全时，应先进行处理，然后及时报告，并做好记录。

(3) 除了不改变现场，就不能恢复送电的情况外，一般应保留现场，以便调查处理。

2) 高压配电装置

(1) 隔离开关的异常运行及处理：

①合不上或拉不开时，应停电检查处理。

②隔离开关或其引线、连接处发热变色时，应立即减小负荷，并迅速停电处理。

③严禁带负荷拉、合隔离开关。但当发生带负荷错拉隔离开关，而刀片刚离开刀开关出现弧光时，应立即将隔离开关合上；如已拉开，不准再合；如发生带负荷错合隔离开关时，无论是否已造成事故，均不准将错合的隔离开关再错拉开。

④曾经出现带负荷错合或错拉的隔离开关应及时停电，进行修复。

(2) 油断路器的异常运行及处理：

①拒绝跳闸时，应手动跳开，并拉开前后隔离开关，从明显的断开点确认其与电源隔离后，再检查跳闸回路电压是否正常、电容器是否完好、继电保护动作是否正常、接线有无松脱、跳闸线圈有无故障、机械传动是否灵活等。在故障未查明排除前，应调用备用进线油断路器，或备用机组油断路器，以保证连续供电。

②拒绝合闸时，应从电源隔离后进行二次回路和机械传动两方面的检查。查明原因，消除故障后，试合成功再投运。否则，可改用备用线路油断路或备用机组油断路。

(3) 进线断电——进线电压表无指示，由该路电源供电的站用变二次侧也无电压，这时应按下述步骤处理：

①迅速断开进线油断路器，整流器油断路器和全部直流快速断路器，并拉开该路进线的隔离开关（锁住）。

②要检查本站各级过流保护是否动作，站用设备有无异常，在确定全部无故障，排除油断路器拒动和越级跳闸原因后，迅速调备用电源，恢复供电，并向调度报告处理情况。

③如在检查中发现本站设备有异常（如过流继电器失灵或过流动作后，油断路器拒动），导致该路电源越级跳闸断电，这时除迅速调备用进线油断路器，或备用机组恢复供电外，应及时报告调度，安排检修，查明原因，排除故障。

④进线油断路器跳闸（但电源有电）时，其征象为转换开关的不对位指示灯亮，示警铃响，10kV 电压表无读数，但该路电源供电的站用变二次侧有电压（380V/220V），应按下述步骤处理：停止铃响，断开所有油断路器及直流快速断路器，拉开该路进线隔离开关（并锁住）。

⑤检查：

a. 过流继电器保护动作情况。

b. 交直流汇流排有无异常。

c. 整流器油断路器是否脱扣,整流器及其变压器有无异常。

d. 直流快速断路器是否脱扣。

⑥如果故障在整流器,应将其退出运行后,再行检查,并迅速恢复进线,开动备用机组馈电。

⑦如果故障在直流馈电部分(短路或过负荷)在全部恢复供电前,应逐段进行测试或试送。如试送失败,可将故障线路隔离,报调度处理(详见馈电部分)。

(4)高压熔断器的熔丝熔断时,应先检查被保护设备,有无故障,并及时排除,熔丝若因过负荷熔断,可按规定更换熔丝后试送电。

(5)电压互感器二次熔丝断时,可在更换同样熔丝后试送,若再次熔断,应立即查找电路上有无短路故障。如仅发生一次熔丝熔断,应摇测绝缘电阻,直到进行试验,查明并排除故障后投运。

(6)电流互感器发生异常音响,表针指示异常或二次回路有火花,应立即停电检查。

3)整流器组

(1)整流变压器发生下述任何一种情况时,应立即报值班调度员,调备用整流器组供电,并将该组实行交直流隔离,听候检查处理:

①油面温度超过 85℃。

②瓦斯继电器动作。

③有强烈的异声。

④正常负荷下有不正常的温升。

⑤瓷套管裂纹或碎裂。

⑥向外喷油或严重漏油。

(2)整流器油断路器跳闸——这时示警铃响,转换开关不对位指示灯亮。处理步骤如下:

①停止铃响,将该油断路器的转换开关转到分闸位置。

②将该机组从交流、直流汇流排隔离。

③检查过电流继电器及油断路器动作情况、汇流排有无烧灼变色、整流器快速熔断器有无熔断指示、元件信号继电器是否动作、硅整流器风机是否正常、馈线直流快速断路器是否脱扣以及负荷变动情况等。

④查明原因,消除故障后,恢复供电或开备用机组供电。

(3)整流器元件故障信号继电器发出警报,应将信号复位,若能复位,可继续运行,若不能复位,则关停信号,开备用机组供电,并报值班调度,安排检修。

(4)整流器硅元件过热(点温计测量时,外壳温度不得超过 100℃),若个别元件温升高,可加强巡视继续运行,到停机时,更换元件,若个别元件温升过低则属不均流,应调备用机组供电,停该故障整流器组,做均流试验,并处理之。

4)直流馈线部分

(1)馈线直流快速断路器脱扣——这时,示警铃响,转换开关不对位指示灯亮,电流表无读数,脱扣声大,处理如下:

①馈线直流快速断路器都配有电子判别器和自动重合闸装置,一般情况下,应该尽力保持这些设备的技术完好性,以避免或减少停电事故,缩短停电时间。一旦经过自动测试,而

自动重合不成功时,应该在馈线直流快速断路器脱扣后约 30s,强行试送一次。要注意电流表读数并据以进行处理:

a. 若电流由零缓慢上升到整定值后又脱扣,说明是过负荷,可立即并上备用馈线直流快速断路器供电。

b. 若电流表指针急速上升,但未到整定值(或急剧摆动一下)馈线直流快速开关又脱扣,说明线网有短路现象。此时,应将快速开关的转换开关置于分后位置,且把选择开关置于人工测试位置,进行人工测试。如果测试电流在 35A 以下,说明瞬间短路已消除,应立即恢复送电。如果测试电流在 35A 以上,则短路故障仍然存在,应立即报告值班调度组织检查修理。

②在故障未消除前,应随时进行间隔性的人工测试(暂规定每分钟 1 ~ 2 次);一旦测试电流在 35A 以下,表明线路已无故障,应立即恢复送电,并报告调度。

(2)馈线直流快速断路器不能电动合闸或合闸不成(合上又脱扣),处理如下:

①将该故障馈线快速断路器退出运行,改用备用汇流排,备用闸刀、备用快速断路器送电。

②检查故障开关、合闸回路熔断器、脱扣器上的熔断器、合闸电容器接线、直流互感器接线等,若无异常变化,应报调度派员检修。修复后,再恢复供电,同时将备用馈线开关退出运行。

5. 保养检修

1)一般规定

(1)整流站电气设备的保养与检修工作,由值班电工与检修工共同承担,其具体分工由站线所在有关责任制和作业计划中明确。

(2)在整流站保养检修工作中,必须严格按照安全工作规程认真采取安全技术措施和组织措施,防止人身和设备事故的发生。

(3)整流站电气设备的保养检修作业包括:

①停电清扫与检查。

②小修。

③大修。

④预防性试验。

以上各项作业周期按表 3-11-1 执行。

整流站运行设备保养检修周期表　　表 3-11-1

序号	设备名称	作业性质	周　期	备　注
1	油断路器	试验	一年	
		清扫检查	半年	
		小修	一年	
		大修	三年	跳闸四次或故障
2	隔离开关	试验	一年	必要时调整
		清扫检查	半年	

续上表

序号	设备名称	作业性质	周　期	备　注
3	电压、电流互感器	试验	三年	
		清扫检查	半年	
4	高压电缆	试验	一年	
5	高压母线	试验	一年	
		清扫检查	半年	
6	变压器	试验	一年	
		清扫检查	半年	
		小修	一年	
		大修	五年	
7	避雷器	试验	一年	雷雨季节前安装
8	操作控制盘	清扫检查	半年	
9	整流器	试验	一年	阻容装置 正向压降五年
		停电清扫	半年	
		大修	三年	
10	直流快速断路器	清扫检查	每月	触头检查每周
		小修	半年	临时检查一百次跳闸
		大修	二年	
11	低压汇流排	清扫检查	半年	
12	继电器整定值	校验	一年	无定位者为三年
13	表计读数	校验	三年	
14	接地电阻	试验	三年	冬季进行
15	变压器油	耐压试验	一年	
		简化试验	三年	
16	安全用具	试验	一年	

2)停电清扫与检查

(1)高压配电装置停电清扫检查的一般内容:

①清扫瓷绝缘子表面污垢,检查有无裂纹、破损及闪烙痕迹。

②清扫导体表面尘土,检查各部连接是否紧密、牢固,铜、铝结点有无变色、变质,必要时进行清理,并涂中性凡士林。

③清扫设备外壳和支架尘土,检查接地线是否完好。

④对充油设备检查出气孔,出气瓣是否畅通,油色、油面是否合格,油量不足者应补充合格油。

⑤检查传动机构和操作机构各部件是否齐全有效,拉合闸是否灵活,准确可靠。

⑥高压隔离开关,停电清扫后,应检查触头间的接触压力是否符合要求,接触面应清洁、平整、无氧化膜,并涂中性凡士林。

⑦高压熔断器停电清扫后,应检查熔丝是否合格,熔管有无裂纹,上下保护端是否牢固。

⑧高压电缆清扫后,应检查机械保护装置及接地线是否完好,电缆头是否渗、漏油,电气连接是否牢靠。

(2)变压器的停电清扫与检查要求:

①清扫外壳、上盖、散热器及瓷绝缘子后,检查瓷绝缘子有无碎裂及闪烙痕迹。

②检查油色、油面是否正常,连接油枕的阀门是否打开,吸潮剂是否饱和变色,各部分密封有无渗油,防爆膜是否完好,瓦斯继电器是否充满油。

③导线连接是否牢固可靠,有无过热变色现象。

④接地线是否完好。

(3)整流器停电清扫与检查要求:

①柜内外除尘清扫,要保持元件清洁,散热器上无尘土。

②检查各电气连接是否可靠,有无松动,过热现象。

③风冷硅还要检查风机运转是否正常,并予注油。

④清扫柜底进风口和柜顶出风口的尘土,保持良好的通风状态。

(4)直流馈电部分的停电清扫与检查:

①清扫直流汇流排及其瓷绝缘子。检查各部分连接是否牢固紧密,有无过热变色现象。

②直流隔离开关(刀开关)操作是否灵活,接触是否良好,有无过热变色现象,瓷绝缘子有无损坏。

③直流快速断路器,在除尘和清扫消除弧室以后,要检查触头表面,以及衔铁接触面和动作的灵活性、可靠性,必要时予以调整和修理。

(5)操作控制盘板在每次停电清扫各部尘土后,要检查:

①仪表、信号操作开关及继电保护,自动装置的动作情况,必要时予以调、修。

②各回路触头有无烧损,通断是否可靠。

③各回路接触端子有无松动,过热或断线。

④熔断器接触是否良好,熔丝是否合格。

⑤传动机构是否灵活可靠,销子、螺栓有无松动脱落。

⑥操作用小整流器装置按出厂说明书要求进行保养。

3)检修与试验

(1)变压器小修项目:

①清扫和检查变压器外壳、上盖、散热器、瓷绝缘子及全部附件,消除巡视中发现的问题。

②放出变压器油枕内污垢和水,检查油色油面,添加合格油。

③取油样做耐压试验。

④检查放油阀及密封衬垫的螺栓,消除渗、漏现象。

⑤检查并扭紧引出线接头及所有连接部分。

⑥测量绕组的绝缘电阻,记录存档。

⑦为下次大修填好缺陷明细表，注明需换部件。

(2)变压器的大修项目：

①吊出芯子，检查、检修线圈、分接头、引出线和铁心。

②检修顶盖、油枕、防爆管散热器，放油阀呼吸器和套管。

③检修冷却装置，滤油装置，清扫油箱及外壳，必要时重新刷漆。

④检查仪表、信号和保护装置。

⑤滤油或换油。

⑥必要时干燥器身（干燥时，根据绝缘材料控制最高温度不得超过95～105℃，干燥程度应依据绝缘电阻稳定值而定）。

⑦装配变压器后，完成规定的测试项目，合格后方可投入运行。投运前应检查切换开关位置。

(3)变压器检修后达到下列标准：

①线圈和铁心无油垢，铁心接地良好，油道畅通。

②铁心夹紧螺钉绝缘良好(1000V绝缘电阻表摇测不低于2MΩ)。

③油循环通路无油垢、不堵塞。

④线圈绝缘良好，不松动，无损伤，高、低压线圈无位移。

⑤各部位连接紧固，螺栓扭紧。

⑥紧固楔垫，排列整齐，无变形。

⑦温度计接线良好，500V绝缘电阻表摇测不小于1MΩ。

⑧瓦斯继电器内部浮筒及水银接点完好，二次回路导线更换。

⑨调压装置内清洁，接点接触良好，转动灵活，正确可靠，弹力充足，油封紧密完好。

⑩套管表面清洁，其螺栓、垫片、法兰、填料等完好，无渗漏油现象（油面适度）。

⑪油箱、油枕和散热器内部清洁，无锈蚀。

⑫本体各部分及法兰，接点和盖孔等紧固，各油门开关灵活，无渗、漏油现象。

⑬防爆管隔膜密封完好。

⑭油面指示计和油标管清洁、透明，指示准确。

⑮各种附件齐全。

(4)10KV级变压器大修后要进行的试验项目及标准：

①测量线圈的绝缘电阻，不低于表3-11-2。

不同温度下绝缘电阻　　表3-11-2

温度(℃)	10	20	30	40	50	60	70	80
阻值(MΩ)	450	300	200	130	90	60	40	25

②油击穿电压试验（新油25kV，运行油20kV）。

③线圈连同套管的交流耐压试验(30kV，1min)。

④各分接头的直流电阻（相间差别不应大于三相平均值的2%，与过去比，变化不大于2%）。

⑤各部分接头变压比（与铭牌值比，不应有显著差别，且应符合规律）。

⑥三相变压器接线组别，或单相变压器的极性（与铭牌的顶盖标志相符）。

⑦空载试验及短路试验(有条件时进行)。

(5)变压器的预防性试验项目及要求:

①测量线圈的绝缘电阻值。

②油击穿电压试验。

③线圈连同套管的交流耐压试验(标准与第60条同)。

(6)变压器大修后应带有下列资料:

①出厂试验记录的副本。

②交接试验和测量的记录。

③吊芯检查记录。

④干燥记录(温度、真空度、电容、绝缘电阻等全部数据)。

⑤变压器接线图,表计信号和保护装置接线图,设备构造图,油水管连接图。

(7)少油断路器的小修(即停电后的外部清洁与检查)项目:

①清扫灰尘、污垢后,检查绝缘子和套管有无裂纹,或损坏,必要时予以更换。

②检查油色(不拆油箱),如发现油色发黑、黏滞,须洗净油箱后更换新油。

③检查油箱,有无渗、漏,检查油面,是否应加油。

④检查各部分电气连接是否紧固牢靠,螺栓和端子板有无损坏,软连接铜皮有无断裂(断裂的铜皮应剪掉,但超过总面积的25%时应换新)。

⑤检查接地线是否完好。

⑥用手动断合闸,检查操作机构是否灵活,信号动作是否正确(对机械传动长滞部分应加油润滑)。

⑦用电动断合闸,根据声音判断脱扣和合闸速度。

⑧开关置于合闸状态度,测量三相对地绝缘电阻值。

(8)少油断路器的大修项目:

①进行修前检查,数据测量及性能试验。

②操作机构和传动机构的检修调整。

③更换有缺陷的套管及其中的油。

④消弧室解体检修。

⑤触头打磨或更换(检修后导电杆延端头60mm要平整光洁,静触头片烧伤严重者,要拆下修理,自触头顶面算起,烧伤大于10mm时应更换新触片)。

⑥行程及三相同期的调整。

⑦更换渗油漏油的节门、油标管,并检查排气管等附件。

⑧摇测电流互感器及其二次回路绝缘电阻,不合格的应更换互感器。

⑨分、合闸速度及时间试验,低电压跳闸及其他性能试验。

⑩开关外壳刷漆。

⑪处理其他缺陷及特殊性检修。

⑫修后进行全项目试验。

(9)油断路器大修后的校验项目及标准:

①主触头的接触电阻试验——通以10A电流,接触压降不大于1.5mV。

②合闸状态下的对地绝缘电阻值不规定,但拉杆绝缘阻值应不小于300MΩ。

③交流耐压试验:38kV,1min。

④测量每相导电回路电阻值(SN8—10:≤100μΩ,SN10—10:≤120μΩ)。

⑤测量消弧室并联电阻及并联电容值——应符合制造厂规定。

⑥测量合闸时间和固有分闸时间——同上。

⑦测量分闸和合闸速度——同上。

⑧测量三相同期性——同上。

⑨测量可动部分行程——同上。

⑩操作机构的合闸接触器和分闸磁铁的最低操作电压符合表3-11-3。

部件最低操作电压 表3-11-3

部件名称	最低操作电压/额定电压(%)	部件名称	最低操作电压/额定电压(%)
合闸接触器	不小于30/不大于80	分闸电磁铁	不小于30/不大于65

⑪测量合闸接触器及分、合闸电磁铁线圈的绝缘电阻和直流电阻(绝缘阻值不小于1MΩ)。

⑫脱扣电容:200μF(+30%/-10%),泄漏<10mA。

(10)油断路器预防性试验的项目及标准:

①支柱绝缘电阻值≥1000MΩ(2500V绝缘电阻表)。

②绝缘油击穿电压≥25kV。

(11)电压互感器,电流互感器的检修与试验要求:

①检查绝缘电阻值,一次用2500V绝缘电阻表,二次用1000V绝缘电阻表,测值不低于过去的70%,必要时予以干燥。

②检查器身与引线是否露出油面,油面距盖不大于12mm。

③耐压试验:38kV,1min。

(12)隔离开关的调整与试验要求:

①刀片刚好打入插口,插入深度不小于刀片宽度的90%,刀片与绝缘子间距3~5mm。

②三片同时合闸,前后相差不大于3mm。

③开合时轴承不应活动,空行程不得大于5°。

④开关拉闸时,旋转角度及动、静触头垂直距离(mm)。

a. GN1—10/400-600A—100°。

b. GN2—10/400-600A、GN6—10/400-600A—65°。

c. GN8—10/400-600A——不小于160mm。

⑤开关拉出力:400A—10kgf;600A—20kgf。

⑥测试项目:

a. 合闸状态绝缘阻值不小于800MΩ;

b. 交流耐压试验:42kV——1min;无响声,无放电,无震动;

c. 发热试验——两倍额定电流,5min,无显著发热情况。

(13)避雷器的检修与试验:

①每年雷雨季节后拆下,进行预防性试验,合格者留到下年雨季前安装投运。

②检修内容:

a. 清除表面污垢,检查瓷绝缘子有无裂纹。

b. 摇测绝缘阻值:F5—10 低于 1200MΩ 时,应拆检。

c. 检查火花间隙,每个间隙的击穿电压应调整在 2.5 ~ 3kV 之间。

d. 电极表面打磨砂光、抛光。

e. 阀型电阻表面有炭化小孔或瓷釉有闪烙痕迹时,应更换电阻盘。

f. 检查橡皮垫是否变形、损坏;必要时以更换,并涂防腐油漆。

③试验项目:

a. 绝缘电阻值,用 2500V 绝缘电阻表,FS—10 不低于 1200MΩ。

b. 工频放电电压 FS—10 型:26 ~ 31kV;600V 直流型:1.2 ~ 1.5kV。

c. 测泄漏电流,加 10 kV 直流,不大于 10μA。

d. FZ、FCZ、FCD 型主要检查并联电阻,通断和接触情况。

(14)高压熔断器的检修内容及要求:

①表面清洁、干净,检查管与支座接触情况,支座弹簧有无损坏。

②检查熔断指示器是否朝下,熔断器是否偏斜。

③更换合格石英砂(干净 99%)及熔丝,熔丝与管壁应有间隙。

(15)整流器大修应在柜内外全部清扫后进行,内容包括:

①检查均流、均压情况(均流、均压系数≥85%)。

②检查元件和散热器有无过热及其紧固程度,进行半动态试验,测量元件反向电压(大于设计规定值)。

③检查熔断器和汇流排紧固情况,接点有无过热变色。

④检查电阻、电容是否完好,信号及继电保护装置动作是否灵敏可靠。

⑤以 500V 绝缘电阻表,摇测整流柜对地绝缘电阻不低于 1MΩ。

⑥对风冷硅整流器要检查风机的电机和风速,继电器、轴承并加油润滑。

(16)接地电阻测试要求:

①小电流接地整流站不大于 4Ω。

②避雷器接地不大于 10Ω。

(17)直流快速断路器的小修:

①第 55 条第 3 款所列,清扫、检查的项目及内容。

②检查主触头接触是否良好,有缺陷应进行修复或更换。

③检查各部螺栓是否紧固,用扳手紧固各个螺栓。合闸和脱扣机械是否灵活。辅助接点接触是否良好,接插件是否牢固,并消除其缺陷。

④检查短路环扣分闸线圈之间的间隙(分闸线圈和短路环之间的间隙为 2mm + 0.5mm,小于 1mm 时,应调整四根支柱)及端子排接线,并消除缺陷。

⑤用绝缘电阻表检查开关各部分的绝缘电阻。

⑥检查火花球隙和灭弧室的绝缘电阻。

⑦调整开关主触头压力,触头开距、超行程、衔铁接触面。

⑧不带负荷的情况下,电动合闸二次。

⑨过负荷跳闸及整定电流的调整。

(18)直流快速断路器的大修:

①主触头的检修:检查触头的接触面,有轻微烧痕时可用细锉除掉,若烧痕严重,凹凸不平,要将触头拆下,用锉刀或砂纸磨平,若超过标准应更换。

②消弧室检修:将消弧室螺栓松开,清除其内部烧灼痕迹和喷溅金属,清理安装好后,用绝缘电阻表测量绝缘电阻,损坏严重的应更换。

③辅助接点的检修:用细锉或砂纸清除接触点上的氧化物及烧痕,检查辅助接点动作是否灵活,接触是否良好。

④脱扣器检查和修理:检查脱扣器元件,部件安装是否正常,动作是否可靠。检查火花球隙,两主电极的绝缘电阻,不应小于100MΩ,以及各变压器线圈是否完好。

⑤调整与试验(标准见第75条)。

a. 调整触头压力,触头开距,分闸线圈和短路环之间的间隙调整。

b. 测量各部分的绝缘电阻:主对地;控制与合闸对地;主对控;主对合闸。

c. 测量灭弧室的绝缘电阻,火花球隙的绝缘电阻以及储能电容和主电容器的电容量。

d. 交流工频试验。

e. 手动合闸跳闸一次。

f. 电动合闸跳闸一次。

(19)直流快速断路器试验项目和标准如表3-11-4。

DS12A 直流快速断路器技术参数 表3-11-4

项　　目	DS12A-10/08	DS12A-20/08
额定电压(V)	800	
额定电流(A)	1000	2000
整定电流范围(A)	800~2000	1600~4000
分断能力(kA)	40	
分断时过电压/试验电压	≤2	
全分断时间(ms)	≤24	
限流系数	≤0.6	
机械寿命(次)	5000	
电寿命(次)	500	400
触头开距(mm)	≥26	
触头压力(N)	190	210
控制功率(瞬时)	AC220V　DC220V　20A	

开关在运行期间必须经常进行检查和定期维修:

①开关在检修后必须对触头压力、触头开距、动触头主轴间隙进行检查及调整,必保证可靠运行:

a. 修整触头使开关在额定电流时,其各点的毫伏降应符合规定。

b. 动触头主轴间隙。

c. 定期用细锉和水砂纸清除触头表面的氧化物。

②用千分尺测量开关闭合时，测动触头主轴间隙 δ。若 δ 小于 2mm 时应调换静触头和动触头，使间隙 δ 达到 7～10mm。

③触头压力测量和调整，触头压力应符合规定：DS12——10/08（19±2）kg；DS12——20/08（21±2.5）kg；测量方法可用弹簧秤法进行。先在动触头上的小孔中穿上铁丝圈，并在动静触头间放进薄纸片，电动合闸后，在水平方向用弹簧秤通过铁圈拉动触头，纸条刚拉动时，弹簧秤上的读数就是触头的压力。如果压力不符合规定，调整弹簧后面的螺母，使触头压力符合规定。

④分断大的短路电流后必须检查动触头主轴间隙、触头压力，消除灭弧室内灼烧痕迹和喷溅的金属才能继续使用。

⑤断路器备有合分手柄，该手柄是在不带电情况下供维护检修使用。

第二节　岗位风险点、危险源

一、作业活动风险点清单

按照作业活动进行划分，本岗位风险点主要是对电车整流站供电设备进行停送电操作，详见表 3-11-5。

供电公司电车整流站供电设备停送电操作活动清单　　表 3-11-5

序号	作业活动名称	作业活动内容	区域位置	可能发生的事故类型及后果	活动频率
1	电车整流站供电设备停送电作业	对电车整流站供电设备进行停送电操作等	整流站供电区域	发生触电、高空坠落、物体打击等事故	特定时间或突发时间

二、设备设施风险点清单

按照设施设备、固定场所、区域进行划分，本岗位风险点包括电车供电设施设备、场所等，详见表 3-11-6。

供电公司电车站值班岗位设施设备清单　　表 3-11-6

序号	设备名称	类　别	区域位置	是否特种设备
1	高、低压供电设备	整流站供电设施设备	整流站	否
2	变压整流器组	整流站供电设施设备	整流站	否
3	电缆	整流站供电设施设备	整流站、电车供电路径	否
4	馈电设施	整流站供电设施设备	电车供电路径	否
5	办公值班区域及行为	场所	办公区域	否
6	消防器材	场所	办公区域	否

三、危险源辨识

对上述识别到的作业流程进行工作危害分析(JHA),并通过作业条件危险性分析评价法(LEC)进行风险评价分级;对上述识别到的设施设备进行安全检查表分析(SCL),进行风险评价分级。风险评价分级结果见附表。

第三节 岗位风险分级管控措施

一、作业活动风险分级管控清单

根据已经完成的岗位风险分级,对不同的岗位风险现有管控措施进行分析梳理,查漏补缺,并分配相关责任单位和责任人,形成本岗位作业活动风险分级管控清单,详见表3-11-7。

二、设施设备风险分级管控清单

根据已经完成的岗位风险分级,对不同的岗位风险现有管控措施进行分析梳理,查漏补缺,并分配相关责任单位和责任人,形成本岗位设施设备风险分级管控清单,详见表3-11-8。

作业活动风险分级管控清单

表 3-11-7

风险点		作业步骤	序号	危险源或潜在事件	可能发生的事故类型及后果	风险分级	管控措施					管控层级	责任单位	责任人
编号	名称						工程技术措施	培训教育措施	管理措施	个体安全措施	应急处置措施			
1	电车整流站供电设备停、送电作业	作业前	1	新入厂职工或转岗职工由于对生产作业环境、设施设备等不熟悉，对岗位安全知识和操作规程等掌握不全面	发生触电、高空坠落、物体打击等事故	较大风险		落实好新入厂职工和转岗职工的安全教育培训，使职工熟练掌握岗位安全知识，操作规程和作业流程，及时熟悉作业环境和设施设备，正确操作设备设施	未参加安全教育的人员或培训考试不合格的人员不得上岗实习或工作		一旦发生触电、高空坠落、物体打击等事故，立即进行急救，及时拨打120电话，送医院救治	分公司级	供电分公司	安全副经理、安全员
			2	作业人员不按规定佩戴安全防护用具，不按规定设置作业区域安全防护	发生触电、高空坠落、物体打击等事故	较大风险		对职工进行安全培训教育，使职工充分认识到作业时存在的危险因素，掌握防护措施	工作负责人做好作业现场安全监管，对于发现的不按规定佩戴安全防护用具和不按规定设置安全防护设施的，及时纠正并进行严格考核		一旦发生触电、高空坠落、物体打击等事故，立即进行急救，及时拨打120电话，送医院救治	分公司级	供电分公司	安全副经理、安全员

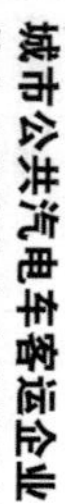

续上表

风险点		作业步骤	序号	危险源或潜在事件	可能发生的事故类型及后果	风险分级	管控措施					管控层级	责任单位	责任人
编号	名称						工程技术措施	培训教育措施	管理措施	个体安全措施	应急处置措施			
1	电车整流站供电设备停、送电作业	作业前	3	使用的安全防护用具未按期审验，使用的安全防护用具失效或不齐全	发生触电、高空坠落、物体打击等事故	一般风险		培训职工熟知安全防护用具的检查标准，掌握使用前的检查方法	对安全防护用具进行登记、检查，并按检验标准定期审验，不合格的不得投入使用。按照安全用具管理规定监督和指导职工做好安全防护用具的检查、使用及维护保养工作		一旦发生触电、高空坠落、物体打击等事故，立即进行急救，及时拨打120电话，送医院救治	供电所级	供电一所、二所	所长、安全员
			4	不填写操作票，操作票填写不正确，或由与操作无关人员填写，操作人、监护人不审核操作票、不签字确认	发生触电、短路等事故	一般风险		对职工进行安全培训教育，停、送电操作必须执行操作票制度，并按照要求填写，同时监护人、操作人要各司其职	严格执行操作票制度，按照工作要求如实填写操作票，操作人做好检查，监护人进行复查，并签字确认		一旦发生触电、高空坠落、物体打击等事故，立即进行急救，及时拨打120电话，送医院救治	供电所级	供电一所、二所	所长、安全员

续上表

风险点		作业步骤	序号	危险源或潜在事件	可能发生的事故类型及后果	风险分级	管控措施					管控层级	责任单位	责任人
编号	名称						工程技术措施	培训教育措施	管理措施	个体安全措施	应急处置措施			
1	电车整流站供电设备停、送电作业	作业前	5	工作负责人在操作前不告知危险点、不交代和确认安全工作措施	发生触电、短路等事故	低风险		对职工进行安全培训教育，使职工熟知作业时存在的危险点和安全工作措施	工作负责人对参与工作的人员进行明确分工，制定安全工作措施，明确工作范围内的风险因素，并将风险点、安全工作措施等详细交代给每位参与工作的人员		一旦发生触电、高空坠落、物体打击等事故，立即进行急救，及时拨打120电话，送医院救治	班组、个人	站值班组或运维班组	站值班
			6	未进行工具和设施设备的检查，工具、设备存在隐患	发生触电、高空坠落、物体打击等事故	低风险		对职工进行安全培训教育，培训职工熟知工具和设施设备的检查标准，告知当工具、设备存在隐患时的处理方法	按照网格化实名制管理做好设备设施检查，工作前监护人做好设备设施复查和作业现场安全监控		一旦发生触电、高空坠落、物体打击等事故，立即进行急救，及时拨打120电话，送医院救治	班组、个人	站值班组或运维班组	站值班

续上表

风险点		作业步骤	序号	危险源或潜在事件	可能发生的事故类型及后果	风险分级	管控措施					管控层级	责任单位	责任人
编号	名称						工程技术措施	培训教育措施	管理措施	个体安全措施	应急处置措施			
1	电车整流站供电设备停、送电作业	作业前	7	作业人员情绪不稳定	发生触电、高空坠落、物体打击等事故	低风险		落实安全教育培制度，进行心理调节方式方法培训	及时发现情绪不稳定情况，并进行有效疏导		临时调整工作人员	班组、个人	站值班组或运维班组	站值班
		作业中	8	不按照安全操作规程进行作业，不执行操作票	发生触电、短路等事故	较大风险		对职工进行安全操作规程的专项培训教育，并进行演练和考试	对在安全操作规程专项培训考试中不合格的人员，不得上岗或调整工作岗位；严格落实操作票制度，监护人做好作业过程的监护，对发现违反操作规程作业的，立即制止	佩戴与工作匹配的安全防护用具	一旦发生触电、高空坠落、物体打击等事故，立即进行急救，及时拨打120电话，送医院救治	分公司级	供电分公司	安全副经理、安全员
			9	操作过程中出现设备状态异常时不上报、不确认，盲目操作	发生触电、短路等事故	较大风险		对职工进行安全培训教育，让职工掌握设备异常时的处理方法	严格落实异常情况上报制度，加强考核	佩戴与工作匹配的安全防护用具	一旦发生触电等事故，立即进行急救，及时拨打120电话，送医院救治	分公司级	供电分公司	安全副经理、安全员

续上表

风险点		作业步骤	序号	危险源或潜在事件	可能发生的事故类型及后果	风险分级	管控措施					管控层级	责任单位	责任人
编号	名称						工程技术措施	培训教育措施	管理措施	个体安全措施	应急处置措施			
1	电车整流站供电设备停、送电作业	作业中	10	不按要求挂、拆接地线	发生触电、短路等事故	较大风险	装设误操作连锁装置	对职工进行安全培训教育，并要求职工在工作中严格执行安全操作规程	严格按照安全规程进行作业；严格执行操作票；监护人在作业期间做好监护，对于不按要求工作的立即进行制止并改正	佩戴与工作匹配的安全防护用具	一旦发生触电等事故，立即进行急救，及时拨打120电话，送医院救治	分公司级	供电分公司	安全副经理、安全员
			11	不正确使用工器具，私自摘除安全防护设施	发生触电、高空坠落、物体打击等事故	一般风险		教育职工掌握使用工器具的正确方法，并让职工熟知不正确使用工器具存在的风险	工作负责人做好现场安全检查和监控，对发现的不正确使用工器具、私自拆除安全防护设施等安全隐患立即纠正	佩戴与工作匹配的安全防护用具	一旦发生触电、高空坠落、物体打击等事故，立即进行现场救治或拨打120电话，送医院救治	供电所级	供电一所、二所	所长、安全员

续上表

风险点		作业步骤	序号	危险源或潜在事件	可能发生的事故类型及后果	风险分级	管控措施					管控层级	责任单位	责任人
编号	名称						工程技术措施	培训教育措施	管理措施	个体安全措施	应急处置措施			
1	电车整流站供电设备停、送电作业	作业中	12	操作人、监护人颠倒，缺少监护人或操作过程中监护人擅自离开岗位	停电、短路、触电等事故	一般风险		对职工进行安全培训教育，使职工掌握电力安全工作规程，明确监护人、操作人职责	严格落实电力安全工作规程，操作电气设备必须执行监护制度，至少一人监护、一人操作，正值监护、副值操作，不得颠倒	佩戴与工作匹配的安全防护用具	一旦发生触电等人身伤害，立即采取相应措施进行急救，或拨打120电话，送医院救治	供电所级	供电一所、二所	所长、安全员
			13	雨雪、大风、高温、夜间等特殊作业环境中易发生触电、砸伤、摔伤、中暑等危险	特殊天气易发生触电、砸伤、中暑等人身伤害	低风险		对职工进行安全培训教育，使职工充分认识到特殊环境下作业时存在的危险因素，掌握防护措施	针对特殊天气和作业环境制定应急措施，加强特殊天气下的安全作业防护；监护人加强作业现场的监护，发现隐患及时纠正	佩戴与工作匹配的安全防护用具	一旦发生触电、摔伤、砸伤等，立即采取相应措施进行救治，或拨打120电话，送医院救治	班组、个人	站值班组或运维班组	站值班

续上表

风险点编号	风险点名称	作业步骤	序号	危险源或潜在事件	可能发生的事故类型及后果	风险分级	管控措施：工程技术措施	管控措施：培训教育措施	管控措施：管理措施	管控措施：个体安全措施	管控措施：应急处置措施	管控层级	责任单位	责任人
1	电车整流站供电设备停、送电作业	作业后	14	操作结束后，不清理操作现场，易引发误伤害等事故	摔伤、砸伤等人身伤害	低风险		对职工进行安全培训教育，教育职工操作后及时清除清理工具、材料，消除事故隐患	监护人做好现场安全检查和监督，发现隐患及时纠正		一旦发生触电、摔伤、砸伤等，立即采取相应措施进行救治，或拨打120电话，送医院救治	班组、个人	站值班组或运维班组	站值班
			15	操作完毕后未检查、未验电确认	造成触电等事故	低风险		对职工进行安全培训教育，教育职工在操作完毕后必须进行检查和验电确认，并与相配合的其他工种做好沟通协调，进行确认后方可结束工作	监护人做好现场安全检查和监督，发现隐患及时纠正		一旦发生人身伤害事故，立即采取相应措施进行救治，或拨打120电话，送医院救治	班组、个人	站值班组或运维班组	站值班

设施设备风险分级管控清单

表 3-11-8

风险点			检查项目		标准	风险分级	不符合标准情况及后果	管控措施					管控层级	责任单位	责任人
编号	类型	名称	序号	名称				工程技术措施	培训教育措施	管理措施	个人安全措施	应急处置措施			
1	整流站供电设施设备	高、低压供电设备	1	高压设备	符合国家标准	一般风险	漏电、火灾	过流保护、过负荷保护、电气联锁等	教育职工操作或维护前做好设备检查,严格按照操作规程进行操作、维护,穿戴绝缘靴、绝缘鞋和绝缘手套等安全防护用具	作业人员持证上岗,上岗前进行安全、技能培训,并定期召开安全例会,进行安全和技能考核。监督职工按规程要求落实巡视、检查工作,发现隐患及时纠正	佩戴与工作匹配的安全防护用具	一旦发生事故,立即进行紧急救治或送医院急救	供电所级	供电一所	所长、安全员

续上表

风险点			检查项目		标准	风险分级	不符合标准情况及后果	管控措施					管控层级	责任单位	责任人
编号	类型	名称	序号	名称				工程技术措施	培训教育措施	管理措施	个人安全措施	应急处置措施			
1	整流站供电设施设备	高、低压供电设备	2	低压设备	符合国家标准	一般风险	漏电、火灾	过流保护、过负荷保护、电气联锁等	教育职工操作或维护前做好设备检查,严格按照操作规程进行操作、维护,穿戴绝缘鞋等安全防护用具	作业人员持证上岗,上岗前进行安全、技能培训,并定期召开安全例会,进行安全和技能考核。监督职工按规程要求落实巡视、检查工作,发现隐患及时纠正	佩戴与工作匹配的安全防护用具	一旦发生事故,立即进行紧急救治或送医院急救	供电所级	供电一所	所长、安全员

续上表

风险点			检查项目		标准	风险分级	不符合标准情况及后果	管控措施					管控层级	责任单位	责任人
编号	类型	名称	序号	名称				工程技术措施	培训教育措施	管理措施	个人安全措施	应急处置措施			
1	整流站供电设施设备	高、低压供电设备	3	配电设备	符合国家标准	一般风险	漏电、火灾	过流保护、过负荷保护、电气联锁等	教育职工操作或维护前做好设备检查，严格按照操作规程进行操作、维护，穿戴绝缘鞋等安全防护用具	作业人员持证上岗，上岗前进行安全、技能培训，并定期召开安全例会，进行安全和技能考核。监督职工按规程要求落实巡视、检查工作，发现隐患及时纠正	佩戴与工作匹配的安全防护用具	一旦发生事故，立即进行紧急救治或送医院急救	供电所级	供电一所	所长、安全员

续上表

风险点			检查项目		标准	风险分级	不符合标准情况及后果	管控措施					管控层级	责任单位	责任人
编号	类型	名称	序号	名称				工程技术措施	培训教育措施	管理措施	个人安全措施	应急处置措施			
2	整流站供电设施设备	变压器整流器	4	变压器	符合国家标准	一般风险	漏电、火灾、爆炸	温度检测、瓦斯保护、过流保护、过负荷等	教育职工操作或维护前做好设备检查,严格按照操作规程进行操作,穿戴绝缘靴、绝缘鞋和绝缘手套等安全防护用具	作业人员持证上岗,上岗前进行安全、技能培训,并定期召开安全例会,进行安全和技能考核。监督职工按规程要求落实巡视、检查工作,发现隐患及时纠正	佩戴与工作匹配的安全防护用具	一旦发生事故,立即进行紧急救治或送医院急救	供电所级	供电一所	所长、安全员

续上表

风险点			检查项目		标准	风险分级	不符合标准情况及后果	管控措施					管控层级	责任单位	责任人
编号	类型	名称	序号	名称				工程技术措施	培训教育措施	管理措施	个人安全措施	应急处置措施			
2	整流站供电设施设备	变压器整流器	5	整流器	符合国家标准	一般风险	漏电、火灾		教育职工操作或维护前做好设备检查,严格按照操作规程进行操作、维护,穿戴绝缘鞋等安全防护用具	作业人员持证上岗,上岗前进行安全、技能培训,并定期召开安全例会,进行安全和技能考核。监督职工按规程要求落实巡视、检查工作,发现隐患及时纠正	佩戴与工作匹配的安全防护用具	一旦发生人身伤害事故,立即进行紧急救治或送医院急救	供电所级	供电一所	所长、安全员

续上表

风险点			检查项目		标准	风险分级	不符合标准情况及后果	管控措施					管控层级	责任单位	责任人
编号	类型	名称	序号	名称				工程技术措施	培训教育措施	管理措施	个人安全措施	应急处置措施			
3	整流站设施设备	电缆	6	设备整体	符合国家标准	一般风险	漏电、火灾		教育职工操作或维护前做好设备检查,严格按照操作规程进行操作、维护,穿戴绝缘靴、绝缘手套、绝缘鞋等安全防护用具	作业人员持证上岗,上岗前进行安全、技能培训,并定期召开安全例会,进行安全和技能考核。制定电缆及电缆接头的安全检查工作计划,监督职工落实到位,对于发现的隐患及时纠正	佩戴与工作匹配的安全防护用具	一旦发生人身伤害事故,立即进行紧急救治或送医院急救	供电所级	供电一所	所长、安全员

续上表

风险点			检查项目		标准	风险分级	不符合标准情况及后果	管控措施					管控层级	责任单位	责任人
编号	类型	名称	序号	名称				工程技术措施	培训教育措施	管理措施	个人安全措施	应急处置措施			
4	场所	整流站区域	7	门、窗、挡鼠板等设施	齐全完好	一般风险	破损易导致小动物误入，造成短路		教育职工做好整流站区域的安全检查,对于发现的门、窗、挡鼠板等设施隐患立即上报	定期检查整流站，对于异常情况立即采取措施		发现问题及时维修或更换	供电所级	供电一所	所长、安全员
		办公值班区域及行为	8	站内电缆沟盖板	齐全完好	低风险	破损、缺失易导致值班人员跌落		教育职工做好整流站区域的安全检查，对于发现的站内电缆沟盖板损坏或缺失的立即上报	定期检查整流站，对于异常情况立即采取措施		发现问题及时维修或更换	班组、个人	站值班组	站值班
			9	绝缘垫	齐全完好	低风险	破损、缺失易导致人员触电		教育职工做好整流站区域的安全检查，对于发现的绝缘垫损坏或缺失的立即上报	定期检查整流站，对于异常情况立即采取措施		发现问题及时维修或更换	班组、个人	站值班组	站值班

续上表

风险点			检查项目		标准	风险分级	不符合标准情况及后果	管控措施					管控层级	责任单位	责任人
编号	类型	名称	序号	名称				工程技术措施	培训教育措施	管理措施	个人安全措施	应急处置措施			
4	场所	办公值班区域及行为	10	老化的用电设施、电路、开关等	安全可靠	低风险	触电、火灾、烧毁电器	加装线盒配备较大容量稳压电源;安装漏电保护器	对办公值班区域内人员进行安全培训、安全叮嘱	定期检查电路和电源开关;落实岗位安全生产责任制	对专业操作人员要按规定穿戴绝缘鞋,佩戴绝缘手套;自觉加强技能训练、提高自身安全素质	发现问题及时更换;遇突发事件,及时启动应急预案	班组、个人	公司或供电所	值班人员
		办公值班区域及行为消防器材	11	吸烟未掐灭烟头	符合管理制度	低风险	火灾事故		加强办公值班区域管理教育培训	现场检查、考核	自查自纠	发现问题,及时用灭火器灭火,查明原因,排除火源隐患	班组、个人	公司或供电所	值班人员
			12	私拉乱接电线,使用大负荷电器设备	坚决杜绝	一般风险	火灾事故		加强办公值班区域管理教育培训	现场检查、考核		发现问题,及时用灭火器灭火,查明原因,排除火源隐患	供电所级	供电所	所长、安全员

续上表

风险点			检查项目		标准	风险分级	不符合标准情况及后果	管控措施					管控层级	责任单位	责任人
编号	类型	名称	序号	名称				工程技术措施	培训教育措施	管理措施	个人安全措施	应急处置措施			
4	场所	办公值班区域及行为消防器材	13	堆放易燃易爆物品，未及时清理垃圾、落叶	及时清理	一般风险	火灾事故		加强办公值班区域管理教育培训	现场检查、考核		发现问题，及时用灭火器灭火，查明原因，排除火源隐患	供电所级	供电所	所长、安全员
			14	在上下班途中发生工伤事故	确保自身安全	低风险	因突发疾病、意外受伤、交通事故受到各种伤害		员工安全培训教育			及时就医	个人	个人	个人
			15	设备整体	齐全有效	低风险	消防器材失效导致发生火灾不能及时控制、扑灭		定期巡查，异常及时上报	现场检查、考核	自查自纠	定期检查消防器材有效性，发现问题及时更换	班组、个人	相关班组或个人	值班人员

第四节　岗位隐患排查治理

依据本岗位风险分级管控体系中各风险点的控制措施和标准规范要求，编制该岗位常见隐患排查清单，详见表3-11-9。

无轨电车站点值班员岗位常见隐患排查清单　　表3-11-9

常见隐患	管控措施	管控措施失效	治理措施
新入厂职工或转岗职工由于对生产作业环境、设施设备等不熟悉	上岗前对职工进行培训	培训不及时	严格按照岗前培训要求，做好岗前培训
	未参加安全教育的人员或培训考试不合格的人员不得上岗实习或工作	因故未参加培训考试	进行补考
作业人员不按规定佩戴安全防护用具	工作前正确佩戴安全防护用具	作业人员嫌麻烦或麻痹大意不佩戴	一是对作业人员进行抽查，发现问题及时纠正；二是进行安全培训教育，使职工充分认识到作业时存在的危险因素，掌握防护措施
不按规定设置安全防护设施	工作前正确设置安全防护设施	作业人员嫌麻烦或麻痹大意不设置	一是对作业现场进行抽查，发现问题及时纠正；二是进行安全培训教育，使职工充分认识到作业时存在的危险因素，掌握防护措施
使用的安全防护用具失效	按期审验	超期未审	超期未审的用具不得使用；审验不合格的用具不得使用
未经许可擅自工作	落实工作票制度	作业人员嫌麻烦不落实	对职工进行安全培训教育，并要求职工在工作中严格执行安全操作规程，不得简化工作步骤
			工作负责人监督工作人员认真落实工作票内容，对于未按要求执行的立即进行整改
未按操作流程作业	严格按照操作流程进行操作	对操作流程不熟悉	对职工进行教育，让职工熟知操作流程
操作过程中出现设备状态异常时不上报、不确认，盲目操作	严格落实异常情况上报制度	作业人员未及时发现	对职工进行教育，让职工熟知设备和运行状况
		作业人员凭经验擅自操作	对职工进行安全培训教育，提高职工风险意识并让职工掌握设备异常时的处理方法

第五节　典型案例分析

一、类型

安全事故。

二、背景资料

2005 年,解放桥整流一站,某值班员夜间值班。

三、详细描述

电车停运后,值班员配合线网工维修,维修完毕停送电时,送错供电区段,导致线网工触电受伤。

四、原因分析

(1)值班员误操作,送错供电区段,造成用电隐患。

(2)该值班员疏忽大意,安全意识欠缺。

(3)没有严格执行监护制度,送电操作时没有监护员在场。

五、管控措施检查与更新

(1) 对员工加强安全操作规程培训教育,强化员工安全意识。

(2)召开公司安全会议,集体学习此次案例经验教训,严格执行“四不放过”,严格执行监护制度,双人送电,杜绝类似事故再次发生。

第十二章　供电公司运维工岗位安全知识

第一节　岗位工作标准及安全操作规程

一、岗位工作标准

1. 范围

本标准规定了济南市公共交通总公司供电公司供电二所运维人员岗位的资格要求、职责与权限、工作内容与要求、工作关系以及检查与考核。

本标准适用于济南市公共交通总公司供电公司供电二所运维人员的工作岗位。

2. 资格要求

(1)电气维修相关专业中专及以上学历。

(2)熟练掌握电气设备维修知识和技能,具有特种设备作业人员资格证。

(3)具有优良的道德品质,做事公道正派,严谨、认真。

(4)具有较高的思想政治觉悟,能够严守人事工作纪律。

(5)具有较好的学习能力,能够充分理解和贯彻执行供电分公司和供电二所各项工作任务。

(6)具有较好的组织、协调解决问题的能力,能够有效配置资源,协调各种关系,及时找到解决问题的办法。

(7)执行能力强,能按照计划办事,按质、按量及时完成承办任务。

3. 职责与权限

1)职责

在供电分公司办事员的领导下,具体负责以下工作:

(1)供电设备巡检、维护工作。

(2)安全生产。

(3)其他职责。

2)权限

(1)对职责范围内的各项事务有建议权和执行权。

(2)其他与岗位相称的工作职权。

4. 工作内容与要求

1)供电设备巡检、维护工作

(1)做好充电站用电安全、供电设备、安全防护、消防等设施的检查,及时排查、上报和治理安全隐患。

(2)负责保管和检查安全防护用具、安全工器具等防护设施,确保工作时安全防护齐全、有效。

(3)按要求做好充电站设备的维护工作。

(4)按流程进行充电站设备的停送电操作。

(5)按要求填写、整理充电站检查、维修、操作等记录。

(6)按要求参加公司各类安全教育、培训活动。

2)安全生产与节能

(1)承担工作范围内的安全生产责任。

(2)履行工作范围内节能减排工作职责。

3)其他职责

积极完成上级领导交办的其他临时性工作。

5. 工作关系

(1)直接上级为供电分公司办事员。

(2)同充电站所属车队充电员等相关人员合作完成相关工作。

6. 检查与考核

岗位工作受供电分公司办事员的检查与监督、考核。

二、安全操作规程

1. 一般规定

(1)充电站电气设备和电路的施工安装、检修或试验等工作完毕后,必须经由供电分所负责人检查安装质量和检修质量,并对试验结果进行审查,确认合格,实行验收后方可投入运行。

(2)工作现场不得堆放易燃、易爆物品和其他杂物。

(3)作业时应佩戴齐全安全帽、绝缘手套、绝缘靴等必要的防护用具,条件允许时在操作柜前面要铺设绝缘毯。

(4)低压电气设备的灭弧罩必须完整无损,否则应退出运行,待修复后使用。每次操作前、操作中、操作后都应注意仪表指示和继电保护是否正常,信号指示与设备的实际位置是否对应。

(5)涉及配电室(箱变)高、低压室的操作,操作人应事先填写操作票,取得供电分所所长签字同意后进行操作。实行操作复诵制,即第一人操作,第二人监护;监护人下令,操作人手指操作位置并复诵,监护人确认无误后,操作人执行。操作时应逐项作出备忘,做好挂牌工作。

(6)作业后及时清理现场,并填写充电站工作日志,交接班时交代操作后的运行事项。

2. 各电器设备停送电操作流程

1)充电桩停、送电流程

(1)充电桩停电流程:

①将充电枪头放回插枪口。

②打开柜门,分开充电桩监控开关1QF供电空气开关。

③分开充电桩直流监控开关2QF供电空气开关。

④在门子把手处悬挂“禁止合闸,有人工作”标示牌。

(2)充电桩送电流程：

①合上充电桩直流监控开关2QF供电空气开关。

②合上充电桩监控开关1QF供电空气开关。

③关闭柜门。

④摘除门子把手处的标示牌。

2)充电柜停、送电流程

(1)充电柜停电流程：

①打开柜门，逐个分开充电柜内通信设备开关3QF、充电桩交流电源供电开关、1~8MK充电模块开关。

②分开1JK交流总进线开关，在交流总进线开关操作把手处悬挂"禁止合闸，有人工作"的标示牌。

(2)充电柜送电流程：

①摘除"禁止合闸，有人工作"的标示牌。

②合上1JK交流总进线开关。

③逐个合上1~8MK充电模块开关、充电桩交流电源供电开关、通信设备开关3QF。

④关闭柜门。

3)配电室(箱变)低压室停、送电流程

(1)配电室(箱变)低压室停电流程：

①打开箱变低压室柜门，逐个分开交流输出空气开关和直流输出空气开关。

②分开总万能断路器，验电，操作把手处悬挂"禁止合闸，有人工作"的标示牌。

(2)配电室(箱变)低压室送电流程：

①打开箱变低压室柜门，摘除标示牌。

②合上总万能断路器，然后逐个合上交流输出空气开关和直流输出空气开关，关闭柜门。

4)配电室(箱变)高压室停、送电流程

(1)配电室(箱变)高压室停电流程：

①打开出线柜门，电动操作，分开高压出线柜隔离开关，操作把手处悬挂"禁止合闸，有人工作"的标示牌。

②打开进线柜门，电动操作，分开高压进线柜隔离开关，操作把手处悬挂"禁止合闸，有人工作"的标示牌。

(2)配电室(箱变)高压室送电流程：

①打开进线柜门，摘除标示牌，合上高压出线柜隔离开关，关闭柜门。

②打开进线柜门，摘除标示牌，合上高压进线柜隔离开关，关闭柜门。

5)室外10kV隔离开关的分合闸流程

(1)实行一人操作，一人监护，并保证不带任何负荷。

(2)操作单相隔离开关的顺序是：停电时先拉中相，后拉开两边相；送电时先送两边相，后合中相。

(3)操作者必须衣着完备，安全保护用具完好齐全；如需登杆操作时，应系安全皮带。

(4)禁止雷雨时拉合闸,雨天操作需使用带有防雨罩的令克棒,并穿着绝缘靴。

3.具体检修停电和检修后的送电流程

(1)充电桩停电检修和检修后的送电流程:

①将充电枪头放回插枪口。

②分开充电桩1QF交流空气开关。

③分开充电桩2QF直流监控空气开关。

④在充电桩门子把手处悬挂“有人工作”标示牌。

⑤打开相应充电柜后门,断开充电桩交流输出空气开关和直流输出空气开关,验电,在柜门把手处悬挂“禁止合闸,有人工作”标示牌。

⑥打开相应充电柜正门,断开1~8MK八个模块开关,验电。

⑦断开万能断路器,验电,挂接地线,在柜门把手处悬挂“禁止合闸,有人工作”标示牌。

⑧对充电桩进行验电。

⑨检修。

⑩打开充电柜正门,摘除接地线,摘除标示牌,合上万能断路器。

⑪合上1~8MK八个模块开关,关上充电柜正门。

⑫打开充电柜后门,摘除标示牌,合上充电桩交流输出空气开关和直流输出空气开关,关上充电柜后门。

⑬摘除充电桩标示牌,合上2QF直流监控空气开关和1QF交流空气开关,关上充电桩门子。

(2)单一充电柜停电检修和检修后的送电流程:

①将充电枪头放回插枪口。

②依次分开两台充电桩交直流空气开关。

③锁上充电桩门子,在把手处悬挂“有人工作”标示牌。

④打开充电柜后门,断开充电桩交流输出空气开关和直流输出空气开关,验电,在柜门把手处悬挂“有人工作”标示牌。

⑤打开相应充电柜正门,断开1~8MK八个模块开关,验电。

⑥断开1JK交流进线总开关,验电,在柜门把手处悬挂“有人工作”标示牌。

⑦打开箱变直流屏柜门,断开对应充电柜直流输出空开,验电,验电,在柜门把手处悬挂“禁止合闸,有人工作”标示牌。

⑧打开箱变低压室柜门,断开该充电柜的低压输出断路器,验电,在柜门把手处悬挂“禁止合闸,有人工作”标示牌。

⑨回到充电柜处验电,挂接地线并检修。

⑩检查充电工作区域无闲杂人员,检查充电桩门子是否关好。

⑪拆除接地线,合上对应低压输出断路器,锁门,摘除箱变低压室标示牌。

⑫合上对应充电柜直流输出空开,锁门,摘除箱变直流屏标示牌。

⑬合上1JK交流进线总开关,摘除充电柜检修工作牌。

⑭合上1~8MK八个模块开关,关闭正门。

⑮合上交流输出空气开关和直流输出空气开关,关闭柜门,摘除背门标示牌。

⑯打开门子，依次合上两台充电桩交直流空气开关，关闭门子，摘除充电桩标示牌。

(3)箱变低压室停电检修和检修后送电流程：

①依次将充电枪头放回插枪口。

②依次分开每台充电桩1QF交流空气开关和2QF直流监控空气开关。

③依次锁上充电桩门子，在把手处悬挂“有人工作”标示牌。

④依次打开充电柜后门，断开充电桩交流输出空气开关和直流输出空气开关，验电，在柜门把手处悬挂“有人工作”标示牌。

⑤依次打开相应充电柜正门，断开1～8MK八个模块开关和1JK交流进线总开关，验电，在柜门把手处悬挂“有人工作”工作牌。

⑥打开箱变低压室柜门，断开所有充电柜的低压输出断路器（如备用开关使用，断开备用开关）。

⑦断开万能总断路器，验电，在把手处悬挂“有人工作”工作牌。

⑧打开箱变直流屏输出侧门子，断开除了电动操作机构供电开关以外的开关，在把手处悬挂“有人工作”工作牌，锁门。

⑨打开箱变另一侧门子，断开直流屏输入电源总开关，验电，在把手处悬挂“有人工作”工作牌。

⑩断开万能总断路器下端，直流屏电源空开、监控空开、照明空开（如备用开关使用，断开备用开关），验电，在把手处悬挂“有人工作”工作牌，锁门。

⑪关闭无功补偿，悬挂“有人工作”工作牌，锁门。

⑫断开隔离开关，验电，在把手处悬挂“有人工作”标示牌。

⑬打开箱变高压侧，分开高压出线柜负荷开关。

⑭分开高压进线柜负荷开关，在合闸按钮处悬挂“禁止合闸，有人工作”标示牌。

⑮对变压器进行验电，放电，挂接地线，锁门，在门子上悬挂“有人工作”标示牌。

⑯合上接地刀开关后观察刀开关是否可靠合好，合上连锁装置。

⑰打开箱变压器室柜门，拆除变压器处接地线，锁门。

⑱打开箱变高压室柜门，摘除所有标示牌。

⑲断开出线柜接地刀开关，仔细观察接地刀开关是否断开。

⑳断开连锁装置。

㉑合上进线负荷开关。

㉒合上出现负荷开关，并锁门。

㉓摘除变压器室门子标牌，对变压器一、二次侧进行验电，锁门。

㉔摘除箱变低压室标示牌，合上隔离开关，验电。

㉕合上总万能断路器，验电。

㉖合上各个低压输出断路器（如备用开关使用，合上备用开关），验电。

㉗合上直流屏电源、照明、监控开关，验电，锁门。

㉘打开直流屏室门子，合上上端开关，验电，锁门。

㉙合上直流屏输出电源、照明、监控空开（除了电动操作机构开关以外的空开，如备用开关使用，合上备用开关），锁门。

㉚合上无功补偿,验电,锁门。

㉛摘除充电柜工作牌,合上1JK交流进线总开关,合上1~8MK八个模块开关,关闭正门。

㉜摘除背门标示牌,合上交流输出空气开关和直流输出空气开关,关闭柜门。

㉝摘除充电桩标示牌,打开门子,依次合上两台充电桩1QF交流空气开关和2QF直流监控空气开关,关闭门子。

(4)箱变高压室出线柜、变压器停电检修和检修后的送电流程:

①依次将充电枪头放回插枪口。

②依次分开每台充电桩1QF交流空气开关和2QF直流监控空气开关。

③依次锁上充电桩门子,在把手处悬挂"有人工作"标示牌。

④依次打开充电柜后门,断开充电桩交流输出空气开关和直流输出空气开关,验电,在柜门把手处悬挂"有人工作"标示牌。

⑤依次打开相应充电柜正门,断开1~8MK八个模块开关和1JK交流进线总开关,验电,在柜门把手处悬挂"有人工作"工作牌。

⑥打开箱变低压室柜门,断开所有充电柜的低压输出断路器(如备用开关使用,断开备用开关)。

⑦断开万能总断路器,验电,在把手处悬挂"有人工作"工作牌。

⑧打开箱变直流屏输出侧门子,断开除了电动操作机构供电开关以外的开关,在把手处悬挂"有人工作"工作牌,锁门。

⑨打开箱变另一侧门子,断开直流屏输入电源总开关,验电,在把手处悬挂"有人工作"工作牌。

⑩断开万能总断路器下端,直流屏电源空开、监控空开、照明空开(如备用开关使用,断开备用开关),验电,在把手处悬挂"有人工作"工作牌,锁门。

⑪关闭无功补偿,悬挂"有人工作"工作牌,锁门。

⑫断开隔离开关,验电,在把手处悬挂"有人工作"标示牌。

⑬打开箱变高压侧,分开高压出线柜负荷开关。

⑭分开高压进线柜负荷开关,在合闸按钮处悬挂"禁止合闸,有人工作"标示牌。

⑮对变压器进行验电,放电,挂接地线,锁门,在门子上悬挂"有人工作"标示牌。

⑯合上接地刀开关后观察刀开关是否可靠合好,合上连锁装置。

⑰断开直流充馈屏上所有输出开关。

⑱拆下直流屏输入电源开关下端电池组熔丝,在上端挂接地线,锁门。

⑲在直流充馈屏门上悬挂"禁止合闸,有人工作"标志牌,锁门。

⑳打开箱变直流屏室门子,拆除蓄电池组接地线,安装熔丝,验电,锁门。

㉑打开箱变压器室柜门,拆除变压器处接地线,锁门。

㉒打开箱变直流屏输出侧门子,合上直流屏输出端分管电动操作机构空开(控制电动操作开关),锁门。

㉓打开箱变高压室柜门,摘除所有标示牌。

㉔断开出线柜接地刀开关,仔细观察接地刀开关是否断开。

㉕断开连锁装置。

㉖合上进线负荷开关。

㉗合上出现负荷开关,并锁门。

㉘摘除变压器室门子标牌,对变压器一、二次侧进行验电,锁门。

㉙摘除箱变低压室标示牌,合上隔离开关,验电。

㉚合上总万能断路器,验电。

㉛合上各个低压输出断路器(如备用开关使用,合上备用开关),验电。

㉜合上直流屏电源、照明、监控开关,验电,锁门。

㉝打开直流屏室门子,合上上端开关,验电,锁门。

㉞合上直流屏输出电源、照明、监控空开(除了电动操作机构开关以外的空开,如备用开关使用,合上备用开关),锁门。

㉟合上无功补偿,验电,锁门。

㊱摘除充电柜工作牌,合上1JK交流进线总开关,合上1～8MK八个模块开关,关闭正门。

㊲摘除背门标示牌,合上交流输出空气开关和直流输出空气开关,关闭柜门。

㊳摘除充电桩标示牌,打开门子,依次合上两台充电桩1QF交流空气开关和2QF直流监控空气开关,关闭门子。

(5)箱变高压室进线柜停电检修(全站检修)和检修后的送电流程:

①依次将充电枪头放回插枪口。

②依次分开每台充电桩1QF交流空气开关和2QF直流监控空气开关。

③依次锁上充电桩门子,在把手处悬挂"有人工作"标示牌。

④依次打开充电柜后门,断开充电桩交流输出空气开关和直流输出空气开关,验电,在柜门把手处悬挂"有人工作"标示牌。

⑤依次打开相应充电柜正门,断开1～8MK八个模块开关和1JK交流进线总开关,验电,在柜门把手处悬挂"有人工作"工作牌。

⑥打开箱变低压室柜门,断开所有充电柜的低压输出断路器(如备用开关使用,断开备用开关)。

⑦断开万能总断路器,验电,在把手处悬挂"有人工作"工作牌。

⑧打开箱变直流屏输出侧门子,断开除了电动操作机构供电开关以外的开关,在把手处悬挂"有人工作"工作牌,锁门。

⑨打开箱变另一侧门子,断开直流屏输入电源总开关,验电,在把手处悬挂"有人工作"工作牌。

⑩断开万能总断路器下端,直流屏电源空开、监控空开、照明空开(如备用开关使用,断开备用开关),验电,在把手处悬挂"有人工作"工作牌,锁门。

⑪关闭无功补偿,悬挂"有人工作"工作牌,锁门。

⑫断开隔离开关,验电,在把手处悬挂"有人工作"标示牌。

⑬打开箱变高压侧,分开高压出线柜负荷开关。

⑭分开高压进线柜负荷开关,在合闸按钮处悬挂"禁止合闸,有人工作"标示牌。

⑮对变压器进行验电，放电，挂接地线，锁门，在门子上悬挂“有人工作”标示牌。

⑯合上接地刀开关后观察刀开关是否可靠合好，合上连锁装置。

⑰断开直流充馈屏上所有输出开关。

⑱拆下直流屏输入电源开关下端电池组熔丝，在上端挂接地线，锁门。

⑲在直流充馈屏门上悬挂“禁止合闸，有人工作”标志牌，锁门。

⑳拉下10kV杆上自坠，在杆子周围设置围挡，悬挂“禁止合闸，有人工作”标示牌。

㉑打开箱变高压室进线柜，进行验电，放电，检修，检修后关闭柜门。

㉒合上10kV杆上自坠。

㉓打开箱变直流屏室门子，拆除蓄电池组接地线，安装熔丝，验电，锁门。

㉔打开箱变压器室柜门，拆除变压器处接地线，锁门。

㉕打开箱变直流屏输出侧门子，合上直流屏输出端分管电动操作机构空开（控制电动操作开关），锁门。

㉖打开箱变高压室柜门，摘除所有标示牌。

㉗断开出线柜接地刀开关，仔细观察接地刀开关是否断开。

㉘断开连锁装置。

㉙合上进线负荷开关。

㉚合上出现负荷开关，并锁门。

㉛摘除变压器室门子标牌，对变压器一、二次侧进行验电，锁门。

㉜摘除箱变低压室标示牌，合上隔离开关，验电。

㉝合上总万能断路器，验电。

㉞合上各个低压输出断路器（如备用开关使用，合上备用开关），验电。

㉟合上直流屏电源、照明、监控开关，验电，锁门。

㊱打开直流屏室门子，合上上端开关，验电，锁门。

㊲合上直流屏输出电源、照明、监控空开（除了电动操作机构开关以外的空开，如备用开关使用，合上备用开关），锁门。

㊳合上无功补偿，验电，锁门。

㊴摘除充电柜工作牌，合上1JK交流进线总开关，合上1～8MK八个模块开关，关闭正门。

㊵摘除背门标示牌，合上交流输出空气开关和直流输出空气开关，关闭柜门。

㊶摘除充电桩标示牌，打开门子，依次合上两台充电桩1QF交流空气开关和2QF直流监控空气开关，关闭门子。

第二节　岗位风险点、危险源

一、作业活动风险点清单

按照作业活动进行划分，本岗位风险点主要是对充电站供电设备进行检修作业，详见表3-12-1。

供电公司电车整流站供电设备进行停送电操作活动清单　　表 3-12-1

序号	作业活动名称	作业活动内容	区域位置	可能发生的事故类型及后果	活动频率
1	充电站供电设备检修作业	对充电站供电设备进行定期维护保养、停电检修、故障抢修等	充电站供电区域	发生触电、高空坠落、物体打击等事故	特定时间或突发时间

二、设备设施风险点清单

按照设施设备、固定场所、区域进行划分，本岗位风险点包括充电站供电设施设备、场所等，详见表 3-12-2。

供电公司电车站值班岗位设施设备清单　　表 3-12-2

序号	设备名称	类　别	区域位置	是否特种设备
1	箱变	充电站供电设施设备	充电站	否
2	充电柜	充电站供电设施设备	充电站	否
3	充电桩	充电站供电设施设备	充电站	否
4	电缆	充电站供电设施设备	充电站	否
5	充电站设施	充电站供电设施设备	充电站	否
6	充电站区域	场所	充电站充电区域	否
7	办公值班区域及行为	场所	办公区域	否
8	消防器材	场所	办公区域	否

三、危险源辨识

对上述识别到的作业流程进行工作危害分析（JHA），并通过作业条件危险性分析评价法（LEC）进行风险评价分级；对上述识别到的设施设备进行安全检查表分析（SCL），进行风险评价分级。风险评价分级结果见附表。

第三节　岗位风险分级管控措施

一、作业活动风险分级管控清单

根据已经完成的岗位风险分级，对不同的岗位风险现有管控措施进行分析梳理，查漏补缺，并分配相关责任单位和责任人，形成本岗位作业活动风险分级管控清单，详见表 3-12-3。

二、设施设备风险分级管控清单

根据已经完成的岗位风险分级，对不同的岗位风险现有管控措施进行分析梳理，查漏补缺，并分配相关责任单位和责任人，形成本岗位设施设备风险分级管控清单，详见表 3-12-4。

作业活动风险分级管控清单

表 3-12-3

风险点		作业步骤	序号	危险源或潜在事件	可能发生的事故类型及后果	风险分级	管控措施					管控层级	责任单位	责任人
编号	名称						工程技术措施	培训教育措施	管理措施	个体安全措施	应急处置措施			
1	充电站检修作业	作业前	1	新入厂职工或转岗职工由于对生产作业环境、设施设备等不熟悉，对岗位安全知识和操作规程等掌握不全面	发生触电、高空坠落、物体打击等事故	较大风险		落实好新入厂职工和转岗职工的安全教育培训，使职工熟练掌握岗位安全知识，操作规程和作业流程，及时熟悉作业环境和设施设备，正确操作设备设施	对未参加安全教育的人员或培训考试不合格的人员不得上岗实习或工作		一旦发生触电、高空坠落、物体打击等事故，立即进行急救，及时拨打120电话，送医院救治	分公司级	供电分公司	安全副经理、安全员
			2	作业人员不按规定佩戴安全防护用具，不按规定设置安全防护设施	发生触电、高空坠落、物体打击等事故	较大风险		对职工进行安全培训教育，使职工充分认识到作业时存在的危险因素，掌握防护措施	工作负责人做好作业现场安全监管，对于发现的不按规定佩戴安全防护用具和不按规定设置安全防护设施的，及时纠正并进行严格考核		一旦发生触电、高空坠落、物体打击等事故，立即进行急救，及时拨打120电话，送医院救治	分公司级	供电分公司	安全副经理、安全员

续上表

风险点		作业步骤	序号	危险源或潜在事件	可能发生的事故类型及后果	风险分级	管控措施					管控层级	责任单位	责任人
编号	名称						工程技术措施	培训教育措施	管理措施	个体安全措施	应急处置措施			
1	充电站检修作业	作业前	3	使用的安全防护用具未按期审验，使用的安全防护用具失效或不齐全	发生触电、高空坠落、物体打击等事故	一般风险		培训职工熟知安全防护用具的检查标准，掌握使用前的检查方法	对安全防护用具进行登记、检查，并按检验标准定期审验，不合格的不得投入使用。按照安全用具管理规定监督和指导职工做好安全防护用具的检查、使用及维护保养工作		一旦发生触电、高空坠落、物体打击等事故，立即进行急救，及时拨打120电话，送医院救治	供电所级	供电一所、二所	所长、安全员
			4	无工作票，未经许可擅自工作	发生触电、短路等事故	一般风险		对职工进行安全培训教育，并要求职工在工作中严格执行安全操作规程，不得简化工作步骤	严格执行检修工作票制度，工作负责人监督工作人员认真落实工作票内容，对于未按要求执行的立即进行整改		一旦发生触电等事故，立即进行急救，及时拨打120电话，送医院救治	供电所级	供电一所、二所	所长、安全员

续上表

风险点		作业步骤	序号	危险源或潜在事件	可能发生的事故类型及后果	风险分级	管控措施					管控层级	责任单位	责任人
编号	名称						工程技术措施	培训教育措施	管理措施	个体安全措施	应急处置措施			
1	充电站检修作业	作业前	5	工作负责人在工作前不告知危险点、不交代和确认安全工作措施，操作人员分工不明确	发生触电、短路等事故	低风险		对职工进行安全培训教育，使职工熟知作业时存在的危险点和安全工作措施	工作负责人对参与工作的人员进行明确分工，制定安全工作措施，明确工作范围内的风险因素，并将风险点、安全工作措施等详细交代给每位参与工作的人员		一旦发生触电等事故，立即进行急救，及时拨打120电话，送医院救治	班组、个人	检修班组或运维班组	站检修或运维人员
			6	未进行工具和设施设备的检查，工具、设备存在隐患	发生触电、高空坠落、物体打击等事故	低风险		培训职工熟知工具和设施设备的检查标准，告知当工具、设备存在隐患时的处理方法	按照网格化实名制管理做好设备设施检查，工作前工作负责人做好设备设施复查和作业现场安全监督		一旦发生触电、高空坠落、物体打击等事故，立即进行急救，及时拨打120电话，送医院救治	班组、个人	检修班组或运维班组	站检修或运维人员

续上表

风险点		作业步骤	序号	危险源或潜在事件	可能发生的事故类型及后果	风险分级	管控措施					管控层级	责任单位	责任人
编号	名称						工程技术措施	培训教育措施	管理措施	个体安全措施	应急处置措施			
1	充电站检修作业	作业前	7	未进行抢修车辆安全技术检查	发生触电、交通事故等事故	低风险		对职工进行抢修车辆安全技术培训，使职工掌握基本的车辆安全技术技能	落实车辆检查制度，定期对抢修车辆进行安全技术检查，发现车辆隐患及时进行处理，并做好车辆保养、年审等工作		发现安全隐患及时整修	班组、个人	检修班组或运维班组	站检修或运维人员
			8	作业人员情绪不稳定	发生触电、高空坠落、物体打击等事故	低风险		落实安全教育培制度，进行心理调节方式方法培训	及时发现情绪不稳定情况，并进行有效疏导		临时调整工作人员	班组、个人	检修班组或运维班组	站检修或运维人员

续上表

风险点		作业步骤	序号	危险源或潜在事件	可能发生的事故类型及后果	风险分级	管控措施					管控层级	责任单位	责任人
编号	名称						工程技术措施	培训教育措施	管理措施	个体安全措施	应急处置措施			
1	充电站检修作业	作业中	9	不按照检修维护安全操作规程进行作业	发生触电、高空坠落、物体打击等事故	较大风险		对职工进行安全操作规程的专项培训教育，并进行演练和考试	在安全操作规程专项培训考试中不合格的人员，不得上岗或调整工作岗位；工作负责人做好作业过程动态安全监管，对发现违反操作规程作业的，立即制止并下岗培训	佩戴与工作匹配的安全防护用具	一旦发生触电、高空坠落、物体打击等事故，立即进行急救，及时拨打120电话，送医院救治	分公司级	供电分公司	安全副经理、安全员
			10	不正确使用工器具，私自摘除安全防护设施	发生触电、高空坠落、物体打击等事故	一般风险		教育职工掌握使用工器具的正确方法，并让职工熟知不正确使用工器具存在的风险	工作负责人做好现场安全检查和监控，对发现的不正确使用工器具、私自拆除安全防护设施等安全隐患立即纠正	佩戴与工作匹配的安全防护用具	一旦发生触电、高空坠落、物体打击等事故，立即进行现场救治或拨打120电话，送医院救治	供电所级	供电一所、二所	所长、安全员

续上表

风险点		作业步骤	序号	危险源或潜在事件	可能发生的事故类型及后果	风险分级	管控措施					管控层级	责任单位	责任人
编号	名称						工程技术措施	培训教育措施	管理措施	个体安全措施	应急处置措施			
1	充电站检修作业	作业中	11	在地沟、电缆井等有限空间作业存在中毒、窒息等危险	造成作业人员中毒、窒息等人身伤害	一般风险	配备有害气体检测仪器	对职工进行安全培训教育，使职工熟练掌握在半封闭空间环境下作业的知识和安全防范措施	制定有限空间作业安全工作措施，明确工作范围内的风险因素，工作负责人将风险点、安全工作措施等详细交代给每位参与工作的人员	佩戴与工作匹配的安全防护用具	一旦发生中毒、窒息等，立即进行急救，及时拨打120电话，送医院救治	供电所级	供电一所、二所	所长、安全员
			12	无监护人或监护人擅离职守	发生触电等事故	一般风险		对职工进行安全操作规程的专项培训教育，要求职工在工作中严格执行监护制度	严格按照安全规程进行作业，对于无监护人的情况不得开展检修工作，对于监护人擅离职守的一经发现立即制止，并下岗培训		一旦发生触电等事故，立即进行急救，及时拨打120电话，送医院救治	供电所级	供电一所、二所	所长、安全员

续上表

风险点		作业步骤	序号	危险源或潜在事件	可能发生的事故类型及后果	风险分级	管控措施					管控层级	责任单位	责任人
编号	名称						工程技术措施	培训教育措施	管理措施	个体安全措施	应急处置措施			
1	充电站检修作业	作业中	13	雨雪、大风、高温、夜间等特殊作业环境中易发生触电、砸伤、摔伤、中暑等危险	特殊天气易发生触电、砸伤、摔伤、中暑等人身伤害	低风险		对职工进行安全培训教育，使职工充分认识到特殊环境下作业时存在的危险因素，掌握防护措施	针对特殊天气和作业环境制定应急措施，加强特殊天气下的安全作业防护；工作负责人做好作业现场安全监管，发现隐患及时纠正	佩戴与工作匹配的安全防护用具	一旦发生触电、摔伤、砸伤等，按事故处理规定立即采取相应措施进行救治，或拨打120电话，送医院救治	班组、个人	检修班组或运维班组	站检修或运维人员
			14	上下地沟、电缆井时存在碰撞或掉落的危险	造成摔伤、碰伤等事故	低风险		对职工进行安全培训教育，使职工熟知作业流程和安全防范措施	按照流程进行作业，工作负责人做好作业现场安全监管，发现隐患及时纠正	佩戴与工作匹配的安全防护用具	一旦发生摔伤、碰伤等事故，按事故处理规定立即采取相应措施，或拨打120电话，送医院救治	班组、个人	检修班组或运维班组	站检修或运维人员

续上表

风险点		作业步骤	序号	危险源或潜在事件	可能发生的事故类型及后果	风险分级	管控措施					管控层级	责任单位	责任人
编号	名称						工程技术措施	培训教育措施	管理措施	个体安全措施	应急处置措施			
1	充电站检修作业	作业后	15	维修作业结束后，不清理现场，易引发误伤害等事故	摔伤、砸伤、硬伤等人身伤害	低风险		对职工进行安全培训教育，教育职工维修作业后及时清除清理工具、材料，消除事故隐患	工作负责人做好现场安全检查和监督，发现隐患及时纠正		一旦发生摔伤、砸伤等，按事故处理规定立即采取相应措施进行救治，或拨打120电话，送医院救治	班组、个人	检修班组或运维班组	站检修或运维人员
			16	维修作业完毕后未检查、未验电确认	造成触电等事故	低风险		对职工进行安全培训教育，教育职工在维修作业完毕后必须进行检查和验电确认，并与相配合的其他工种做好沟通协调，进行确认后方可结束维修工作	工作负责人做好现场安全检查和监督，发现隐患及时纠正		一旦发生人身伤害事故，按事故处理规定立即采取相应措施进行救治，或拨打120电话，送医院救治	班组、个人	检修班组或运维班组	站检修或运维人员

设施设备风险分级管控清单

表 3-12-4

风险点			检查项目		标准	风险分级	不符合标准情况及后果	管控措施					管控层级	责任单位	责任人	备注
编号	类型	名称	序号	名称				工程技术措施	培训教育措施	管理措施	个人安全措施	应急处置措施				
1	充电站供电设施设备	箱变	1	高压设备	符合国家标准	一般风险	漏电、火灾	过流保护、过负荷保护、电气联锁等	教育职工操作或维护前做好设备检查，严格按照操作规程进行操作、维护，穿戴绝缘靴、绝缘鞋和绝缘手套等安全防护用具	作业人员持证上岗，上岗前进行安全、技能培训，并定期召开安全例会，进行安全和技能考核。监督职工按规程要求落实巡视、检查工作，发现隐患及时纠正	佩戴与工作匹配的安全防护用具	一旦发生事故，立即进行紧急救治或送医院急救	供电所级	供电二所	所长、安全员	

续上表

风险点			检查项目		标准	风险分级	不符合标准情况及后果	管控措施					管控层级	责任单位	责任人	备注
编号	类型	名称	序号	名称				工程技术措施	培训教育措施	管理措施	个人安全措施	应急处置措施				
1	充电站供电设施设备	箱变	2	低压设备	符合国家标准	一般风险	漏电、火灾	过流保护、过负荷保护、电气联锁等	教育职工操作或维护前做好设备检查，严格按照操作规程进行操作、维护，穿戴绝缘鞋等安全防护用具	作业人员持证上岗，上岗前进行安全、技能培训，并定期召开安全例会，进行安全和技能考核。监督职工按规程要求落实巡视、检查工作，发现隐患及时纠正	佩戴与工作匹配的安全防护用具	一旦发生事故，立即进行紧急救治或送医院急救	供电所级	供电二所	所长、安全员	

续上表

风险点			检查项目		标准	风险分级	不符合标准情况及后果	管控措施					管控层级	责任单位	责任人	备注
编号	类型	名称	序号	名称				工程技术措施	培训教育措施	管理措施	个人安全措施	应急处置措施				
1	充电站供电设施设备	箱变	3	配电设备	符合国家标准	一般风险	漏电、火灾	过流保护、过负荷保护、电气联锁等	教育职工操作或维护前做好设备检查，严格按照操作规程进行操作、维护，穿戴绝缘鞋等安全防护用具	作业人员持证上岗，上岗前进行安全、技能培训，并定期召开安全例会，进行安全和技能考核。监督职工按规程要求落实巡视、检查工作，发现隐患及时纠正	佩戴与工作匹配的安全防护用具	一旦发生事故，立即进行紧急救治或送医院急救	供电所级	供电二所	所长、安全员	

续上表

风险点			检查项目		标准	风险分级	不符合标准情况及后果	管控措施					管控层级	责任单位	责任人	备注
编号	类型	名称	序号	名称				工程技术措施	培训教育措施	管理措施	个人安全措施	应急处置措施				
1	充电站供电设施设备	箱变	4	变压器	符合国家标准	一般风险	漏电、火灾、爆炸	温度检测、瓦斯保护、过流保护、过负荷等	教育职工操作或维护前做好设备检查，严格按照操作规程进行操作，穿戴绝缘靴、绝缘鞋和绝缘手套等安全防护用具	作业人员持证上岗，上岗前进行安全、技能培训，并定期召开安全例会，进行安全和技能考核。监督职工按规程要求落实巡视、检查工作，发现隐患及时纠正	佩戴与工作匹配的安全防护用具	一旦发生事故，立即进行紧急救治或送医院急救	供电所级	供电二所	所长、安全员	

续上表

风险点			检查项目		标准	风险分级	不符合标准情况及后果	管控措施					管控层级	责任单位	责任人	备注
编号	类型	名称	序号	名称				工程技术措施	培训教育措施	管理措施	个人安全措施	应急处置措施				
1	充电站供电设施设备	充电机柜	5	设备整体	符合国家标准	一般风险	漏电、火灾	过流保护、过负荷保护等	教育职工操作或维护前做好设备检查，严格按照操作规程进行操作、维护，穿戴绝缘鞋等安全防护用具	作业人员持证上岗，上岗前进行安全、技能培训，并定期召开安全例会，进行安全和技能考核。监督职工按规程要求落实巡视、检查工作，发现隐患及时纠正	佩戴与工作匹配的安全防护用具	一旦发生人身伤害事故，立即进行紧急救治或送医院急救	供电所级	供电二所	所长、安全员	

续上表

风险点			检查项目		标准	风险分级	不符合标准情况及后果	管控措施					管控层级	责任单位	责任人	备注
编号	类型	名称	序号	名称				工程技术措施	培训教育措施	管理措施	个人安全措施	应急处置措施				
1	充电站供电设施设备	充电桩	6	设备整体	符合国家标准	一般风险	漏电、火灾	过流保护、过负荷保护等	教育职工操作或维护前做好设备检查，严格按照操作规程进行操作、维护，穿戴绝缘鞋等安全防护用具	作业人员持证上岗，上岗前进行安全、技能培训，并定期召开安全例会，进行安全和技能考核。监督职工按规程要求落实巡视、检查工作，发现隐患及时纠正	佩戴与工作匹配的安全防护用具	一旦发生事故，立即进行紧急救治或送医院急救	供电所级	供电二所	所长、安全员	

续上表

风险点			检查项目		标准	风险分级	不符合标准情况及后果	管控措施					管控层级	责任单位	责任人	备注
编号	类型	名称	序号	名称				工程技术措施	培训教育措施	管理措施	个人安全措施	应急处置措施				
1	充电站供电设施设备	电缆	7	设备整体	符合国家标准	一般风险	漏电、火灾		教育职工操作或维护前做好设备检查，严格按照操作规程进行操作、维护，穿戴绝缘靴、绝缘手套、绝缘鞋等安全防护用具	作业人员持证上岗，上岗前进行安全、技能培训，并定期召开安全例会，进行安全和技能考核。制定电缆安全检查工作计划，监督职工落实到位，对于发现的隐患及时纠正	佩戴与工作匹配的安全防护用具	一旦发生人身伤害事故，立即进行紧急救治或送医院急救	供电所级	供电二所	所长、安全员	

续上表

风险点			检查项目		标准	风险分级	不符合标准情况及后果	管控措施					管控层级	责任单位	责任人	备注
编号	类型	名称	序号	名称				工程技术措施	培训教育措施	管理措施	个人安全措施	应急处置措施				
1	充电站供电设施设备	充电站设施	8	雨棚	完好齐全	一般风险	冬季积雪过多易坍塌，导致人员被砸伤；破损易引起设备进水、绝缘不良		对职工进行安全培训教育，对于发现的异常情况立即上报	定期检查充电站，对于异常情况立即采取措施	定期检查，发现问题及时报告	一旦发生人身伤害事故，立即进行紧急救治或送医院急救	供电所级	供电二所	所长、安全员	
			9	安全岛	完好齐全	低风险	冬季易结冰，导致人员摔伤		对职工进行安全培训教育，对于发现的异常情况立即上报、立即处理	定期检查充电站，及时要求值班人员除冰	自查自纠	一旦发生人身伤害事故，立即进行紧急救治或送医院急救	班组、个人	运维班组	运维人员	
			10	围栏	完好齐全	低风险	破损、缺失易导致人员误入而触电		对职工进行安全培训教育，对于发现的异常情况立即上报	定期检查充电站，对于异常情况立即采取措施	定期检查，发现问题及时报告	一旦发生人身伤害事故，立即进行紧急救治或送医院急救	班组、个人	运维班组	运维人员	

续上表

风险点			检查项目		标准	风险分级	不符合标准情况及后果	管控措施					管控层级	责任单位	责任人	备注
编号	类型	名称	序号	名称				工程技术措施	培训教育措施	管理措施	个人安全措施	应急处置措施				
1	充电站供电设施设备	充电站设施	11	电杆	符合国标	低风险	漏电、歪斜		教育职工定期进行安全检查，对于发现的电杆、歪斜等异常情况立即上报	作业人员持证上岗，上岗前进行安全、技能培训，并定期召开安全例会，进行安全和技能考核。制定电杆安全检查工作计划，监督职工落实到位，对于发现的隐患及时纠正	佩戴与工作匹配的安全防护用具	一旦发生人身伤害事故，立即进行紧急救治或送医院急救	班组、个人	运维班组	运维人员	

续上表

风险点			检查项目		标准	风险分级	不符合标准情况及后果	管控措施					管控层级	责任单位	责任人	备注
编号	类型	名称	序号	名称				工程技术措施	培训教育措施	管理措施	个人安全措施	应急处置措施				
1	充电站供电设施设备	充电站设施	12	电缆沟、电缆井	齐全完好	低风险	破损、缺失易导致值班人员跌落		教育职工做好安全检查，对于发现的供电设施隐患立即上报并采取应急措施	作业人员持证上岗，上岗前进行安全、技能培训，并定期召开安全例会，进行安全和技能考核。制定户外电缆沟、电缆井等供电设施的安全检查工作计划，监督职工落实到位，对于发现的隐患及时纠正	佩戴与工作匹配的安全防护用具	一旦发生人身伤害事故，立即进行紧急救治或送医院急救	班组、个人	运维班组	运维人员	

续上表

风险点			检查项目		标准	风险分级	不符合标准情况及后果	管控措施					管控层级	责任单位	责任人	备注
编号	类型	名称	序号	名称				工程技术措施	培训教育措施	管理措施	个人安全措施	应急处置措施				
1	充电站供电设施设备	充电站设施	13	充电停车位限位器	完好齐全	一般风险	车辆倒车易碰坏供电设备		教育职工做好安全检查，对于发现的限位器损坏、缺失等隐患立即上报	定期检查充电站，对于异常情况立即采取措施	与车队多沟通交流，定期检查，发现问题及时报告	发现问题及时维修或更换	供电所级	供电二所	所长、安全员	
2	场所	充电站区域办公值班区域及行为	14	充电停车场区	安全有序	低风险	存在人、物等安全隐患，易导致充电站供电设施损坏，造成停电及人员触电等		教育职工做好充电站区域的安全检查，对发现的安全隐患，立即上报，并采取防范措施	定期检查充电站，对于异常情况立即采取措施		发现问题及时汇报、整改	班组、个人	运维班组	运维人员	
			15	老化的用电设施、电路、开关等	安全可靠	低风险	触电、火灾、烧毁电器	加装线盒，配备较大容量稳压电源；安装漏电保护器	对办公值班区域内人员进行安全培训、安全叮嘱	定期检查电路和电源开关；落实岗位安全生产责任制	对专业操作人员要按规定穿戴绝缘鞋，佩戴绝缘手套	发现问题及时更换；遇突发事件，及时启动应急预案	班组、个人	公司或供电所	值班人员	

续上表

风险点			检查项目		标准	风险分级	不符合标准情况及后果	管控措施					管控层级	责任单位	责任人	备注
编号	类型	名称	序号	名称				工程技术措施	培训教育措施	管理措施	个人安全措施	应急处置措施				
2	场所	充电站区域办公值班区域及行为	16	吸烟未掐灭烟头	符合办公区域管理制度	低风险	火灾事故		加强办公值班区域管理教育培训	现场检查、考核		按《消防应急预案》要求处置	班组、个人	公司或供电所	值班人员	
			17	私拉乱接电线，使用大负荷电器设备	坚决杜绝	一般风险	火灾事故		加强办公值班区域管理教育培训	现场检查、考核		按《消防应急预案》要求进行应急处置	供电所级	供电所	所长、安全员	
		消防器材	18	堆放易燃易爆物品，未及时清理垃圾、落叶	及时清理	一般风险	火灾事故		加强办公值班区域管理教育培训	现场检查、考核		按《消防应急预案》要求进行应急处置	供电所级	供电所	所长、安全员	
			19	在上下班途中发生工伤事故	确保自身安全	低风险	因突发疾病、意外受伤、交通事故受到各种伤害		员工安全培训教育	加强安全管理		及时就医	个人	个人	个人	
			20	设备整体	齐全有效	低风险	消防器材失效导致发生火灾不能及时控制、扑灭		定期巡查，异常及时上报	现场检查、考核		按《消防应急预案》要求进行应急处置	班组、个人	相关班组或个人	值班人员	

第四节　岗位隐患排查治理

依据本岗位风险分级管控体系中各风险点的控制措施和标准规范要求，编制该岗位的常见隐患排查清单，详见表 3-12-5。

运维工岗位常见隐患排查清单　　表 3-12-5

常见隐患	管控措施	管控措施失效	治理措施
新入厂职工或转岗职工由于对生产作业环境、设施设备等不熟悉，对岗位安全知识和操作规程等掌握不全面	上岗前对职工进行培训	培训不及时	严格按照岗前培训要求，做好岗前培训
	未参加安全教育的人员或培训考试不合格的人员不得上岗实习或工作	因故未参加培训考试	进行补考
作业人员不按规定佩戴安全防护用具	工作前正确佩戴安全防护用具	作业人员嫌麻烦或麻痹大意不佩戴	一是对作业人员进行抽查，发现问题及时纠正；二是进行安全培训教育，使职工充分认识到作业时存在的危险因素，掌握防护措施
不按规定设置安全防护设施	工作前正确设置安全防护设施	作业人员嫌麻烦或麻痹大意不设置	一是对作业现场进行抽查，发现问题及时纠正；二是进行安全培训教育，使职工充分认识到作业时存在的危险因素，掌握防护措施
使用的安全防护用具失效	按期审验	超期未审	超期未审的用具不得使用；审验不合格的用具不得使用
未经许可擅自工作	落实工作票制度	作业人员嫌麻烦不落实	对职工进行安全培训教育，并要求职工在工作中严格执行安全操作规程，不得简化工作步骤
			工作负责人监督工作人员认真落实工作票内容，对于未按要求执行的立即进行整改
未按操作流程作业	严格按照操作流程进行操作	对操作流程不熟悉	对职工进行教育，让职工熟知操作流程
		工作疏忽大意	必要时按照操作票进行操作

续上表

常见隐患	管控措施	管控措施失效	治理措施
在地沟、电缆井等有限空间作业	工作前利用有害气体检测仪器检测是否有有毒气体	检测仪失效	定期检验、维护，确保有效
	按规定进行作业	作业人员嫌麻烦不落实	对职工进行安全培训教育，使职工熟练掌握在半封闭空间环境下作业的知识和安全防范措施。
操作过程中出现设备状态异常时不上报、不确认，盲目操作	严格落实异常情况上报制度	作业人员未及时发现	对职工进行教育，让职工熟知设备和运行状况
		作业人员凭经验擅自操作	对职工进行安全培训教育，提高职工风险意识并让职工掌握设备异常时的处理方法

第十三章　危化品运输车驾驶员岗位安全知识

第一节　岗位工作标准及安全操作规程

一、岗位工作标准

1. 范围

本标准规定了危险品运输车队危险品车驾驶员的资格要求、职责与权限、工作内容与要求、工作关系以及检查与考核。

本标准适用于危险品运输车队危险品车驾驶员的工作岗位。

2. 资格要求

(1)具有高中(中专)及以上学历。

(2)持有济南市交通局颁发的《道路普货、危货运输驾驶从业资格证》。

(3)能够熟练驾驶危险品运输车辆。

(4)具有优良的道德品质,做事公道正派,严谨、认真。

(5)具有较高思想政治觉悟,能够严守工作纪律。

(6)具有较好的学习能力,能够充分理解和贯彻执行总公司各项管理制度和规定。

(7)具有较强的执行力,能按照计划办事,按质、按量及时完成承办任务。

3. 职责与权限

1)职责

在运输车队队长的领导下,具体负责以下工作:做好危险品运输及运输车辆日常维护工作。

2)权限

(1)对职责范围内的各项工作有建议权和执行权。

(2)其他与岗位相称的工作职权。

4. 工作内容与要求

1)危险品运输工作

(1)运输前做好车辆安全检查工作,确保车辆各项性能正常。

(2)根据车队运输计划,做好危险品的安全运输工作。

2)车辆日常维护工作

(1)做好危险品车辆的“一日三检”工作并做好记录。

(2)做好“行车日志”工作并做好记录。

(3)做好车辆各类设施的日常维护工作,确保车上设施正常使用。

(4)做好清理危险品车辆的卫生清洁工作。

3)安全生产与节能

(1)承担工作范围的安全生产责任。

(2)履行工作范围内节能减排工作职责。

4)其他工作

积极完成上级领导交办的其他临时性工作。

5. 工作关系

1)直接上级为危险品运输车队队长,向危险品运输车队队长报告工作。

2)同危险品押运员、加油员合作完成相关工作。

6. 检查与考核

岗位工作受危险品运输车队队长的检查与监督、考核。

二、危化品运输车驾驶员(运油)岗位安全操作规程

(1)驾驶员应按调度规定的时间、地点提前15min到岗,按照《驾驶员日常维护操作规程》的要求进行车辆检查,严禁迟到、缺岗、空岗现象的出现。

(2)执行"一日三检"的出车前、行驶中、收车后检查工作并做好记录,检查驾驶车辆技术状况、消防器材和油罐车相关手续,确认无安全隐患的情况下方可出车。

(3)运油车辆出车前、运行中、收车后必须关闭应急切断装置。

(4)驾驶员应按规定时间出车,按规定路线行驶,押运人员不到岗严禁出车,严禁驾驶员单独驾驶车辆。

(5)后方无作业人员指挥倒车情况下,禁止驾驶员进行单独倒车作业。

(6)驾驶员在车辆行驶过程中,应遵守各项安全规定。严禁出现酒后驾驶、搭乘无关人员、车内吸烟和驾驶中打手机等违反安全规定的行为。

(7)驾驶员在行驶途中应严格遵守《中华人民共和国道路交通安全法》,杜绝各类违章驾驶行为的发生。

(8)驾驶员在车辆运输途中遇车辆抛锚、无法排除的安全隐患或其他特殊情况停驶时,应协助押运员保证现场安全及车辆安全,同时向管理人员汇报。

(9)到达卸油地点,按规定连接静电接地线、摆放安全隔离墩和合格有效的消防器材。

(10)卸油过程中,驾驶员不得离开卸油现场,密切注视罐口、管线、阀门,确保无渗漏现象,按照卸油操作规程安全地将油品卸入罐中。

(11)车辆进入油库,必须遵守油库的安全操作规程,首先将车停放在指定位置,使发动机熄火,连接静电接地导线,在装油过程中驾驶员不得离开发油区域,监护装油全过程的安全。

(12)装油完毕,协助铅封人员验收数量,检查罐口、阀门是否封闭无滴漏,将车辆安全驶离油库。

(13)驾驶员在完成运输作业后,将车辆停放在指定地点。

三、危化品运输车驾驶员(运气)岗位安全操作规程

(1)危险品运输驾驶员应统一着装,持证上岗。严禁穿着化纤服装、带钉鞋上岗。

(2)危险品运输驾驶员应按燃气科调度规定的时间、地点提前15min到岗,严禁迟到、缺

岗、空岗现象的出现。

(3)危险品运输驾驶员出车前应按照《驾驶员日常维护操作规程》的要求进行出车前的检查,确认无安全隐患,完成出车前的准备工作。

(4)危险品运输驾驶员应按规定时间出车,按规定路线行驶,押运人员不到岗严禁出车。遇有特殊情况及时向燃气科汇报。

(5)危险品运输驾驶员在车辆行驶过程中,应遵守各项安全规定。严禁出现酒后驾驶、吸烟、打手机等违反安全规定的行为。

(6)危险品运输驾驶员应服从押运员的安全管理,做到安全驾驶、文明驾驶。

(7)危险品运输驾驶员在行驶途中应严格遵守《中华人民共和国道路交通安全法》,杜绝各类违章驾驶行为的出现,确保安全行车。黑夜、雨天、凌晨是重大事故的高发期,驾驶员在这些时段应控制车速,提高警惕。

(8)危险品运输驾驶员驾驶车辆在行驶途中应按照《驾驶员日常维护操作规程》的要求,进行安全检查,确保安全行车。

(9)危险品运输驾驶员对行驶途中出现的不安全因素应及时排除,无法排除的应及时向燃气科汇报,严禁隐报、瞒报。

(10)危险品运输驾驶员在车辆运输途中遇车辆抛锚或其他特殊情况停驶时,应协助押运员保证现场安全及车辆安全,同时向燃气科汇报。

(11)危险品运输驾驶员在车辆运输途中押运员因工作需要离岗时,驾驶员负责承担押运的岗位职责。

(12)危险品运输驾驶员驾驶车辆进入母站充装气体时必须服从母站工作人员的安全管理和押运员的安全指挥,确保车辆进出站安全。

(13)母站气体充装完毕后,驾驶员必须在得到押运员安全检查确认后,方可上路行驶。

(14)危险品运输驾驶员驾驶车辆进出子站时应严格执行《专用长管半挂车进出站操作规程》,确保车辆安全进出站。

(15)车辆收车后,应按照《驾驶员日常维护操作规程》的要求,进行收车后的检查。

(16)危险品运输驾驶员在完成运输作业后,应按指定地点停放牵引车头,确保停放安全。

四、上站车驾驶员岗位安全操作规程

(1)出车前,驾驶员必须认真检查所驾驶的车辆牌证,认真检查车辆各部位性能、运转状态是否良好,严禁病车上路。如有特殊情况,必须在十分钟内通知有关人员采取补救措施,保证车队正点加油。

(2)运油途中,驾驶员必须按照有关部门所指示的路标行驶、遵守交通规则。油罐车重载时,市内最高时速不得超过40km/h。

(3)到达第一站,驾驶员选择安全可靠场地停车,按要求检查配电路、清理线槽、连接电源线,避免加油车辆压线,确保用电安全。

(4)连接静电接地导线,观察周围无明火作业及其他不安全因素存在,准备合格有效的消防器材,监护加油员开始加油操作,不得离开加油现场。

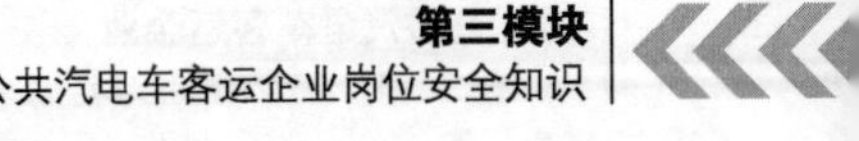

(5)车辆收车后,检查车辆性能及安全设施,发现车辆异常当日维修,事故隐患及时排除。报修实行报修单制度,一式二份,交油料科和车管员各一份,确保第二天正常出车。

第二节　岗位风险点、危险源

一、作业活动风险点清单

按照作业活动进行划分,本岗位风险点包括危化品运输驾驶作业等,详见表3-13-1。

危化品运输车驾驶员岗位作业活动清单　　表3-13-1

序号	作业活动名称	作业活动内容	区域位置	可能发生的事故类型及后果	活动频率
1	危化品运输驾驶作业	运油运气、装油卸油操作、母站充装气体、油罐车日常维护	运油运气路上、加油(气)站、停车场	其他伤害、人身财产损失	定期进行

二、设施设备风险点清单

按照设施设备、固定场所、区域进行划分,本岗位风险点包括危化品车辆、停车场区等,详见表3-13-2。

危化品运输车驾驶员岗位设施设备清单　　表3-13-2

序号	设备名称	类别	型号	区域位置	是否特种设备
1	危化品车辆	危化品车辆	欧曼、豪沃	场区	是
2	停车场区	场所		停车场	否

三、危险源辨识

对上述识别到的作业流程进行工作危害分析(JHA),并通过作业条件危险性分析评价法(LEC)进行风险评价分级;对上述识别到的设施设备进行安全检查表分析(SCL),进行风险评价分级。风险评价分级结果见附表。

第三节　岗位风险分级管控措施

一、作业活动风险分级管控清单

根据已经完成的岗位风险分级,对不同的岗位风险现有管控措施进行分析梳理,查漏补缺,并分配相关责任单位和责任人,形成本岗位作业活动风险分级管控清单,详见表3-13-3。

二、设施设备风险分级管控清单

根据已经完成的岗位风险分级,对不同的岗位风险现有管控措施进行分析梳理,查漏补缺,并分配相关责任单位和责任人,形成本岗位设施设备风险分级管控清单,详见表3-13-4。

危化品驾驶员作业活动风险分级管控清单

表 3-13-3

风险点		作业步骤	序号	危险源或潜在事件	可能发生的事故类型及后果	风险分级	管控措施					管控层级	责任单位	责任人
编号	名称						工程技术措施	培训教育措施	管理措施	个人安全措施	应急处置措施			
1	危化品运输车驾驶员作业	作业过程中	1	主观上安全遵章守法意识薄弱，出现违法驾驶行为	其他伤害、人身财产损失	低风险	通过3G监控实时察看	定期进行安全行车培训	落实网格化管理，制度考核	学习交通法律法规	及时发送信息提醒	班组、个人	危化品运输车队	驾驶员
			2	疲劳酒后驾驶	其他伤害、人身财产损失	较大风险	通过3G监控实时察看	定期进行安全行车培训	调度编制每人每天不超400km	行车前不喝酒	安全地点行车	总公司级	总公司	总公司负责人
			3	装卸油失误	泄露火灾爆炸事故	较大风险	通过3G监控实时察看	定期进行安全行车培训	开展安全操作规程油库规定培训		启动火灾应急预案	分公司级	危化品车队	公司负责人
			4	未穿防静电服	泄露火灾爆炸事故	低风险	通过3G监控实时察看	定期进行安全行车培训	对从业人员讲解培训静电危害	穿静电服	立即停止作业，对违规人员进行培训考核，考核合格再次上岗	班组、个人	危化品车队	驾驶员

续上表

风险点		作业步骤	序号	危险源或潜在事件	可能发生的事故类型及后果	风险分级	管控措施					管控层级	责任单位	责任人
编号	名称						工程技术措施	培训教育措施	管理措施	个人安全措施	应急处置措施			
1	危化品运输车驾驶员作业	作业过程中	5	雨天攀爬罐体	人身受伤	低风险	通过3G监控实时察看	定期进行安全行车培训	叮嘱恶劣天气注意安全操作		拨打120电话，实施必要现场救助措施	班组、个人	危化品车队	驾驶员
			6	其他交通不安全行为	人身财产损失	一般风险	通过3G监控实时察看	定期进行安全行车培训	叮嘱行车合理避让，停车让行		必要时停车让行	车队级	危化品车队	车队负责人
			7	在作业区域内未制止吸烟、携带明火源等行为	火灾爆炸事故	低风险	通过3G监控实时察看	定期进行安全行车培训	对从业人员加强岗位责任制和操作规程培训		对违规人员进行培训考核	班组、个人	危化品车队	驾驶员

危化品运输车驾驶员设施设备风险分级管控清单

表 3-13-4

风险点			检查项目		标准	风险分级	不符合标准情况及后果	管控措施					管控层级	责任单位	责任人
编号	类型	名称	序号	名称				工程技术措施	培训教育措施	管理措施	个人安全措施	应急处置措施			
1	设施设备	危化品运输车	1	制动系统	符合国家标准、制动有效	一般风险	制动失灵造成人身车辆伤害		进行车辆技术性能应知应会培训	按照公司管理制度，做好相关部件的维修、检查工作		发现异常及时汇报	车队级	危化品车队	车队负责人
			2	罐体装卸阀门开关	符合国家标准、开关齐全有效	一般风险	阀门开关失灵造成泄漏、火灾、爆炸事故		定期培训危化品设备应知应会培训	安装应急切断阀；进行应急切断阀的使用操作培训		发现异常及时汇报	车队级	危化品车队	车队负责人
			3	车体	符合国家及行业标准	较大风险	车体庞大导致视觉盲区易侧翻		定期培训防御驾驶技术	按照制度执行车辆设施检查		发现异常及时汇报	分公司级	分公司	公司负责人
			4	轮胎	符合国标，轮胎完好	低风险	轮胎损坏易发生爆胎			督促做好一日三检，一级二级维护		发现异常及时汇报	班组、个人	危化品运输车队	驾驶员
			5	设施加速性能	符合国标	较大风险	加速慢被追尾风险加大		定期培训检查	严禁上高速		发现异常及时汇报	分公司级	分公司	公司负责人

续上表

风险点			检查项目		标准	风险分级	不符合标准情况及后果	管控措施					管控层级	责任单位	责任人
编号	类型	名称	序号	名称				工程技术措施	培训教育措施	管理措施	个人安全措施	应急处置措施			
1	设施设备	危化品运输车	6	照明信号装置	符合国标，齐全有效	低风险	前照灯损坏夜间无法观察路况		培训驾驶员做好巡检	督促做好一日三检		发现异常及时汇报	班组、个人	危化品车队	驾驶员
			7	车速表	符合国标，车速表完好	低风险	驾驶员不能准确掌握速度			督促做好一日三检		发现异常及时汇报	班组、个人	危化品车队	驾驶员
			8	发动机	符合国标及行业标准	一般风险	发动机故障无法起动车辆	安装紧急断油装置		督促做好一日三检		发现异常及时汇报	车队级	危化品运输车队	车队机务员
			9	应急处理器材和安全防护设施	配备与柴油、汽油相适应的应急器材和防护设施	低风险	不能及时有效纠正行车安全隐患。火灾爆炸			落实消防器材和防护设施制度并检查	依照安全法配备消防器材和个体防护用品	发现异常及时汇报	班组、个人	危化品运输车队	驾驶员
			10	消防器材	配备齐全且在有效范围以内	低风险				依照安全生产法配备消防器材	学会使用消防器材	发现异常及时汇报	班组、个人	危化品运输车队	驾驶员

第四节 岗位隐患排查治理

依据本岗位风险分级管控体系中各风险点的控制措施和标准规范要求，编制该岗位的常见隐患排查清单，详见表3-13-5。

危化品车队驾驶员岗位常见隐患排查治理清单 表3-13-5

常见隐患	管控措施	管控措施失效	治理措施
主观安全意识淡薄出现违法行为	学习交通法律法规	没有记住交通法律法规	定期对驾驶员进行交规考试
	严格遵守操作规程	对操作规程不熟悉	及时申请培训
疲劳、酒后驾驶	行车前不喝酒	出现其他意外	多方面观察
	安全地点停车	未找到安全地点	打电话救援
装卸油过程操作失误	遵守油库规定	对油库规定不熟悉	向有经验的驾驶员请教
	遵守操作规程	对操作规程不熟悉	及时申请培训
制动系统失效	按照制度执行车辆设施检查	对检查制度不熟悉	及时申请培训
	发现异常及时汇报	观察能力欠缺	提高业务应急能力
照明信号装置损坏	按制度执行车辆设施检查	对检查制度不熟悉	及时申请培训
	发现异常随时汇报	观察能力欠缺	提高业务应急能力

第五节 典型案例分析

一、事故经过及人员伤亡和经济损失情况

(1)时间：2017年6月5日凌晨1时左右。

(2)地点：临沂市××石化有限公司储运部装卸区。

(3)经过：2017年6月5日0时58分，临沂××物流有限公司驾驶员唐××驾驶豫×××××液化气运输罐车经过长途奔波、连续作业后，驾车驶入临沂××石化有限公司并停在10号卸车位准备卸车。唐××下车后先后将10号装卸臂气相、液相快接管口与车辆卸车口连接，并打开气相阀门对罐体进行加压，车辆罐体压力从0.6MPa上升至0.8MPa以上。0时59分10秒，唐××打开罐体液相阀门一半时，液相连接管口突然脱开，大量液化气喷出并急剧气化扩散。正在值班的临沂××石化有限公司韩××等现场作业人员未能有效处置，致使液化气泄漏长达2min10s，与空气迅速形成爆炸性混合气体，遇到点火源发生爆炸，造成事故车及其他车辆罐体相继爆炸，罐体残骸、飞火等飞溅物接连导致1000m^3液化气球罐区、异辛烷罐区、废弃槽罐车、厂内管廊、控制室、值班室、化验室等区域先后起火燃烧。

(4)后果：造成10人死亡，9人受伤，其中，1人重伤，8人轻伤。在10名死亡人员中，5人为临沂××石化有限公司职工，5人为运输罐车驾驶员。

事故造成的直接经济损失约4468万元。

二、事故原因分析

1. 直接原因

肇事罐车驾驶员长途奔波、连续作业，在午夜进行液化气卸车作业时，没有严格执行卸车规程，出现严重操作失误，致使快接接口与罐车液相卸料管未能可靠连接，在开启罐车液相球阀瞬间发生脱离，造成罐体内液化气大量泄漏。现场人员未能有效处置，泄漏后的液化气急剧气化，迅速扩散，与空气形成爆炸性混合气体达到爆炸极限，遇点火源发生爆炸燃烧。液化气泄漏区域的持续燃烧，先后导致泄漏车辆罐体、装卸区内停放的其他运输车辆罐体发生爆炸。爆炸使车体、罐体分解，罐体残骸等飞溅物击中周边设施、物料管廊、液化气球罐、异辛烷储罐等，致使2个液化气球罐发生泄漏燃烧，2个异辛烷储罐发生燃烧爆炸。

据调查事故车辆行驶的GPS记录，肇事罐车驾驶员唐××驾驶豫××××××车辆，从6月3日17时到6月4日23时37分，近32h只休息4h，其间等候装卸车2h50min，其余24h均在驾车行驶和装卸车作业。押运员陈××没有驾驶证，行驶过程都是唐××在驾驶车辆。6月5日凌晨0时57分，车辆抵达临沂××石化有限公司后，唐××安排陈××回家休息，自己实施卸车作业。在极度疲惫状态下，操作出现严重失误，装卸臂快接口两个定位锁止扳把没有闭合，致使快接接口与罐车液相卸料管未能可靠连接。

据分析，引发第一次爆炸可能的点火源是临沂××石化有限公司生产值班室内在用的非防爆电器产生的电火花。

2. 间接原因

临沂××物流有限公司未落实安全生产主体责任。

(1)超许可违规经营。违规将河南省清丰县××货物运输有限公司所属40辆危化品运输罐车纳入日常管理，成为实际控制单位，安全生产实际管理职责严重缺失。

(2)日常安全管理混乱。该公司安全检查和隐患排查治理不彻底、不深入，安全教育培训流于形式，从业人员安全意识差，该公司所属驾驶员唐××(肇事罐车驾驶员)装卸操作技能差，实际管理的河南牌照道路运输车辆违规使用未经批准的停车场。

(3)疲劳驾驶失管失察。对实际管理的河南牌照道路运输车辆未进行动态监控，对所属驾驶员唐××驾驶该公司实际管理的豫××××××车辆的疲劳驾驶行为未能及时发现和纠正，导致所属驾驶员唐××在长期奔波、连续作业且未得到充分休息的情况下，卸车出现严重操作失误。

(4)事故应急管理不到位。未按规定制定有针对性的应急处置预案，未定期组织从业人员开展应急救援演练，对驾驶员应急处置教育培训不到位。致使该公司所属驾驶员唐××出现泄漏险情时未采取正确的应急处置措施，直接导致事故发生并造成本人死亡；致使该公司管理的其余3名驾驶员在事故现场应急处置能力缺失、出现泄漏险情时未正确处置及时撤离，造成该3名驾驶员全部死亡。

(5)装卸环节安全管理缺失。对装卸安全管理重视程度不够，装卸安全教育培训不到位，未依法配备道路危险货物运输装卸管理人员，肇事豫××××××罐车卸载过程中无装卸管理人员现场指挥或监控。

3. 临沂××石化有限公司未落实安全生产主体责任

(1)安全生产风险分级管控和隐患排查治理主体责任不落实。企业安全生产意识淡薄，对安全生产工作不重视。未依法落实安全生产物质资金、安全管理、应急救援等保障责任，安全生产责任落实流于形式；未认真落实安全生产风险分级管控和隐患排查治理工作，对企业存在的安全风险特别是卸车区叠加风险辨识、评估不全面，风险管控措施不落实；从业人员素质低，化工专业技能不足，安全管理水平低，安全管理能力不能适应高危行业需要。

(2)特种设备安全管理混乱。企业未依法取得移动式压力容器充装资质和工业产品生产许可资质，违法违规生产经营。储运区压力容器、压力管道等特种设备管理和操作人员不具备相应资格和能力，32 人中仅有 3 人取得特种设备作业人员资格证，不能满足正常操作需要；事发当班操作工韩××未取得相关资质，无证上岗，不具备相应特种设备安全技术知识和操作技能，未能及时发现和纠正司机的误操作行为。特种设备充装质量保证体系不健全，特种设备维护保养、检验检测不及时；未严格执行安全技术操作规程，卸载前未停车静置十分钟，对快装接口与罐车液相卸料管连接可靠性检查不到位，对流体装卸臂快装接口定位锁止部件经常性损坏更换维护不及时。

(3)危化品装卸管理不到位。连续 24h 组织作业，10 余辆罐车同时进入装卸现场，超负荷进行装卸作业，装卸区安全风险偏高，且未采取有效的管控措施；液化气装卸操作规程不完善，液化气卸载过程中没有具备资格的装卸管理人员现场指挥或监控。

(4)工程项目违法建设。该公司一期 8 万 t/年液化气深加工建设项目、二期 20 万 t/年液化气深加工建设项目和三期 4 万 t/年废酸回收建设项目在未取得规划许可、消防设计审核、环境影响评价审批、建筑工程施工许可等必需的项目审批手续之前，擅自开工建设并使用非法施工队伍，未批先建，逃避行政监管。

(5)事故应急管理不到位。未依法建立专门应急救援组织，应急装备、器材和物资配备不足，预案编制不规范，针对性和实用性差，未根据装卸区风险特点开展应急演练，应急教育培训不到位，实战处置能力不高。出现泄漏险情时，现场人员未能及时关闭泄漏罐车紧急切断阀和球阀，未及时组织人员撤离，致使泄漏持续 2min 多直至遇到点火源发生爆燃，造成重大人员伤亡。

4. 河南省清丰县××货物运输有限公司未落实安全生产主体责任

(1)对所属车辆处于脱管状态。对长期在临沂运营的危化品运输罐车管理缺位，仅履行资质资格手续办理和名义上管理职责，欺瞒监管。

(2)未履行异地经营报备职责。所属车辆运输线路以临沂临港经济开发区为起讫点累计 5 年以上，未按照道路危险货物运输管理相关规定向经营地(临沂市)交通运输主管部门进行报备并接受其监管。

(3)车辆动态监控不到位。未按规定对危化品运输罐车进行动态监控，未按规定使用具有行驶记录功能的卫星定位装置，未及时发现豫××××××罐车驾驶员疲劳驾驶行为并予以制止。

(4)移动式压力容器管理不到位。对公司所属 40 辆危化品罐车，未按规定配备移动式压力容器安全管理人员和操作人员。

5. 结合风险管控分析原因

(1)运输作业过程中。

①驾驶人员疲劳驾驶。

②押运人员未能落实本岗位的监督职责。

③专职监控人员未落实本岗位安全职责，驾驶人员违章驾驶行为未得到有效的控制。

(2)装卸作业过程中。

①驾驶人员违反安全生产操作规程，擅自独立操作。

②押运人员未能落实本岗位的安全职责，擅离职守。

③装卸管理人员未能落实本岗位的安全职责，擅离职守。

④缺乏作业现场值班人员的管控和指挥。

6. 管理要素

(1)运输企业未落实安全生产责任制。

(2)运输企业调度管理人员违章指挥(编制危险品运输任务每人每天不得超过400km，否则应配备双驾驶员)。

(3)运输企业安全管理人员对从业人员教育培训不到位，致使从业人员对装卸货物的理化性质的知识缺乏了解。

(4)运输企业安全管理人员未编制有效的突发事故应急预案和组织开展应急演练，致使从业人员未能掌握突发事故相应的应急处置方法。事故现场照片如图3-13-1～图3-13-4所示。

图3-13-1　事故现场照片1

图3-13-2　事故现场照片2

图3-13-3　事故现场照片3

图3-13-4　事故现场照片4

第十四章　危化品运输车押运员岗位安全知识

第一节　岗位工作标准及安全操作规程

一、岗位工作标准

1. 范围

本标准规定了危险品运输车队危险品车押运员的资格要求、职责与权限、工作内容与要求、工作关系以及检查与考核。

本标准适用于危险品运输车队危险品车押运员的工作岗位。

2. 资格要求

(1)具有高中(中专)及以上学历。

(2)持有济南市交通局颁发的《道路危险货物运输押运从业资格证》。

(3)掌握危险货物运输、装卸、保管过程的消防知识和预防措施。

(4)具有优良的道德品质,做事公道正派,严谨、认真。

(5)具有较高思想政治觉悟,能够严守工作纪律。

(6)具有较好的学习能力,能够充分理解和贯彻执行总公司各项管理制度和规定。

(7)具有较强的执行力,能按照计划办事,按质、按量及时完成承办任务。

3. 职责与权限

1)职责

在危险品运输车队队长的领导下,具体负责以下工作:负责全程跟车完成危险品车队的押运任务,确保运输货物的安全。

2)权限

(1)对职责范围内的各项工作有建议权和执行权。

(2)其他与岗位相称的工作职权。

4. 工作内容与要求

1)押运安全保障工作

(1)做好危险品运输过程中各项交接手续办理、单据传递等工作。

(2)运输前做好车辆消防器材的检查工作。

(3)做好危险品车辆的“一日三检”工作并做好记录;认真填写铅封记录。

(4)督促驾驶员按规定时间出车,按规定路线行驶,遇有特殊情况及时向车队汇报。

(5)跟车途中监督驾驶员的安全驾驶行为,并及时制止和纠正驾驶员的违规行为。

(6)跟车途中及时排除行驶途中出现的不安全因素。

2)安全生产与节能

(1)承担工作范围内的安全生产责任。

(2)履行工作范围内节能减排工作职责。

3)其他工作

积极完成上级领导交办的其他临时性工作。

5. 工作关系

(1)直接上级为危险品运输车队队长,向危险品运输车队队长报告工作。

(2)同危险品驾驶员合作完成相关工作。

6. 检查与考核

岗位工作受危险品运输车队队长的检查与监督、考核。

二、危化品押运员(运油)岗位安全操作规程

(1)提前15min到达停车地点,穿放静电工装,检查车辆的罐口、管厢及卸油口的铅封是否完好,与站长或收油员核对无误并记录好铅封号。

(2)听从车队调度,车辆行驶中,协助驾驶员观察道路交通情况,提醒驾驶员按规定路线、速度行驶,确保行车安全。

(3)进入油库,遵守油库的规章制度,协助驾驶员办理装油手续。装油前,了解所装油品的质量、数量信息,发现异常及时向油料科或车队汇报。

(4)装油后停留15min,观察油品色度,计量所装油品数量、测量是否含水,并做好记录;发现异常不要离开现场,立刻向油库负责人、油料科或车队领导汇报。

(5)验收油品,检查车辆管线、阀门是否关闭无误、无渗漏,由押运人员实施“铅封”并做好记录,押运车辆安全驶离油库。

(6)全程押运车辆到达目的地,中途不得离开车辆。

(7)到达卸油地点,出示铅封号记录、出库单、路单,协助站长或收油人员核对铅封,验收油品后,在路单上或铅封记录本上签字认可。卸油过程中押运员协助驾驶员安全操作,不得离开现场。

(8)卸油完毕,由收油人员打上铅封时,押运人员检查并做好记录。详细填写路单,当日交回,不得丢失或私自涂改,并协助驾驶员搞好车辆卫生。

三、危化品押运员(运气)岗位安全操作规程

(1)危险品运输押运员应统一着装,持证上岗。严禁穿着化纤服装、带钉鞋上岗。

(2)危险品运输押运员应按燃气科调度规定的时间、地点提前15min到岗,严禁迟到、缺岗、空岗现象的出现。

(3)危险品运输押运员在出车前应检查并确认押运车辆的消防器材是否齐全、有效。

(4)危险品运输押运员应按照《高压气体运输半挂车(高压容器及管路部分)日常检查操作规程》完成出车前应进行的高压气体运输半挂车检查及准备工作。

(5)危险品运输押运员有权监督驾驶员按规定时间出车,按规定路线行驶,遇有特殊情况及时向车队汇报。

(6)危险品运输押运员在车辆行驶途中严禁出现酒后上岗、吸烟、打手机等违反安全规定的行为。

(7)危险品运输押运员在车辆行驶途中应监督并制止驾驶员出现违反安全规定的操作和行为。

(8)对行驶途中出现的不安全因素应及时排除,无法及时排除的应及时向车队汇报,严禁隐报、瞒报。

(9)危险品运输押运员在车辆运输途中遇车辆抛锚或其他特殊情况停驶时,应坚守岗位并保证现场安全及车辆安全。

(10)危险品运输押运员在运输车辆进入母站进行气体充装时,负责办理相关充装手续,并确认充装数量。有义务了解母站气源质量、供应等相关情况。

(11)危险品运输押运员在母站充装气体完毕后,负责对操作仓进行安全检查,确认安全后锁闭操作仓门,通知驾驶员起动车辆。

(12)危险品运输押运员在车辆进入子站后,负责与子站工作人员办理相关交接手续,传递单据。

(13)危险品运输押运员应协助子站工作人员,指挥驾驶员将车辆停入站内指定地点,按照《专用长管半挂车进出站操作规程》完成车辆停放作业。

(14)结束押运作业后,适时向车队调度汇报。

第二节 岗位风险点、危险源

一、作业活动风险点描述

按照作业活动进行划分,本岗位风险点主要是危化品运输押运作业,详见表3-14-1。

危化品押运员岗位作业活动清单　　表3-14-1

序号	作业活动名称	作业活动内容	区域位置	可能发生的事故类型及后果	活动频率
1	危化品运输押运作业	协助驾驶员执行押运作业、验油装油卸油操作等	运油运气路上、加油(气)	其他伤害、人身财产损失	定期进行

二、设施设备风险点描述

按照设施设备、固定场所、区域进行划分,本岗位风险点详见表3-14-2。

危化品押运员岗位设施设备清单　　表3-14-2

序号	设备名称	类别	型号	区域位置	是否特种设备
1	危化品车辆	危化品车辆	欧曼、豪沃	场区	是
2	停车场区	场所		停车场	否

三、危险源辨识

对上述识别到的作业流程进行工作危害分析(JHA),并通过作业条件危险性分析评价

法(LEC)进行风险评价分级;对上述识别到的设施设备进行安全检查表分析(SCL),进行风险评价分级。风险评价分级结果见附表。

第三节　岗位风险分级管控措施

一、作业活动风险分级管控清单

根据已经完成的岗位风险分级,对不同的岗位风险现有管控措施进行分析梳理,查漏补缺,并分配相关责任单位和责任人,形成本岗位作业活动风险分级管控清单,详见表3-14-3。

二、设施设备风险分级管控清单

根据已经完成的岗位风险分级,对不同的岗位风险现有管控措施进行分析梳理,查漏补缺,并分配相关责任单位和责任人,形成本岗位设施设备风险分级管控清单,详见表3-14-4。

作业活动风险分级管控清单

表 3-14-3

风险点		作业步骤	序号	危险源或潜在事件	可能发生的事故类型及后果	风险分级	管控措施					管控层级	责任单位	责任人
编号	名称						工程技术措施	培训教育措施	管理措施	个人安全措施	应急处置措施			
1	危化品运输押运作业	作业过程中	1	酒后上岗	人身财产损失	一般风险		定期进行安全操作培训	禁止喝酒		检查发现解除劳动合同	班组、个人	危化品运输车队	车队负责人
			2	疾病、药物不良反应	泄漏、火灾、爆炸事故	低风险		定期进行安全行车培训	关心职工、多交流询问		拨打救援电话	班组、个人	班组	押运员
			3	装卸油失误	泄露、火灾、爆炸事故	较大风险	通过3G监控实时察看	定期进行安全行车培训	开展安全操作规程油库规定培训		启动火灾应急预案	分公司级	危化品车队	公司负责人
			4	卸油过程中柴油泄露	泄漏、火灾、爆炸事故	低风险	通过3G监控实时察看	定期进行卸油安全操作	对押运加油员的操作规程进行培训;开展好安全大检查,整改隐患		启动火灾应急预案	班组、个人	危化品车队	押运员

续上表

风险点		作业步骤	序号	危险源或潜在事件	可能发生的事故类型及后果	风险分级	管控措施					管控层级	责任单位	责任人
编号	名称						工程技术措施	培训教育措施	管理措施	个人安全措施	应急处置措施			
1	危化品运输押运作业	作业过程中	5	未穿防静电服	泄露、火灾、爆炸事故	低风险	通过3G监控实时察看	定期进行安全行车培训	对从业人员讲解静电危害	穿静电服	立即停止作业，对违规人员进行培训考核，考核合格再次上岗	班组、个人	危化品车队	押运员
			6	在作业区域内未制止吸烟、携带明火源等行为	火灾、爆炸事故	低风险	通过3G监控实时察看	定期进行安全行车培训	对从业人员落实岗位责任制		对违规人员进行培训考核	班组、个人	危化品车队	押运员
			7	车辆运行中玩手机、睡觉等违规行为	人身财产损失	低风险	通过3G监控实时察看	定期进行安全培训	对从业人员岗位安全责任制和安全操作规程进行培训		及时发送短信提醒	班组、个人	危化品车队	押运员

表 3-14-4

设施设备风险分级管控清单

风险点			检查项目		标准	风险分级	不符合标准情况及后果	管控措施					管控层级	责任单位	责任人
编号	类型	名称	序号	名称				工程技术措施	培训教育措施	管理措施	个人安全措施	应急处置措施			
1	设施设备	危化品运输车	1	制动系统	符合国家标准、制动有效	一般风险	制动失灵造成人身、车辆伤害		进行车辆技术性能应知应会培训	按照公司管理制度，做好相关部件的维修、检查工作		发现异常及时汇报	车队级	危化品车队	车队负责人
			2	罐体装卸阀门开关	符合国家标准、开关齐全有效	一般风险	阀门开关失灵造成泄漏、火灾、爆炸事故		定期进行危化品设备应知应会培训	安装应急切断阀；进行应急切断阀的使用操作培训		发现异常及时汇报	车队级	危化品车队	车队负责人
			3	车体	符合国家及行业标准	较大风险	车体庞大导致视觉盲区易侧翻		定期培训防御驾驶技术	按照制度执行车辆设施检查		发现异常及时汇报	分公司级	分公司	公司负责人
			4	轮胎	符合国标，轮胎完好	低风险	轮胎损坏易发生爆胎			督促做好一日三检，一级二级维护		发现异常及时汇报	班组、个人	危化品运输车队	押运员

续上表

风险点			检查项目		标准	风险分级	不符合标准情况及后果	管控措施					管控层级	责任单位	责任人
编号	类型	名称	序号	名称				工程技术措施	培训教育措施	管理措施	个人安全措施	应急处置措施			
1	设施设备	危化品运输车	5	设施加速性能	符合国标	较大风险	加速慢被追尾风险加大		定期培训检查	严禁上高速		发现异常及时汇报	分公司级	分公司	公司负责人
			6	车速表	符合国标，车速表完好	低风险	驾驶员不能准确掌握速度			督促做好一日三检		发现异常及时汇报	班组、个人	危化品车队	驾驶员
			7	发动机	符合国标及行业标准	一般风险	发动机故障无法启动车辆	安装紧急断油装置		督促做好一日三检		发现异常及时汇报	车队级	危化品运输车队	车队机务员
			8	应急处理器材和安全防护设施	配备与柴油、汽油相适应的应急器材和防护设施	低风险	不能及时有效纠正行车安全隐患。火灾、爆炸			落实消防器材和防护设施制度并检查	依照安全法配备消防器材和个体防护用品	发现异常及时汇报	班组、个人	危化品运输车队	驾驶员
			9	消防器材	配备齐全且在有效范围以内	低风险				依照安全生产法配备消防器材	学会使用消防器材	发现异常及时汇报	班组、个人	危化品运输车队	驾驶员

第四节 岗位隐患排查治理

依据本岗位风险分级管控体系中各风险点的控制措施和标准规范要求，编制该岗位的常见隐患排查清单，详见表3-14-5。

危化品车队押运员岗位常见隐患排查治理清单　　表3-14-5

常见隐患	管控措施	管控措施失效	治理措施
酒后上岗	主动做到不喝酒	自控力出现意外	出车前相互监督不喝酒
	学习交通法律法规	没有记住交规	定期进行交规考试
卸油过程中柴油泄露	遵守操作规程	操作规程不熟悉	申请主动培训学习
	启动应急预案	缺乏应急常识	积极参加应急演练
未穿防静电服	穿防静电服	静电服丢失	向同事暂时借穿
	遵守操作规程	操作规程不熟悉	申请主动培训学习
车辆运行中玩手机睡觉等违章行为	主动做到行车中不玩手机	未按照规定	同事之间相互监督
	遵守操作规程	操作规程不熟悉	申请主动培训学习
消防器材	遵守消防器材制度，每月对车辆车载灭火器检查一遍，检查覆盖率100%	消防器材制度不熟悉	报告管理人员申请培训
	学会使用消防器材	操作失误	加强演练

第五节 典型案例分析

一、事故经过及人员伤亡和经济损失情况

(1)时间：2014年3月1日14时45分许。

(2)地点：山西省晋城市泽州县的晋济高速公路山西晋城段岩后隧道内。

(3)经过：3月1日14时43分许，由汤××驾驶、冯××押运的豫××××××/豫××××挂铰接列车（事发时位于前方，以下简称前车），装载29.66t甲醇运往洛阳，在沿晋济高速公路由北向南行驶至岩后隧道右洞入口以北约100m处时，发现右侧车道上有运煤车辆排队等候，遂从右侧车道变道至左侧车道进入岩后隧道，行驶了40余米后，停在皖×××××号轻型厢式货车后。14时45分许，由李××驾驶、牛×押运的晋××××××/晋××××挂铰接列车（事发时位于后方，以下简称后车），装载29.14t甲醇运往河南省博爱县，在沿晋济高速公路由北向南行驶至岩后隧道右洞入口以北约100m处时，看到右侧车道上有运煤车辆排队缓慢通行，但左侧车道内至隧道口前没有车辆，遂从右侧车道变至左侧车道。驶入岩后隧道后，突然发现前方5～6m处停有前车。李××虽采取紧急制动措施，但仍与前车追尾。碰撞致使后车前部与前车尾部铰合在一起，造成前车尾部的防撞设施及卸料管断

裂、甲醇泄漏，后车前脸损坏。两车追尾碰撞后，前车押运员冯××从右侧车门下车，由车前部绕到车身左侧尾部观察，发现甲醇泄漏。为关闭主卸料管根部球阀，冯××要求汤天才向前移动车辆。该车向前移动1.18m后停住，汤××下车走到车身左侧罐体中部时，冯××发现地面泄漏的甲醇起火燃烧。甲醇形成流淌火迅速引燃了两辆事故车辆(后车罐体没有泄漏燃烧)和附近的4辆运煤车、货车及面包车，由于事发时受气象和地势影响，隧道内气流由北向南，且隧道南高北低，高差达17.3m，形成"烟囱效应"，甲醇和车辆燃烧产生的高温有毒烟气迅速向隧道内南出口蔓延。发现着火后，后车驾驶员李××、押运员牛×从隧道北口跑出，前车驾驶员汤××、押运员冯××跑向隧道南口，并警示前方的皖××××××、皖××××××驾乘人员后方起火。17时5分许，距离南出口约100m的1辆装载二甲醚的鲁××××××/鲁×××××挂铰接列车罐体受热超压爆炸解体。

(4)后果：隧道内滞留的另外两辆危险化学品运输车和31辆煤炭运输车等车辆被引燃或引爆，造成40人死亡、12人受伤和42辆车烧毁，直接经济损失8197万元。

二、事故原因分析

1. 直接原因

晋××××××/晋×××××挂铰接列车在隧道内追尾豫××××××/豫×××××挂铰接列车，造成前车甲醇泄漏，后车发生电气短路，引燃周围可燃物，进而引燃泄漏的甲醇。

(1)两车追尾的原因：晋××××××/晋×××××挂铰接列车在进入隧道后，驾驶员未及时发现停在前方的豫××××××/豫×××××挂铰接列车，距前车仅五六米时才采取制动措施；晋××××××牵引车准牵引总质量(37.6t)，小于晋×××××挂罐式半挂车的整备质量与运输甲醇质量之和(38.34t)，存在超载行为，影响制动系统制动。

经认定，在晋××××××/晋×××××挂铰接列车追尾碰撞豫××××××/豫×××××挂铰接列车的交通事故中，晋××××××/晋×××××挂铰接列车驾驶员李××负全部责任。

(2)车辆起火燃烧的原因：追尾造成豫×××××挂半挂车的罐体下方主卸料管与罐体焊缝处撕裂，该罐体未按标准规定安装紧急切断阀，造成甲醇泄漏；晋××××××车发动机舱内高压油泵向后位移，起动机正极多股铜芯线绝缘层破损，导线与输油泵输油管管头空心螺栓发生电气短路，引燃该导线绝缘层及周围可燃物，进而引燃泄漏的甲醇。

2. 间接原因

(1)山西省晋城市×××物流有限公司安全生产主体责任不落实。

企业法定代表人不能有效履行安全生产第一责任人责任；企业应急预案编制和应急演练不符合规定要求；企业没有按照设计充装介质，即没有按《第115批公告》批准及《机动车辆整车出厂合格证》记载的介质要求进行充装；从业人员安全培训教育制度不落实，驾驶员和押运员习惯性违章操作，罐体底部卸料管根部球阀长期处于开启状态。另外，肇事车辆在行车记录仪于2014年1月3日发生故障后，仍然继续从事运营活动，违反了《国务院关于加强道路交通安全工作的意见》(国发〔2012〕30号)的有关规定。

(2)河南省焦作市×××汽车运输有限责任公司危险货物运输安全生产的主体责任落

实不到位。

企业未能吸取2012年包茂高速陕西延安"8·26"特别重大道路交通事故教训,仍然存在"以包代管"问题;没有按照设计充装介质,即没有按《第215批公告》批准及《机动车辆整车出厂合格证》记载的介质要求进行充装;驾驶员和押运员习惯性违章操作,罐体底部卸料管根部球阀长期处于开启状态。

(3)晋济高速公路煤焦管理站违规设置指挥岗加重了车辆拥堵。

①晋济高速公路煤焦管理站违反设计要求在泽州收费站前设置指挥岗,加重了车辆拥堵。拥堵发生后,未主动协调配合收费站等单位对车辆进行疏导。

②晋城市××××有限公司作为晋济高速公路煤焦管理站的上级主管单位,对管理站的监督检查和工作指导不力,未纠正指挥岗长期违规设在泽州收费站前的问题。

(4)湖北××车辆制造有限公司、河北××专用汽车有限公司生产销售不合格产品。

湖北××车辆制造有限公司生产销售的"晋×××××挂"半挂车的罐体未安装紧急切断阀,不符合《道路运输液体危险货物罐式车辆第1部分:金属常压罐体技术要求》(GB 18564.1—2006)标准的规定,属于不合格产品。河北××专用汽车有限公司生产销售的"豫×××××挂"半挂车的罐体和"豫×××××挂"半挂车的罐体未安装紧急切断阀,不符合GB 18564.1—2006标准的规定,属于不合格产品。车辆未经过检验机构检验销售出厂,不符合《危险化学品安全管理条例》的规定。

3. 结合风险管控分析原因

1)人要素

(1)驾驶人员主观安全意识淡薄,驾驶中观察注意力不集中。

(2)驾驶人员和押运人员未做好出车前的安全检查(未关闭罐体底部卸料管根部球阀,行车记录仪故障)。

(3)驾驶人员和押运人员未掌握运输货物的理化性质的知识,对泄漏后的应急处置方法不当。

2)车辆要素

(1)车辆载荷质量存在超载现象,导致制动性能降低。

(2)未安装符合国家标准的罐体应急切断阀。

3)路要素

(1)进隧道车道宽度变窄。

(2)隧道内车辆密集。

4)环境要素

隧道入口光线变化对驾驶人员视觉产生影响。

5)管理要素

(1)运输企业未做好落实安全生产责任制。

(2)运输企业安全管理人员对从业人员教育培训不到位,致使从业人员对装卸货物的理化性质的知识缺乏了解。

(3)运输企业安全管理人员未编制有效的突发事故应急预案,未组织应急预案学习和演练,致使从业人员未能掌握突发事故相应的应急处置方法。

4. 运输企业专职监控人员未履行本岗位职责，未对车辆实施动态监控。

事故现场照片如图3-14-1～图3-14-3所示。

图3-14-1　事故现场照片1

图3-14-2　事故现场照片2

图3-14-3　事故现场照片3

第十五章　加油(气)员岗位安全知识

第一节　岗位工作标准及安全操作规程

一、岗位工作标准

1. 范围

本标准规定了物资供销公司油料科加油站加油员的资格要求、职责与权限、工作内容与要求、工作关系以及检查与考核。

本标准适用于物资供销公司油料科加油站加油员的工作岗位。

2. 资格要求

(1)具有高中(中专)及以上学历。

(2)熟悉消防安全知识。

(3)具有优良的道德品质,做事公道正派,严谨、认真。

(4)具有较高思想政治觉悟,能够严守工作纪律。

(5)具有较好的学习能力,能够充分理解和贯彻执行总公司各项管理制度和规定。

(6)具有较强的执行力,能按照计划办事,按质、按量及时完成承办任务。

3. 职责与权限

1)职责

在物资供销公司加油站站长的领导下,具体负责以下工作:做好加油服务及安全管理工作。

2)权限

(1)对职责范围内的各项工作有建议权和执行权。

(2)其他与岗位相称的工作职权。

4. 工作内容与要求

1)加油服务工作

(1)做好加油设备的安全检查工作。

(2)严格按照《加油操作规程》,做好进站车辆的加油服务工作,并做好记录。

(3)加油完毕及时为用户开具加油票。

(4)定期收集市场信息、客户意见和建议

2)站内各设备管理工作

做好岗位相关生产设备、安全消防设施的维护、保养工作。

3)站区卫生工作

做好加油站设备、场地及周边环境的清洁卫生工作。

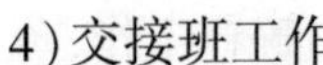

4)交接班工作

严格执行《交接班操作规程》,认真完成交接班工作并按要求填写交接记录,发现问题及时解决并向站长汇报。

5)安全生产与节能

(1)承担工作范围内的安全生产责任。

(2)做好车辆出入站检查、例行巡查、隐患排查工作。

(3)每月参加安全学习及应急演练。

(4)熟练掌握消防器材的使用。

(5)定期对加油机设备、安全消防设施进行盘点检查和简单维护并进行记录,发现问题及时上报进行维修更换。

(6)履行工作范围内节能减排工作职责。

6)其他工作

积极完成上级领导交办的其他临时性工作。

5.工作关系

(1)直接上级为物资供销公司油料科加油站站长,向物资供销公司油料科加油站站长报告工作。

(2)同加油站其他工作人员合作完成相关工作。

6.检查与考核

岗位工作受物资供销公司油料科加油站站长的检查与监督、考核。

二、加油员岗位安全操作规程

(1)加油站加油员应统一着装,衣着整洁,仪表大方,持证上岗。严禁穿着化纤服装、带钉鞋上岗。

(2)加油站加油员应按规定的时间提前15min到岗,严禁迟到、缺岗、空岗现象的出现。工作期间,若遇特殊情况离站,应及时向站长汇报。

(3)加油站加油员到岗后,应严格按照《交接班操作规程》与上一班工作人员进行交接,做好交接记录。

(4)加油站加油员每次接班时,要搞好加油设备卫生,检查加油设备性能,如出现异常应立即上报。

(5)加油站加油员对设备和工作现场卫生每班进行三次清扫(接班后、工作中、交班前),工作过程中保持设备及工作现场的整洁。

(6)加油站加油员应实行“站岛”服务:立于加油机一侧,礼貌迎候。

(7)在加油服务过程中,加油站加油员应严格按照操作规程在确保安全的前提下为客户加油做好原始记录,并收集加油凭证,并妥善保管。

(8)加油站加油员在整个服务过程中,要礼貌待客,语言文明,态度和蔼,语气温和,语速适中,使用普通话服务,要“请”字开头“谢”字收尾。

(9)在加油服务过程中,遇有突发情况或顾客提出难以解答的问题时,要及时向站长汇报,同时做好顾客的解释工作,严禁与顾客发生冲突。

(10)设备出现故障或因其他原因无法正常加油时,要及时做好顾客的解释工作,疏导顾客安全出站。遇有顾客态度不好或不礼貌时,要忍耐克制,做到"有理不争吵,无理不取闹",必要时向站长汇报解决。

(11)工作过程中遇有上级领导或加油站相关职能部门到站进行指导、检查,加油员应热情接待,并及时向站长汇报,严禁出现态度冷漠,语气生硬等现象。

(12)每班工作结束前,提前10min进行交班准备。确认一切正常后,与接班人员进行交接班,填写交接班记录。

(13)交接班结束后,结算本班账目,填写工作报表,上报加油站统计人员。

(14)加油站加油员应每月两次参加安全学习,并应按加油站应急预案的要求,每月参加一次消防演习,提高自身对于应急事件的处理能力。

三、加气员岗位安全操作规程

(1)加气站加气员应统一着装,衣着整洁,仪表大方,持证上岗。严禁穿着化纤服装、带钉鞋上岗。

(2)加气站加气员应按规定的时间提前15min到岗,严禁迟到、缺岗、空岗现象的出现。工作期间,若遇特殊情况离站,应及时向站长汇报。

(3)加气站加气员到岗后,应严格按照《交接班操作规程》与上一班工作人员进行交接,做好交接记录。

(4)加气站加气员每次接班后,要打开加气机护盖清洁卫生,同时用手持测漏仪对加气机管路进行测漏检查,发现问题应及时向站长汇报,解决故障并确认安全后方可进行加气作业。

(5)加气站加气员对加气机、加气岛及工作场地卫生每班进行三次清扫(接班后、工作中、交班前),确保工作过程中加气机、加气岛及工作场地随时保持整洁。

(6)加气站加气员应实行"站岛"服务:无车辆加气时应站立于加气岛上加气机侧面,恭候加气车辆进站加气。

(7)在加气服务过程中,加气站加气员应严格按照《加气操作规程》为用户安全、平稳充装压缩天然气,做好原始记录,并收集、整理、保管好有关资料档案。

(8)加气站加气员在整个服务过程中,要礼貌待客,语言文明,态度和蔼,语气温和,语速适中,使用普通话服务,要"请"字开头 "谢"字收尾。

(9)在加气服务过程中,遇有突发情况或顾客提出难以解答的问题时,要及时向站长汇报,同时做好顾客的解释工作,严禁与顾客发生冲突。

(10)设备出现故障或因其他原因无法正常加气时,要及时做好顾客的解释工作,疏导顾客安全出站。遇有顾客态度不好或不礼貌时,要忍耐克制,做到"有理不争吵,无理不取闹",必要时向站长汇报解决。

(11)工作过程中遇有上级领导或加气站相关职能部门到站进行指导、检查,加气员应热情接待,并及时向站长汇报,严禁出现态度冷漠,语气生硬等现象。

(12)每班工作结束前,提前10min进行交班准备。确认一切正常后,与接班人员按照《交接班操作规程》进行交接班,填写交接班记录。

(13)交接班结束后,结算本班账目,填写工作报表,上报加气站统计员。

(14)加气站加气员应每月两次参加安全学习,并应按照《加气站应急预案》的要求,每月参加一次消防演习,提高自身对于应急事件的处理能力。

第二节　岗位风险点、危险源

一、作业活动风险点描述

按照作业活动进行划分,本岗位风险点主要是加油(气)员作业,详见表3-15-1。

加油(气)员岗位作业活动清单　　表3-15-1

序号	作业活动名称	作业活动内容	区域位置	可能发生的事故类型及后果	活动频率
1	加油(气)作业	加油(气)作业、维持加油(气)设备卫生、检测加气管路等	加油(气)站	火灾爆炸、人身财产损失	定期进行

二、设施设备风险点描述

按照设施设备、固定场所、区域进行划分,本岗位风险点详见表3-15-2。

加油(气)站岗位设施设备清单　　表3-15-2

序号	设备名称	类别	型号	区域位置	是否特种设备
1	加油(气)系统	加油(气)站设备		加油(气)站	否

三、危险源辨识

对上述识别到的作业流程进行工作危害分析(JHA),并通过作业条件危险性分析评价法(LEC)进行风险评价分级;对上述识别到的设施设备进行安全检查表分析(SCL),进行风险评价分级。风险评价分级结果见附表。

第三节　岗位风险分级管控措施

一、作业活动风险分级管控清单

根据已经完成的岗位风险分级,对不同的岗位风险现有管控措施进行分析梳理,查漏补缺,并分配相关责任单位和责任人,形成本岗位作业活动风险分级管控清单,详见表3-15-3。

二、设施设备风险分级管控清单

根据已经完成的岗位风险分级,对不同的岗位风险现有管控措施进行分析梳理,查漏补缺,并分配相关责任单位和责任人,形成本岗位设施设备风险分级管控清单,详见表3-15-4。

加油（气）员作业活动风险分级管控清单

表 3-15-3

风险点		作业步骤	序号	危险源或潜在事件	可能发生的事故类型及后果	风险分级	管控措施					管控层级	责任单位	责任人
编号	名称						工程技术措施	培训教育措施	管理措施	个人安全措施	应急处置措施			
1	加油（气）作业	作业过程中	1	加油、加气员在站区使用手机、吸烟	在加油、加气操作时因静电产生的火花及明火造成火灾、爆炸	较大风险		定期进行安全教育培训	严格遵守加油站十大禁令		发现险情，经加油（气）站长确认后，启动应急处置程序，立即关闭加油（气）站所有电源，关闭设备所有阀门，同时报警，利用现场灭火器材灭火，紧急疏散站内员工、车辆保障消防通道畅通	分公司级	加油（气）站	公司负责人

续上表

风险点		作业步骤	序号	危险源或潜在事件	可能发生的事故类型及后果	风险分级	管控措施					管控层级	责任单位	责任人
编号	名称						工程技术措施	培训教育措施	管理措施	个人安全措施	应急处置措施			
1	加油（气）作业	作业过程中	2	加油员未在摩托车加油区给摩托车加油	车辆打火时火花塞冒出的火花将残留汽油点燃，波及站区造成火灾、爆炸	一般风险		定期进行安全教育培训	严格遵守加油站十大禁令，严格遵守操作规程		发现险情，经加油（气）站长确认后，启动应急处置程序，立即关闭加油（气）站所有电源，关闭设备所有阀门，同时报警，利用现场灭火器材灭火，紧急疏散站内员工、车辆保障消防通道畅通	科室	加油（气）站	科室负责人

续上表

风险点		作业步骤	序号	危险源或潜在事件	可能发生的事故类型及后果	风险分级	管控措施					管控层级	责任单位	责任人
编号	名称						工程技术措施	培训教育措施	管理措施	个人安全措施	应急处置措施			
1	加油（气）作业	作业过程中	3	加油员对没有熄火的车辆进行加油作业	造成火灾、爆炸	较大风险		定期进行安全教育培训	严格遵守操作规程		发现险情，经加油（气）站长确认后，启动应急处置程序，立即关闭加油（气）站所有电源，关闭设备所有阀门，同时报警，利用现场灭火器材灭火，紧急疏散站内员工、车辆保障消防通道畅通	分公司级	加油（气）站	公司负责人

续上表

风险点		作业步骤	序号	危险源或潜在事件	可能发生的事故类型及后果	风险分级	管控措施					管控层级	责任单位	责任人
编号	名称						工程技术措施	培训教育措施	管理措施	个人安全措施	应急处置措施			
1	加油（气）作业	作业过程中	4	工作人员未禁止车辆在站内检修	检修车辆时产生的静电、火花造成火灾、爆炸	较大风险		定期进行安全教育培训	严格遵守加油站十大禁令		发现险情，经加油（气）站长确认后，启动应急处置程序，立即关闭加油（气）站所有电源，关闭设备所有阀门，同时报警，利用现场灭火器材灭火，紧急疏散站内员工、车辆保障消防通道畅通	分公司级	加油（气）站	公司负责人

续上表

风险点		作业步骤	序号	危险源或潜在事件	可能发生的事故类型及后果	风险分级	管控措施					管控层级	责任单位	责任人
编号	名称						工程技术措施	培训教育措施	管理措施	个人安全措施	应急处置措施			
1	加油（气）作业	作业过程中	5	工作人员未禁止没有动火许可证却从事动火作业	产生静电、火花造成火灾、爆炸	较大风险		定期进行安全教育培训	严格遵守加油站消防管理规定		发现险情，经加油（气）站长确认后，启动应急处置程序，立即关闭加油（气）站所有电源，关闭设备所有阀门，同时报警，利用现场灭火器材灭火，紧急疏散站内员工、车辆保障消防通道畅通	分公司级	加油（气）站	公司负责人

续上表

风险点		作业步骤	序号	危险源或潜在事件	可能发生的事故类型及后果	风险分级	管控措施					管控层级	责任单位	责任人
编号	名称						工程技术措施	培训教育措施	管理措施	个人安全措施	应急处置措施			
1	加油（气）作业	作业过程中	6	工作人员未对卸油管、阀门进行检查，造成卸油时油品泄露外溢	泄露的油品遇静电、火花造成火灾、爆炸	较大风险		定期进行安全教育培训	严格遵守卸油操作		发现险情，经加油（气）站长确认后，启动应急处置程序，立即关闭加油（气）站所有电源，关闭设备所有阀门，同时报警，利用现场灭火器材灭火，紧急疏散站内员工、车辆保障消防通道畅通	分公司级	加油（气）站	公司负责人
			7	卸油作业时未摆放相应数量灭火器	初起火势无法使用就近灭火器进行初期扑救造成火灾、爆炸	较大风险		定期进行安全教育培训	严格遵守卸油操作		紧急调用其他单位灭火器进行灭火	分公司级	加油（气）站	公司负责人

续上表

风险点		作业步骤	序号	危险源或潜在事件	可能发生的事故类型及后果	风险分级	管控措施					管控层级	责任单位	责任人
编号	名称						工程技术措施	培训教育措施	管理措施	个人安全措施	应急处置措施			
1	加油（气）作业	作业过程中	8	人员违章操作、不佩戴防护用品	操作失误引起油品外溢、化学品中毒	低风险		定期进行安全教育培训	严格遵守操作规程，加强岗位安全培训		及时对现场跑、冒油品进行回收，尤其是检查低洼处是否有残油，当汽油沾湿衣物、皮肤时，注意脱衣服前先浸湿，以免产生静电，用肥皂和清水擦洗浸湿部位，油进入眼睛，用大量蒸馏水或纯净水冲洗 15min，较严重时需到医院就医	个人	加油（气）站	加油员

续上表

风险点		作业步骤	序号	危险源或潜在事件	可能发生的事故类型及后果	风险分级	管控措施					管控层级	责任单位	责任人
编号	名称						工程技术措施	培训教育措施	管理措施	个人安全措施	应急处置措施			
1	加油（气）作业	作业过程中	9	工作人员未发现气瓶压力过低	火灾、爆炸、车辆人员伤害	较大风险		定期进行安全教育培训	严格执行入站检查制度		发现险情，经加油（气）站长确认后，启动应急处置程序，立即关闭加油（气）站所有电源，关闭设备所有阀门，同时报警，利用现场灭火器材灭火，紧急疏散站内员工、车辆保障消防通道畅通	分公司级	加油（气）站	公司负责人

续上表

风险点		作业步骤	序号	危险源或潜在事件	可能发生的事故类型及后果	风险分级	管控措施					管控层级	责任单位	责任人
编号	名称						工程技术措施	培训教育措施	管理措施	个人安全措施	应急处置措施			
1	加油（气）作业	作业过程中	10	工作人员违章、野蛮作业	火灾、爆炸、车辆人员伤害	较大风险		定期进行安全教育培训	严格执行各项安全操作规程		发现险情，经加油（气）站长确认后，启动应急处置程序，立即关闭加油（气）站所有电源，关闭设备所有阀门，同时报警，利用现场灭火器材灭火，紧急疏散站内员工、车辆保障消防通道畅通	分公司级	加油（气）站	公司负责人

加油(气)员设施设备风险分级管控清单

表 3-15-4

风险点			检查项目		标准	风险分级	不符合标准情况及后果	管控措施					管控层级	责任单位	责任人
编号	类型	名称	序号	名称				工程技术措施	培训教育措施	管理措施	个人安全措施	应急处置措施			
1	设施设备	加油（气）系统	1	加油、加气站罩棚	符合国家标准	较大风险	罩棚老化、罩棚倒塌		定期进行安全知识培训	定期对罩棚进行检查		发现异常及时汇报、维修	分公司级	加油（气）站	公司负责人
			2	加油、加气站罩棚用电设施	符合国家及行业标准	一般风险	罩棚用电设施老化、漏电		定期进行安全知识培训	定期对罩棚进行检查		发现异常及时汇报、维修	科室	加油（气）站	科室负责人
			3	加油站储油罐	符合国家及行业标准	较大风险	罐体泄露、灌口封闭不严		定期进行安全知识培训	定期对储油罐、灌口进行检查		发现异常及时汇报、维修	分公司级	加油（气）站	公司负责人
			4	加油/加气机	符合国家及行业标准	较大风险	未安装防护装置，外力撞击造成加气机倒塌，燃气泄漏引起火灾、爆炸		定期进行安全知识培训			发现异常及时汇报、维修	分公司级	加油（气）站	公司负责人
			5	加气站用电设备	符合国家及行业标准	较大风险	加油、加气机用电设备老化		定期进行安全知识培训	定期对用电设备进行检查，遵守设备设施管理制度		发现异常及时汇报、维修	分公司级	加油（气）站	公司负责人

续上表

风险点			检查项目		标准	风险分级	不符合标准情况及后果	管控措施					管控层级	责任单位	责任人
编号	类型	名称	序号	名称				工程技术措施	培训教育措施	管理措施	个人安全措施	应急处置措施			
1	设施设备	加油（气）系统	6	加气机内部管路	符合国家及行业标准	较大风险	管路松动引起燃气外溢		定期进行安全知识培训	漏电产生火花点燃油气混合气、造成火灾、爆炸		发现异常及时汇报、维修	分公司级	加油（气）站	公司负责人
			7	橇体设备	符合国家及行业标准	较大风险	漏电压力容器安全阀失效造成燃气泄漏		定期进行安全知识培训	使用防爆电器、定期对用电设备进行检查、定期对压力容器进行检测		发现异常及时汇报、维修	总公司级	加油（气）站	总公司负责人
			8	加气站装卸用管	符合国家及行业标准	一般风险	装卸用管爆裂、脱落。油气泄露伤人		定期进行安全知识培训	适用固定锁具防止脱落、定期对装卸用管进行更换		发现异常及时汇报、维修	科室	加油（气）站	科室负责人
			9	加气机管道、管路	符合国家及行业标准	低风险	密封不严造成燃气泄漏造成火灾爆炸		定期进行安全知识培训	每天定时使用手持报警仪在站区检测		发现异常及时汇报、维修	加油站	加油（气）站	站长
			10	防静电设施	符合国家及行业标准	较大风险	避雷针防静电设施失效造成雷击、火灾、爆炸		定期进行安全知识培训	每年两次进行防雷防静电测试		发现异常及时汇报、维修	总公司级	安全科	总公司负责人

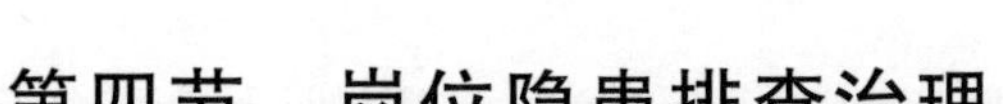

第四节　岗位隐患排查治理

依据本岗位风险分级管控体系中各风险点的控制措施和标准规范要求，编制该岗位的常见隐患排查清单，详见表3-15-5。

加油（气）员岗位常见隐患排查治理清单　　表3-15-5

常见隐患	管控措施	管控措施失效	治理措施
加油员、加气员在站区使用手机、吸烟	严格遵守加油站十大禁令	对十大禁令不熟悉	主动加强学习
	严格遵守操作规程	对操作规程不熟悉	申请培训
加油（气）员对没有熄火的车辆进行加油作业	严格遵守加油站十大禁令	对十大禁令不熟悉	主动加强学习
	严格遵守操作规程	对操作规程不熟悉	申请培训
工作人员未对卸油管、阀门进行检查造成卸油时油品泄露外溢	严格遵守卸油操作规程	操作出现失误	启动应急预案
	严格遵守操作规程	对操作规程不熟悉	申请培训
工作人员未发现气瓶压力过低	严格遵守设施设备入站检查制度	对入站检查制度不熟悉	主动加强学习
	严格遵守操作规程	对操作规程不熟悉	申请培训
工作人员违章、野蛮作业	严格执行各项安全操作规程	未按照规定操作	参加安全复训
	严格遵守操作规程	对操作规程不熟悉	申请培训

第五节　典型案例分析

一、案例一

1. 事故类型

加油站冒油、跑油事件。

2. 详细描述

2013年4月12日8时，浙××××××油罐车驶入某加油站，准备卸0号柴油。按照卸油十步法稳油、接地、验收、连接胶管，待到放底油时，在打开海底阀和卸油阀的同时，车底的中部及车尾部位开始大片地漏油，站长立即将卸油阀关闭，但漏油未停止。工作人员将海底阀关闭，漏油才停止，加油站立即启动油罐车漏油应急预案，漏油得到成功处置。现场照片如图3-15-1、图3-15-2所示。

图3-15-1　现场照片1

图3-15-2　现场照片2

3. 原因分析

(1)承运商对油气回收改造的底部卸油管位置设计不合理,过于靠近传动轴。

(2)改装的卸油管与车体的连接方式不符合要求,采用电焊且未采取其他的固定措施,此次为第一次卸油,就发生脱落事件,且旁边的油气回收管线也即将脱落。油罐车颠簸容易造成卸油管的脱落,从而导致与传动轴发生接触、磨损。

(3)经查看发现卸油管与车体连接处为硬力拉伸,焊接完成后卸油管自身会对焊点形成拉伸脱焊,致使管线脱落。

二、案例二

1. 详细描述

2015 年 4 月 11 日上午 8 时 33 分,某加油站在接卸 10000 升 93 号汽油至 4 号罐(该罐空容量为 12000 升)时,领班(因站长不在加油站)误将卸油胶管连接至正在营业的 3 号罐(当时空容量约为 7500L),复核员虽对卸油操作步骤进行了检查,但未发现卸油员的操作失误,造成冒油事件。由于发现冒油后,立即启动应急预案并上报公司,分公司和地方政府紧急联动,密切配合,及时高效地处置外泄油品,没有造成次生灾害。现场照片如图 3-15-3、图 3-15-4所示。

图 3-15-3　现场照片 1

图 3-15-4　现场照片 2

2. 原因分析

(1)卸油员接卸油“十步法”程序执行不严,将本应连接至 4 号罐的卸油胶管错误连接至 3 号罐,导致油品外溢;复核员未认真核对确认,未及时发现和纠正错误。

(2)作业巡检走过场,未能及时发现和处置冒油。

(3)区域、油站教育培训不到位,安全例会、事故案例学习不重视(同类事件在系统内已发生过)。

(4)油罐计量孔密封不严,没有安装液位仪。

(5)安全隐患排查治理不到位,操作井存在孔洞并与地下排水管网连通的安全隐患未能排查并整改。

三、案例三

1. 详细描述

2010 年 7 月 23 日晚上,在湖南湘潭县龙口,一辆油罐车在湘衡加油站卸油时,发生火灾事故,造成 4 人被烧伤,截至 7 月 25 日下午 2 点半,两名工作人员因全身大面积重度烧伤,仍未脱离生命危险。事故现场照片如图 3-15-5、图 3-15-6 所示。

图 3-15-5　事故现场照片①

图 3-15-6　事故现场照片②

2. 原因分析

(1)违章操作,作业前油罐空容量没有复核,直接卸油导致汽油溢出。

(2)油罐冒油应急处置不力,违章使用非防爆、防静电工具,引发火灾事故。

(3)教育培训不到位,安全意识缺乏。

(4)安全管理不到位、应急管理不到位。

第十六章　出租汽车驾驶员岗位安全知识

出租汽车是城市综合交通运输体系的组成部分，是城市公共交通的补充，为社会公众提供个性化运输服务。出租车驾驶员是城市出租汽车行业核心岗位之一，对企业安全的影响也是最大的。以济南公交总公司××公司为例，驾驶员人数与管理人员比例为24:1。本章所指的驾驶员，如无特别说明，均是指出租车汽车驾驶员。本章驾驶员安全知识主要包括驾驶员的通用安全知识。

第一节　岗位工作标准及安全操作规程

一、岗位工作标准

1. 范围

本标准规定了出租车驾驶员的资格要求，以及仪容仪表、出车准备、运行服务、车厢服务等基本操作要求。

本标准适用于指导出租驾驶员岗位的日常操作。

2. 资格要求

(1)热爱出租汽车事业，取得相应的机动车驾驶证3年以上。

(2)身心健康，无职业禁忌。

(3)有关部门出具的近3年内无重大以上且负同等以上责任的交通事故记录证明(近一个月内开具的)。

(4)应具有初中及以上学历。

(5)具备济南市出租车驾驶员从业资格证。

(6)具有较强的服务意识和组织纪律观念，严格遵守道路交通安全法规及公司各项规章制度。

3. 服务标准

巡游出租汽车驾驶员应当按照国家出租汽车服务标准提供服务，并遵守下列规定：

(1)做好运营前例行检查，保持车辆设施、设备完好，车容整洁，备齐发票、备足零钱。

(2)衣着整洁，语言文明，主动问候，提醒乘客系好安全带。

(3)根据乘客意愿升降车窗玻璃及使用空调、音响、视频等服务设备。

(4)乘客携带行李时，主动帮助乘客取放行李。

(5)主动协助老、幼、病、残、孕等乘客上下车。

(6)不得车内吸烟，忌食有异味的食物。

(7)随车携带道路运输证、从业资格证，并按规定摆放、粘贴有关证件和标志。

(8)按照乘客指定的目的地选择合理路线行驶，不得拒载、议价、途中甩客、故意绕道行驶。

(9)在机场、火车站、汽车客运站、港口、公共交通枢纽等客流集散地载客时应当文明排队,服从调度,不得违反规定在非指定区域揽客。

(10)未经乘客同意不得搭载其他乘客。

(11)按规定使用计程计价设备,执行收费标准并主动出具有效车费票据。

(12)遵守道路交通安全法规,文明礼让行车。

二、岗位安全操作规程

根据《安全生产法》《道路交通安全法》《道路运输从业人员管理规定》《巡游出租汽车经营服务管理规定》的规定,为保证出租车驾驶员能够安全、稳定、有效运转,规范驾驶员行车操作规程,制定本操作规程。本操作规程大致可分为以下几个核心内容:出车前操作规程、行车中操作规程、收车后操作规程、出租汽车驾驶员服务禁忌、复杂天气和特殊路段安全行车等。

1. 出车前的作业规程

出车前作业规程的核心内容为"五检一调整",具体是指:

1)车容车貌的检查

设有出租车标志和服务卡,车内卫生状况良好,座椅椅套干净,无异味。

2)车辆安全性能的检查

(1)轮胎气压及磨损是否正常,固定螺母是否缺失或松动。

(2)车身漆皮、车窗玻璃、前(后)视镜、刮水器、各种照明灯光、标志顶灯是否完好。

(3)发动机、底盘有无遗洒、泄漏。

(4)发动机舱内线束是否捆绑牢固,有无软化现象。

(5)机油、冷却液、转向助力液、风窗清洗液、制动液等油液液面情况,燃油管路是否正常。

(6)音响、空调是否正常。

(7)车门、车内灯能否正常开启,前排座椅能否调节。

(8)安全带、内后视镜等安全设施及装置是否正常。

(9)三角警示牌是否携带,灭火器是否完好。

(10)离合器踏板、制动踏板、加速踏板行程是否正常。

(11)车载卫星定位系统、电召服务设施是否正常。

(12)发动机起动后各仪表及报警工作状况是否正常,发动机、底盘运转部件有无异响、异味。

(13)无障碍出租车设立专用标志,推车踏板是否完好。

3)运营证件的检查

(1)检查运营所必需的各种证件:机动车驾驶证、行驶证、道路运输证、从业资格证、服务监督卡(牌)、居民身份证等。

(2)备足零钞和有效票据。

4)运营标识的检查

检查出租汽车的运营标识,包括顶灯、监督电话、租价标签、计价器的完好情况。

5)仪表仪容的检查

着装整洁合体(按规定的季节穿着工装),仪表整洁干净,男驾驶员不留长发、胡须;女驾驶员营运开车不得穿高跟鞋。

6)调整心态

主要包括舒缓情绪,精神饱满,对与运营服务无关的情绪进行管理,将注意力集中到即将展开的运营服务中去,时刻牢记安全第一。

2. 行车中操作规程

行车中是指出租车驾驶员从乘客叫车到付费下车的过程。驾驶员在运行中应严格按照道路交通安全法和安全操作规程进行安全操作。

(1)出租车驾驶员看到路边有乘客扬手招车,要在判断该地点可以停车后,减速慢行,开启右转向灯,在乘客附近方便上车的地点,将车辆与道路平行靠右停靠,并引导乘客右侧安全上车。禁止在禁停路段停靠。若乘客在禁停区招车,可示意乘客到附近允许停车的位置上车,在即停即走路段要注意乘客安全。

(2)遇有乘客携带行李时,应排查乘客是否携带易燃、易爆、有毒等违禁物品,协助乘客将行李放入行李舱内,行李舱应由驾驶员开启和闭锁。

(3)乘客上车后,应主动提醒坐在前排的乘客系好安全带(无障碍出租车为使用轮椅乘客提供服务时,将轮椅固定,并协助乘客系好安全带)。提醒乘客不要将头、手伸出车外。劝阻乘客提出的不利于安全行车的要求。

(4)起步前,驾驶员应检查车门是否关好,问清乘客的目的地和乘车要求后,压下空车标志灯,平稳起步行车。

(5)载客过程中,如遇到复杂路况应提醒乘客扶好坐稳,为行车安全采取紧急措施后,要及时向乘客表示关切、问候,以防出现不必要的安全投诉。

(6)行驶中,驾驶员要严格遵守交通法规。禁止进食、吸烟、接打手机、编发短信、观看视频和使用对讲机等影响安全运营的行为。

(7)根据乘客的要求使用空调、音响等设备。劝阻和制止乘客在车内吸烟、扔纸屑等不文明安全行为。

(8)运行中必须使用卫星定位装置,安全防护装置(防护网)必须安全有效。

(9)树立安全第一、预防为主的安全行车理念,严禁酒后驾驶、带病驾驶、疲劳驾驶和超速行驶,严格遵守法律法规。

(10)行驶过程中,禁止强行超车、争道抢行、任意变道、超载运行、高速转弯、盲区急行、让车不让速、会车不减速、湿滑路面紧急制动等影响安全行车的行为。

(11)夜间行车应当开启顶灯。

(12)乘客要求去偏远、冷僻地区或者夜间要求驶出省、市、县境时,应按规定到公司或就近的公安机关办理出城登记手续。

(13)到达目的地前,驾驶员要提醒乘客做好下车准备,按乘客要求在允许停车地段就近停车,减速靠右安全停车,终止计价器设备计费。当乘客要求在禁停路段下车时,要从保护乘客的安全角度,心平气和地向乘客提出下车站点提前或后推的建议。如果乘客坚持要在禁停路段下车时(如高架桥上)要及时向交警部门报备或请求附近交警协助解决。

(14)乘客下车时,应转头巡视车厢,提醒乘客从右门下车,开车门时注意行人、车辆安全,提醒乘客带好随身物品,向乘客礼貌道别。

(15)遇抢险救灾等突发事件时,应服从指挥调度。

(16)车辆突发情况处置:

①出租汽车在营运中发生事故时,驾驶员应按规定保护好现场,及时组织抢救受伤乘客,并立即报告公安、交通(高速路事故)部门,以便及时妥善处理善后事宜。

②车辆发生爆胎时,应紧握转向盘,控制方向,轻踏制动踏板,使车辆缓慢减速,避免紧急制动。

③制动失灵时,应紧握转向盘,控制方向,尽量减速,设法尽快停车。

④发生火灾时,立即停车、关闭发动机,协助乘客安全撤离,并采取有效灭火措施。

⑤发生落水时,应立即设法开启车门或敲碎车窗玻璃,协助乘客安全撤离。

3. 收车后操作规程

(1)停车后,应将驻车制动器操纵手柄拉紧,并把变速杆挂入一挡或倒挡,自动变速器的汽车应挂入驻车挡,以防汽车自动滑移,发生危险。

(2)熄火前,观察各仪表的工作是否正常。

(3)检查有无漏油、漏水、漏气现象,是否需要补充燃油、润滑油和冷却液。

(4)清洗车辆,保持车辆内外整洁,标识完整。

(5)发现乘客遗留物品,应及时上缴公司待寻找失主认领。

(6)及时排除已发现的故障,为下次出车做好准备。

4. 出租汽车驾驶员服务禁忌

(1)严禁将车辆交给无出租汽车从业资格的人员驾驶营运。

(2)未经乘客同意,不得再招揽他人同乘。

(3)计价器发生故障,不得继续营运。

(4)乘客要求等候时,不远离车辆,不鸣号催促,不翻看、藏匿乘客放在车上的物品。

(5)与乘客交谈的内容应健康文明,不信谣传谣,远离黄赌毒等行为。

(6)不得私自调校计价器和里程表。

(7)不开快车、飞车、赌气车,严禁酒后、疲劳、带病驾车。

5. 夜间复杂天气和特殊路段的安全行车要求

1)夜间行驶

夜间行车,驾驶员应对车辆照明系统做全面的检查,若有故障,须在修复之后才可上路行驶。在没有道路照明的道路上行驶时,应随时注意灯光变化规律:灯光投射距离由远变近,表明汽车驶进或驶入上坡道;灯光投射距离由近变远,表明车辆由陡坡进入缓坡或开始下坡;灯光离开路面,表明前方可能出现急弯、大坑或正驶上坡顶;灯光由路中移向路侧,表明前方出现一道弯道。注意地面对光亮的反射,牢记"走灰不走白,遇黑就停车"。因为夜间路面为灰白色,水面因光线折射为白色;若发现前面道路突然变黑,就有可能有深坑或是急转弯,应减速或停车查明情况后通过。

夜间会车应距对向来车150m之外将远光改为近光。若遇对向车辆使用远光灯,应及时减速,变换灯光提醒,必要时停车避让,切勿赌气。夜间应避免长时间驾车,驾驶员行驶一段距离后须停车休息。

2)冰雪天行驶

在冰雪道路上行车时,车辆附着力变小,易发生车辆空转或溜滑。在冰雪路上起步时,猛踩加速踏板会导致驱动轮滑转。要避免加速过急造成打滑现象,尽量利用挡位和加速踏板控制车速。减速、停车时踩踏制动踏板要轻柔,以免车辆侧滑。有车辙的路段应循车辙行驶,若积雪覆盖到车辙难以辨别时,应根据道路两旁的树木、电杆等参照物判断行驶路线。遇前车正在上坡时,应该在坡底选择适当的地点停车等候,待前车通过后再上坡。遇大雪天或大面积结冰时,应该寻找安全地点停车。

在冰雪道路上超车,在条件许可的情况下,应适当增大横向间距,确保安全。

3)雾天行车

雾天,由于能见度降低,驾驶员的视距缩短、视野变窄、视线模糊,行驶中很迟才能看到前方障碍(行人、慢行车、故障车、事故车、凹坑等),极易发生交通事故。行驶中,应及时开启前雾灯及示廓灯,不能开启远光灯,同时降低车速。跟车行驶要与前车之间保持更大距离,遇有浓雾能见度在5m以内时,应选择在安全地点停车等待雾散。

4)雨天行车

雨天行车,应开启前照灯、示廓灯、后位灯,刮水器应工作良好,控制行车速度,避免发生"水滑"而导致车辆失控,发生横滑或侧滑。会车时,尽量保持较大的横向间距,纵向跟车距离要保持在干燥路面的1.5倍以上。减速时,避免使用紧急制动,以防车辆发生侧滑。

雨天有涉水路段,经过时,应先停车观察,涉水行车时速不超过10km/h,积水深度不超过10cm时,确认安全后,低速通过(注意车辆涉水后,反复间断轻踩制动踏板,以恢复制动效果,缓慢行驶通过)。遇暴雨,使用刮水器也无法保障正常观察时,应立即减速靠边停车。服从市客管中心调度安排,服从现场人员或交警部门的指挥,严禁盲区涉水通行。

5)高温天气行车

夏季天气炎热,驾驶员易瞌睡,当感到视线模糊、反应迟钝时,应及时停车休息。行车中注意检查仪表胎压、水温表变化情况。发现胎温、胎压过高时,应选择阴凉处停车休息,使轮胎自然冷却恢复正常。清晨和傍晚通过市区、村镇时,要注意外出散步和纳凉的行人,随时做好停车准备。

6)大风(沙尘)天气行车

行车中遇到大风(沙尘)天气,应尽量关闭车窗,防止尘土吹入眼睛。沙尘天气光线暗淡影响观察时,应开启近光灯、示廓灯、后位灯,必要时开启危险报警闪光灯。同时,能见度低时,应控制车速,尽量减少超车次数或不超车。在城市道路遭遇大风、沙尘天气时,驾驶员应提高警惕,提防行人、非机动车辆突然进入机动车道,谨慎避让,随时做好制动、停车准备。

车辆行驶中遇到横风干扰时,驾驶员要紧握转向盘,保持方向,并缓慢降低车速,减少横风的影响。

7)隧道行车

驾驶车辆进入隧道前应减速,开启前照灯、示廓灯,注意隧道入口处的交通信号灯。进入隧道后适当增加安全距离,严禁停车、倒车、掉头和超车,当车辆出现故障需要临时停车时,应选择专门的避险区停车,并在来车方向适当位置安放警示标志。驶出隧道时,同样应降低车速,双手握稳转向盘,以防出口处的横向来风和横穿道路的行人。

8)高速公路行车

进入高速公路前,驾驶员要做好充分的准备。检查车辆的燃油余量、机油量和轮胎气压等安全状况,了解天气状况、道路拥堵等信息,提前规划好行车路线。

进入高速公路后,由于车速较快,所以应注意保持安全距离。正常情况下,当车速为100km/h时,纵向安全距离应达到100m以上。

高速公路禁止违法停车或上下乘客。因故障被迫在紧急停车带停车时,驾驶员应开启危险报警闪光灯,告知乘客目前的状况,组织乘客到护栏外等待救援,并在车后150m以外放置警告标志。

高速公路的出口较多,行驶过程中要注意出口预告标志。如果错过了出口,不得倒车,应从下一出口驶出。

9)泥泞道路行车

通过泥泞路段时,应选择坚实、滑溜小的地方,用均匀中速或低速一气通过,避免中途变速、制动、转向和停车。若泥泞较深,可循前车轮迹行进。陷入泥泞路段车轮空转打滑时,应在驱动轮下铺垫砂石或草木后在通过。

三、出租汽车驾驶员岗位其他应知应会知识

出租汽车运营具有流动性、分散性及服务对象不特定等特点,容易成为犯罪分子侵害的目标。驾驶员必须保持高度警惕,防范违法犯罪活动,维护国家集体利益,保护自身及乘客的人身和财产不受侵犯。

1.针对出租车的违法犯罪形式

针对出租汽车的违法犯罪形式多样,严重影响出租汽车行业的正常秩序。犯罪形式主要以抢劫、抢夺、盗窃和诈骗为主,地点主要是在市内偏僻、行人稀少的地方或者城乡接合部、城中村,作案时间大多在20时至凌晨4时之间。

1)抢劫

多发生在夜间偏远地区,以暴力或者威胁等手段抢劫驾驶员随身财物或车辆,小部分案件会形成故意伤人、故意伤害、强奸的后果。

2)抢夺

多发生于乘客下车时趁驾驶员不备,或结束行程直接突然动手抢夺置于变速杆、手套箱、仪表盘、仪表台储物格的手机或钱包等较为贵重的财物,并快速下车逃离。

3)盗窃

针对出租车的盗窃案件,主要分为两类:一是停放车辆期间盗窃车辆获取到车辆财物;二是营运中盗窃车内财物,以副驾驶前面手套箱内财物为主,犯罪分子一般为坐在副驾驶位置的乘客,如果乘客将其报纸展开或者将背包、防雨手套等向前,要提高警惕。

4)诈骗

多发生于营运过程中乘客上车后以有事未带现金、手机没电等借口向驾驶员借用,并编造各种理由下车,而一去不返。

犯罪分子使计将驾驶员调离车厢,然后迅速发动汽车将车开走也属于诈骗行为。

2.出租汽车防范措施

为了保护出租车驾驶员的生命和财产安全,必须采取有效技术防范措施,安装符合国家

规定的具有行驶记录功能的车辆卫星定位装置,应急报警装置,具备固态储存、无线传输、车内外影像监控功能的行车记录装置,车载卫星定位装置,有效报警防盗装置等。定位可以实施远程监控车载装置的功能,当驾驶员遇险,报警开关启动时,监控中心可以迅速收到报警信息,在电子地图上会显示报警车辆具体位置并上传照片,监控人员会连续抓拍车内照片、观察车内情况,并拨打报警电话。

3. 驾驶员防范措施

出租车治安防范最有效的措施是增强驾驶员的自我防范意识,将安全防范工作落实到整个营运过程中。

1)提高驾驶员的防范水平

(1)驾驶员要参加防劫培训或自学防劫知识,掌握应急报警装置使用方法和处置方法。

(2)要检查防护装置是否牢靠、有效,报警装置是否完好有效。

(3)驾驶员要在乘客上车前观察乘客携带什么物品,判断是否有藏匿作案工具或危险物品的可能。乘客携带包装严密、无特征的行李,驾驶员要主动帮助,并询问试探,若乘客坚决拒绝帮助,其神色慌张、语无伦次,则应小心预防。

(4)乘客上车后,应观察神态,乘客有以下几种情况时要特别警惕:一是不固定频繁变化地点;二是宣扬显赫身份,但其衣着举止与身份不符;三是沉默寡言、神色慌张,口袋或包中疑似有硬物。

(5)夜间承揽去偏僻或郊区的业务时,尽可能选择光线较好,或行车车辆来往较多的路段。承揽跨省、跨市的业务时,影响出租车经营的应报告,并按规定办理相关手续。

(6)夜间或在偏僻地方,尽可能选择光线较好,或较为热闹的地方停车。停车开发票时注意观察,若乘客下车到驾驶员窗外付费,则要关闭车锁,车窗玻璃不用开大。对未付车费就离去的乘客必须予以提防,做好应变准备。

(7)车辆在加油或出现故障时,如果驾驶员需要离开车辆,一定要锁好车门并带上随身物品。车辆停驶后,最好停放在安全地点,尽量不要停放在路边,并将财物随身带走,犯罪分子多采用砸碎车窗玻璃的方式盗窃财物,甚至盗窃车辆,因此,在出租车上应安装防护防盗报警装置。

(8)见到其他车辆发出求救信号时应当赶往协助,并迅速报警。

2)抢劫发生时的防范方法

发生抢劫事件,驾驶员要沉着、冷静、巧妙处理险情,注意保护自身和乘客安全,尽量不要与歹徒发生正面冲突,切不可惊慌失措。

(1)发生抢劫时驾驶员一定要冷静,临危不惧,观察周围环境随机应变,及时启动报警装置,车辆行车中遇到警车、警察要设法做出能够引起警察注意的举动(违法行驶,突然停车等)。

(2)通过犯罪分子的言行和自己的观察分析犯罪分子的真实企图是抢钱还是劫色,在财产和生命安全前应当首先考虑生命安全。劫匪人数多,停车地方又偏僻时,弃车保全生命,牢记犯罪分子体貌特征,保存好相关证据及时向公安机关报案才是上策。

(3)犯罪分子劫车一般在停车后下手,驾驶员发现有劫车企图时不要轻易停放,也不要轻易下车,尽可能到机关、厂矿、学校、居民区等人多繁华地区停车,夜间要开到路灯下停放。

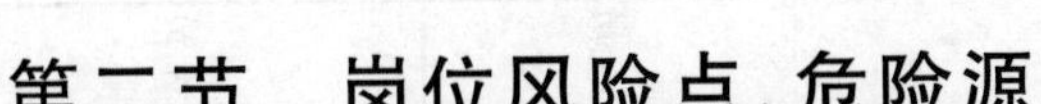

第二节　岗位风险点、危险源

一、出租车驾驶员岗位作业活动风险点描述

按照作业活动进行划分，本岗位风险点主要是营运驾驶作业，详见表3-16-1。

出租车驾驶员岗位作业活动风险点清单　　表3-16-1

序号	作业活动名称	作业活动内容	区域位置	可能发生的事故类型及后果	活动频率
1	出租车营运驾驶作业	做好出车前、行驶中、收车后的营运驾驶工作，为有出行需求的市民提供运送服务	城市道路		频繁进行

二、出租车驾驶员岗位设备设施风险点清单

按照设施设备、固定场所、区域进行划分，本岗位设施设备风险点清单包括出租CNG车辆等，详见表3-16-2。

出租车驾驶员岗位设施设备风险点清单　　表3-16-2

序号	设备名称	类别	型号	区域位置	是否特种设备
1	CNG车辆	出租车辆	（大众、起亚、标志、吉利、现代）双燃料出租车	城市道路	否

三、危险源辨识

对上述识别到的作业流程进行工作危害分析（JHA），并通过作业条件危险性分析评价法（LEC）进行风险评价分级；对上述识别到的设施设备进行安全检查表分析（SCL），进行风险评价分级。风险评价分级结果见附表。

第三节　岗位风险分级管控措施

一、作业活动风险分级管控清单

根据已经完成的岗位风险分级，对不同的岗位风险现有管控措施进行分析梳理，查漏补缺，并分配相关责任单位和责任人，形成本岗位作业活动风险分级管控清单，详见表3-16-3。

二、设施设备风险分级管控清单

根据已经完成的岗位风险分级，对不同的岗位风险现有管控措施进行分析梳理，查漏补缺，并分配相关责任单位和责任人，形成本岗位设施设备风险分级管控清单，详见表3-16-4设施设备风险分级管控清单。

表 3-16-3

出租车驾驶员岗位作业活动风险分级管控清单

风险点		作业步骤	序号	危险源或潜在事件	可能发生的事故类型及后果	风险分级	管控措施					管控层级	责任单位	责任人
编号	名称						工程技术措施	培训教育措施	管理措施	个体安全措施	应急处置措施			
1	出租车营运驾驶作业	行车作业前	1	堵车、驾驶员情绪不稳定	交通事故	较大风险		按要求做好生理、心理教育培训	围绕落实企业安全生产主体责任，开展好管理工作	自我调节好情绪，从业人员及时报告不良情绪	情绪不稳定的，及时停止营运工作；与家属联动，共同疏导驾驶员情绪	个人、分公司	分公司	安全员
			2	隔夜酒及酒后驾驶	交通事故	一般风险		安全培训及叮嘱，帮助驾驶员认清酒后驾驶的法律风险	制定和完善相关考核办法		发现后立即解除劳动合同	个人、分公司	分公司	安全员
			3	未从事过出租车驾驶营运工作的新入职出租车驾驶员	交通事故	一般风险	加强对车况、路况等叮嘱。	落实好新入职出租车驾驶人员的月度安全培训	提前对人员进行背景审查（资质、有无犯罪前科）		发现驾驶员资质问题，现场巡查人员扣车或者通过客运处通知扣车	个人、分公司	分公司	安全员
			4	驾驶员对一日三检工作不认真执行	交通事故	一般风险	加强对车辆安全设施检查	加强对驾驶员一日三检的叮嘱	针对发现隐患的车辆督促整改		发现一日三检记录不完整或不准确，及时与驾驶员进行安全谈话，培训教育	个人、分公司	分公司	安全员

续上表

风险点		作业步骤	序号	危险源或潜在事件	可能发生的事故类型及后果	风险分级	管控措施					管控层级	责任单位	责任人
编号	名称						工程技术措施	培训教育措施	管理措施	个体安全措施	应急处置措施			
1	出租车营运驾驶作业	行车作业前	5	未进行车辆技术检查	交通事故	一般风险	定期通过GPS短信提醒	加强对驾驶员安全叮嘱，开展驾驶员职业健康教育，通过驾驶员安全例会告知驾驶员	制定有关车辆检查措施	驾驶员注意劳逸结合，注意休息	发现问题扣车，禁止上路运行	个人、分公司	分公司	安全员
			6	主观上安全意识、遵章守法意识薄弱，出现违法驾驶行为	交通事故	一般风险	通过GPS短信等告知疲劳驾驶的危害性	利用驾驶员服务例会，对驾驶员进行济南市交通条件、路段、法律法规、行业知识的学习			出现问题后，批评教育，培训合格后安排再上岗	个人、分公司	分公司	安全员
			7	车辆营运中道路上疲劳驾驶连续行车超过4小时	交通事故	一般风险	通过GPS短信等告知疲劳驾驶的危害性	利用驾驶员服务例会，对驾驶员进行济南市交通条件、路段、法律法规、行业知识的学习	把好出租车驾驶员准入关，定期组织驾驶员查体，对驾驶员驾驶适应性进行检查		发现问题及时发送短信提醒，尽快寻找合适地点停车休息	分公司	分公司	安全员

续上表

风险点		作业步骤	序号	危险源或潜在事件	可能发生的事故类型及后果	风险分级	管控措施					管控层级	责任单位	责任人
编号	名称						工程技术措施	培训教育措施	管理措施	个体安全措施	应急处置措施			
1	出租车营运驾驶作业	行车作业中	8	在车辆营运中道路上不熟悉道路交通路线	交通事故	低风险		利用驾驶员服务例会，对驾驶员进行济南市交通条件、路段、法律法规、行业知识的学习	把好出租车驾驶员准入关，定期组织驾驶员查体，对驾驶员驾驶适应性进行检查		停止驾驶员上路行驶，安排相应培训，通过考核后上岗	分公司	分公司	安全员
			9	在车辆营运中道路上驾驶员反应不灵敏、动作不快	交通事故	低风险			把好出租车驾驶员准入关，定期组织驾驶员查体，对驾驶员驾驶适应性进行检查		对出现此问题的驾驶员进行批评教育，加强反应能力培训，考核合格后允许上岗	分公司	分公司	安全员
			10	在车辆营运中道路上视力减退	交通事故	低风险			把好出租车驾驶员准入关，定期组织驾驶员查体，对驾驶员驾驶适应性进行检查		对出现此问题的驾驶员进行视力体检，分析问题原因，问题解决后允许上岗	分公司	分公司	安全员

续上表

风险点		作业步骤	序号	危险源或潜在事件	可能发生的事故类型及后果	风险分级	管控措施					管控层级	责任单位	责任人
编号	名称						工程技术措施	培训教育措施	管理措施	个体安全措施	应急处置措施			
1	出租车营运驾驶作业	行车作业中	11	不熟悉公司应急预案及相关知识	交通事故	一般风险		对驾驶员按照公司年度计划组织应急预案、知识的培训演练活动	按照规定制定应急预案，制定年度培训演练计划		对问题人员进行应急预案培训及考核，考核合格允许上岗	分公司	分公司	安全员
			12	驾驶员不注意饮食卫生	食物中毒	低风险		定期开展食品卫生及相关法律法规的培训	定期开展安全卫生查体活动		对体检中出现健康问题的驾驶员进行批评教育，严重者安排调岗	公司	办公室	主任
			13	车辆自燃	交通事故	一般风险	车辆配备灭火器	对驾驶员进行消防知识培训	公司制定车辆安全设施检查的规章制度，并严格落实	学习火灾自救技能	按照公司年度计划开展应急演练	分公司	分公司	安全员
			14	遇突发情况，乘客携带危险品乘车	交通事故	一般风险	利用车载GPS对驾驶员进行反恐叮嘱	对驾驶员开展防恐安全培训	制定相关防恐安全措施，对驾驶员进行宣贯	学习防恐自救知识	明确向乘客说明原因，禁止载客，如产生矛盾，及时反馈至公司	分公司	分公司	安全员

续上表

风险点		作业步骤	序号	危险源或潜在事件	可能发生的事故类型及后果	风险分级	管控措施					管控层级	责任单位	责任人
编号	名称						工程技术措施	培训教育措施	管理措施	个体安全措施	应急处置措施			
1	出租车营运驾驶作业	行车作业中	15	恶劣天气	交通事故	一般风险	利用车载GPS对驾驶员进行天气及安全叮嘱	对驾驶员开展恶劣天气驾驶技能等安全培训	制定恶劣天气应急预案安全措施，对驾驶员进行宣贯	学习恶劣天气驾驶知识	按照公司年度计划开展应急演练	分公司	分公司	安全员
			16	未落实安全生产管理制度，未做好安全检查、安全隐患排查治理等工作	交通事故	一般风险		制定年度培训计划，对公司管理人员定期进行规章制度培训	依照法律规定制定、及时修订公司安全生产管理制度。对分公司执行制度情况进行考核及奖惩		重新对安全管理制度体系进行回顾，查漏补缺，对安全检查，隐患排查工作进行重新梳理	公司	办公室	主任
		行车作业后	17	未按规定关闭燃油燃气开关、关窗落锁	交通事故	低风险	利用车载GPS对驾驶员进行收车后检查的叮嘱	对驾驶员开展专项安全培训，督促驾驶员做好“一日三检”工作	依照法律规定制定、及时修订公司相关管理制度。对分公司执行制度情况进行考核及奖惩		对多次违反规定驾驶员进行处罚，劝退或清退	分公司	分公司	安全员

续上表

风险点		作业步骤	序号	危险源或潜在事件	可能发生的事故类型及后果	风险分级	管控措施					管控层级	责任单位	责任人
编号	名称						工程技术措施	培训教育措施	管理措施	个体安全措施	应急处置措施			
1	出租车营运驾驶作业	行车作业后	18	未按要求停放车辆，堵塞消防通道	交通事故	低风险	对消防通道进行专项检查		依照法律规定制定、及时修订公司相关管理制度		对多次因违反停车规定，进入重点驾驶员名单的人员，进行劝退或清退	公司	安保部	经理
			19	收车后在不安全地点停车，未做好防护措施	交通事故	一般风险	利用车载GPS对驾驶员进行收车后检查的叮嘱，要求驾驶员将车辆停放在安全地点，推荐最近的停车场所				发现问题及时整改，对责任人员进行警告	分公司	分公司	安全员

设施设备风险分级管控清单

表 3-16-4

风险点			检查项目		标准	风险分级	不符合标准情况及后果	管控措施					管控层级	责任单位	责任人
编号	类型	名称	序号	名称				工程技术措施	培训教育措施	管理措施	个人安全措施	应急处置措施			
1	设施设备	CNG车辆	1	制动系统	符合国家标准、制动有效	较大风险	车辆伤害	为车辆配置ABS报警指示灯	培训驾驶员做好制动系统的巡查工作，遇到异常，及时报修	按照公司管理制度要求，做好相关部件的维修、检查工作		随时检查、及时汇报、更换	个人、分公司	分公司	安全员
			2	灯光系统	灯光完好	低风险	车辆伤害		培训驾驶员做好应急开关的巡查工作，遇到异常，及时报修	按照公司管理制度要求，做好相关部件的维修、检查工作		随时检查、及时汇报、更换	个人、分公司	分公司	安全员
			3	安全锤	配备齐全	低风险	车辆伤害	加装安全锤报警装置，一旦非正常拆卸，发出报警声音	培训驾驶员做好安全锤的巡查工作，遇有丢失的安全锤，及时补充	及时做好设备的缺损检查和维护		随时检查、及时汇报、更换	个人、分公司	分公司	安全员

续上表

风险点			检查项目		标准	风险分级	不符合标准情况及后果	管控措施					管控层级	责任单位	责任人
编号	类型	名称	序号	名称				工程技术措施	培训教育措施	管理措施	个人安全措施	应急处置措施			
1	设施设备	CNG车辆	4	刮水器	齐全完好	低风险	车辆伤害	采用注塑一次成型骨架防止开裂	培训驾驶员做好日常巡检工作，遇有损坏的及时报修	及时做好设备的缺损检查和维护		随时检查、及时汇报、更换	个人、分公司	分公司	安全员
			5	防护网	完好牢固	低风险	车辆伤害	采用符合国家标准的高强度铝合金，按照规定焊接成型，并装配到位	培训驾驶员做好日常巡检工作，遇有防护网松动缺失的及时报修	及时做好设备的缺损检查和维护		随时检查、及时汇报、更换	个人、分公司	分公司	安全员
			6	消防器材	配备齐全且在有效期内	低风险	车辆伤害		培训、演练驾驶员消防器材的使用方法，并定期检查，如有缺失、损坏和过期的及时更换维修	及时做好设备的缺损检查和维护		随时检查、及时汇报、更换	个人、分公司	分公司	安全员

续上表

风险点			检查项目		标准	风险分级	不符合标准情况及后果	管控措施					管控层级	责任单位	责任人
编号	类型	名称	序号	名称				工程技术措施	培训教育措施	管理措施	个人安全措施	应急处置措施			
1	设施设备	CNG车辆	7	车门无法开启	齐全完好	低风险	机械伤害		培训、演练车门无法打开时的应急措施	做好一日三检工作，每月定期参加公司组织的安全培训及车辆安全设施检查		随时检查、及时汇报、更换	个人、分公司	分公司	安全员
			8	车辆制动装置失效或不好用	齐全完好	低风险	机械伤害		培训驾驶员做好制动系统的巡查工作，遇到异常，及时报修	做好一日三检工作，每月定期参加公司组织的安全培训及车辆安全设施检查		随时检查、及时汇报、更换	个人、分公司	分公司	安全员
			9	车辆制动报警装置失效或不好用	齐全完好	低风险	车辆伤害		培训驾驶员做好制动系统的巡查工作，遇到异常，及时报修	做好一日三检工作，每月定期参加公司组织的安全培训及车辆安全设施检查		随时检查、及时汇报、更换	个人、分公司	分公司	安全员

续上表

风险点			检查项目		标准	风险分级	不符合标准情况及后果	管控措施					管控层级	责任单位	责任人
编号	类型	名称	序号	名称				工程技术措施	培训教育措施	管理措施	个人安全措施	应急处置措施			
1	设施设备	CNG车辆	10	危险警告信号装置损坏	齐全完好	低风险	车辆伤害		培训驾驶员做好应急开关的巡查工作，遇到异常，及时报修	做好一日三检工作，每月定期参加公司组织的安全培训及车辆安全设施检查		随时检查、及时汇报、更换	个人、分公司	分公司	安全员
			11	后视镜位置不正确	齐全完好	低风险	车辆伤害		培训驾驶员车辆后视镜的巡查工作，遇有损坏缺失，及时报修	做好一日三检工作，每月定期参加公司组织的安全培训及车辆安全设施检查		随时检查、及时汇报、更换	个人、分公司	分公司	安全员
			12	起动有异响、有振动和抖动	齐全完好	低风险	车辆伤害	公司配备车辆故障自检设备	培训驾驶员车辆注意日常运行中的车辆状态，遇有情况及时停车判断原因，及时报修	做好一日三检工作，每月定期参加公司组织的安全培训及车辆安全设施检查		随时检查、及时汇报、更换	个人、分公司	分公司	安全员

续上表

风险点			检查项目		标准	风险分级	不符合标准情况及后果	管控措施					管控层级	责任单位	责任人
编号	类型	名称	序号	名称				工程技术措施	培训教育措施	管理措施	个人安全措施	应急处置措施			
1	设施设备	CNG车辆	13	油箱或发动机漏油、渗油或漏气	齐全完好	低风险	车辆伤害	公司配备车辆故障自检设备	培训驾驶员车辆注意日常运行中的车辆状态，遇有情况及时停车判断原因，及时报修	做好一日三检工作，每月定期参加公司组织的安全培训及车辆安全设施检查		随时检查、及时汇报、更换	个人、分公司	分公司	安全员
			14	轮胎气压不足或充气过多	齐全完好	低风险	车辆伤害		培训驾驶员车辆轮胎的巡查工作，遇有异常，及时报修	做好一日三检工作，每月定期参加公司组织的安全培训及车辆安全设施检查		随时检查、汇报更换	个人、分公司	分公司	安全员
			15	轮胎磨损厉害未及时更换	齐全完好	低风险	车辆伤害		培训驾驶员车辆轮胎的巡查工作，遇有异常，及时报修	做好一日三检工作，每月定期参加公司组织的安全培训及车辆安全设施检查		随时检查、及时汇报更换	个人、分公司	分公司	安全员

续上表

风险点			检查项目		标准	风险分级	不符合标准情况及后果	管控措施					管控层级	责任单位	责任人
编号	类型	名称	序号	名称				工程技术措施	培训教育措施	管理措施	个人安全措施	应急处置措施			
1	设施设备	CNG车辆	16	更换的内饰材料不符合阻燃性能的要求	完好、牢固、阻燃	低风险	火灾伤害			做好一日三检工作，每月定期参加公司组织的安全培训及车辆安全设施检查		随时检查、及时汇报、更换	个人、分公司	分公司	安全员
			17	电气电路老化	符合国家标准	低风险	火灾伤害	设置每日安全监督员	培训驾驶员车辆线路的巡查工作，严禁私搭乱接相关电路，严禁私改车辆原始技术状态，遇有异常，及时报修	做好一日三检工作，每月定期参加公司组织的安全培训及车辆安全设施检查		随时检查、及时汇报、更换	个人、分公司	分公司	安全员

第四节　岗位隐患排查治理

依据本岗位风险分级管控体系中各风险点的控制措施和标准规范要求，编制该岗位的常见隐患排查清单，详见表 3-16-5。

出租车驾驶员岗位的常见隐患排查清单　　表 3-16-5

常见隐患	管控措施	管控措施失效	治理措施
酒后驾驶	日常通过 GPS、微信群叮嘱驾驶员	驾驶员因酒后驾驶被相关部门处罚	采取停运、解除运营合同等手段督促出租车驾驶员主动加强守法行车意识，加大教育培训力度，使出租车驾驶员认识酒后驾驶的危害性，帮助出租车驾驶员认清酒后驾驶的法律风险
	定期利用驾驶员服务例会，对驾驶员进行济南市交通条件、路段、法律法规、行业知识的学习	驾驶员因酒后驾驶被相关部门处罚	及时提醒驾驶员关注公司安全提醒通知，利用典型案例开展驾驶员教育培训，严肃公司规章制度，给驾驶员讲清楚酒后驾驶的后果
未进行车辆技术检查	按一日三检要求进行体检	对检查标准不熟悉	加强对驾驶员安全叮嘱，通过驾驶员安全例会，告知驾驶员安全检查的重要性
	熟悉、掌握所驾车型的技术性能	对技术性能不熟悉	制定有关车辆检查措施
突发身体不适	发现身体不适时立即停止运营	体检被遗漏或者不合格	及时将问题反馈公司
	把好出租车驾驶员准入关，定期组织驾驶员体检，对驾驶员驾驶适应性进行检查	对自己的身体状况没有正确认知	通过培训学习健康知识，参加公司组织的健康培训
疲劳驾驶 4 小时以上	通过 GPS 短信等告知疲劳驾驶的危害性	因疲劳驾驶发生道路交通事故	把好出租车驾驶员准入关，定期组织驾驶员体检，对驾驶员驾驶适应性进行检查
	利用驾驶员服务例会，对驾驶员进行交通条件、路段、法律法规、行业知识的学习	因疲劳驾驶发生道路交通事故	公司通过 GPS 进行相关提醒
出租车车门事故	日常利用 GPS、微信公众号宣传“反手开门法”	未按照安全操作规程操作	根据事故四不放过原则对事故驾驶员开展专题安全培训
	定期利用月度例会对驾驶员开展安全操作规程及反手开门法的培训	驾驶员对实际操作不熟练	组织开展专项安全活动，对重点驾驶员进项实际操作演练

第五节　典型案例分析

一、事故类型

出租车停车开车门导致的事故。

二、事故经过

2017 年 2 月 1 日 10 时 09 分许，出租车驾驶员冯 ×（女，47 岁，准驾车型：C1）驾驶鲁 A × × × × × 号小型汽车在堤口路大润发超市停车场出口附近停车下客，乘客张 ×（女，36 岁）开车门时未认真观察非机动车道上的行人情况，下车开门时与沿堤口路非机动车道内由西向东行驶的靳 ×（男，35 岁）驾驶的电动自行车发生刮碰，导致电动车驾驶人靳 × 受伤，靳 × 于 2017 年 2 月 3 日经抢救无效死亡。

三、原因分析

经调取路段监控录像并结合现场实际情况对事故发生的原因分析如下：

（1）驾驶员行车中注意力不集中，未能按《道路交通安全法》规定正确选择停车地点，同时，在乘客下车时未能及时提醒乘客下车的安全注意事项，导致事故的发生。

（2）驾驶员停车观察不周，没有采取有效的预防性防范措施确保停车安全，停车随意性强，遵守法律法规意识差。

（3）出租车驾驶员安全对隐患点重视不足，停车随意性强，停车后，对车门打开后侵占非机动车道的程度估算不足，未做好充分的预判。

四、管控措施制定与落实

（1）加强从业人员的安全培训教育，重点是道路交通法律法规的学习，提高驾驶员安全意识，同时加强驾驶员遵守法律法规的意识宣传教育。

（2）公司统一在出租车下车门处张贴安全提示，预防车门事故再次发生。

（3）在公司推广“反手开门法”，在乘客下车时要求驾驶员提醒乘客“注意后方行人车辆，在确保安全后开门下车”。

第十七章　旅游客运驾驶员岗位安全知识

旅游客运驾驶员是济南公交旅游公司承接长途运营任务的主体，营运路线涉及城市公路、高速公路、乡村道路等多种运行环境，是旅游公司车客运行业的重要岗位之一，对企业安全的影响也是巨大的。济南公交总公司旅游分公司旅游客运驾驶员与市内公交驾驶员相比，由于营运形式不同，相关的安全知识也有其特殊性。

第一节　岗位工作标准及安全操作规程

一、旅游客运驾驶员岗位工作标准

1. 范围

本标准规定了公交旅游客运驾驶员的资格要求，以及岗位职责、岗位职责、岗位素质、岗位指标、工作流程、安全操作规程等基本操作要求。

本标准适用于指导公交旅游客运驾驶员岗位的日常操作。

2. 资格要求

(1)满足 2～5 项内容办理客运驾驶员即时证明。

(2)公安交警部门出具三年内无责任道路交通事故记录的。

(3)无酒后驾驶记录，无超员 20% 以上，超速 50% 以上(高速公路 20% 以上)的违法驾驶记录。

(4)本公司安全运行记录满 6 个月以上，经车队审核推荐。

(5)取得相应的机动车驾驶证 1 年以上。

(6)掌握相关道路旅客运输法规、机动车维修和旅客急救基本知识。

(7)年龄不超过 60 周岁。

(8)经考试合格，取得相应的从业资格证件。

3. 岗位职责

(1)遵守国家法律法规和交通运输行业规范，遵守公司管理制度及操作规程，做到安全、文明行车。

(2)服从公司及车队安排，按照行业规范及工作流程完成运营任务。

(3)做到“三个一”服务，即：“一个微笑、一个手势、一声你好”。

(4)按照“一日三检”规定，做好车辆出车前、行车中、收车后的检查，确保车辆技术状况良好，做到无抛锚。

(5)完成公司及车队交办的其他工作。

4. 岗位素质

(1)具备高度的事业心和责任感，以“生命至上”的理念完成驾驶任务。

(2)做到依法遵法行车，文明驾驶，主动礼让行人。

(3)主动迎客,"请"字开头,"谢"字收尾,防护旅客乘车、装卸行李不受伤害。

(4)驾驶时标准工装穿着得体,做到不闲谈、不使用手机。

5. 岗位指标

安全运营,不发生违法、有责任交通事故,按照星级管理考核。

6. 工作流程

(1)接到旅游包车任务,与客户联系确认行程,将车辆开回车队驻地进行出车前准备工作。

(2)接受安全员出车前的安全告诫、安全检查。

(3)车辆驶入出入库检查区域,监督配合技术人员完成出入库检查。

(4)领取包车客运牌,完成需要签字项目,检查包车起止点、途经地是否与实际出车相符,检查相关手续是否齐全。

(5)按照与客户约定时间、地点提前 20min 到达,发车前向车队汇报。

(6)发车前进行"五不两确保"宣誓,并协助检查乘客是否系好安全带。

(7)行车中按照行业规范和公司规定按规定车速行驶、按规定定时休息,到达目的地向车队报平安并汇报次日行程。

二、旅游客运驾驶员岗位安全操作规程

(1)接旅游包车任务后,驾驶员主动向安全员汇报,将车辆驶回车队驻地,进行车辆安全检查。

(2)检查手续五证齐全(驾驶证、行驶证、道路运输证、从业资格证、即时证明),各种标志齐全、GPS 在线正常有效。

(3)进行出入库检查,对灯光、制动、轮胎、灭火器、逃生出口、安全锤、三角警示牌、防滑链等车辆安全技术设施确定齐全有效后,在出入库检查单签字,并领取营运客车安全例检合格通知单。

(4)检查包车牌手续是否齐全,包车牌有效日期、驾驶员车号是否正确无误,包车发票、协议、行程、派车单、替班证明等是否齐全有效、字迹是否清晰无涂改。

(5)了解途经地及目的地的道路情况、天气状况等安全行车因素。

(6)与客户确认行程、途径地以及乘坐人数是否与座位数相符,防止超员。

(7)提前到达与客户约定的地点等候,做到门前迎客,辅助老、弱和行动不便人员登乘,安全协助旅客装载行李,防止行李舱盖伤及旅客、行人。

(8)对旅客携带物品进行防恐安全检查。

(9)行车前驾驶员要面对乘客进行"五不两确保"宣誓(不超速、不超员、不疲劳驾驶、不接打手机、不关闭动态监控系统,确保乘客系好安全带、确保乘客生命安全),并播放安全告知片,同时协助和检查旅客是否系好安全带,第一排座椅严禁学龄前儿童单独乘坐。

(10)驾驶员行车做到不抢闯信号灯、不争道抢行,主动让行行人、非机动车,做到安全驾驶、文明驾驶。

(11)普通公路最高车速不超 70km/h,高速公路车速不超 90km/h,夜间行驶车速不得超过日间限速 80%;不超限速标志规定车速行驶,没有交通标志路段按照《道路交通安全法实施条例》规定车速行驶。

(12)日间连续驾驶不得超过 4h,夜间连续驾驶不得超过 2h,每次停车休息不少于 20min,每日累计驾驶不得超过 8h,特殊情况下不得超过 10h。

(13)每日24时结束当日营运任务,凌晨2时至5时为禁行时段;22时至次日5时不得始发车辆。

(14)单程400km以上(高速公路600km以上)的包车执行双配驾驶员的规定。

(15)到达目的地或景区收车20min内,给车队安全员报平安及次日行程安排;将车辆停放在安全区域,关好门窗、关闭电源,坡道用三角木塞好车轮。

第二节　岗位风险点、危险源

一、作业活动风险点清单

按照作业活动进行划分,本岗位风险点主要是旅游包车作业,详见表3-17-1。

旅游包车驾驶员岗位作业活动风险点清单　　表3-17-1

序号	作业活动名称	作业活动内容	岗位/地点	活动频率
1	旅游包车作业	做好出车前、行驶中、收车后的各项安全检查工作,确保规范操作、严禁违章驾驶、操作	客运驾驶员	工作时间

二、设施设备风险点清单

按照设施设备、固定场所、区域进行划分,客运驾驶员岗位风险点包括旅游客运车辆等,详见表3-17-2。

旅游包车驾驶员岗位设施设备风险点清单　　表3-17-2

序号	设备名称	类别	型号	位号/所在部位	是否特种设备
1	旅游客运车辆	旅游客运车辆	金龙、中通/大型高一、大型高二/大型中级、中型中级	车队	否

三、危险源辨识

对上述识别到的作业流程进行工作危害分析(JHA),并通过作业条件危险性分析评价法(LEC)进行风险评价分级;对上述识别到的设施设备进行安全检查表分析(SCL),进行风险评价分级,风险评价分级结果见附表。

第三节　岗位风险分级管控措施

一、作业活动风险分级管控清单

根据已经完成的岗位风险分级,对岗位作业活动风险现有管控措施进行分析梳理,查漏补缺,并分配相关责任单位和责任人,形成本岗位作业活动风险分级管控清单。详见表3-17-3。

二、设施设备风险分级管控清单

根据已经完成的岗位风险分级,对岗位设施设备风险现有管控措施进行分析梳理,查漏补缺,并分配相关责任单位和责任人,形成本岗位设施设备风险分级管控清单,详见表3-17-4设施设备风险分级管控清单。

表 3-17-3

客运驾驶员岗位作业活动风险分级管控清单

风险点		作业步骤	序号	危险源或潜在事件	可能发生的事故类型及后果	风险分级	管控措施					管控层级	责任单位	责任人
编号	名称						工程技术措施	培训教育措施	管理措施	个人安全措施	应急处置措施			
1	旅游包车作业	行车作业前	1	不按要求播放安全带视频	其他伤害	低风险	落实安全职责	开展安全培训，提高责任意识和法律意识	及时开展安全监督检查，制定和执行人员考核制度		发现问题及时整改	车队	车队	驾驶员
			2	道路运输车辆相关的标志、标识不全	其他伤害	低风险	及时做好日常的缺损检查和维护	培训驾驶员做好日常检查维护的知识，遇到破损或者丢失，及时汇报	按照公司管理制度要求，张贴各类标志、标识		发现异常及时更换	车队	车队	驾驶员
			3	监控设备异常、损坏	发生事故	低风险	及时做好设备的缺损检查和维护	培训驾驶员正确使用维护监控设备，遇到异常，及时报修	按照公司管理制度要求，落实主体责任		发现异常及时更换维修	车队	车队	驾驶员
			4	未做“五不两确保”承诺	其他伤害	低风险		安全培训及叮嘱	落实绩效考核办法		开展好驾驶员的培训，提高安全管理责任意识和法律意识	个人	车队	驾驶员
			5	驾驶员从业资格证过期或未参加继续教育	其他伤害	低风险		按时参加培训教育，并考试合格	按照《道路运输管理规范》、公司《安全培训制度》落实安全责任		驾驶员停止营运	个人	车队	驾驶员

续上表

风险点		作业步骤	序号	危险源或潜在事件	可能发生的事故类型及后果	风险分级	管控措施					管控层级	责任单位	责任人
编号	名称						工程技术措施	培训教育措施	管理措施	个人安全措施	应急处置措施			
1	旅游包车作业	行车作业前	6	包车牌手续不齐全或者途经地有误	道路交通事故	低风险	提供准确的行程安排	加强人员培训，提高工作责任心和工作能力	落实调度员、监控员责任		驾驶员立即停止营运	公司	营运	驾驶员
			7	安全锤、安全带、防滑链等设施缺损或失效	发生事故	低风险	及时做好设备的缺损检查和维护	加强应急演练培训，提高应急自救互救的能力	明确“谁使用、谁管理、谁负责”的制度		组织应急演练，提高应急自救互救的能力	班组、个人	车队	驾驶员
			8	未进行防恐检查	影响车辆和乘客安全	低风险		开展职业道德、危险品辨识方法、《公交驾驶员遇治安问题怎么办》的培训	落实《中华人民共和国防恐怖主义法》及公司相关规定的要求	熟练掌握突发事件应急处置方法；积极参加应急预案演练	拨打报警电话或使用一键报警装置	班组、个人	车队	驾驶员
		行车作业中	9	未按规定路线行驶	其他伤害	一般风险		加强培训教育，落实考核制度	严格按照《道路旅客运输及客运站管理规定》要求经营	明确运行线路行程，安排符合规定的车辆运营	及时发送车辆消息叮嘱	班组、个人	车队	驾驶员

续上表

风险点		作业步骤	序号	危险源或潜在事件	可能发生的事故类型及后果	风险分级	管控措施					管控层级	责任单位	责任人
编号	名称						工程技术措施	培训教育措施	管理措施	个人安全措施	应急处置措施			
1	旅游包车作业	行车作业中	10	疲劳驾驶	道路交通事故	一般风险	合理安排运行计划，为驾驶员营造良好的驾驶环境	加强从业人员法律法规的培训教育，运用事故案例等开展安全培训；做好日常安全叮嘱	运用GPS监控平台、发现问题及时发送短信提示，按照星级管理制度对违法驾驶人员进行考核；落实网格化管理	高速公路单程600km以上、其他公路单程400km以上的配双驾驶员。驾驶员连续驾驶不得超过4h，停车休息不得少于20min	及时发送车载短信提醒	车队	车队	驾驶员
			11	超速驾驶	道路交通事故	一般风险	超速报警	加强从业人员法律法规的培训教育，运用事故案例等开展安全培训；做好日常安全叮嘱	运用GPS监控平台，发现问题及时发送短信提示，按照星级管理制度对违法驾驶员进行考核；落实网格化管理		及时发送车载短信提醒	车队	车队	驾驶员

续上表

风险点		作业步骤	序号	危险源或潜在事件	可能发生的事故类型及后果	风险分级	管控措施					管控层级	责任单位	责任人
编号	名称						工程技术措施	培训教育措施	管理措施	个人安全措施	应急处置措施			
1	旅游包车作业	行车作业中	12	超员驾驶	道路交通事故	一般风险		加强从业人员法律法规的培训教育，运用事故案例等开展安全培训；做好日常安全叮嘱	运用GPS监控平台，发现问题及时发送短信提示，按照星级管理制度对违法驾驶员进行考核；落实网格化管理		及时发送车载短信提醒	车队	车队	驾驶员
			13	主观上安全遵章守法意识薄弱，出现接打手机等违法驾驶行为	发生交通事故	低风险	安装视频监控系统	运用事故案例等开展安全培训，提高驾驶员遵法守法意识；做好日常安全叮嘱	运用GPS监控平台，发现问题及时发送短信提示，按照星级管理制度对违法驾驶人员进行考核；落实网格化管理		及时发送车载短信提醒	个人	车队	驾驶员
			14	爆胎、制动失效、玻璃自爆等	车辆伤害	低风险	开展好车辆日常维护、二级维护、出入库检查	对驾驶员及车辆使用人员开展好安全和车辆使用教育培训；要求驾驶员做好车辆的出入库检查	出车前做好安全出入库检查，填写《外出车辆安全综合检查表》		完善相应的应急预案；发现故障后停车检查报修	车队	车队	驾驶员

续上表

风险点		作业步骤	序号	危险源或潜在事件	可能发生的事故类型及后果	风险分级	管控措施					管控层级	责任单位	责任人
编号	名称						工程技术措施	培训教育措施	管理措施	个人安全措施	应急处置措施			
1	旅游包车作业	行车作业中	15	高速公路道路施工，未提前减速或改变运行线路	发生事故	低风险	及时掌握道路维修信息，制作绕行应急预案	叮嘱、培训驾驶员遇到道路施工时，保持良好心态；注意观察，规范操作	提前熟悉运行路线，制定针对性的安全保障措施		针对不同事件类型，完善应急预案	车队	车队	驾驶员
			16	高速倒车	连续追尾事故	低风险	利用GPS语音对驾驶员提前提示	加强培训教育，熟悉路况信息及运行路线			及时疏散乘客、报警	车队	车队	驾驶员
			17	高速进入出口或匝道，未提前减速观察，错过出口发生事故	发生事故	低风险	导航	加强培训教育，熟悉路况信息及运行路线			及时疏散乘客、报警	车队	车队	驾驶员
			18	高速公路上下乘客	发生事故	一般风险		加强培训教育和安全叮嘱，提高安全意识	严格按照《道路旅客运输及客运站管理规定》的要求，严禁高速公路上下客		及时疏散乘客、报警	车队	车队	驾驶员

续上表

风险点		作业步骤	序号	危险源或潜在事件	可能发生的事故类型及后果	管控措施					管控层级	责任单位	责任人
编号	名称					工程技术措施	培训教育措施	管理措施	个体安全措施	应急处置措施			
1	旅游包车作业	行车作业中	19	恶劣天气冰雪道路未按要求正确使用防滑链	道路交通事故	制定《恶劣天气应急预案》，组织实施应急演练	做好特殊天气安全培训和叮嘱；做好应急预案演练	制定应对恶劣天气的应急预案和操作规程；及时掌握天气情况；熟知途经路段的天气情况		及时启动应急预案	车队	车队	驾驶员
			20	监控设备突然定位失败或监控无效	其他事故		培训驾驶员正确使用监控设备，遇到异常，及时报修	按照公司管理制度要求，做好相关部件的维修、检查工作		发现异常及时汇报	车队	车队	驾驶员
			21	国道行驶，大型运输车辆较多，车速快，周边道路参与者安全意识差	道路交通事故	限速，超速报警	加强培训教育和安全叮嘱，提高安全意识	落实安全责任制，安全操作规程的培训	自觉加强技能训练、提高自身安全素质	发现突然穿出的行人，及时减速。一旦发生事故，及时进行抢救	车队	车队	驾驶员
			22	省道行驶，道路狭窄、大型运输车辆较多，车速快，周边道路参与者安全意识差	发生事故	限速，超速报警	加强培训教育和安全叮嘱，提高安全意识	落实安全责任制，安全操作规程的培训	自觉加强技能训练、提高自身安全素质	发现突然穿出的行人，及时减速。一旦发生事故，及时进行抢救	车队	车队	驾驶员

续上表

风险点		作业步骤	序号	危险源或潜在事件	可能发生的事故类型及后果	管控措施					管控层级	责任单位	责任人
编号	名称					工程技术措施	培训教育措施	管理措施	个体安全措施	应急处置措施			
1	旅游包车作业	行车作业中	23	山区盘山道路行驶，狭窄会车困难。上坡熄火，下坡制动失效	发生事故	限速，超速报警	加强培训教育和安全叮嘱，提高安全意识	落实安全责任制，安全操作规程的培训	自觉加强技能训练、提高自身安全素质	发现突然穿出的行人，及时减速。一旦发生事故，及时进行抢救	车队	车队	驾驶员
			24	高速公路车速快，制动距离加长	发生事故	利用监控平台、微信及时叮嘱	通过GPS动态监控措施以及加强对驾驶员的安全培训教育，规范驾驶员的驾驶行为	制定应急预案和操作规程。做好对驾驶员的安全叮嘱与提醒		及时发送车载短信提醒	车队	车队	驾驶员
			25	长时间高速行驶，驾驶员感知能力下降，易超速行驶	发生事故	利用监控平台、微信及时叮嘱	通过GPS动态监控措施以及加强对驾驶员的安全培训教育，规范驾驶员的驾驶行为	制定应急预案和操作规程。做好对驾驶员的安全叮嘱与提醒		及时发送车载短信提醒	车队	车队	驾驶员
			26	客车车辆重心高，速度快，遇突发情况易侧滑、侧翻	发生事故	利用监控平台、微信及时叮嘱	通过GPS动态监控措施以及加强对驾驶员的安全培训教育，规范驾驶员的驾驶行为	制定应急预案和操作规程。做好对驾驶员的安全叮嘱与提醒		及时发送车载短信提醒	车队	车队	驾驶员

续上表

风险点		作业步骤	序号	危险源或潜在事件	可能发生的事故类型及后果	风险分级	管控措施					管控层级	责任单位	责任人
编号	名称						工程技术措施	培训教育措施	管理措施	个体安全措施	应急处置措施			
1	旅游包车作业	行车作业中	27	长时间行驶，易疲劳、注意力不集中，反应变慢	发生事故	低风险	利用监控平台、微信及时叮嘱	通过GPS动态监控措施以及加强对驾驶员的安全培训教育，规范驾驶员的驾驶行为	制定应急预案和操作规程。做好对驾驶员的安全叮嘱与提醒		及时发送车载短信提醒	车队	车队	驾驶员
			28	身体不适服药后，出现反应迟钝、嗜睡等不良反应，引发驾驶事故	发生事故	低风险	利用监控平台、微信及时叮嘱	通过GPS动态监控措施以及加强对驾驶员的安全培训教育，规范驾驶员的驾驶行为	制定应急预案和操作规程。做好对驾驶员的安全叮嘱与提醒		及时发送车载短信提醒	车队	车队	驾驶员
			29	因疾病失去对车辆的操控能力，引发交通事故	发生事故	低风险		培训职业健康，培训身体不适的应对措施；合理安排出车计划	落实职工职业健康管理；安排好职工的休息休假；掌握职工身体健康情况；完善好相关预案	按期做好身体检查	驾驶员立即停车妥善处置	车队	车队	驾驶员

续上表

风险点		作业步骤	序号	危险源或潜在事件	可能发生的事故类型及后果	风险分级	管控措施					管控层级	责任单位	责任人
编号	名称						工程技术措施	培训教育措施	管理措施	个体安全措施	应急处置措施			
1	旅游包车作业	行车作业后	30	未做收车后检查车内遗留危险品	爆炸、火灾事故	低风险	制作突发事件的应急预案	培训《安全操作规程》	制定考核制度		完善应对停车场突发事件的应急预案	车队	车队	驾驶员
			31	未按规定关闭电源开关、关窗落锁	发生车辆燃烧事故	低风险	制作突发事件的应急预案	培训《安全操作规程》	制定考核制度		完善应对停车场突发事件的应急预案	车队	车队	驾驶员
			32	收车后不安全地点停车,未做好防护措施	发生事故	低风险	制作突发事件的应急预案	培训《安全操作规程》	制定考核制度		完善应对停车场突发事件的应急预案	车队	车队	驾驶员
			33	收车后未按要求报平安	违反操作规程	低风险	落实管理人员安全职责	培训《安全操作规程》	制定考核制度		完善应对停车场突发事件的应急预案	车队	车队	驾驶员

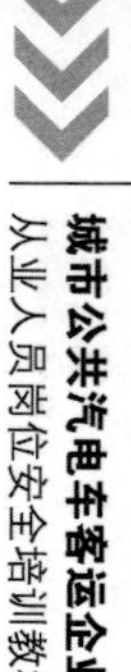

旅游包车驾驶员岗位设备设施风险分级管控清单

表 3-17-4

风险点			检查项目		标准	风险分级	不符合标准情况及后果	管控措施					管控层级	责任单位	责任人
编号	类型	名称	序号	名称				工程技术措施	培训教育措施	管理措施	个人安全措施	应急处置措施			
1	设施设备	旅游客运车辆	1	旅游客运车辆	符合道路运输相关技术要求	一般风险	违反法律法规			符合《道路运输车辆技术管理规定》等相关法律要求的车辆		及时检查修复	车队	车队	驾驶员
			2	应急开关	符合 GB/T 18344、GB 7260 中的相关标准	低风险	车辆伤害	采用电控与手动应急双重控制方式	培训驾驶员做好应急开关的检查、使用，遇到异常，及时报修	按照公司管理制度要求，做好相关部件的维修、检查工作		及时检查修复	车队	车队	驾驶员
			3	安全带	完好牢固、配备齐全	低风险	车辆伤害	视频	培训驾驶员做好日常巡检工作，遇有安全带失效的及时报修	按照《道路运输车辆综合性能检测要求和检验方法》规定，及时做好设备的缺损检查和维护		及时检查修复	车队	车队	驾驶员

续上表

风险点			检查项目		标准	风险分级	不符合标准情况及后果	管控措施					管控层级	责任单位	责任人
编号	类型	名称	序号	名称				工程技术措施	培训教育措施	管理措施	个人安全措施	应急处置措施			
1	设施设备	旅游客运车辆	4	消防器材	符合GB/T 18344、GB 7260、《道路旅客运输企业安全管理规范(试行)》中的相关标准	低风险	车辆伤害		培训、演练驾驶员消防器材的使用方法,并定期检查,如有缺失、损坏和过期的及时更换维修	及时做好设备的缺损检查和维护		及时检查修复	车队	车队	驾驶员
			5	安全锤	符合QC/T 1048—2016、GB/T 30512—2014中的相关标准	低风险	车辆伤害	视频	及时做好设备的缺损检查和维护	随时检查并及时报告		及时检查修复	车队	车队	驾驶员
			6	防滑链	符合国家标准	低风险	车辆伤害		及时做好设备的缺损检查和维护	随时检查并及时报告		定期演练、培训应急处置方案	车队	车队	驾驶员

第四节　岗位隐患排查治理

依据本岗位风险分级管控体系中各风险点的控制措施和标准规范要求，编制该岗位的常见隐患排查清单。详见表3-17-5。

旅游客运驾驶员岗位常见隐患排查清单　　表3-17-5

常见隐患	管控措施	管控措施失效	治理措施
未按规定进行出入库检查	接到包车指令，主动将车辆开回车队驻地，落实出入库检查	未执行出入库检查造成运行时发生车坏在高速公路事故的隐患	严格落实规定
未落实安全告诫	签订安全行车责任书，落实叮嘱教育，了解途经地及目的地的天气、路况，学习行车标准规范	未进行出车前安全告诫	严格落实
未进行“五不两确保”宣誓	发车前面对乘客进行“五不两确保”宣誓，并监督和协助旅客系好安全带	未进行宣誓造成旅客不系安全带，无监督	加强教育和监督
超员、超速、疲劳驾驶	自觉遵守管理制度和规定	行车违章甚至发生事故	加强学习，自觉遵守

第五节　典型案例分析

一、类型

安全事故。

二、详细描述

2015年1月16日17时52分，荣乌高速莱州段发生一起四车连环相撞事故，其中一辆运送汽油的罐车碰撞后产生的火花引起货车罐体泄漏的汽油蒸气与空气的混合物爆燃，造成12人死亡。

三、原因分析

1. 直接原因

重型罐式货车超载并在冰雪路面超速行驶，因操作失误造成车辆失控，向右侧滑后，又向左偏驶，在向左偏驶的过程中追尾碰撞小型面包车后，继续向左偏驶，在刮擦中央隔离带钢板护栏停车后，堵塞了由西向东行驶的行车道。后方驶来的大型普通客车在冰雪路面超速行驶，操作不当，右前角与重型罐式货车左后角相撞，并向右旋转，尾部碰撞南侧水泥护栏停车。重型罐式货车押运员违反油罐车安全操作规范，未关闭紧急切断阀，在与大型普通客车碰撞中，货车罐体卸料口损坏，所装货物（汽油）泄漏。

2. 间接原因

(1)河北省沧州××××运输有限公司、烟台××集团有限责任公司及其××运输分公司安全生产主体责任不落实。

(2)济南××集团专用汽车有限公司、济南××机械制造有限公司未取得强制性产品认证,非法生产并销售肇事重型罐式货车罐体。

(3)济南×××车辆销售服务有限公司违规销售肇事重型罐式货车,违规提供肇事重型罐式货车整车合格证并开具整车销售发票。

(4)德州××××设备检测有限公司违法出具虚假检验合格报告。

(5)山东××××化工集团有限公司履行危险货物充装安全生产主体责任不到位。

(6)荣乌高速公路莱州管理处履行高速公路巡查和清雪防滑职责不力。

(7)莱州市公安局对高速公路交通安全隐患处置不到位。

(8)烟台市交通运输管理部门、济南市长清区质量技术监督局、济南市长清区工商行政管理局平安工商所、德州市质量技术监督局、东营市道路运输管理处履行安全管理工作职责不到位。

第十八章　通勤班车驾驶员岗位安全知识

通勤班车驾驶员是济南公交旅游公司的重要岗位之一。在济南公交旅游公司中，通勤班车驾驶员人数占比超过一半，承担着济南市内单位通勤班车任务。本章针对市内通勤班车服务对象和运行环境归纳了市内通勤班车驾驶员的需用的安全知识。

第一节　岗位工作标准及安全操作规程

一、通勤班车驾驶员岗位工作标准

1.范围

本标准规定了公交驾驶员的资格要求，以及岗位职责、岗位素质、岗位指标、工作流程等基本要求。

本标准适用于指导公交驾驶员岗位的日常操作。

2.资格要求

(1)有A1驾驶证且满实习期。

(2)无酒驾、醉驾、重大交通事故、肇事逃逸等不良记录。

(3)相貌端正，得体大方，稳重沉着，反应机灵，吃苦耐劳，无不良嗜好，无文身，身体健康等。

(4)政治觉悟高，原则性强，服从工作安排。

3.岗位职责

(1)遵守国家法律法规，遵守总公司、公司管理制度及操作规程，做到安全驾驶、文明行车。

(2)服从车队工作安排，按照规定线路、时间完成通勤班车任务及市区包车任务。

(3)做到“三个一”服务，即：“一个微笑、一个手势、一声你好”。

(4)按照“一日三检”规定做好车辆出车前、行车中、收车后的检查，确保车辆技术状况良好，做到无抛锚。

(5)完成公司及车队交办的其他工作。

4.岗位素质

(1)具备高度的事业心和责任感，能够独立执行通勤班车和市区包车任务。

(2)做到依法遵法行车，主动礼让行人，不强闯信号、不随意变道等按照操作规程，文明驾驶、安全驾驶。

(3)主动迎客，“请”字开头，“谢”字收尾，保护乘客安全乘车。

(4)驾驶时标准工装穿着得体，做到不闲谈、不使用手机。

5.岗位指标

安全运营，不发生违法、有责任交通事故，按照星级管理考核。

6.工作流程

(1)早提前20min(冬运30min)到停车点，检查车辆、清扫卫生。

(2)按照“一日三检”及车辆管理规定进行车辆出车前检查。

(3)按照规定线路、发车时间准时载客,按规定站牌停靠。

(4)运行结束进行车辆检查,按照规定地点进行停放,检查完毕向小队长汇报。

二、安全操作规程

(1)行驶前绕车辆一周检查视线盲区是否有人员、物品,确认安全后进入驾驶室,系好安全带。

(2)驾驶车辆前要求乘客系好安全带,严禁超员,有站立乘客和运行中有行走可能的乘客严禁行驶。

(3)车辆起步,观察车辆气压表是否正常,起步时气压表不得低于0.5MPa,查看左右后视镜,在保证安全的情况下方可起步。

(4)进出停车场车速保持在5km/h以内,转弯时主动避让非机动车、行人和正常行驶的车辆后,驶入所需行进车道。

(5)驾驶车辆目光直视前方呈扇形看远顾近注意两旁,不做吸烟、使用手机、饮食、闲谈等妨碍安全驾驶的行为;行驶中不带遮挡视线、听力的物品。

(6)按照发车时间提前10min或与客户协商时间准时到达始发站,始发站做到"三提前"(提前进站、提前开门上乘客、提前服务);依次顺行靠近路沿石30cm以内停放,开门候客;严禁在交警部门明令禁止路段停车等候乘客;马路停车开启应急灯,时间超过3min在车后方摆放三角警示牌。

(7)驾驶员要按照相关规定,对乘客携带物品进行检查,发现易燃易爆、可疑物品禁止乘车或做报警处置。

(8)驾驶车辆精力集中,使用加速踏板均匀、平稳,滑行时右脚必须放在制动踏板上;不准故意挤逼、戏弄他人或用其他方法阻碍他人的交通安全。

(9)饮酒后不准驾驶车辆;市区行驶按规定不准鸣笛(尤其汽笛),确需使用的按规定短笛提示,不准连续鸣笛或长按催促其他交通参与者。

(10)按照规定站点停车上下客,停车时提前开启右转向灯减速靠边低速行驶;车未停稳时不准开门,车门未关好时不准行车,要求先停稳车再按车门开关,按下车门开关再挂挡起步,严禁挂好挡按下车门开关同时起步。

(11)行驶中按照道路上的交通标志、标线和交通信号灯通行,服从交通警察的指挥;有公交车道在公交车道内行驶,严禁行驶在交警部门有禁令的BRT车道。

(12)行经陡坡、长下坡和湿滑道路时,不准脱挡滑行,车速控制在30km/h以内,行经城市繁华道路或狭窄路段时应减速慢行,随时准备停车。

(13)混行车道和道路维修路段等特殊路段,车速不应超过30km/h,应加大与非机动车的横向间距,横向间距不足时应主动减速、跟随驶出,严禁该种路段强行超越非机动车、电动自行车、摩托车。

(14)安全间距操作规范:

①普通道路车速达40km/h以上,安全间距应不低于12m。

②高速公路车速达60km/h以上,安全间距应不低于50m。

③车速增高时安全间距相应增大。

(15)路口安全驾驶规范:

①按照信号灯指示通行，严禁闯黄灯、红灯行为，做到主动礼让斑马线，让行人、非机动车优先通行。无信号灯控路口主动让行右侧来车。

②按照行进方向进入导向车道，进入导向车道不得变更车道或不按指示方向行驶。

③绿灯前方公交车道有大型客车等候时，应以低于30km/h的车速借行进方向车道超越，并注意视线盲区窜出的车辆、行人。

④绿灯读秒5s以内应保持原车速，不得加速进入路口，已越过停止线应减速观察，防止横向窜出的车辆、行人；红灯读秒3s以内不得起步提前进入路口，应在左右方向车辆通过后再驶过路口。

⑤绿灯时以超过30km/h以上时速通过路口，要主动减速或准备减速，防止横向车辆、行人违法驶出。

⑥车辆稀少路口不得提前减速滑行、等待信号灯转变绿灯后第一个高速冲进路口行驶。

⑦绿灯开始，起步不得紧跟前车行驶，要预留紧急制动安全距离。绿灯尾不得高速紧跟前车准备进入路口，防止前车突然制动发生追尾事故。

⑧左转弯主动让行直行车辆，不得与直行车辆抢行。

⑨转弯提前减速或停车瞭望，不得直接穿越非机动车道，不得妨碍非机动车通行。

⑩路口本公司多车通行应依次排队等候信号和通行，严禁路口超越大型车辆。

（16）二环路以外驾驶规范：

①二环路以外道路上行驶，最高车速不准超过70km/h，有限速标志路段不能超过限速标志标明的速度，乡村公路按照《道路交通安全法实施条例》规定车速行驶。

②进出机动车道、通过铁路道口、急弯路、窄路、窄桥时；掉头、转弯、下陡坡时；遇有雾、雨、沙尘、冰雹，能见度在5m以内时；在冰雪、泥泞的道路行驶时车速不能超过30km/h。道路上左、右转弯和进站的营运车辆的车速不能超过15km/h。

③在最外侧直行车道行驶，遇有前方有障碍物或超车可能，只准借相邻的直行车道，严禁进入第三条车道行驶或超车。

④通过路口时提前降低车速，按照直行车道最外侧车道通行的原则行驶，严禁在路口超车或并排等候信号。

⑤遇有本公司班车严禁你追我赶相互超越，依次排队在规定车道内行驶，保持足够的安全间距。

（17）车辆转弯通过非机动车道时应当减速，做到“一慢，二看，三通过”的原则并根据弯道实际情况，以步行速度通过。

（18）接近运行终点要集中精力驾驶，不准左顾右盼做有碍安全行车的行为，进入班车单位、厂区、校区应按照限速规定行驶，没有限速规定车速不超15km/h。

（19）乘客下车后要进行遗留物品安全检查，防止可疑、易燃物品遗留。

（20）空驶回厂不准高速行驶，不高于当地限速或规定车速的80%，做到与载客驾驶行为一致。

（21）收车后安全操作规范：

①营运任务结束进入停车场车速不准超过5km/h。

②按规定位置停放车辆，夜间停放在有人看管的停车场内。

③对车辆座椅、安全窗、安全锤、轮胎等安全设施进行必要的安全检查。

④特殊天气向小队长或车队安全员报平安。

⑤关闭总电源、门窗、天窗,坡道用三角木塞好车轮,锁好车门后离开。

第二节　岗位风险点、危险源

一、作业活动风险点清单

按照作业活动进行划分,本岗位风险点主要是通勤班车驾驶作业详见表3-18-1。

驾驶员岗位作业活动风险点清单　　表3-18-1

序号	作业活动名称	作业活动内容	区域位置	可能发生的事故类型及后果	活动频率
1	通勤班车驾驶作业	做好出车前、行驶中、收车后的营运驾驶工作,为有出行需求的市民提供运送服务	营运线路、场站	车辆碰撞、刮擦、人员撞伤、摔伤	频繁进行

二、设备设施风险点清单

按照设施设备、固定场所、区域进行划分,通勤班车驾驶员设备设施风险点包括通勤车辆、办公场区、停车场场区等,详见表3-18-2。

驾驶员岗位设施设备风险点清单　　表3-18-2

序号	设备名称	类别	型号	区域位置	是否特种设备
1	通勤车辆	通勤车辆	普通	停车场	否
2	办公场区	场所		场区	否
3	停车场场区	场所		停场区	否

三、危险源辨识

对上述识别到的作业流程进行工作危害分析(JHA),并通过作业条件危险性分析评价法(LEC)进行风险评价分级;对上述识别到的设施设备进行安全检查表分析(SCL),进行风险评价分级。风险评价分级结果见附表。

第三节　岗位风险分级管控措施

一、作业活动风险分级管控清单

根据已经完成的岗位风险分级,对岗位作业活动风险现有管控措施进行分析梳理,查漏补缺,并分配相关责任单位和责任人,形成本岗位作业活动风险分级管控清单,详见表3-18-3。

二、设施设备风险分级管控清单

根据已经完成的岗位风险分级,对岗位设施设备风险现有管控措施进行分析梳理,查漏补缺,并分配相关责任单位和责任人,形成本岗位设施设备风险分级管控清单,详见表3-18-4设施设备风险分级管控清单。

表 3-18-3

岗位作业活动风险分级管控清单

风险点		作业步骤	序号	危险源或潜在事件	可能发生的事故类型及后果	风险分级	管控措施					管控层级	责任单位	责任人
编号	名称						工程技术措施	培训教育措施	管理措施	个体安全措施	应急处置措施			
1	通勤班车驾驶作业	行车作业前	1	驾驶员情绪不稳定	交通事故	低风险		进行心理调节方式方法培训，并针对情况进行谈话疏导	落实企业“三级”教育培训制度		停止营运驾驶工作	班组、个人	车队	驾驶员
			2	新调入、替班驾驶员对线路运行情况、车辆技术状况不熟悉	交通事故	一般风险		进行安全生产法律法规、安全行车知识、安全操作规程等方面的培训教育	落实企业运营安全管理规定		开展岗前培训，合格上岗	车队级	车队	安全员
			3	隔夜酒及酒后驾驶	交通事故	低风险		安全培训及叮嘱，帮助驾驶员认清酒后驾驶的法律风险	落实出车前酒精检测；制定和完善相关考核办法	严禁酒后驾驶车辆	酒精检测不合格，严禁驾驶车辆	班组、个人	车队	驾驶员
			4	未进行车辆技术检查	交通事故	低风险		开展“新工艺、新设备、新技术、新材料”教育	严格落实企业车辆安全设施检查制度、按时维护保养；按规定报废到期车辆	熟悉、掌握所驾车型的技术性能	发现安全隐患及时停驶整修	班组、个人	车队	驾驶员

续上表

风险点		作业步骤	序号	危险源或潜在事件	可能发生的事故类型及后果	风险分级	管控措施					管控层级	责任单位	责任人
编号	名称						工程技术措施	培训教育措施	管理措施	个体安全措施	应急处置措施			
1	通勤班车驾驶作业	行车作业中	5	行车中注意力不集中	交通事故	低风险		开展安全生产法律法规、职业道德、典型事故案例等方面的教育	落实企业安全检查制度，运用3G监控实施监管		及时发送提示信息	班组、个人	车队	驾驶员
			6	出现路怒等情绪波动	交通事故	低风险	确保监控装置的正常使用	运用事故案例等开展安全培训；教会驾驶员情绪疏导方法；做好日常安全叮嘱	运用3G监控、路查开展好日常检查工作	学会调整个人情绪	及时发送短信提醒	班组、个人	车队	驾驶员
			7	超速、闯红灯等违法行为	交通事故	一般风险	安装超速报警、语音提示系统	开展安全生产法律法规、典型事故案例等方面的教育	落实企业安全检查制度，运用3G监控实施、路查加强监管，发现问题及时纠正	自觉遵章驾驶，文明行车	及时发送提示信息	车队级	车队	安全员
			8	堵车	交通事故	低风险		开展安全生产法律法规、职业道德、典型事故案例等方面的教育	运用3G监控实施监管，发现问题及时纠正	保持良好心态，做到路堵心不堵	制定相关的应急预案、措施	班组、个人	车队	驾驶员

续上表

风险点		作业步骤	序号	危险源或潜在事件	可能发生的事故类型及后果	风险分级	管控措施					管控层级	责任单位	责任人
编号	名称						工程技术措施	培训教育措施	管理措施	个体安全措施	应急处置措施			
1	通勤班车驾驶作业	行车作业中	9	恶劣天气	交通事故	低风险		开展安全生产法律法规、安全行车知识、操作技能、应急处置等方面的教育	制定应对恶劣天气的应急预案	掌握特殊天气安全操作知识	制定相关的应急预案、措施	班组、个人	车队	驾驶员
			10	遇突发情况、乘客携带危险品乘车	影响车辆和乘客安全	低风险		开展职业道德、危险品辨识方法、《公交驾驶员遇治安问题怎么办》的培训	落实企业安全检查制度,组织开展好应急预案演练,相关线路配备车辆安保人员	熟练掌握突发事件应急处置方法;积极参加应急预案演练	拨打报警电话或使用一键报警装置	班组、个人	车队	驾驶员
			11	人车混行等特殊复杂路段	道路交通环境复杂,容易导致事故发生	低风险		开展特殊时期、复杂路段安全行车常识的培训	落实企业安全检查制度	自觉遵章驾驶、文明行车	拨打报警电话	班组、个人	车队	驾驶员
	驾驶作业		12	夏季高温天气驾驶员驾驶易疲惫、困倦、注意力不集中	交通事故	低风险			合理安排运营任务,保证驾驶员充足的休息时间;同时利用情绪管理和网格化实名制对不放心人员和重点人员进行管控	合理安排私人时间,保证充足休息	加强午间3G监控力度,多进行安全叮嘱	班组、个人	车队	驾驶员

续上表

风险点		作业步骤	序号	危险源或潜在事件	可能发生的事故类型及后果	风险分级	管控措施					管控层级	责任单位	责任人
编号	名称						工程技术措施	培训教育措施	管理措施	个体安全措施	应急处置措施			
1	驾驶作业	行车作业中	13	雨雾天气、沙尘暴等能见度较低，影响驾驶员正常行车视线	盲区事故、路口事故	低风险		开展驾驶员安全行车培训，提高操作技能	落实企业安全检查制度，恶劣天气及时到危险路段对驾驶员进行安全叮嘱		针对恶劣天气，完善应急预案	班组、个人	车队	驾驶员
			14	大雪路面被积雪覆盖或有融雪，车辆行驶过程中易发生侧滑	交通事故	低风险		开展驾驶员冰雪天气操作方法培训教育，提高操作技能	落实企业安全检查制度，恶劣天气及时到危险路段对驾驶员进行安全叮嘱		在相应路段提前铺撒防滑沙	班组、个人	车队	驾驶员
	通勤班车驾驶作业		15	强降雨天气行驶至低洼路段容易使车辆熄火、电气损坏	车辆损坏	低风险		开展驾驶员汛期安全操作培训及演练	落实企业安全检查制度，定期对危险路段、低洼路段进行梳理，提前做好安全防范		针对恶劣天气，制定应急预案及应急处置措施，适时启动预案	班组、个人	车队	驾驶员
			16	车辆通过路口时，未礼让行人、非机动车	交通违法、事故	低风险		开展驾驶安全行车培训教育，提高操作技能	落实企业安全检查制度，通过路查、3G监控对驾驶员通过路口时车速控制、文明礼让情况进行检查		及时报警，加强驾驶员文明驾驶教育，立即报警	班组、个人	车队	驾驶员

续上表

风险点		作业步骤	序号	危险源或潜在事件	可能发生的事故类型及后果	风险分级	管控措施					管控层级	责任单位	责任人
编号	名称						工程技术措施	培训教育措施	管理措施	个体安全措施	应急处置措施			
1	通勤班车驾驶作业	行车作业中	17	行李舱侧盖未关好落锁	发生事故	低风险		开展驾驶安全行车培训教育，提高操作技能	落实企业安全检查制度，通过路查,4G监控对驾驶员通过路口时车速控制、文明礼让进行检查		加强驾驶员安全操作培训，立即报警	班组、个人	车队	驾驶员
	驾驶作业	行车作业后	18	未做到收车后检查	车内遗留危险品，未关闭电源等导致危险发生	低风险		开展安全生产法律法规、防恐知识的培训	制定防恐应急预案，并进行演练	增强责任意识，加强乘客携带物品的检查	立即拨打报警电话	班组、个人	车队	驾驶员
			19	按规定关闭电源开关、关窗落锁		低风险		开展车辆停驶后安全操作要求的培训	严格落实好驾驶员安全责任、夜间巡查职责		制定相关的应急预案，并开展演练	班组、个人	车队	驾驶员
			20	未按要求停放车辆	发生火灾、盗窃等事故	一般风险		开展安全生产法律法规、消防安全常识等方面的培训	落实企业安全检查制度		立即报警，加强驾驶员夜间停车制度的教育培训	班组、个人	车队	驾驶员
	通勤班车驾驶作业		21	在不安全地点停车未做好防护措施（如坡道停车、修车台停车、路边停车等）	车辆伤害、其他伤害	低风险		开展安全生产法律法规、企业安全管理制度等方面的培训	落实企业安全制度		立即报警，加强车辆停放制度的培训	班组、个人	车队	驾驶员
			22	上下班途中	交通事故或其他人身伤害	低风险					立即报警	班组、个人	车队	驾驶员

通勤班车驾驶员岗位设备设施风险分级管控清单

表 3-18-4

风险点			检查项目		标准	评价级别	风险分级	不符合标准情况及后果	管控措施					管控层级	责任单位	责任人
编号	类型	名称	序号	名称					工程技术措施	培训教育措施	管理措施	个人安全措施	应急处置措施			
1	设施设备	通勤车辆	1	制动系统	符合 GB/T 18344、GB 7258 中的相关标准	三级	黄色	车辆伤害	采用双回路制动系统及储能后制动气室	培训驾驶员做好制动系统的巡查工作，遇到异常，及时报修	按照公司管理制度要求，做好相关部件的维修、检查工作		发现异常及时汇报	车队级	车队	机务员
			2	灯光系统	符合 GB/T 18344、GB 7258 中的相关标准	四级	蓝色	车辆伤害		培训驾驶员做好应急开关的巡查工作，遇到异常，及时报修	按照公司管理制度要求，做好相关部件的维修、检查工作		发现异常及时汇报	班级、个人	车队	驾驶员
			3	应急开关	符合 GB/T 18344、GB 7258 中的相关标准	四级	蓝色	车辆伤害	采用电控与手动应急双重控制方式	培训驾驶员做好应急开关的巡查工作，遇到异常，及时报修	按照公司管理制度要求，做好相关部件的维修、检查工作		发现异常及时汇报	班级、个人	车队	驾驶员

续上表

风险点			检查项目		标准	评价级别	风险分级	不符合标准情况及后果	管控措施					管控层级	责任单位	责任人
编号	类型	名称	序号	名称					工程技术措施	培训教育措施	管理措施	个人安全措施	应急处置措施			
1	设施设备	通勤车辆	4	安全锤	符合 GB/T 18344、GB 7258 中的相关标准	四级	蓝色	车辆伤害	加装安全锤报警装置，一旦非正常拆卸，发出报警声音	培训驾驶员做好安全锤的巡查工作，遇有丢失的安全锤，及时补充；遇到乘客非正常使用，及时劝阻	及时做好设备的缺损检查和维护		随时检查更换	班级、个人	车队	驾驶员
			5	座椅		四级	蓝色	车辆伤害		培训驾驶员做好日常巡检工作，遇有座椅损坏的及时报修	及时做好设备的缺损检查和维护		随时检查更换	车队级	车队	机务员
			6	消防器材	符合 GB/T 18344、GB 7258 中的相关标准	四级	蓝色	车辆伤害		培训、演练驾驶员消防器材的使用方法，并定期检查，如有缺失、损坏和过期的及时更换维修	及时做好设备的缺损检查和维护		随时检查更换	车队级	车队	安全员

续上表

风险点			检查项目		标准	评价级别	风险分级	不符合标准情况及后果	管控措施					管控层级	责任单位	责任人
编号	类型	名称	序号	名称					工程技术措施	培训教育措施	管理措施	个人安全措施	应急处置措施			
2	办公区域	办公设施	7	办公楼用电设施缺陷、老化	完好齐全	四级	蓝色	易发生线路老化和用电事故发生	加装线盒配备较大容量稳压电源；安装漏电保护器	对场区内人员进行安全培训、安全叮嘱	定期检查线路和电源开关；落实岗位安全生产责任制	对专业操作人员要按规定穿戴绝缘鞋，佩戴绝缘手套；自觉加强技能训练、提高自身安全素质	发现问题及时更换；遇突发事件，及时启动应急预案	公司级	公司	责任人
			8	电源开关破损、电线老化裸露、虚接短路	完全齐全	四级	蓝色	触电、火灾、烧毁电器	使用前检查电线电路安全，发现异常及时报修	对场区内人员进行安全培训、安全叮嘱	下班或长时间离开时要随手关闭电源		消防应急预案	公司级	公司	责任人
			9	计算机、复印机的电磁辐射	完好齐全	四级	蓝色	视力受损、引发颈椎炎等慢性疾病		员工职业健康培训	室内保持通风，放置绿色植物，减少辐射；定期身体检查	增强自我保护意识，不要总是长时间在电脑前工作	职业病防护	公司级	公司	责任人

续上表

风险点			检查项目		标准	评价级别	风险分级	不符合标准情况及后果	管控措施					管控层级	责任单位	责任人
编号	类型	名称	序号	名称					工程技术措施	培训教育措施	管理措施	个人安全措施	应急处置措施			
2	办公区域	办公设施	10	文件柜柜体倒塌砸伤人员	完好齐全	四级	蓝色	身体伤害		教育员工注意日常行为安全	加强培训	增强自我保护意识	及时就医	个人	个人	使用人
			11	电话机多人使用细菌传染	确保自身安全	四级	蓝色	身体伤害		定期清洁和消毒	明确责任人	增强自我保护意识	及时清洗	个人	个人	使用人
			12	空调过滤网	定期清洗	四级	蓝色	长时间没清洗消毒导致其他伤害		每使用1~2个月的空调机，就应对空气过滤网进行1次清洗或消毒	明确责任人		及时清洗	公司级	公司	使用人

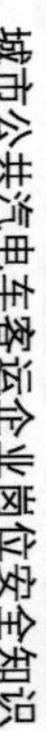

续上表

风险点			检查项目		标准	评价级别	风险分级	不符合标准情况及后果	管控措施					管控层级	责任单位	责任人
编号	类型	名称	序号	名称					工程技术措施	培训教育措施	管理措施	个人安全措施	应急处置措施			
2	办公区域	办公行为	13	走路不注意或搬东西致伤	确保自身安全	四级	蓝色	人身伤害		教育员工注意日常行为安全,上下楼要扶扶梯	加强培训	搬东西的姿势要正确，不要让物品遮挡视线	及时就医	个人	个人	使用人
			14	吸烟未掐灭烟头	符合办公区域管理制度	四级	蓝色	火灾事故		加强办公区域管理教育培训	现场检查、考核		消防应急预案	个人	个人	使用人
			15	高处擦玻璃	确保自身安全	四级	蓝色	摔伤		注意自我保护，加强安全教育		注意自我保护	高空坠落应急预案	个人	个人	使用人
			16	在上下班途中发生工伤事故	确保自身安全	四级	蓝色	因突发疾病、意外受伤、交通事故受到各种伤害		员工培训教育	加强安全管理	自觉加强技能训练、提高自身安全意识	及时就医	个人	个人	使用人
		消防器材	17	灭火器	齐全有效	四级	蓝色	消防器材失效导致发生火灾不能及时控制、扑灭		定期检查、维修、更换	现场检查、考核		消防应急预案	公司级	公司、车队	责任人
		基层办公区	18	车队办公楼	符合消防标准	三级	黄色	板房年久遇有大风天气造成房屋倒塌和人员伤亡;电路年久老化,易发生火灾事故	定期检查,发现异常及时报修	定期检查、申请维修、更换	加强安全管理		消防应急预案	车队级	车队	车队长

续上表

风险点			检查项目		标准	评价级别	风险分级	不符合标准情况及后果	管控措施					管控层级	责任单位	责任人
编号	类型	名称	序号	名称					工程技术措施	培训教育措施	管理措施	个人安全措施	应急处置措施			
3	停车场区	车辆进出车场	19	进出车场容易发生刮碰事故	符合操作规程，确保车辆、人员安全	三级	黄色	车辆刮碰事故	按规定规范停放，车辆张贴反光标识，标明出口和入口导向箭头；设置限速标志	叮嘱驾驶员按照安全操作规程进出停车场，遵守有关停放规定	加强对制度落实情况的检查，对违反规定人员及时纠正	从业人员加强技能训练、提高应急能力，提高自身安全素质	按照事故应急预案的要求，救治伤者，及时拨打报警、救援电话，将事故情况告知其他车辆做好事故预防工作	车队级	车队	车队长
		场区车辆通行及停放	20	车场内调头、倒车、试制动系统	符合操作规程，确保车辆、人员安全	四级	蓝色	违规操作造成车辆、人员伤害		对场区内人员进行安全培训、安全叮嘱	要求按规定停放车辆；调头倒车时下车查看，并有专人指挥；对超速人员及违章人员进行考核		做好应急风险的控制	个人	车队	安全员
			21	社会人员	确保办公环境不受打扰	四级	蓝色	扰乱办公秩序造成其他伤害	申请增设门径和保安	在日常培训工作中，培训驾驶员遇到此类事件的处置方法	和当地公安机关建立联席机制；抓好信息反馈，及时制止违法行为	加强培训、提高自身安全素质	及时启动应急预案，防止事态扩大，同时，维护现场办公和生产秩序，防止发生次生事件	个人	车队	安全员

续上表

风险点			检查项目		标准	评价级别	风险分级	不符合标准情况及后果	管控措施					管控层级	责任单位	责任人
编号	类型	名称	序号	名称					工程技术措施	培训教育措施	管理措施	个人安全措施	应急处置措施			
3	停车场区	场区车辆通行及停放	22	私家车停放	规范停放，严禁占用消防通道	四级	蓝色	车辆伤害	画好标线提前预留消防通道	制定私家车停放规定，开展好职工的叮嘱，按照规划停放		自觉加强技能训练、提高自身安全素质		个人	车队	安全员
			23	车场内消防通道	消防通道畅通	四级	蓝色	消防通道堵塞发生火灾时造成车辆伤害、人员伤亡	画好标线提前预留通道	对场区内人员进行安全培训、安全叮嘱，要求在停放车辆时，预留消防通道	及时进行检查，制定考核规定	自觉加强技能训练、提高自身安全素质	做好应急风险的控制	个人	车队	安全员
			24	车辆停放密度	车辆按规定停放	四级	蓝色	密度过密集造成车辆剐碰及人员伤害	画停放标线	规范车辆停放区域和位置	要求按规定停放车辆并有专人指挥；对乱停放人员及时纠正并对违章人员进行考核	加强培训、管理、提高自身安全素质	做好应急风险的控制	车队级	车队	车队长

第四节　岗位隐患排查治理

依据本岗位风险分级管控体系中各风险点的控制措施和标准规范要求，编制该岗位的常见隐患排查清单，详见表3-18-5。

驾驶员岗位常见隐患排查清单　　表3-18-5

常见隐患	管控措施	管控措施失效	治理措施
驾驶员安全行车意识不足	签订安全行车责任书，落实叮嘱教育，了解途径地及目的地的天气、路况，学习行车标准规范	未进行出车前安全告诫	检查安全告诫相关记录，对落实不到位的情况进行考核
超员、超速、疲劳驾驶	制定相关管理制度和规定，并按照要求进行考核	对相关管理制度执行不到位	检查超员、超速、疲劳等情况的处理记录，对执行不到位的情况进行考核

第十九章　保洁员岗位安全知识

第一节　岗位工作标准及安全操作规程

一、岗位工作标准

1.范围

本标准规定了济南市公共交通总公司物业公司保洁分公司车辆保洁员的资格要求、职责与权限、工作内容与要求、工作关系以及检查与考核。

本标准适用于济南市公共交通总公司物业公司保洁分公司车辆保洁员的工作岗位。

2.资格要求

(1)具有高中(中专)及以上学历。

(2)具有优良的道德品质,做事严谨、细致、认真。

(3)具有较高思想政治觉悟,能够严守工作纪律。

(4)具有良好的身体素质,不怕吃苦。

(5)具有较强的执行力,能按照计划办事,按质、按量及时完成承办任务。

3.职责与权限

1)职责

在物业公司保洁分公司及工作站站长的领导下,具体负责做好车辆的卫生保洁工作。

2)权限

(1)对职责范围内的各项事务有建议权和执行权。

(2)其他与岗位相称的工作职权。

4.工作内容与要求

(1)车辆卫生保洁工作。

(2)检查保洁工具是否齐全有效。

(3)按照工作程序岗位标准对营运车辆负责区域进行清理,保持车辆清洁。

(4)雨雪天,做好车身外皮清理工作,保证脏车不上路。

(5)完成突击情况下保洁任务,保证工作质量。

(6)安全生产与节能:

①承担工作范围内的安全生产责任。

②履行工作范围内节能减排工作职责。

(7)其他职责:积极完成上级领导交办的其他临时性工作。

5.工作关系

保洁员的直接上级为物业公司保洁分公司检查员,向物业公司保洁分公司检查员及工作站站长报告工作。

同保洁分公司检查员、保洁员合作完成相关工作。

6.检查与考核

岗位工作受物业公司保洁分公司、工作站站长及检查员的检查与监督、考核。

二、安全操作规程

保洁员操作规程按工作时序可分为:保洁作业前规程、保洁作业规程、作业完成后规程。

1.保洁作业前规程

(1)提前进入工作场区,进入保洁室后,更换工装,确保衣着整洁。暂无工装者,可穿适宜工作的亮色衣服进行工作,以确保在场区内容易辨识。

(2)检查保洁工具是否齐全有效,检查推车是否存在安全隐患,所有工具确保安全有效后方可进行操作。

(3)确保保洁室内电器设备如空调、电水壶等无正在使用情况后方可离开保洁室。

2.保洁作业规程

(1)按照工作流程清洁车辆、清扫场区,达到车辆及场区卫生标准。

(2)工作时注意场区内来往车辆,注意上下台阶,注意车上车下防滑。即将出车时,立即停止清洁工作,及时下车,确保安全。

(3)车辆在充电时严禁对车辆进行清洁,确保安全。

(4)维修中车辆如确需清洁,务必在保证安全前提下,不得带水清洁,严禁跨越地沟。

(5)场区内树木较多的场区,对落叶、树枝等垃圾及时清理,禁止在场区内焚烧。

3.作业完成后规程

(1)下午班保洁员下班前,应将垃圾桶集中到指定地点,便于夜间垃圾清运。

(2)遇到紧急情况,按照应急方案进行处理。

(3)保洁室内用电等出现如漏电、断电等安全隐患时,要及时切断电源,及时上报保洁分公司。

(4)工作结束后,将所有保洁工具收齐,收至保洁室内,并做好次日工作准备。

(5)在确保保洁室内所有电气设备停止使用后,切断电源,门窗锁好后,离开保洁室。

第二节　岗位风险点、危险源

一、保洁员岗位作业活动风险点清单

按照作业活动进行划分,本岗位风险点主要是保洁作业,详见表3-19-1。

保洁员岗位作业活动风险点清单　　表3-19-1

序号	作业活动名称	作业活动内容	区域位置	可能发生的事故类型及后果	活动频率
1	保洁作业	场区车辆保洁	公交停车场	人员伤害及其他伤害	及时性

二、保洁员岗位设施设备风险点清单

按照设施设备、固定场所、区域进行划分，本岗位风险点主要是停车场，与值班员岗位一致，不再单列。

三、危险源辨识

对上述识别到的作业流程进行工作危害分析（JHA），并通过作业条件危险性分析评价法（LEC）进行风险评价分级；对上述识别到的设施设备进行安全检查表分析（SCL），进行风险评价分级。风险评价分级结果见附表。

第三节　岗位风险分级管控措施

作业活动风险分级管控清单

根据已经完成的岗位风险分级，对岗位作业活动风险现有管控措施进行分析梳理，查漏补缺，并分配相关责任单位和责任人，形成本岗位作业活动风险分级管控清单，详见表3-19-2。

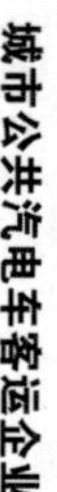

保洁作业活动风险分级管控清单

表 3-19-2

风险点		作业步骤	序号	危险源或潜在事件	可能发生的事故类型及后果	风险分级	管控措施					管控层级	责任单位	责任人
编号	名称						工程技术措施	培训教育措施	管理措施	个体安全措施	应急处置措施			
1	保洁作业	作业过程中	1	保洁员未按工作流程作业，车内摔伤	人员伤害	低风险		进行保洁员工作流程的安全培训，做好日常叮嘱工作	举行保洁员操作比武，提高工作标准		拨打片区站点检查员电话、报告、严重，拨打120电话，送医治疗	班组、个人	保洁分公司	保洁员
			2	保洁车辆时观察不周	人员伤害	低风险		加强日常安全叮嘱工作	加强日常安全叮嘱工作，按保洁工作流程清洁车辆		拨打片区站点检查员电话、报告、严重，拨打120电话，送医治疗	班组、个人	保洁分公司	保洁员
			3	车身保洁时突遇车辆起动	人员伤害及其他伤害	一般风险		加强日常安全叮嘱工作，提高保洁员自身安全意识	加强日常安全叮嘱工作，按保洁工作流程清洁车辆		发现车辆起动，立即停止保洁作业	分公司	保洁分公司	保洁分公司经理
			4	保洁室不按规定使用电器	触电、火灾、人身伤亡	低风险		根据保洁分公司全年安全培训的要求，定期进行安全用电知识的培训	定期学习培训，提高管理业务技能，增强自身工作能力		一旦发生触电等事故，立即采取急救措施，及时拨打120电话，送医院救治	班组、个人	保洁分公司	保洁员
			5	马路、车场来往车辆密集	人身伤害	较大风险		加强日常安全叮嘱工作，提高保洁员自身安全意识	定期学习培训，提高管理业务技能，增强自身工作能力	加强日常安全叮嘱，避免人身伤害	发现车辆立即停止保洁作业	总公司	总公司	总公司主要负责人

第四节　岗位隐患排查治理

依据本岗位风险分级管控体系中各风险点的控制措施和标准规范要求，编制该岗位的常见隐患排查清单，详见表3-19-3。

保洁员岗位常见隐患排查治理清单　　表3-19-3

常见隐患	管控措施	管控措施失效	治理措施
未按工作流程作业车内摔伤	进行保洁员工作流程的安全培训	加强检查频次	举行保洁员操作比武
	做好日常叮嘱工作	制止违章，及时启动应急预案	提高工作标准
保洁车辆时观察不周	进行保洁员工作流程的安全培训	加强检查频次	加强日常安全叮嘱工作
	加强日常安全叮嘱工作	及时启动应急预案	按保洁工作流程清洁车辆
车身保洁时突遇车辆起动	加强日常安全叮嘱工作，提高保洁员自身安全意识	加强日常安全叮嘱工作	加强日常安全叮嘱工作
		按保洁工作流程清洁车辆	按保洁工作流程清洁车辆
		及时启动应急预案	及时启动应急预案
保洁室不按规定使用电器	根据保洁分公司全年安全培训的要求	定期学习培训	加强检查频次
	定期进行安全用电知识的培训	提高管理业务技能	加强日常安全叮嘱工作
		增强自身工作能力	严格执行保洁分公司安全管理制度
车场来往车辆密集	定期学习培训	加强日常安全叮嘱，避免人身伤害	加强日常安全叮嘱工作
	提高管理业务技能，增强自身工作能力	及时启动应急预案	严格执行保洁分公司安全管理制度

第五节　典型案例分析

一、类型

工伤事故。

二、背景资料

2018年3月，保洁分公司王某在保洁车辆时发生工伤事故。

三、详细描述

2018年3月保洁分公司保洁员王某在工作过程中，因观察不周撞到车辆车门扶手上，撞破头部。王某对受伤部位进行简单处理,及时去医院(工伤定点医院)救治。同一车场的其他同事及时通知工作站站长,工作站站长1h内及时上报保洁分公司,保洁分公司24h内上报物业公司。按照工伤管理规定,整理工伤上报材料。

四、原因分析

新增加的新能源汽车,车辆后门处重新安装车门扶手,保洁员在车辆保洁时忽视了后门处的扶手,发生工伤事故。

五、管控措施检查与更新

及时更新在作业过程中出现的危险源,加强对保洁员进行该类安全培训及叮嘱,避免此类事故再次发生。

第二十章 收袋护场员岗位安全知识

第一节 岗位工作标准及安全操作规程

一、岗位工作标准

1. 范围

本标准规定了济南市公共交通总公司物业公司安保分公司收袋护场员的资格要求、职责与权限、工作内容与要求、工作关系以及检查与考核。

本标准适用于济南市公共交通总公司物业公司安保分公司收袋护场员的工作岗位。

2. 资格要求

(1)具有高中(中专)及以上学历。

(2)熟练掌握消防知识。

(3)具有优良的道德品质,做事严谨、细致、认真。

(4)具有较高思想政治觉悟,能够严守工作纪律。

(5)具有良好的身体素质,不怕吃苦。

(6)具有较强的执行力,能按照计划办事,按质、按量及时完成承办任务。

3. 职责与权限

1)职责

在物业公司安保分公司中队长、检查员的领导下,具体负责所属站点夜间公交车票款收缴、车辆及场站的安全保卫工作。

2)权限

(1)对职责范围内的各项事务有建议权和执行权。

(2)其他与岗位相称的工作职权。

4. 工作内容与要求

(1)收袋工作:

①做好金库值班室卫生打扫及准备工作。

②与车队代班一同做好空钱盒和插板清点、整理工作。

③与驾驶员协同做好收袋工作。

④与车队代班共同清点钱盒,锁好金库门。

(2)数据采集工作:

①领取数据采集机,车辆夜间进场后上车完成数据采集工作。

②将采集数据器交由车队通过计算机向总公司信息中心传输数据。

(3)护场工作:

①收袋结束与车队代班对停车场内公交车辆外观、车间、办公室、场区等地进行“晚交接”工作。

②保证金库现场消防器材齐全可用。

③按照公司电子巡更计划,完成电子巡更工作,巡更同时认真进行车辆安全检查。

④按公司规定进行夜间巡逻,排查安全隐患,做好夜间停车场的安全防范工作。

⑤次日早上与车队代班进行“早交接”工作。

⑥安保设施维护管理工作

⑦定期检查和维护监控系统、巡更系统、报警系统及设备,确保设备的完好性。

5. 安全生产与节能

(1)承担工作范围内的安全生产责任。

(2)履行工作范围内节能减排工作职责。

6. 其他职责

积极完成上级领导交办的其他临时性工作。

7. 工作关系

直接上级为物业公司安保分公司中队长、检查员,向物业公司安保分公司中队长、检查员报告工作。

同安保分公司各站点收袋护场员、所属站点车队人员合作完成相关工作。

8. 检查与考核

岗位工作受物业公司安保分公司中队长、检查员的检查与监督、考核。

二、岗位安全操作规程

1. 收袋员安全操作规程

夜间收袋员作业规程按工作时序可分为收袋工作准备作业规程、收袋作业规程、收袋作业完成后作业规程。

(1)收袋工作准备:

①根据《收袋护场管理规定》的要求,收袋时不得少于三人。

②根据收袋工作流程填写收袋二联单。

③在规定时间内在指定的收袋区进行收袋工作。

④根据《投币箱使用管理规定》的要求开关投币箱。

(2)收袋流程:

①车队驾驶员接到现场调度员收袋指令后,将车辆停放在指定的收袋位置。应将车辆右侧前门对准监控摄像头位置,确保收袋在监控下进行,确保收入安全。

②驾驶员拿取空钱袋,检查空钱袋是否完好,并签字认可收袋单,在车队值班员和收袋员同时在场的情况下,将钱袋单投入钱袋。

③收袋员必须在驾驶员和值班员同时在车上监督的情况下先采集数据,然后按照《投币箱使用管理规定》开启投币箱外箱锁具,锁闭钱袋(内胆),取出钱袋(内胆),若投币箱头或票箱底部积存遗留的钱币,则收袋人员应在驾驶员、车队值班员的监督下将钱币放入即将更

换的空钱袋(盒)内。

④收袋员必须在驾驶员、车队值班员同时在场的情况下,按照《投币箱使用管理规定》将空钱袋(内胆)正确放入投币箱,锁闭投币箱门。

⑤车队值班员、驾驶员负责监督检查钱袋(盒)放入是否正确,检查投币箱门是否正确锁闭,同时检查投币箱各部件有无异常情况。收袋过程中收袋员遇有票箱(盒)发生故障,也要现场向值班员汇报,随后做好记录,并向当晚安保检查人员汇报。

⑥驾驶员必须同一名收袋员将收到的钱袋(内胆)送回金库,做到收一个送一个,放置钱袋时严禁摔、扔,严防钱袋(内胆)丢失。金库门要即开即锁。

⑦收袋员在收袋时严禁吸烟,并不得做与监督或收袋无关的工作。收袋员进入金库时严禁吸烟。

(3)钱袋完成后:

①收袋工作完毕后,由车队值班员负责开启金库,与物业安保分公司收袋员对内胆进行核实,确认无漏收后,由车队值班员锁闭金库门,将金库钥匙、投币箱机械钥匙、电子钥匙收回保管,收袋人员严禁保管上述钥匙。

②钱袋交接前,发现有钱钱袋损坏的,由收袋员或车队值班员负责。钱袋交接后,发现有钱钱袋损坏的,由押款员负责。

③若发现与交接单不符,或有损坏的,有权要求押款员在交接单上注明少返还钱袋、钱袋插板、配锁的数量及钱袋损坏情况,押款员确认后在钱袋交接单上签字。

④钱袋交接前,发现空钱袋损坏的,由押款员负责。钱袋交接后,发现空钱袋损坏的,由收袋员或车队负责。收袋员次日向车队值班员汇报钱袋、钱袋插板、配锁返还情况。

⑤押款车驶离后,收袋程序全部结束。

2. 护场员岗位安全操作规程

夜间护场员作业规程按工作时序可分为夜间巡查作业规程、监控作业规程、突发事件作业规程。

(1)夜间巡查工作。护场人员与车队负责人员交接完毕后关闭大门,锁好存款室大门,对车队进行治安防火巡查并做好电子巡更工作。巡查内容:

①车场内是否有闲散人员逗留。

②有无治安、火灾隐患。

③有无其他异常情况。

④公交车及场内设施是否与交接时的情况一样。

根据《电子巡更工作管理规定》的要求,根据各停车场巡更计划进行巡更工作,巡查间隔15min进行一次。

(2)监控工作。夜间护场人员要合理利用总公司配备的监控设备,在夜间护场时保证金库监控有人观看监控,时刻留意停车场有无意外情况。配备红外报警系统的停车场,按照使用要求做好红外报警系统的布防和撤放,做好停车场的监控工作。

(3)突发事件的处置。当车场发生危及车辆安全的情况下,有大客驾驶证的护场人员有疏散车辆的责任和义务。发现火灾、盗窃、爆炸、破坏等紧急情况,安保人员要立即打电话(110、119),同时向安保公司领导报告并及时处理发生问题,控制事态的发展。遇有公交车辆或场内设施发生大火,保安人员在报火警或报告领导的同时应利用车场内及公交车上的灭火器材对失火车辆和起火部位进行初始火灾扑救。发生盗窃、爆炸、破坏分子作案时在报警的同时要积极采取措施制止犯罪。

第二节　岗位风险点、危险源

一、作业活动风险点清单

按照作业活动进行划分,收袋护场员岗位风险点主要是夜间护场作业,收袋作业,详见表3-20-1。

收袋护场员岗位作业活动风险点清单　　表3-20-1

序号	作业活动名称	作业活动内容	区域位置	可能发生的事故类型及后果	活动频率
1	夜间护场作业	车辆停放、保管钥匙、厂区内安保	场站内	碰撞、刮擦、盗窃、火灾	定期进行

二、设备设施风险点清单

按照设施设备、固定场所、区域进行划分,本岗位设施设备风险点主要为金库,详见表3-20-2。

收袋护场员岗位设施设备风险点清单　　表3-20-2

序号	设备名称	类别	型号	区域位置	是否特种设备
1	金库	场所		金库	否

三、危险源辨识

对上述识别到的作业流程进行工作危害分析(JHA),并通过作业条件危险性分析评价法(LEC)进行风险评价分级;对上述识别到的设施设备进行安全检查表分析(SCL),进行风险评价分级。风险评价分级结果见附表。

第三节　岗位风险分级管控措施

一、作业活动风险分级管控清单

根据已经完成的岗位风险分级,对岗位作业活动风险现有管控措施进行分析梳理,查漏补缺,并分配相关责任单位和责任人,形成本岗位作业活动风险分级管控清单,详见表3-20-3。

二、设施设备风险分级管控清单

根据已经完成的岗位风险分级,对岗位设施设备风险现有管控措施进行分析梳理,查漏补缺,并分配相关责任单位和责任人,形成本岗位设施设备风险分级管控清单,详见表3-20-4设施设备风险分级管控清单。

收袋护场岗位作业活动风险分级管控清单

表 3-20-3

风险点		作业步骤	序号	危险源或潜在事件	可能发生的事故类型及后果	风险分级	管控措施					管控层级	责任单位	责任人
编号	名称						工程技术措施	培训教育措施	管理措施	个人安全措施	应急处置措施			
1	夜间护场作业	作业过程中	1	护场人员金库内吸烟	财产损失	一般风险		根据安保分公司全年安全教育培训的要求，定期对护场人员进行金库安全教育培训工作	加强安全检查力度，执行安保分公司安全管理制度		及时制止进入金库	分公司	安保分公司	安保分公司
			2	未按规定采集数据	财产损失	低风险		根据安保分公司全年安全教育培训的要求，定期对护场人员进行安全管理制度教育培训工作	加强对收袋工作安全检查力度		发现异常及时汇报	班组、个人	安保分公司	保安（场区）
			3	未按规定检查	财产损失、车辆损失	一般风险		根据安保分公司全年安全教育培训的要求，定期对护场人员进行安全管理制度的教育培训工作	加大对护场人员的检查力度，按工作流程作业		发现异常及时汇报	分公司	安保分公司	安保分公司经理

续上表

风险点		作业步骤	序号	危险源或潜在事件	可能发生的事故类型及后果	风险分级	管控措施					管控层级	责任单位	责任人
编号	名称						工程技术措施	培训教育措施	管理措施	个人安全措施	应急处置措施			
1	夜间护场作业	作业过程中	4	未按规定巡更	财产损失、车辆损失	一般风险		加强电子巡更教育培训，执行电子巡更各项规章制度	加大对电子巡更工作的检查力度，按电子巡更工作流程作业		发现异常及时汇报	分公司	安保分公司	安保分公司经理
			5	夏季突遇雷雨	财产损失、车辆损失、人身伤害	一般风险		加强对特殊天气教育培训，执行安保分公司安全管理制度	按执行特殊天气工作要求作业	及时停止室外工作，保证自身安全	夏季时时关注天气情况，如遇雷雨天气立即停止夜间护场作业	分公司	安保分公司	安保分公司经理
			6	车辆停放密集、消防通道堵塞	火灾、人身伤害、财产损失	较大风险		加强消防通道相关知识学习，执行各项规章制度	及时与车队领导协调，保证消防通道畅通		及时与车队值班人员联系，移动堵塞公交车辆，保证消防通道畅通	总公司	总公司	总公司主要负责人

收袋护场岗位设施设备风险分级管控清单

表 3-20-4

风险点			检查项目		标准	风险分级	不符合标准情况及后果	管控措施					管控层级	责任单位	责任人
编号	类型	名称	序号	名称				工程技术措施	培训教育措施	管理措施	个人安全措施	应急处置措施			
1	设施设备	金库	1	物品摆放	金库内清洁卫生、钱盒摆放整齐	一般风险	财产损失、火灾		加强教育培训工作、定期检查	加强教育培训工作、定期检查		根据安保公司火灾预案学习内容，在确保自身安全的情况下，应急处置火情	分公司	安保分公司	安保分公司经理

第四节　岗位隐患排查治理

依据收袋护场员岗位风险分级管控体系中各风险点的控制措施和标准规范要求,编制该岗位的常见隐患排查清单,详见表3-20-5。

收袋护场员岗位常见隐患排查清单　　表3-20-5

常见隐患	管控措施	管控措施失效	治理措施
护场人员金库内吸烟	根据安保分公司全年安全教育培训的要求组织培训	实行远程监督	实行远程监控进行制止
	定期对护场人员进行金库安全教育培训工作	加强检查频次,制止违章,及时启动应急预案	安排安全管理人员到现场进行制止教育
未按规定采集数据	加强安保分公司全年安全教育培训	实行远程监督	实行远程监控进行制止
	对护场人员进行安全管理制度教育培训	加强对收袋工作安全检查力度	安排安全管理人员到现场进行制止教育
未按规定检查	根据安保分公司全年安全教育培训的要求,定期对护场人员进行安全管理制度的教育培训工作	实行远程监督	加大对护场人员的检查力度
		按工作流程作业	按工作流程作业
		加大对护场人员的检查力度	安排安全管理人员到现场进行制止教育
未按规定巡更	加强电子巡更教育培训	实行远程监督	加大对电子巡更工作的检查力度
	执行电子巡更各项规章制度	按工作流程作业	按电子巡更工作流程作业
	定期对护场人员进行安全管理制度的教育培训工作	加大对护场人员的检查力度	安排安全管理人员到现场进行制止教育
夏季突遇雷雨	加强对特殊天气教育培训	加强对特殊天气教育培训	按执行特殊天气工作要求作业
	执行安保分公司安全管理制度	执行安保分公司安全管理制度	及时停止室外工作,保证自身安全,启动应急预案
驾驶员车辆停放密集、消防通道堵塞	加强消防通道相关知识学习,执行各项规章制度	及时与车队领导协调,保证消防通道畅通	及时启动应急预案

第五节　典型案例分析

一、类型

安全检查中发现的隐患。

二、事情经过

2014年1月16日22点40分左右,公交零点84停车场上方高速公路发生一起交通事

故,事故车辆油箱内柴油大量泄漏。沿路面缝隙洒落到桥下停放的四部公交车辆及附近地面上。物业安保分公司护场人员李××巡逻时及时发现了险情,立即向公司报告情况,并拨打了119火警,安保一中队中队长、检查员立即赶到现场,与护场人员、车队人员按照《突发事件应急预案》要求对现场进行了警戒,并备好灭火器做好值守。物业公司副经理刘×带领安保科在现场进行指挥,消防车辆达到后全体人员积极配合消防队员对停车场内车辆及地面上的柴油进行了全面清除,及时排除了火灾隐患,避免了火灾事故发生。

三、原因分析

(1)严格落实安保分公司安全管理制度,做到巡更制度,做到勤转、勤看、勤检查,做好停车场安全保卫工作。

(2)加强岗位职工的安全教育、培训并组织应急预案演练,提高夜间值班人员的突发事件的应对能力。

(3)时时对一线职工进行反恐、防恐突发事件应急演练,通过各种形式提高夜间安保人员对突发事件的应对能力,确保停车场安全。

四、管控措施与落实

及时更新完善停车场风险点、风险评估、控制措施明白表。让员工熟知牢记车场安全风险点及管控措施。

第二十一章　安全管理人员岗位安全知识

为了满足日常营运任务和保障企业各项工作的正常运转,并实现公司的可持续发展,公共汽车城市公共汽电车客运企业需要一支经验丰富、勇于开拓创新的管理人员队伍。按照管理职责不同,城市公共汽电车客运企业管理人员主要可以划分为营运管理人员、车辆技术管理人员、服务管理人员、安全管理人员、物资后勤管理人员、综合管理人员等。按照“一岗双责”的要求,所有岗位管理人员都有相应的安全职责,只有对自己相关领域的安全知识掌握全面,才能保证日常工作中不触碰安全的红线。基层管理岗位是接触员工的第一线,对安全有重要的影响,特别是像调度管理员、安全管理员等关键岗位。

本章包含部分有代表性的关键基层管理岗位应掌握的安全知识。

第一节　关键基层管理岗位工作标准

一、营运车队安全员

1. 范围

本标准规定了济南市公共交通总公司营运公司车队安全员的资格要求、职责与权限、工作内容与要求、工作关系以及检查与考核。

本标准适用于济南市公共交通总公司营运公司车队安全员的工作岗位。

2. 资格要求

(1)专科及以上学历。

(2)熟悉车辆安全行车知识,具有安监局发放的证书。

(3)具有优良的道德品质,做事公道正派、严谨、认真。

(4)具有较高的思想政治觉悟,能够严守工作纪律。

(5)具有较高的安全技能和敏锐的眼光,能够快速发现车辆在行车和安全设施方面存在的问题。

(6)具有较好的组织、沟通、协调能力,能够有效就检查问题与驾驶员进行沟通。

(7)具有较强的执行力,能够按质、按量及时完成承办的工作任务。

(8)1 年以上本企业工作经验。

3. 职责与权限

1)职责

在车队队长(党支部书记)的指导下,协助队长做好车辆安全设施检查、路查、安全培训、安全投诉处理等安全相关工作。

2)权限

(1)对职责范围内的各项事务有建议权和执行权。

(2)其他与岗位相称的工作职权。

4. 工作内容与要求

1)安全检查、考核工作

(1)每月至少两次对车辆安全设施进行检查,确保覆盖率达100%。

(2)每月至少两次进行路查,检查驾驶员的违法违纪行为,确保驾驶员的覆盖率达到100%。

(3)建立健全星级服务管理台账,及时填写星级考核原始记录。

2)安全教育培训工作

(1)在车队队长(党支部书记)的领导下,结合星级服务考核细则,每月至少一次组织召开驾驶员专业会,进行驾驶员安全行车培训。

(2)对检查中出现违法违纪的驾驶员进行安全行车培训,并做好教育培训记录工作。

(3)做好驾驶员的日常安全叮嘱工作,了解驾驶员的思想动态。

(4)及时挖掘安全行车及车辆安全设施表现突出的典型驾驶员,进行重点培养并及时填写培养记录,同时在队内总结推广先进行车经验。

3)安全投诉处理工作

针对安全投诉及时落实处理,做好处理意见及处理经过的记录,并及时交予服管员。

4)安全预案的制定工作

在领导的指导下,制定车队恶劣天气应急预案。

5)安全生产与节能

(1)承担工作范围内的安全生产责任。

(2)履行工作范围内节能减排工作职责。

6)其他职责

积极完成上级领导交办的其他临时性工作。

5. 工作关系

(1)直接上级为车队队长(党支部书记),向车队队长(党支部书记)报告工作。

(2)对车队驾驶员的工作进行指导监督。

(3)同车队内部管理人员合作完成相关工作。

6. 检查与考核

(1)岗位工作由营运公司安全保卫部、车队队长(党支部书记)进行检查,受车队全体职工监督。

(2)车队队长(党支部书记)对本岗位工作直接领导和考核。

二、营运车队调度管理员

1. 范围

本标准规定了济南市公共交通总公司营运公司车队调度管理员的资格要求、职责与权限、工作内容与要求、工作关系以及检查与考核。

本标准适用于济南市公共交通总公司营运公司车队调度管理员的工作岗位。

2. 资格要求

(1)具有专科及以上学历。

(2)具有优良的道德品质,做事公道正派、严谨、认真。

(3)具有较高的思想政治觉悟,能够严守工作纪律。

(4)具有较好的学习能力,能够充分理解和贯彻执行各项营运、人力资源管理政策。

(5)具有较好的组织、沟通、协调能力,能够有效配置资源,协调各种关系。

(6)具有较强的计划性和执行力,能够按质、按量及时完成承办的工作任务。

(7)具有较强的统筹协调能力,能够根据具体情况合理安排车辆,保证营运计划的完成。

(8)具有1年以上本企业工作经验。

3. 职责与权限

1)职责

在车队队长(党支部书记)的指导下,具体负责车队营运调度和人力资源管理相关工作。

2)权限

(1)对职责范围内的各项事务有建议权和执行权。

(2)其他与岗位相称的工作职权。

4. 工作内容与要求

1)营运调度工作

(1)做好营运线路计划的制定与上报工作。

(2)根据客流情况苦学合理调整行车作业计划。

(3)落实营运调度计划,灵活调度车辆,完成日营运计划。

(4)做好本车队所属线路营运秩序检查管理工作,确保良好的营运计划实施。

(5)做好智能调度项目的推广和应用。

(6)做好本车队所属线路人员车辆分配工作,提高劳动生产率和车辆利用率。

2)人员管理工作

(1)做好本车队人员考勤工作。每月1日制作并上报车队人员考勤表、人员统计表、加班统计表、人员变动登记表等。

(2)做好车队人员劳动合同续签等劳动动力管理工作,同时负责劳动预备人员管理工作。

(3)做好职工工装、劳保用品的发放工作。

(4)负责现场调度员的业务培训与指导、检查工作。

(5)合理安排职工培训及带薪年休假工作。

3)票务管理工作

负责落实公司票务管理制度及要求,组织开展车队票务管理工作。

4)安全生产与节能

(1)承担工作范围内的安全生产责任。

(2)履行工作范围内节能减排工作职责。

5)其他职责

积极完成上级领导交办的其他临时性工作。

5. 工作关系

(1)直接上级为车队队长(党支部书记),向车队队长(党支部书记)报告工作。

(2)对车队驾驶员、现场调度员的工作进行指导监督。

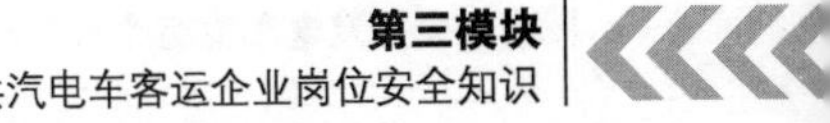

(3)同营运公司营运管理部、经营管理部相关人员合作完成相关工作。

6. 检查与考核

(1)岗位工作由分公司经营管理部及营运管理部领导进行检查,受车队全体职工监督。

(2)车队队长(党支部书记)对本岗位工作直接领导和考核。

三、营运车队服务管理员

1. 范围

本标准规定了济南市公共交通总公司营运公司车队服务管理员的资格要求、职责与权限、工作内容与要求、工作关系以及检查与考核。

本标准适用于济南市公共交通总公司营运公司车队服务管理员的工作岗位。

2. 资格要求

(1)具有专科及以上学历。

(2)具有优良的道德品质,做事公道正派、严谨、认真。

(3)具有较高的思想政治觉悟,能够严守工作纪律。

(4)具有较好的学习能力,能够充分理解和贯彻执行各项政策。

(5)具有较好的组织、沟通、协调能力。

(6)具有较强的计划性和执行力,能够按质、按量及时完成承办的工作任务。

(7)具有1年以上本企业工作经验。

3. 职责与权限

1)职责

在车队队长(党支部书记)的指导下,具体负责车队的服务管理工作。

2)权限

(1)对职责范围内的各项事务有建议权和执行权。

(2)其他与岗位相称的工作职权。

4. 工作内容与要求

1)服务卫生监督、检查、考核工作

(1)每日出车前检查驾驶员工装是否穿戴整齐,车辆卫生是否达标。

(2)每周对车队所属线路的车辆卫生、车厢服务、车辆服务设施进行检查,并对检查情况进行分析,对查处的问题及时张贴,对当事人进行教育并纳入相应的星级考核。

(3)查收总公司稽查部周稽查信息反馈表,将稽查结果进行张贴,并对当事人进行教育。

(4)每月根据服务管理工作各项指标进行汇总分析,针对问题查找不足,制定相应的整改措施。

(5)每月5日前上报高星级驾驶员报表,并及时通知考试时间。

(6)根据公司各项检查结果,每月7日前完成车队星级管理报表的制作和张贴。

(7)每月8日前将星级管理考核表制作完成并报送车队会计。

(8)每月12日前制作完成星级上报表,报营运管理部。

2)驾驶员服务培训工作

(1)每月至少组织1次全体驾驶员服务技能培训。

(2)每月至少组织1次实习驾驶员培训。

(3)每月至少组织1次高星级驾驶员培训。

3)服务投诉处理工作

(1)接收每日投诉工单,根据工单内容进行调查落实,确定事故责任人并进行谈话教育,形成处理结果,要求投诉处结率达到100%。

(2)及时根据处理结果回复投诉乘客,要求回复满意率达到100%。

(3)对每周投诉受理情况进行汇总分析,将投诉问题和责任人纳入相应的星级考核。

4)服务相关设施维护管理工作

(1)做好车载机设备及报站器的管理、维修、更换工作。

(2)做好服务设施的维护和更换工作。

5)安全生产与节能

(1)承担工作范围内的安全生产责任。

(2)履行工作范围内节能减排工作职责。

6)其他职责

积极完成上级领导交办的其他临时性工作。

5.工作关系

(1)直接上级为车队队长(党支部书记),向车队队长(党支部书记)报告工作。

(2)对车队服务检查员的工作进行指导监督。

(3)同车队内部管理人员合作完成相关工作。

6.检查与考核

(1)岗位工作由总公司营运市场部、分公司营运管理部组织检查,受车队全体职工监督。

(2)营运公司营运管理部、车队队长(党支部书记)对本岗位工作直接领导和考核。

四、营运车队机务管理员

1.范围

本标准规定了济南市公共交通总公司营运公司车队机务管理员的资格要求、职责与权限、工作内容与要求、工作关系以及检查与考核。

本标准适用于济南市公共交通总公司营运公司车队机务管理员的工作岗位。

2.资格要求

(1)具有专科及以上学历。

(2)熟悉车辆的性能和原理,掌握基础的车辆维修知识,了解一定的财务知识。

(3)具有优良的道德品质,做事公道正派、严谨、认真。

(4)具有较高的思想政治觉悟,能够严守工作纪律。

(5)具有较好的学习能力,能够充分理解和贯彻执行车辆管理政策、规定。

(6)具有较好的组织、沟通、协调能力,能够有效配置资源,协调各种关系。

(7)具有较强的计划性和执行力,能够按质、按量及时完成承办的工作任务。

(8)具有1年以上本企业工作经验。

3.职责与权限

1)职责

在车队队长(党支部书记)的指导下,具体负责车队车辆管理工作。

2)权限

(1)对职责范围内的各项事务有建议权和执行权。

(2)其他与岗位相称的工作职权。

4. 工作内容与要求

1)车辆的使用、维修工作

(1)全面掌握本车队车辆技术状况,安排指导维修人员工作。

(2)编制本车队车辆一级维护(换季维护)计划,监督保修人员保质保量完成保修任务。

(3)对二级维护质量反馈提出意见,使车辆维修达到环保和营运要求。

(4)加强车队车辆基础管理,保证车辆技术状况达到总公司营运车辆技术标准。

(5)对本单位的车辆机械事故提出初步处理意见。

2)车队燃料、材料、润料❶及轮胎使用和管理控制工作

(1)定期分析、合理控制本车队燃料、材料、润料和轮胎的费用。

(2)管理好本单位的材料库。

3)车辆环保管理工作

(1)做好节能降耗、修旧利废工作。

(2)保证车容车貌、尾气排放达标。

4)后方车辆安全管理工作

(1)认证落实总公司后方生产安全管理制度。

(2)组织开展安全教育培训工作。

(3)定期检查消除安全隐患。

5)车辆技术档案管理及车辆年审工作

(1)记录好本车队车辆档案,并做好档案的整理保管工作。

(2)定期进行机务分析并上报营运公司技术管理部。

(3)做好车队车辆的年审工作。

6)驾驶员管理、培训、考核工作

定期对驾驶员行车情况进行检查、指导和监督,全面提高驾驶员的爱车意识和行车技术素质。

7)安全生产与节能

(1)承担工作范围内的安全生产责任。

(2)履行工作范围内节能减排工作职责。

8)其他职责

积极完成上级领导交办的其他临时性工作。

5. 工作关系

(1)直接上级为车队队长(党支部书记),向车队队长(党支部书记)报告工作。

(2)对车队驾驶员的工作进行指导监督。

(3)同车队驾驶员、维修公司、物资公司相关人员合作完成相关工作。

6. 检查与考核

(1)岗位工作由总公司技术管理部、分公司技术管理部组织检查,受车队全体职工监督。

---

❶ 燃料主要指燃油、燃气、电;材料主要指制动摩擦片、灯泡等零配件;润料主要指机油、齿轮油等。

(2)车队队长(党支部书记)对本岗位工作直接领导和考核。

五、维修公司生产调度员

1. 范围

本标准规定了济南市公共交通总公司维修公司维修分公司生产调度管理员的资格要求、职责与权限、工作内容与要求、工作关系以及检查与考核。

本标准适用于济南市公共交通总公司维修公司维修分公司生产调度员的工作岗位。

2. 资格要求

(1)具有专科及以上学历。

(2)具备1年以上本企业工作经验。

(3)具有较高的思想政治觉悟,能够严守工作纪律。

(4)具有优良的道德品质,做事公道正派,严谨、认真。

(5)具有较强的责任心,能忠于企业,严格遵守企业各项管理制度。

(6)具有较好的学习能力,能够充分理解和贯彻上级领导及相关部门在车辆保障服务等方面的工作策略。

(7)具有优秀的组织、协调、沟通能力。

(8)具有优秀的执行能力,能按照计划办事,按质、按量及时完成工作任务。

3. 职责与权限

1)职责

在维修分公司经理的领导下,具体执行好分公司维修车辆的调度工作。

2)权限

(1)对职责范围内的各项工作有建议权和执行权。

(2)其他与岗位相称的工作职权。

4. 工作内容与要求

1)维修调度管理工作

(1)每月制定二级维护作业计划。

(2)每天提前联系次日二级维护车辆及各站点零修车辆,并组织指挥当日维护车辆有序进入生产场地。

(3)巡查各工位,督促维护及零修生产进度,合理安排各班组人员完成当日生产任务。

(4)保持与车队机务员、站点例检员的沟通,掌握车辆问题。

(5)定期抽查二级维护车辆质量,发现问题及时安排解决。

(6)每天做好二级维护车辆及零修车辆的登记工作。

2)材料费用管理工作

(1)收集材料需求信息,及时协调材料库进料。

(2)每周对二级维护材料费用进行统计分析。

3)安全管理工作

(1)落实各岗位人员的安全操作规程。

(2)督促班组、修理人员做好现场安全管理工作。

(3)定期到站点进行后方生产安全检查,编制安全台账。

(4)每月完成对全体职工的安全教育培训工作。

(5)每月进行设备安全检查,测试绝缘值。

(6)每月月底按时向上级安保部汇报各种报表。

(7)按时整理、上报安全例会汇报材料。

(8)组织各站点按照规定日期更换到期灭火器和机舱灭火器。

4)内勤保障工作

(1)做好分公司车辆技术、生产管理、星级管理台账的填制工作。

(2)每月统计当月二类总成及水箱维修数量并上报生产科。

(3)按时完成、上报各类报表。

5)安全生产与节能

(1)承担工作范围内的安全生产责任。

(2)履行工作范围内节能减排工作职责。

6)其他工作

积极完成上级领导交办的其他临时性工作。

5. 工作关系

(1)直接上级为维修分公司经理,向维修分公司经理报告工作。

(2)对维修分公司例检员、维修人员的工作进行指导监督。

(3)同维修公司各部门、所属分公司相关工作人员、各营运公司技术部门相关人员合作完成相关工作。

6. 检查与考核

岗位工作受维修分公司经理的检查与监督、考核。

六、物资供销公司油料科站长

1. 范围

本标准规定了物资供销公司油料科站长的资格要求、职责与权限、工作内容与要求、工作关系以及检查与考核。

本标准适用于物资供销公司油料科站长的工作岗位。

2. 资格要求

(1)具有本科及以上学历。

(2)具备1年以上本企业工作经验。

(3)具有安全管理人员从业资格证。

(4)具有优良的道德品质,做事公道正派,严谨、认真。

(5)具有较高思想政治觉悟,能够严守工作纪律。

(6)有较强的领导能力,能够团结带领部门内全体工作人员,贯彻领导要求,完成加油站各项工作任务。

(7)具有较好的组织、协调及解决问题的能力,能够有效配置资源,协调各种关系,及时找到解决问题的办法。

(8)具有较强的执行力,能按照计划办事,按质、按量及时完成承办任务。

3. 职责与权限

1)职责

在油料科科长的领导下,具体负责以下工作:组织做好加油站的日常管理工作,确保油料的安全供应。

2)权限

(1)对职责范围内的各项事务具有执行权、裁量权。

(2)对职责范围内的各项工作有建议权和执行权。

(3)其他与岗位相称的工作职权。

4. 工作内容与要求

1)油料供应和服务管理工作

(1)组织做好进站车辆的加油工作。

(2)组织做好所属加油站油品存、销统计和质量管理工作,确保公司下达的经营销售指标和其他目标的全面完成。

2)库存管理工作

定期组织做好库存油料盘点工作,确保材料账实相符。

3)站内日常管理工作

(1)定期组织召开工作例会,对加油站工作进行点评。

(2)组织做好站内人员的考核工作,充分调动每个员工的工作积极性。

(3)负责监督油品交接计量及月末库存盘点工作。

(4)做好加油站内财务费用管理工作。

(5)建立健全站内设备使用管理台帐,并定期组织站内人员进行维护。

(6)做好加油站营业执照、组织机构代码证、成品油供应许可证、资质的审验、换证工作。

(7)定期编制、上报站内人员的考勤表、人员统计表、加班统计表、人员变动登记表等报表。

4)安全生产与节能

(1)对分管业务范围内的安全生产负领导责任。

(2)建立健全本站各项安全规章制度和设备使用规范,并监督落实。

(3)管组织建立健全本站安全台账,并定期进行检查和考核。

(4)每月对站内人员进行安全行为检查。

(5)定期检查站内各类消防器材,确保性能完好,摆放规范。

(6)组织做好站内危险品管理工作。

(7)定期组织站内职工进行安全学习和培训、消防安全演练。

(8)履行工作范围内节能减排工作职责。

5)其他工作

积极完成上级领导交办的其他临时性工作。

5. 工作关系

(1)直接上级为物资供销公司油料科科长,向物资供销公司油料科科长报告工作。

(2)对加油站工作人员进行指导监督。

(3)同油料科其他管理人员合作完成相关工作。

(4)同工商、安监等相关职能部门进行外部联络。

6. 检查与考核

岗位工作受物资供销公司油料科科长的检查与监督、考核。

七、物资供销公司燃气科站长

1. 范围

本标准规定了物资供销公司燃气科站长的资格要求、职责与权限、工作内容与要求、工作关系以及检查与考核。

本标准适用于物资供销公司燃气科站长的工作岗位。

2. 资格要求

(1)具有专科及以上学历。

(2)具备1年以上本企业工作经验。

(3)具有《安全管理人员从业资格证》《特种设备工作人员证》《燃气技术技能安全管理资格证书》。

(4)具有优良的道德品质,做事公道正派,严谨、认真。

(5)具有较高思想政治觉悟,能够严守工作纪律。

(6)具有较强的领导能力,能够团结带领部门内全体工作人员,贯彻领导要求,完成加气站各项工作任务。

(7)具有较好的组织、协调及解决问题的能力,能够有效配置资源,协调各种关系,及时找到解决问题的办法。

(8)具有较强的执行力,能按照计划办事,按质、按量及时完成承办任务。

3. 职责与权限

1)职责

在燃气科站长的领导下,具体负责以下工作:组织做好加气站的生产经营、安全管理工作,确保燃气的安全供应。

2)权限

(1)对职责范围内的各项事务具有执行权、裁量权。

(2)对职责范围内的各项工作有建议权和执行权。

(3)其他与岗位相称的工作职权。

4. 工作内容与要求

1)燃气供应和服务管理工作

(1)组织做好进站车辆的加气工作。

(2)组织做好所属加气站燃气存、销统计和质量管理工作,确保公司下达的经营销售指标和其他目标的全面完成。

2)库存管理工作

定期组织做好库存燃气盘点工作,确保燃气账实相符。

3)站内日常管理工作

(1)定期组织召开工作例会,对加气站工作进行点评。

(2)组织做好站内人员的工作分配及考核工作,充分调动每个员工的工作积极性。

(3)做好加气站内财务费用管理工作。

(4)建立健全站内设备使用管理台帐,并定期组织站内人员进行维护和保养。

(5)做好加气站营业执照、组织机构代码证、燃气供应许可证、气瓶充装许可证等资质的审验、换证工作。

(6)定期编制、上报站内人员的考勤表、人员统计表、加班统计表、人员变动登记表等报表。

(7)组织做好站内人员的思想政治教育工作。

4)安全生产与节能

(1)对分管业务范围内的安全生产负领导责任。

(2)建立健全本站各项安全规章制度和设备使用规范,并监督落实。

(3)组织建立健全本站安全台账,并定期进行检查和考核。

(4)每月对站内人员进行安全行为检查。

(5)定期检查站内各类消防器材,确保性能完好,摆放规范。

(6)组织做好站内危险品管理工作。

(7)定期组织站内工作人员进行安全学习和培训。

(8)定期组织站内人员进行消防安全及应急演练。

(9)履行工作范围内节能减排工作职责。

5)其他工作

积极完成上级领导交办的其他临时性工作。

5. 工作关系

(1)直接上级为物资供销公司燃气科科长,向物资供销公司燃气科科长报告工作。

(2)对加气站工作人员进行指导监督。

(3)同燃气科其他管理人员完成相关工作。

(4)同工商、质检相关职能部门进行外部联络。

6. 检查与考核

岗位工作受物资供销公司燃气科科长的检查与监督、考核。

八、维修公司检验员

1. 范围

本标准规定了济南市公共交通总公司维修公司大修分公司检验员的资格要求、职责与权限、工作内容与要求、工作关系以及检查与考核。

本标准适用于济南市公共交通总公司维修公司大修分公司检验员的工作岗位。

2. 资格要求

(1)专科及以上学历。

(2)1 年以上本企业工作经验。

(3)具有较强的责任心,能忠于企业,严格遵守企业各项管理制度。

(4)具有优良的道德品质,做事公道正派,严谨、认真。

(5)具有较好的学习能力,能够充分理解和贯彻上级领导及相关部门在车辆保障服务等方面的工作策略。

(6)具有优秀的组织、协调、沟通能力。

(7)具有优秀的执行能力,能按照计划办事,按质、按量及时完成工作任务。

(8)具有较高的思想政治觉悟,能够严守工作纪律。

3. 职责与权限

1)职责

在大修分公司经理的领导下,具体负责执行好分公司大修车、整修车、事故车等维修过程、竣工检验工作,做好现场管理,确保维修质量。

2)权限

(1)对职责范围内的各项工作有建议权和执行权。

(2)其他与岗位相称的工作职权。

4. 工作内容与要求

1)维修质量管理工作

(1)每天监督维修车辆的进场检验、过程检验及竣工检验工作,确保出场车辆合格。

(2)严格监督班组执行车辆维修工艺标准与相关要求,保障维修质量。

(3)做好车辆的接车、交车,填写好相关车辆记录、报表。

(4)参与、协助解决车辆技术方面的各类难题。

2)日常管理工作

(1)负责维修设备的管理工作。

(2)负责维修现场管理工作。

3)安全生产与节能

(1)承担工作范围内的安全生产责任。

(2)履行工作范围内节能减排工作职责。

4)其他工作

积极完成上级领导交办的其他临时性工作。

5. 工作关系

(1)直接上级为大修分公司经理,向大修分公司经理报告工作。

(2)对维修人员的工作进行指导监督。

(3)同维修公司各部门、所属分公司相关工作人员、各营运公司技术部门相关人员、营运车队机务员和驾驶员合作完成相关工作。

6. 检查与考核

岗位工作受大修分公司经理的检查与监督、考核。

第二节　岗位风险点、危险源

一、作业活动风险点描述

按照作业活动进行划分,安全管理员、调度管理员、服务管理员等8个关键基层安全管理岗位风险点分别是安全员安全管理作业、营运调度作业、服务管理作业等8个作业活动类型。详见表3-21-1。

岗位作业活动风险点清单　　表 3-21-1

序号	作业活动名称	作业活动内容	区域位置	可能发生的事故类型及后果	活动频率
1	安全员安全管理作业	车队安全管理作业	车队安全管理作业全过程	安全管理不到位产生的安全隐患	长期
2	营运调度作业	车队营运调度作业	车队调度作业全过程	调度作业不到位产生的安全风险	长期
3	服务管理作业	车队服务管理作业	车队服务管理作业全过程	服务管理作业不到位产生的安全风险	长期
4	车辆技术维护作业	车队车辆技术维护作业	车队车辆技术维护作业全过程	车队车辆技术维护不到位产生的安全风险	长期
5	生产调度作业	维修公司生产调度作业	维修公司生产调度管理全过程	生产调度管理不到位产生的安全风险	长期
6	油料管理作业	物资公司油料管理作业	维修公司油料管理全过程	能源管理不到位产生的安全风险	长期
7	燃气管理作业	物资公司燃气管理作业	物资公司燃气管理全过程	能源管理不到位产生的安全风险	长期
8	维修检验作业	维修公司检验作业	维修公司检验作业全过程	检验不到位产生的安全风险	长期

二、设施设备风险点描述

与这些关键管理岗位相关的设施设备、固定场所主要是办公器材和办公区域，与一般后勤、辅助人员并无区别，在此不再单列。

三、危险源辨识

对上述识别到的作业流程进行工作危害分析（JHA），并通过作业条件危险性分析评价法（LEC）进行风险评价分级；对上述识别到的设施设备进行安全检查表分析（SCL），进行风险评价分级。风险评价分级结果见附表。

第三节　岗位风险分级管控措施

一、作业活动风险分级管控清单

根据已经完成的岗位风险分级，对不同的岗位风险现有管控措施进行分析梳理，查漏补缺，并分配相关责任单位和责任人，形成本岗位作业活动风险分级管控清单，详见表 3-21-2。

二、设施设备风险分级管控清单

根据已经完成的岗位风险分级，对不同的岗位风险现有管控措施进行分析梳理，查漏补缺，并分配相关责任单位和责任人，形成本岗位设施设备风险分级管控清单，详见表 3-21-3。

表 3-21-2

作业活动风险分级管控清单

风险点		作业步骤	序号	危险源或潜在事件	可能发生的事故类型及后果	风险分级	管控措施					管控层级	责任单位	责任人
编号	名称						工程技术措施	培训教育措施	管理措施	个体安全措施	应急处置措施			
1	安全管理作业	安全培训教育作业过程	1	安全规章制度未落实，造成违法驾驶	发生事故	低风险		提高业务能力、培训能力	围绕落实企业安全生产主体责任开展好管理工作	提高自身安全素质	不放心人员不安排从事营运工作	车队级	车队	安全员
			2	规章制度未按时传达，造成违法驾驶	发生事故	低风险		按照公司要求及时传达法律法规和公司的规章制度	围绕落实企业安全生产主体责任开展好管理工作	提高自身安全素质		车队级	车队	安全员
		安全考核作业过程	3	未公平公正考核，安全问题考核时触及其他人员利益	人身、财产损失	低风险		按照执行公司的规章制度	制定相关考核制度	严格遵守操作规程，熟练掌握应急操作技能	制定应急处置方案	车队级	车队	安全员
		车辆安全设施检查作业过程	4	检查车辆安全设施时，因车辆故障造成伤害	人身伤害	低风险		为避免在紧急制动时车轮出现抱死滑移的情况，应在车辆上装置防抱死制动系统	落实《机动车运行安全技术条件》，开展好安全管理工作	严格遵守操作规程，熟练掌握应急操作技能	制定现场应急处置方案，防止和减少不良后果	车队级	车队	安全员

续上表

风险点		作业步骤	序号	危险源或潜在事件	可能发生的事故类型及后果	风险分级	管控措施					管控层级	责任单位	责任人
编号	名称						工程技术措施	培训教育措施	管理措施	个体安全措施	应急处置措施			
1	安全管理作业	安全检查作业过程	5	上路检查时、因交通事故或其他意外事件受伤	人身、财产损失	低风险		自觉遵守法律法规和公司管理制度	落实安全检查(路查)制度	提高自我防范能力、提高自身安全意识	制定现场应急处置方案,防止和减少不良后果	车队级	车队	安全员
		夜间安全检查作业过程	6	夜间视线不清、因交通事故或其他意外事件受伤	人身、财产损失	低风险		自觉遵守法律法规和公司管理制度		提高自我防范能力、提高自身安全意识	制定现场应急处置方案,防止和减少不良后果	车队级	车队	安全员
		安全演练作业过程	7	需动火作业、驾驶各种车辆、需要设备、人员相互配合	人身、财产损失	低风险		自觉遵守法律法规和公司管理制度	围绕落实企业安全生产主体责任开展好管理工作	提高自我防范能力、提高自身安全意识	发生问题拨打110、120、122电话	车队级	车队	安全员
		抢险救援作业过程	8	恶劣天气、恶劣环境	人身、财产损失	低风险		自觉遵守法律法规和公司管理制度	按照救援预案开展安全管理工作	提高自我防范能力、提高自身安全意识	按照恶劣天气应急预案进行处置	车队级	车队	安全员
		事故处理作业过程	9	可能会与事故方发生冲突,由于事故双方各自立场不同,产生其经济利益矛盾	人身、财产损失	低风险		依据相关法律进行处理		加强个人素养,寻找第三方进行调解,正面公平、公正解决问题不推诿	发生问题及时拨打110电话报警	车队级	车队	安全员

续上表

风险点		作业步骤	序号	危险源或潜在事件	可能发生的事故类型及后果	风险分级	管控措施					管控层级	责任单位	责任人
编号	名称						工程技术措施	培训教育措施	管理措施	个体安全措施	应急处置措施			
2	调度管理作业	营运调度	10	营运计划编制不合理	车辆伤害、人身伤害	一般风险		每月定期开展应急预案培训和演练,不断完善预案,提高应急处置能力	加强专业知识学习,提高业务技能,掌握客流变化,科学安排班制		按预案及时调整人员、车辆	车队级	车队	车队调度
			11	未按规定执行营运计划	车辆伤害、人身伤害	一般风险		定期开展教育培训,掌握业务知识	加强专业知识学习,提高业务技能,掌握客流变化,科学安排班制		按预案要求,由现场调度及时调整运行间隔	车队级	车队	车队调度
		工作过程	12	特殊天气未及时启动应急预案	车辆伤害、人身伤害	一般风险		每月定期开展好应急预案培训和演练,不断完善预案,提高应急处置能力	增强工作责任心,及时掌握气象信息和运行线路情况,及时启动应急预案		立即启动应急预案,救援队伍立即赶赴现场实施救援	车队级	车队	车队调度
		营运调度	13	因恶劣天气、交通管制等突发情况,临时调整线路	车辆伤害	一般风险		应急情况下预案制定以及相关绕行预案的安全培训,包括车况、路况等	制定完善落实应急预案;做好安全谈话;对刚定车人员进行合理安排		对未按要求实习的人员,不得安排从事营运工作	车队级	车队	车队调度

续上表

风险点		作业步骤	序号	危险源或潜在事件	可能发生的事故类型及后果	风险分级	管控措施					管控层级	责任单位	责任人
编号	名称						工程技术措施	培训教育措施	管理措施	个体安全措施	应急处置措施			
2	调度管理作业	工作过程	14	安全责任落实不到位	其他伤害	低风险		每月开展安全教育培训，重温安全责任制，提高责任意识和大局意识	签订安全生产责任书，严格落实“一岗双责”要求和“三个必须”的规定		及时总结回顾查漏补缺	车队级	车队	车队调度
			15	安全检查不到位	车辆伤害、人身伤害	低风险			经常登录3G监控平台，对运行线路情况实施监管		监控过程中发现问题，立即发送信息，制止违法行为	车队级	车队	车队调度
		人员、车辆调配	16	病、事假等问题造成人员变动	车辆伤害	一般风险		按照定人定车原则执行营运计划	制定完善落实跨线驾驶人员的管理办法；对上述人员的驾驶情况进行检查；做好安全谈话		对未按要求实习的人员，不得安排从事营运工作	车队级	车队	车队调度

续上表

风险点		作业步骤	序号	危险源或潜在事件	可能发生的事故类型及后果	风险分级	管控措施					管控层级	责任单位	责任人
编号	名称						工程技术措施	培训教育措施	管理措施	个体安全措施	应急处置措施			
2	调度管理作业	营运管理	17	现场管理失误，驾驶员失控，营运秩序混乱	人身、财产的损失	低风险			加强一线现场调度员的管理和培训，发挥现场调度员的战斗堡垒作用，作为管理者与被管理者的桥梁起到牵线搭桥的作用		严格管理体系，建立现场调度员考评体系	车队级	车队	车队调度
			18	管理岗位之间配合不默契，各自为政，相互之间的沟通协调性差，造成管理团队的混乱	情绪失控易引发事故	低风险			加强管理队伍的建设，强调团队意识、合作意识，防止发生千里之堤毁于蚁穴的灾难		明确管理目标，协调各岗位管理重点	车队级	车队	车队调度
3	服务管理作业	工作过程	19	车内服务设施检查不到位，因服务设施不全，未能及时提醒乘客，造成意外事故	人身伤害	低风险		定期开展安全教育，不断增强安全意识	定期对服务设施进行检查，并要求驾驶员每日出车前检查，发现缺失，及时补齐		发现服务设施不全，口头提醒驾驶员	车队级	车队	车队服管员

续上表

风险点		作业步骤	序号	危险源或潜在事件	可能发生的事故类型及后果	风险分级	管控措施					管控层级	责任单位	责任人
编号	名称						工程技术措施	培训教育措施	管理措施	个体安全措施	应急处置措施			
3	服务管理作业	工作过程	20	安全责任落实不到位，未落实本岗位安全生产责任制，存在安全隐患	其他伤害	低风险		每月开展安全教育培训，重温安全责任制，提高责任意识和大局意识	签订安全生产责任书，严格落实“一岗双责”要求和“三个必须”的规定	利用职工会、3G监控，每月分工帮教谈访做好驾驶员情绪疏导，并根据每天热线工单反馈内容对驾驶员情绪及时进行掌控并及时进行疏导		车队级	车队	车队服管员
			21	驾驶员星级评定失误，造成驾驶员情绪不满，引发事故	车辆伤害、人身伤害	低风险		加强业务培训，熟知星级评定标准	提前在厂务公开栏公示，请管理人员、驾驶员进行监督	星级考核按照公开公平公正原则，并在星级上报前进行三天公示，公示期间如驾驶员有任何异议均可提出，车队会及时落实反馈		车队级	车队	车队服管员

续上表

风险点		作业步骤	序号	危险源或潜在事件	可能发生的事故类型及后果	风险分级	管控措施					管控层级	责任单位	责任人
编号	名称						工程技术措施	培训教育措施	管理措施	个体安全措施	应急处置措施			
3	服务管理作业	工作过程	22	投诉处理不当，造成员工情绪不满，引发事故	其他伤害	低风险		定期开展职业道德教育，提高员工的大局意识	定期组织交流会，观摩学习，提高服务技巧	严格按要求考核并及时疏理驾驶员情绪，疏导透彻方可运行，从细节入手关心驾驶员加强培训教给驾驶员怎样去做，不安全不开车		车队级	车队	车队服管员
			23	车辆卫生督促时间紧张时，容易造成员工情绪不满，引发事故	其他伤害	低风险		加强业务培训，熟知星级对卫生标准的要求	帮助驾驶员共同完成车辆卫生清洁工作，提高自觉性	制定细致卫生管理制度，做好驾驶员相关培训与调度及时沟通更加合理调节运行计划并调动管理人员和车下人员力量帮助驾驶员完成卫生工作		岗位	车队	车队服管员

续上表

风险点		作业步骤	序号	危险源或潜在事件	可能发生的事故类型及后果	风险分级	管控措施					管控层级	责任单位	责任人
编号	名称						工程技术措施	培训教育措施	管理措施	个体安全措施	应急处置措施			
4	车辆技术管理作业	工作过程	24	车辆各部件是否符合技术标准	车辆部件若出现异常会造成车辆中途停驶	低风险		教育指导维修工及驾驶者认真做好车辆维护，落实“一日三检”制度	制定完善落实一、二级维护计划，跟踪监督维修质量，做到严、细、实	车辆检查过程中做好记录，同时悬挂警示标志	若发现车辆存在安全隐患，车辆不得上路运行	车队级	车队	车队机务员
			25	车辆检查不到位，未按公司制度进行检查	检查不到位会导致车辆发生故障	低风险			加强检查力度，认真做好检查记录		增大检查频次和力度	车队级	车队	车队机务员
			26	车辆维护作业计划不按时完成	会造成车辆脱保现象，加大车辆损坏风险	低风险			认真执行维护作业计划		及时调整维护作业计划，补全未完成计划	车队级	车队	车队机务员
5	生产调度作业	工作过程	27	生产调度不及时，不准确	造成计划延迟带来的安全风险	低风险			认真编制生产调度计划		及时调整车辆人员，提前准备应急机动车辆、人员	车间级	车间	生产调度员
6	油料管理作业	工作过程	28	油料管理不当	造成漏油或爆炸等不良后果	一般风险			严格按照油料管理工作标准		加大安全检查频次及力度，做好站内危险品管理工作	科室级	油料科	站长
7	燃气管理作业		29	燃气管理不当	造成漏气或爆炸等不良后果	一般风险			严格按照燃气管理工作标准		加大安全检查频次及力度，做好站内危险品管理工作	科室级	燃气科	站长
8	维修检验作业		30	检验不当	部件未能及时维修导致安全风险	一般风险			严格按照维修质量管理标准		及时更换损坏部件未修复好禁止车辆上路运行	车间级	车间	检验员

设施设备风险分级管控清单

表 3-21-3

风险点			检查项目		标准	风险分级	不符合标准情况及后果	管控措施					管控层级	责任单位	责任人
编号	类型	名称	序号	名称				工程技术措施	培训教育措施	管理措施	个人安全措施	应急处置措施			
1	固定场所	办公区安全用电	1	办公区安全用电	按照总公司办公区安全用电管理规定执行	低风险	安全用电事故		定期进行安全用电教育	按照安全用电制度执行，确保下班后电源关闭		及时进行现场应急、救助，第一时间拨打 120 电话送医院救治	个人	公司	个人

第四节　典型案例分析

一、事故背景

2014 年 11 月 19 日 7 时 24 分，在烟台蓬莱市潮水镇平小路（平畅河到小雪村的乡村公路）与烟台蓬莱国际机场连接线（以下简称新机场路）交叉路口，一辆由东向西沿平小路行驶的接送幼儿园儿童的小型面包车（车载 14 名儿童）与一辆由南向北沿新机场路行驶的重型自卸货车相遇，货车在避让时，重心发生偏移向右侧翻，车体砸压在面包车上，所载沙子将面包车掩埋，造成 12 人死亡（其中 11 名儿童），3 名儿童受伤，直接经济损失 916.8 万元。

二、事故发生经过

11 月 19 日 7 时许，戴××驾驶的鲁 F×××××重型自卸货车从烟台××建材有限公司沙场装沙出发，到潮水镇永慧通搅拌站送沙，沿 302 省道、泊柳路潮水镇小雪村处进入新机场路，在新机场路由南向北行驶至事故发生地点。

11 月 19 日 7 时许，张××驾驶的鲁 Y×××××小型面包车从潮水镇郭家村出发沿途拉幼儿到潮水四村幼儿园，在大柳行镇道头村及潮水镇小雪村、峰山葛家村、峰山朱家村等 4 个村接上 14 名儿童后，沿平小路经临时土路由东向西驶入新机场路至事故发生地点。

11 月 19 日 7 时 24 分，重型自卸货车在新机场路由南向北行驶至事发路段，发现由东向西行驶的小型客车后先采取制动措施，继而向左转向避让，在转向过程中重型自卸货车向右侧倾翻，其货厢右前上部砸在小型客车左前顶部，两车又共同向前运动一段距离至最终位置，在此过程中小型面包车严重损坏，重型自卸货车所载的沙子将小型面包车掩埋。

三、事故原因和性质

1. 直接原因

张××驾驶的鲁 Y×××××小型面包车和戴××驾驶的鲁 F×××××重型自卸车在新机场路与临时土路交叉路口相遇，由于临时土路坡度过大、安全视距不足，两车驾驶人均不能在安全距离内发现对方；重型自卸车被私自加高货厢挡板，严重超载，造成制动效能及横向稳定性下降，在向左打方向避让时，转向过急，在离心力的作用下，车辆向右侧翻，加高的货厢压砸在小型面包车左前顶部，倾倒出的沙子将小型面包车掩埋，造成事故发生。小型面包车严重超员，导致伤亡扩大。

2. 间接原因

（1）蓬莱市潮水镇潮水四村幼儿园安全管理混乱，长期雇用不具备校车条件的小型面包车接送儿童且严重超员，未按规定向当地教育行政主管部门报告，逃避监管。

（2）烟台××建材有限公司私自加高鲁 F×××××重型自卸车货厢挡板，违法超载运送沙子。

3. 事故性质

经调查认定，蓬莱市“11·19”重大道路交通事故是一起重大安全责任事故。

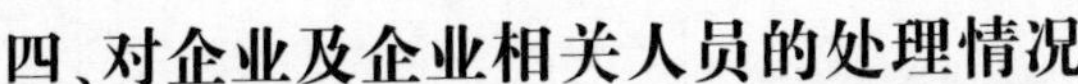

四、对企业及企业相关人员的处理情况

1. 免予追究责任人员

张××，肇事小型面包车驾驶员，在事故中死亡，免于追究责任。

2. 司法机关已采取措施人员

(1)戴××，男，蓬莱市大柳行镇东流院村人，烟台××建材有限公司驾驶员，2014 年 12 月 27 日，因涉嫌过失致人死亡罪，经蓬莱市人民检察院批准逮捕。

(2)张×，男，蓬莱市大柳行镇石家村人，烟台××建材有限公司法人代表，2014 年 12 月 27 日，因涉嫌过失致人死亡罪，经蓬莱市人民检察院批准逮捕。

(3)张××，女，蓬莱市潮水镇潮水四村幼儿园负责人，2014 年 12 月 27 日，因涉嫌过失致人死亡罪，经蓬莱市人民检察院批准逮捕。

(4)郭××，男，蓬莱市潮水镇郭家村人，小型面包车车主，2014 年 12 月 27 日，因涉嫌过失致人死亡罪，经蓬莱市人民检察院批准逮捕。

(5)张×，男，蓬莱市大柳行镇石家村人，烟台金进××有限公司实际控制人，2014 年 12 月 15 日，因涉嫌过失致人死亡罪，被取保候审。

以上五人是中共党员的，待司法机关作出处理后，由当地纪检机关或者有管辖权的单位及时给予相应党纪处分。

3. 相关行政处罚

由烟台市政府责成有关部门按照相关法律、法规规定，对事故中所涉及的北京××路桥建设有限公司、山东××路桥工程有限公司等企业及相关人员的违法违规行为作出行政处罚。

附　　表

危险源统计表

序号	风险点名称	风险点类型	各等级危险源数量				合计	备注
			红色(1 级)	橙色(2 级)	黄色(3 级)	蓝色(4 级、5 级)		
1	营运驾驶作业	作业活动类	0	0	9	31	40	
2	BRT 营运驾驶作业	作业活动类	0	2	0	4	6	
3	无轨电车驾驶作业	作业活动类	0	0	2	3	5	
4	清障车驾驶作业	作业活动类	0	0	0	7	7	
5	底盘作业	作业活动类	0	1	12	13	26	
6	发动机作业	作业活动类	0	1	6	11	18	
7	汽车电工作业	作业活动类	0	1	10	13	24	
8	钣金作业	作业活动类	0	1	16	9	26	
9	机加工作业	作业活动类	0	1	19	7	27	
10	天然气作业	作业活动类	0	1	11	7	19	
11	水箱作业	作业活动类	0	1	12	9	22	
12	轮胎作业	作业活动类	0	1	10	7	18	
13	危化品车辆维修作业	作业活动类	0	0	15	9	24	
14	喷漆作业	作业活动类	0	0	5	7	12	
15	叉车作业	作业活动类	0	0	16	0	16	
16	行车作业	作业活动类	0	0	12	0	12	
17	站务员作业	作业活动类	0	0	0	7	7	

续上表

序号	风险点名称	风险点类型	各等级危险源数量				合计	备注
			红色(1级)	橙色(2级)	黄色(3级)	蓝色(4级、5级)		
18	巡检员作业	作业活动类	0	0	0	2	2	
19	日常调度作业	作业活动类	0	0	4	4	8	
20	值班员作业	作业活动类	0	0	0	9	9	
21	充电作业	作业活动类	0	0	8	0	8	
22	乘务员作业	作业活动类	0	0	3	5	8	
23	票款押运作业	作业活动类	0	2	3	23	28	
24	电车线网维护作业	作业活动类	0	3	3	9	15	
25	电车整流站检修作业	作业活动类	0	3	5	8	16	
26	电车整流站供电设备停、送电作业	作业活动类	0	5	4	6	15	
27	充电站检修作业	作业活动类	0	3	5	8	16	
28	危化品运输驾驶作业	作业活动类	0	2	1	4	7	
29	危化品押运员作业	作业活动类	0	1	1	6	8	
30	加油(气)作业	作业活动类	0	8	1	1	10	
31	出租车营运驾驶作业	作业活动类	0	1	2	6	9	
32	旅游包车作业	作业活动类	0	0	5	29	34	
33	通勤班车驾驶作业	作业活动类	0	3	1	19	23	
34	保洁作业	作业活动类	0	1	1	3	5	
35	夜间护场作业	作业活动类	0	1	4	1	6	
36	安全管理作业	作业活动类	0	0	0	9	9	
37	调度管理作业	作业活动类	0	0	5	4	9	
38	车辆技术管理作业	作业活动类	0	0	0	3	3	
39	生产调度作业	作业活动类	0	0	0	1	1	

续上表

序号	风险点名称	风险点类型	各等级危险源数量				合计	备注
			红色(1级)	橙色(2级)	黄色(3级)	蓝色(4级、5级)		
40	维修检验作业	作业活动类	0	0	0	1	1	
41	油料管理作业	作业活动类	0	0	0	1	1	
42	燃气管理作业	作业活动类	0	0	0	1	1	
43	公交车辆	设施设备类	0	0	4	7	11	
44	CNG 车辆	设施设备类	0	1	0	16	17	
45	清障车	设施设备类	0	0	0	5	5	
46	空压机	设施设备类	0	0	3	1	4	
47	电焊机	设施设备类	0	0	5	0	5	
48	砂轮机	设施设备类	0	0	3	2	5	
49	氧气乙炔	设施设备类	0	0	8	0	8	
50	举升机	设施设备类	0	0	3	0	3	
51	电瓶充电机	设施设备类	0	0	3	1	4	
52	台钻	设施设备类	0	0	1	1	2	
53	电动车充电机	设施设备类	0	0	3	0	3	
54	车床	设施设备类	0	0	3	0	3	
55	切割机	设施设备类	0	0	5	0	5	
56	角磨机	设施设备类	0	0	4	0	4	
57	剪板机	设施设备类	0	0	3	0	3	
58	油压机	设施设备类	0	0	2	0	2	
59	折弯机	设施设备类	0	0	2	0	2	
60	冲车	设施设备类	0	0	3	0	3	
61	叉车	设施设备类	0	0	5	0	5	
62	单梁起重机	设施设备类	0	0	4	0	4	

续上表

序号	风险点名称	风险点类型	各等级危险源数量				合计	备注
			红色(1级)	橙色(2级)	黄色(3级)	蓝色(4级、5级)		
63	清洗机	设施设备类	0	0	2	0	2	
64	支车架、千斤顶	设施设备类	0	0	1	3	4	
65	手电钻	设施设备类	0	0	0	3	3	
66	风炮	设施设备类	0	0	1	1	2	
67	制动蹄片修磨机	设施设备类	0	0	2	0	2	
68	手持灭火器	设施设备类	0	0	0	1	1	
69	押款车	设施设备类	0	0	0	3	3	
70	电车线网	设施设备类	0	0	2	0	2	
71	电车电杆	设施设备类	0	0	0	1	1	
72	高、低压供电设备	设施设备类	0	0	0	3	3	
73	变压器整流器	设施设备类	0	0	2	0	2	
74	电缆	设施设备类	0	0	1	0	1	
75	馈电设备	设施设备类	0	0	0	2	2	
76	箱变	设施设备类	0	0	4	0	4	
77	充电机柜	设施设备类	0	0	1	0	1	
78	充电桩	设施设备类	0	0	1	0	1	
79	充电站设施	设施设备类	0	0	2	4	6	
80	加油(气)系统	设施设备类	0	7	2	1	10	
81	旅游客运车辆	设施设备类	0	1	0	5	6	
82	金库	设施设备类	0	0	1	0	1	
83	办公区域	固定场所类	0	0	1	1	2	
84	停车场区	固定场所类	0	0	1	8	15	
85	合计		0	52	299	376	727	

参考文献

[1] 景国勋,杨玉中. 安全管理学[M]. 2 版. 北京:中国劳动社会保障出版社,2017.
[2] 张景林,林柏泉. 安全学原理[M]. 北京:中国劳动社会保障出版社,2009.
[3] 林柏泉,张景林. 安全系统工程[M]. 北京:中国劳动社会保障出版社,2007.
[4] 石小华. 安全法学[M]. 北京:中国劳动社会保障出版社,2010.
[5] 罗云,裴晶晶. 风险分析与安全评价[M]. 3 版. 北京:化学工业出版社,2016.
[6] 姜威. 企业主要负责人及管理人员安全生产培训教程[M]. 北京:化学工业出版社,2015.
[7] 本书编写组.《城市公共汽车和电车客运管理规定》释义[M]. 北京:人民交通出版社股份有限公司,2017.
[8] 交通运输部运输司. 城市公交安全和应急手册[M]. 北京:人民交通出版社股份有限公司,2014.
[9] 易俊,黄文祥. 事故应急救援[M]. 北京:中国劳动社会保障出版社,2016.
[10] 孟燕华,任国友. 职业安全卫生概论[M]. 北京:中国工人出版社,2015.
[11] 国家安全生产应急救援指挥中心. 安全生产应急管理[M]. 北京:煤炭工业出版社,2007.
[12] 郝澄,汪洋. 气瓶充装与安全[M]. 北京:化学工业出版社,2007.
[13] 崔政斌,张美元,赵海波. 世界 500 强企业安全管理理念[M]. 北京:化学工业出版社,2015.
[14] 交通运输部安全委员会办公室. 道路运输安全生产法律法规汇编[M]. 北京:人民交通出版社股份有限公司,2016.